◉ 朱万曙　卞 利/主编

戏曲·民俗·徽文化

论　集

XIQU·MINSU·HUIWENHUA LUNJI

安徽大学出版社

图书在版编目(CIP)数据

戏曲·民俗·徽文化论集/朱万曙,
卞利主编. —合肥:安徽大学出版社,2004.12
(安徽大学徽学研究中心学术丛书)
ISBN 7-81052-952-8

Ⅰ.戏... Ⅱ.①朱...②卞... Ⅲ.文化—徽州地区
—国际学术会议—论集 Ⅳ.K295.42—53

中国版本图书馆 CIP 数据核字(2004)第 127240 号

戏曲·民俗·徽文化论集　　　　　　朱万曙　卞利　主编

出版发行	安徽大学出版社	经　销	新华书店
	(合肥市肥西路3号 邮编 230039)	印　刷	合肥中德印刷培训中心印刷厂
联系电话	编辑部 0551-5108241	开　本	850×1168　1/32
	发行部 0551-5107784	印　张	19.25
电子信箱	ahdxchps@　mail. hf. ah. cn	字　数	465.7 千
责任编辑	木　子	版　次	2004 年 12 月第 1 版
装帧设计	孟献辉	印　次	2004 年 12 月第 1 次印刷

ISBN　7-81052-952-8/K·70　　　　　　　　定价　30.80 元

如有影响阅读的印装质量问题,请与出版社发行部联系调换

安徽大学徽学研究中心学术丛书

出 版 说 明

　　1999 年 12 月，安徽大学徽学研究中心（以下简称"中心"）被列入国家教育部首批人文社会科学重点研究基地。中心确立的发展战略：第一步是搜集和整理徽州的历史文献资料，为徽学作为新兴学科的发展打下坚实的资料基础；第二步的工作是在以往研究的基础上，对徽学进行分门别类的深入系统的研究，写出一批高质量的学术论著。目前，第一步的工作已经有效展开，《徽州文献综录》、《徽州文化遗存的调查与研究》和《新发现的徽州文书的整理》等重大项目陆续完成并出版了部分成果。第二步的工作也已经开展，出版《安徽大学徽学研究中心学术丛书》就是具体举措之一。

　　本丛书坚持学术质量至上的原则。不限种数，凡是以徽学为研究对象的著作和论文集均可列入。按照程序，先由作者提供书稿，中心邀请专家评审，达到出版的学术水平，即可列入丛书予以出版，出版经费由中心筹集。这是解决学术著作出版困难、特别是推动徽学研究的一个重要举措。

　　《安徽大学徽学研究中心学术丛书》这一命名，是根据国家教育部对人文社会科学重点研究基地的建设要求决定的。教育部《普通高等学校人文社会科学重点研究基地管理办法》明确要求，

1

重点研究基地的人员是流动的，实行"带课题进所，完成课题离所"的动态机制。因此，丛书作者的人事关系不一定在中心，但只要被中心聘任为专、兼职研究人员，其研究著作均可列入本丛书。

学术乃天下公器。作为教育部人文社会科学重点研究基地，安徽大学徽学研究中心依托于安徽大学，在学术上却面向国内外学术界。中心愿意为从事徽学研究的专家、学者们提供一个成果出版的途径；同时，也通过这一途径有力地推动徽学的学术事业，希望得到学术界和社会各方面的支持。

教育部人文社会科学重点研究基地

安徽大学徽学研究中心

二○○四年九月

目　　录

2

前　言

　　2003年2月7日至12日,当全国各地还沉浸在浓郁的羊年春节气氛中,"戏曲·民俗·徽文化国际学术研讨会"在安徽池州市和黄山市两地召开了。此次会议由教育部人文社会科学重点研究基地——安徽大学徽学研究中心与中国傩戏学研究会、池州市人民政府、黄山市文化局联合主办,安徽省艺术研究所、黄山学院、池州师范专科学校协办。参加会议的代表除来自北京大学、南京大学、复旦大学、中国社会科学院、中国艺术研究院等著名高校和研究机构的研究者外,还有来自日本、韩国、加拿大以及香港、台湾的朋友,共90余人。《人民日报》《光明日报》、中国国际广播电台、中国教育电视台的记者也纷纷前来采访,予以报道。

　　会议分为池州与黄山两段举行,学术研讨与田野考察相结合是本次会议的重要特点。2月7日,在池州举行了开幕式,并进行了一整天的学术交流;8日,会议组织代表们考察了丘村柯的傩戏、傩仪演出,晚上还观看了池州市文工团的傩戏演出。2月10日,会议组织代表们考察了皖南古村落——西递、宏村和渔梁街的歌舞;11日,前往祁门县历溪村考察了目连戏的演出活动;12日,又举行了一整天的学术研讨活动。由于得到各举办单位的大力支持,本次会议内容饱满,结合会议主题进行的学术考察,使代表们感到收获颇丰富。

　　徽文化内涵极其丰富,戏曲、民俗是其中的两个层面。通过对戏曲、民俗的研究,不仅可以更深入地认识徽文化的丰富内涵,也可以深化对地域戏曲和民俗的研究,它们就像三棱镜一样,互相映照,其立体的文化貌像更为清晰。此次会议召开之际,"非物质文化遗产"的研究和抢救的呼声也越来越高,会议也起到了呼应作用,其影响是积极而长远的。

围绕着会议主题,大部分代表都提交了论文,共59篇,按内容可分为四个部分:一是戏曲文化与徽州,二是池州傩文化,三是徽州及皖南地区的民俗文化,四是中华文化视野下的戏曲、民俗和傩文化。有的论文侧重于文本研究,有的论文侧重于田野调查,它们都蕴涵着丰富的信息,闪耀着真知灼见,是对徽文化的新的拓展,也是本次会议的最重要的学术收获。我们从提交会议的论文中选取了43篇,予以结集出版。少部分论文或因为论题和会议主题结合不紧密,或者只是提纲,只好舍弃。另外,还有部分与会代表在会议上发表了精彩的见解,但未能形诸文字,而论文集出版时间也不能拖得太久,也就不再等待了。

相信本论文集的出版,为从事徽文化、戏曲、民俗等领域研究的学者都会提供有益的信息和启迪。对于编辑方面可能存在的疏误,也敬请读者提出宝贵的批评意见。

●刘文峰

中国艺术研究院

徽商与西商之比较及对
戏曲的贡献

在中国历史上，有两股商人势力特别瞩目，一是徽州商人，简称徽商；一是山西、陕西商人，俗称山陕商人，简称西商。从明中叶至清末，这两股商人势力遍布全国，控制中国经济命脉达300多年之久，对各地的经济、文化产生过很大的影响。西商产生于黄河流域，徽商产生于长江流域。两地的商人既有各自的特点，又有许多相近的地方。近年来有不少学者对徽商、西商分别进行过比较深入、细致的研究，但将二者比较研究还不多见。本文试将徽商与西商的异同作一些比较，并就徽商和西商对戏曲的贡献谈一点看法。

一、徽商与西商的共同之处

1. 生存条件相似

徽州在长江以南，山西和陕西在黄河东西，两地相隔千里，气候、地理有很大的差异，但有一个共同点，这就是人多地少，物产匮乏。《天下郡国利病书·江南二十》称："徽郡保界山谷，土田依原麓，田瘠埆，所产至薄……不宜稻粱。壮夫健牛……视他郡农力过倍，而所入不当其半。又田皆仰高水，故丰年甚少，大都计一岁所入，不能支什之一。小民多执技艺，或贩负就食他郡者，常什九。

……田少而直昂，又生齿日益，庐舍坟墓不毛之地日多。山峭水激，滨河被冲啮者，即废为沙碛，不复成田。以故中家而下，皆无田可业。徽人多贾商，盖其势然也。"山高水激，不利于农业生产，粮食奇缺，劳动力过剩，成为徽商产生的自然根源。南宋淳熙《新安志》记载，唐宪宗元和三年（公元808年），卢坦出任宣歙观察使，正值旱灾，"既而米斗二百，商旅辐辏，民赖以生"。由此可见，最早的徽商是靠贩运粮食起家的。

山西和陕西在历史上也是人多地少，特别是黄土高原、秦岭、太行山区，生态环境差，非常不利于农业生产。明·张瀚《松窗梦语》卷四谓："河以北为山西，古冀都邑地，故《禹贡》不言贡。自昔饶林竹、纑、旄、玉石，今有鱼、盐、枣、柿之利。所辖四郡，以太原为省会，而平阳为富饶。大同、潞安，倚边寒薄，地狭人稠，俗尚勤俭，然多玩好事末，独蒲坂一州富庶尤甚，商贾争趋。"山西东部为太行山脉，西部为吕梁山脉，耕地少，气候干燥，不利于农业生产，但有丰富的矿藏资源，煤、铁、盐等均居各省前列，有利于发展工商业。加之"明季以来，漳水上流时虞泛滥，而御河亦不便递运。如是行旅之往来，多取道于山西平定州。其由西南来者，率自河入汾，由西北来者，或由河入汾，或由西北部自永宁州通平定州"，山西成为我国明清之际"西南西北交通枢纽"。[1] 在"田利本薄，农民终岁收入，纳赋应差，牛力籽种外，实无所馀，甚为赔累"的情况下，"民无恒业，多半携资出外贸易营生"，"其系种地为业，仅十之二三"。[2] 在人多地少，气候干燥的自然条件下，逐渐形成了重商轻农的社会习尚。如《太谷县志》卷三"风俗"中称："阳邑民多而田少，竭丰年之谷，不足供两月。故耕读之外，咸善谋生，跋涉数千里，率以为常，土俗殷富，实由于此。"《五台新志》卷二"生计"亦称："晋俗以商贾为重，非弃本而逐末，土狭人满，田不足于耕也。太原、汾州所称饶沃之数大县，及关北之忻州，皆服贾于京畿，三

2

江,两湖,岭表,东、西、北三口,致富皆在数千里或万里外,不资地力。"

陕西自然气候与山西近似,亦为我国西北交通要道所在。"西安为会城,地多骡、马、牛、羊、旃、裘、筋、骨,自昔多贾,西入陇蜀,东走齐鲁,往来交易,莫不得其所欲,至今西北贾多秦人,然皆聚于沂雍以东至河、华沃野千里间,而三原为最。若汉中、西川、巩、凤,犹为孔道,至凉、庆、甘、宁之墟,丰草平野,沙苇萧条,昔为边商之利途,今称边戍之绝塞矣。关中之地当九州三分之一,而人众不过什一,量其富厚,什居其二,闾阎贫窭,甚于他省,而生理殷繁,则贾人所聚也。"[3]《陕西通志》卷四十五《风俗》引《三原县志》称:"三原士勤学问,民多商贾。……至今士能敬业,城邑乡井类多弦诵,科目甲于诸邑,农勤力作,工不事淫巧,惟商贾远出,每数年不归。劝令买地耕种,多以为累。思欲转移,令务本轻末,其道良难。"陕西除三原重商轻农外,同州一带亦是商风很盛的地方。《同州府志》卷二十一"风俗"中亦称:"同州府南北阻山,东滨河,西涉坂,中亘沙苑,树而不田,故各属之地,高者碍于耕锄,低者祸于冲崩,穷民苦衣食之不给,富者皆弃本逐末,各以服贾起家……"

山陕人民经商的历史记载很早。汉初,山陕人民与匈奴群众在长城脚下的边境关市上有了贸易往来。《汉书》载:"匈奴自单于以下,皆亲汉,往来长城下。汉使马邑(今山西朔州城之西北隅)人聂翁壹,间阑出物,与匈奴交易。"这是有史记载的第一个山西官商。盛唐时期,政治稳定,经济繁荣,商路四通八达,山西商人在国内外交易中大显身手。武则天执政时闻喜人裴伷先"以财自雄,养客数百人,多诇候朝事……累进工部尚书"。他利用职务之便,与边境邻国和部族进行互市贸易,"货殖五年,致资财数千万。"北宋雍熙至端拱(984—987)年间,宋王朝先后在山西境内的岚州(今岚县)、火山军(今河曲)、唐隆镇(今偏关)、保德军(今保德)等地设立榷场(交易所),鼓励宋辽两地的商人进行商品交易。《宋史》卷二五五载:"张永德,并州阳曲人,家世饶财……。永德在太原,尝令亲吏贩茶规利,阑出徼外市羊。"元统一全国后,结束了南北对峙的局面,为国内外贸易的繁荣扫除了障碍。当时的太原、大同是黄河流域著名的商业都会。意大利人马可波罗由西北陆路来华,路经山西的平阳府、太原府。他在《马可波罗行记》中追叙太原、平阳的情况时说:"其中商业及数种工业颇见繁盛,有大商数人自此发足,前往印度等地经商谋利。"这是山西商人走出国门的最早记载。从上面记述中可以看出,山西人善经商是有悠久历史的。但在明代以前,山西商人尚未形成能影响全国经济的势力。这是因为,在宋之前,山陕一带的生态环境还不像后来那样恶化,植被和森林覆盖率较高,人口亦不太多。其次,当时的商品生产还比较落后,商品贸易还不甚发达。宋辽、宋金、宋元以及宋与西夏的许多争战均是在山陕和河北一带进行,战火不仅使这一带的人民蒙受了巨大的生命财产损失,而且烧毁了这一带的许多林木。辽、金、元建都北京,明王朝后来迁都北京,京城屡建屡毁,要消耗大量的木材,这些木材大部分开采于太行山中的原始森林。元代之后山西人口急骤增加。明王朝建立后,为巩固北疆边防,采取的军屯政策,使山陕一带的许多牧场被开垦为耕地。森林和植被的减少,使土壤流失和沙化进一步加剧,气候干燥,降雨量减少,农业生态环境不断恶化。在农业生产入不敷出的情况下,致使更多的人从事手工业生产和商业活动。

2. 兴盛的契机相同

徽州和山陕一带的人民经商的历史虽然很早,但形成影响全国经济的商人势力是在明代。明中叶,政府为筹集边防军饷而实行的"开中法"为山陕商人和徽商的迅速发展提供了机遇。明王朝是朱元璋领导的农民起义推翻了蒙古族的统治后建立的政权。蒙古族失去中原后退居漠北，又过上了游牧生活，很快又恢复了昔日的生机。明王朝虽多次远征，企图彻底消灭蒙古势力，但总是事与愿违，蒙古铁骑不仅没有被消灭，反而越来越强悍，经常骚扰明朝的北方边境，并在正统十四年（1449）进攻明北部重镇大同，明英宗率军亲征，结果在土木堡大败，作了俘虏。明王朝为了抵御蒙古军队的南犯，从辽东至嘉峪关沿长城一线，驻守了数十万军队。为了解决边防部队的粮饷，明政府一方面让驻军屯田开荒，生产粮食，另一方面，以出让食盐的销售权为代价，鼓励商人将内地的粮食、草料、衣物、油棉等物资运往辽东、蓟州、宣府、大同、偏关、延绥、宁夏、固原、甘州等边塞驻军重地。历史学家称这项政策为"开中法"。按照《正德会典》卷三六《盐法·事例》和《万历会典》卷三四《盐法通例》等文献记载，所谓开中法，就是商人把粮草、棉布等军需物资交送到指定的边仓后，边仓发给商人收到货物的证明即仓钞，商人持仓钞到指定的都转运盐运使司或盐课提举司换取盐引，即贩盐许可证，再持盐引到盐场领盐，然后把盐运到指定的地方销售。这一复杂过程需要一年至数年的时间，并要花费许多人力、物力，克服重重困难。山陕商人占有地理上的优势，且有丰富的经商经验和吃苦耐劳精神，故在开中法实施后纷涌而至。他们从内地以较低的价格购得粮草、棉布和其它日用品，运到边关，领取盐引后又到两淮、长芦、自流井、河东等地购得食盐，然后又到各地销售，赢利颇丰。

"开中法"的实施，为山陕商人的崛起，创造了机遇，也为徽商施展商才提供了广阔的舞台。徽商原本是以贩粮起家，从江浙贩运稻米到徽州，然后将徽州出产的木材、茶叶等贩运到外地。"开中法"实施以后，山陕商人发了大财，刺激了徽州商人。在经济利益的驱动下，一部分徽州商人挟资北上，开赴九边，与山陕商人争夺商机。如歙县商人汪玄仪,曾"聚三月粮,客燕、代,遂起盐策"。[4]休宁县盐商王全也曾"蒙故业,客燕、赵、齐、楚间"。[5]徽商将内地生产的粮食等贩运到燕、代等北方边境,进一步扩大了他们的经营范围和活动地区,成为"其货无所不居,其地无所不至,其时无所不骛,其算无所不精,其利无所不专,其权无所不握",[6]"足迹几半宇内"[7]的一支商界劲旅。

3.民风相似,勤俭致富

山陕和徽州的生活条件都比较艰苦,人民有吃苦耐劳、勤俭节约的优良传统。万历《歙志·序五》称徽州在"成、弘以前,民间椎髻少文、甘恬退、重土著、勤穑事、敦愿让、崇节俭"。民国《歙县志》卷一《风土》称当地"习尚俭朴,类能力农服贾以裕其生。……民质重厚,耐劳苦,善积聚,妇女……不事修饰"。《歙事闲谭》第18册《歙风俗礼教考》中亦称当地群众"家居务为俭约,大富之家,日食不过一脔,贫者盂饭盘蔬而已"。勤俭节约为外出经商积累了必要的资金,同时也是徽商由小到大、由弱到强的一个重要因素。山陕一带的人民勤俭节约的优良传统亦是此地商业能发达的一个重要原因。如《明一统志》引太原府《旧志》称太原府的人民"善治生,多藏富";《明一统志》引《绛州志》称平阳一带的人民"勤稼穑,好蓄积";《清一统志》引《旧蒲州志》称蒲州一带"民性质朴,好节俭,力田绩纺,尤事商贾";《清一统志》引《图书编》称潞安府"民俭务农"。勤奋节俭,不仅是山西人民的一种美德,而且成为旅居外地的山西人特别是山西商人战胜困难、成就事业的法宝。《宋文鉴》一三九穆修《徐文质墓志铭》中在提及居住在京师的外地人时说:"凡并人,其俗刚厚而勤啬,能节省以立衣食。诸来徙之户,初虽贫极者,居久而皆为富室。"这里需要说明的是,无论是山陕商人,还是徽州商人,在他们原始积累阶段,生活起居都是比较节俭的,特别是创业者,即使发达以后,生活也比较俭朴。

但是当他们中的一些人成为巨富以后,特别是那些世袭豪商大贾的后代子孙,生活越来越奢侈、腐化,这成为徽商和西商衰落的一个重要原因。

4. 均以儒家所提倡的诚信为商业道德,以义取利

孔子在《论语·学而》中要求他的弟子"事父母,能竭其力;事君,能致其身;与朋友交,言而有信"。成功的徽商和西商都十分重视商业道德,把诚信作为做人和经商的信条。如徽商张洲,号东瀛,"俭约起家,挟资游禹航,以忠诚立质,长厚摄心,以礼接人,以义应事,故人乐与之游,而业日隆隆起也"。[8]明嘉靖年间徽商李大皓"贾于云间、白下,又醯贾于皖城,又质贾于姑熟。传教于受承者曰:'财自道生,利缘义取……'闻者洒服"。[9]徽商休宁人黄梅原"言信情忠,游江湖间,人莫不以为诚而任之。其规时合变,损盈益虚,巧而不贼,虽不矜于利,而贾大进,家用益富"。[10]商业欺诈是与诚信对立的奸商行为,为一切诚信商人所不齿,如道光年间徽商舒遵刚"精确算,善权衡,年未三十即能创业。然与市阛狡诈之习不类。尝语人曰:'圣人言,生财有大道,以义为利,不以利为利。'……又曰:'钱,泉也,如流泉然。'有源斯有流,今之以狡诈求生财者,自塞其源也。今之吝惜而不肯用财者,与夫奢侈而滥用财者,皆自竭其源也。人但知奢侈者之过,而不知吝惜者之为过,皆不明于源流之说也。圣人言,以义为利,又言见义不为无勇。则因义而用财,岂图不竭其流而已,抑且有裕其源,即所谓大道也"。[11]在徽商舒遵刚看来,以狡诈取财与吝惜、奢侈一样,是商人最容易沾染的恶习。狡诈只能侥幸于一时,从长远看,只能是自断其财源。所以,徽商吴南坡深有体会地说:"人宁贸诈,吾宁贸信,终不以五尺童子而饰价为欺。"[12]徽商之所以能成为明清时期的一支商界劲旅,是与他们长期遵循了以诚待客、取信于民、不欺不诈、以义取利的商业道德分不开的。

7

明清时代的山陕商人在事业上成功的一个重要原因也是讲求信义，以勤劳取利，以节俭致富，不欺不骗。康海的《扶风耆宾樊翁墓志铭》一文中记述了陕西凤翔府扶风县商人樊现告诫后代的一段话："吾南至江淮，北尽边塞，寇弱之患，独不一与者，天鉴吾不欺。贸易之际，人以欺为计，予以不欺为计，故吾日益而彼日损，谁谓天道难信哉！"作为清中叶以后的商界新贵 晋中票商，对待顾客更是以诚信为本，即使在太平天国起义、八国联军入侵北京那种政局不稳、社会动荡的情况下，情愿自己承担金融风险，也要取信于民。如李宏龄在《同舟忠告》中谈及晋中票商成功的原因时称："自庚子之变，各行息业者多……独我西号自二十七年回京后，声价大增，不独京中各行推重，即如官场大员无不敬服，甚至深宫之中，亦知西号之诚信相符，不欺不昧。此诚商务之大局，最为同乡极得手之时也。"

晋中票商不仅在处理与顾客的关系时遵循诚信的原则，而且在处理内部关系上也要求所有的雇员要忠实于财东，财东要信赖雇员。1925年出版的《中外经济周刊》119号刊登的一篇《山西票号盛衰之调查》，对山西票号的组织情况有较为详细的叙述："票号内容之组织至为简单，并无一定规章，全凭人之信实，以取信于官绅。当初办时，既如上述，附设于货号之内。及后营业发达，乃立专庄。其组织系财东出资，或股份，或独业，将资本交付于管事（即大掌柜）一人。而管事于营业上一切事项，如何办理，财东均不过问。既不预定方针于事前，又不实施监察于事后。此种营业，实为东方特异之点。管事在票庄内有无上之权威。凡用人之标准，事业之进行，各伙友听命于管事。但权利颇有平等之意义，管事与伙友，均定三年回家一次，红利亦平均支配。故管事而得其人，则营业无不发达；不得其人，则财东有莫大之危险。如票庄营业失败，经济上损失之责任，全由财东负担，而管事则不负赔偿之责。故就票庄财东之责任而论,似乎无限公司。而执行业务全部委诸管事,毫不过问。而管事之有少数股款者,又似乎两合公司之有限责任股东。其毫无股款者,实不过一经理人资格耳。在前清时,晋商素重信用,各票庄管事不闻有侵蚀款项情事。"

晋中票商在分配制度上也体现了"诚信"的原则,盈利按投资多少、经营者的业绩分配。票号的股东、经理和部分顶人力股的资深职员按股分红,没有顶人力股资格的伙计则领取固定的工资和奖赏。职员的饮食由票庄开支,分号职员除饮食外,来往川资、衣服、零用等亦按等级由票庄开销。山西票号的东家重用人才,通过各种奖励制度鼓励职员忠实事业,勤奋工作。学徒学得好,可提前被聘为正式职员,职员工作出色可得到晋升、重用和提前获得人力股资格。这样票号老板把全体职员个人的利益和票庄的经营效益紧密地联系在一起,使大家各尽其才,各尽其职,各享其利,保障了票庄内部的团结。

5. 经营方式相同,均以同族、同乡作为经营实体,带有宗法性质

徽州既是一个山川秀美的地方,又是一个交通闭塞的地方。从春秋战国时代开始,就有不少中原贵族大姓为避战乱,定居这里。经过世代繁衍,形成聚族而居、注重宗法、讲究门第的传统,所谓"奉先有千年之墓,会祭有万丁之祠,宗祐有百世之谱"[13]是也。山西四面环山,相对比较封闭,亦有聚族而居的传统,直至近代在晋南、晋中还可以看到一村一姓的大城堡。所以徽商和西商在经营方式上都带有浓厚的宗法色彩。如《金太史集》卷四《与歙令君书》中称:"歙、休两邑民皆无田,而业贾遍于天下。……夫两邑人以业贾故,挈其亲戚知交而与共事,以故一家得业,不独一家食焉而已。其大者能活千家百家,下亦至数十家数家,且其人亦皆终岁客居于外,而家居者亦无几焉。今不幸而一家破则遂连及多家与

俱破。"经营方式的宗法色彩,造成一富俱富、一损俱损的连环效应,这是徽商在清中叶迅速衰落的一个重要原因。

西商的经营方式也带有浓厚的宗法色彩。如山西票号的老板用人有一套不成文的章程,雇员均为本族或本乡之人,外籍人员一律不聘,以便通过监视其家属而达到控制职员的目的。山西票号的这一用人之道,很早就引起国外经济学家的注意。如1906年美国佑尼干著《中国政俗考略》称:"凡开银号(票庄)者皆为山西人,其号中所用之经手人等,皆乐得山西本省人而用之。苟能于其本乡本村中,得一诚实可恃之人,则最为合适矣。比如派一同村人,为其某某分号之执事,则必以其家眷为担保,保其不亏空,不误事,不犯规。但其所谓担保者,并非拘禁,不过严密防守,虑其移徙远扬而已。各分号执事,遇发家信,不准封口,但许将信露申,汇寄于主人家中,俟主人过目之后,代为分送于各家。……三年期满,执事回至主人之家,开具清账,报明一切。主人必将其行囊详细搜检,即身上衣服亦须搜查,防其积蓄私财也。搜检之后,若无私蓄,并查其账目有无不合,三年中生意茂盛,则其主人必照规重酬之。然后执事始得脱身返家,其眷属亦不再烦主人之防守矣。如其不然,或积有私蓄,或账情不符,或店务败坏,则其主人必拘禁其执事,其家眷亦照常看守,逼令交出例定之罚款而后释之,否则其主人,可将执事送官而下诸狱。"山西票庄老板还规定:除遇父母丧葬大事外,不得轻易告假;每月准寄平安家信,但不得私寄银钱及物品;不准接眷出外;不准在外娶妻纳妾;不准宿娼赌博;不准在外私自开设商店;不准捐纳实职官衔;不准携带亲故在外谋事等。由于有约在先,违犯了这些章程,不仅雇员要受到严惩,他的家人也要受牵累。这就不仅违悖了做人的诚信原则,而且还等于违悖了作为人子的孝道,为家庭、社会所不容。由于有此行之有效的、严密的监督机制,在山陕商人兴旺的几百年里,极少有人违犯这些规矩,从而保证了队伍的清廉。山陕商人非常巧妙地把儒家所提倡的孝道融入对商号的管理中,他们的分号虽然遍布全国各地,有的甚至在海外,但做到了行之有效的控制。山西票号老板虽然不聘外地人做自己票庄的职员,但也不搞任人唯亲。山西各票号的经理很少是股东的子弟和直系亲属,一般都是本族和邻村知根底人家的子弟,从小学徒,经过多年磨炼,有经营头脑,精明干练之人。山西票号的这些选拔人才和管理职员的办法据说是明末清初著名学者顾炎武和傅山应商界好友所托,在详细了解和总结了前人经商的经验基础上所制定的,[14]直至 20 世纪 30 年代山西仅存的几家票庄还一直沿用。西商的这种带有宗法色彩的经营方式纵然保障了其组织的严密性,但又禁锢了雇员的思想,阻碍了经营方式的变革,这无疑为清末晋中票商惨败种下了祸根。

二、徽商与西商的不同点

徽商与西商虽然有许多共同点,但毕竟是两个不同地域的商帮,不同的地域文化的影响,形成了他们不同的特点。

1. 活动的地域中心不同

最初的徽商是为解决徽州地少人多的矛盾而出现的,活动范围一般在江西和浙江两省。如康熙《歙县志》卷八《蠲赈·汪伟等奏疏》中称:"天下之民寄命于农,徽民寄命于商。而商之通于徽者,取道有二,一从饶州鄱、浮;一从浙省杭、严。皆壤地相邻,溪流一线,小舟如叶,鱼贯尾衔,昼夜不息。一日米船不至,民有饥色;三日不到,有饿莩;五日不至,有昼夺。"贩运粮食是徽州商人最早经营的商品。明中叶,实行"开中法"以后,徽商开始北上,将内地的粮食等商品贩运到边塞重镇,然后换取盐引,再到两淮把盐销售到引地,由此扩大了徽商的活动范围,出现了"走吴、越、楚、蜀、粤、燕、齐之郊,其则逖而边陲,险而海岛,足迹几遍禹内"的景象。

11

但由于山西和陕西靠近北方边塞,这两地的商人有地域上的优势,故徽商在"开中法"实行初期,竞争不过西商。明成化以后,盐法改革,实行纳银开中的办法,商人不用到边塞,在内地纳银也可以换取盐引。于是,商人中出现了以贩运粮草、棉布等日用品到边塞的边商和在内地以经销食盐为主的内商。这时,徽商完全退出了边商的行列,而西商则除了垄断供应边塞军民的商品外,还从边商中分化出一部分内商,到两淮、长芦、自贡与徽商争夺食盐市场。这时,西商的经营范围和经济实力大于徽商。据明沈思孝在《晋录》中记载:"平阳、泽、潞,豪商大贾甲天下,非数十万不称富。"明谢肇淛在《五杂俎》中也说:"富室之称雄者,江南则推新安,江北则推山右。新安大贾,鱼盐为业,藏镪有至百万者,其他二三十万,则中贾尔。山右,或盐,或丝,或转贩,或窖粟,其富甚于新安。"西商的经营品种和活动范围明显超过徽商。万历年间,徽商凭借徽州地理上靠近淮盐集散地扬州的优势,迅速发展起来,在扬州的势力逐步超过了西商。但他们经营的品种较少,而且主要活动在长江流域。而西商经营的商品种类很多,活动的范围很广。特别是晋中票商兴起后,其商业网络遍布全国各地,远及俄国、印度、日本、朝鲜等国。

2. 经营的商品各有侧重

徽州和山陕,虽然都有经商的传统,但在早期,都是为满足当地群众的生活需要而经营的,虽然经销的商品比较广泛,但都没有形成规模。如早期的徽商,将本地出产的木材、茶叶、文房四宝贩运到江浙一带,再把江浙一带生产的粮食、棉布等商品贩运到徽州。早期的西商,也是将本地生产的铁木家具、农具、瓷器、丝绸等生产和生活用品贩运到外地,换回粮食等当地缺乏的商品。徽商和西商形成两个强大的商人势力都是在明中叶实行开中法以后,以经营粮食和食盐起家的。徽商后来以经营食盐为主,兼营典当和木材;西商除经营食盐外,还一直作为边商,向边关贩运粮食、棉布、茶叶等大宗商品,并将蒙古和西域的皮毛、马匹贩运到内地。清中叶以后,盐业政策有了变化,世袭的盐商地位动摇,西商利用在全国建立起来的商业网络,经营金融信贷业,晋中票商的资本迅速增长,经济实力超过了盐商。所以从经营品种上讲,西商除了在食盐上略逊色于徽商外,在粮食、棉布、茶叶等领域的经营规模都超过了徽商。这是因为明清时期,长期关闭海上贸易的通道,对外贸易的主要渠道是陆路,西商在对外贸易方面占有地域的优势,而粮食、棉布、茶叶、瓷器等均属于出口的大宗商品。

3. 地域文化的特点不同

徽商重儒,西商重义;徽商以程朱理学大师为旗帜,西商则以武圣关羽为旗帜。重农抑商是儒家的一贯思想,也是中国封建社会的正统观念。但在徽州和山西等地,由于自然条件不适应农业生产,而形成了重商轻农的思想,甚至重商轻儒的习俗。如《徽州府志》曰"天下之民寄命于农,徽民寄命于商",于是形成了"以商贾为第一等生业,科第反在次着"[15]的民俗。《豆棚闲话》称:"徽州俗例,人到十六就要出门做生意。"徽州人将科举放在仅次于经商的地位,并非轻视。而山西则形成了重商轻儒的习俗,如《雍正朱批谕旨》四十七册"刘于义,雍正二年九月九日条",刘于义上奏称:"山右积习,重利之念,甚于重名。子弟俊秀者,多入贸易一途。至中材以下,方使之读书应试。"对此雍正皇帝的朱批是:"山右大约商贾居首,其次者犹肯力农,再次者入营伍,最下者方令读书,朕所悉知。"

在徽州和山陕本土重商轻农,但在外地经商的商人却生活在一个重农轻商、保守性、排外性很强的封建社会环境中。而且就徽商和西商的思想意识、道德观念而言,并没有超脱中国封建社会居统治地位的儒家文化。徽商和西商要开拓市场,最大限度地获得利润,并保护自己的既得权益,不仅要和官府保持密切的联系,而且要以儒家的文化规范自己,以缓和商人之间、家庭以及和外部各界的矛盾,并取得社会的认同。故此,明清时期的徽商和西商与儒家文化产生了一种难以割舍的关系。

徽州独特的地理环境和文化传统,形成了有利于儒家文化发展的环境。婺源是儒家文化集大成者朱熹的故乡,程朱理学对徽州社会的影响很大。《歙事闲谭》称徽州"山水甲天下,理学第一,文章次之,人知节俭,有唐、魏之风。"光绪《婺源县志》卷三《风俗》中说:"至朱子得河洛之心传,以居敬穷理启迪乡人,由是学士争自濯墨以冀闻道,风之所渐,田野小民亦皆知耻畏义。"因此形成了"重宗义,讲世好,婚配论门第",[16]"上下六亲之施,无不秩然有序"[17]的社会风尚。儒学在徽州文化中占有独一无二的地位,《歙事闲谭》第十册《歙风俗礼教考》中,称"徽州独无教门,亦缘族居之故,非惟乡村中难以错处,即城中诸大姓,以各分段落。所谓天主之堂、礼拜之寺,无从建矣。故教门人间有贸易来徽者,无萃聚之所,遂难久停焉。"徽州不仅西方的宗教难以立足,而且"不尚佛老之教,僧人道士,惟用之以事斋醮耳,无敬信崇奉者。"说明徽州人除信服儒学外,很少迷信宗教。因此,徽州人外出经商发家致富以后,将相当的财力和精力用于文化消费,或研读诗书,提高自身的文化修养;或开办学堂书院,培养自己的子弟进入仕途。故而被历代王朝推崇的儒家理学大师朱熹成为徽商的旗帜,程朱理学成为徽商的精神支柱。如雍正茗洲《吴氏家典·序》中称:"我新安为朱子桑梓之邦,则宜读朱子之书,取朱子之教,秉朱子之礼,以邹鲁之风传之子孙也。"在安徽会馆中,文昌阁是主要的建筑之一,朱熹成为徽商崇拜的偶像。贾而好儒,贾而兼儒成为徽州独特的文化现象。《歙事闲谭·歙风俗礼教考》曰:"商居四民之末,徽俗殊不然。歙之业鹾于淮南北者,多缙绅巨族,其以急公议叙入仕者固多,而读书登第、入词垣跻膴仕者,更未易仆数。且名贤才士,往往出于其间,则固商而兼士矣。"如明崇祯十六年(1643)进士郑元勋,善画山水,并著有《影园诗稿》、《影园瑶华集》、《媚幽阁文娱》、《左国类函》等。徽商出身的汪懋麟,康熙十六年(1667)中进士,授内阁中书,曾参与修《明史》,著有《百尺梧桐阁文录》、《百尺梧桐阁诗集》、《百尺梧桐阁文集》、《百尺梧桐阁遗稿》、《环谷集》等。徽商马曰琯,好古博学,考校文艺,评骘史传,旁逮金石文字,著有《焦山记游集》、《摄山游草》、《沙河逸老小稿》、《林屋唱酬录》、《嶰谷词》。其弟马曰璐,好读书,工诗,著有《韩柳年谱》、《南斋词》,与兄齐名,称"扬州二马"。徽商江春,又名江鹤亭,亦是儒商的代表人物,他不仅在经济上资助文人学士,和他们唱和,而且作有《黄海游录》、《随月读书楼集》、《水南花墅吟稿》、《深庄秋吟》等诗集。据《两淮盐法志·科第表》记载,徽商子弟登第者,进士有69名,举人162名。北京歙县会馆观光堂,有题名榜,记载歙县本籍和寄籍的官员及登第者,有大学士4人,尚书7人,侍郎21人,都察院御史7人,内阁学士15人,状元5人,榜眼3人,探花8人,进士296人。由此可见,徽州文风之盛。

黄河流域的山陕,既是中华民族的发祥地,又是中原汉族和北方少数民族融汇之地,在山陕北部地区,除回族、蒙古族居民外,至今还遗存有一些其他少数民族村寨的地名。这一带的文化,除了传统的儒家文化外,道教、佛教都很盛行。如山西的五台山是佛教的圣地,陕西的终南山、白云山是道教的发祥地。清末民国年间,天主教、伊斯兰教插足此地。当地的文化呈现出多元性的特点,在人们的观念中,既有儒家的传统伦理道德,又有佛、道的轮回出世思想。西商是一个地域广泛的商人势力,为了维护其共同的利益,他们把儒家所提倡、佛道所接受、广大群众所认可的忠孝节义作为自己的精神依托,而且建立了宣传和强化这种精神的组织形式和崇拜偶像。其组织形式就是具有行会性质和泛宗教性质的山陕会馆,其崇拜偶像就是被民间称为武圣人的关羽。

清康熙年间,山陕商人已经由华北、西北发展到华东、华南、东北、西南全国大中城市以及俄罗斯、印度、朝鲜、日本等国家。凡是山陕商人聚集的地方,都有一个建筑规模宏伟的会馆,作为所属商号集会、议事、娱乐的场所。如至今保存完好,被列入全国重点文物保护单位或省级文物保护单位的山东聊城山陕会馆、安徽亳州山陕会馆、苏州全晋会馆、河南社旗山陕会馆、河南洛阳山西会馆、河南洛阳潞泽会馆、河南周口山陕会馆、河南开封山陕甘会馆、甘肃张掖山西会馆、四川自贡西秦会馆等等。在山西商人比较集中的大都市,如北京、上海、苏州、张家口等地,除跨省或全省性的会馆外,还有许多州、县一级的会馆。如北京除三晋会馆、山西会馆外,还有平阳会馆、临汾会馆、潞郡会馆、浮山会馆、平遥会馆、晋翼会馆等。

在我国封建社会,历代统治者都以忠、孝、节、义规范人与人之间的关系,三国西蜀名将关羽被奉为忠义、勇武的典范和化身。忠者,忠于皇室,忠于主子。关羽降汉不降曹,不留恋高官厚禄、荣华富贵,千里走单骑,回归刘皇叔;义者,取信于朋友,不忘桃园结义之盟,患难与共,生死相随;另外,关羽勇力过人,在千军万马中取敌上将首级如囊中探物,过五关斩六将,威名远扬;喜好《左传》、《春秋》,一言一行,合乎经义。关羽几乎具备了封建社会儒家所提倡的全部美德,故在他死后,由侯封王,由王封帝,被封建统治阶级作为学习的楷模。西商作为明清封建社会的一个特殊阶层,他们外出经商,需要用"诚信"取信于顾客,要用"忠"和"义"规范买卖双方及老板与伙计之间的行为,以求生意的顺利进行;在家庭内部要以"孝"和"节"约束各自的行为,以求家庭的和睦稳固。因关羽祖籍山西解州,故山陕商人既把他作为忠义的化身,又把他作为

16

商家的保护神来供奉。在山陕商人修建的山陕会馆中,都有供奉和祭祀关羽的神殿,并将其作为会馆中的主体建筑。这种建筑从内容到形式都以宣扬儒家的道德观念、歌颂关羽的忠义之举为宗旨。以山东聊城山陕会馆为例,在会馆大门两侧的门柱上,刻有木质楹联一幅,上联是:本是豪杰作为,只此心无愧圣贤,洵足配东国夫子;下联是:何必仙佛功德,惟其气充塞天地,早已成西方至人。作者将关羽的品德与东方的圣人孔子和西方的圣人释迦牟尼相提并论,说只要像关羽那样去做,不用去修仙炼佛,也能成为思想境界高尚的人。在左右便门上刻有匾额,左为"履中",右为"蹈和",提倡儒家的中庸之道。在山陕商人看来,儒家所提倡的中庸之道和商家所遵循的"和为贵"、"和气生财"的信念是一致的。山陕会馆的主体建筑是供奉关羽神像的献殿,又称飨亭,为三开三进九间宫殿式建筑,气势宏伟。在前面的四根石雕大柱上刻有两幅歌颂关羽、告诫后人的楹联。内柱的楹联是阳文。上联是:伟烈壮古今,浩气丹心,汉代一时真君子;下联是:至诚参天地,英文雄武,晋国千秋大丈夫。外柱上的楹联为阴文。上联是:非必杀身成仁,问我辈谁全节义;下联是:慢说通经致用,笑书生空读春秋。内柱楹联是称颂关羽一生功业和为人品德、高尚情操的,外柱楹联是告诫后人不要空喊"杀身成仁"的口号和空谈儒家的经典,而要像关羽那样去实践。此外,在祭祀关羽正殿的后面,有一座财神殿,财神殿四根大柱上有两幅楹联。内柱楹联为阳文,上联是:德兆阜财,萃万国物华天宝;下联是:行以利涉,庆一时海晏河清。外柱亦为阳文,上联是:位津要而掌财源,万里腰缠毕至;下联是:感钱神以成砥柱,千秋宝载无虞。内柱楹联反映了山陕商人以德行取财的儒商思想,外柱楹联反映了山陕商人对聊城这个南北大运河上的水陆码头、商品集散地滚滚财源的赞美和对财神的感激之情。现在的华商,从北到南,从国内到海外,都将关羽作为财神来供奉。

但在明清时期山陕商人的心目中,关羽是圣人,是精神依托,而财神则是赵公明。

每年 农历五月十三传说为关羽的磨刀日,六月二十四为关羽的诞辰,各地的山陕会馆,都要祭祀关羽,除隆重的仪式外,演出歌颂关羽忠义事迹的戏曲亦是不可缺少的,故在山陕会馆供奉关羽的正殿对面,必须建有一座装饰考究的戏楼或戏台。在传统剧目中,以关羽事迹为题材的剧目有《斩熊虎》、《三结义》、《秉烛待旦》(又名《观春秋》)、《赠赤兔》、《斩颜良》、《关公挑袍》、《过五关》、《古城会》、《华容道》、《取长沙》、《讨荆州》、《单刀会》、《月下盘貂》、《水淹七军》、《刮骨疗毒》等。在山陕会馆中,以关羽戏曲故事为素材的木雕、石雕、砖雕、泥塑、彩绘随处可见。由此可知,儒家所提倡的忠孝节义和山陕商人所信奉和提倡的道德伦理观念是一致的。除关羽戏外,以表现义夫、节妇、忠臣、孝子为内容的传统剧目亦是山陕会馆舞台和商人堂会上常演的剧目,如歌颂孝子的《芦花记》,歌颂节妇的《三娘教子》,歌颂义夫的《忠义侠》、《一捧雪》,歌颂忠臣的《忠孝节义》、《岳母刺字》等。这些传统剧目所表现的忠孝节义思想,反映了山陕商人的道德观。

在扬州的西商,受儒家文化的影响较大,其中有不少西商的后代考上进士或举人。《两淮盐法志》中记载的山陕盐商子弟从明正统戊辰科(1448)至崇祯癸未科(1643)得中进士的有 37 人;从永乐甲午科(1414)至崇祯丙子科(1636)得中举人者有 80 余人,其中不少人成为达官显宦。如王恕(1415—1508),祖籍陕西三原,正统戊辰科(1448)进士,官至南京兵部尚书,以刚正清廉,敢于直谏闻名弘治、成化年间政坛。温纯(1536—1607),祖籍陕西三原,嘉靖乙丑科(1565)进士,官至都察院左都御史,《明史》卷二二零有传,称其"清白奉公,五主南北考察,澄汰悉当,肃百僚,振风纪,时称名宦。"他的父亲温朝凤是在扬州经营盐业而大富的,因喜欢儒业，供儿子上学，在温纯考取诸生后，弃商为农。杨义（？—1662），祖籍山西洪洞（一作大同），明崇祯戊辰（1628）科进士，曾担任两浙及长芦盐政，官至清工部尚书。康熙《两淮盐法志》、《清史稿》有他的传记。康熙《两淮盐法志》在记述他的家系时称："大司空杨公讳义，号昆岳，山西洪洞人，其先世业盐淮南，公以儒术起家。"他出身盐商，身居要职，但不以官商谋私，颇受时人称赞。在他的传中记载："公承世业理盐策，人有进言者曰：'淮之列仕版者，莫不自立户籍，且以其名庇及宗族亲戚，而潜受其报。公为上卿，独无官商名目，非人情之所荣也。'公曰：'子之欲我官之也，何为也哉？'曰：'商除正供外，岁有繁费，官则不及之矣'。公曰：'费不及官，费将安往？必有代任之者。商则不官，官则不商；既商之，又官之，其名不正，其事不雅，吾不为也。'"从上述议论中我们可以看出，在明清时，"官商"是一种普遍的社会存在。商人致富后有足够的财力供他们的子弟学儒业而步入仕途，商人家庭出身的官僚又可凭借特权，为他经商的亲属谋取好处。一般的商人除正税外，还要交纳各种名目繁多的杂税，而有官僚显贵作后台的商人，仅交纳正税，可免除一切杂税。除此之外，没有官僚撑腰的商人，难免要受到贪官污吏的敲榨勒索，而有官僚作靠山的商人则有偷税漏税的可能。正因为杨义看到了官商这种社会弊端，而发出："商则不官，官则不商；既商之，又官之，其名不正，其事不雅，吾不为也"的呼声。

明清时出身于山陕盐商的高官显贵不少，如曾任明礼部尚书兼东阁大学士的张四维和曾任宣大、山西总督的王崇古均为山西蒲州籍盐商家庭出身。张四维的父亲张允令曾"西度皋兰、历浩亹，居货张掖、酒泉数年。乃南循淮泗，渡江入吴。又数年业益困，则溯江汉，西上夔峡，岁往来楚、蜀间。已乃北游沧博，拮据二十年，足迹且半天下。"在张四维从政时，其父张允令，其叔张遐令，其弟张四教均为涉足两淮、长芦的大盐商。

王世贞在《张公居正传》中称张允令家产达数十万两至百万两。张四维在给他叔父写的墓志铭中称其叔张遐令"商游吴越间……乃南历五岭，抵番禺，往来豫章、建业大都会"。在给其弟张四教写的墓志铭中称其弟16岁就外出经商，"历汴泗，涉江淮，南及姑苏、吴兴之境"，后"从先君居业沧瀛间"，成为长芦大盐商。王崇古家与张四维家有姻亲关系，王崇古的姐姐是张四维的母亲，王家亦是盐商。张王二人身居高官，他们两家的亲属中有不少是盐商，他们是否利用权势，给经商的亲属以特权和好处，曾引起人们的怀疑，《明实录》隆庆五年四月乙未条曾记载河东巡盐御史郜永春弹劾张四维、王崇古。其疏言称："盐法之坏，在大商专利，势要根据，以故不行。因指总督尚书王崇古弟，吏部右侍郎张四维父为大商，崇古及四维为势要，请罚治崇古，而罢四维。"因张四维力辩，隆庆皇帝念及他"日侍讲读"的旧情，以所奏不实，驳回郜永春的弹劾。此外，山陕盐商的子弟通过科举走上仕途，成为高官的还有大同盐商家庭出身、曾任陕西按察司定边兵备副使的薛纶，大同盐商家庭出身、官至福建布政使的李承式等，他们的父辈均是寓居扬州的山陕大盐商。

山陕商人的后代，不仅有许多人成为高官显贵，还有不少人成为著名的学者、文学家。如明代文学家，被后人称为"前七子"之一的李梦阳，就出身于陕西庆阳府（今属甘肃）的一个富商家庭。其祖父李忠初为往来西安和庆阳间贩卖盐和蔬菜的小商贩，以守信誉、善经营而闻名乡里，十余年后成为当地的富商。经商致富后供子孙读书，其子李正学有所成，曾出任直隶真定府阜平县学训导。孙李梦阳博学多才，弘治十七年中进士，由户部主事升任郎中，因不满宦官刘瑾专权，三次被投入监，坚贞不屈。刘瑾被诛后，他复官迁任江西提学副使，不久辞职，专心著述，有诗文集《空同集》传世。他倡导"文必秦汉，诗必盛唐"，反对浮华的文风，对当时的文坛影响甚大。明代文学家，"前七子"之一的康海，亦出身于关中武功一个官商家庭。其五世祖康铺曾以侍郎的身份被永乐皇帝诏赐，其四世祖康陞之兄康年因父功得赏赐千金、锱数千缗作为资本，行商于关津，使康家成为关中首富。康海的叔父亦是长安的大商人。康海从小受到良好的教育，弘治十五年考中状元，任翰林院修撰，后因与刘瑾同乡而受牵连，被罢官。他与李梦阳、王九思相交甚厚，以诗著称。作有杂剧《中山狼》、散曲集《沜东乐府》、诗文集《对山集》。再如清初学者阎若璩，祖籍太原。明正统初年，其五世祖阎居闇业盐策迁居扬州，成为山陕大盐商，从阎若璩的父亲阎修龄起，以"商籍"入淮安府学深造。若璩的从兄若洞、若琛均在顺治初年考取进士。若璩16岁以商籍入淮安府学，康熙十八年应博学鸿儒科试未中，便广交学界名士，专心著述，曾参与《大清一统志》的编撰，著有《古文尚书疏证》、《四书释地》等著作。

尽管如此，从整体上看，西商受儒家文化的影响不如徽商大，明清500多年间，仅歙县一地，所产生的进士和举人就超过了山西一省，其中有5人考中状元，而山西竟无一名。

三、徽商和西商对戏曲的贡献

在农业为本的中国封建社会，农业不发达地区有一个普遍现象，即有积蓄者常携资外出经商，贫困者往往卖身学艺。这两种行业都被看作"贱业"、"末流"。因此，商人和戏曲艺人有一种天然联系。这种联系突出表现在戏曲艺人在经济上要靠商人势力的支持，戏曲艺人为商人提供娱乐和精神产品。在巨额财富高度集中于豪商大贾之手后，势必会对他们的生活内容乃至精神面貌带来深刻的变化。如王慎中《王遵岩文集》卷三十二《黄梅原传》中记述那些发了大财的徽商"美服食,舆马仆妾,营食田好宅,或盛燕邀,广结附,以鸣得意,相矜为贤",过着奢侈的生活。归有光《震川先生全集》卷十三《白庵程翁八十寿序》中也称徽商和西商聚居的扬州为"天下都会所在,莲屋列肆,乘坚策肥,被绮毂,拥赵女,鸣琴踏屣,多新安之人也。"在19世纪之前,戏曲是一种最普遍、最受人欢迎的娱乐形式。豪商大贾无疑是仅次于皇家最有钱的观众群。一个剧种、一个戏班,能否赢得豪商大贾们的喜爱和支持,对一个剧种或戏班关系甚大。山陕的梆子戏,徽州的徽调之所以能在各地流行发展,与西商和徽商的支持密不可分。

1. 徽商对戏曲的贡献

傅岩《歙纪》卷八"纪条示"中指出:"徽俗最喜搭台观戏。"为了满足声色娱乐需要,许多豪商大贾都养有家乐,即家庭戏班。如明万历年间徽州富商潘侃就经常以"鞠蹴、技击、倡优杂戏"来招待宾客。[18]明末,由吴地发展起来的昆曲盛行全国,徽州商人蓄养家班成风,许多著名的戏曲艺人都出自他们的家班,故有了吴徽班之称。如万历年间著名文人冯梦祯《快雪堂集》卷五十九记载:"赴吴文倩之席,邀文仲作主,文江陪。吴徽州班演《义侠记》,旦张三者,新自粤中回,绝技也。"明末徽商家班最著名的有汪季玄家班、吴越石家班等。明代著名戏曲理论家潘之恒为徽商潘侃之孙,他在介绍汪季玄家班时说:"社友汪季玄招曲师,教吴儿十几辈,自为按拍协调,举步发音,一钗横,一带扬,无不曲尽其致。"[19]从潘之恒的记载来看,汪季玄精通戏曲曲律,有很高的艺术修养。他喜爱昆曲,为了使家班能演唱纯正的吴音,不仅请来曲师教唱,而且从江苏招来十几个女孩子学戏,可谓费尽心思。吴越石家班以搬演汤显祖的《牡丹亭》著称。潘之恒称该班演出《牡丹亭》"能飘飘忽忽,另番一局于飘渺之余,以凄怆于声调之外,一字不遗,无微不极"。潘之恒赞赏徽商吴越石"博雅高流",说吴越石排演《牡

22

丹亭》,"先以名士训其义,继以词士合调,复以通士标其式"。[20]潘之恒所说的"名士"、"词士"、"通士"相当于现在的编剧、音乐设计、导演,名士讲解剧情、人物,词士设计唱腔,通士指导排演。由此可见,徽商家班的演出是非常讲究的。

前面我们曾经谈到,徽州和江西、浙江在地理、交通、经济等方面关系非常密切,因此,海盐腔、弋阳腔在明代中叶以后通过徽商传到徽州,促进了本地戏曲的发展。万历二十七年(1599),"休宁迎春,共台戏一百零九座。台戏用童子扮故事,饰以金珠缯彩,竞斗靡丽美观也。"[21]台戏是以儿童装扮成戏中的场面,立于成人的肩上游行,或立于桌子上由成人抬着游行的一种民间表演艺术,虽然不能等同于戏曲演出,但是在戏曲的影响下产生的,从中也可以看出休宁戏曲活动繁盛的一个侧面。时过一年,也就是万历二十八年(1600),歙县也举行了一次以戏曲演出为特征的盛大迎春活动。这次在徽州府邑城东举行的迎春赛会,"设戏台三十六座,由来自吴越名优及徽商之家班伶人献艺竞技,演出各种传奇。潘之恒《亘史》叹曰:'从来迎春之盛,海内无匹,即新安亦仅见也。'"[22]

清乾隆年间,昆曲开始衰落,花部地方戏兴起。徽商顺应历史潮流,既对衰落的昆曲予以大力扶持,又对花部的兴起予以热情支持。乾隆五十年(1785)北京禁演花部戏曲,秦腔著名演员魏长生应徽商江鹤亭邀请南下扬州演出。江鹤亭对魏长生非常敬重,演戏一出,赠白银一千两,极大地刺激了扬州花部戏曲的发展。乾隆皇帝六次南巡,都在扬州停留,为了满足皇帝的娱乐需要,时为两淮盐商总商的江鹤亭,征集四方名旦,先后组成了德音班,合京、秦两腔的春台班。除江鹤亭外,扬州的徽商,拥有家班的还有徐尚志的老徐班,黄元德、汪启源、程谦德的昆班等。因有雄厚的经济实力,这些徽商的家班,争奇斗艳,演员均有二三百人之多,戏箱价值

二三十万两白银,每年开销数万两。如"老徐班全本《琵琶记》,
'请郎花烛',则用全红堂;'风木馀恨'则用全白堂,备极其盛。"
"小张班十二月花神衣,价至万余金。百福班一出《北饯》,十一条
通天犀玉带。小洪班灯戏,点三层牌楼。二十四灯,戏箱各极其
盛。若今之大洪、春台两班,则俱众美而大备矣"。[23]乾隆五十五
年(1790),清高宗弘历八十大寿,在徽商的大力支持下,三庆、四
喜、春台、和春等四大徽班先后进京演出,此外,到京的还有嵩祝、
金钰、重庆、四庆、五庆等徽班。徽班进京,大大加强了花部的势
力,促进了首都戏曲的繁荣,为京剧的形成创造了有利条件。徽班
之所以能进京并占据北京戏曲舞台,是与徽商提供经济上的大力
支持分不开的。从上述我们可以清楚地看出,徽商对中国近代戏
曲的发展所作出的重要贡献。

2. 西商对戏曲的贡献

与徽商对戏曲贡献不同的是,西商对戏曲发展的贡献,主要是
将山陕一带形成的梆子戏,推向了全国各地。

梆子戏是明末清初在山陕豫民歌和民间说唱艺术的基础上吸
取北杂剧和昆曲的剧目及表演艺术而形成的剧种,清乾隆中叶发
展成为板腔体的戏剧形式。乾隆末年到嘉庆年间,梆子戏占领山、
陕、豫的戏曲舞台后借助山陕商人势力的支持迅速向大江南北、长
城内外发展。过去曾有这样一句谚语,谓"商路即戏路",这句话
扼要地说明了戏曲和商业贸易的密切关系。形成于山、陕、豫交界
地带的梆子戏在占领这三省城乡的戏曲舞台后并没有满足。因为
这三省虽然有像西安、太原、平阳、开封、洛阳这样一些人口密集、
商业发达的城市,但广大乡村却随着生态的恶化和封建统治阶级
的残酷剥削越来越贫困。贫瘠的土地只能养活一半的人口,另有
一半多的人口只得另谋生路,家有积蓄者携资出外经商,家赤贫如
洗者送子弟入科班唱戏。因此在清乾隆以后,山陕各地的戏班如

雨后春笋般涌现出来,但当地群众经济有限,娱乐亦有限制。僧多粥少,迫使一些戏班向外地流动,开辟新的观众区。

一种声腔剧种向外发展,需要一定的条件,诸如自身有较高的艺术水平,足以超过所去地区的戏曲剧种或其它的艺术形式;有一定经济实力的观众的支持。梆子戏在乾隆晚期已具备了这样的条件。特别是后者,有得天独厚的优势。《五台新志》曰:山西商人"皆服贾于京畿、三江、两湖、岭表、东西北三口,致富皆在千里或万余里外,不资地力"。他们离乡背井,远离亲人,虽然在物质生活上比较富裕,但精神生活却非常贫乏。为了解除思想上的空虚与寂寞,他们常常不惜重金邀聘家乡的戏班来演出家乡戏。这样,邀班唱戏,逐渐在山陕商人中形成风气,并影响到当地的其他观众,梆子戏就在外地站住了脚,有的甚至扎下了根,长出了新枝,开出了新花。梆子戏班在外地有利可图,有些名角并由此而发了财,更刺激了梆子戏向外流动。为了更好地欣赏家乡戏,在山陕商人聚集的一些商业重镇的山陕会馆都建有规模宏伟的戏台(又称乐楼),如现存于河南社旗的山陕会馆戏台,山东聊城的山陕会馆戏台等。"逢年过节或每月之朔,同乡欢聚一堂,祭神祀祖,聚餐演戏。"[24]一些虽有山陕商人聚集,但距离山陕比较远的小城镇,一般无固定的梆子戏班长期演出,而一些商业中心城市如北京、天津、上海、张家口等地则有梆子戏班长期演出。这些城市,山西商人势力非常大,如北京在清代共有 55 个商人行会,山西商人会馆就有 15 个。徐珂在《清稗类钞》中指出:"京师大贾多晋人","他们不仅垄断着票号、钱庄、当铺、颜料、染坊、粮食、干果、杂货等一些重要行业,而且无孔不入地渗透到北京经济的各个部门。"[25]

北京山西商人多,且紧邻晋地,所以山西梆子戏班和名伶源源不断地进入北京。据《北京梨园金石文字录》记载:早在雍正五年就有山西伶人在北京演出,并有"□□桂系山西太原府阳曲县人"

成为梨园公会的会首之一。乾隆初年,北京将来自山陕的梆子戏看作与雅部昆曲相对称的西部西曲,它"似昆曲而音宏亮,介乎京腔之间",可见还是集曲体的梆子乱弹戏,而还未过渡到板腔体的梆子戏,有人将此称"勾腔",其著名演员为"薛四儿名良官者"。[26]乾隆晚期至道光年间,号称"山陕双和、顺立"两个戏班在北京长期演出,双和班的名旦李小喜以扮相俊雅、声情并茂而享盛誉。《燕都梨园史料》载《听春新咏》曰:"小喜姓李字香渠,年二十,山西人,双和部。丰神温雅,眉目清妍,颇有楚楚可怜之致,曾见其《香山》一剧,双弯纤藕,百啭新莺,与徽部张梦香各极其妙,去岁归家,不登场者数月,今春重返歌楼,演剧更妙。"到了同光年间,因"北京银号皆山西帮,喜听秦腔(山陕梆子戏的雅称),故梆子班亦极一时之盛,而以义顺和、宝胜和两班为最著名"。[27]义顺和、宝胜和均为固定在北京演出的梆子戏班,两班的主要演员大部分是来自山西的名伶,如郭宝臣、侯俊山、天明亮、水上漂、云遮月、盖天红、小旋风、五月仙、一阵风等人。三晋凡有点名气的演员无一不被吸引在京都演出。

天津在清末民初是我国北方最大的商业城市,且紧靠京都,亦是山西商人聚汇的地方,如山西祁县帮大票号恒义隆、天德隆、福成德均设在天津,其它山西票号亦多在天津设有分号。山西梆子班社及名伶来京必到津。天津的山西商人若听说北京有某某山西梆子班或某某山西梆子名伶演出,必派人将他们请来演个三月五月而不肯罢休。据名票友王庚生先生介绍:"山西梆子初来京、津时,是先在会馆唱,由老乡们(大部分是山西商人)看看能否叫座,能叫座然后才正式在园子里演唱,否则唱一天就回去。后来山西梆子在京津能站住脚,再来新角,就不经在会馆先试演几天的阶段了。"[28]久而久之,山西梆子在京津扎下了根,北京出现了具有北京特色的京梆子,其代表人物是梁达子、田际云;天津出现了具有天津特色的卫梆子,其代表人物是魏联升。辛亥革命之后,天津涌现了一大批梆子女演员,她们将卫梆子带到北京,大受北京观众的欢迎,从而取代了山西梆子和京梆子老艺人的地位。后来的河北梆子基本上继承的是卫梆子的艺术。但是无论京梆子,还是卫梆子,它们均是山西梆子流传到京津之后受当地戏剧艺术和群众的审美趣味影响而发展的结果,其间,在京津的山西商人起到了修桥铺路的重要作用。

清中叶以后,在江南山西商人最多的地方是上海。"上海山西的票号在光绪二年时有二十四家,赁宝善街庆兴楼后院,于光绪五年集资(每家五百两)购买北河南路口七蒲路 188 号为行会地址,名为'汇业公所',前为关帝庙,后为集会楼。"为迎合山西商人欣赏家乡戏的需要,宝善街曾开设"丹桂茶园",有梆子班常年在此演出,供山西客商娱乐。另外,群仙茶园、大观园等戏院也经常演出梆子戏。十三旦侯俊山曾五次来上海献艺,其他名伶如水上漂、人参娃、自来红、一阵风、草上飞等也多次到上海演出。由于山西客商的爱好和欢迎,"秦奉票号的非山西人,跟着趋之若鹜,这么一跟进,梆子顿时立刻红得北平有专门梆子科班,上海二黄班非有梆子中场带演压轴大轴,不成其为一台戏。"[29]这种梆子戏雄居京沪戏曲舞台的局面,一直持续到民国初年山西票号衰落之时。

张家口为北方重镇,清中叶成为中俄、蒙汉通商的交通枢纽和物资集散地。拥有雄厚财力的山西"骆驼帮"商旅,纷纷来张家口开办钱庄和银号,建立作坊和商店,大批的山西人移居张家口,带来了已经盛行在晋中的山西中路梆子。因为中路梆子比较柔和婉转,且有晋中商人的支持,很快就风靡张家口各地,成为张家口一带的主要剧种,一些原来演唱蒲州梆子、北路梆子的演员也因此而纷纷改唱中路梆子。在石太铁路通车之前,张家口是山西到北京的主要通道。由于张家口的戏曲观众见多识广,欣赏水平高,山西梆子演员到京津沪演出，必先到张家口唱红，才能成为挂头牌的名角。张家口不仅是山西商人云集的地方，也成了山西梆子名伶荟萃的地方，清代的张家口不仅市内有大兴园、小兴园等高水平的梆子科班，在它周围各县亦成立过不少山西梆子科班。山西梆子戏班曾沿着商路远达多伦、库伦（今蒙古人民共和国境内）演出，这些地方亦是山西商人的贸易点。

除京、津、沪、张家口之外，成都亦是山西商人汇聚的地方。《东华录》载光绪十一年丁宝桢《复开源节源疏》云："查川省仅天成亨……日升昌、蔚泰厚等九家均由山西平遥、介休等县承领东本，来川开设店号。"梆子腔所以能由秦晋入蜀，成为川剧的声腔之一"弹腔"，无疑与秦晋商人在川的贸易活动有关。贵州、云南有梆子戏的遗响也与山陕商人在这些地方的贸易活动分不开。清代诗人郑珍有"蜀盐走贵州，秦商聚茅台"的诗句。所谓秦商亦包括晋商在内，"当时运销食盐的商人和票号，大都是山西人和陕西人。这些商人腰缠巨万，生活奢靡，终日饮宴，为了提高酒的质量，就从山西雇了酿制杏花村汾酒的工人来茅台村和本地酿酒工人共同研究制造"出茅台酒。[30]山西商人将家乡的酿酒技术引进贵州，同样，为了娱乐的需要，也会把梆子戏引进贵州的，这恐怕是云贵有梆子戏的原因之一吧。

甘肃、宁夏、青海、新疆既为梆子戏的流传地，亦是西商活动的势力范围。银川、西宁、兰州、敦煌、张掖、乌鲁木齐都曾有山陕商人建的会馆和戏楼。总之，凡梆子戏盛行的地方，必定是西商云集的地方，只要有西商的踪迹，常常能找到梆子戏的遗响。

西商对戏曲的贡献，最为显著的是对山西梆子戏的改革和发展。乾隆时期，在山西境内演唱的梆子戏并无剧种之分，约在嘉庆年间有了南、北之分。道光年间，晋中商人势力崛起，他们非常喜好家乡的地方戏，但觉着梆子戏过于高亢，秧歌戏虽然委婉但演不

28

了整本大戏，欲得到一种介于二者之间的新腔。这时恰有一些不适合高调的艺人和文人研制新腔，他们将原有的梆子腔糅合进了晋中秧歌，并对原有的伴奏乐器进行了大胆的改革，演出后立刻得到晋中豪商大贾们的支持和广大群众的喜爱。同光年间，晋中商人纷纷出资成立"字号班"，其影响较大，延续时间较久的有祁县渠姓号称金财主为东家的"双聚梨园"，有太谷县杨诚斋为东家的"锦梨园"和"二锦梨园"；有太谷县胡万义成立的"万福园"与"小万福园"，有平遥县田永富为后台老板的"自诚园"，冀舞斋为老板的"锦艺园"等。在张家口经商的山西商人亦有成班的。如"山镇有家最大的货栈，字号叫'德和栈'……掌柜的叫王肃岐，是祁县人，是个票友，他出钱资助，聘请名伶'狼山红'和'狼山黑'，办了一个戏班带科班，名曰'狼山班'常年在康庄、延庆、怀来、赤城、龙关、涿鹿、矾山一带活动。"[31]

晋中商人不仅是中路梆子戏的忠实观众和强有力的支持者，而且有不少人吹拉弹唱、粉墨登场，是中路梆子艺术的实践者。如清末张家口四大票友都是商人出身，其中"第三位是吴志远，山西忻县人，'裕园永'的伙计，为人伶俐，板胡、二弦、大锣、板鼓、铙、梆子样样能拿，生、旦、净、末、丑行行能演，且能博得彩声！第四位是杨柱，山西太谷人，'大德庆'的伙计，文场能拉二弦，武场能打大锣，擅串红、黑两行，行家看了都能点头赞许！"[32]晋中商人从掌柜、帐房先生到伙计，许多人都会唱中路梆子。各柜上都备有全套伴奏乐器，晚上关了门板，没事干，大家就在铺子里吹拉弹唱，自我欣赏。有的甚至成立起业余性的剧团叫"自乐班"，如库伦山西会馆的社头、"大盛魁"商号的掌柜罗弼臣"物色了二十几个出色的票友，在会馆里成立了'自乐班'，一切开支皆由'大盛魁'供给。每逢初一、十五，逢年过节，他总要在会馆大客厅里打坐场。遇到哪家商号办坐场，他也带上'自乐班'去凑热闹"。[33]

由于晋中商人的喜好和支持,中路梆子得以在同光年间迅速发展,成为观众最多、势力最大的梆子声腔剧种。

徽商和西商对我国戏曲的发展产生过积极的作用,但戏曲艺人在经济上依附于豪商大贾,亦对戏曲产生过负面的影响。如一些女演员依附于豪商大贾以后,失去了人身自由,过早地脱离舞台;一些演员为了金钱,取媚于豪商大贾,在舞台上演出内容庸俗、品格低下的剧目等等。尽管如此,徽商和西商对戏曲发展所作出的贡献是不可低估的。

注释:

[1]谷霁光:《明清时代之山西与山西票号》,《厦门大学学报》二集,1943年7月。

[2]《东华录》。

[3]张瀚:《松窗梦语》,卷四。

[4]汪道昆:《太函集》,卷四十三。

[5]汪道昆:《太函集》,卷四十五。

[6]万历《歙志·货殖》。

[7]万历《休宁县志》,卷一。

[8]《新安休宁名族志》,卷一。

[9]婺源《三田李氏统宗谱》,卷六《处士起凤公传》。

[10]《遵岩先生文集》,卷三十二《黄梅原传》。

[11]《黟县三志》,卷十五《舒君遵刚传》。

[12]《古歙岩镇镇东碘头吴氏族谱·吴南坡公行状》。

[13]乾隆《绩溪县志·序》。

[14]陈其田:《山西票庄考略》。

[15]《二刻拍案惊奇》,卷三十七。

[16]康熙《黟县志》,卷一《风俗》。

[17]嘉靖《徽州府志·风俗》。

[18]汤显祖:《有明处士潘仲公暨配吴孺人合葬志铭》,见《汤显祖集》诗文集卷四十。

[19][20] 潘之恒:《鸾啸小品·情痴》,转引自汪效倚:《潘之恒曲话》,北京,中国戏剧出版社,1988。

[21]《寄园寄所寄》,卷十一。

[22]《中国戏曲志·安徽卷》,42 页,中国 ISBN 中心,1993。

[23]李斗:《扬州画舫录》卷五。

[24][25]李华:《明清以来北京的工商业行会》。

[26]《燕兰小谱》。

[27] 陈彦衡:《旧剧丛谈》。

[28]《河北梆子史料·访问集》。

[29]《梆子检讨》,见《半月剧刊》一卷二期,1936 年 8 月 1 日。

[30]《茅台酒的诞生》,见《工商史料》第 1 集。

[31] 铃子:《梨园世家》(八),《长城文艺》1982 年 9 期。

[32] 铃子:《梨园世家》(四),《长城文艺》1982 年 1 期。

[33] 铃子:《梨园世家》(十),《长城文艺》1983 年 1 期。

●郑志良

北京大学中文系

明代徽商与昆曲的兴盛

　　昆曲兴起于明代中叶,苏州是它的发源地,苏州一带的文人士大夫以其丰富的戏曲创作和活跃的家班演出为昆曲的兴盛创造了极为有利的人文环境,可以说,在昆曲发展的过程中,苏州文人起了至关重要的作用。但在昆曲发展的过程中,还有一股力量也不可忽视,那就是徽州商人。徽商也崛起于明代中叶,江浙一带是徽商经营的重点区域,时间和空间上的遇合为徽商介入昆曲的发展提供了客观条件。徽商大贾在江浙一带奢侈性消费促进了昆曲演出市场的发展,同时,徽商为了商业上的需要,他们投入资金养家班、教戏子,以此为工具加强与官宦阶层的交流,对提高昆曲表演艺术水平、扩展昆曲的传播范围也起了积极的推动作用。

一

　　提起徽商,人们往往会想起"徽骆驼"一词,这是形容徽商像骆驼一样吃苦耐劳,而且我们能够在许多徽商传记中看到对他们勤俭持家的描述,这不过是徽商生活的一个侧面,徽商追求声色之娱也是很有名的。汪道昆《太函集》卷二《汪长君论最序》说:"新安多大贾,其居盐策者最豪,入则击钟,出则连骑,暇则召客高会,侍越女,拥吴姬,四坐尽欢,夜以继日。"[1]李维桢也说:"新安高赀贾人饬冠剑,连车骑,博戏驰逐,好气任侠,作色相矜,后房佳冶曳

32

纨繂,珥金翠,别有名倡选伎,歌房舞衫与金谷绛帷争胜。"[2]徽商中有许多人是从小就开始经商,有些则是科场上不得意转而经商,虽然有一定的文化知识,其中也有一些人喜欢吟诗作赋,但雅俗共赏的戏曲还是他们最钟爱的艺术样式。徽商中有许多人酷好戏曲,如休宁商人汪元蠡"特好声伎,所值柔曼倾意,至垂橐与之,岁入足以更费,不为衰止也"。[3]由于万历以后,昆曲成为曲坛霸主,江、浙尽皆流行昆曲,徽商所爱好的戏曲也是以昆曲为主。虽说"无徽不成镇",徽商的足迹几遍天下,但徽商中财力雄厚的还是集中在江浙一带,这是因为两淮、两浙的盐业有丰厚的利润,在两淮盐业经营致富的徽商有的卜居扬州,更多是居住南京,这里成了富商大贾的销金窟;在两浙盐业中经营致富的徽商大多居住在杭州,这里也是富商云集的地方。南京、杭州加上昆曲的发源地苏州是明代昆曲演出的三个中心。在南京、杭州活动的徽商对两地昆曲演出的繁盛有重要的影响。

南京是明代的留都,这里挤满了失意的官僚、落魄的文士以及腰缠万贯者,王思任曾说:"金陵故四方大都会,奸利者于斯,而大豪古侠亦于斯。"[4]他们是娱乐场中的主要消费群体,万历以后,徽商大贾们更是渐领风骚。侯方域《壮悔堂文集》卷五《马伶传》云:"马伶者,金陵梨园部也。金陵为明之留都,社稷百官皆在,而又当太平盛时,人易为乐,其士女之问桃叶渡、游雨花台者,趾相错也。梨园以技鸣者,无论数十辈,而其最著者二:曰兴化部,曰华林部。一日新安贾合两部为大会,遍征金陵之贵客文人,与夫妖姬静女,莫不毕集。"[5]侯方域的《马伶传》写马伶在某丞相门下呆了三年,习得丞相精髓,其后演《鸣凤记》中的严嵩而酷似之,他不是为马伶作传,而是为某丞相作传,是说某丞相属严嵩一类的人物。侯朝宗所写的马伶的故事并非是完全虚构的,他在传中提到的南京两个有名的戏班兴化部、华林部确有其事。潘之恒《鸾啸小品》卷二《致节》云："淡节者，淡而有节，如文人悠长之思，隽永之味；点水而不挠，飘云而不残，故足贵也。惟金陵兴化小班间有之。其人多俊雅，一洗梨园习气。就中周旦最胜，朱林、高瞻与齐声。"[6]《亘史》外纪"金陵卷六"《宇非英传》云："宇嫩字非英，华林七桂之首选也。母曰淑芳，故以婉丽倾国，其蹴踘、声调，擅名少年场，晚得非英，珍如掌上。"[7]同卷《卫嫣红传》："卫九，名紫英，字嫣红，余向品七桂，在季孟间。"[8]至于徽商即新安贾合两班唱对台戏，遍请金陵贵客观演的举动，也足以说明其时徽商在娱乐场中的影响。

"曾卜秦淮冶艳游，征歌选伎醉青楼。可怜玳瑁筵前事，化作人间一段愁。"[9]这是明代徽商艳游金陵的真实写照。明太祖定都南京即定下规矩，青楼妓院不许官僚涉足，只允许商人出入，因此这里的青楼也就成了商贾的行乐窝。沈德符《清权堂集》卷五有《秦淮冶儿曲》十六首写各色人物冶游金陵的事情，其中一首云："珠琲犀玉贮筐簏，坊曲先期约久成。昨日新安盐贾至，尽酬高价不须评。"[10]可见徽商在游乐场中出手之豪阔。出身于徽商世家的明代文人潘之恒在他的《亘史》里记载了南京青楼繁盛的景象，这里的名妓都是多才多艺之辈，而且许多是演剧的高手，如杨美、顾筠、王卿持、杨仙度等人其技艺更在一般职业戏子之上；张岱也说："南曲中妓，以串戏为韵事，性命以之。"[11]而其时"南曲中妓"所串之戏几乎都是昆曲。徽商中卜居南京的豪客往往与妓女过从甚密，他们追求声色之娱的同时，也促进了昆曲表演艺术的进展。"金陵之工吴音，自傅灵修以登场声扬，而王卿持以惊坐见赏，后来秀出者为筠卿，两擅之，直掩傅、王上，一时推许，以比魏之翔凤。"[12]傅灵修是职业戏子，其父傅瑜是郝可成小班中的名角，而王卿持、顾筠是名妓中擅长演剧的人，她们都有徽商大贾相游处的经历，如王卿持，"喜习吴曲，若黄问琴、许、倪诸家，莫不参调，

34

新韵经其喉舌,即遏云流汉,众皆敛避,不啻青出于蓝,姊妹辈未有与之颉颃者矣"。[13]潘之恒记载他曾与徽商吴嗣宗相友善,《王卿持传》云:"辛亥之夏,余客广陵僧舍,忽友人吴嗣宗、君衡见访。君衡云:'叔氏挟来校书来。'至,则卿持也。慷慨激烈,霞举云飞,广陵烟月间,何得有此人,为之懼然!嗣宗谓余:'卿持近时声调较昔益高,请为史试之。'余谢曰:'见卿持,岂复从声调中求邪?'于是挟之江淮,溯洄宛转,无不当卿持者。余复聊萧之:'卿不徇名,乃复为诔?转若以情真,则卿持得毋诔吴郎乎?'冬抵金陵,两人之盟尚不谕也。"[14]顾筠卿也曾被徽商"挟之作新安山水之游,寻西湖、金闾胜迹,登京口三山,观广陵琼花而归。涉春夏之交,往返数千里。"[15]

徽商常年行商在外,生活难免寂寞,有些商人除了在徽州有家室之外,他们在经商的地方又另置一室,出现"两头大"的情形;有些人商人则采取包养的方式,从妓院中挑选色艺双全的女子陪伴在身边,这当然要有雄厚的财力做基础;还有一些徽商在致富之后选择定居南京,他们奢华的生活为昆曲的繁盛提供了温床。如被时人称为"天下大侠"的汪宗孝,《两淮盐法志》介绍他说:"汪宗孝字景纯,歙诸生,……能屏风上行。有李某爱姬为豪客所夺,宗孝出之曲室中,其家惊以为神。居恒谈古今事变、人物臧否,有不可一世之概。荐绅先生愿见之者,酢酬如平生欢,率不报谒,有难则千里赴之。与大学士叶向高、总兵官刘绾相友善,化亭陈继儒题其像曰:'名宰相因之登于朝,大将军违之溃于塞。'指叶与刘也。"[16]汪宗孝少年习武,后到扬州业盐,发家后移住南京,"得王孙故宅废圃,拓而新之,水竹花石,位置都雅。为墺室连阁,洞户绮寮,择稚齿曼容,千金百琲者贮之,教以歌舞,尽一时妙选,自非襟契不得与曲宴。翠屏绛帐中,香气与人声俱发,若鸾凤鸣烟云间。陆游则缇帷竞道,舟居则箫鼓沸波,人望之如仙,即无客亦拥诸姬

35

为乐,浮大白,呼五岳,无间寒暑日夕"。[17]通过这则记载可以看出汪宗孝拥有自己家班,臧懋循、吴梦旸都曾看过汪宗孝家班演出。臧懋循《负苞堂诗选》卷五有《九月十六夜集汪景纯宅,同吴允兆、诸德祖诸君子听妓,因拈庭来罄时韵,赋得四绝》云:

> 洞户层轩放不扃,递将歌妓借人听。不知余曲还留几,但觉霜华飞满庭。
>
> 疑到秦家学凤台,歌筵四面锦屏开。虽然佳丽无从见,时送香尘隔栋来。
>
> 传得当年子夜新,一声堪动满筵人。曲中若到伤心处,难道青蛾不自颦。
>
> 艳质偏宜最艳词,欢情惟有酒能知。一倾一石应难醉,何必罗襦半解时。[18]

吴梦旸《射堂诗抄》卷十三《汪景纯室听伎,同晋叔、诸德祖赋四首》云:

> 客有秦青技最工,顿令心赏发丝桐。销人旧恨过于酒,不待尊前一曲终。
>
> 无如此地度今宵,胜友名娟恣意招。翻怪绕檐千个竹,艳歌强半入萧萧。
>
> 邻娃门巷柳行齐,不管藏乌夜夜啼。年及破瓜欢未别,歌声偏引翠眉低。
>
> 新声几度变江南,四部烟花可尽探。忽忆秋娘弦索手,北风孤雁泪空弹。[19]

臧、吴两人的诗写同一天看汪宗孝家班演出的事。吴梦旸被潘之恒称为"审音者",[20]他与汪宗孝过往密切,其《再过汪景纯四首》仍写到听曲事,其中有二首云:"金陵乐府杜秋娘,宛转新声隐洞房。林木尽飞江水咽,那教人听不回肠。""吴趋竞奏不曾停,想像容辉照后庭。多少明珠能换得,道人何福许来听。"[21]

36

汪宗孝的堂兄汪宗姬也是一个挥金如土的徽商，谢肇淛说："余友人汪宗姬巨万，与人争尺地，捐万金，娶一狭邪如之，鲜车怒马，不避监司前驱，监司捕之，立捐数万金，不十年间萧然矣。"[22] 汪宗姬还是一位剧作家，庄一拂先生《古典戏曲存目汇考》载："汪宗姬，字肇邰，一字师文，号休吾子，徽州（今属安徽）人。有《儒函数类》，所录故实，皆以数统计。"其传奇作品有《丹管记》、《续缘记》，今已遗佚。汪宗姬后移居南京，因此清人陈作霖的《金陵通传》中也有他的传记，《金陵通传》卷二十二有："汪宗姬，字肇邰，一字海云，上元人。工画山水人物。尝流江误附贼舟，约与夜劫某船，宗姬阳诺，因开箧，人画一扇赠之。及饮酒，用鼻吸尽，作诸戏以如贼，贼酋不觉沈醉，遂不及行动，而某船以免。每自谓作画不用手，饮酒不用口云。著有《颖秀堂稿》。"[23] 像汪宗孝、汪宗姬这样的徽商，其消费行为无疑会促进昆曲演出的兴盛，在南京正是因为有像徽商这样的消费体存在，"时善音者皆集金陵"。[24]

明代徽商另一个集中地是浙江杭州，徽商在杭州也是一个生活奢侈的群体，王思任说："西湖之妙，山光水影，明媚相涵，图画天开，镜花自造，四时皆宜也。然涌金门苦于官皂，钱塘门苦僧、苦客，清波门苦鬼。胜在岳坟，最胜在孤山与断桥。吾极不喜豪家徽贾，重楼架舫，优喧粉笑，势利传杯，留门趋入。"[25]

杭州的徽商以汪汝谦（字然明）为代表。因在钱柳因缘中，汪然明出力最多，因此陈寅恪先生在《柳如是别传》中对汪然明颇有考述，但汪然明的真实身份是在两浙行盐的徽商，《钦定重修两浙盐法志》卷二十五"商籍二·人物"有："汪汝谦字然明，歙丛睦人，万历丙子贡生。年十三而孤，崭然如成人，事母捧手肃容，视气听声七十年如一日，于诸兄姊同仁均爱，人无间言，收族三党，婚嫁葬埋及缓急叩门无不应。善属文，有《春星堂文集》、《梦草轩诗集》、《双青阁法帖》行世。业盐桐江，急公办课，杜绝私贩，桐民至今赖之,子孙会元以科第世其家,称望族云。"[26]汪然明也是个昆曲爱好者,他同昆曲名教习苏昆生、戏曲大家李渔的关系都颇为密切。《春星堂诗集》卷六《延芬堂集》有《哀苏昆生》诗三首,其序言曰:"昆生以清曲擅名,久游先大父之门,后为梅村先生赏识,年七十余寄寓惠山僧舍,己未夏竟卧疾死,诗以悼之。"[27]《延芳堂集》作者汪鹤孙是汪汝谦之孙,汪鹤孙说苏昆生久游其祖父之门,可见汪然明与苏昆生是相当熟悉的,汪然明与李渔彼此有诗歌唱和,《春星堂诗集》卷五《梦香楼集》中载有李渔次韵汪然明诗七绝四首,李渔的诗集亦有《元宵无月,次汪然明封翁韵,时座有红妆》[28]及《清明日汪然明封翁招饮湖上,座皆名士,兼列红妆》[29]等诗提及汪然明,而且陈寅恪先生认为李渔的《意中缘》一剧在取材上都与汪然明及其周围的名士刹女有关。陈寅恪先生说:"后来李笠翁作《意中缘》剧曲,以杨云友配董玄宰,林天素配陈眉公。游戏之笔,殊有深意。……然不及柳如是配钱牧斋,林天素配汪然明,更为理想之因缘。此点笠翁亦未尝不知,不过当时尚未有避忌,不便公然形诸楮墨。其中间有关涉然明者,则以'江怀一'或'江秋明'假名代之,实不得已也。"[30]李渔后来遭到董其昌后人董含的痛诋,可能与他创作此剧有关。

汪然明生活于明末清初,他为人侠义好客,家有楼船名"不系园",亦名"随喜庵",是红裙刹女、文人高士雅集之所,黄汝亨曾为汪然明作《不系园约》,有"十二宜"、"九忌"之说,"十二宜"乃"名流、高僧、知己、美人、妙香、洞箫、瑟、清歌、名茶、名酒、肴核不逾五簋、却驺从",九忌乃"杀生、杂宾、作势轩冕、苛礼、童仆林立、俳优作剧、鼓吹喧填、强借、久借"。汪然明虽说在不系园上忌俳优作剧,这不过是一种标榜清高,当他的画舫借给别人用时,也就由不得他了。张岱《陶庵梦忆》卷四《不系园》云:"甲戌十月,携楚生往不系园看红叶。至定香桥,客不期而至者八人:南京曾波臣、东阳

38

赵纯卿,金坛彭天赐,诸暨陈章侯,杭州杨与民、陆九、罗三,女伶陈素芝。余留饮。章侯携缣素为纯卿画古佛,波臣为纯卿写照,杨与民弹三弦子,罗三唱曲,陆九吹箫。与民复出寸紫檀界尺,据小梧,用北调说《金瓶梅》一剧,使人绝倒。是夜,彭天锡与罗三、与民串本腔戏,妙绝;与楚生、素芝串调腔戏,又复妙绝。"[31]当不系园借给张岱这样的奢华公子,免不了又有"优喧粉笑"。

对于徽商来说,他们的奢侈性消费可能有种种心理动机,从大处说,几千年商人一直处在被压抑的状态中,他们总是被人歧视,到了晚明那种社会氛围中,商人可以肆无忌惮地炫耀自己的财富,徽商亦可借此冲击一下人们的观念,即商未必不如士、农、工;从小处说,徽商的奢侈性消费亦是向世人展示自己雄厚的财力,这只是商业经营与商业竞争中的一种手段。但是,对戏曲而言,他们的奢侈性消费在客观上也为戏曲的发展提供了一定的物质基础。

二

明代的徽商不仅喜欢昆曲,而且还对这种艺术样式加以利用,以达到自己的某种商业目的。徽商为了赚取更多的利润或是为了保护自己的财产,必须取得政治上的庇护,他们一方面大量投资教育,使自己的子弟跻身仕途,"新安富人,其子弟必以赀为郎,为太学生,或关说为郡邑诸生,至贵家子益羞与韦布伍,俗使然也",[32]我们能看到许多这样的徽商家庭:既有人做官,又有人经商,在一个家庭内部就能实现官商互济;另一方面又通过各种方式交结权贵,或以金钱铺路,如李维桢所说:"新安人好客,或行媚要路,得其一顾不惜行金钱。"[33]或与官宦之家联姻,既博取好的声名,又找到政治靠山,如清初叶燮就说:"新安人贾于吴下者皆鲜衣豪马,日趋趄达者之门,缔姻交为荣,名炫宗党。"[34]明万历以后,昆曲风行天下,许多文人士大夫、官僚显贵都爱好昆曲,徽商也投其所好，畜养戏子以相赠，"今商贾之家……畜声乐伎妾珍物，援结诸豪贵，籍其荫庇"，[35]其中很典型的如徽商汪季玄，他于万历三十九年教成一个昆曲戏班，后来送于当时的名宦范允临，范允临又把它赠给王孙朱承綵。

潘之恒《鸾啸小品》卷三《广陵散二则》云："余辛亥促夏，访李本宁太史于京口，同至广陵。社友汪季玄招曲师，教吴儿十余辈。竭其心力，自为按拍协调。举步收音，一钗横，一带扬，无不曲尽其致。为余具十日饮，使毕技于前。且衣披绡衣，抵旅次，乞诗以示指南。余喜吾乡之有赏间也，欣为之品题。得十三首，以二序冠之。其浓淡烦简，折衷合度，所未能胜吴歈者一间耳。别之五年，季玄且厌去，以赠范学宪长倩，欲终其爱，以进于技，令得列之班行。"[36]《鸾啸小品》卷二《吴剧》："今范益二班，其一自广陵来，余友季玄所教成，忽以赠长白。长白悦而优视之。"[37]辛亥是万历三十九年，范允临得汪氏家班在万历四十四年，俞安期《寥寥阁全集》卷三十九《次韵和范长倩观家歌僮作剧二十首，因调长倩》其二[38]即反映了汪氏家班成了范家歌僮。范允临是当时著名的书画家，与董其昌齐名，据汪琬《前明福建布政使司右参议范公墓碑》载："公讳允临，字长倩，自号长白，宋参知政事文正公十七世孙也。以讳汝信者为曾大父，赠太仆卿；讳启晔者为大父，由进士历官光禄少卿；讳惟丕者则公之考也。先世居吴之支硎、太平两山间，太仆公徙家华亭，及公贵而始复，故公为吴人。举万历二十三年进士，授南京兵部主事，改工部员外郎郎中，出为云南按察司佥事提调学政，迁福建布政使右参议，未至任而归。"[39]范允临爱好昆曲，张岱说："我家声伎，前世无之，自大父于万历间与范长白、邹愚公、黄贞公、包涵所诸先生讲究此道，遂破天荒为之。"[40]范允临的家乐与申时行的家乐在吴中齐名，申时行的家乐擅演《鲛绡记》，范允临的家乐擅演张凤翼的《祝发记》，当时即有"申《鲛

40

绡》,范《祝发》"之说。[41]马之骏《妙远堂诗集》集有《和范长倩观国华诸歌童作剧二十首》,其小引云:"国华诸歌郎者,往为广陵汪氏歌儿,以急归长倩,长倩意甚嬖之,予曾同俞羡长度上戏排险韵十八为诗以赠之。"其中一首诗云:"谁论故主与新人,玉树光中奉锦裀。玄圃重关桃失去,可知尘世有飚轮。"[42]从马之骏诗的小引及诗可以看出,汪季玄的家班先是赠给了范允临,范允临又将它赠给朱国华,范允临看朱国华歌童演出,实际上是看自己以前的家班演出,因此有"故主"、"新人"之说。国华即朱承綵,为皇室后裔,《列朝诗集》集"齐王孙承綵"云:"承綵,字国华,齐藩宗支,散居金陵。高帝子孙,于今为庶,国华独以文采风流,高自标置,掉诗坛,鼓吹风雅。"[43]

汪季玄的家班在昆曲史上有重要的意义,它是在扬州组建,谈及扬州戏曲都要提到汪季玄家班,但多年来,人们对汪季玄其人所知甚少,笔者虽未发现有关汪季玄的传记材料,但通过关于他的兄长及妻子的记载,可以知其生平大概。

汪季玄名犹龙,号游清居士,徽州歙县人。潘之恒《黄海》纪迹卷之二十五有"游清居士汪犹龙季玄校",[44]《大泌山房集》卷一百十四《文学汪长公行状》是李维桢为汪季玄的长兄写的行状,其状云:"人言后来之彦有四龙,四龙者伯虞龙,仲见龙,叔人龙,季犹龙,盖同产也。伯、仲已先卒,独见叔、季,标鲜穆少,足副时谈,……。客谓恨使君不见伯让耳,伯让者,虞龙字也。父太学宗时,母鲍孺人。"

顾起元《嬾真草堂集》卷二十七《程孺人传》是顾起元为汪季玄的亡妻写的传,其传云:"孺人之夫曰季玄汪太学,其氏系出歙槐塘之程。曰太学家桢者,是为孺人父;崇德令吉阳公,其大父;少司徒午槐公,其曾大父也。……燕尔之冬,季玄以父命趣之广陵,其行趑趄,孺人觉其意,庄语之曰:'舅以盐策在外,故缓急劝君往,君奈何恋恋帷帘之爱,而忘丈夫所有事邪!'其亟辨,严以行。季玄于是慷慨登车去。季玄攻古文辞,好沉博绝丽之文,而雅游三吴间,意不能亡佳侠好,孺人惧因以驰也,语中从容进曰:'五都之地,日玩心移,往而不能出者众矣,曾是抗心师古,气凌千载者,而与裙屐少年伍,徒耗日月于耳目间哉!'季玄闻之为竦然,历其意。季玄情通敏,喜宾客,每食客满座,诸击鲜豢酒,沦茗涤器,自昼而夜不休,孺人应之⋯⋯,无倦色,季玄以是益多游长者。"[45]通过小传我们可以看出汪季玄是承父业行盐的商人,而且有一定的文化修养,所以他能够"自为按拍协调"。和许多徽商一样,汪季玄也是生活奢华的人,他好客,且有自己的画舫,据汪汝谦《春星堂诗集》卷一《不系园集》载:"自有西湖,即有画舫,武林旧事艳传至今,其规制种种已不可考识矣。往见包观察始创楼船,余家季元继作洗妆台,玲珑宏敞,差是相敌。"(《春星堂诗集》是汪汝谦的玄孙汪师韩刻于乾隆三十八年,为避康熙玄烨之讳,故将"季玄"改为"季元"。)

　　《大泌山房文集》卷一百二《程孺人墓志铭》是李维桢为汪季玄的亡妻写的墓志,墓志云:"汪太学季玄于诸昆弟中,魁岸鸿大而有远韵逸致。诸昆弟多子,季玄六女皆出其室程孺人,孺人既以数举女鞅鞅,而季玄意必得孺人子,不置媵,盖有至情矣。⋯⋯(孺人)年十六而归季玄⋯⋯归之明年举子甚慧而夭。已举五女,内自恚,然不欲季玄知,而疾始兆矣。卒之先一岁,又举一女,恚益甚,而疾不斟,亦不欲季玄知,病革语其母:'吾闻妇人不死男子之手,然不得一言奈何? 他无所憾,此六女谁为之顾复教诲乎?'累日不饮食,元旦稍苏,闻人声,谓女:'若父归乎?'诸女无以应,侍儿曰:'已走人之广陵,归当不远。'翼日晡时命侍儿掖而坐东望,长叹而逝。盖万历壬子正月三日,距生万历乙酉某月日,年二十八。殁十二日而季玄归哭之,恸其夜,梦孺人笄总而拜,相劳苦,指示生平所蓄小物不遗,曰:'今而后君知妻之不负君也。'季玄大恸而瘇,视室中藏管签题识具有条理,姑复为述新妇贤,相向而哭,皆失声。……六女惟仲女兰芝字秘书吴养春之季子某,余未字。"汪季玄的妻子生于万历十三乙酉(1585),因为他们是结发夫妻,所以汪季玄的生年也当在万历十年左右,其妻卒于万历四十年(1612)壬子正月三日,而汪季玄的家班教成于前一年,妻子死后,这个家班与他度过了五年。

家班是昆曲演出的重要形式之一,教成一个家班并非易事,因此经济条件许可,一个家班的存在往往会经历很长时间。在昆曲传播和发展过程中,家班起了很重要的作用。汪季玄的家班主要在扬州、苏州一带演出,而徽商吴越石的家庭昆班主要是在徽州演出,它对昆曲在徽州地区的传播就起了很大的推动作用。

根据潘之恒《鸾啸小品》卷二《艳曲十三首并序》记载,吴越石的家班有演员十三人,生、旦、净、丑,角色齐备,是一个非常完整的家班,吴越石对自己的家班倾注了很多的心血,"先以名士训其义,继以词士合其调,复以通士标其式",因此,他的家班演员演技水平很高,尤其擅演《牡丹亭》,潘之恒说:"临川笔端,直欲戏弄造化。水田豪举,且将凌轹尘寰,足以鼓吹大雅,品藻艺林矣。不慧抱恙一冬,五观《牡丹亭记》,觉有起色。信观涛之不余欺,而梦鹿之足以觉世也。"[46]

吴琨,字越石,号水田居士,他是潘之恒的好友,潘之恒《黄海》纪游卷之十四有"水田居士吴琨越石校"。[47]笔者在国家图书馆看到《新安歙西溪南吴氏世谱》,据谱载,吴越石父为吴真护(字时钦),长子允怡,早亡,次子允愉;吴琨兄弟四人,琨行二,长兄吴珂(字良声),弟吴琰、吴玩。[48]吴琨的生平事迹目前人们了解得不多,但根据他的行径,其人为商人无疑。万历四十年,宣城汤宾尹游黄山就是由其接待安排的。《睡庵集》卷十三《黄山游记》云:

"游之伴,从旌偕者孙伯揆先,道迓者胡嗣虞支、罗远游逸,久相期而中道逢者潘景升之恒,以郝公琰之玺追于海子者余仲升若木、汪长驭元羲,追及松谷者程象虚时叙、吴嗣宗光鼎……后先供张诸游从者吴越石琨,越石至莲花沟,股栗不能梯而返。"[49]吴越石和汪季玄、汪然明一样也是生活奢华之人,他也有自己的楼船,《鸾啸小品》卷一《舟泛》云:"壬子初夏七日,吴越石请泛溪西。昔水嬉以筏夸胜,今替以方舟,上张幄列坐,可容十人尚虚半席。"[50]吴越石还是一位制墨高手,许承尧《歙事闲谭》引麻三衡《墨志》云吴越石所制墨名"无质"。

注释:

[1]《太函集》,万历十九年刻本。

[2]《大泌山房集》卷八十六《潘太学墓志铭》,万历三十九年刻本。

[3]《大泌山房集》卷七十一《汪元鑫家传》,同上。

[4]《谑庵文饭小品》卷四《严云门处士家传》,顺治十五年土鼎起刻本,《续修四库全书》集部第1368册。

[5]清·侯方域:《壮悔堂文集》,清顺治刻本。

[6]汪效倚:《潘之恒曲话》第54页,北京,中国戏剧出版社。

[7]《亘史》,明万历刻本。

[8]《亘史》,明万历刻本。

[9]《亘史》外纪"金陵卷六"《康小四传》,明万历刻本。

[10]《清权堂集》,明刻本,见《续修四库全书》集部第1377册。

[11]明·张岱:《陶庵梦忆》卷七"过剑门",见《陶庵梦忆·西湖梦寻》第149页,北京,作家出版社,1995。

[12]《亘史》外记卷之二十"艳部金陵"《顾筠卿传》,明天启六年刻本。

[13]《亘史》外记卷之二十"艳部金陵"《王卿持传》,明天启六年刻本。

[14]《亘史》外记卷之二十"艳部金陵"《王卿持传》,明天启六年刻本。

[15]《亘史》外记卷之二十"艳部金陵"《顾筠卿传》,明天启六年刻本。

[16]《两淮盐法志》卷四十四"人物二·才略",嘉庆十一年刻本。

[17]《大泌山房集》卷七十一《汪景纯家传》。

[18]《负苞堂诗选》,天启六年臧尔炳刻本,见《续修四库全书》集部第1361册。

[19]《射堂诗抄》,明刻本,见《四库全书存目丛书》集部第194册。

[20]《鸾啸小品》卷二《叙曲》有:"梁伯龙、张伯起、吴允兆,皆审音者也。"

[21]《射堂诗抄》卷十三,明刻本,见《四库全书存目丛书》集部第194册。

[22]《五杂俎》卷之四"地部二",上海,上海书店出版社,2001。

[23]《金陵通传》,台湾成文出版社据清光绪三十年刊本影印。

[24]《潘之恒曲话》第39页,北京,中国戏剧出版社,1988。

[25]明·王思任:《谑庵文饭小品》卷三《游杭州诸胜记》,顺治十五年王鼎起刻本,《续修四库全书》集部第1368册。

[26]《钦定重修两浙盐法志》,清延丰纂修,嘉庆六年刊本。

[27]《春星堂诗集》共十卷,汪师韩于乾隆三十八年所刻先人诗集,卷一至卷五收汪汝谦诗,卷六、卷七为汪鹤孙《延芬堂集》,卷八是汪振甲之《詹詹集》,卷九是汪德容之《重阆斋集》,卷十为汪援甲之《夕斋诗钞》。

[28]《李渔全集》第一卷《笠翁一家言诗词集》第112页,杭州,浙江古籍出版社,1998。

[29]《李渔全集》第一卷《笠翁一家言诗词集》第170页,杭州,浙江古籍出版社,1998。

[30]陈寅恪:《柳如是别传》(中)第371页,北京,三联书店,2001。

[31]明·张岱:《陶庵梦忆·西湖梦寻》第75、76页,北京,作家出版社,1995。

[32]《大泌山房集》卷七十二《黄叔子家传》。

[33]《大泌山房集》卷八十八《吴处士墓志铭》。

[34]清·叶燮:《已畦集》卷十四《处士程奕亭墓表》,康熙二弃草堂刻

本。

[35]明·李梦阳:《空同先生集》卷三十九,台北,伟文图书出版社影印万历二十九年刻本。

[36]《潘之恒曲话》第211页,汪效倚先生辑,北京,中国戏曲出版社,1988。

[37]《潘之恒曲话》第56页,北京,中国戏曲出版社,1988。

[38]明·俞安期:《寥寥阁全集》,明万历刻本。

[39]清·汪琬《尧峰文钞》卷十,康熙三十二年林佶写刻本。

[40]明·张岱《陶庵梦忆》卷四"张氏声伎",见《陶庵梦忆·西湖梦寻》第90页,北京,作家出版社,1995。

[41]《曲海总目提要》卷十三,北京,人民文学出版社,1959。

[42]明·马之骏:《妙远堂诗集》,天启七年刻本,见《四库全书存目丛书》集部第184册。

[43]《列朝诗集小传》下册第471页,上海,上海古籍出版社,1983。

[44]明·潘之恒:《黄海》,明万历刻本。

[45]明·顾起元:《嫩真草堂集》,台湾文海出版社影印明万历四十二年刻本。

[46]《潘之恒曲话》第73页,北京,中国戏剧出版社,1988。

[47]明·潘之恒:《黄海》,明万历刻本。

[48]《新安歙西溪南吴氏世谱》,明·吴元满修,万历三十年家刻本。另明人吴文奎《荪堂集》卷七有《吴孝子负父骸归葬传》,传主亦名吴琨,而且也是在扬州业盐的徽商,但吴文奎未提吴琨字号,笔者曾以为此吴琨可能就是吴越石。承朱万曙师兄提醒此吴琨出身贫寒,又是一位大孝子,可能不会有如此雅兴。而且吴文奎传中的吴琨是休宁临溪人,与潘之恒家岩镇相距较远,潘之恒不可能"抱恙一冬,五观《牡丹亭记》"于其家。

[49]明·汤宾尹:《睡庵集》,明万历刻本。

[50]明·潘之恒:《鸾啸小品》,崇祯二年刻本。

● 幺书仪

中国社科院文学所

徽班给北京带来了什么

　　清代的戏曲史研究,任何人都躲不开"四大徽班",因此,"徽班进京"就不可避免地一再被提起。

　　关于徽班究竟给北京带来了什么,戏曲研究者多是着眼于戏曲史的发展方面来论述,用龚和德先生的话来说,就是"声腔的包容性、人才的开放性、技艺的全面性",[1]也就是寻找徽班带来的新声腔、新作风和新气度。这当然没有问题。但是,如果我们从戏班商业运作的角度来观察,其实可以发现,京师戏班演出的开场方式和剧目安排、后台衣箱的分类管理,京师优伶除了台上表演之外,台下歌郎营业粗具规模,俱是始自徽班进京。

　　今天,我就从这三个问题入手,来追寻一下,它们是不是徽班进京带来的新举措、新制度。

一、演出的开场方式和剧目安排

　　1998 年,由中国戏剧出版社出版的《徐兰沅操琴生活》第二集,谈到过开戏前"旧戏班的一套成规",他说:

　　　　当剧场还未进观众时,检场的先上台来,将舞台中央放上一个高台,上面挂一顶帐子,将印盒架放在旁边,台的两旁各放两张椅子,每一张椅子上插一面标旗。在舞台前面的栏杆上(老戏台前边有一排矮栏杆)插五面大

47

纛旗,分红黄绿白黑五色,黄旗居中,左红右绿,左黑右白,分插两边,舞台上整整齐齐,这叫"大摆台"。等到观众都进了场,临开戏前,后台唢呐声起,这叫"吹台",唢呐完挑子便接着吹,检场的听到挑子声起,就将舞台上的旗、高台等都撤下,这叫"后台吹台,前台撤台",然后换上第一出戏的彩头,最后卯头(过去剧场里前台管事人)站在台中间高喊一声,才响锣鼓开戏。[2]

徐兰沅先生所谓"旧戏班",应当是指新中国成立之前的三四十年代,或者更早一些。他谈到的"旧戏班"开场之前的成规,有"摆台"和"吹台"两项。

2001年1月,吴同宾主编的《京剧知识手册》中"京剧的演出习俗"部分,有"摆台""打通"和"吹台"三条,释文如下:

摆台 也叫大摆台。旧时京剧开演前舞台上规定的摆设。观众未进场前,先由检场布置就绪。舞台中央放置一个高台,上挂帐子,旁有印盒架,高台两侧各放两张椅子,椅子上各插一面标旗,舞台前沿的栏杆(旧时舞台前有一排栏杆)上,插五面大纛旗,分红黄绿白黑五色,黄旗居中,左红黑两面,右绿白两面,这种形式习称摆台。一俟"吹台"完毕,挑子音落,便将台上的高台、旗、椅等撤下,上第一出戏的砌末。

打通 也叫打闹台。旧时戏曲多在乡间野台演出,开演之前先用锣鼓和唢呐演奏,借以招徕观众。演奏分为三通,每通之间停息片刻。头通以小堂鼓领奏,大锣、铙钹配合,点子较单调。二通,又称"响通",以单皮鼓领奏,全堂打击乐配合,点子复杂,由"急急风"、"走马锣鼓"、"冲头"、"抽头"、"九锤半"、"马腿"、"大水底鱼"、"收头"等锣鼓经组成。三通,又称"吹通"或"吹台",以唢呐奏【将军令】曲牌。后来京剧进入剧场演出,也沿袭打通旧规。

吹台 也叫"吹通"。旧时京剧开演以前吹奏的幕前曲,用以号召观众。一般吹打三通,第一、第二通均用打击乐器,第三通改用唢呐吹奏混牌子,有【将军令】、【哪吒令】、【一支花】等。[3]

用《京剧知识手册》中的释文,补充徐兰沅的叙述,可以知道:"摆台"也叫大摆台,"摆台"重要的内容之一,是在舞台前沿插上五色纛旗。"打通"也叫打闹台,也叫三通,又称"吹通"或"吹台","打通"的主要内容是用锣鼓和唢呐演奏三通。

民国三十七年,章靳以在为黄裳的《旧戏新谈》写的序文中说:

溯自看戏以来,将近三十年矣。说不上能懂得什么,不过止于一个热心的看客。说热心,倒一点也不假,好像是生而俱来,每场必是依时早到(多半是连饭也没有吃好),静候三通鼓,等待拔旗跳加官(近来仿佛连这些都没有了,却加上了"谢幕"的尾巴),如果不幸赶晚了一步,老远的一听到锣鼓齐鸣,就如同上战场的马,不由得加紧脚步,冲上前去,心中有无限的懊恼同时升起……[4]

章靳以所说"三通鼓"自然是指"打通"。"拔旗",是指"摆台"的最后一项"撤台"时,收回五色纛旗。他的话,不仅证实了徐兰沅说的,京剧开场之前要"打通"、"摆台",而且还加上了"跳加官"一项,从这一序文,还可以知道,这古老的程式,大概终止于四十年代的戏剧革新高潮之中。从1948年上溯三十年,应当说,"打通""摆台""跳加官"的开戏方式,在1918年前后已经存在。

道光二十二年撰写的《梦华琐簿》中,有当时剧场剧目安排的记录：

> 今梨园登场,日例有"三轴子":"早轴子"客皆未集,
> 草草开场。继而三出散套,皆嘉伶也。"中轴子"后一出
> 曰"压轴子",以最佳者一人当之。后此则"大轴子"矣。
> 大轴子皆全本新戏,分日接演,旬日乃毕。每日将开大轴
> 子,则鬼门换帘,豪客多于此时起身径去。[5]

蕊珠旧史记载了道光二十二年,每天演出剧目的安排方式:
"早轴子"是开场戏;"中轴子"是重头戏,由名伶出演;"中轴子"
的最后一出,叫"压轴子",由当红名伶演出。"大轴子"是新排的
大戏,有钱的"豪客",都不屑看"大轴子"戏。这一记载与华胥大
夫在道光八年撰写的《金台残泪记》中所说"京师乐部登场,先散
演三、四出,始接演三、四出,曰'中轴子',又散演一、二出,复接演
三、四出,曰'大轴子'。而忽忽日暮矣。贵人于交'中轴子'始来,
豪客未交'大轴子'已去"[6]基本一致。由此可见,道光年间,每晚
演出的折子戏,在10－14出之间,分为"早轴子"、"中轴子"、"大
轴子"三部分。

写于嘉庆年间的佚名作品《都门竹枝词》中"观剧"一篇,道
是:"园中官座列西东,坐褥平铺一片红。双表对时交未正,到来
恰已过三通。"[7]讲的是戏园"未正"(下午两点)开戏,开戏的起
始,是擂鼓"三通"。

包世臣在他写于嘉庆十四年的《都剧赋》并《序》中,对京师剧
坛"徽、西分侪"的热烈景象,"茶园卖剧"的营业方式,演出剧目的
丰富多彩,演员行头、道具的炫耀华丽,都有不厌其详的铺陈。其
中对开场和剧目安排的描述如下:

> 旗收五色,鼓发三通。乃开早出,霤粟声洪。间以小
> 戏,梆子二簧。忽出群美,炫曜全堂。中出又变,矛戟森
> 鏦。承么妙,双雌求雄。缀裘六出,全套两终。大出续

开,官座遂空。[8]

这里说的是:演出之前,有"旗收五色,鼓发三通"的程序。也就是"摆台"和"打通"。演出剧目分为"早出、中出、大出"三部分。"早出"是开场戏,主要是音乐的展示、演员的亮相,间有梆子、二簧的小戏。"中出"有折子戏数出,是重点部分,包括武戏和文戏。最后是"大出",也就是大戏。"大出"虽是大戏,但并非是名优登台,所以"大出"开演时,常常是"官座"中的观众已经退席。这三部分的安排,与"早轴子""中轴子""大轴子",从比重、方式上看,都是一致的,只不过是说法不同而已。

佚名的竹枝词《观剧》写于嘉庆十九年。包世臣(1775—1855),字慎伯,号倦翁、小倦游阁外史,安徽泾县人。嘉庆十四年(1809),他为了应试,第一次到达都城,因为"夙闻"京师"俳优最盛",所以跟随"好事相携,遍阅各部"。《都剧赋》就写于嘉庆十四年。这两则史料可以证明下述两点:

1. "旗收五色,鼓发三通"的描述,说明"摆台"和"打通"的习俗,于嘉庆时已经存在于京师舞台。

2. 道光年间"早轴子""中轴子""大轴子"的说法(这说法一直延续到三四十年代),在嘉庆年间,叫做"早出""中出"和"大出"。

包世臣说他在京师曾经"遍阅各部"戏班的演出。当时京城走红的戏班不少,包括有雅部、徽部和西部。而其中的徽班"三庆部""四喜部""春台部""和春部""三和部"正如日中天。他在《都剧赋》中所说"乃召梨园,徽西分侪"、"徽班昳丽,始自石牌"[9]的提示,使我们似乎有理由相信,身为安徽人的包世臣,会更偏爱"徽部",因此,他的赋中的描写,与徽班的联系可能也会更加密切。那么,嘉庆年间戏班"摆台""打通"的习俗,"早出、中出、大出"的出演结构,是徽班所独有?抑或是包括徽班在内的所有戏班？

《中国戏曲志·安徽卷》的"演出习俗"部分,记录了有着悠久历史的古老"徽班"的演出成规,其中的两项很有意思,抄录如下:

徽班演出十程序 开演前,武场先打第一遍闹台,称"闹花头"。第二为打台,即武行表演各种筋斗和特技。第三跳八仙,演员化妆成八仙,表演八仙过海时的各种技艺。第四是三跳,即跳魁星、跳加官、跳财神。第五是副末报戏文。第六是演出三折戏:《百忍图》、《文王访贤》、《百仙求寿》。第七是打第二遍闹台,奏【水龙吟】。第八唱正本戏一本,如《碧桃花》等。第九为后找,就是再加演一出折子戏,酬谢观众。第十是状元拜堂,由小生和花旦,身穿官服,头戴凤冠出场,一拜天地,二拜父母,三拜夫妻,最后向观众行礼。演出至此结束。

点戏 徽戏开场前,在跳加官时,由跳加官的演员持戏码本和朱砂笔,请东家和当地头面人物点戏。点毕,前台吹"三不出"(状如喇叭的长号筒,只发高低音),放铳,击鼓敲锣,为第一通。继再吹再擂,至三通时敲打时间最长。然后紧锣密鼓打闹台,才开演。不打三通,不许演出,艺人称为"三不出"(出场),此乐器长号筒也以此而命名。[10]

徐兰沅说的"吹台",《京剧知识手册》、《都门竹枝词》、《都剧赋》中说的"打三通""打闹台",《旧戏新谈》章序说的"跳加官",都在徽班古老的演出习俗中,寻到了祖本。甚至《梦华琐簿》、《金台残泪记》中的"三轴子",《都剧赋》中的"早出、中出、大出"也可以从"徽班演出十程序"的"第四是三跳"、"第五是副末报戏文"、"第六是演出三折戏"、"第八唱正本戏一本"的程序中,找到开场戏、重点戏、大戏的排列方式。

可以说，徽班进京，把一些徽班的演出习俗，带到了北京。也可以说，北京的戏曲演出，在开场方式和剧目安排的思路上，接受了徽班的一些演出习俗。这些习俗，比如"摆台"、"打通"、"三轴子"原本有什么意思，今天已经很难说得准确，但是，它们在北京作为一种成规，从乾隆末，一直延续了一个半世纪。

二、后台衣箱的分类管理

清代李斗的《扬州画舫录》中，详细开列了乾隆年间，在扬州的戏班子里，戏具的分类装箱，以及管理方式：

戏具谓之行头，行头分衣、盔、杂、把四箱。

衣箱中有大衣箱、布衣箱之分。

大衣箱文扮则富贵衣（即穷衣）、五色蟒服、五色顾绣披风、龙披风……

武扮则扎甲、大披掛、小披掛、丁字甲、排须披掛、大红龙铠……

女扮则舞衣、蟒服、袄褶、宫装、宫搭、披莲衣、白蛇衣……

桌围、椅披、椅垫、牙笏……巾箱、印箱、小锣、鼓、板、弦子、笙、笛……

布衣箱则表海衿、紫花海衿、青箭衣、青布褂、印花布棉袄……

盔箱文扮平天冠、堂帽、纱貂、圆尖翅、尖尖翅、荤素八仙巾……

武扮紫金冠、金扎镫、银扎镫、水银盔、打仗盔、金银冠……

女扮观音帽、昭容帽、大小凤冠、妙常巾、花帕扎头……

杂箱胡子则白三髯、黑三髯、苍三髯、白满髯、黑满髯
……

靴箱则蟒袜、粧缎扎袖、白绫袜、皂缎靴、战靴、老爷
靴……

旗包则白绫护领、粧缎扎袖、五色绸伞、连幌腰子
……唢呐、喇叭、号筒……

把箱则銮仪、兵器备焉。

（上面的引文有大量删节，为醒目起见，文字排列格
式上亦做了调整）

这是当时"江湖行头"的基本内容。

"江湖行头"应当指的是当时扬州民间戏班的戏具。根据上
述的罗列，一个民间戏班的戏具共269种（衣箱内99种、盔箱内
71种、杂箱内99种），銮仪和兵器还未计算在内。看来，乾隆时期
的扬州戏班，戏具和行头够讲究的。269种，再加上銮仪兵器，少
说也要三百种上下，如果再算上每种不止一件，比如"八仙衣"肯
定会有8件，"太监衣""梅香衣"也会不止两件，这样算下去，一个
江湖戏班的戏具行头，可能达到四五百件了。

江湖行头的管理特征：一是分类清楚。"衣箱"、"盔箱"、"杂
箱"、"把箱"，使戏具各安其位。二是秩序井然。比如"大衣箱"和
"盔箱"内容繁多，就又分为"文扮""武扮"和"女扮"三部分。三
是匠心独具。"大衣箱"以"富贵衣（穷衣）"为第一件，连蟒服、仙
衣、道袍、法衣都排在它的后面。

乾隆时期扬州的戏班，"人数之多，至百数十人"，[11]能演的戏
目，也当在百出以上。人数多、戏目多，后台的地方又有限，当时演
出还有现场"点戏"的习俗，遇到"点戏"的场合，演员既要在最短
的时间内开戏，不使观众久等，又要保证不穿错行头、用错砌末，后
台的管理和秩序，就成为戏班演出各个环节之中，一个技术性非常

54

高的方面。而从扬州的江湖戏班的戏具分类管理上看,这个问题可能解决得相当不错。当然,除了"分类装箱"以外,有一系列相应的管理制度、一个内行的管箱人和全班人员对"分类装箱"方式的熟悉和认可,必定是至关重要的配套措施。

乾隆时期的扬州戏班中的名班,大多是属于徽商的徽班。对《扬州画舫录》中所说的"春台班",是否就是进京的"四大徽班"中的"春台班",研究者还有异说,但是,大多数研究者愿意认为,进京的"春台班",就是江春的"春台班",[12] 起码也是从江春的"春台班"中分出来的一部分。大多数研究者也愿意认为,"四大徽班"中的三庆徽班,也是扬州的徽班。如果这些认可不被推翻,那么,上述扬州江湖戏班的后台管理和戏具的分类装箱方式,应当也是包括"春台班"、"三庆徽班"在内的扬州徽班的制度和方式。

当然"春台班"是盐商江春的"外江班",属于"两淮盐务例蓄花、雅两部以备大戏"专门为了接驾演戏的"内班",不是民间的"江湖班"。"内班"由"盐务自制戏具,谓之内班行头,自老徐班,全本《琵琶记》请郎花烛,则用红全堂,风木余恨则用白全堂,备极其盛。他如大张班,《长生殿》用黄全堂;小程班,《三国志》用绿全堂;小张班,十二月花神衣,价至万金;百福班,一出'北钱',十一条通天犀玉带;小洪班,灯戏,点三层牌楼,二十四灯,戏箱各极其盛。若今之大洪、春台两班,则聚众美而大备矣"。[13] 富可敌国的扬州盐商,为了讨好性喜奢靡的乾隆皇帝,在迎銮戏班的戏具上,做足了文章。

事实上,"徽班"在行头上,一直有讲究的传统,《道咸以来朝野杂记》[14] 载:

> 早年徽班(即二簧班),以八蟒、八靠及八仙所用衣
> 帽(个个不同)全者为全箱。其实不然。戏中用十蟒、十
> 靠者常见。蟒靠皆分上五色,下五色,上者为青(即绿

色）、黄、赤、白、黑，下者为蓝、紫、粉红、豆青、香色也。

"道咸"年间的崇彝讲到"早年"，当然可以理解为乾隆、嘉庆年间。这一则记载没有说明他所说的是"江湖戏班"还是"内班"。我们是不是可以这样认为：乾隆时期"戏箱各极其盛"的"内班"与"江湖戏班"在戏具装备上的区别，是在规模、奢华和糜费程度上，它的尽可能的讲究、它的分类方法和管理方式，应该是一样的。这些分类方法和管理方式，跟随着"四大徽班"的进京，传到了京师。

写于1904年的《清稗类钞》，在"戏剧类"收录了"行头"一条，道是：

> 戏具谓之行头，分衣、盔、杂、把四箱。衣箱、盔箱均有文扮、武扮、女扮之分。杂箱中皆用物。把箱中则銮仪兵器，此为江湖行头。[15]

这里谈到的20世纪初京师戏班戏具行头的分类装箱，应当是包括进京的徽班在内的京师戏班的普遍情况。这里的分类情况，与《扬州画舫录》中所说的完全一致，也是分衣、盔、杂、把四箱。衣箱和盔箱也是再细分为"文扮"、"武扮"、"女扮"三部分。衣箱也是把"富贵衣"放在第一件，也还是叫"江湖行头"。这个材料，足以证明，京师戏班的戏具分类管理制度，确实来自扬州的徽班。

看来，到了京城的扬州徽班，在身份上有了一个变化，它们不再是扬州时代的、与一般"江湖戏班"不同的有着迎銮、承应的特殊任务的、高贵的"内班"了。在京师，它们不仅要以"徽班"的面目出现，也回到了"江湖戏班"的地位，虽然他们受到宫廷的青睐，经常有进宫承应演出的职责，比起京师的其他戏班来，也还是不一样。

日本人辻听花在1920年写的《中国剧》"剧场"部分，谈到了"衣箱与盔头箱"，说：

> 各剧场必备有种种木箱，收藏戏衣、冠帽、鞋靴，及大

小种种戏具。普通分为大衣箱、二衣箱、三衣箱、盔头箱及杂衣箱、杂具等。将于某剧场实地调查之结果,列举目录,以示阅者:

大衣箱,共十一个。富贵衣一件、平金缎蟒十件、男女平金红黄缎蟒二件、平金缎开厂(氅?)五件、平金红缎宫衣一件……

二衣箱,平金五色缎靠十件、平金红白缎简(箭?)袖二件、平金五色缎马褂五件……白女靠一件、架包一个、龙套四件。

三衣箱,戏泥卒坎四件、青布袍四件、青红彩裤三十条……

帽儿箱,翠反正五帽二顶、翠凤冠二顶……髯口大小二十六圈一堂……

杂衣箱,平金红缎门帘二个……全刀枪把子一堂、全公案一堂、加官条子一个……

戏园自置,红洋缎帘二个、酒斗一个、加官脸一个、烟袋一支、财神脸一个……[16]

计,大衣箱内 38 种 113 件、二衣箱内 21 种 124 件、三衣箱内 10 种 77 件、帽儿箱内 57 种 238 件,外加软巾子一堂、罗汉头莲花灯一堂;杂衣箱,24 种 117 件,外加全刀枪把子一堂、全公案一堂;戏园自置戏具 179 种 715 件,外加错中错全堂彩。

让听花记录的,20 世纪 20 年代的戏班子,自制的戏具行头需近 700 件。戏园也要置办大量的,包括布景在内的戏具 700 余件。比起一个世纪以前的戏具、行头来,显然已是排场得多,也完备得多了。让戏班自制、携带 1400 件戏具、行头和布景,显然是不大可能,因此,戏园与戏班分工合作,"戏园自置"部分戏具、行头、布景的商业运作方式,也就应运而生了。

从戏班戏具行头的分类来看，20 年代的戏班子，与一个世纪以前，也有了一些改变：行头都放在"衣箱"和"帽儿箱"里。衣箱有 11 个（原文说"大衣箱共 11 个"），分为"大衣箱""二衣箱"和"三衣箱"，"大衣箱"是男、女角色的"文扮"衣装，"二衣箱"是男女角色的"武扮"衣装，"三衣箱"是非主要角色——兵卒以及各种"下手"的衣装。"帽儿箱"里主要是各种冠帽和髯口，不再分文扮、武扮和女扮。而所有的戏具，都在"杂箱"里。

新的、以演员角色为纲的分类方式，显然比原来以角色、性别、衣料不同，三者为纲的分类，更简单，也具有了更多的科学性。主要演员"文扮"、主要演员"武扮"和下手演员的衣装分为三类，男女角色的衣装不再分开，布衣和丝织衣装也不再分开。新的分类，方式虽然与前有异，但是，原则并没有改变，对主要演员和下手演员来说，都是更加"分类清楚"，也更加"秩序井然"了。新的分类没有变更的是，"大衣箱"中的第一件衣服，还是"富贵衣"，"匠心独具"的传统，依然存在。

出版于大正十年（1921）由上海芦泽印刷所印刷、日本堂发行的、日本人井上红梅的日文书《支那风俗》的"中篇"，有"戏剧的研究"部分。其中也介绍了中国戏班"衣装和道具"的分类和保管，他说：

> 大衣箱，是文剧的衣装。二衣箱，是武剧的衣装。副大衣箱，是介于文武剧之间的衣装。盔头箱，又名帽儿箱，冠、盔、帽子、头上的妆饰、假面，还包括胡子在内。把子箱，又名旗把箱，从枪、棍、斧、锤等武器，到背旗、鞭，再到日用道具，直至寝枕、城门等各种假物，有数百种之多。[17]

井上红梅在《支那风俗》中，和辻听花在《中国剧》里，所说的戏班的戏具行头分类，基本上是一样的。井上红梅说的"副大衣箱"、"把子箱"，就是辻听花说的"三衣箱"、"杂衣箱"；特别是在讲到"富贵衣"时，他也谈到了："在大衣箱里，最郑重的东西，就是这富贵衣。一般在清点行头时，都是从富贵衣开始。"[18]这说法，与辻听花的记录也完全一致。可见，在20年代，戏具行头的分类、管理方式，从原则上来看，也还算是没有大变。

1938年，徐慕云的《中国戏剧史》出版。他在第四章里谈到了"戏装盔头靶子等名称"。其中，他把戏具行头分为七大类：包括"大衣箱"、"二衣箱"、"盔头箱"、"靶子箱"、"胡须靴鞋"、"梳妆台上各物"、"砌末物件"。[19]前四类系传统的衣箱分类，后三类没有写明归属。从前四类，即"大衣箱"、"二衣箱"、"盔头箱"、"靶子箱"的叙述中，尚可看出排列、分类上旧制的遗存，"富贵衣"也仍然还是居于大衣箱的第一件。"富贵衣"的释文如下：

　　此为衣箱中之第一件。于黑破褶上，满缀杂色碎绸

　块，形容衣服之破敝。服此者虽暂时贫困，然后必荣显，

　如《状元谱》之陈大官等是。[20]

这里讲到了富贵衣的形状和属于什么角色。

齐如山写于1932－1936年间的《行头盔头》上卷，特别说到过有关"富贵衣"的名称、形状、属于什么角色以及它位居大衣箱第一件的因由："富贵衣，为衣箱内第一件行头，即在青褶子上补缀各色绸子若干块，乃表示破敝之意。穿此者，目下虽穷乏，将来必富贵，故名曰'富贵衣'。凡落魄文人，未发迹之士子，皆穿此，可谓专为贫寒才子而设。如《状元谱》之陈大官、《鸿鸾禧》之莫稽等皆是。"[21]齐如山先生的著述中，凡属旧制、佚事之类，皆出自老伶工的叙述，所以可信性较大。他对富贵衣的带有考据意味的叙述，内容比徐慕云的释文更加详细。从写作时间上看，也比徐慕云早一些，应该可以看作是徐慕云释文的蓝本。

齐如山、徐慕云二位先生的写法，大致相同，盖因他们所处的

30年代,已经开始把戏曲作为"艺术"来进行学术研究,作者关心的重点,已经转移到对"戏装盔头靶子等名称"的介绍上。至于介绍时的"分类",在书中各有自己的系统:"胡须靴鞋"、"梳妆台上各物"和"砌末物件"在戏班子里,究竟放在哪里,已经并不重要。(不像辻听花和井上红梅,作为日本人,观察中国的戏班子,自有一种新鲜感,自己记录也好,面向日本国的读者介绍也好,如实地记录中国戏班子的一切详情,是他们的最重要的视点。)所以,从齐如山的《行头盔头》和徐慕云的《中国戏剧史》中,已经很难知道30年代,戏班子里面戏具行头的分类管理,究竟是怎样的情形。

不过,徐慕云在第三章"管箱"部分说到一些情况,倒是值得注意:

> 早年无论何等名角,从无自备行头(内行人称服饰为行头)之说。近年真实艺能日益退化,名角只一味在行头上着眼。故稍露头角之伶人,莫不自备私房行头。而以着官中者(后台呼大衣箱、二衣箱之服装曰"官中行头")为可耻。因而衣箱中之行头,已不似昔日之完备。旧例凡剧中应用物件,如:衣服、盔头(即冠帽总名)、旗靶等,种类繁多,不下数百千件。至于某剧应由若干人扮演,某人应穿何色蟒、靠,何种褶、帔,以及戴甚盔头,持甚兵器,凡此种种,皆有定制,不得稍有紊乱或错误。故必区分为若干门类,每类设一专门负责人员管理一切。司此职者,名曰管箱。例如,蟒、帔、官衣、褶子等,皆存藏于大衣箱中,故例由管大衣箱者分派料理。铠、靠、甲、袍及箭衣、龙套、英雄衣等,存诸二衣箱,则由管二衣箱者料理之。王冠、纱帽、口面(即胡须)、角带,以及一切软巾、硬盔等,概归盔头箱管理。而刀、枪、靶子,与旗、伞等物,则归旗靶箱管理。各有专责,绝少错误。本日是何戏码,早

60

由各管箱人预将应用衣物,以次取齐。各角拟穿戴何物,即向各管箱人,随手取用。既省时间,复免扰攘吵索,种种麻烦。[22]

总括前文所述和这段话的意思可以知道:第一,30 年代前后,戏班的经济状况已经发生了重要的变化。名伶以"自备私房行头"为时尚,戏班中集体的"官中行头"已经不必再有完备的设置。第二,前此的戏具行头的分类管理方式,只适用于戏班的全体演员都使用"官中行头"的时代,而这个时代,于 20 年代前后已经结束。也就是说,徽班带来的后台戏具行头的管理方式的制度,于 1921 年之后到 1938 年之前,已经开始走向瓦解。

从四大徽班进京到 20 世纪初,在超过一个世纪的时段里,京师戏班一直遵守着徽班进京带来的"江湖行头"的管理方式。"分类清楚""秩序井然""匠心独具"的特征,都没有改变。而实际上,这种制度的合理性,来自于戏班商业运作的经验。

三、台下歌郎的营业

小铁笛道人在写于嘉庆八年的《日下看花记》的"自序"中说:

往者,六大班旗鼓相当,名优云集,一时称盛。嗣自川派擅场,蹻跶竞胜,坠髻争妍,如火如荼,目不暇给,风气一新。迨来徽部迭兴,踵事增华,人浮于剧,联络五方之音,合为一致,舞衣歌扇,风调又非卅年前矣。[23]

从嘉庆八年上推 30 年,即是乾隆三十八年。小铁笛道人在这里讲的,正是京师剧坛在前此的 30 年中发生的变化:先是经历了京腔走红,"六大名班,九门轮转"[24]的极盛时代,之后是出现了魏长生"观者日至千余,六大班顿为之减色"[25]的秦腔骤兴年代;接着又迎来了徽班进京后开辟的一个戏曲史上的新时期。

实际上,这 30 年也是京师剧坛发生剧烈变化的时期:乾隆四

61

十四年之前,京腔六大名班还在维持相对昆腔而言的权威地位,乾隆四十四年魏长生进京,很快就使"京腔旧本置之高阁""六大班几无人过问"。[26]乾隆五十年秦腔遭禁,魏长生出京,中止了方兴未艾的秦腔走红。乾隆五十五年徽班进京,正好填补了由政令干预造成的戏曲的空白。那么,小铁笛道人所说的"风调"变化的实际内容,除了是指给京师带来的新声腔、新作风、新气度之外,京师优伶的新产业——台下歌郎营业粗具规模,亦是始自徽班进京。

对这一问题的阐述,可以从对《燕兰小谱》和《日下看花记》的比照开始。

《燕兰小谱》所记诸伶,始于乾隆"甲午",迄于"乾隆乙巳"(乾隆 39 – 50 年)。《日下看花记》"后序"中言:小铁笛道人以"三十年看花老眼",记下了乾隆三十八年至嘉庆八年"历之深亦感之深"的"平奇浓淡,新故盛衰"。[27]这两本燕都梨园史料所涉宜庆部、保和部、永庆部、集庆部、宜成部、双庆部、大春部、庆春部、王府大部、端瑞部、吉祥部、保和文部 16 家。20 名雅部名伶,分别属于:宜庆部 1 人、萃庆部 1 人、保和武部 5 人、太和部 1 人、保和部 4 人、永庆部 2 人、端瑞部 1 人、保和文部 2 人、吉祥部 2 人、庆春部 1 人。44 名花部名伶,分别属于:宜庆部 10 人、萃庆部 12 人、保和武部 1 人、太和部 3 人、馀庆部 5 人、永庆部 4 人、集庆部 4 人、宜成部 1 人、双庆部 2 人、大春部 1 人、王府大部 1 人。

这一统计说明:专业的昆班已经不太行时。花部名伶在宜庆部、萃庆部比较集中,花雅两部的名伶,在保和部(包括保和武部、保和文部)比较集中,这三个戏班,是六大名班中的三个,另外三个:裕庆班,是否后来的"玉庆部"或者"馀庆部"? 大成班、王府班显然已经进入衰落。这应当是徽班进京之前的基本情况。

《日下看花记》卷一、二、三、四,共记载了名伶 84 人,除去"前经寓目,今已散去者十四人"、"梨园旧人三人"之中"今不知所在"

的二人和"梨园已故者一个"共计17人之外,属于嘉庆八年前后的名伶共有67人。

67个名伶的籍贯分别是:顺天6人、扬州16人、安徽20人、江苏19人、四川1人、陕西1人、北京1人、籍贯不明者3人。

从这个同样也是并不"完全"的统计中,我们也可以看出嘉庆八年与乾隆五十年京师剧坛相比之下的三个特点:一是江苏籍的名优人数比较稳定,可见昆曲的市场变更不大。二是,四川籍的名优已属寥寥,可见魏长生风格的秦腔已经过时。三是,徽伶名优占据了优势,成为最走红的群体。

67个名伶,属于18个戏班,它们是:三庆部、金玉部、春台部、四喜部、双和部、霓翠部、集秀部、恩庆部、大顺宁部、庆元部、和成部、三多部、玉庆部、双庆部、安庆部、宝华部、新庆部、福成部。其中的42个(近三分之二)属于三个徽班,那就是:三庆部14人、春台部20人、四喜部8人。

从名优在京师戏班的分布状况,可以看出徽班在北京经过13年(从乾隆五十五年到嘉庆八年)的经营,不仅已经站稳了脚跟,而且,在京师戏曲的市场中,已经拥有了自己的观众群,占据了绝对的优势。

以往在阐述徽班进京之所以能一炮打响的原因时,多半从徽伶在戏曲史上的变革作用入手,侧重于徽班伶人在舞台上的表演,这当然没有问题。但是,这些研究却忽略了这样一个事实,那就是:第一,进京的徽班伶人,多数出身于有着深厚的经商传统的徽州、成长于徽州盐商的第二故乡——乾隆时代的大都会、大商埠扬州。第二,徽州地区原有"亦儒亦贾"的传统,在徽州人的观念中,"贾为厚利,儒为名高",[28]经商与科考同是立身扬名的大事,只有方式之别,并无贵贱之分。第三,在乾隆时代扬州这个大商埠,徽州盐商曾经六次成为乾隆南巡时迎銮接驾的主要角色,对政府还有过大量的"捐输"功绩,赢得乾隆皇帝的青睐,出尽了风头,因而,使商业的示范性深入人心。徽班伶人,就是带着这样的传统进入了京师,并且,很快使京师戏班的商业化程度得到提高。具体的表现就是,徽班伶人不仅重视台上演出,同样重视台下的营业,把以前存在于少数优伶之中的侍寝的妓业,改造成为使年轻优伶普遍接受的陪筵、侑酒的商业行为,并且获得了极大的市场。

《燕兰小谱》对"名优"的品评,原则上是将"诸伶之妍媚,皆品题于歌馆,资其色相,助我化工",[29]着眼点是在"色"、"艺"两项,主要还是看台上的功夫。其中虽然也有"颇嗜风雅""秀色可餐"的伶人与文人雅士、豪门权贵相互往来(以优伶作为同性恋的对象,或者豪门权贵嬖幸优童,在中国历史久远,并非当时的首创,这里也不排斥这种交往有同性恋的内容),如"王郎湘云","王五儿";也有在台上"娇痴谑浪""眼色相勾","歌管未终,已同车入酒楼",之后"在寓同宿"[30]的优伶。但是,前者需要伶人具有相当的文化修养,当时,京师有这种文化储备和意识的伶人尚不多见。后者则可以归入以"卖身"为副业的"乐伎"一类了。但从《燕兰小谱》记载的比例和影响来说,这两类伶人,还应当算是个别的存在。应当说,《燕兰小谱》的选择标准,主要还是优秀名伶台上的扮相"妍媚"和表演的"传神"。[31]

《日下看花记》的记载则有不同,评判名伶的标准,已经从"色艺",扩展到"性情"和"风致"。也就是说,只有台上表演"色艺"双好、台下表现"性情""风致"俱佳,才够得上是"名伶"。而台下表现"性情"和"风致"的场合,就是新兴的产业"打茶围"。[32]

"打茶围"的地点在伶人的"下处",一般比较有点名声和身份的伶人,都有自己的住处,门口灯笼上写着自家的"堂名",为的是方便前来"打茶围"的顾客。"打茶围"的内容可丰可俭,摆酒听歌可,饮茶闲聊亦可,区别是收费不同。业者的服务内容一般有:侑酒、唱曲、闲话,顾客可以挑选歌郎和点歌,享受陪酒和陪聊,加膝、拥抱之类都不算过分。

据《日下看花记》的记载,67 名名伶中,有大约 30 名伶人的品评,只涉及"色艺",亦即台上的表演和形象,有 37 人的品评中,兼及了"性情"和"风致",亦即在台下作为歌郎,给人的印象。而 37 名歌郎中,"色艺""性情""风致"俱佳,服务到位而又会拿捏分寸的多是三庆部、春台部、四喜部的扬州伶人和徽伶。

比如,春台部的扬州伶人:

(福寿)"徽部后秀中杰出也……辞色恬和,是能心领夫在山出山之旨,不卑不亢,斟酌尽善者。"

(桂枝)"兰姿玉质,花非解语,月固多情,不必征歌,即以彭郎作花月观可也。"

(秀林)"身材姿色,柔软相称,性情亦恬静……花间月下,一二知己,细斟密酌,秀林在侧,必能贴妥如人意也。"

(桂林)"丰貌素姿,温其如玉……席间不交一语,觇其风格,无异大家子弟。满面书卷气,绝不以妖媚自呈。"

四喜部的扬州伶人:

(彩林)"刘郎丰韵,动人不觉……旷征歌,惊鸿极目……为人颇文静,自持大雅赏之。"

(双林)"姿容丰冶,机趣温和,明眸善睐,绣口工谈。"

(玉林)"颇饶柔媚资质,措辞亦善体人意,毫无粗俗气,可与雅游。"

(天寿)"生性灵敏,滔滔善辩……时与之狎,羁愁开豁,豪兴倍增。"[33]

又如,三庆部的徽伶:

(龙官)"云卿宴客于梨园……酒阑人散,觉冉冉巫云,犹曳道人襟带间。"

（金官）"遇之肆应中，仍自谨持，无佻达轻儇之习……不同凡艳争春。"

（双喜）"色不华而清妍自致，眼不波而秀媚自含。独立亭亭，出污泥而不染。"

（小三）"风致潇疏，自饶雅韵，眼波明秀，犹自冉冉动人。"

春台部的徽伶：

（二林）"偶值灯红酒绿，得与群雅游时，仍以花蕊夫人自况，则得之矣。"

（翠林）"昔秋与曼香居士闲话及之，始知其善墨兰，遂偕访之。一室之内，无非卷轴。园中无剧，即事毫素，兰笔娟秀，近更苍劲。性甘淡泊，杯酒论心，清言娓娓。性逸则议论风生，天真烂熳。"

（桂林）"席间则酬酢殷勤，辞色和顺，又迥异见金夫不有躬者。友人琅圃尤心赏之。"

……

华灯初上的夜晚，到一个色艺双好的优伶家中，饮酒听歌或者杯酒论心，在当时是一件很风流的赏心乐事。

徽班歌郎注意把"下处"（自己的住处）收拾得清洁而且有品位，这样，既可以使顾客感到舒适，也带有招徕的意思。歌郎注意使自己保持着"兰姿玉质"和"衣圭闲雅"，为的是使顾客悦目赏心。有钱的顾客摆酒、点歌，歌郎侑酒时"酬酢殷勤，辞色和顺"，"酒尽三巡"之后，醉眼朦胧，听"清歌一曲"，沁人心脾，真是有了进入仙境的感觉。为看花而来的风雅的顾客，找一个"明眸善睐，绣口工谈""善体人意"带有"书卷气"的歌郎，"杯酒论心，清言娓娓"，可以使心情温暖如春。心情不快的顾客，找一个"体贴如人意"的歌郎，他可以倾听你的烦恼，顾客还可以动手动脚"时与之狎,羁愁开豁,豪兴倍增"……这是一个释放忧愁和欲望的好地方。各色顾客,都可以在这里找到快乐和满足。看看台上心爱的优伶,欣赏他们卸装以后的样子,近距离地与歌郎亲近一下,过过瘾,也是对自己好奇心的满足。这种综合性的商业服务方式,正适合了几乎所有的男人在潜意识里都存在的一种娱乐愿望,而这种"打茶围"就是满足这一愿望的所在。

习惯于从"情"的方面考虑问题的文人顾客容易多情,往往"酒阑人散"后,还会觉得歌郎的温情尚在襟带之间,意犹未已。而实际上,徽班诸伶在台下作为歌郎的表现,是表演的另一种形态。"谨持,无佻达轻儇之习""不以妖媚自呈""加膝未见其泣鱼弃袍,何衔于断袖,是殆冷暖自若者",[34]这种作风和心态,不会使自己天天动真情,把顾客的行为,拘管在一定的范围之内。徽班伶人的商业意识,真可以称作是周密得当。

相比之下,西班的情况,与徽班就很不一样。《日下看花记》的作者小铁笛道人,到"双和部"去访"翠官"时,恰恰"适郎未至,而其馀诸人皆可憎恶,复不晓事",[35]看来,"西班"的大多数伶人,乃至于"管班",可能都还不习惯做台下的生意,也许应该说,西班和徽班伶人对伶人台下营业,在观念上相去甚远。或者说,西班的商业意识还有欠缺。

这倒霉的"双庆部",不仅把一个"财神"拒之门外,失去了一次作"广告"的机会。当时的"广告",就是出自文人之手的"花谱"。"花谱"之中,有对伶人姓氏、籍贯、年龄、班社的介绍文字,也有品评名伶色、艺的题诗,这些花谱很有市场,俗人、雅士都会去看,因此,也就具有了广告效应。

当时,徽班诸伶已经很有"广告"意识,因此,对于文人,和有可能撰写花谱的雅士,服务就格外用心和周到:徽班之中"喜接名流"、"结缘翰墨"、"善墨兰"、写诗"乞序"[36]的儒雅伶人竞相出现。这当然可能是徽班伶人文化修养,原本就比北方伶人高,但也可能是出于商业考虑的故意做作:作广告的都是文人雅士,他们更喜欢、推重有文化、有品位的儒伶,要想进入广告,自然就要表现自己的儒雅,讨得文人雅士的欢心和好评。于是,文人不再像《燕兰小谱》时代那样,被看作是"酸丁饿眼"[37]了。

有着"三十年看花老眼"的小铁笛道人,实际上已经接近"广告商"的角色,他白天看戏、晚上"访花",之后就品题名伶、写"花谱"。"画眉仙史""莲因居士"为他的《日下看花记》"题词",道:

砚屏春静撚吟髭,浅绿深红又几枝。销受晴窗风日暖,万花环护待题诗。

阿谁敢笑服模糊,日日寻芳兴自孤。醉倒春风无限感,白头人借万花扶。

看来,这真是一个不错的新职业,"万花环护",甭管是真是假,老风流日子过得挺惬意。小铁笛道人也很知道伶人需要自己的宣传,自言"如张郎者,色艺岂必人所绝无,而一经品题,顿增声价,吹嘘送上,端赖文人"。[38]言词之中,颇有得意之色。

在《日下看花记》中,三个徽班名伶的人数占了名伶总数的三分之二,而另外15个戏班的名伶只占了三分之一(那个倒霉的"双庆部"只有翠官一人,进入了"名伶"的行列)。徽班的走红原因,除去演艺确实具有符合潮流的能力之外,可能与商业上的复杂情况,也不无关系。"花谱"统计内容的不够"完全",除了眼光的个人化以外,商业化也是一个因素。

事实上,当时优伶的走红,与台下的营业很有关系,不说西班,即使徽班伶人,只靠台上的演艺,也不能跻身于名伶的行列。例如:升官,姓曹,年29岁,安庆人。旧在春台部。姿貌爽朗,歌音条畅。踏蹻跌扑,鸾飞鸿鸷,霞骇锦新,武旦中能品也。习见其《擂台》、《打店》,目眩神驰,星流电掣。间演雅剧,敛容赴节,按律宣

68

音,刚化为柔,依然艳逸,韵既绕梁,说白亦清紧动听。然而无有道之者,故不久即怀其技而去。

文武均擅、昆乱俱佳、唱白双好、姿容不差,"无有道之者",在京师台上站不住脚。

春台部的安庆优伶声明,年 30 岁。台下为人的方式是,"平素与同班讲习外,不妄交一人,衣帽朴素无华,安分自守"。尽管他台上演出"周规折矩,音律精细,属守梁溪风范,后学尤堪奉为圭臬",也还是不能走红。过着"寂寂无闻""绝无有知其姓名者"[39]的日月。

二人的共同之处是:年龄太大,不想,或者已经不再适合在台下作歌郎。

《金台残泪记》中说:"《燕兰小谱》所记诸伶,太半西北。有齿垂三十,推为名色者,余者弱冠上下,童子少矣。"[40]那还是品评台上色艺的年代。《日下看花记》中的名伶,已经急遽的年轻化。15个戏班的 25 个名伶中,12 – 19 岁的 18 人、20 – 29 岁的 7 人。三个徽班的名伶 42 人中,12 – 19 岁的 23 人、20 – 29 岁的 15 人、30 – 39 岁的 4 人。

由于台下歌郎生意的兴旺,演戏成了一碗"青春饭",应当说,这是徽班进京带来的商业意识加强的派生物。

注释:

[1]龚和德:《试论徽班进京与京剧形成》,见《争取京剧艺术的新繁荣》,170 – 171 页,北京,中国戏剧出版社,1992。

[2]徐兰沅口述、唐吉记录整理:《徐兰沅操琴生活》,第二集,72 页,北京,中国戏剧出版社,1998。

[3]吴同宾编:《京剧知识手册》,368 – 369 页,天津,天津教育出版社,

2001。

[4]黄裳:《旧戏新谈序》,7页,上海,开明书店,民国三十七年。

[5]蕊珠旧史:《梦华琐簿》,见《清代燕都梨园史料》,上册,354页,北京,中国戏剧出版社,1988。

[6]华胥大夫:《金台残泪记》,见《清代燕都梨园史料》上册,250页。

[7]佚名:《都门竹枝词》,见《清代北京竹枝词》,42页,北京,北京出版社,1962。

[8]包世臣:《都剧赋》,转引自赵山林选注《安徽明清曲论选》,256页,合肥,黄山书社,1987。

[9]包世臣:《都剧赋》255页。

[10]《中国戏曲志·安徽卷》550-551页,北京,中国ISBN中心,1993。

[11]李斗:《扬州画舫录》,128页—129页、117页,扬州,江苏广陵古籍刻印社,1984。

[12]1983年,汪效倚为"徽调、皮黄学术讨论会"写了论文《徽班与徽商》,他在其中谈到:《扬州画舫录》卷五提到的扬州著名的七大内班中,可以完全肯定为徽商所有的,就有:徐尚志的老徐班,黄元德、汪启源、程谦德的昆班,及江广达的德音班和江春的春台班。"(见于1991年文化艺术出版社出版的《徽班进京二百年祭》59页)。汪效倚的错误在于,他把"江广达"和"江春"当作了两个人。《随园诗话》(北京,人民文学出版社,1982)后附的"批本随园诗话批语"(下册页854)有"江鹤亭名春,为扬州盐商,牌号广达"。1996年三联书店出版的,王振忠著《明清徽商与淮扬社会变迁》35页,有云:"'江广达'是盐务牌号,主人江春,徽州歙县人,是乾隆中后期的盐务总商"。所以,江春和江广达是一个人,内江班"德音班"和外江班"春台班"都是江春一人所有。2001年8月,文化艺术出版社出版的《乾隆时期北京剧坛研究》(台湾师范大学教师陈芳著)亦云:"《扬州画舫录》卷五所记,扬州之七大内班中,肯定为徽商所有者即有徐尚志之老徐班,黄德源、汪启源、程谦德之昆班及江广达之德音班和江春之春台班。"二者的论述,内容相同。陈芳在行文中,没有注明引用了汪效倚的研究成果。汪效倚是我的朋

友,1989 年 7 月患病去世,他是极勤奋和努力的人,他在 1983 年就开始研究徽班与徽商的关系,已属不易。我并不想挑剔去世的朋友研究中的瑕疵,但是,他的错误在十几年后,仍然被重复和引用,影响所及,达到海峡两岸,今天这样作,也是不得已。

[13]同注[11],103、129 – 130 页。

[14]清·崇彝:《道咸以来朝野杂记》,63 页,北京,北京古籍出版社,1982。

[15]清·徐珂:《清稗类钞》11 册,5033 – 5034 页,北京,中华书局,1984。

[16]辻听花:《中国剧》,212 – 220 页,北京,顺天时报社,民国 9 年。

[17]井上红梅:《支那风俗》(中卷),354 页,上海,芦泽印刷所,大正十年。

[18]同注[17],356 – 357 页。

[19]徐慕云:《中国戏剧史》,234、272 页,上海,世界书局,民国二十七年。

[20]同注[19],页 234 页。

[21]齐如山:《齐如山全集》,第一册,《行头盔头》1 页,台北,重光文艺出版社,1964。

[22]同注[19],225 – 226 页。

[23]张次溪编篡:《清代燕都梨园史料》,上册,55 页,北京,中国戏剧出版社,1988。

[24]转引自张庚、郭汉城主编:《中国戏曲通史》12 页,北京,中国戏剧出版社,1981。

[25]清·安乐山樵:《燕兰小谱》,见《清代燕都梨园史料》(上册),12 页、45 页。

[26]同注[25],32 页。

[27]清·小铁笛道人:《日下看花记》,后序。见《清代燕都梨园史料》上册,109 页。

[28]汪道昆:《海阳处士金仲翁配戴氏合葬墓志铭》,见《太函集》卷五十二。

［29］清·安乐山樵:《燕兰小谱》弁言,见《清代燕都梨园史料》,上册,3
　　页。

［30］同注［29］7、22、47、48页。

［31］同注［29］。

［32］清·蕊珠旧史:《梦华琐簿》,见《清代燕都梨园史料》,上册,365
　　页。

［33］《日下看花记》62、69、86、87、61、73、84、94页。

［34］同注［33］,60、86页。

［35］同注［33］,67页。

［36］同注［33］,57、73、64页。

［37］同注［33］,20、18页。

［38］同注［33］,109、56、74页。

［39］同注［33］,99、83页。

［40］同注［33］,246页。

●曹　琳

江苏省南通市文化局艺术研究所

徽剧东渐与里河乡班的祭台敬神

一、徽剧东渐

清乾隆十六年（1751）始，皇帝弘历先后六次南巡。两淮盐务为迎圣驾，"例蓄花、雅两部，以备大戏"。皇帝过境，"昆腔散班，乱弹不散"。包括徽班在内的"乱弹"往往"自集成班"，"始行之城外四乡"，"谓之赶火班"。"赶火班"之属的"徽班"初起时的含意是由安徽人组织掌管或由盐商出资兴办的戏班。至嘉庆、道光年间，赶火班分赴四乡，有的流落至东南滨江临海的南通州里河地区，与当地艺人合流，在乡间搭草台子唱戏。徽剧融入里河戏剧文化之中，拓宽了一个崭新的生存空间。

咸丰年间，扬州因盐运改制，盐商不堪承受过重的盐税而纷纷破产。不久清王朝围剿太平军，政局动荡，政治与经济的双重压力，迫使扬州徽班或迁或散。地处里河的南通州因离战乱区较远，局势相对稳定，吸引了不少的徽班艺人。例如，杨玉元就率扬州某盐商"福寿班"的部分艺人来到南通州，并于咸丰三年（1853）办起了"小福寿"科班，培养南通籍"土著"徽戏新人。被伶界尊称为红生鼻祖的老三麻子王鸿寿于道光二十八年（1848）在通州掘港场茶庵庙乡诞生。其父为漕运官吏，用自己的俸禄在南通州城中办起一所昆徽兼及的小科班，王鸿寿在科中开蒙习艺，接受徽剧艺术的薰陶。同治三年（1864），清兵攻陷南京，捕杀参加太平军的戏曲艺人，徽班又一次涌入南通州，躲避兵灾，以求生计。而饱受天灾人祸之苦的里河渔民、庄户、盐丁、灶民，则将命运托附给冥冥之中的神灵。他们求助徽班艺人演酬神戏、还愿戏。娱神娱人，祈求平安。例如，掘港八总庙是渔船出海进港的集散地，一副徽班能在庙台上连演一年的敬海神戏而不需易地。另外，盐商、徽商沿袭旧习，争胜斗富，借戏曲演出扩大商号影响。仅以两淮盐运通州分司驻地石港古镇上的"源隆"、"一林丰"、"中和春"三大徽、陕商为例，均以财力资助一年一度在石港举行的"五一八·老郎会"。届时，数十副乡班赛戏比艺，重新组班，竞演六日不歇，遂使里河一带的徽班演出空前繁盛起来。

同治、光绪年间，里河地区流动的徽班约有 200 副之多，加上唱徽戏的木偶家班，总计达 400 多副。徽班艺人最著名者有王鸿寿、汪安庆、汪曹龙、徐大网、苏瑞仙、顾大六、杨洪春等。还有号称"里河十子"的一批名伶：文武老生杨大牌子，武二花二松子，文武丑长山子，靠把武生四八子，靠把老生网锅子，六路通透的六五子，老生七三子，武二花七斤子，文武老生小九子，青衣马瘌子等。

里河徽班所演剧目丰富多彩，达 900 余出。剧目题材十分广泛，有历史演义戏、英雄征战戏、公案戏……其中以三国戏最为完整，从《关公出世》、《张飞卖肉》、《桃园三结义》起，演到《一计害三贤》、《司马师定中原》止，达 140 余出。唱做并重，武戏见长。同时注重灯彩戏和彩头（假面）戏。

另外，徽剧同仁共同拟定了十大班规：

1. 不许欺师灭祖。

2. 不许坐班邀人（或称不准吃里扒外，即不准介绍同班人到外班去）。

3. 不许偷人挖角（不准外班人高价挖走班内演员）。

4. 不许中途辞班（班期不到，不许辞班不干，打瓜精——开小

74

差,带人跑)。

5.不许临场推诿(不准临上演时不干)。

6.不许带酒上场(如有违犯,请戏主顾要罚戏班钱)。

7.不许台上开搅(不许笑场、气场、误场、无故退场等)。

8.不许台上反场(反场指眼瞪场面、听将军——喧宾夺主、放水、或踩台板)。

9.不许开口伤众(不许骂街或骂通堂——骂众人)。

10.不许游春钓鱼(不许调戏妇女等)。

犯了班规,就要"坐公堂"。公堂上设香案,首座班主,二座总管(拿戏目者),全班依次入座。总管向犯规者讯问,然后公议处罚。犯规较轻者,又肯认错,则处以罚香,由犯者购买香烛敬奉家祖,当众悔过,保证不再重犯。犯规较重者,又不认错,则要罚趴板凳打屁股,由伙夫用挑水扁担执罚。

十大班规的制定与执行,使得徽剧在里河地区的有序发展受制于一个约定俗成的规范,有助于徽剧生存环境的改善与徽剧生存质量的提高。

二、祭台敬神

每年除夕的晚上,乡班艺人,包括演职员、管事、音韵、衣箱、布幕、伙夫、水锅、打杂、催戏、守门等人,个个理发、洗澡、换衣裳,收拾得干干净净,大家一齐到舞台上来,准备祭台。祭台程序有二:

一是布置祭台:过去戏台上台口有青龙白虎二柱,竖在台口左右台角上。旗把箱的人员取出青龙白虎假形,用铁链把青龙锁在左柱上,白虎锁在右柱上,左青龙右白虎是镇台辟邪的值班公曹。

司台人员在戏台中间将两张桌子叠起,上加一张宝座椅子,高台宝座上摆放桌帏、椅披、拜垫。宝座前置一大红幕帐。宝座两侧为龙凤旗、宫灯、掌扇、銮驾等执事。宝座前面,平摆两张桌子为供案,摆上香炉烛台、水果碟子、干果盆子、糕点托盘、三牲,即公鸡、鲤鱼和猪头。

二是拜请祖师爷:锣鼓唢呐吹打前面引路,主要艺员捧香炉烛台随行,前台东家(老板)和班主把祖师爷(唐明皇偶像)请到台上登上宝座。宝座神案下有武猖兵马司(又称武昌兵马司),乃战国时白起、王翦、廉颇、李牧、孙武的总称,均为辟邪之神,这是打武戏艺人必敬之神。鞭炮声中,前台老板举香齐眉、平端酒爵三献酒,班主献茶。前台老板、班主、主要艺员、全班人员次第磕头行礼。这一热闹场面名"谢年"、"辞年"。彻夜香火不断。

正月初一上午九时左右,敬神仪式开始。打"闹台",吹【将军令】牌子,为祖师爷演敬神戏,先跳《加官》、次跳《财神》、三跳《五灵官》、最后跳《魁星》。

跳加官

加官者,里河徽班艺人说是天官,也叫三官大帝。三官分别称作上元一品赐福天官紫微大帝,中元二品赦罪地官清虚大帝,下元解厄水官洞阴大帝。集天官、地官、水官为一体的天官,身兼赐福、赦罪、解厄诸职。跳加官既敬神又祈福,为仪式第一出。其仪规十分传统,有戏谚曰:头出戏不开口——只摆架子做身段,二出戏不动手——只是开口唱。

跳加官选本班台柱子或须生或做工老生扮演天官。脸上少许抹些红脂膏,外戴加官脸子(假面具)。头戴乌纱相貌,身穿薄胖袄,上面加一件红褶子,外披专为加官特制的蟒袍。加官蟒分五色:平时,海船为求海上平安,庄户人家遇到发大水、天大旱求龙神时许愿、还愿时穿白袍,意为白虎克青龙。失火还愿穿绿袍,敬的是龙神。砖瓦窑场烧利市穿黑袍,敬黑虎玄坛赵公明大财神。挖到浮财,或出现蝗虫灾害还愿时穿黄袍。浮财与蝗灾均与土地有关,按民俗五方五位的观念——中央戊己土,黄色。穿黄袍是敬重土神。而大年初一天官赐福,图的是神喜人欢,穿的是红缎金绣蟒,上绣五爪金龙,扣玉带,红彩裤,黑缎厚底靴子。

天官手抱牙笏在上场门候场。管大衣箱的人从箱里取出一个红布包,交给司台监场人,等到出场时间到了,打开红布包,取出加官脸子,加官脸子是白面笑脸,五绺黑须,眯细眼儿。其造型与安徽贵池市殷村清道光年间的傩面具"土地"有异曲同工之妙。表演者带上脸子就"封口"——不许与任何人答话。表演者用口衔住脸子内侧的一根横档,必须要衔的牢靠。若是在台上把加官脸子掉下来,旧俗之说会殃及全班,不是死人,就是失火的预兆。

锣鼓一响,天官侧身自上场门出,走三步,踩七字锣,醉态醉步,不断重复。据老艺人讲,加官跳的是"禹王步",即"禹步"。这可以追溯到汉代江淮间以巫事傩,习禹步治百病的历史。"汉淮南王刘安以降,乃有壬子年撰集之文,沙门惠宗修纂之句。触类长之,莫贤於先峰左足,三步九迹。迹成离坎卦,步纲蹑纪者。自兹以还,更无异效,可以寻研者矣。"

天官跳到台口,向观众抱住牙笏作揖,在台中心走一个小圆形的圈子。这时司台的接过他的牙笏,交给他一个布卷子,称加官条子。加官左手高擎卷子走到台口打开,这卷子中有五颜六色的缎子八九幅,每幅用彩线绣一句驱邪纳吉的话。如太公在此、百无禁忌、恭贺新禧、天官赐福、一品当朝、生意兴隆、田禾茂盛、五谷丰登、富贵吉祥……天官将条子一一展毕,再跳到台中桌旁,放下条子,抱住牙笏,向观众作揖,慢慢移步,按"三步七锣"的规矩,躬身由下场门进后台。表演过程是哑剧的样式。

接下来的第二出戏是"动口不动手",演员把两只手藏在衣袖内,背着两膀上台来,站在台口念道:

　　一枝鲜香供佛堂　　两朵金花插边旁

三尺红罗传真诀　　四根彩旗状元郎
五花马踩江山稳　　六月荷莲满池塘
七篇文章张锦绣　　八面威风震家乡
九世同居张公义　　十代儿孙伴君王
福禄全家、子孙满堂……

念毕向观众鞠躬下场。这段当代人看来一头雾水的"张打油"式的韵文,却扣住了古傩的一个内核——祈神纳吉。

跳武财神

武财神,即赵公明。据徽班艺人的传说,他原是人间五大瘟神之一的"秋瘟神",时常带一批疫鬼,施疫害人。太上老君闻之大怒,派张天师领五千龙虎神兵前往捉拿。经过一番恶战,赵公明归顺。姜太公封神时,封他为正一玄坛赵元帅。赵公明从瘟神变为财神,是因为他手下有招宝、纳珍、招财、利市四将,正合人们求财致富之意。赵公明神通广大、武艺高强,既能招财进宝,又能镇坛降邪,故祭奉为武财神。

武财神扮演者为班中武净,脸上抹红膏带脸子(面具)。脸子相貌为金色,暴眼,眼珠突出,络腮短须,形象狰狞。脸子也是衔在嘴里的。身穿缎质金绣黑蟒,不围玉带,双手捧着大型纸糊硬壳的金元宝,步法粗犷,蹦跳四窜,身段高矮错落。左手拎着蟒袍两边的袍角,将手里的大元宝抛在袍里,右手伸到袍里捞元宝,实际上是空手无物地抓一把,向前台观众扔去。其顺序是左台角边扔三把、右台角边扔三把,再走到台口中间抓三把。观众纷纷挤到台口,手接这"目中无、心中有"的元宝往自己口袋里装。武财神曰"空手取财空手扔,神喜人欢迎好运……"

78

跳五灵官

关于五灵官,艺人的回答比较含混。有说是王灵官的讹音,有说是道家的五位灵官——王灵官与马灵官,其余的就说不清楚了。

王灵官:姓王名善,玉枢火府天将,隆恩真君,为道家护法监坛之神。马灵官:姓马名胜,道教称其为雷声不动天尊。随护梓潼帝君,驱邪祛瘟,度世济人。

五灵官为武行艺人扮演。如:武生、武净、武丑、加两个得力的武行,其中"武旦"不在其内,即便男扮女装的武旦,也不在其列。

五灵官的打扮是:戴硬盔头,穿五色软靠(不扎靠旗),手执兵器——短刀、钢鞭、钢叉、梢子棍、铜锏。锣鼓把这五位灵官引上舞台,在台口各耍一套身段功夫,然后放下兵器,拿起五把菜刀。司台人预备好五张小板凳,事先将五只雄鸡绑在凳上,五位灵官松开五只雄鸡脚上的绳索,按住鸡头,打鼓佬起【四击头】锣鼓点子,五灵官齐吼一声,刀起头落,随即将鸡身倒提起来,由下场门钻进后台,四面八方绕场一周,再由上场门帘钻出台上来,舞台前后鸡血淋淋。五灵官在【四击头】锣鼓声中一齐翻身,向前台亮相。这时,上场门有一个专门打火彩的人,燃起柴火,手抓一把松香末儿随着柴火打撒出去,火球斜插花儿,从五灵官头顶上穿过,直穿到下场门帘前地上,名叫"吊鱼"。五灵官在【急急风】锣鼓声中下场,名为"出将入相"。五个鸡头被放入陶器罐中,罐口用红绿布和彩带扎毕,放在后台祖师爷座位底下的盒龛里。后台艺人扮两个扫"财"童儿,手执帚箕,自前台台口扫起,一直扫到后台管事桌中间,谓之把财扫到家里来。在跳加官、跳财神的过程中,前台老板要把洋钱、铜板扔上台去。扫台童儿扫到后台,大家均分。

跳魁星

魁星,原称奎星,"魁"字为第一、为首的意思。魁星是主宰文运之神。跳魁星是送上一个文运亨通的吉祥祝福。扮演者或净或丑,戴魁星脸子(假面具)。魁星脸子三段吊挂,用腊线缝连,便于活动。其上段为额,红色,顶端加套特制的三尖帽子。中段为青脸,红眉、绿眼,耳部插红毛(髯口、染子)。下段为阔口獠牙。

魁星短打扮相,大红衣,虎皮坎肩,腰间束一条腰巾子,黑彩裤,黑快靴。左手拿一个四角方斗,上写"魁星踢斗右手笔"。右手拿一枝"神仙一把抓"木制的一管笔。魁星自上场门撩门帘出场,步法连跑带跳,十分规则:先左脚上一跳步,右脚提起向后一踢;右脚上一跳步,左脚提起向后一踢。手势是上下划动,左手高举右手落下,右手举高左手下落,班中人戏称跳的蛤蟆舞。

戏班中对跳魁星多为独脚支撑的动作另有二说。其一,魁星原本是一位书生,面麻脚跛,可文才很好,皇帝殿试时问:为何麻面?答曰:麻面满天星。问:何以独脚?答曰:独脚跳龙门。皇上钦定为状元。故尔,魁星的形相姿态不离"独脚跳龙门"的规矩。其二,魁星独脚跷起,如一大弯钩,表示"屈曲相钩,似文字之画"。魁星的形相姿态是文字、文章的意化。魁星走到台口中间,举起右手的笔,向左手斗里一蘸,提起笔来,向前台正面点三点,然后再面向后台点三点,这叫"朱笔点元",点状元、探花、榜眼,谓之三元及第、平升三级。

随着京调(京剧)的兴起,徽剧乡班艺人加入了"徽转京"的行列,但徽剧与徽班祭台、敬神的仪规在木偶戏班和扇子戏中一直保留,直至上世纪50年代。

参考书目:

[1]李 斗:《扬州画舫录》,扬州,广陵古籍刻印社,1984。

[2]《中国巫傩面具艺术》,南昌,江西美术出版社,1996。

［3］余　耘主编:《中国戏曲志·安徽卷》,北京,中国戏曲志编辑委员会,1993。

［4］余大喜编著:《中国傩神谱》,南宁,广西人民出版社,2000。

［5］曹　琳:《江苏省通州市横港乡北店村胡氏上童子仪式》,台湾施合郑民俗文化基金会,优文印刷股份有限公司,1995。

［6］郑晓江主编:《中国辟邪文化大观》,广州,花城出版社,1994。

［7］陈耀庭　刘仲宇:《道·仙·人》,上海,上海社会科学院出版社,1992。

［8］吴丕能主编:《江苏戏曲志·南通卷》,南京,江苏文艺出版社,2001。

● 邓翔云

安徽省艺术研究所

浅谈徽文化和目连戏的"变"

佛教、道教并不源于安徽，九华山、齐云山却在安徽境内，所以，这两座名山的宗教特色，都体现了徽文化的通变精神。同样，目连戏是在传统的中原文化孕育下形成的，传播到安徽，又凸现了徽文化"变"的特色。当然，通变精神是中华民族文化的传统，在这一传统形成的过程中，安徽起了举足轻重的作用，通变精神也最为突出。

安徽位于华东腹地，是南北和东西的过渡地带。所谓"过渡"，既指交通，也指文化。这一具有战略意义的地理位置，决定了安徽境内必然是历史上三次大规模南北文化碰撞的锋面。第一次指大禹的涂山之会，至战国后期安徽的江淮地区形成三楚文化的中心，即先秦时期中原古文化与古皖文化的碰撞。第二次指东汉三国时期，东吴政权以武力逼迫皖南丹阳山越人出山，强行把山越文化融入南方汉文化。第三次指宋室南渡，中原人士大规模南迁。安徽境内的江淮之间和长江两岸，又成了宋金、宋元对抗和争夺的主要战场。这是一次大规模和深层次的南方汉文化对传统的中原文化的接受和吸纳，也是一次多民族和多元文化的冲突和融合，影响极其深远。由于文化碰撞都是以战争为先导的，这就决定了徽文化必然具有通变精神。正如《安徽文化史·导言》所归纳，突出的通变精神，是徽文化的根本特点，也是安徽地域文化具有强大生命力的内部因素。明代，九华山佛教、齐云山道教，《目连救母劝善戏文》，从不同的侧面，反映了明清时期徽文化的灿烂辉煌。

一

随着宋室南渡，目连戏也传入皖南山区，郑之珍《目连救母劝善戏文·自序》中说："时寓秋浦之剡溪，乃取目连救母之事，括为《劝善记》三册。"表明他的《劝善戏文》是在剡溪写作并完稿的，剡溪就是今天安徽省石台县大演乡剡溪村，位于牯牛降自然保护区北侧的剡溪河畔，剡溪河就是秋浦河的上游。两汉时期，秋浦曾是石台县的县名。明代，剡溪也曾是大演乡的乡名。明末，时任池州推官的复社名士吴应箕曾回故乡石台剡溪探亲，目睹家乡搬演目连戏的盛况，便题写了"大演"二字，于是，"大演"便成了剡溪乡的乡名。吴应箕是抗清名士，当时在家乡组织义军抗清，后被叛徒出卖而被捕，遇难后葬于大演乡，其墓毁于文化大革命期间，今仅存墓碑。郑之珍（1518—1595），安徽祁门人，祖籍河南荥阳。西晋末，永嘉南渡，中原人士大批南下避乱，郑氏先祖也渡江南迁丹阳秣陵，元末明初，再迁至祁门清溪。郑之珍住在祁门清溪，之所以要到剡溪来整理目连戏，是因为当地农民群众认为，目连故里就在剡溪，目连救母的故事，就是历史上剡溪曾经发生的真人真事。这种说法，至今不改。当年正好有一秀才驻村修谱，便请秀才执笔，秀才建议约请精于词曲的郑之珍主笔编撰。于是，剡溪村民从祁门清溪请来了郑之珍。剡溪、清溪虽然分属石台、祁门两县，也分隶池州、徽州两府，其实都在今天的牯牛降生态环境保护区内，中间仅隔一座相对高度并不高的山头，相距不远，路途也不崎岖。或者说，剡溪、清溪都在九华山下。剧中马蹄岭、黑松林、茅棚店等场景，就是按清溪至剡溪途中牯牛降大赤岭的地理环境描写的。或

者说,描写的就是九华山西南侧的生态环境。传说郑之珍应邀到
剡溪的时候,双目近似失明,无法动笔,只能口述。他白天坐在剡
溪河畔柳树下,夜晚坐在青灯旁,构思剧情,口述内容。当他编到
《母子团圆》一出时,终于感动了观音菩萨,他的双目也突然复明。
祁门县也流传着目连戏"出在环砂,编在清溪,打在栗木"的说法。
其中,"出在环砂",就是目连故里在祁门县环砂村,目连救母的故
事也发生在这里,内容和剡溪的传说以及目连戏的故事基本一致。
类似的传说,在徽池一带还能找到。

关于目连其人,四川还有故里在射洪县一说。尤其射洪县青
提古镇还赫然立着"唐圣僧目连故里"的大石碑,立碑人为清光绪
年间该县的知县。相传,此碑非原碑,原碑比此碑还要高大,立碑
时间也在光绪以前。应该承认,知县立碑属政府行为,目连也应是
个历史人物。而目连戏中的目连,则是艺术形象,"真人假事"本
是中国艺人的创作习俗。《佛说盂兰盆经》中的目连,指的是印度
历史人物目犍连。《法华经》作大目犍连,《阿弥陀经》作摩诃目犍
连。据《佛本行集经·舍利目连因缘品》载,目犍连是古印度摩揭
陀国王舍城城郊人,属婆罗门种姓,皈依释迦牟尼后,与舍利弗、大
迦叶等并称"佛门十哲"。《佛说盂兰盆经》中的目连救母,是用慷
慨斋僧的办法,调动十方僧众的法力,共同救母。"救母"是虚的,
要求大众斋僧才是《盂兰盆经》的目的。所谓"救母",体现的是中
国伦理道德,与佛陀的"十二因缘"、"诸法无我"等基本宗教思想
相悖,与大乘教派的"不二入法门"理论也完全不同。显然,印度
高僧目犍连是不可能去救母的,《佛说盂兰盆经》也必然是西晋时
期竺法护等僧侣以佛的名义编撰的中国佛经。印度梵剧《舍利弗
传》中,有目犍连,而没有目连救母。这部梵剧是印度大乘教派高
僧马鸣根据《佛本行集经·舍利目连因缘品》创作的,内容是叙述
舍利弗、目犍连由六师外道皈依佛门。由于中国的鬼魂观念与印

度不同,目连戏中的目连下地狱救母,以及满台的装神弄鬼,印度观众是难以理解的。

在石台、祁门一带流传的多种本土化的目连救母传说。对于徽州、池州,不管是印度的目犍连,还是中原或四川的目连,只要传播进来,便一律视为本土文化,这种善于积累文化的开放性,正是徽文化通变精神的基础。第一个目连戏刻本是郑之珍的《目连救母劝善戏文》,也同样显示了徽文化的开放性和交融性特征。郑本目连于明万历十年(1582)由新安高石山房刊刻,原版现藏安徽省博物馆。郑本的出现距北宋目连戏已经470多年,470多年的流传,民间已经出现多种目连戏演出脚本。正如郑之珍《目连救母劝善戏文》下卷"开场"末脚所说的,"搜实迹,据陈篇,括成曲调入梨园"。所谓"据陈篇",指的就是以上所说的民间多种演出脚本。"搜实迹"则指搜集流传在徽池一带多种本土化的民间目连救母传说。这些传说和民间脚本传承到明万历年间,随着资本主义萌芽和思想解放,也趋于成熟,于是,演出活动出现高潮。在这种条件下,郑本目连才能问世。关于明后期九华山下目连戏演出盛况,张岱《陶庵梦忆》曾回忆:

> 余蕴叔演武场搭一大台,选徽州旌阳戏子剽轻精悍能相扑跌打者三四十人搬演目连。凡三日三夜,四围女台百什座。跟斗蜻蜓,蹬坛蹬臼,跳索跳圈,窜火窜剑之类,大非情理。凡天神地祇、牛头马面、鬼母丧门,夜叉罗刹、锯磨鼎镬,刀山寒冰、铁城血澥,一似吴道子《地狱变相》。戏中套数如《招五方恶鬼》,《刘氏逃棚》等,万人齐声呐喊,熊太守谓是海寇卒至,惊起,差衙官侦问,余叔自往复之,乃安。

这则记叙的演出地点,在浙江海宁而不在九华山下。只是从"徽州旌阳戏子"高超的演技中,推论徽池一带目连戏演出活动的开展。民国十三年(1924),《南陵县志》在记叙南陵目连戏的同时，还追记了明代王阳明对当年南陵目连戏的评语：

> 陵民报赛酬神专演目连戏。谓父乐善好施,子取经救母。王阳明先生评目连曲曰:"词华不似西厢艳,更比西厢孝义全。"亦神道设教义也。

明末的思想解放是全国性的,为什么目连戏盛行于九华山下并孕育郑之珍《目连救母劝善戏文》的诞生？这又与地藏崇拜息息相关,民间所谓的地藏崇拜,其实就是金乔觉崇拜。金乔觉是新罗国(韩国)王子,唐开元末来华求法。后卓锡九华。徽池一带并不因为他是新罗人而予以排斥,相反,形成金乔觉崇拜现象,或名地藏崇拜。这一现象,同样显示了善于积累文化的徽文化通变精神。由于地藏的大愿之一,是"地狱不尽,誓不成佛",与目连救母的行为相一致。因此,徽池一带称目连戏演出为"还愿戏"、"请菩萨",把地藏崇拜和目连戏演出融为一体,进而使目连戏演出成为驱恶从善、修身养性、祈求风调雨顺五谷丰登的重要祭祀活动,每个人都力求为家族、为社会做出善举。所以,演出活动频繁,盛况自明代一直延续到20世纪50年代初期。地藏崇拜又派生出郑之珍信仰。祁门清溪村头有一块依山凸起,高约丈余的巨石,形似即将跳过清溪河的骏马。传说儿时郑之珍常骑在这块巨石上读书。郑氏死后,凡演目连戏,必到这块巨石前拜祭,谓之"接神","接神"后才能开演。这一信仰民俗同样传承到20世纪50年代初。

关于安徽现辖地域的早期佛教活动,不见记载,但临淮(今安徽泗县)人严佛调和丹阳(今安徽宣州)人笮融,却率先接受并传播了佛教。早在两汉之际,印度佛教刚刚传入中国的时候,严佛调便参加了刚刚起步的译经工作。他是第一个参加译经工作的汉人,也是汉族地区第一个出家的僧侣。《高僧传·支娄迦谶四》在附记译经家安玄和严佛调时说:"玄(安玄)与沙门严佛调共出《法镜经》，玄口译梵文，佛调笔授，理得音正，尽经微旨，郢匠之美，见述后代。调本临淮人，倚年颖悟，敏而好学。"他还撰有《沙弥十慧章句》，是汉族僧侣的第一部佛学专著。东汉末年，董卓军阀集团，掠杀洛阳、关中一带，这一带居民纷纷逃往相对安定的徐州。笮融（？——195）是个信佛的居士，他聚集了数百难民投奔徐州。由于他和徐州刺史陶谦是同乡，陶谦便委托他督管广陵、下邳、彭城三郡粮食运输。他却把三郡的钱粮用来建造佛寺。《三国志·吴志·刘繇传》记载了他所建造的佛寺，"以铜为人，黄金涂身，衣以彩锦，垂铜盘九重。下为重楼阁道，可容三千人，悉课读佛经"。这是中国正史上对建造佛像和民间信奉佛教现象的第一次明确记载。笮融还采用信佛免役的办法，招募到五千多民户，并以免费午餐吸引民众参加佛事活动。《刘繇传》载，一次浴佛法会，教十里范围内铺设席位，"民众来观及就食者万人，费以亿计"。

隋唐五代是佛教大发展并开始趋于衰微的时期。这时，安徽虽未出现著名的佛学家，但自金乔觉来九华山后，九华山佛教出现了高潮。他圆寂后，被后世尊为地藏菩萨，九华山也被奉之为地藏道场，与五台山、普陀山、峨眉山并列，成为佛教四大圣地之一。关于金乔觉身世及来华时间，历史上一直存在不同的说法。据唐代诗人费冠卿《九华山化城寺记》所述："开元末，……时有僧地藏，则新罗国王子，金氏近属。……金乔觉项耸骨奇，躯身七尺，而力敌万夫。"费冠卿世居九华山上，中试后又退隐九华，且生活年代与金乔觉相距不远。他的记叙是较为准确的。新罗佛教源于中国，开元年间正是新罗佛教发展的鼎盛时期，因而众多僧侣入唐求法，金乔觉便是其中之一。相传，他来华后先到浙江普陀山，不料一脚踏上山峰，山就猛地向下一沉。显然，普陀山不是他修身的地方，便转而西进。曾挂搭芜湖广济寺，再登九华山，择一洞为禅地，长年累月苦修禅定。传说，坐禅时曾被毒蛇咬了一口，也全然不顾,坚持苦修。他的虔诚感动了山神,山神便化做一美妇入洞送药,表示愿出清泉以补过失。于是,金乔觉跌坐的地方清泉涌出。他的清修生活是十分艰苦的,吃的是一种名为"观音土"的白土加少量的米煮成的一种糊。据他自己在《酬惠米》一诗中所说,一次他接连几天无米下锅,幸有一位热心人施舍了一些米,他才度过了难关。青阳县诸葛节也曾陪几名老者登山,无意中发现了山洞中的金乔觉,也发现了断了一条腿的鼎和鼎中的观音土。这种苦行的态度感动了诸葛一行,他们共同集资,要为金乔觉建一座寺院。当时,九华山是闵公的私产,他也乐意献地建寺,金乔觉只要求借一袈裟之地,谁知一袈裟撒开竟覆盖了整座九华山。于是,闵公献出了九华山。他们为金乔觉建的寺,名化城寺。是九华山最早的寺庙。唐德宗时,池州刺史张岩奏请皇上赐以寺额,这便是化城寺之额的由来。

九华山佛教颇具徽文化开放性、交融性特色。金乔觉本人崇奉净土经典,苦练传统禅修,同时又崇拜地藏,不仅以地藏为自己法号,还修持苦行与禅定。一批禅僧投拜金乔觉后,禅学禅法也传入了九华,于是九华山佛教禅、净合一。明代,天台寺又供奉了"八仙",九华山佛教在禅、净合一的基础上,又融合了道教。

金乔觉在九华山苦修了 75 个年头,99 岁那年的农历七月三十日圆寂。弟子们用一口缸殡葬了他。三年后启缸正式安葬,却发现金乔觉肉身不坏,容貌如生,摇动他的骨干,就象摇动金锁一样的铿锵有声。这一迹象与佛典关于地藏的描述相一致;他"项耸骨奇,躯长七尺而力敌万夫",[1]也与佛典上的地藏相吻合,加之他生前笃信地藏并以地藏为自己的法号,弟子们便认定他是地藏转世,奉他为地藏菩萨。佛教界也公认九华山是地藏道场,七月三十日是地藏菩萨涅槃日。此后,每年的这一天都要举办"南无地藏王菩萨大愿法会"。明清时期的"大愿法会",为迎接各地香客,僧尼和九华山民沿途接待,不仅供应食宿茶水,还有目连戏、傩戏演出活动。1986年的"大愿法会",一千多名僧尼居士求戒,数千名信徒坐守地藏塔。为期35天的庙会,朝山进香的香客达五万多人,加上旅游观光和经商者,共上山十五万多人。此外,九华山还举办"浴佛法会"、"盂兰盆会"以及与民间共同举办的"阴骘大会"(农历十月十五日)。每逢庙会,山上山下必有目连戏演出。当然,地藏崇拜形成于唐代,九华山人奉金乔觉为地藏菩萨,却不因为他是神而顶礼膜拜,关键是他的人格魅力。金乔觉卓锡九华后,与九华民众结下了深情厚谊。他一生矢志佛道,苦修佛法,条件再艰苦也不改初衷,几十年如一日精进向善,终成正果。他既是宗教信仰的偶像,又是道德的化身,对净化当地的社会风气起到了重要作用。由于人们把目连戏演出和对金乔觉的纪念结合在一起,所以,九华山下的目连戏代代相传。

二

郑之珍《目连救母劝善戏文》第二出《斋僧斋道》有一段颂扬"三教合一"的戏,如下:

(净白)小僧,禅定是也。(小白)小道,全真是也。(净唱)【红衲袄】释家大要在《华严》一经,大抵教人明此心,明时见性灵。(小接唱)心和性,释同儒混成。【红衲袄】老君大要在《道德》一经,大抵教人修此心,修时炼性真。(净接唱)心和性,道同儒混成。(外唱)【红衲袄】圣人遗下,四书五经,大抵教人存此心,存时在性明。(净、小接唱)儒释道须知通混成。(外白)圣人以神道设教,岂非三教混成之意乎。盖儒也、释也、道也,名虽不同,而皆所以成乎己,犹之日也、月也、星也,明虽不一,而皆所以严乎天。(外唱)【孝顺歌】儒释道本一流,名不三光诚之偶。(净接唱)承高谊,赐颖流,三教一家古未有。
(合唱)三教皆天授,善事天时在自修,修善工夫只在性
内求。

戏中的"外"脚,就是斋僧斋道的傅相。由于这段戏,只有叙述,没
有冲突,观众不会有兴趣,即使有兴趣,也未必能听清楚,而傅相修
"佛"成"仙"形象的刻画,却能给观众以深刻的印象。他毕生信佛
修佛,本应以涅槃为最终目的,他则白日乘鹤飞升,虽然再现的是
道教的最高目标,却又不同于道教的"长生不老"、"羽化飞升",而
是死后的"飞升",即先圆寂,后飞升,没有修成佛果,却登上了仙
界。这一笔似释非释、似道非道的形象描绘,显示了目连戏在徽文
化孕育下的"变"。

郑本目连戏的"变"和齐云山道教的"变"是相一致的。或者
说,目连戏的"变",是在特色九华山佛教的基础上,融合了齐云山
道教的"变"。

齐云山与湖北武当山、四川鹤鸣山、江西龙虎山并列为中国四
大道教名山。道教又有七十二福地之说,齐云山被列为其中之一,
所以齐云山又名"福寿山"。关于齐云山道教传入的时间,一般认
为是唐肃宗乾元年间,据说当时道士龚栖霞来此修道,但此人姓名
籍贯不见史载,所修之道也无所传,所以没有产生历史影响。到了
南宋理宗宝庆二年(1226),道士余道元来齐云山定居,创建佑圣
真武圣殿,并请理宗近臣程王必题"云岩"二字并刻于石壁。从
此,齐云山道教才确立了太上玄元皇帝为膜拜偶像,也开始有了影
响。齐云山道教属正一道,即可以不出家的"俗家道士"。明代,
是齐云山道教鼎盛时期。传说嘉靖年间,嘉靖无子嗣,便派婺源人
汪姓天官代他去各地名山求子。当汪天官一行到达齐云山的时
候,山中道士见到兵马执事,吓得四处躲藏。汪天官只找到一名伙
夫。于是伙夫设坛念经,汪天官亲自登坛作法求子。事后嘉靖果

然得子,便降旨重修齐云山正殿,增建配殿和钟、鼓二楼,翻新二重宫门,其豪华胜过了著名的武当山太和殿,还敕名"玄天太素宫",从此真武圣殿改名为太素宫。据说,齐云山匾额也是嘉靖御笔所题。

　　齐云山道教在教理方面留下的史料较少,而与道教有关的古迹却相当丰富。其中不少古迹再现了齐云山道教的特色。如真仙洞府,此洞位于齐云山一天门和二天门之间,供奉的是玄武上帝。"玄武"是我国古代神话中的北方之神,即二十八宿的北方七宿。这七宿是斗、牛、女、虚、危、室、壁。《楚辞远游补注》解释:"玄武谓龟、蛇,位在北方,故曰玄;身有鳞甲,故曰武。"玄武与青龙、白虎、朱雀合称北方四神。道教则以这四神为护卫神,又作了种种附会的解说。如玄武乃元始化身,黄帝时期附太阳之精,托胎于净乐国善胜皇后,由左肋生出。长大后勇猛无比,后去太和山修炼,得道飞升,被玉帝册封为"玄武"。宋真宗时因避赵玄朗之讳,改"玄武"为"真武"。值得注意的是,真仙洞府真武帝君(即玄武上帝)两侧还排列着佛教的十八罗汉,显示了齐云山道教的"变"。再如,雨君洞府供奉的是龙王菩萨。龙王是传说中司职兴云降雨的神灵。佛教《华严经》中有无量诸大龙王,道教则宣称有诸天龙王、四海龙王、五方龙王等。表明佛道二教都尊奉龙王。然而,菩萨是佛教的果位,即佛的候补。齐云山道教却把菩萨与神灵合二为一,创造了似佛非佛、似道非道的"龙王菩萨"。此外,山上到处书有"南无阿弥陀佛"、"无量寿佛"等佛名号,朝山进香的香客,也常常是口喊阿弥陀佛,拜的是太上老君。上述现象反映在郑本目连戏里,便是傅相修"佛"成"仙",而且是圆寂后的白日飞升。

三

　　印度佛教的大乘教派世俗化运动,虽然使佛教从"出世"走向

"入世"，但毕竟是在佛陀原始宗教基本思想上的发展。而九华山佛教又在印度大、小乘教派的基础上，融入了中国的传统伦理道德和中国民俗，明显地与印度各教派出现了差距。同样，九华山道教不仅不与佛教抗衡，甚至融入了佛教思想。这些"变"，起于唐宋，而完成于明代。这又与朱元璋的"变"存在着因果关系。

朱元璋（1328—1398）出生在淮河南岸濠州钟离（安徽凤阳），长期活动在江淮一带，这一带正是历史上文化碰撞的锋面。显然，是徽文化的通变精神孕育了他的通变思想。《明史》记载，朱元璋的母亲在孕妊他的时候，曾吞服道士给的丸药，所以，他降生时有"红光满室"的祥兆。《皇朝本纪》也记叙："母太后陈氏夜梦一黄冠自西北来，至舍南麦场中麦糠内取白药一丸置太后掌中，太后视渐长。黄冠曰：好物食之。太后而吞之，觉谓仁祖曰，口尚有香，明旦帝王。"《明通鉴前编》卷一记载："至正四年（1344）里中大饥，……太祖时年十七，无所衣，乃入皇觉寺为僧。逾月，游食合肥。道病，辄见二紫衣人与俱，护视之。病已，遂不见。"以上三则记叙，都是朱元璋称帝后编造的故事，由于他的父母在他入皇觉寺为僧之前已经去世，旁人是无法杜撰的，他的神话故事也无非证明自己是真命天子而已。

朱元璋本是佛徒，为什么不编佛教故事证明自己，而去编造道教神话呢？虽然这是因为在他起兵时得到了道士周颠仙和道教正一派的协助和支持，更是他成长过程中接受了徽文化的体现。他不仅崇尚佛、道，也崇尚儒学。所以，他立国后，在强化对佛、道二教的管理和扶持的同时，又对儒、释、道合一的做法，作了理论上的阐述。如《明太祖文集·三教论》指出，"三教之立，虽持身荣俭之不同，其所济给之理一，然于斯世之愚人，于斯三教有不可缺者"。朱元璋提倡三教合一，三教合一便成了明代的宗教政策，当时的宗教学者也持三教合一的主张。如凤阳府全椒籍僧侣憨山德清，便是持三教合一说的典型宗教学家。憨山德清（1546—1623），字澄印，别号憨山，俗姓蔡。他有句名言："尝言为学有三要：所谓不知《春秋》不能涉世，不精老庄不能忘世，不参禅不能出世"，"此三者，经世、出世之学备矣。缺一则偏，缺二则隘，三者无而称人者，则肖之而已"。[2]他的三教会通学说，主要表现他的三教互释中。即以佛释儒，佛化儒学；再以佛释道，对于道家思想，必须作佛学化解释，才能得其真谛；又以儒释佛，在佛教的出世精神中注入儒家入世思想。反映在目连戏里，便是前引"三教皆天授"一段戏。憨山德清是凤阳人，他同样是在徽文化孕育下成长的。他的三教互释和朱元璋的三教合一一样，既是社会发展必然出现的现象，也是徽文化通变精神的体现。正是上述多种文化现象的积累，才出现以徽商文化和徽班文化为代表的明清徽文化的全盛时期。

注释：

[1]《九华山志》333 页，黄山书社，1990。

[2]《憨山大师梦游全集》，转引自《安徽文化史》中册 1181 页，南京大学出版社，2000。

● 王日根

厦门大学历史研究所

徽州会馆与徽州戏的播扬

一、徽州戏内容丰富

　　徽州戏是一个大概念,包含目连、傩戏、傀儡戏以及各种民间土戏,是民间俗文化的表现。徽州各地逢年过节往往举行大规模的文娱活动,其中包括丰富的戏剧表演。如《寄园寄所寄》卷十一《故老杂记》中说:"万历二十七年(1599)休宁迎春,共台戏一百零九座,台戏用童子扮故事,饰以金珠缯彩,竞斗靡丽美观也。近来此风渐减,然游灯犹有台戏,以绸纱糊人马,皆能舞斗,较为夺目。邑东隆阜戴姓更甚,戏场夺巧壮丽,人马斗舞亦然。每年聚工制造,自正月迄十月方成,亦靡俗之流遗也。有劝以移此巨费,以赈贫乏,则群笑为迂矣。或曰:越国公神会酬其保障功,不得不然。"观戏是乡土社会人们的基本娱乐项目,也是人们庆丰收、报答神明的重要手段。人们世世代代生活在自己的土地上,年复一年地重复着这样有规律性的生活节奏,显得安详而舒适,演戏、观戏经常是丰收年景的伴生物,是节日闲暇时候的调味剂。傅岩所谓"徽俗最喜搭台观戏"[1]确实反映了徽州民俗的一个方面。如康熙四十二年婺源县浙源乡嘉福里十二都庆源村"接祁门章姓乐师教鼓吹,写定谢金十三两,共学粗乐、细乐、十香、昆腔十五套";绩溪县正月十五"上元日各处土坛神庙张灯演剧,或扮童戏,持丈马、舞青衣、游烛龙,遍巡街巷,名之曰闹元宵";休宁县孚潭"二月选期演戏。古例昆腔三台,弋阳腔四台。今则随首家之丰俭为增减,亦有迟至三月而后演者,但毋过清明,过者则有罚"。歙县丰南的三月九日有"太阳会",直到端阳节晚上才结束;五月十三日为关帝圣诞,"致祭演戏";六月初旬,在"仲升公祠前演戏酬神"。此类事例甚多,体现了徽州民间演出的兴盛。[2] 显然,这种奠基于传统农业文明之上的戏曲演出一般只能停留在乡土狭小的范围内,绝难形成全国性的影响。

二、徽州会馆与徽州戏的雅化

徽州人不愿安守在贫瘠的故乡土地上,他们前牵后引地走出了乡土,演绎着迥异于农业生产方式的商业话剧。康熙《休宁县志》卷七说:"徽民寄命于商。"民国《歙县志》卷一《风俗》说:"滇、黔、闽、粤、秦、燕、晋、豫,贸迁无不至焉;淮、浙、楚、汉,又其迩焉者矣,沿江区域向有'无徽不成镇'之谚。"这些在外的商人要谋得生意上的发展,往往需要树立起良好的形象。首先必须是资本的雄厚。个人的资本有限,还可以调动群体的力量。徽州商人在外出经商的过程中,渐渐认识到同乡凝聚的重要性,如"新都人……商贾在外,遇乡里之讼,不啻身尝之,醵金出死力,则又以众帮众,无非亦为己身也。"[3] 他们也就特别注意建立起自己的会馆,在苏州盛泽建立的徽宁会馆便得到周围十几个镇的徽州籍商人的捐助与支持。[4] 会馆的功能在于:祀神、合乐、义举、公约。其中既包含相互济助的内容,又包含了相互约束、建立起良好社会秩序的追求。其次,他们注重树立自己"儒商"的形象,一方面着力培养自己的子弟读书,一方面广泛地与文人诗酒酬酢,并进而组织自己的戏班子等,即所谓"商路即戏路"。徽州商人在外埠设立会馆,一般都建有戏台,每逢神诞或团拜,就邀徽班演戏,这既让徽州商人在异乡回味乡韵,又可扩大徽州文化的影响。正是因为这些举动,让世人觉得徽州商人有良好的形象,徽州商帮也成为当时社会最有影响的商帮。说徽州商人"贾而好儒",并不否认其他商帮也有这样的追求,只是因为徽州戏宣传了徽商,徽商在徽州戏中找到了自己的形象标志。张明富先生已有专文论述各地商帮都有"贾而好儒"的倾向,这是当时社会条件所决定的。[5]但应该承认,徽州商人恰恰通过徽州戏给了人们"儒商"的形象认识。

扬州是徽州戏发展的中心,徽州盐商投入大量资金和精力于徽州戏的发展,有力地促进了徽州戏的雅化,乃至晋京为乾隆皇帝作祝寿演出。徽商蓄养家班,招曲师,教戏子,往往"自为按拍协调,举步发音,一钗横,一带扬,无不曲尽其致"。他们是戏班的主人,又是戏班的艺术指导,对戏曲发展所带来的积极影响是不言而喻的。徽商江春酷爱戏曲,家中经常是"曲剧三四部,同日分亭馆宴客,客至以数百计"。另一徽商"汪石公者,两淮八大盐商之一也。石公既没,内外各事,均其妇主持,故人辄称之曰'汪太太'。……门下多食客,有求于太太者,咸如愿以偿。家蓄优伶,尝演剧自遣。扬城每至灯节,儿童辄作花鼓龙灯之戏,太太莫不招入,而人亦乐得太太赏赐,争趋之"。徽州祁门人马曰绾家的小玲珑山馆是当时四方名彦的集会之所,马家戏班都经过严格训练,《不下带编》卷七说,戏子李而郎汉宗"为邗上巨豪善文咏之马君秋玉曰绾所商契,延导师课以诗。凡秋玉所著与所称之妙词义显者,多能心解而挂口"。可见戏班戏子的素质也在提高。

《扬州画舫录》卷五记载:"两淮盐务例蓄花、雅两部以备大戏。雅部即昆山腔,花部即京腔、弋阳腔、梆子腔、罗罗腔、二簧调,统谓之乱弹。"可以说,当时扬州是各种戏曲竞相争胜的场所。徽州商人长袖善舞,兼容众家,使各派在扬州都取得了巨大的发展。商人徐尚志创办"老徐班"首开了家蓄戏班的先河。接着,黄元德、张大安、汪启源、程谦德等盐商们纷纷仿效。著名盐商江春

"征本地乱弹,名春台,为外江班。不能自立门户,乃征聘四方名旦,如苏州杨八官、安庆郝天秀之类。而杨、郝复采长生之秦腔,并京、秦中之尤者,如《滚楼》、《抱孩子》、《卖饽饽》、《送枕头》之类,于是春台班合京、秦而腔矣。"[6] 江春创办"德音班"为"内江班",创办昆戏班"春台班"为"外江班"。这些戏班的建立为戏剧的融合和雅化提供了广阔的天地。《扬州画舫录》记载:"后句容有以梆子腔来者,安庆有以二簧调来者,弋阳有以高腔来者,湖广有以罗罗腔来者,……而安庆色艺最优。盖于本地乱弹,故本地乱弹间有聘之入班者。"各地的戏剧都加入进来,不断地丰富徽州戏的内容,提高了徽州戏的水平。

徽州戏剧的雅化还受到宸赏的推动。康熙、乾隆两位皇帝曾经南巡多次,康熙有六下江南的记录。每次他们都在运河沿岸搭建排挡,"自高桥起,至迎恩亭止,两岸排列档子,淮南北三十总商分工派段,恭设香亭,奏乐演戏,迎銮于此"。[7] 皇帝一高兴,盐商就有可能得到无限的好处。正如王守基《两淮盐务议略》中说的:"官视商为利薮,索价徇情;商借官为护符,短斤营私。"除了商业上的好处外,徽商还可能得以加官,如光绪《两淮盐务志》记载了乾隆二十七年(1762)二月十四日的一次上谕:"朕此次南巡,所有两淮商众承办差务,皆能踊跃急公,宜沛特恩,以示奖励:其已加奉宸苑卿之黄履暹、洪征治、江春、吴禧祖各加一级;已加按察使衔之徐士业、汪立德、王勋俱著加奉宸苑卿衔;李志勋、汪秉德、毕本恕、汪焘著各加按察使衔;程征启著赏给六品职衔;程扬宗、程芶、吴由玉、汪长馨俱著各加一级。"

徽调由扬州入京发展为京剧后,南方的徽调仍在流行,但是,由于新形成的京剧的传播力很大,徽调也逐渐雅化,他们放弃了过去单纯以安徽土音演唱的风格,日益接近京腔。留在乡下的徽调则日益被人们认为是"土腔土调"了。

王振忠先生研究表明：在北京舞台上，康熙、雍正及乾隆前期，优伶绝大多数出身西北，"有齿垂三十，推为名色者，余者弱冠上下，童子少矣"。乾隆时期，扬州昆剧极盛，不仅吴门名优络绎邗上，扬州市井小民中，赞身学戏的也相当之多。盐商蓄养雏伶，相渐成习。因此，此后的京师优童也大半来自苏、扬；而且，优伶年纪"尽在成童之年矣，……弱冠无过问者"。[8]稍后，徽剧艺人高朗亭、郝天青等，把徽剧带到扬州演出，博得了盐商的一阵喝彩。乾隆五十五年(1790)，高朗亭等又晋京献艺，引起了随后的四喜、春台、和春等徽班进京。嘉庆初年，向习昆腔的扬州，已厌旧喜新，皆以乱弹诸腔为新奇。相应地，在北京，嘉庆以后，梨园子弟多皖人，吴儿渐少。当时，京师著名的昆班见于小铁笛道人的《日下看花记》者，仅有三数班，与花部诸班的比例约为一比六。及至嘉庆十四、五年(1809、1810)，仅有的三数班也先后解散，著名艺人纷纷改隶三庆、三和等徽班演出。从此，纯粹的昆班已不易在北京立足，南方名角北上，也只能搭徽班插演昆剧，这是北京剧界在乾隆年间的巨大变化。其中，扬州盐商的影响是巨大的。[9]会馆的设立本身是地方社会经济文化实力的一种展示，徽州商人建立会馆、推广徽戏也是这种展示的具体内容。徽戏的兴盛可以被看成是徽商竞争胜利的一个表现。随着徽商的衰落，徽戏的经济支柱日渐失去，徽戏的辉煌时代也宣布过去。

扬州的徽州盐商喜欢与文人往还，这实际上应看作彼此影响的结果，因为扬州历来就以文化名城著称，文人过往甚为频繁，积淀了丰厚的文化底蕴。徽州商人又大多有弃文经商的经历，再加上商人的地位在传统社会中始终不高，所有这些都决定了徽州商人贾而好儒性格的形成。徽州商人敦请儒士为戏班创作高水平的剧本，这本身就促进了徽州戏的雅化。

据已有的研究：徽州会馆往往是官商共同合作的结果，苏州的安徽会馆就依赖于李鸿章的支持,有官僚加入其中,就更追求一定的文化品位,文化的雅化就非常自然。[10]寺田隆信先生研究过北京的歙县会馆,显示出歙县官商共同经营会馆的情况。徽州人走出乡井的除了商人外,还有一支重要力量就是官僚,官僚阶层对会馆发展以及会馆内部包括演戏在内的事务管理都发挥着重要作用。[11]

我们常说:"只有民族的,才是世界的。"显然这里所说的民族的,当是最能代表民族文化的本质方面的东西,它必须来源于俗文化,却又特别需要雅化,徽州戏正是在不断地雅化过程中,赢得了自己的良好声誉,不断扩大着自己的影响。

显然徽州会馆里并不都演徽州戏,因为一般情况下每一客地只有一座会馆,会馆也只有在节日里才需要演戏,又加上交通不便,会馆里自然又没法拥有自己的戏班。于是徽州会馆也与其他会馆一样就近请戏班演出,当然这些戏班可能就会演徽州戏,或者说徽州戏本身已包含了其他地方戏剧的长处,戏剧的融合现象是很显著的。应该承认,会馆演戏并非徽州会馆所独有,潮州的汀龙会馆每次活动都规定演戏一台。[12]在京师的湖广会馆、在天津的闽粤会馆也分别于节日演戏,有的会馆还设有两个戏台。如湖南湘西洪江的闽粤会馆就设有两个戏台,分别表演雅戏和俗戏。[13]

随着徽州戏声名日显,其他地方的会馆也会邀请徽州戏班演戏娱乐,有的科举性会馆遇到乡人中举或同乡升官后往往演戏庆贺,同样推进了徽州戏的繁荣和雅化。

三、徽州戏实际上是文化融合的结晶

徽州戏是传统戏剧中影响较大的一个剧种,与徽州商人的支持、传播是分不开的,故有"没有徽州商人,就没有徽州戏"的说法。徽州商人把徽戏带到哪儿,就会多多少少影响当地戏剧的发展,反过来也吸收当地文化的长处而丰富自己。同时徽州籍官僚往往在幕后发挥着重要的支撑作用。依靠着徽州商人和徽州官僚的推动,徽州戏实际上成为各地文化相互交融的一个结晶。

徽州腔之所以能不时地站在戏曲的高山之巅,和它能够兼收并蓄,顺应时代潮流的品格分不开。徽戏艺人虚心向同行学习,取长补短,敢于实践,反对保守。后来的徽戏艺人在人员构成上,已不仅包含徽州本地人,而且融入了许多外籍艺人,同时也融入了吹腔、秦腔、梆子腔、拨子、二簧、西皮、花腔等多种腔调。

据戏剧工作者研究,现在南方许多剧种都含有徽调的成分。比如流行于浙江金华(古婺州)附近的婺剧就是高腔、昆曲、乱弹、徽调等剧种的混合名称,徽调为其重要组成部分。据有的艺人说,这里的徽调来自婺源,江西赣剧中的徽调成分也很明显,大约也是从徽州传去,赣剧成长、活动的上饶、玉山等地区与徽州邻近,徽商在长沙经营者很多,徽调很早就传播进去。湘剧中一直保存着一些徽调剧目和特色。徽班在乾隆时代也大量到广东活动,广州《外江梨园馆》和《梨园会馆上会碑记》记载的就有文秀班、上升班、春台班、荣升班、保庆班、胜春班、费和班、裕升班等。粤剧不仅吸收二黄、西皮作为主要曲调,还吸收了徽班重武戏的传统。广西桂剧的腔调分为北路和南路,北路相当于西皮,南路相当于二黄,也有类似反西皮和四平调等曲调,其中吹腔称为安庆调。很明显,桂剧是本地的小型歌舞剧"调子"和徽调等外来戏剧融合而来的。[14]同时,徽州戏也吸收了以上各剧种的一些长处,从而丰富了自己,使自己由俗入雅,进而树立起徽州文化之乡的良好形象。

徽州戏发展成为最有影响的一个剧种,成为家喻户晓的戏曲的代名词,其生命力在于它随着徽州商人和官僚走南闯北,从而兼容并包了其他各种戏曲长处,成熟状态的徽戏已经不全是从徽州乡土走来的徽调,而是经过与其他剧种相互交融、经过了众多文人

100

士大夫的精心加工而形成的国剧。在传统社会,商人官僚是文化交流的最好使者,他们有经济上的实力,有生活中的闲暇,有丰富的阅历,又多有亦商亦儒的素养,因而成为推动徽戏发展的重要力量。徽州商帮官僚尤其注重乡帮的凝聚,尤其注重树立儒商儒官的集体形象,徽戏则成为徽商徽官宣扬自己文化形象的载体,徽戏也在为徽商徽官服务中为自己开辟了发展的道路。徽商"贾而好儒"的形象因徽戏的繁盛就变得更加显著。

注释:

[1]《歙纪》卷八《纪条示》。

[2]陈琪、张小平、章望南:《徽州古戏台》,第26页,辽宁人民出版社,2002。

[3]顾炎武:《肇域志》卷三。

[4]《明清苏州工商业碑刻集》第356—357页,江苏人民出版社1981。

[5]《"贾而好儒"并非徽商特色》,《中国社会经济史研究》2002年第4期。

[6]《扬州画舫录》卷五。

[7]《扬州画舫录》卷五。

[8]张际亮:《金台残泪记》卷三。

[9]《明清徽商与淮扬社会变迁》,三联书店,1996。

[10]王日根:《论清代会馆发展中的官商相得》,《明清民间社会的秩序》,岳麓书社,2003。

[11]寺田隆信:《关于北京的歙县会馆》,《中国社会经济史研究》1991年第1期。

[12]康晓峰藏同治《汀龙会馆志》一册孤本。

[13]刘芝凤:《发现洪江古商城》,南方日报出版社,2002。

[14]高寿仙:《徽州文化》,第184页,辽宁教育出版社,1993。

● 郭英德

北京师范大学中文系

"徽池雅调"剧目述考(提纲)

一、"徽池雅调"定名

明代中叶,安徽地区诸腔杂出,尤其是弋阳腔各种变调极为盛行,其中最著名的是青阳腔。汤显祖《宜黄县戏神清源祖师庙记》:"……至嘉靖而弋阳之调绝,变以乐平,为徽、青阳……"可知青阳腔是弋阳腔的变调。苏元儁《吕真人黄粱梦境记》净丑诨语:"吴下人曾说,若是拿着强盗,不要把刑具拷问,只唱一台青阳腔戏给他看,他就直直招了。盖由吴下人最怕的这样曲儿。"

明万历年间,五陵(今湖南常德)人龙膺在常德容王府与"容殿下"谈论音律,曾说:"青阳腔徒取悦于市井嫚童游女之耳。"(《纶隐文集》卷二一)并有《诗谑》嘲谑青阳腔演出:"弥空冰霰似筛糠,杂剧尊前笑满堂。梁泊旋风深脸汉,沙陀腊雪咬脐郎。断机节烈情无赖,投笔英雄意何伤。何物最娱英雄耳?敲锣打鼓闹青阳。"(同上,卷二二)诗中提到《黑旋风李逵》、《白兔记》、《三元记》、《投笔记》,是青阳剧的四部演出剧目。

此外流行于安徽的尚有徽州、东平、石台、太平等腔调。王骥德《曲律》卷二《论腔调》:"数十年来,又有弋阳、义乌、青阳、徽州、东平诸腔之出。今则石台、太平梨园,几遍天下,苏州不能与角十之二三。"

102

现存的明中后期戏曲选本,多有"昆池"并称,或"徽池"合称的。王古鲁认为:"依照我最近的考察,肯定了池州调即青阳调,……关于青阳调即池州调,根据它带滚调的性质,我推定它主要成份是弋阳腔,小部分吸收了余姚腔。"(《明代徽调戏曲散出辑佚·引言》第3—4页,上海古典文学出版社,1956。)

因此,所谓"徽池雅调",实际上指的就是青阳腔,在不同的地区、不同的时期、不同的曲家,也可以称为池州腔,也可以称为徽州腔。而且,青阳腔剧目都用滚调,但用滚调的不都是青阳腔剧目,有可能是弋阳腔其他变调的剧目。

相关论述,尚可参见下列论著:

叶德均:《明代南戏五大腔调及其支流》,收入其《戏曲小说丛考》(中华书局,1979);

戴不凡:《论迷失了的余姚腔》,载《戏曲研究》第1辑(1980);

钱南扬:《戏文概论》(上海古籍出版社,1981);

陆小秋、王锦琦:《论徽池雅调和石台太平梨园》,载湖南省戏曲研究所编《高腔学术讨论集》(文化艺术出版社,1983);

班友书:《明代青阳腔剧目刍议》,载《戏曲研究》第27辑(1988);

江巨荣:《明代徽州腔演剧考略》,载《戏曲论丛》(兰州大学出版社,1989);

廖奔:《中国戏曲声腔源流史》(台北:贯雅文化事业有限公司,1992);

时白林:《安徽戏曲音乐的源流与特色》,载《音乐研究》1993年2期;

邓翔云《石台曲戏的发现和徽调辨》,载《戏曲研究》第52辑(1995)。

二、"徽池雅调"剧目著录

明确标明系"徽池雅调"、"青阳时调"、"徽板"的戏曲选本：

1.《新刻京板青阳时调词林一枝》四卷，黄文华选辑，明万历新岁孟冬月福建书林叶志元刻本，日本东京内阁文库藏，王秋桂《善本戏曲丛刊》第一辑（台北：学生书局，1984）影印。

2.《新刊徽板合像滚调乐府官腔摘锦奇音》六卷，龚正我编，明万历三十九年（1611）书林敦睦堂张三怀刻本，日本东京内阁文库藏，《善本戏曲丛刊》第一辑影印。

3.《鼎锲徽池雅调南北官腔乐府点板曲响大明春》六卷，封面扉页题："徽池滚唱新白新调万曲长春"，程万里选、朱鼎臣集，明万历间福建书林金魁（拱塘）刻本，日本东京尊经阁文库藏，《善本戏曲丛刊》第一辑影印。

4.《新锓天下时尚南北徽池雅调》二卷，熊稔寰汇辑，明万历间福建书林燕石居主人刻本，北京中国国家图书馆藏，《善本戏曲丛刊》第一辑影印。

标明"昆池"或"青昆"的戏曲选本：

5.《鼎锲昆池新调乐府八能奏锦》，黄文华编选，明万历新岁爱日堂蔡正和刻本，日本东京内阁文库藏，《善本戏曲丛刊》第一辑影印。

6.《新选南北乐府时调青昆》四卷，黄儒卿选，明末书林四知馆刻本，北京中国国家图书馆藏，《善本戏曲丛刊》第一辑影印。按，该书上栏收昆山腔，下栏收青阳腔。

7.《新锓南北时尚青昆合选乐府歌舞台》（残存《凤集》），阙名编，清书林郑元美刻本，英国牛津大学龙彼得藏，王秋桂《善本戏曲丛刊》第四辑（台北：学生书局，1987）影印。

标明"滚调"的戏曲选本：

8.《鼎刻时兴滚调歌令玉谷调（一作新）簧》五卷，吉州景居士编，明万历庚戌（三十八年，1610）书林刘次泉刻本，日本东京内阁文库藏，《善本戏曲丛刊》第一辑影印。

9.《新锲精选古今乐府滚调新词玉树英》五卷（残存一卷），黄文华编选，明万历二十七年（1599）玄明壮夫序书林余绍崖刻本，丹麦哥本哈根皇家图书馆藏，［俄］李福清、［中］李平《海外孤本晚明戏剧选集三种》（上海：上海古籍出版社，1993）影印。

10.《梨园会选古今传奇滚调新词乐府万象新》（残存前集四卷），阮祥宇编，明万历间书林刘龄甫刻本，丹麦哥本哈根皇家图书馆藏，《海外孤本晚明戏剧选集三种》影印。

未标明"滚调"，但部分出目用滚调的戏曲选本：

11.《精刻汇编新声雅杂乐府大明天下春》，明万历间刻本，奥地利维也纳国家图书馆藏，《海外孤本晚明戏剧选集三种》影印。

12.《新锲梨园摘锦乐府菁华》十二卷，刘君锡辑，万历二十八年（1600）王氏三槐堂刻本，英国牛津 Bodleian Library 藏，《善本戏曲丛刊》第一辑影印。

13.《新刊分类出像陶真选粹乐府红珊》十六卷，纪振伦选辑，清嘉庆五年（1800）积秀堂覆刻明万历三十年（1602）唐振吾刻本，英国伦敦大英图书馆藏，《善本戏曲丛刊》第一辑印。

14.《新刻群音类选》，胡文焕选辑，明万历二十一年至二十四年（1593－1596）刻本，北京中国国家图书馆藏，《善本戏曲丛刊》第四辑影印。按，该书有《诸腔部》，所收出目有用滚调者。

三、"徽池雅调"剧目二览

以前1—4种及第6种下栏为据，可得"徽池雅调"剧目一览表：

剧目	词林一枝	摘锦奇音	大明春	徽池雅调	时调青昆	备注
狮吼记	○					
胭脂记	○			○		
藏珠记	○					
红拂记			○			
灌园记	○					
三桂记	○					
罗帕记	○			○		
玉簪记	○	○	○	○		
幽闺记	奇逢记	幽闺记	天缘记	○		
昙花记	○					
三元记	○	○	○	○	○	
题红记	○	红叶记	红叶记	红叶记		
五桂记	○		○			
教子记	○	寻亲记		寻亲记		
古城记	○	○				
金貂记	○	○	征辽记			
三关记	○					
荆钗记	○	○		○		

106

剧目	词林一枝	摘锦奇音	大明春	徽池雅调	时调青昆	备注
破窑记	○		○	○	○(卷3题《彩楼记》)	
长城记	○	○	寒衣记			
升仙记	○	○		○		
投笔记	○	○				
洛阳记	○					
琵琶记	○	○	○	○	○	
西厢记	○	○	○	○	○	
断发记	○	○		○		
易鞋记	○			○		
杀狗记	○					
四节记	○			○		
劝善记	○		救母记	救母记		
浣纱记	○		尝胆记			
金印记	○	○	○		○	
白兔记	○	○		○	○	
粧盒记	○		○	○		即《金丸记》
千金记	○	○				

剧目	词林一枝	摘锦奇音	大明春	徽池雅调	时调青昆	备注
卖水记	○					
和戎记	○	○	○	○		
跃鲤记	○	○	○	○		
运甓记		○				
皮囊记		○				
男后记		○				
昆仑记		○				
昭关记		○	复仇记		○	
白袍记		○				
炼丹记		○	刺瞽记	○		
鲤鱼记		○	○			即《鱼篮记》
嫖院记		○				
同窗记		○		○		
箱环记		○	湘环记			即《镶环记》
珍珠记			○			
玉环记			○			
谪仙记			○			

108

剧目	词林一枝	摘锦奇音	大明春	徽池雅调	时调青昆	备注
黄莺记			○			
织绢记			○		○	
三国记			○			
兴刘记			○			
结义记			○			
红梅记				○	○	
葵花记				○	○	
鸣凤记				○		
墦间记				○		
青袍记				○		
蕉帕记					○	
百花记					○	
还魂记					○	袁文正事
琴线记					○	
鹦鹉记					○	

四、"徽池雅调"剧目琐议

（一）就剧本体例看，"徽池雅调"的剧目大致可以分为两类：一类是宋元戏文旧本的改编本，一类是明中期以后的新编传奇。

109

由此可见，"徽池雅调"不仅传唱宋元旧本，而且演唱新编传奇，甚至可以将新出的昆山腔剧目（如《浣纱记》等）"改调歌之"，而且这种"改调歌之"，持续不断地进行着。

属于宋元戏文改编本的有：《西厢记》、《琵琶记》、《荆钗记》、《拜月记》（一名《幽闺记》）、《杀狗记》、《破窑记》、《寻亲记》、《古城记》、《金貂记》、《三关记》、《长城记》、《三元记》（沈寿卿撰）、《升仙记》、《投笔记》（华山居士撰）、《洛阳记》、《劝善记》（郑之珍撰）、《金印记》、《千金记》（沈采撰）、《和戎记》、《跃鲤记》（陈罴斋撰）、《昭关记》、《白袍记》、《鲤鱼记》（即《鱼篮记》）、《同窗记》、《玉环记》、《三国记》、《兴刘记》、《葵花记》、《青袍记》、《鹦鹉记》等。

属于明中期以后新编传奇的有：《狮吼记》（陈与郊撰）、《胭脂记》（童养中撰）、《藏珠记》（鲁怀德撰）、《红拂记》（张凤翼撰）、《灌园记》（张凤翼撰）、《易鞋记》（董应翰撰）、《粧盒记》（一题《金丸记》）、《三桂记》（纪振伦校正）、《罗帕记》（席正吾撰）、《玉簪记》（高濂撰）、《昙花记》（屠隆撰）、《谪仙记》（殆即《彩毫记》，屠隆撰）、题红记（王骥德撰）、《五桂记》、《断发记》（李开先撰）、《四节记》、《浣纱记》（梁辰鱼撰）、《运甓记》、《织绢记》（即《织锦记》，顾觉宇撰）、《红梅记》（周朝俊撰）、《鸣凤记》、《蕉帕记》（单本撰）、《卖水记》、《皮囊记》、《炼丹记》、《嫖院记》、《箱环记》（一题《湘环记》，即《镶环记》，翁子忠撰）、《还魂记》（欣欣客撰）、《黄莺记》等。

（二）就存佚情况来看，"徽池雅调"剧目可以分为现存全本与现存散出两类。现存全本的剧目，我们可以将选本与全本相同的出目加以比较，看看其文字、音律、结构等有何异同，从而辨析同一题材不同作家改编的不同剧本；也可以从选本有而全本无的出目中，看出选本与全本的差异，从而分析明代的舞台演出本与刊刻阅读本之间的异同。现存散出的,则可以作为辑佚之用,以便了解这些剧目的大致内容。

现存全本的剧目有:《西厢记》、《琵琶记》、《荆钗记》、《白兔记》、《拜月记》(一名《幽闺记》)、《杀狗记》、《破窑记》、《寻亲记》(王錂重订)、《胭脂记》(童养中撰)、《古城记》、《金貂记》、《三元记》(沈寿卿撰)、《升仙记》、《投笔记》(华山居士撰)、《易鞋记》(董应翰撰)、《劝善记》(郑之珍撰)、《金印记》、《粧盒记》(即《鱼篮记》)、《白袍记》、《珍珠记》、《玉环记》、《青袍记》、《狮吼记》(陈与郊撰)、《藏珠记》(鲁怀德撰)、《红拂记》(张凤翼撰)、《灌园记》(张凤翼撰)、《三桂记》(纪振伦校正)、《葵花记》(纪振伦校正)、《玉簪记》(高濂撰)、《昙花记》(屠隆撰)、《谪仙记》(殆即《彩毫记》,屠隆撰)、《题红记》(王骥德撰)、《五桂记》、《断髪记》(李开先撰)、《浣纱记》(梁辰鱼撰)、《运甓记》、《红梅记》(周朝俊撰)、《鸣凤记》、《蕉帕记》(单本选)、《还魂记》(欣欣客撰)等。

现存的散出的剧目有《三关记》、《长城记》、《洛阳记》、《昭关记》、《同窗记》、《罗帕记》(席正吾撰)、《四节记》、《卖水记》、《皮囊记》、《炼丹记》、《嫖院记》、《箱环记》(一题《湘环记》,即《镶环记》,翁子忠撰)、《黄莺记》、《织娟记》(即《织锦记》,顾觉宇撰)、《三国记》、《兴刘记》、《墦间记》等。

(三)就腔调演变情况看,"徽池雅调"的剧目存在着从少用滚唱、滚白到多用滚唱、滚白的变化过程。将不同选本所收同一剧目的出目进行仔细的比较,可以看出舞台演出过程中,腔调的变化轨迹。关于这一点,王古鲁在《明代徽调戏曲散辑佚》(上海:上海古典文学出版社,1956)书中已经做过初步的尝试,但所运用的资料尚有局限。现在我们所能见到的"徽池雅调"与滚调剧目的选本,至少有上列14种,将其中相同的出目进行仔细的比较,我们将能够对滚调的情况有更清晰的认识。

111

（四）就剧目存佚情况看，"徽池雅调"选本中的剧目颇有些未见著录的作品，可补戏曲剧目之阙。如《卖水记》、《皮囊记》、《昭关记》、《炼丹记》、《嫖院记》、《同窗记》、《黄莺记》、《三国记》、《兴刘记》、《结义记》、《墦间记》、《琴线记》等。

●朱万曙

安徽大学徽学研究中心

明清两代徽州的演剧活动及其与区域文化的互动关系

谈到徽州文化，人们总是会提及徽州的戏曲。的确，徽州与戏曲的关系十分密切，它们构成了一个重要的文化上的互动关系。对于"徽州与戏曲"问题的全面考察，笔者已撰写《徽州戏曲》一书予以描述和分析，本文仅就明清两代徽州的戏曲演剧活动作一考察，其中论述不一定妥切，资料也不一定齐备，敬请专家和同行批评指正。

一、明中叶前徽州演剧活动的踪迹

中国戏曲形成于宋代，这是大多数戏曲史家的看法。它的形成地，一是北方的大都，那里形成的是元杂剧；二是浙江的温州，那里形成的则是南戏。从地域上看，徽州离浙江的杭州较近，而南戏在温州形成不久，就流传到杭州，南戏最先流传到徽州是可能的事情。

从文献资料的记载来看，也可以为这种推测提供一点证据。截止目前为止，还没有元杂剧流传于徽州的记录。[1]但南戏在徽州的流传则有踪迹可寻。

刊刻于嘉靖十年（1531）年的《率东重修程氏家谱》卷二，有一个叫程添庆的人的小传，说他"字云卿，号黄石，又号桂麟，生天顺丁丑三月十八日，编辑《程氏渊源小语》一卷……，又著《存孤记》、《射蜃记》、《三国志》各一卷，以寿恩赐冠带，卒嘉靖乙酉十二月十二日"；《存孤记》等三种就有可能是戏曲作品，小传中对程添庆的另外一段介绍里透露了这一信息："先生幼颖异过群儿，既壮树立，好吟咏，长于乐府。学士篁墩先生奇之，特委编《存孤烈士传》、《篁墩射蜃记》，比完，甚加称赏。"[2]他既然"好吟咏，长于乐府"，程篁墩（程敏政）委派他编写的《存孤记》和《射蜃记》就很有可能是戏曲。

刊刻于正德四年（1509）的《新安毕氏会通宗谱》中收有一个叫毕尚忠的人的《自传》，其中写道："予居歙南万山间，……幼承庭训，诗礼颇闻。甫十五，为童蒙师，劳心灯火，日课一诗一对以自励。……忆弱冠时好戏文曲破，所编《七国志》《红笺记》，梨园子弟广传之。愧非儒者所习，抑亦当时士大夫之所尚也。"这位毕尚忠还在《自传》中交代，他生于永乐丙申正月初四日亥时，也就是公元1416年，《族谱》则记载他卒于弘治丁巳年，即1497年。古人称20岁为"弱冠"，那么他编创《七国志》和《红笺记》的时间应该是正统元年，也就是公元1436年。这位毕尚忠是截止目前所知道的第一位徽州籍的剧作家，遗憾的是他的两部作品均未见存本。

从戏曲传播的角度审视，毕尚忠在正统元年就编撰了戏文，说明在这个时候南戏就已经在徽州流传了。他能够在"弱冠"——20岁时就喜好戏文曲破，那么这一喜好当然不是毫无影响的结果，在他的编撰之前，就应该受到了影响。而且，毕尚忠说，他创作的两部作品为"梨园子弟广传之"，这又说明，在徽州演出的戏班也已经为数不少。也可以说在正统之前的宣德年间甚至更早，南戏在徽州已经流传开来了。

除了关于毕尚忠的资料外，万历《歙志》卷九《艺能·戏艺》还

114

有一段有关戏曲的记载:

> 傀儡亦优也。然是木偶,而人提之盖之、死而致生之也,犹易为也。乃吾乡有古氏者,故优也,一朝出其新意,乃身为傀儡,以线索蹲身笼中,听人提出吨地做剧。瞪睛冷面,仰卧曲身,行坐跪拜,一如傀儡之状,场下观者不知其为人也,此则之生致死之不易为也。又有支氏者能转嗌作声,如司夜嗅形、司晨唱漏、狸奴唤偶、喷嚏丁子、喧田聒春,无不酷肖,隔弄闻之,不知其为人也。嗟夫!此偎哉!一游戏之艺耳,使古氏而遇庄王,则亦可以令叔敖氏之子不馁;使支氏而得在,孟尝、平原门下又何减赵氏诸客哉!

这段记载中的"古氏"和"支氏"的技艺是很高超的,特别是"古氏",他以人扮木偶,能够达到出神入化的表演境界。他们是何时人,记载中没有说,但称"古氏"为故优,则其应该是较早期的徽州人。傀儡戏或木偶戏虽然还不是成熟的戏曲,但是它作为戏曲样式的一种,在徽州不仅流传,而且还产生了"古氏"这样技艺高超的表演者,这同样可以视为戏曲在徽州流传的踪迹。

二、明中叶后徽州演剧活动的活跃

明代中叶后,徽州的演剧活动逐渐活跃,见于记载的演剧活动也很多。我们可以分三个方面来作一些考察。

(一)南戏四大声腔在徽州的流传

南戏的四大声腔,在明代中叶都流传到包括徽州在内的皖南地区。徐渭在《南词叙录》一书中说:"称余姚腔者,出于会稽,常、润、池、太、扬、徐用之。"《南词叙录》成书于嘉靖三十八年(1559),其中的"池"是指池州府,"太"是指太平府,两府紧靠大江,又与徽州相比邻,余姚腔流传到徽州是完全可能的事情。

海盐腔在徽州的流传则有明确的记载。潘之恒在《鸾啸小品》卷三中说,在他 5 岁的时候,汪道昆从襄阳知府任上回乡省亲,从越中请了一个海盐班演出,班中有位叫金凤翔的女演员,不仅长得漂亮,而且演技出众,她在《香囊记》和《连环记》中的表演十分出色,"今未有继之者"。潘之恒 5 岁那年是嘉靖三十九年(1560),可见这时海盐腔在徽州之流传情形。

弋阳腔在嘉靖以前就流传到了徽州。魏良辅在《南词引正》一书中就说道:"徽州、江西、福建俱作弋阳腔。"《南词引正》写成于嘉靖二十六年(1547)之前,[3] 而此时魏良辅就已经指出徽州流传的是弋阳腔,可知弋阳腔在徽州流传是较早的事情。另外一方面,弋阳与徽州在地理上很靠近,据祝允明《猥谈》记载,在正德年间,弋阳腔就已经开始流行,它较早流传到徽州是很自然的。

至于昆山腔,流入徽州的时间虽然稍迟,但也不晚于万历年间。生活于这一时期的潘之恒记载了一个叫谷珊珊的女演员,她从淮阳徙居休宁东门,起了个艺名"兰芳",她"用吴音度曲,一洗习俗之陋",[4] 获得了欢迎。他还记载了一个叫宋尼的演员:"广陵人,幼落娼籍,来新安依刘家,长成,学新声度曲,行一人,称曰一枝,居休宁之东门。"(《亘史》卷三十五《宋尼传》)看来,昆曲之传入徽州,是与这些演员分不开的。在《鸾啸小品》卷三《曲派》中分析了昆山、无锡、吴中三派昆曲,并列举魏良辅、邓全拙、黄问琴等曲家后说:"十年以来,新安好事家多习之,如吾友汪季玄、吴越石,颇知遴选,奏技渐入佳境,非能偕吴音,能致吴音而已矣。"从"新安好事家多习之"一句,可以看出昆山腔在风靡各地时,徽州也深受其影响。

(二)徽州演剧的活跃情形

四大声腔在徽州的流传当然是和演出活动合为一体、不可分割的。明中叶以后,看戏、赏戏,已经成为徽州人的一个重要的生

116

活内容,成为徽州流行的娱乐样式。这从傅岩的《歙纪》的记载中就可见出一斑。

卷五《纪政绩·事迹》记载道:"地方恶少,每逢节令神诞,置立龙灯、龙舟等会,科敛民财,迎神赛会,搬演夜戏,男女混杂,赌盗奸斗,多由此起。"

卷九《逐流娟》道:"迩来国蔽民贫,奢俗不改。徽俗演戏,恶少科敛聚观,茹盗赌斗,坐此日甚。近复有地方棍徒招引流娟,假以唱戏为名,群集匪人,惑诱饮博,以至游闲徽逐驰骛若狂。大则窝引为非,小则斗争酿衅,大为地方之害,合行严禁。为此仰通县人等知悉:凡有戏妇尽行驱逐出境,不许容留。地方里约保长逐户挨查,如有仍前隐匿住歙及戏子容留搭班搬演者,即时禀报,以凭拿究。该地方每月朔日具结投递,纵隐并惩。"

卷九《禁夜戏》:"徽俗最喜搭台观戏。此皆轻薄游闲子弟假神会之名科敛自肥及窥看妇女,骗索酒食,……乘机生事。甚可怜者,或奸或盗,看戏之人方且瞠目欢笑,不知其家已有窥其衣见其私者矣。本县意欲痛革此陋风,而习久不化。然尝思尔民每来纳粮,不过一钱二钱便觉甚难,措置一台戏,量钱灯烛之费、亲友茶酒之费、儿女粥饭果饼之肥等来,亦是多此一番喧哄,况又从此便成告状事事,一冬不得清宁者乎?且今四方多事,为尔民者只宜勤俭务本,并力同心以御盗贼,设法积贮以纳钱粮,切不可听人说某班女旦好,某班行头新,徒饱恶少之腹也。其富室庆贺,只宜在本家厅上;出殡搬演尤属非礼。如有故违之人,重责枷示。"

看来,傅岩这位县令很不喜欢甚至痛恨徽州的演戏活动。也许就因为他的这种不喜欢和痛恨,反倒使他在《歙纪》中较多地记录了他当时如何限制和禁止戏曲演出的情况。换言之,他把这些事情看成是自己担任歙县县令的政绩。他的记录透露了万历年间徽州戏曲传播中的几个情况:(一)看戏成了徽州人最喜爱的一项活动。傅岩明确地说，"徽俗最喜搭台观戏"。这句话所包含的意思有几层：徽州人不仅喜欢看戏，而且"最喜搭台观戏"；不仅现在的徽州人最喜欢，而且这种喜欢已经成为了习俗。正因为如此，傅岩才无可奈何地感叹，自己想"痛革此陋习"，但"习久不化"。（二）徽州的戏曲演出无所不在，十分频繁。除了节令神诞时有演出外，还有各类戏班和个体演员随时随地的演出，所谓的"流娼""戏妇"都是个体的演员；而"某班女旦好，某班行头新"，则说明当时在徽州的戏班为数不少。从傅岩记载看，戏曲演出的类别既有公众性的，也有属于"富家庆贺"性的家庭演出活动，甚至出殡都有演戏活动，难怪傅岩谴责说这种演出"尤属非礼"。（三）这种频繁活跃的演剧活动也带来了一定的社会问题，那就是地方恶少"科敛聚观，茹盗赌斗"，因此，作为一县之令的傅岩才屡屡下令禁止演戏。

与傅岩记载相印证，万历抄本《茗州吴氏家纪》卷七载："吾族喜搬演戏文，不免时届举赢，诚为糜费。"作为族规族约，这个家族也反对"搬演戏文"，但喜欢搬演则是明白的事实。同时，我们还从中看出，徽州的演剧活动已经体现出了宗族化的特点。

（三）明中叶后徽州演剧活动的两种情形

明代中叶后，徽州的演剧活动主要为家庭演出与公众演出两种情形。

家庭演出的情况，上述潘之恒 5 岁时候在汪道昆家观看海盐腔戏班的记载就比较典型。另外就是徽商蓄养的戏班在自家的演出。潘之恒在《鸾啸小品》中还记载了汪季玄和吴越石[5]两个家班的情况："社友汪季玄招曲师，教吴儿十余辈，自为按拍协调，举步发音，一钗横，一带飏，无不曲尽其致。""余友临川汤若士，尝作《牡丹亭还魂记》，是能生死，死生而别，通于一窍，于灵明之境，以游戏翰墨之场。同社吴越石家有歌儿，令演是记，能飘飘忽忽，

118

另番一局于飘渺之余,以凄怆于声调之外,一字不遗,无微不极。"汪季玄是歙县人,可能是在扬州经商,万历三十九年(1611),潘之恒到扬州,观赏了他的家班的演出,而且为这个家班的国琼枝、曼修容等14个演员写了诗。在潘之恒看来,汪季玄是一位很有艺术修养的人,他能够"自为按拍协调",给演员的表演以指导,因此他的家班演出水平很高。吴越石不仅有自己的家班,而且还让该班演出了汤显祖的名剧《牡丹亭》,其表演达到了很高的境界,潘之恒在观看演出后,也为吴氏家班的13个演员分别题了诗。

冯梦祯的《快雪堂日记》中有不少关于戏曲的资料,他记载万历三十年(1602)九月二十五日到苏州,"赴吴文倩席,吴徽州班演《义侠记》,且张三者新自粤中回,绝伎也。"二十六日,他又赴吴文仲、徐文江席,仍然有戏班演出《章台柳》传奇,但不是吴徽州班。他感叹道:"伎以吴徽州班为上,班中又以旦张三为上,今日易他班便觉损色。"冯氏在这里提及了一个"吴徽州班",是值得注意的事情。它是否是徽商蓄养的戏班还不清楚,但戏班冠以徽州之名,它与徽州是有着密切联系则是毫无疑问的;而且,冯氏还提到,那位艺术水平不凡的名旦张三"新自粤中归",又可知这个戏班还在各地流动演出,甚至远到广东。万历三十三年(1605)二月二十七日至四月二十一日,冯梦祯由潘之恒陪同,到徽州游历了将近两个月,其间,他到多家作客,也看了不少家庭的演出,如三月初一,"下午赴凌孚元席,优人改弋阳为海盐,大可厌";初五日,"元益、若渝兄弟作主,夜登席,作戏,有女旦二";十六日,"江村设燕相款,觅戏子不得,以二伎代";十九日,"骞叔招叙,同主君赴之,宾主凡十六人,有侑觞幼妓李六同甚佳"。这些记载都说明了徽州的家庭演出十分频繁,作为徽商的家乡,戏曲文化的消费是颇为可观的。

公众演出在徽州也不少。从傅岩的记载中可以看出,这一类的演出往往和祭祀、迎神赛会等活动联系在一起，戏曲演出是这些活动的组成部分。冯梦祯《快雪堂日记》中还记载，他在万历三十三年四月初四，观看了歙县西溪南的灯会："出灯者溪南俗。元宵后以灯娱神，例正月二十五出，不晴则更期，遂至此月。鼓乐前导，台阁、彩船、旗盖俱以灯为之，上饰倡女，凡二阁一船，后纱珠、羊角等灯，多至数百，后迎关神，巫以巨斧入额寸许，血淋漓披体，男女聚观，道路为拥。"从冯梦祯记载的看，歙县西溪南的灯会盛况空前，其中虽然没有戏曲演出，但巫师"以巨斧入额寸许"的动作显然有戏曲表演的成分。清赵吉士在《寄园寄所寄》中转引他曾祖父的《赵氏日记》的记载："万历二十七年，休宁迎春，共台戏一百零九座。台戏用童子扮故事，竞斗靡丽，美观也。近来此风渐减，然游灯犹有台戏，以绸糊人马，皆能舞斗，较为夺目。邑东隆阜戴姓更甚，戏场奇巧壮丽，人马斗舞亦然，每年聚工制造，自正月迄十月方成，亦靡俗之流遗也。"赵吉士曾祖父观看的休宁迎春的"台戏"不一定是纯粹的戏曲演出，但"用童子扮故事"，也有着戏曲表演的性质。至于戴震家所在地——隆阜，有"戏场"，有"人马斗舞"，戏曲演出是少不了的。

潘之恒记载的万历二十八年徽州府城东的迎春赛会，是一次规模盛大的公众性活动，更是一次丰富的戏曲的活动。先看这次活动的盛丽情形："百工咸悦，不令而穷极奇巧。为平台三十六座，马戏四十八骑，皆选倡优韶秀者充之。衣以尚方貂髦锦绮，五色炫耀，饰以金翠珠玉，合成天然。从来迎春之盛海内无匹，即新安亦仅见也。"在这次活动中，有一个戏曲演员格外靓丽，她姓张，艺名叫舞媚娘，是徽州本地的河西人，她的母亲叫翠仙，也是一位有名的戏曲演员。[6]迎春会上，舞媚娘独占一座平台，台名"蟾宫折桂"，她扮演嫦娥，她的表演技压群芳，让"一郡见者惊若天人"。这次迎春会，也有其他地方来的演员，"自楚至者吕五，自吴至者

120

王三,自越至者孙四",他们(她们)也都是"名倾一时"的演员,可是见了舞媚娘,却"无不气夺,竟为之下"。应该说,祭祀或迎神赛会之类活动是戏曲演出的最好的契机;借娱神而娱人,是中国戏曲得以走向大众的驱动力。徽州的各类公众性活动也是抚育戏曲艺术生长的一个温床。

三、清代徽州的演剧活动

清代徽州的演剧活动更为普遍。它表现为乡村公众性演出活动更为频繁。如果说,见于明代资料记载的徽州公众性演出活动还限于府治、县城,那么见于清代记载的徽州公众性演出活动则延伸到乡村。例如,婺源县浙源乡嘉福里十二都庆源村,在康熙四十二年正月十六日,接来祁门县姓章的乐师教鼓吹,给这位乐师的谢银是十三两,同时,也规定了学习的内容,"共学粗乐、细乐、十香、昆腔十五套",其中,学习昆腔按照每套八钱的价格,总共给一两银子。[7]看来这个村的村民不仅喜欢看戏,而且有学戏的热情,他们愿意出钱请祁门县的乐师教习戏曲,可以想见,这个村子从此以后,演戏、看戏就是经常性的活动了。从一些地方志中我们也可以找到这样一些记载:

绩溪县县城在上元日里,"各处土坛神庙张灯演剧,或扮童戏,持丈马舞青衣、游烛龙,遍巡衢巷,名之曰闹元宵";二月十五日,该县登原十二社"挨年轮祀越国公,张灯演剧,陈设毕备,罗四方珍馐,聚集祭筵,谓之赛花朝"。[8]

休宁县的孚潭,"二月选期演戏,古例昆腔三台,弋阳腔四台,今则随首家丰俭以为增减,亦有迟至三月而后演者,但毋过清明,过者则有罚";[9]该县的橙阳,在正月上元前三天就开始设祭演剧,"正月十三、十五及游、烛夜朝献,首事家张灯演剧,以寿社稷之神,例必达旦,亦金吾弛禁意也。虽值风雨,间或移易,否则众口

121

集焉".[10]。

歙县的丰南,三月九日有"太阳会",直到端阳节的晚上才结束;五月十三日为关帝圣诞,要"致祭演戏";六月初旬,要在"仲升公祠前演戏酬神",并且此习俗"传之已久".[11]。

要一一引用资料描述清代徽州的演剧活动,是比较困难的事情。今天的黄山市还保存了一些戏曲文物,包括古戏台、罚戏公约与罚戏碑,大量的手抄戏本等。通过它们,我们可以明了清代徽州的演剧盛况。

(一)古戏台

由于戏曲演出的普遍和频繁,明清两代的徽州兴建了不少的戏台。遗憾的是一些研究中国古代剧场的著作似乎都还没有注意到徽州的古戏台。据笔者不完全的调查,现存的徽州古戏台有以下14处:[12]

绩溪县大石门古戏台,明代嘉靖年间兴修;

婺源县镇头阳春戏楼,建于明末,清代维修;

休宁县海阳镇程氏宅院戏台,修建于清光绪元年;

歙县堨田村吴氏宅院戏台,清代光绪年间修建;

歙县璜田村戏园,民国六年修建;

祁门县新安乡珠林村余庆堂古戏台,清同治年间修建;

祁门县新安乡叶源村聚福堂古戏台,修建年代不详;

祁门县新安乡上汪村述伦堂古戏台,修建年代不详;

祁门县新安乡李坑村大本堂古戏台,修建年代不详;

祁门县新安乡长滩和顺堂古戏台,修建年代不详;

祁门县良禾苗仓村顺本堂古戏台,修建年代不详;

祁门县闪里镇坑口村会源堂古戏台,修建年代不详;

祁门县闪里镇潘村敦典堂古戏台,修建年代不详;

祁门县闪里镇潘村嘉会堂古戏台,修建年代不详。

这些古戏台有的有兴建的时间记载,大部分修建时间则有待考订。但有一点可以肯定,它们在清代是充分发挥了演剧的作用的。从空间位置看,它们大都分布在乡村,有的甚至相当偏远,例如祁门县新安乡珠林村余庆堂戏台,保存得相当完好,其精美程度和建造样式,都令人称奇。然而,该村靠近牯牛绛,处在丛山峻岭之中,极为偏僻,如果不做实地考察,很难相信那里还有这样精美的戏台。当然,正是由于它处在偏僻的山区,交通不发达,因而得以保存下来。而从考察明清时期徽州的戏曲文化的角度来看,它又最为充分地展示了当年在整个徽州戏曲演出都受到欢迎的历史事实。

(二) 罚戏公约和"罚戏碑"

罚戏公约和"罚戏碑"也透漏了徽州当年戏曲演出极为活跃的情况。用"罚戏"作为一种禁止或惩罚手段,是徽州人的发明创造,这种方法大约开始于清代中叶。[13] 笔者目前所发现的最早的罚戏公约的订立时间是乾隆四十八年(1783),这里抄录如下:

> 凌务本、康协和堂原共有金竹税洲,为申饬文约,请示演戏,严禁:蓄养树木,庇荫水口,保守无异。近因无耻之徒,屡被盗窃锄种无休,是以二姓合议公禁,水口命脉攸关,本应指名控理,免伤亲族之谊违犯,自愿封禁,鸣锣扯旗示众,自后家外人等,毋许入洲窃取,税洲地毋许锄种,如违,罚戏一台,树木入众。如有梗顽不遵,指名赴县,贵文理控,断不宽恕。二祠倘有外侮,费用均出,各宜凛遵,毋殆后悔。凛之慎之。　　乾隆四十八年六月
> □日　　二姓公白

这份公约乃是祁门县凌、康二姓为了禁止在村子的水口金竹洲盗窃和锄种而订立的。有禁止,就要有惩罚手段。惩罚的手段有多种,最简单的办法是罚款。可是凌、康二氏选择的惩罚手段是"罚

戏一台"。之所以选择这种手段不是偶然的,这首先是因为徽州人喜欢看戏,演剧活动很多,因此他们才选择了这样的惩罚手段。其次,从常理推断,"罚戏"的惩罚效果也很好,因为演戏就是一种公众活动,通过演戏,谁违背了禁止盗窃和锄种合约就得到了最大范围的示众,比单纯的聚集开会可能更吸引村民参加。不过其最好的效果还是在于,村民们得到一次免费观看演剧的享受。

徽州人不仅订立了这样的罚戏公约,而且还将它们刻到石碑上,作为永久的告示。这种"罚戏碑"就笔者所知已经有 4 块。祁门县有 3 块,婺源县有 1 块。

被祁门当地人称为"目连村"的彭隆乡环沙村的叙伦堂堂外西墙上,有一块嘉庆二年(1797)十一月立的石碑,碑文的内容是,当地村民程之璞等人因为"迩缘人心不一,纵火烧山,故砍松杉,兼之锄挖柴桩",合议立"养山合墨公约",其条文为:

> 纵火烧山者,罚戏一台,仍要追赔木价;
>
> 挖桩脑者无问松杉杂植,罚戏一台;
>
> 采薪带取松杉二木并烧炭故毁,无问干湿,概在禁
>
> 内,违禁者罚戏一台。

这块罚戏碑上不仅刻着村民们的公约,还刻有县令的公告,见出当时村民们是非常认真地用"罚戏"的手段来保护山林的。

祁门县渚口乡滩下村也有一块道光十八年(1838)立的石碑,同样是有"罚戏"的内容。其碑文如下:

> 官有正条各宜遵守民有私约各依规矩公同勒石永禁
>
> 一禁:公私祖坟并住宅来龙,下庇水口所蓄树木,或
>
> 遇风雪折倒归众,毋许私搬,并梯桠杪割草以及砍斫柴
>
> 薪、挖桩等情,违者罚戏一台。
>
> 一禁:河洲上至九郎坞下至龙船滩两岸蓄养树木,毋
>
> 许砍斫开挖。恐有洪水推搅树木,毋得私拆私搬,概行入

124

众以为栋木,如违,鸣公理治。

一禁:公私兴养松、杉、杂苗、竹以及春笋、五谷菜蔬,
并收桐子、采摘茶子一切等项,家、外人等概行禁止,毋许
入山,以防弊卖偷窃,如违,罚戏一台;倘有徇情查出,照
样处罚,报信者给钱一百文。

一禁:茶叶递年准摘两季,以六月初一日为率不得过
期,倘故违、偷窃,定行罚钱一千文演戏,断不徇情。

婺源县清华镇洪村光裕堂外墙上还有一块道光四年(1824)
立的罚戏碑,碑文为:

合村公议演戏勒石钉公秤两把,硬钉二十两,凡买松
萝茶客入村,任客投主,入祠校秤,一字平秤。货价高低,
公品公买,务要前后如一。凡主家买卖客毋得私情背卖。
如有背卖者,查出,罚通宵戏一台、银五两入祠,决不徇情
轻贷。倘有强横不遵者,仍要赔罚无异。

祁门县彭龙乡彭龙村光庆堂内墙上的一块罚戏碑的内容是禁
止在宗族祠堂内堆放杂物,"祠首广场亦毋得晒谷晒衣及堆树料、
匠工造作等事,如违罚戏"。

以上4块罚戏碑,有的是禁止砍伐、烧毁树木山林,有的是禁
止在祠堂堆放杂物,有的是规定公平买卖茶叶的行为,牵涉的方面
很多,但处罚的手段却相同——"罚戏"。从时间上看,从乾隆四
十八年就有这一方法,到道光十八年仍然在使用这一方法,前后相
隔达55年,可见其相沿日久;从空间上看,不仅祁门县有此"罚
戏"的手段,婺源县也有此手段,可见不是一个地方采用。而从戏
曲史的角度来审视,则说明清代徽州的演剧活动十分频繁,处处都
有戏曲演出,事事都是戏曲演出的机会。

（三）戏曲楹联和抄本

徽州是"东南邹鲁",崇尚文化、重视教育是这里的传统。因

此,楹联也是这里寻常人家的一道风景。在保存至今的明清民居以及其他文化遗存里,具有文化韵味的楹联到处可见。其中有不少楹联是从戏曲中概括来的,或与戏曲关系密切。例如祁门县珠林村余庆堂古戏台正壁的木刻楹联:"太平调调好龙箫韵,天有歌歌偕凤响音";祁门县栗木村是有着目连戏演出传统的村子,其戏台中央有乐善堂,对联为:"掌托明珠,照引天堂大塔,手持锡杖,镇开地狱之门";其戏台左边是观音堂,对联为:"观之磊落,普济众生,音居饿莩,佑祀无疆";其戏台右边是灵官堂,对联为:"手舞一鞭,脚踏火轮腾万里,睁开三眼,身披金钾照千秋"。

不仅在一些文化遗存中有戏曲楹联,还有好事者将戏曲楹联抄录成册。在一本专记楹联的抄本中有这样一副对联:"从来不过几个人真中假假中真愈真愈假檀板轻敲出百千人面孔凭君去取;上下之此一丈地歌而舞舞而歌载歌载舞花毯细铺出亿万里山河任我参观"。这个抄本中还有大量的针对具体剧目的楹联,计有《苏秦联》23 对,《伯喈联》57 对,《蒙正联》37 对,《刘智远联》36 对,《班超联》19 对,《韩信联》15 对,《孤儿联》15 对,《荆钗联》14 对,《冯京联》8 对,《窦滔联》6 对,《姜诗联》8 对,《董永联》6 对,《范睢联》3 对,《闵捐联》6 对,《王祥联》6 对,《商辂联》8 对,《裴度联》6 对,《香囊联》9 对,《朱弁联》21 对,《武王联》19 对。它们或者概括戏曲作品的内容,如《孤儿联》中有一联:"程婴义立故儿三百口报冤有望,岸贾谗谋赵盾十八年受屈无伸";有的反映了撰联者对作品里人物的评价,如《伯喈联》中的两联:"蠹丞相夺人夫婿更不念人家父母夫妻,强状元舌亲骨肉何必要这功名富贵";"蔡中郎弹琴写怨弦弦有君臣惟无父母,赵孝女剪发送亲寸寸管纲常难系夫妇"。有的还对作品的主题进行发挥和延伸,如《苏秦联》之一:"屈伸有数莫将成败论英雄,骨肉无情只把高低作好恶"。这个抄本的封面有"大清国江南徽州府休宁县和睦乡轻财里璜川忠具"的字样,看来年代是在康熙六年(1667)设立安徽省之前,楹联所涉及的剧目也大多是南戏。[14]

在一些诗文集中也收录了文人所撰写的楹联。例如清代婺源程烈光的《芸辉堂文集》[15]中,就有一些作者撰写的楹联:

《罗田新建神祠落成演戏》:

> 金碧焕檐楹,谱新曲以落成来游来歌,胜地宫商无俗调;苾芬盈俎豆,值深秋而报赛斯陶斯咏,丰年匏竹有欢声。

《张氏祖祠修谱演戏》:

> 聚族而荐馨香,椒衍瓜緜,浴佛节前韶愍祀;作乐以通伦理,宫谐羽畅,迎神曲里写欢心。

此外还有《浴佛节演戏》、《家祠清明祀祖演戏》、《孔村潘氏祖祠演戏》、《张荫南中式竖旗演戏》等联。这些楹联不仅吟咏了当时各地演剧的盛况,同时又说明了徽州演剧之多的事实,你看,学生"中式"要演戏,神祠落成要演戏,宗族修谱要演戏,浴佛节要演戏,祭祖也要演戏。这些戏曲楹联既是徽州文化的组成部分,又充分反映了清代戏曲艺术在徽州广泛传播的事实。

大量的戏曲抄本在徽州的流传也反映了戏曲在徽州传播的情形。早在50年代,戏改工作者就从徽州民间搜集了753个剧目的抄本,现保存于安徽省徽剧团资料室。但是,民间流传的戏曲抄本还相当多。笔者的一位歙县籍的学生就从家中长辈手中借来了9种戏曲抄本,包括《空城计》《水满(金山)》《渭水河》《八卦图》《龙虎斗》等,还有一些生活小戏。这些抄本均标明抄于民国年间,其《水满》是《白蛇传》中的一出,它与方成培本的文字大致相近。2000年6月,笔者还从屯溪老街购得三种戏曲抄本,有一种为清光绪年间抄写。安徽大学徽学研究中心特藏室也收藏有部分戏曲抄本。这些戏曲抄本所显示的事实是:清代的徽州不仅有大量的演剧活动,民间老百姓因为喜爱的原因,还抄录下剧本,以供阅读。

(四)诗歌与竹枝词

清吴梅颠的《徽城竹枝词》有一首就是吟咏戏曲演出的:

> 年到酬神作犒犵,僧人演戏曲荒唐。
>
> 纤柔大净生还丑,盔甲裙钗粉墨妆。

民国年间雄村曹靖陶(号秀云楼主)有《雄村十咏》,其中的一首道:

> 沿着茅山搭戏台,开场锣鼓闹如曹。
>
> 宛城遇绣何曾禁,笑睹曹瞒倒灶来。

古戏台、罚戏公约和罚戏碑、戏曲楹联和抄本,以及吟咏演剧的竹枝词和诗歌,都充分说明,清代徽州的演剧活动极为频繁、极为普遍,徽州是一个巨大的戏曲艺术的消费场,是一块哺育戏曲艺术生长的肥沃土壤。

五、徽州目连戏的演出

(一)徽州目连戏演出的历史

从明代中叶开始,徽州就开始有较多的目连戏演出。在郑之珍改编《目连救母劝善戏文》前后,一些青阳腔与徽州调的戏曲选本就选录了目连戏的折子,如《词林一枝》卷三就选了《尼姑下山》,卷五选了《元旦上寿》、《目连贺正》,《新锓天下时尚南北徽池雅调》选了《刘四真花园发咒》。这些选本说明了徽州一带已经有了目连戏的演出。同时,徽州人不仅在本地演出目连戏,而且到外地演出目连戏,张岱在《陶庵梦忆》中记载:"余蕴叔选徽州、旌阳戏子、剽轻精悍、能相扑跌打者三四十人,搬演《目连》,凡三日三夜。四周女台百什座,戏子献技台上,如度索舞絚、翻桌翻梯、筋斗蜻蜓、蹬罈蹬臼、跳索跳圈、窜火窜剑之类,大非情理。凡天神地祇、牛头马面、鬼母丧门、夜叉罗刹、锯磨鼎镬、刀山寒冰、剑树森罗、铁城血澥,一似吴道子《地狱变相》,为之费纸扎者万钱,人心恃恃,灯下面皆鬼色。"从张岱的记载看来,徽州目连戏艺人在绍兴的演出很成功,"徽州、旌阳戏子"的表演水平很高,他们的武技和特技给了他特别深刻的印象。

清代徽州目连戏演出更加频繁。歙县和祁门两地的目连戏班较多,当地演出之多自不必说。休宁、黟县等地也盛演目连戏,而与徽州相比邻的石台、泾县、南陵则是目连戏重要的流传地。在休宁县的海阳镇和农村,五猖庙很多,"不论何时祭五猖神,必定要演目连戏",道教名山齐云山的道教活动里,也演唱目连戏的片段;该县板桥乡梓坞村(原属于婺源县)在光绪年间还组建了目连戏班,此后被称为"老梓坞目连戏班",该班演员由本村人逐渐扩大,汇聚了"花旦红"、"烂脚欣"、"武旦宜"等名角,影响越来越大,班主宋月仙是老徽州府内外很有名望的目连戏教师。[16]黟县似乎没有产生目连戏班社,"各乡村打目连,都是邀请外地戏班",即便如此,在清代"由于黟商已成为徽商经济中的一支劲旅,促进了黟县在经济、文化上的发展,目连戏也出现了繁荣景象。清末,县城东门外搭建了气势雄伟的打目连戏台,常邀请外地班社来此作场,同时乡间也广为流行目连戏,其中以离县城较近的西武乡所辖的泽霞、章墩、古筑,碧山乡所辖的西山下等村落最为活跃。尤其是西武乡的古筑村上演目连戏最为频繁,故上下村舍有'古筑古筑真可怜,三年两头打目连'的顺口溜。"[17]皖南其他地方也有不少目连戏的演出,南陵县、石台、旌德县的目连戏都历史久远、影响广泛。[18]

徽州的目连戏班社主要集中于祁门县和歙县两地。祁门县的目连戏班有箬坑的马山班、彭龙的沥溪班、渚口的樵溪班等,最有名的是箬坑的栗木班。"据老艺人说,郑之珍的剧本脱稿不久,即在栗木村组班演出。以后才传授到郑之珍的家乡清溪村,以及附近的樵溪、马山、沥溪等地。栗木班每隔五年、十年演出一次，但遇灾年或疫病流行，也要演出。"[19]因此，祁门当地有个说法，叫做"编在清溪，打在栗木"。不过郑之珍的家乡清溪也盛演目连戏，据郑存孝《郑之珍目连戏在清溪》一文介绍，该村保存了郑氏宗祠叙伦堂，堂中靠天井的柱子上有一副对联："目连记演不尽奇观迪吉避凶可当春秋全部；高石公具如斯卓见劝善惩恶何如讲演十篇"。该村目连戏的演出场地就在宗祠内，与别处在广场上演出不同。[20]祁门县的最后一次目连戏演出在民国年间仍然进行，民国二十一年，该县环砂村就隆重演出了一次，演出的戏班是马山目连戏班，同时请来了江西同乐班白天演出平台（非目连戏）。祁门县城最后一次目连戏演出是在 1945 年，演出戏班是清幽班，戏台搭建在城外南门河滩之侧，为了这次演出，还专门组建了"目连局"，专司演出事宜，"十里外的华桥和谢家山乡民亦鱼贯而来，场面浩大，蔚为壮观"。有对联形容道："两姓告打目连，招来看戏人，听戏人，男人女人、老人少人、士农工商人、巫医僧道人，人山人海，熙来攘往人世界；一杖顿开地狱，放出长子鬼、矮子鬼、赌鬼烟鬼、色鬼冤鬼、孤寡鳏独鬼、跛聋残疾鬼，鬼精鬼怪，争先恐后鬼门关。"[21]可见当时极为热闹的情形。

　　歙县主要有韶坑和长标两处的目连戏班演出，据高庆樵《徽苑谱春秋》[22]一书的介绍，韶坑目连戏班于乾隆三十七年（1772）年组建，组建者是该村的徐光有。该村请了一位浙江开化的师傅教习了 3 年，村里形成了两个戏班，一个叫韶坑大社，一个叫仙原大社。由于教戏师傅的帮助，两班的演出水平都较高，也就被请到徽州各地演出；由于戏班赢得一定的收入，该村又衍生出两个戏班，加上原来的两个戏班，长年在徽州各地演出。它们演出的剧目除了《劝善记》外，还有《梁武帝记》和《西游记》等；为了满足观众的审美需要，它们又学习了徽调和京剧的一些剧目，如《空城计》、

130

《甘露寺》等，白天演出这些剧目，称为平戏，晚上演目连戏。韶坑人因为以演目连戏为谋生手段，所以村里订下了技艺不外传的规矩，也就保存了不少从清代以来的演出仪式和技艺，1989 年，中国艺术研究院对该村的目连戏演出进行了录像。长标村组建目连戏班是在光绪二十八年（1902）以后，该村见相邻的韶坑村人唱目连戏能够谋生，就设法从韶坑村得到演出的本子，然后由本村的秀才王靖邦予以加工，编成了《梁武帝记》、《劝善记》、《罚恶记》、《解司记》、《西游记》五个剧本，在唱腔方面，吸收了新兴的徽调和早已流行的青阳腔、昆腔等曲调，较之韶坑目连戏班的唱腔更加悦耳动听，在伴奏上，丰富了武场的乐器。经过这些加工和提高，长标目连戏后来居上，戏班每年都要在外地长期演出，一直延续到抗战胜利以后。

（二）徽州目连戏"仪式戏剧"的特色

目连戏在相当程度上属于"仪式戏剧"。它不是以集中的戏剧冲突、突出的人物塑造、优美的唱腔音乐吸引和取悦于观众，而是以严肃的仪式让观众产生对神灵的敬畏，祈求神灵的庇佑。它的演出出于"娱神"的目的，因此，"仪式化"的特色非常突出。

从明代开始，徽州和徽州艺人的目连戏演出就具有浓厚的仪式化色彩。张岱在《陶庵梦忆》中记载，旌阳、徽州的戏班被请到绍兴，演到《招五方恶鬼》和《刘氏逃棚》时，"万余人齐声呐喊"，以至于当地的熊太守以为是海盗（倭寇）来了，赶快派人去探听。

徽州本地的目连戏演出，更具有仪式化的特点，"一般在'正戏'之前，均要'祭猖'、'斋戒'或者'赶鬼'；而在'三本目连'正戏当中，又都要穿插爬竿、结网、窜火、叠罗汉之类的杂耍。但在具体做法上，各地都有各地的特点，呈现出多样性，如祁门栗木班，在演出目连戏之前，全村人都要'斋戒'、大清扫，并由班主到每户门上张贴'虔诚斋戒'字样的黄裱纸，一直到演出'刘氏打狗开荤'时村人方可动荤。樵溪目连班,演出之前要派人装扮十二花神,并由班主和东道主手捧供果,到戏神胡天祥(一说郑本目连戏系胡天祥和郑之珍合编,无考)的墓葬处祭祀,然后才'祭猖'开正戏。休宁海阳、万安等地演出目连戏,在戏场中要布置供奉千手观音的'莲花台',周围有跨着龙、凤、狮、鹤的四个神像,还设地藏王神位,场中央竖起'盂兰会'的招魂幡,在城隍庙前还要陈列各式各样的纸扎鬼神像,为的是超度孤魂冤鬼,驱赶瘟疫邪气。歙县长标目连班,开台时要举行'坐台',即全体演员化装成狮、象、四大金刚、八大罗汉等,出场亮相、走台,然后才演正戏。"[23]

环砂村最后一次目连戏演出于民国二十一年十月初七至十一日,在十月初一(即朔日)就合族祭拜神灵;初七迎接福主"三间大夫"入祠,晚间行祭拜之礼;在开演前又诵读了一篇祭文。[24]藏于安徽省档案馆的《汪氏六社恭迎观音搬演目连神戏帐簿》虽然没有记录该次演出的仪式,但从帐目中可以看出,村民们对待这次演出有着非常严肃庄重的态度,一是准备工作细致,各家各户都交纳了钱、物,在头一年的五月,就按照男丁50人,收得洋钱60元,又用之为本,收得利息6元;腊月,按男丁56人收得洋钱56元,收得利息2.8元;再按男丁53人收得53元洋钱,共得本利177元8角。此外,还收得村民交纳的米、黄豆、干菜等物。每项开支也开列得很详细,可见对这次演出活动安排得很周到细致。二是对演出的仪式也十分注重,如支付给"永隆和尚经钱"2元和"僧法轮师经钱"12元,可知演出前请了和尚念经或帮忙;九月二十三日起戏,支付"五昌头、起猖"的喜包钱400文;二十四日,支付起猖的喜包钱300文,支付刘青提、傅萝卜披头布,刘青提锁颈布和傅相做斋孝片460文,支付戏中角色100文、天尊400文、灵官100文,支付叉鸡婆锁布钱100文。此外,支付退猖钱300文,送大神喜包钱1000文。从这些支付的项目看,这次目连戏演出的仪式化的色彩显然很浓厚,要额外给在剧中扮演天神等角色一些报酬,刘青提的锁颈布等要另行购买,起猖、退猖都要给喜包,等等。祁门栗木村目连戏老艺人王丁发回忆的目连戏演出仪式内容是:

> 首先都是要"写戏"(即定戏),要立写"戏票",预定某某师傅带领某某戏班神会《目连戏》,什么时间唱几天几夜(白天"阳台戏",即非目连戏,夜晚目连戏),哪些内容法事,戏金多少钱(银洋)等等,一一写明。其次是"打目连"时,东家都得提前斋戒吃素。有的村提前一个月,有的地方提前十天,都必须等戏班出门后,才准开戒。家家门上都要贴上用黄裱纸印(或写)成的"斋戒"字条。我们自己村里演出前十天全村斋戒,到刘氏开荤即解禁了。第三,戏班进门都要七碗饭、七杯酒、七个蛋、七柱香、一大碗清油点灯。"起词"后,将一只公鸡咬去头,埋在地下,蛋也放入坑内,盖上土,把油灯点在上面,插一根连枝带叶的青竹竿,然后回到台上从《大佛游台》起演。这时老师傅还要代表东家说出他们所许的"愿心":"△△县△△乡△△里△△村居主,今许下目连大士求神菩萨……"(由东家写就的字单宣读也无妨,能背更好)。第四,戏班出门都要"退猖"(或叫"倒猖")。戏账结清之后师傅得了"喜包",将七个牌位带到村外去烧掉,七个碗带走,就全部结束,这一村也就清泰平安了。[25]

1989年11月23至25日,中国艺术研究院录像中心对歙县韶坑村的目连戏演出进行了录像,陈长文撰文记述了此次为录像而演出的过程,[26]大致情况为:

11月23日下午:1.拜先师,全体演员祭拜老郎先师和观音菩萨;2.起猖,由5位演员扮演猖神,到一里以外的村头山坡上祭拜猖神,并把猖神接到戏台;3.请台,猖神被接到戏台后,再行祭拜;4.大佛游台,大佛释迦牟尼和剧中各角色依次出台亮相。

11 月 24 日全天:演出 23 个折子和戏段子,包括《游四景》、《摸罗汉》、《出地方》和《出辣椒相》、《打父捉拿》、《结网》、《三殿》等出。

11 月 24 日晚:演出《元旦上寿》等 12 折,其中《上吊出鬼》一出达到高潮。

11 月 25 日早晨:退猖。

从陈文的记述看,此次演出的仪式化特点同样极为明显。演出前不仅要拜先师,还有起猖等一套迎神的仪式;结束时也有退猖等送神的仪式。

(三)徽州目连戏的艺术表现

在徽州,目连戏的演出固然是出于"娱神"的需要,但是,既然是公共的演出,自然又有"娱人"的效果,甚且就有"娱人"的动机。既然要"娱人",仅仅是仪式化的表演就很不够,徽州目连戏也就有了一定的审美的因素。

舞台表演——"百戏"遗风与观众参与

徽州目连戏在明代已经以各种杂耍技艺著称,张岱就记载徽州目连戏艺人可以表演"度索、舞、翻桌、翻梯、斤斗、蜻蜓、蹬坛、蹬臼、跳圈、窜火、窜剑"等技艺。长标、韶坑的目连戏班武功出名,"蜘蛛结网"、"叠罗汉"、"打桅"等表演都十分惊险。韶坑目连戏班在演出过程中表演的武术、杂戏有:《梁武帝》本一开台就有"舞狮子"、"舞象",其后有"舞金刚"、"打筋斗"、"舞蛇";《劝善》三本中有"舞龙"、"舞火"、"打堆罗汉"、"摸罗汉"、"打拳"(含"软手"、"花棍"、"舞棒"、"板凳花")、"盘桌"、"盘凳"、"跳白鹤"、"硬结网"、"软结网"、"舞叉"、"抛叉"、"打桅爬杆"等。[27]祁门县栗木目连戏班善于表演"盘彩"、"盘扦"等杂技,"盘彩"的表

134

演形式为："竖两根立柱，两柱之间扎一根横木，再用两匹布扎成几个布扣，然后在布扣之间表演'大溜'、'小溜'、'童子拜观音'、'死人摊尸'、'鳖爬沙'、'称猪边'等盘彩动作。""盘扦"的表演形式是："在一根临时扦插的木柱上表演，且扦插木柱的底洞下大上小，人在木柱上表演时，木柱左右摆动。柱上的主要动作有'单旗'、'双旗'等。"[28]这些表演与汉代的百戏表演相近，可谓是"百戏"之遗风。

另外一方面，徽州目连戏也有多处观众参与的演出场面。如歙县韶坑目连戏演出叉鸡婆一段戏时，"叉鸡婆竟跑下台来，在人群中、小摊上抢瓜果、偷老母鸡，群众亦齐呼：'抓小偷！抓小偷！'"在演出《上吊出鬼》一出戏时，穿插了赶鬼的情节，演到出鬼时，吊死鬼被"天尊"追赶，"这时台上、台下鞭炮齐鸣，锣鼓大作，焰火弥漫，群众的吼叫声、口哨声响成一片，充彻夜空，群众情绪达到了高潮。突然，吊死鬼纵身跳下戏台，往林中逃跑，此时台下早已准备好的几十名村民，手执火把，身背土铳，在一片喧闹声中，与'天尊'一道将它穷追不舍；吊死鬼从村头逃到村尾，人群就紧随着从村头赶到村尾；村里家家封门闭户，一片漆黑；最后将吊死鬼赶出二、三里以外的荒坡，人群才掩锣息鼓罢归。"[29]在这一过程中，观众完全地参与到演出之中，成为戏中追赶"吊死鬼"的一员。"这种将台上台下打成一片、将演员与观众融为一体的演出方式，使戏剧的情境进入了一个绝大多数观众误以为是真实生活的境地，从而全身心地感受到了戏剧所表现的社会气息，并进入到真实生活中无法进入的神与鬼活动的宗教环境中去。"[30]

音乐唱腔——诸腔杂陈

关于徽州目连戏的音乐唱腔的特点，魏慕文的《徽州目连戏音乐初探》进行了概括，该文认为，"由于目连戏这一古老剧种，是以剧（本）得名，不像后起剧种具有多部代表性剧目来丰富发展，加之目连戏演出宗教祭祀的严肃性和所传方式均为艺人口授,因此在目连戏中保留有较古老(原始)的声腔。但也正因为是'一剧一本',在当时的社会环境中,人们接受的只是'因果教义'的宣传,而不是欣赏其声腔(的形式美)。加之时空关系以及'向无曲谱,只沿土俗'等原因,从而目连戏声腔又具有了可变性。近代徽州各目连戏班社均学唱'平台',('平台'艺人们称为鬼戏以外的戏,也就是目连戏以外的戏,各班所学剧种不一,如祁门栗木班学'赣剧',石台及歙县班演'京、徽'剧等。平台也只是白天唱,晚上一律演目连。)艺人们唱平台后,必然影响到目连戏的声腔,这样也促进了目连戏声腔的可变性。因而在我们所搜集到的目连戏音乐中,其声腔异常复杂。"文章将徽州目连戏的音乐声腔归结为"高腔类"(其中又有"散板性高腔"、"慢板性高腔"、"道士高腔"三种)、"小调(杂腔)类","除小调之外,还有的唱腔采用了类似民间的'哭丧'及'叫卖型'音调,以及'莲花落'、'十不闲'等说唱音乐。"因此,可以说,徽州目连戏的音乐唱腔是"诸腔杂陈"。

不过,徽州各地的目连戏在音乐唱腔上还呈现出一定的差别。祁门目连戏和歙县的目连戏就有所不同,祁门目连戏"不仅保留了大量的梵音(和尚道士腔),而且很大一部分就是当地或外地流传来的民歌小调,如刘氏在地狱内唱的《十月怀胎》、观音戏目连所唱的《十不情》均属民歌;还有的唱腔与徽州流行的'撒帐'、'闹房'等民歌亦十分相似。而长标、韶坑目连戏,它的唱腔则较规范化、戏曲化,基本上是联曲体,且用大小嗓结合的唱法。据老艺人回忆,常唱的曲牌有'风入松'、'马不行'、'步步娇'、'娥儿郎'、'新水令'、'寄生草'、'红衲袄'等七、八十个,而且曲调比较高亢、优美,善于表达喜、怒、哀、乐各种不同感情。"[31]这种差别,也正是目连戏是以剧本为主干的特点所决定的,同一个剧本,可以由不同的声腔音乐演唱,徽州与全国各地的目连戏均是如此。

六、徽州演剧活动与区域文化的互动关系

从上文的粗略考察可知,明清两代徽州的演剧活动是十分活跃和频繁的。一个区域内有如此活跃的演剧活动不是偶然的,而是基于区域文化土壤的结果;反之,演剧活动作为古代文化传播的重要途径和方式,对于区域文化的形成和巩固,也必然起着重要的作用。这一点,从徽州区域文化的视角考察,尤其显得突出。

首先,徽州之所以有如此之多的演剧活动,乃是本地区有着优于其他地区的经济基础,也基于徽商"贾而好儒"、喜好风雅的文化性格。从明代中叶以来,徽州人大量外出经商,他们所获得的利润,有相当一部分返回到徽州,使得徽州在经济上超过其他地区,从而也具有了很强的文化消费能力。在戏曲作为最重要的文化消费样式的时代,徽州人对戏曲的消费也大为超过其他地区。我们可以认为,历史上的徽州是戏曲艺术的一个重要的消费场所。其逻辑链条表现为:消费能力——消费需求——消费行为——消费对象的生长。

戏曲艺术的发展和必要的经济基础是分不开的。元杂剧在元代北方的崛起,就是由大都以及"腹里之地"经济繁荣、社会稳定的土壤决定的。戏曲在徽州的传播和发展首先也是由徽州人的富有以及由此而拥有的消费能力所决定的。关于徽商的形成时间,学术界还有不同看法,但至迟在明代中叶,徽商已经成为文人们谈论的对象了。谢肇淛在《五杂俎》中关于徽商"藏镪百万"的记载、"三言""两拍"中关于徽商形象的描写人们早已熟知,我想举个另外的例子来说明。万历年间刊刻的短篇小说集《杜骗新书》[32]中就多次写到徽州商人,如"吴胜理,徽州府休宁县人,在苏州府开铺,受买各样色布","张沛,徽州休宁人,大贾也,财本数千两,在瓜州买棉花三百余担。歙县刘兴,乃孤苦茕民,一向出外,肩挑买

137

卖,十余载未归家,苦积财本七十余两";"徽州人丁达,为人好善喜舍,……往海澄买椒木,到临青等处发卖"。当然,小说可以虚构,所写的人物很难说是历史事实。但是,将小说中的人物身份写成徽州商人,则说明徽州商人已经是社会上广为知晓的商人了。徽商经营的利润,有相当一部分流归徽州,被用来置田买地,也用来兴办教育和其他公益事业,而文化消费也占有一定的份额。作为当时最重要的文化娱乐形式,戏曲是徽商以及他们的家人、族人、朋友们消费的对象;徽商的消费能力,决定了他们的消费需求,也决定了他们消费戏曲艺术的取向。

从消费行为看,徽州人的戏曲消费有两种情形,一种是个体消费,它主要表现为徽商的消费,徽商出资蓄养戏班,在自己家里观赏,例如潘之恒记载的徽商汪季玄、吴越石蓄养家班,这种消费可能在徽州本土,也可能在徽商的经营地。另外一种则是公众消费,这是在徽州本土的消费,它可能由徽商出资,也可能是集体出资,演出地不是在私人家的厅堂,而是在广场或者宗族的祠堂。例如潘之恒记载的万历二十八年徽州府城东迎春赛会的戏曲演出,以及见于各县志记载的节令演出,都属于这种消费。但无论哪种消费,都是由徽州人超出于其他地方民众的消费能力决定的。徽州人的消费能力,决定了徽州戏曲演出活动的频繁和活跃,进而形成了徽州的戏曲文化氛围,形成了被称之为"习俗"的观戏、赏戏的文化传统。

考察中国戏曲史,徽州显然是戏曲艺术最重要的流传地之一。从明代中叶以后,各种戏曲声腔都流传到这里,各种大小戏班也都到过这里。今天的徽州仍然保存着不少的明清时期的戏台,在民间还收藏有各种手抄的戏本,徽州建筑的雕刻中,有大量的戏曲人物和场面的图案,如果征以文献,我们就不难了解到,在明清两代,这里的戏曲演出活动是何等地活跃。从戏曲艺术发展的角度看,徽州是促进戏曲艺术生长发育的消费场。

其次，作为区域的徽州在戏曲接受上明显地表现出区域化的选择。徽州人对戏曲的接受表现出观念的停滞。固然有徽州人接受《牡丹亭》，但那毕竟是少数人，大部分徽州人长期接受的是徽戏、是目连戏。当徽调在北京嬗变为京剧后，当各种"花部"地方戏热烈地被欢迎之际，徽州人却接受着没有变化的老徽调、昆腔和目连戏。徽戏的剧目当然在徽州也得到丰富，在观念上却没有太大的进步；而目连戏则长期发挥着以程朱理学思想支配民间社会的功能。

如果我们将问题再放大一些，徽州文化中的一个现象则更值得我们关注：徽州人重视教育，徽州人的文化素养相对比其他地方人高，徽州涌现了为数不少的士大夫和文人，徽州人在经学、朴学等方面卓有建树，甚至在绘画方面取得了很高的成就。但是在文学创作上却成绩平平，在戏曲文化方面的创造也极为有限。这种创造力的缺乏除了表现在形式方面，更表现在精神方面。明清两代也有不少徽州人摆弄文学，可是他们的作品就是缺少才情，缺少灵气，最重要的是缺少引领时代思潮的敏锐意识。

造成这一情形的原因，我想除了徽州地处山区，远离文化中心等因素外，最主要的是程朱理学的影响。

徽州是"程朱阙里"，是受程朱理学影响最深的区域。理学家倡导的是"存天理，灭人欲"，他们认为："甚矣欲之害人也。人为不善，欲诱之也，诱之而不知，则至于灭天理而不知反。故目则欲色，耳则欲声，鼻则欲香，口则欲味，体则欲安，此皆有以使之也。然则何以窒其欲？曰，思而已矣。觉莫要于思，唯思为能窒欲。"（《二程粹言》卷二）在他们的思想体系中，"天理"与"人欲"是对立的；而"人欲"包括目、耳、鼻、口、体等各种欲望，文学所表现的人的感情欲望当然也是在禁绝之列。同时，从思维层面看，理学家强调的是"思",也就是要人们时时保持一种理性的头脑,时时处在理性状态之中,这样一来,对于侧重表达人类感情世界的文学艺术,对于需要形象思维的文学创作,在一定程度上必然是予以排斥的。程颐甚至明确认为"为文亦玩物也",他说:"凡为文不专意则不工,若专意则志局于此,又安能与天地同其大也。《书》云:'玩物丧志',为文亦玩物也。"[33] 这可以说是明确反对人们从事文学创作活动。朱熹同样声称:"平生最不喜作文,不得已为人所托,乃为之。自有一等人乐于作诗,不知移以讲学,多少有益。"[34] 崇奉二程和朱熹的徽州人不能不受到这些观点的影响,他们在文学创作上难以打开情感的闸门,难以展开感性的思维,在文学创作上也就难以取得很高的成就。

与程朱理学的影响相联系,徽州形成了自己的文化板块结构,是一块特别的文化版图。程朱理学与徽州人的实际需要相吻合,于是延伸到各个文化层面:宗族的社会组织系统与程朱理学相辅相成,理学是宗族保持稳定的精神支撑,宗族组织又强化着程朱理学的精神统治力量。徽商外出经营,要求妻子持家守节;女子守节获得嘉奖和旌表,又成为后来者的精神楷模。徽州人重视教育,理学是施教的重要内容,同时辅之以各种激励措施。凡此种种,都构成了无形的绳索,束缚着徽州人的思维和思想。就男女关系而言,明中叶以后的进步思想家们否定束缚人的自然天性的"天理"、肯定人的自然合理的欲望,其中就包括对男女之"欲"的肯定。李卓吾在《初潭集·夫妇篇总论》中论述说:"夫妇,人之始也。有夫妇然后有父子,有父子然后有兄弟……夫妇之为物始也如此。极而言之,天地一夫妇也,是故有天地然后有万物。"在强调了"夫妇"的"人之始"的重要地位后,李卓吾对男女爱情予以充分的肯定,他赞美卓文君的私奔是"善择佳偶",明确认为寡妇再嫁是合理的行为;罗钦顺针对理学家的"存理灭欲",从夫妇关系上进行辩驳道:"盖夫妇居室,乃生生化化之源,天命之性于是乎成,率性之道于是乎出"。[35]理学家无视人欲的客观存在,连夫妇的居室也被说成是"敦伦"的场所,那里只有"理"却没有"情"和"欲",在罗钦顺看来,这显然是荒唐可笑的。这些观点与理学家们倡导的"灭人欲"、女子"守节"的思想显然是背道而驰的,代表着进步潮流。可是在徽州,烈女的牌坊却在一座座地竖将起来,地方志里列入了大量的烈女的姓名。徽州的文化精神,以及在这块文化版图上所产生的文学作品,与时代精神有着相当大的一段距离。

的确,徽州与戏曲的关系非常密切;这种密切性表现在:徽州人有能力消费戏曲艺术,观赏戏曲艺术;但是,他们的消费和观赏又是有选择的。他们的选择是一种基于文化传统的选择;当他们进行选择之后,戏曲——例如目连戏——就不仅与本区域的文化相契合,同时又进一步强化了区域的文化传统。因此,明清时期徽州的演剧活动,倒是我们把握区域文化与戏曲互动关系的一个很好的个案。

注释:

[1]《徽苑谱春秋》一书说,"元至正时汪泽民,亦曾作杂剧《糊突包待制》"。(见该书22页)在《录鬼簿》诸版本中,孟称舜、天一阁本作"汪泽民",其他版本作"江泽民",各版本均著录其为"真定人",而非徽州人;天一阁本贾仲明所写挽词道:"汪公德润字泽民,赵燕北南真定人。"可见作杂剧《糊突包待制》的江泽民或汪泽民根本不是徽州人。

[2]《牵东重修程氏家谱》,今藏国家图书馆、安徽省博物馆。

[3]参见吴新雷:《关于魏良辅的曲论〈南词引正〉的考述》,载《中国戏曲史论》。

[4]《亘史》外纪卷三十五"艳部江南",《潘之恒曲话》150页。

141

[5]吴越石名吴琨,汪效倚在《潘之恒曲话》里注为歙县人。然《休宁碎事》卷三并嘉庆《休宁县志》卷十四《人物·孝友》亦有同名者,且其事迹为大孝,其年岁为嘉靖甲子秋弱冠(参见《明清徽商资料选编》219、245页),是否为一人,待考。

[6]原文为"母翠仙,故名倡也"。

[7]詹元相:《畏斋日记》,转引自胡忌《昆剧发展史》第544页,北京,中国戏剧出版社,1989。

[8]嘉庆《绩溪县志》卷一"风俗"。

[9]雍正元年《休宁孚潭志》卷二"岁时"。

[10]乾隆四十年休宁《橙阳散志》卷三"礼仪"、卷七"风俗"。

[11]民国《歙县丰南志》卷一。

[12]这14处戏台多蒙合肥工业大学朱永春先生和祁门县文化局陈琪、章望南先生提供线索。

[13]冯俊杰《戏剧与考古》一书也介绍了山西的一些"罚戏"碑文,如乾隆三十八年平顺东河的《重修九天圣母庙记》,其中有"庙内永不许赌钱,不遵命者罚戏三日"的规定。罚戏的对象分别是聚赌、窝赌,在神庙地界随意放牧,贪污里社公款,等。见该书337—339页,北京,文化艺术出版社,2001。

[14]该本原为刘伯山先生搜集所得,现藏于安徽大学徽学研究中心特藏室"伯山书屋"。

[15]《芸辉堂文集》,清道光刊本,藏安徽师范大学图书馆,由陈联先生提供信息。

[16]李泰:《休宁县海阳镇目连会戏与梓坞班》,载茆耕茹编《安徽目连戏资料集》。

[17]赵荫湘、项忠根:《黟县目连戏史话》,茆耕茹编《安徽目连戏资料集》69页。

[18]参见茆耕茹编《安徽目连戏资料集》第二篇《方志文录》、第三篇《班社稽考》收录的有关资料。

[19]陈长文等:《目连戏在徽州的产生和发展》,载《目连戏研究文集》,中国艺术研究院戏曲研究所、安徽省艺术研究所、祁门县人民政府

编,1988。

［20］该文亦载《目连戏研究文集》。

［21］郑建新:《浅谈目连戏对徽州民俗的影响》,《目连戏研究文集》第259页。

［22］该书为《歙县丛书》之一本,黄山书社,2000。

［23］陈长文等:《目连戏在徽州的产生和发展》。

［24］陈琪:《祁门县环砂村最后一次目连戏演出过程概述》引录的三篇祭文,第一篇为《环砂村合族告许目连善愿祭文》,时间为"壬申仲冬月朔越祭日",第二篇为"是日迎接三间大夫福主入祠,晚间神前致祭"的祭文;第三篇为福主入祠后开演前在戏台诵读的疏文。

［25］高庆樵:《目连艺人王丁发采访录》,茆耕茹编《安徽目连戏资料集》99—100页。

［26］陈长文:《韶坑目连戏录像演出记实》,载茆耕茹编《安徽目连戏资料集》。

［27］参见高庆樵:《韶坑目连戏演出习俗》,茆耕茹编《安徽目连戏资料集》115页。

［28］倪国华:《梦落黄山・栗木目连戏班》,见该书138—139页,北京,作家出版社,2000。

［29］陈长文:《韶坑目连戏录像演出记实》,《安徽目连戏资料集》,台湾清华大学《民俗曲艺丛书》之一,1997。

［30］朱恒夫:《目连戏研究》227页。

［31］陈长文等:《目连戏在徽州的产生和发展》。

［32］《杜骗新书》,全称《鼎刻江湖历览杜骗新书》,题浙江夔衷张应俞撰。今存万历间存仁堂陈怀轩刻本,藏于大连图书馆和日本内阁文库,收入《中国古代珍稀本小说》第5册,春风文艺出版社,1997。

［33］《二程遗书》卷一八。

［34］《朱子语类》卷一〇四。

［35］《〈莂汉微言〉引》。

●徐子方

东南大学戏曲小说研究所

程士廉和他的《小雅四纪》

程士廉字小泉，休宁（今属安徽）人，生平史料不详。明末祁彪佳《远山堂剧品》著录程的名下有《小雅四纪》，[1] 清人钱曾《述古堂书目》亦予著录，[2] 惟题称《小雅乐府》。"小雅"者，相对于大雅而言也。《诗经》即有大小雅之分，但程氏这里的小雅却并非直接取自《诗经》，而是心慕同乡人汪道昆所为。汪字伯玉，安徽歙县人，曾官至兵部右侍郎，诗坛上与王世祯齐名，号为"两司马"。杂剧与《四声猿》作者徐渭并称"上品"，有《大雅堂杂剧》传世。程士廉因而自署书斋名"小雅堂"，以示心折。所谓"四纪"，即以四季为时序的四个短杂剧。今存于明万历二十四年刊行的胡文焕所编《群音类选》，分别题为《帝妃春游》（春）、《秦苏夏赏》（夏）、《韩陶月宴》（秋）、《戴王雪访》（冬），皆有曲无白。惟陈与郊编《古名家杂剧》辑有《幸上苑帝妃春游》一剧宾白齐备，且收入此剧时后附一跋文，对了解作者的生平思想颇有帮助。文不长，兹引录如下：

> 小泉程君，渔猎百家，纵步词林，旧（久）矣。间者，复出是制示余，而程仲子、吴伯子缀之以语。余阅之，晋唐汴宋，千载目前；天子公卿，赏心乐事，宛如也。不惟音节快人视听，抑亦情文得其奥，以小雅堂名，夫谁匪然？[3]

144

跋文署名为"泥蟠斋"似为一乡间文人的书斋名,主人因此自署为号。具体情况亦不得而知,但显然是作者的友人,至于文中提及为该剧集作序画赞的"程仲子、吴伯子",则显系其同时人,又皆与程士廉交游。从文中称程士廉为"君"的口气看,"泥蟠斋"及程、吴等人很可能还是作者的前辈。跋文称道程"渔猎百家,纵步词林",而且时间已是不短,可见这位"小泉程君"无疑亦为当时的曲家名流,年龄也不会太小。"泥蟠斋"跋文写作署"万历己丑孟秋",查万历己丑乃万历十七年(1589),据此可断定此剧之作必不晚于是年。小泉既被称作"程君",估计年龄也不会太大,似应为30岁左右。据此推断,程士廉生年当在1560年左右,时为明世宗嘉靖末年。至于卒年,目前无其它资料可资考论。

就思想内容而言,《小雅四纪》继承了汪道昆杂剧注重历史上贵族和文人士大夫风流轶事,暗寓批点的的传统。如《幸上苑帝妃春游》叙唐明皇携杨贵妃春游事。作品极力渲染内廷欢宴,李隆基纳玉环为妃,犹觉不足娱情,乃招贵妃三姊妹,所谓虢、韩、秦三国夫人进宫陪侍,并留宿大内,恣其淫乐。明皇又准"胡种"安禄山出入宫禁,禄山乘机进献春药。作品极言宫廷逸乐带有明中叶宫廷生活的影子。谁都知道,明廷自武宗、世宗而淫风炽烈,道士陶仲文等以进春药而遽登高位。剧中内官慨叹:"今日皇上宴饮,胡种擅入进香(春药),皇上不加之罪反赐以酒。皇上皇上,李树弱株,宁禁数斧?"简直即为明臣谏武宗奏章之重复。是知此剧亦非纯然再现历史俯首前人者。而剧中涉及杨贵妃身世亦未提及原为寿王妃之事,为自元人白朴以来同类题材剧作所无,较之清人洪升《长生殿》"痛删"杨妃"秽事"也早一个时代,可证此剧构思不乏独创性。可惜汪道昆的《唐明皇七夕长生殿》杂剧已佚,否则拉来比较,倒更可以见出程小泉的继承和创新之处。

至于小雅堂其余三剧,作者则同样以表现想象中的文士雅趣为务,追求的是一种淡化矛盾、消遣人生的境界。《泛西湖秦苏夏赏》叙宋时苏东坡、秦少游携酒夜游西湖之事。按诸史实,苏轼于宋哲宗元祐四年(1089)第二次出任杭州太守,至六年回京,其间多有泛舟西湖事。宋人费衮《梁溪漫志》称"东坡镇余杭,游西湖,多令旌旗导从出钱塘门。坡则自涌金门,从一二老兵,泛舟绝湖而来,饭于普安院,徜徉灵隐、天竺间,以吏牍自随。"而未及秦观同游事,因秦此际实任京官,惟弟少韦从东坡学。由是可知,此剧情事并非取材史实,纯系作者任意点染的文人逸事。《醉学士韩陶月宴》一剧叙后周世宗时陶谷奉使江南,与南唐大臣韩熙载席间以酒斗智事。语出宋人黄朝英《湘素杂记》,谓陶至江南,韩熙载遣家姬夜间奉侍,及旦,有书谢云:"巫山之丽质初临,霞侵鸟道;洛浦之妖姬自至,月满鸿沟。"举朝不能会其辞。熙载因召家姬询之,云是夕适浣濯焉。不难看出,此剧侧重表现的是名士风度,与元代戴善夫同题材杂剧《陶学士醉写风光好》所着意刻画的外交陷阱也形成了鲜明的对照。

《小雅四纪》中最值得注意的还是《忆故人戴王雪访》一剧。作品取材于《世说新语·任诞》:"王子猷居山阴,夜大雪,眠觉,开室,命酌酒,四望皎然。因起彷徨,咏左思〈招隐诗〉,忽忆戴安道。时戴在剡,即便夜乘小船就之。经宿方至,造门不前而返,人问其故,王曰:'吾本乘兴而行,兴尽而返,何必见戴?'"此事屡为后世所称,作为不受拘束、任性自适的心性典型。此前戏曲小说作家将其采入并不多见,盖以缺乏市俗情趣耳。是剧发前人所未发,可见作者在选材方面所追求"酌酒"夜行的文士情趣。然原作无单行本传世,仅凭《群音类选》所收【北新水令】、【南步步骄】等十四支曲子却难详加考察。前半篇诸如"欲将《招隐》付冰弦,想高怀促膝清弹,放扁舟剡滩。"曲辞皆可理解,因与"雪访"原故事相合。而后半篇出现咏"骑驴陇上探梅回"曲辞,又似另一段情事,最后

146

有句"驴背舟中各一天"较费解,设非他曲羼入,则似同时又从戴之角度展开情节,如推测不错,应当是戴安道"骑驴陇上探梅回",与王子猷舟中访戴恰成两两对应。叙述角度已有不同,而剧名"戴王雪访"亦明确表示情节行动乃就双方交叉展开,这显然已突破了原故事的构架,关目上有了一定程度的创新,也暗合了场上曲"新"且"奇"的基本要求。也许正因为如此,明人祁彪佳《远山堂剧品》将此剧作为《小雅四纪》中较惬人意的一种,[4]虽然他对程作总体评价偏低,令人不那么信服。

从艺术形式上看,和汪道昆的大雅堂四种一样,《小雅四纪》亦分别由一折南曲构成,即所谓单折戏,实际上是四部独幕剧。除了《帝妃春游》因阑入安禄山的蓄意破坏、《韩陶月宴》因原素材中外交风云背景而显得场面不无紧张,从而于关目上略加点染以外,总体上戏剧冲突不明显,人物形象亦难称有多少鲜明的性格特征。当然,造成这种效果还应考虑到小雅四剧多数已有曲无白的存本现实,不能一概看作是程士廉的有意作为。但即就前述作品热中表现文人雅趣的取材范围来说,"晋唐汴宋,千载目前",给人印象深刻的确实是远离尘世的感觉,而小雅堂里津津乐道的"天子公卿,赏心乐事"和元及明初杂剧中张弛交替、冷热融和的舞台风格亦迥然不同。显而易见,作者并未刻意追求场上曲的观众效果,特别注重的应该是抒情意味浓厚的曲辞:

> 【醉翁子】思省,看尘世如泡幻影。乐事难逢,民瘼可隐。休惺,不如稳驾慈航,彼岸同超尘外境。 【前腔】究竟这蜗角虚名何用?行乐及时,谩劳悲愤,先醒。不如拂袖东山,跨鹤扬州无外境。

> 《秦苏夏赏》

此二曲系身为杭州太守的苏东坡和新科进士的秦观游览西湖时发出的心声。本来他们正处于为朝廷出力,消除"民瘼"以展现其修

147

齐治平理想的大好时候，却不约而同地学习道家"看尘世如泡幻影"，怀疑"究竟这蜗角虚名何用"，要"行乐及时，谩劳悲愤"；或者向佛教中寻求解脱："稳驾慈航，彼岸同超尘外境"，向往那"拂袖东山，跨鹤扬州"的世外隐士生活。不仅在思想感情上与汪道昆的《大雅堂杂剧》如出一辙，而且在语言风格方面也有着明显的承袭之处。这一点即使在前述作者比较注意情节曲折场面热闹的作品中也不乏见。

试再举一例：

> 【集贤宾】夜凉庭院金风细，香焚宝鼎烟霏。乘槎人去天津？问君平淮照河西。露凝酿醑，玉壶冰心人堪醉。(合)蟾光媚，碧梧荫转过庭扉。　【簇玉林】看星汉，云影移，望长安，人未归。玉绳遥到弘无际，秋高谁鼓南溟翼？漫追随，厌厌夜饮，四美二难齐。

《韩陶月宴》

月光皎洁而离思飘渺，可谓月圆人未圆，天下不如意事常八九。这一段曲辞，于眼前写景之中引入遐思，不缺乏深邃的哲理，显然融合了从谢庄《月赋》、张若虚《春江花月夜》、李白《静夜思》到苏东坡、张孝祥中秋词等历代咏月名作中艺术成功的意境，时人说他"渔猎百家，纵步词林"，善于转益多师，看来并非虚夸。而这种语言形象又以外交手腕的智慧争斗作为展示的背景，却是别具一格，耐人回味。并且正由于作品取材的是素养高雅的上层文人士大夫的情感生活，使得这种抒情意味浓郁的曲辞风格显得天衣无缝，没有矫揉造作、故作深沉之感。同样的意境在作者的另一剧曲辞中也有所体现：

> 【北折桂令】望斜阳雪霁云穿，渐少阴霾，半露晴天，明辉几座银山。白攘攘几处瑶川，腻粉儿铺上重檐，玉绳儿绾就疏帘。谁问袁安，谁去餐脂，谁钓江寒？一霎时皓月当空，照彻

人间。　【石榴花】雪晴月朗，一色地连天，清意味，共谁言，欲将〈招隐〉付冰弦，想高怀促膝清弹，放扁舟剡滩，是仙庄咫尺应非远，兴阑时去棹风回，人会处缺月天圆。

《戴王雪访》

同样是皓魄生辉、阴晴圆缺的月亮，同样是虚无飘渺、哲理玄想的思绪。假若赋形市俗舞台的话，隐藏背后的必然是深厚的友谊或浓郁的乡情，但作品却突出了任性的自适和不羁的个性，高雅外表的后面蕴含着执着和不群，一切以"兴之所至"为中心，主观抒情的诗歌意味特别强烈。自然，这不是合适的场上表现手段，难以造成轰动的舞台效果。即使在恪守传统界限的文人看来也不合乎规范，最早著录《小雅四纪》的祁彪佳对之并不赏识，将其归入最低的等级"具品"。并云：

四时之乐，何必在酒，乃每曲以酤饮绝胜乎？《访戴》一出，略有点缀，终不得为俊雅之调。[5]

然而，假如我们今天跳出传统的演剧观念，从文学中的剧诗角度来考量，和汪道昆的《大雅堂杂剧》一样，《小雅四纪》也不失为一种有益的尝试。

注释：

[1][4][5]中国古代戏曲论著集成，北京，中国戏剧出版社，1964。

[2]虞山钱遵王藏书目录汇编，上海，古典文学出版社，1958。

[3]胡文焕：群音类选，北京，中华书局，1980。

●鲁安娜
芜湖教育学院

谈方成培的《雷峰塔传奇》

方成培,作为一位徽籍的古代文人,将当时流传于民间的《雷峰塔传奇》梨园演出本,删改重编成一出完美的爱情悲剧。此本在乾隆三十六年(1771)刻版刊行。由于方本《雷峰塔传奇》反映了人民的愿望,表达了最广大观众的审美趋向,在几百年里广为流传,成为舞台演出本中的经典,也是源源不断的改编的模本。

20世纪中期,方本《雷峰塔传奇》树立了在世界戏剧史中的地位,成为中国古典十大悲剧之一。

有多方成就的方成培

有关方成培的资料主要来源于《歙县志》与散见于他的文章。

方成培,字仰松,号岫云,清代乾隆年间歙县横山人。生于1713年,卒年不详。

他的家庭是徽州那种重视耕读的殷实人家。他自幼体弱多病,曾闭门学医,并研究道教的养生之法。此后,他一直对医学很关注,与名医郑梅涧交往甚密,将郑氏家传的喉科医案,撰成《重楼玉钥续编》二卷。在道光十八年(1838),郑氏后人郑承翰将其刊行,被证明很有医学价值。

在此同时,他博览了家藏的经典和诸子百家的文章。

及长,他的艺术天赋逐渐显现出来。他精通音乐,曾汇集诸家词曲,进行考证与修订格律,编成《词榘》26 卷。又为《准律》补写残缺部分。

他一生著作颇多,有《雷峰塔传奇》、《双泉记传奇》、《诵诗记疑》、《镜古续录》、《记后岩学诗》、《听奕轩》、《词尘》等。其中,《雷峰塔》在 20 世纪中叶被评为中国古典十大悲剧之一。方成培亦在中国戏曲史上成为令人瞩目的剧作家。20 世纪 90 年代中国戏剧出版社出版的张庚、郭汉成所编的《中国戏剧通史》已经给了方成培的创作成就以很高的评价:"……方本才使得白蛇故事成为一个真正的大悲剧,并以其悲剧冲突的深刻性和独特性,光照于当时的剧坛,征服了广大观众。"[1] 而且,从方成培的《雷峰塔传奇》在当时使用频率与影响来看,他的剧作家的声望有继续攀升的趋势。

方成培改编《雷峰塔传奇》之前后

《雷峰塔传奇》源自白蛇的故事。这类故事在我国古代的神话中很常见。在《山海经》、唐代《博异志·白蛇记》里都有蛇或白蛇变人的传说。这里的蛇还是一个邪恶的、令人恐怖的形象。

在 900 年前的南宋,白蛇被镇在雷峰塔下的事已由老百姓的口头传说演变成了话本,即《雷峰塔》。后在明末被冯梦龙收在他编的平话总集《警世通言》的二十八卷,题为《白娘子永镇雷峰塔》。明代中期,嘉靖年间的杭州,有盲人携琵琶说唱《雷峰塔》。这时人们已对压在雷峰塔下的白娘子给予了深深的同情。

第一个把白蛇故事搬演上舞台的,是万历年间的陈六龙,他的剧本可能因流传不广,早已失传。《远山堂曲品·具品·雷峰》的作者祁彪佳评道:"相传雷峰塔之建,镇白娘子妖也。以为小剧,则可;若全本,则呼应全无,何以使观者着意?且其词亦欲鬨华瞻,而疏处尚多。"看来还算不上是一个完美的剧本。这个时期是一个白蛇故事在戏曲中百花齐放的时期。京剧、昆曲、弋腔、秦腔、梆子乃至各省的地方戏，都在以自己的故事套路搬演这个戏。曲艺方面的鼓词、南词、八角鼓、子弟书、鼓子曲、宝卷、滩簧，都在以自己的形式和内容演唱这个传说。总的倾向是细节化、民间化。借这个神话铺开想象的空间，让人的欲望在当时严密的封建礼教的精神束缚上开一个窗口。但这个阶段的白娘子并不总是正面形象，有时还不能完全摆脱传说原型的妖魅的影子。或者说，作者还没有意识到，应该把立场完全转到白娘子这边来。

清代，《雷峰塔传奇》可考的有三部。一是乾隆三年(1738)看山阁刻本，是"峰泖蕉窗居士填词"，即黄图珌本。黄本虽演出过，但剧本流传很罕见。从故事框架看，亦与后世被广泛认可的《白蛇传》有较大距离。从主题看，黄本持的还是白蛇青鱼作祟的观点，结局处，许宣感谢法师锄妖，并看破红尘出了家，更是无法令人满意的老套。黄本的优点是，终于将白蛇的故事有头有尾、前后呼应地敷演出来。第一次成为一个长达32出的，有文学剧本的大戏，甚至可以说是剧情合理、逻辑细密。但黄图珌的谨小慎微、严守礼教的编剧思路，显然是不受广大观众欢迎的。

同期还有一本由当时的著名演员陈嘉言父女二人合编的梨园旧本。因从未刻版发行，更少有全本流传。据说现在演出的昆曲《水斗》、《断桥》两出，仍是此梨园旧本原貌。

《雷峰塔传奇》的水竹居本，作者题名是"岫云词逸改本、海棠巢客点校"，岫云词逸即是方成培的别署。方本刻成于乾隆三十六年(1771年)。方成培创作《雷峰塔传奇》，是在他58岁时。当时他已有多部著作付梓，涉及音乐与剧本(传奇)。他文名远扬，在高官与士大夫中也有一定知名度。于是，在"岁辛卯，朝廷逢璇闱之庆(皇太后的生日)"，"淮商得以共襄盛典"，拿钱办娱乐活动进京以示庆祝。"大学士大中丞高公语祝台李公，令商人于祝嘏

152

新剧外,开演斯剧,祇候承应。"选《雷峰塔传奇》进京上演是朝廷中懂文化的高官亲点的。为了把这件事办好,李公与淮商决定要从本子抓起。为这事找来了方成培。他为了不负众望,可下了不少的功夫。首先他要将梨园演出旧本进行筛选。他回忆起自己看过的《雷峰塔传奇》的演出。"余于观察徐环谷先生家,屡经寓目,惜其按节氍毹之上,非不洋洋盈耳,而在知音翻阅,不免攒眉,词鄙调伪,未暇更仆数也。"梨园的剧本不是文人写的,往往不完整,甚至只有一个剧情幕表,而且唱词不固定,常常演员临场发挥。有时现场效果好,但不具有可靠的重复性。显然,把这样的戏送到皇帝与皇太后的面前,难免有不雅之处。于是,方成培只能将到手的梨园本推倒重来。"因重为更定,遣词命意,颇极经营,务使有裨世道,以归于雅正。较原本曲改其十之九,宾白改十之七。《求草》、《炼塔》、《祭塔》等折,皆点窜终篇,仅存其目。中间芟去八出,《夜话》及首尾两折,与集唐下场诗,悉余所增者。"这些接事改本的过程,都是方成培在《雷峰塔传奇》刻本的《自叙》里记载的。他还对曾与之讨论的人捎了一笔,"时就商酌,则徐子有山将伯之力居多。既成,同人缪相许可,欲付开雕。"他也记下了自己不是首创的遗憾,"余笑曰:不能独出机杼,徒尔拾人牙慧。世有周郎,必不顾之矣"。于是别人举了一大堆前人化腐朽为神奇的例子。果然,方成培因改编《雷峰塔传奇》而传世,《雷峰塔传奇》也因为他的改本而跻身于世界戏剧经典之列。

到了现当代,仍然有京剧大师梅兰芳在他的经典剧目《断桥》里使用方本。田汉的《白蛇传》是解放后成功改编京戏的先驱,他改编的剧本从内容上看,只是方本的压缩。上个世纪80年代台湾拍摄的多集电视连续剧《新白娘子传奇》,曾在两岸风靡一时,其编剧贡敏原是安徽马鞍山人氏,他的故事框架看得出来是照搬方本,对白唱词亦有不少保留下来。90年代香港的电影《青蛇》,拍得十分浪漫唯美，故事情节还是循方本。跨世纪后又传出消息，大陆影视公司将与台湾、香港演员合作拍摄40集电视连续剧《青蛇与白蛇》，可见这个题材的长盛不衰。其根本原因，还是方成培在当初改编时，对剧中的人物角色，揣摸透彻，设计深得人心，具有一定超前性。

方成培改编的《雷峰塔传奇》

纵观《雷峰塔传奇》在各个发展阶段的成败，关键是白娘子形象的处理。处理得好，百世流芳；处理不得当，烟消灰灭。从前对白娘子形象的评价都与阶级斗争挂钩，我打算从原型主义批评与接受主义批评角度加以评述。

白娘子的原型是蛇。在自然界，蛇是冰冷的、阴险的、有毒的、要害人的。这就是蛇妖害人的传说的来由。这种形态是原始形态，也是一些人在看到大自然里的蛇之后的生理反映。

但在中国传统文化中，蛇还有至阴、护宅（家蛇）的一面。至阴使人联想到女人，护宅使人想到它是否还有对人十分留恋、多情的一面。另外，蛇也是美丽的，在古代玛雅人那里，蛇是长翅膀的羽蛇，是受人崇拜的图腾形象。中国的龙的形象中，一部分是蛇，或龙便是长了角和爪子的蛇，能腾云驾雾的蛇（螣蛇，龙的一种）。龙与蛇二字常常被人放在一起使用，如"笔走龙蛇"。

龙在天上飞，是帝王的象征；蛇在地下钻，是民间的潜在的力量的代表。人们祈求龙保佑自己，但盼望蛇能通过修炼也具有呼风唤雨的本领。因为老百姓不难把自己也想象成一条田野里的蛇，盼望也能有机会致富、享受生活、爱一个心里想爱的人。

方成培没有削弱白娘子呼风唤雨、腾挪变化、超乎自然界之上的一面，因为这正是白娘子形象成功的秘诀。如果她没有超人的一面，就不会成为众多男人与女人的敬佩、崇拜的对象。

编剧与观众对白娘子的形象,也都有一个从原始状态开始认识,随着审美意识的提升,期望值不断加码的过程。古代的封建独裁社会,老百姓贱如草芥,王权、神权、礼教,把人压得透不过气来。发生在普通人正常生活里的故事,限于生活的逻辑,无法满足人们希望在想象世界里透一口气的小小愿望。于是,剧作者只能通过梦里私奔、神仙下凡、白蛇爱上一个穷小子这样的情节使观众继续燃起对生活的热情。

本来,文学艺术的一大功能就是造梦。如果生活没有梦和期待,将无法继续。方本的《雷峰塔传奇》正是抓住人们的这种接受心理,塑造了一个神通广大、爱情至上、还会经营致富的十全十美的女人。这个女人是生活中不存在的,那么就到非人类中去找。

方本的贡献是把一个在话本与梨园本里仗着神通动不动就威胁丈夫的蛇精,塑造成温良恭俭让的女人与好妻子。方成培极力在剧本中维护白娘子的形象,不让她有一点不美的地方。白娘子形象在方本《雷峰塔传奇》美仑美奂的唱词里,变成了知书达礼的上层妇女,在脉脉含情的对话中,决不会有一点霸气的残痕。如方本《夜话》一折中,白娘子与许仙在苏州幸福地生活了一段时间,她陶醉在幸福中,出场时唱道:【霜蕉叶】"帘波窗琐,桂影纷纷堕。是事芳心可可,恁无端临风感多。"紧接【调笑令】"罗袖,罗袖,又值清和时候。金猊小篆烟轻,闲望空阶月明。明月,明月,好似峨眉积雪。"将白娘子的情怀写得高雅、浪漫、清纯。方成培写作《雷峰塔传奇》,"务使有裨世道,以归于雅正"的目的还真是达到了。他甚至注意到了把白娘子的身份设计成可以自嫁自身的寡妇,以合乎白娘子追求爱情的炽热程度。就这样,白娘子在方成培的《雷峰塔传奇》里逐渐定格为理想的女性、妻子、母亲的化身。并不与礼教相悖。

白娘子对丈夫情深似海,宁喝雄黄酒,不违丈夫意;为救丈夫不惜盗仙草与神仙厮杀；为让丈夫回家她翻江倒海与法海斗法。她对爱情的付出是任何剧本中的女主角都难以比肩的。而且她的爱情表达的方式真可谓惊天地、泣鬼神。其规模之宏大，行为之奋不顾身，也是空前绝后的。方本为了塑造白娘子的闪光形象，专门安排了一些表现爱情的打斗场次，如《求草》、《水斗》。这时白娘子脱长裙着甲铠，青衣变武旦。整出戏因此变得起伏变化，舞台效果也十分符合戏曲表演的规律，几百年来，一直是多个剧种在演折子戏时的选择。这样的情节在话本里虽有，但在正式的剧本中，方本应是首创。经方成培的处理，这些本是妖精作怪的场面，成为弱女子弘扬爱情精神、向不公正的强权的宣战。最后，白娘子虽以失败告终，被法海用紫金钵压在雷峰塔下，但在观众心中，她是虽败犹荣的女英雄，她为自己的爱情做过了惊天动地的斗争。观众经方本的引导、渲染、煽情，永远站在白娘子一边。

方成培对白娘子行为的尺度控制得很严。从舞台行为来讲，整出戏并没有表现出反政府的倾向。更何况这出戏是准备进京的。所以方本对白娘子搬运官家府库里的银子，动用了法律使她受到了惩罚。也许许仙因接受了她搬移来的库银而受到追缉，不得不远避它乡。这是方成培借此警告不劳而获者，说明有神通也无法与法律相抗衡。如果她不紧紧追上，就无缘相会了。方成培因从小体弱，家人也不依徽俗逼他读书进身。他对仕途的不感兴趣也是显而易见的。从徽州来到扬州，看到的，与他生计息息相关的，都是商业的发展。在他笔下，白娘子帮助许仙开药店，靠经商行医发家致富，是与扬州清代中后期发展起来的商业文明相呼应的。在历代的传奇中，男主角基本都是读书郎，故事也大多以书生赶考中状元娶得佳人归结束。惟有方本是商业文明的鼓吹者。就在《开行》一折，他对白娘子的理财有方大大地歌颂了一番。他借小青之口说："你看我娘娘，摒挡诸务，井井有条，不独官人得内助之贤,就是我青儿,也有许多好处。官人,你好有福气也。"自然,这也是方成培"有裨世道"的入手处。一褒一贬,可看出方成培不同于传统文人的处世态度。他在习惯官本位、重农轻商的封建时代,是一个超越时代的独行者。他不仅鼓吹资本主义和自由的爱情,还可以说是一个推重女权的剧作家。

方本中的法海与黄本相比,不仅失去了他正统的地位,而且成了一个遭受观众一致谴责的反派人物。这是因为,白娘子的强烈的爱情表达方式也许惊世骇俗,但佛法中并没有授权和尚与爱情、婚姻、家庭作对。所以,佛教也许有公开的、正统的社会地位,但是佛教讲的是自我约束、宽恕他人,不嗔怒、不杀生,一向不对弱小赶尽杀绝,在经卷传说中,常有一些小动物因偷听佛法得道。所以,多管闲事的法海显然不是神佛的代表。他在白娘子并没有危害人的情况下,对人与蛇的爱情横加干涉,必置白娘子于死地而后快。显见得他只是一个滥用佛力的邪恶之徒。他出于阴暗的心理,一定要将白娘子与许仙的美满婚姻拆散,更是伤了所有观众的感情。中国人一向都是说:"宁拆七座庙,不破一门亲。"所以,法海的所作所为导致他在几百年来一直叫人厌恨不已。这也是方本的成功之处。

许仙在白蛇故事中是爱情的被动接受者,有时显得彷徨。方本中的许仙相对黄本的,要有人情味得多,可爱得多。他虽时常耳根子软,听信法海的谗言,但白娘子的爱情更使他感动、醒悟,时时又回到白娘子的身边。直至白娘子被擒,他自觉负心太甚,只是无可奈何。白娘子坚贞的一往无前的爱情没有得到许仙相等的回应,是《雷峰塔》传奇的最大遗憾。也是人蛇(仙、鱼、龙)相爱模式中难以突破的障碍。

田汉《白蛇传》与方本《雷峰塔传奇》

方本的成功使后来的改编者络绎不绝。戏曲的改编剧本中最有名的是 20 世纪 50 年代田汉编写的《白蛇传》了。田汉的《白蛇传》在方本《雷峰塔传奇》的情节基础上去粗取精，成为 16 场的京剧本。此本是在毛泽东同志《在延安文艺座谈会上的讲话》的精神指引下，古为今用、推陈出新的作品。曾被毛泽东称赞为"十年磨一剑"的好作品，也是半个世纪以来在京剧舞台上最受欢迎的节目之一。

田汉的《白蛇传》与方成培的《雷峰塔传奇》相隔二百年，两相比较，倒也有不少有趣有益之处。首先是田本的情节简化了。以开头为例，方本有《开宗》、《付钵》、《出山》、《上冢》、《收青》，才到《舟遇》，田本第一场就是《游湖》，也即是《舟遇》。16 场比 34 出共少了一半多。在捉拿白娘子的场面，田本删去了所有神佛的出现，使一意孤行的法海更显得孤立。这是时代的进步。但田本删去了所有插科打诨的地方，这值得商榷。其次是主角的人物性格更鲜明了。白娘子更温柔体贴，反抗得也更激烈；许仙懂得了要努力去爱，不管她是蛇是怪；法海更像一个捣乱的坏人，没人信他是有德高僧。

在语言上，方本的那种引经据典的儒雅当然不可能带到田本里。但田本的唱词通俗优美，对白简捷明快。如白娘子救活了许仙之后，二人有一段和好盟誓的唱词："白素贞：前月来泪湿鸳鸯枕，许仙：从今后云破月儿明。白素贞：再不可轻把浮言信，许仙：上有牵牛织女星。"这样的戏曲语言可能更符合现代观众的欣赏水平。

在新的世纪里，白蛇的故事可能会有更现代化的演绎方式。这需要更细腻、更吸引人的剧情编排。也许会有完全出人意料的人物设计。痴心的白素贞会不会成为一个活泼的少女？小青的戏也许比白蛇的戏更多。许仙怎么变？真的很难说。但在我们欣赏这些时，别忘了从徽州走出来的方成培，他是将白蛇的故事变为传奇剧本，又捧上世界剧坛的人。

注释：

[1] 引自张庚、淳武成：《中国戏剧通史》第 972 页，北京，中国戏剧出版社 1990。

● 河炅心

[韩国] 延世大学中文系

潘之恒表演论之特殊性

在中国古典戏曲理论史上,潘之恒(1556—1622)占有很独特的地位。他是个"戏迷",看过且导演过不少戏曲作品。他对戏曲表演艺术有着相当高的审美意识,知识也很广博。但是他从来没有创作过戏曲作品,似乎也没有组织过家班。他没写过专门的评论或戏曲理论专著,也没有编撰过戏曲选集。不但如此,他从未论及当时常被争论的问题,如本色与当行论、临川与吴江派之争论、《琵琶》、《拜月》之优劣论争等等。这种态度跟明代臧懋循、王骥德、吕天成、沈璟、汤显祖等戏曲家很不一样,而倒有点儿像明末戏曲家张岱。潘之恒从戏曲爱好者的立场,以比较客观的态度,忠实地叙述了他欣赏戏曲表演时的感受和当时曲宴的情况。他还为演员写过小传,而通过这些传记,提出有关演员的表演艺术的宝贵意见。与此同时,还言及戏曲流派和教习演员、导演等问题。他在文章中有时提及关于嘉靖、万历年间的表演环境问题,其中包含着颇有史料价值的内容;有时反映出明代文人常设"曲宴"的情况和游艺文化的现象。

关于潘之恒表演论,国内外已有注释与不少论文发表,如汪效倚《潘之恒曲话》(中国戏剧出版社,1988),贾志刚《潘之恒艺观及表演理论探索》(《戏曲研究》第 31 辑,1989),金光永《潘之恒表演论》(《中国戏曲》第 2 辑,韩国中国戏曲学会,1994),李惠绵之《潘之恒表演艺术论分析》(《中国戏曲》第5辑,韩国中国戏曲学会,1997)等。此外,高宇整理了潘之恒之导演论与表演论(《古典戏曲导演学论集》,中国戏剧出版社,1985),齐森华讨论过潘之恒之表演论及演剧观(《曲论探胜》,华东师范大学出版社,1985)。在《中国古典戏剧理论史》(谭帆、陆炜,中国社会科学出版社,1993)里,作者是把潘之恒理论看做中国搬演论发展过程中的重要一部分;谢柏梁把他的理论归属于明代演剧理论中“演剧过程论”(《中国分类戏曲学史纲》,台湾商务印书馆,1994)之中;赵山林在论述演员素质、表演技巧、演习方法、表演境界时,论及潘之恒之理论(《中国戏剧学通论》,安徽教育出版社,1995);叶长海把他的理论归为剧学范围内演艺论(《曲学与戏剧学》,学林出版社,1999)。其中汪效倚从《鸾啸小品》、《亘史》和《漪游草》里抽出有关演剧的理论与演员的小传,及咏剧诗等资料而加以注释,还附上年表,为往后的研究打好基础。大部分的研究者着重潘之恒表演论之层次性与系统性,如李惠绵把他的表演论分为色艺论层次(才慧致)、身段艺术层次(度思步呼叹)、度曲艺术层次(正字、审音、曲余)、脚色行当之表演艺术、演剧观剧之历程与境界等几个项目。另有齐森华、谭帆、陆炜等人都强调潘之恒在演剧论中所提出的“形神”兼备问题。

基于以上的研究成果,本文对潘之恒表演论之产生背景与其理论之思想根源及在戏剧理论史上的地位等问题进行具体分析。

一、潘之恒生平与交游

潘之恒,[1]徽州府歙县岩镇人。据汪效倚的考证,他家世世代代经营盐业,兼营布匹典当,家境比较富裕,他的祖父和父亲爱好戏曲,和当时著名文人交往。在这样的家庭环境下,潘之恒从小就爱好戏曲,致力于诗歌创作。他在汪道昆、王世贞门下修学。他曾经参加过白榆社，还亲自建立过蓬蒿社。他在科场上失败过两次，之后就抛弃仕途，开始自由自在地游历天下。在这段时间中，他编写过地史、山水志，获得了"地史之董狐"之称。[2] 他乐于和天下文人交流，交游范围也很广泛，因此当时没有人不认识他。从当时文人的记载中，我们不难看到描写他"好客、好禅、好妓"[3] 的风貌和使人倾倒的文名，[4] 以及"一时名公卿争延致"之类的文字。不过这样不惜家产游历天下的豪放生活使他最后获得了"以贫死，殓不掩胫"的境地。他虽然留下了比汪道昆、李维桢更多的著作，但散在各处，难以聚集。[5] 当时的文人，除了汪道昆、王世贞以外，著名的文人、戏曲家，如袁宏道、袁中道、汤显祖、梁辰鱼、张凤翼、臧懋循、屠隆、吴越石、邹迪光、王稚登等人都和他有交往。他们大部分人称潘之恒为"余友"，可知他们之间交往之深，及那些人对潘之恒推崇之意。他们交流及活动的主要媒介是诗社与文会，有时潘之恒为他们主持过曲宴，尤其吴越石、邹迪光、申时行的家班等当地水平比较高的戏班，是他所关心的对象。但他似乎从来没有组织过家班。他和当时著名的戏曲演员及曲师等艺人超越阶级意识地互相交流。他佩服他们的才能，以真挚的态度观赏他们的表演之后，对他们的表演发出赞叹。与此同时，他不忘记对他们的表演加以品评，提供自己的意见。他还以诚恳的态度给他们写小传，可以说"姬之董狐"，[6] 为后人留下很可贵的资料。他的一生在"宴游、征逐、征歌、选伎之余"，"品胜、品艳、品艺、品剧"，他确有天赋的才能（"目成心通，匪同术解。殆天授，非人力也"）。

在他的生平和交游中，引人注目的是他活动的时期和地区及交游的范围和曲宴文化。他出生的歙县，是新安六邑之一，也是当时最繁荣的地区之一。重视学问与文人交游的家风，及"十三在邑，十七在天下"的徽俗影响到潘之恒之游历天下的生活与广泛的交游。他的主要活动舞台南京、苏州、扬州等地区，可说是当时的戏曲中心地;而他的主要活动时期,明嘉靖、万历年间,可以说是中国戏曲史上第二个黄金时期。除了昆腔外,各地声腔纷纷兴起,随着宫廷戏班、家班、业余戏班、职业戏班等戏班组织的增加,表演活动盛极一时,戏曲创作与表演的兴盛引起了理论上的争论,如临川派与吴江派之争,本色当行论,围绕着《琵琶》、《西厢》、《拜月亭》进行的优劣争论等,不但使编剧日趋成熟,还使演剧理论逐次完整。还要说明的是:戏曲表演是在文人的宴会上不可或缺的游艺,当时的文人既具备文学才能,又对戏曲音乐、表演艺术等各方面具有相当高的玩赏水平和批评眼光。尤其是吴越石、邹迪光、汪昆仲、王渭台等戏曲家和班主,潘之恒与这些人打成一片,几乎形成一个曲宴集团。还有一点值得注意的是:潘之恒虽然受到后七子的领袖王世贞复古思想的熏陶,但他一生推崇李卓吾、汤显祖等王学左派思想家以及袁宏道、袁中道、钟惺、谭元春等公安、竟陵派文人。对他的诗文,各家取其不同的美,如屠隆评他的诗说,"取骨汉魏,取藻六朝,取韵三唐"(屠隆《涉江诗原序》);袁宏道也很欣赏潘之恒的诗,说他的诗"咳吐寸寸肠,挥毫字字玉"(《袁宏道集笺校》卷九),以为他"出汪、王之门,能淄其旧习"。[7]连王世贞、袁宏道也赞赏他,这点看起来有点儿矛盾,可是由于潘之恒的诗具有"雄以浑,奇以峭,秀以靓,妙以丽"(屠隆)的多样风格,因此可使具有不同风格的文人都发出赞叹。

他的创作态度也有矛盾的地方。他是戏迷,对他来说,戏曲是他生活的重要一部分,他甚至在病中"五观《牡丹亭记》,觉有起色"(《情痴》),他还倾倒于汤显祖的笔端,几次赞美过《牡丹亭》,追崇主情论,酷爱《牡丹亭》的表演,但他不致力于编剧,也不写追求"至情"的作品。这样的态度与其他临川派戏曲家坚持撰写表现至情的作品不同。他一生的笔力用在地史和诗文中,他谦虚地说,"余不慧,无审间之实,而冒顾曲之名"(《原近》),但从他的论述里不难看出他并非"不慧"。所以可以说,他对戏曲一直保持曲者、观赏者、戏迷的立场,并不采取戏剧作家的立场。这种态度决定了他剧论的性质和内容。他所论及的内容中似乎没有编剧理论的曲律,其记述方式也很接近公安派的小品文形式。他不追求仕途,以游历山水和艺人、文人交游为乐。这样不受拘束、自由自在的生活方式和写作风格处处展露出他思想的进步性。酷爱戏曲,和艺人经常交游,具有深刻的戏曲知识而不写作品,这几点特征和明末的张岱很类似。

总而言之,在明末剧界中,潘之恒和其他戏曲家相比,具有独特的地位。他不像汤显祖、沈璟等参加编剧和批评作品;不像冯梦龙改编剧本;不像张岱、李渔组织家班;不像吕天成、祁彪佳专门编定品评书;不像李卓吾、金圣叹那样留下评点,也不编曲谱、曲律书;不像臧懋循、孟称舜等编选剧本集。他只在《亘史》《鸾啸小品》及几首诗中留下了演员小传与欣赏观剧时的感受。[8]但在这些记载中包含着很重要的表演原则与有关当时表演的记录。还有从其中可以窥见潘之恒受到的当时各种文艺思潮的影响。

二、演剧论与表演论

潘之恒在《鸾啸小品》[9]、《亘史》[10]里论述的剧论包括导演、艺术的表演艺术、教习、乐器伴奏、流派等。[11]这些理论跟《闲情偶寄》、《曲律》、《曲品》一类的专论及戏曲的结构、曲律、品评的著作相比,很难说带有系统性或综合性。他虽然是随时随地概括性地记载了演剧上的一般问题和观剧时的感受。但在总结经验式的文字中,我们还是可以找到一定的脉络。不但如此,这些理论有时反映当时表演的情况,有时呈现出潘之恒的文艺观与戏曲观,而且还保留着有关演员的资料。

潘之恒之剧论是站在导演、观赏者的立场而发的"演剧"理论,是纯为"场上之曲"提出的。但他谈及《牡丹亭》的态度跟那些重视音律及演唱而批判《牡丹亭》的理论家相差很大。他只对作家的真情是否充分地流露出来,和剧中人物的痴情是否通过场上演员的淋漓尽致表现出来有兴趣。重视创作、导演、演员和观赏者打成一片的演剧过程。他在属于同一诗社的吴越石家里观赏过他家班所表演的《牡丹亭》剧之后,赞叹不已,以为那场表演呈现出创作、导演、演员和观赏者打成一片的理想和谐境界。

> 余友临川汤若士,尝作《牡丹亭还魂记》,是能生死死生,别通一窦于灵明之境,以游戏于翰墨之场。同社吴越石,家有歌儿,令演是记,能飘飘忽忽,另翻一局于缥缈之余,以凄怆于声调之外,一字无遗,无微不极。既感杜、柳情深,复服汤公为良史。吴君有逸兴,然非二孺莫能写其形容;非冰生莫能赏其玄畅。乃今而后知《牡丹亭》之有关性情,乃为惊心动魄者矣……二孺者,蘅纫之江孺,荃子之昌孺,皆吴阊人。各具情痴而为幻为荡,若莫知其所以然者。主人越石,博雅高流,先以名士训其义,继以词士合其调,复以通士标其式。珠喉宛转如弗,美度绰约仙。……
>
> (《情痴》,《鸾啸小品》卷三)

有了汤公的笔端,班主兼导演越石之博雅,名士、词士、通士之解释,两孺之素质,还有像他这样具有审美感的观赏者,才可以完成一篇完善的戏剧论。使他感动得病中"觉有起色"的这场表演,是由吴越石主办的。他遴选演员,[12]叫名士、词士、通士解明曲意、合调、标式等,还会选"才人第一编",[13]而邀请戏迷文人,制造高雅的气氛,使得演员精彩地表演,这些都是完成表演艺术不可或缺的条件。

对于观剧者之水平,他虽然很自负地说过,"非冰生莫能赏其玄畅",但他自己也"观剧数十年之后才发此理论的"(《神合》)。

他承认观剧也需要一定的修养和阶段。通过他们几十年的观剧经验，才能从"以技观，以审音观"进入"以神观"的境地。

> 神何以观也？盖由剧而进于观也，合于化矣。然则剧之合也有次乎？曰：有。技先声，技先神，神之合也，剧斯进巳。会之者固难，而善观者尤鲜。余观剧数十年，而后发此论也。其少也，以技观，进退步武，俯仰揖让，具其质尔；非得嘹亮之音，飞扬之气，不足以振之，及其壮也，知审音，而后中节合度者可以观也。然质以格圄，声以调拘，不得其神，则色动者形离，目挑者情沮，微乎。生于千古之下，而游不动声色千古之上，显陈迹于乍见，纪灭影于重光，非旟孟之精通乎造化，安能悟世主而警凡夫。所谓以神求者，以神告，不在声音笑貌之间。今垂老，乃以神遇，然神之所诣，亦有二途：以摹古者远志，以写生者近情。要之，知远者降而之近，知近者溯而之远，非神不能合也……
>
> （《神合》，《鸾啸小品》卷二）

这一段不仅提示了他所理想的观剧态度，同时也强调了演员一定要表现出剧中人物的内在精神。此外，潘之恒还论及各地方声腔之流派及其特征。他在《叙曲》文章里，对吴音表示赞赏说，"微面婉，易以移情而动魄也"，还说明从魏良辅成为正宗以来，张五云、张小泉、朱美、黄问琴等"其翼而接武者"的传授系统。对昆腔之发展和各地方的特点，他说，"长洲、昆山、太仓，中原音也，名曰昆腔，以长洲、太仓皆昆所分而旁出者也"，"无锡媚而繁，吴江柔而涓，宁海劲而疏，三方者犹或鄙之"。他在《曲派》中也论述过昆腔盛行的情况，及其发展过程与流派。他还说明过魏良辅、邓全拙、王渭台等艺人的师承关系和他们的贡献。特别是，他记载无锡、昆山、吴郡"三支共派，不相雌黄"而涉及"能融通为一"的情况，同时强调"锡头昆尾吴为腹，缓急抑扬断复续"、"能节而合之，各备所长"的可能性。据他的记载，各流派似乎在一面互相竞争，一面互相吸取各派的优点以求进一步的发展。潘之恒比较客观地、详细地记录当时的情况。此外，通过《仙度》、《初艳》、《乐技》、《致节》、《情痴》、《与杨超超评剧五则》等文章，《艳曲十三首》、《赠何文倩》、《赠吴亦史》等诗篇与演员的小传，我们可以得到不少讯息。潘之恒对演员的言论可分为"职业昆伶、家班昆伶、业余演员"，[14]这和张岱的《陶庵梦忆》中关于演员和戏班的记载同为相当可贵的资料。

潘之恒之剧论中最引人注意的还是表演论。他的表演论在不同时期、不同地方写成，可说属于"要诀式的经验总结"。[15]所以能不能把它看成是具有系统性质的科学理论，这一点有待考证。但从表演理论方面来看，潘之恒比之前的剧论家，更细致地论述表演方面的原则和理想，可以说更具有独创性。

潘之恒在《鸾啸小品》、《亘史》里涉及的剧论，集中在演员表演中。其中《仙度》、《杨超超评剧五则》、《神合》、《情痴》、《曲余》等篇里从演员表演的基本功力到表演艺术的理论均有所涉猎。尤其《仙度》《与杨超超评剧五则》两篇明明是献给优秀演员杨姬的赞辞，在他心里杨姬是一个模范。他以杨姬的表演为标准，要求一般演员也要具备"美才、真慧、闲致"等素质，修练从"正字、审音"等演唱技艺到"步、呼、叹"等基本功力。

> 杨姬行六，子字，更名曰超超。

> 人之以技自负者，其才慧致三者，每不能兼，有才而无慧，其才不灵；有慧而无致，其慧不颖；颖之能立见，自古罕矣。杨之仙度，其超超者乎。赋质清婉，指距纤利，辞气轻扬，才所尚也，而杨能具其美。一目默记，一接神会，一隔旁通，慧所涵也，杨能蕴其真。见猎而喜，将乘而荡，登场而从容合节，不知所以然，其致仙也，而杨能以其

闲闲而为超超，此之谓致也，所以灵其才，而颖其慧者也。

余始见仙度于庭除之间，光耀已及于远；既觐于坛站之上，佳气遂充于符；三遇广莫之野，纵横若有持，曼衍若有节也。西施淡妆，而矜艳者丧色。仙乎，仙乎。美无度矣，而浅之乎？余以"度"字也。仙仙乎其未央哉。

（《仙度》，《鸾啸小品》卷二）

这里所说的"才"指"才性"，包括容貌和行动举止；"慧"指记忆、了解、联想、观察等的智慧。这和日常生活中所需的那种观察力不同，而接近斯坦尼斯拉夫斯基所提出的对剧中人物的集中、把握力（grasp）。"致"，有的学者解释为"风致、情致，外部表现能力"（蔡仲翔），有的把它解释为"表演欲"，或者"演员表演达到纯熟自如境地时所表现的个人风貌"（谭帆、陆炜）。大部分研究者认为"才慧致"三个因素就是演员素养的三个层次。但这三者"每不能兼"，有"才长而少慧"、"具慧而乏致"、"工于致而短于才"的情况出现。所以"致"本身应该是想表现自己真实感受的能力，而不是在层次上谈论的问题。"才慧致"三者是演员应该兼备的，是相辅相成的条件。说明"致"概念时，应该重视的是"能蕴其事"、"登场而从容合节，不知所以然"的真实地、自然地、妥当地表现出来的能力。"致"，还应像杨姬那样"能以其闲闲而为超超"为理想境界。在紧张的态度下绝不能表现出这种境界来，只有超脱自我时才能出来。但连杨姬也不能一下子达到这"闲致"的境界，潘之恒第三次看她时，才发现她达到"纵横若有持，曼衍若有节"的自如自在的、绝妙的境地。可知达到这种境界需要一定的酝酿过程和不断的修养。

潘之恒还提出了"度思步呼叹"的概念：

余前有《曲宴》之评。蒋六、王节才长而少慧，宇四、顾筠具慧而乏致，顾三、陈七工于致而短于才。兼之者流

168

波君杨美，而未尽其度。吾愿仙度之尽之也，尽之者度人，未尽者自度。余于仙度满志而观止矣，是乌能尽之！一之度。西施之捧心也，思也，非病也。仙度得之，字字皆出于思，虽有善病者，亦莫能仿佛其捧心之妍。嗟乎！西施之颦于里也，里人颦乎哉！二之思。步之有关于剧也，尚矣！邯郸之学步，不尽其长，而反失之。孙寿之妖艳也，亦以折腰步称。而吴中名旦，其举步轻扬，宜于男而慊于女，以缠束为矜持，神斯窘矣！若仙度之利趾而便捷也！其进若翔鸿，其转若翻燕，其之若立鹄，无不合规矩应节奏。其艳场尤称独擅，令巧者见之，无所施其技矣！三之步。由引之有呼韵，呼发于思，自赵五娘之呼蔡伯喈始也。而无双之呼王家哥哥，西施之呼范大夫，皆有凄然之韵，仙度能得其微矣！四之呼。白语之寓叹声，法自吴始传。缓辞劲节，其韵悠然，若怨若诉。申班之小管，邹班之小潘，虽工一唱三叹，不及仙度之近自然也。呼叹之能警场民，深矣哉！五之叹。朱子青，与仙度竞爽者：音其音，白其白，步其步，叹其叹。所不及者，思与度耳，然已近顾筠当年，接傅寿芳尘矣。可易得哉？西来有极音，而不能奏技；周莲生有雅度，而音不振，剧之难言若此耶。

（《与杨超超评剧五则》，《鸳啸小品》卷二）

有些研究者认为"步呼叹"属于"技"的范围，相当于四功与六法的技艺。但"步呼叹"不能包括全部的四功六法。这虽然是言及表演艺术的重要基本功力，但原来是他在评论杨姬和王卿持、朱子青、傅寿、西来及申时行、邹迪光家班的演员等几个演员的表演时特地为赞美杨姬表演的优点而提出的，且只限于旦角色而言的。所以他提出的"五则"是不全面的，只能说他涉及了表演艺术的主要原则。在这里最重要的概念是内在素质，也就是"度"和"思"。他强调那些外在表演发自于内在的"思"，因此演员更加努力达到"度"的境界。"度"解释为"准确性、分寸感"，或高超的艺术境界，也就是"诗里的意境"。有的把它说明为"主观精神、内在技巧"，或"深入剧中人物的内在情意而体验后向外表现的神思情态"等等，有的认为"度"相当于"致"的阶段，但潘之恒已说过兼有"才慧致"的杨姬也"未尽其度"，所以可知"度"跟"致"之间有一定的差别。它不是"可有"或"不可能有"的问题，而是"尽未尽"的问题。他还说"尽之者度人，未尽者自度"。叶长海把"度人"看做产生角色感觉的意思，把"自度"看做是演员自身的自我感觉的意思。李惠绵分析说："美无度"的度力为度量之意、形容的意思，"未尽其度"的"度"意味着法度规范，说"尽说之者度人"时的度字用为动词，是"授与"的意思，"自度"是自己授与的，延伸为自我完成的意思。有的学者认为"度人"指的影响其他演员和观众。这"度"字，有时有点儿像斯坦尼斯拉夫斯基所说的"尺度感"（measure - proportion）。这样，"度"的解释不大统一。但大致上来说，系对"演员深入剧中人物的情感和思想而获得舞台自我感觉，然后主观地创造角色形象的整个过程"来说的。

此外，他在《正字》《曲余》等篇里强调"正字"、"审音"的重要性。"曲先正字，而后取音，字讹则意不真，音涩则态不极"，是说先辨别字音后才能得到"意态之微"。最理想的是达到"太音希声，而有至文，不觉魂销心醉"的境地，这要求演员完全掌握"正字"、"审音"的基本技巧而不知不觉地呈露出真意态。《曲余》篇里，他主张为了宣情先要知乐，为了知乐先要知音，为了知音先要知声。能不能"宣情"由"曲之馀"而决定。这里所说的"馀"，就是"非长而羡之之谓。盖满而后溢，乃可以谓余也"。所有喜悲感情的表现，"溢于间"，所以"剧必自调音始"。不能审音，则不能得到剧之工。

总而言之,潘之恒对演员素质和表演艺术的要求,关系到中国传统戏曲表演艺术的基本特点,他主张的是:先充分地掌握表演程式的客观规律,之后超越这种规律;深入到剧中人物寻找内在情感,然后在场上通过自我感受主观地、自然地表演出剧中人物角色。这是跟守法与破法及共性与个性有关的,中国表演艺术上一个普遍的问题,正如张庚概括地说的:"既要练很扎实的功,练死了,但又不要受它的拘束,又能活用,那样才能够创造出好的艺术来……这就叫做从守法到破法,或者是从有法到无法……无法之法就是最高的法。"[16]斯坦尼斯拉夫斯基虽然强调过演员在舞台上及时发挥想像力和集中力,但在言及演员的素养时,他还重视不断地锻炼基本的表演技巧,所以可以说他们虽然在不同的戏曲传统下提出了不同的见解,但在对演员的要求上,超越时空地保有相同的意见。

三、追求之表演艺术理想

在这段过程当中演员终究要达到的理想的境界是"以情写情"的表演。换言之,对在舞台上剧中人物的扮演,要求"在形似的基础上脱然贯通而求神似"(董每戡)。潘之恒观演《牡丹亭》之后,评吴越石家班二孺的表演时,提出"以情写情"、"具情痴"的要求。

> 观演《牡丹亭还魂记》,书赠二孺:古称优孟、优施能写人之貌,尚能动主;而况以情写情,有不合文人之思致者哉。余友临川汤若士,尝作《牡丹亭还魂记》,……乃今而后知《牡丹亭》之有关性情,乃为惊心动魄者矣。盖余十年前见此记,辄口传之;有情人无不嘘欷欲绝,恍然自失。又见,演柳生者,宛有痴态,赏其为解,而最难得

者,解杜丽娘之情人也。夫情之所之,不知其所始,不知其所终,不知其所离,不知其所合;在若有若无,若远若近,若存若亡之间。其斯为情之所必至,而不知其所以然,不知其所以然,而后情有所不可尽,而死生生死之无足怪也。故能痴者而后能情,能情者而后能写其情。杜之情,痴而幻;柳之情,痴而荡;一以梦为真,一以生为真。惟其情真,而幻荡将何所不至矣。……二孺者,蘩纫之江孺,荃子之昌孺,皆吴阊人。……江孺情隐于幻,登场字字寻幻,而终离幻。昌孺情荡于扬,临局步步思扬,而未能扬。政以杜当伤情之极,而忽值钟情之梦,虽天下至情,无有当于此者。柳当失意之时,忽逢得意之会,虽一生如意,莫有过于此者。或寻之梦而不得,寻之溟漠而得,其偶合于幽而不畅,合于昭昭而表其微。虽父母不之信,天下莫之信,而两人之自信尤真也。临川笔端,直欲戏弄造化,水田豪举,且将凌轹尘寰,足以鼓吹大雅,品藻艺林矣。不慧抱恙一冬,而观《牡丹亭记》,觉有起色。信观涛之不余欺,而梦鹿之足以觉世也。遂书以授两孺,亦令进于技,稍为情痴者吐气。他日演《邯郸》《红梨花》《异梦》三传,更当令我霍然一粲尔。

(《情痴》)

《情痴》是一篇对《牡丹亭》的赞辞,对《牡丹亭》的作家、演员,潘之恒无不敬佩。《情痴》不只是对汤显祖笔下杜丽娘、柳梦梅至情的说明,也是对表演,潘之恒所提出的要求,二孺具有"情痴"而能表现出两人的"至情"、"为幻为荡"的痴态。他们表演得太妥当、逼真、自然,达到"虽天下至情,无有当于此者""虽一生如意,莫过于此者""虽父母不之信,天下莫之信,而两人之自信尤真"的境界。这里最重要的是"不知所以然"的,自然地流露出来的高度集中、纯熟的表演,这可以说是从"形似"发展到"神似"的要求。他在《神合》里要求的也是这种"以神求"、"以神告"的表演。这是重视内在精神及感情的表现。他还要求演员发挥"以摹古者远志,以写生者近情","知远者降而之近,知近者溯而之远"的能超越时空的无限的联想和想象力。他心里所理想的是达到"神合"的表演及"以神遇"的观剧水平。传神、神似的主张是从画论引进到表演论的。这里可以看出潘之恒继承传统诗论、画论的局面。

他在《致节》《技尚》篇提出"合节"的要求。在《致节》篇他主张"致不尚严整,而尚潇洒,不尚繁纤,而尚淡节。淡节者,淡而有节,如文人悠长之思,隽永之味"。这样"尚潇洒、尚淡节"的表演才值得推崇,因为可以"一洗梨园习气"。他在《技尚》篇评梁溪之奏技时说,插科打诨、宾白、举止都有节度而绝不过分。所以"必得其意,必得其情,能升于风雅之坛,合于雍熙之度"。[17]从这样的主张里,可以看出追求的是"中节合度,俊雅、隽永之味"、"和谐完美"的境界。

从以上的论述,可以看出潘之恒以"中节合度"、"合于雍熙之度"的中和美为理想,对演员的"翩而有度,媚而不淫","嬉笑怒骂,无不中人"[18]等的品评也说明他重视合度之境界。吴毓华认为中节合度的主张和"合于化"、"得其神"的要求与传统美学对技艺的重视是完全一致的。他说:"戏曲美学关于剧艺要达到传神的要求,就是要求在对剧艺的熟练掌握中显示出对合目的性和合规律性的统一,在这种统一中,表现出对剧中人物情感的表现达到'从心所欲不逾矩'的高度,从而达到在戏曲艺术中对自由的真正掌握。"[19]这一境界意味着人生的自由和人格的完成,还表示着潘之恒受到儒家美学理论的熏陶。不过"目的性与规律性的统一"、"技与道的统一"也是道家美学所重视的。艺术家技艺成熟后,表现出像是不可思索,即是达到无为无不为的境地,自然而然地、合规律地创造了万物。潘之恒一直强调"莫知其所以然"的在不知不觉中流露出来的表演,如"和坐一室,忘乎若无四隅,俯仰纵横,莫不以身傅而象之","吾不知有吾舌,亦不知有吾身,而后能成此伎"(《苏舌师》)的无我之境里出来的表演。此外,从他提出的"意陈象罔"(《原近》)、"太音希声而有至文"(《正字》)、"进于技"(《致节》《情痴》)、"进乎技"(《苏舌师》)、"游戏三昧"(《神合》)等表现里也可以看出他受到道家美学之影响不浅。[20]"传神"和"进于道"似乎不只是潘之恒个人追求的理想,而是古典剧论大致所要求的理想境界。[21]

但另一方面从他提出的"以情写情"、"真意"等概念和《情痴》篇里提及的论述中,可以看出他明显地受到了李卓吾、汤显祖、公安派等明代进步思想家的影响。这些影响从"不拘格套"的记述方式和生活态度中也可以看到。郭英德认为"明清文学就是在古代文化与近代文化形态交织与冲突时期的无数志士仁人的痴情的结晶,幻梦的映照,理想的憧憬,失败的记录"(《痴情与幻梦》序)。潘之恒的生平与写作反映出明代的文人在文化与心态上的特征。

高宇评潘之恒的理论说:"具有诗话的色彩,以评诗的眼光来评戏,尤其是评论戏曲的表演艺术,为戏曲评论开辟了一块新的园地。""以论诗的尺度衡量戏曲"也可能是前后七子戏曲论的特点,尤其王世贞以正统文学观点谈论戏曲。潘之恒在年轻时,与王世贞保持很密切的交流,王世贞钦佩他的诗文,为他诗集写过序。由此可见他多多少少受到王世贞的影响。王世贞为了纠正宋诗及台阁体的弊端,高度重视诗歌创作中的感情因素。[22]在这一点上,不管是王世贞等前后七子,或者是汤显祖、李卓吾等王学左派文人,甚至是公安派文人都持有相同的见解。文艺创作及理论重视"深情"与"真情",这在一定程度上也受到明中期以来兴起的市民文艺的启发。

总之,他的表演理论是在继承中国的传统美学的审美标准的基础上,吸收了主情论等在当时开始兴起的进步文艺理论,更进一步充分地把握戏曲表演艺术的特征而建立起来的。潘之恒生活在传奇昆曲创作及其表演之兴盛的时期,而他的表演论是在家班正在兴起,且互相争演的环境之下产生的。他在继承胡祗遹的"九美论"及其他元明时期演唱论及表演论的同时,给以概括,使它成为更丰富的、明显的理论。他进一步提出表演艺术的理想和完成、创造剧中人物形象的具体理论。这是当时还没有人详细地论及到的,可以说独树一帜。他提出的一些概念到现在还可以适用,也和现代的戏曲表演理论者及斯坦尼斯拉夫斯基等现代话剧表演理论有相通的部分,且具有超越时空的普遍品质,对任何表演类型可以广泛适用。

潘之恒的"演剧"理论跟李渔戏剧理论相比,似乎不太系统。范围只限于表演论方面,但仔细加以考虑,就可以发现自有系统性。和以往的表演理论比起来,阐述更为全面,对他之后的表演理论启发很大。"明代的演剧理论并没有形成一个总体研究的局面。理论家们大都卷入在本色、文采和音律的论战中,演剧艺术相对地被遗忘了。本时期只有潘之恒一人,孤鹤独立,以毕生精力探究演剧过程论,从而代表和囊括了全部明季的演员理论的精华"(谢柏梁),"第一个对如何创造剧本和角色的舞台感情的真实性问题进行了认真的深入的探索和论述"(高宇),"(元明表演理论当中)最有概括性、代表性的理论"(谭帆、陆炜),"能跳出就戏论戏的圈子上升到理论的高度,他所独倡的一套概念、范畴构成了颇具规模的理论框架。他的表演理论体系确实是前无古人"(蔡仲翔)等等。我以为,上述评价并不过分。

注释：

[1] 字景升，号鸾啸生、鸾生、亘生、庚生、天都逸史、冰华生。生于嘉靖三十五年(1556)，天启二年(1622)客死于南京。享年67岁。以下有关生平的资料，参看汪效倚所编的潘之恒年谱。(《潘之恒曲话》，中国戏剧出版社，1988)

[2] "所游行山水，随录记之，而新安、越中、三吴江上诸'山水'成焉，末年尤属意黄山，辑成一书，曰《黄海》。总其凡曰《亘史》，未竟而没于金陵。"(《康熙徽州府志》卷十二之六《隐逸》)"友人潘景升著书甚多，所辑三吴越中杂志，事辞深雅，心力精博，盖地史之董狐也。"(锺惺《隐秀轩文集》)

[3] "以余结发来三十年所交知，莫有如潘耷其人者也，奇服好游，挥斥一都，君之产几尽，以结一世贤豪长者。士以穷来归，无不解囊周振，未尝以无余为解。……识与不识，皆慕悦景升。一时名公卿争延致，所至名山大川，灵区古迹，无孔不入搜剔考证。笔之皆史，韵之皆诗。诗与史虽数百千言，咄叹立办，不假思索。经余所见，未有如潘耷其才者。"(《潘景升＜鸾啸小品＞》)

[4] "今海内知名士无不交景升者。其好景升升而序其诗者几半之。……感事而发，角景成歌，慷慨淋漓，率皆情至之语。世人好景升学与其诗，无不一见倾倒，则景升意气以盖之矣！……"(汤宾尹《睡庵文集·蒹葭馆诗集序》)

[5] 汤宾尹：《鸾啸小品题词》。

[6] 周亮工：《潘之恒话》，第260页。

[7] 钱谦益：《潘太学之恒》。

[8] 此外，他的著作有诗集《蒹葭馆集》《如江集》《涉江集》《鸾啸集》《猗游草》(其中只留下来《涉洒集》《猗游草》两种)及《三吴杂志》《黄海》等地史辑录。

[9] 《鸾啸小品》12卷，在1628年潘之恒之五子弼时出版的，包括记、赞、序、铭和有关戏曲的文章和书信。其中有一部分跟《亘史》的内容重

176

叠的。

[10]《亘史》,潘之恒之四子弼亮在 1626 年出版的,其中有关戏曲的是外纪的艳部,杂篇的文部。尤其外纪的艳部卷 21 里记载着嘉靖、隆庆、万历年间艺人、名姬的小传。杂篇的文部包括有关昆腔的流派、乐器、观剧评等内容在内。

[11]传说,他的著述很丰富,失传的不少。潘弼亮也说过难以聚合父亲的著述。

[12]潘之恒已在《观演杜丽娘赠阿蘅江孺》《观演柳梦梅赠阿荃昌孺》诗里表现过对两孺表演的感受。对吴越石家班的 13 个演员,他还写了《艳曲十三首》赞美他们。

[13]《赠吴亦史》里把戏剧《牡丹亭》称做"才人第一编"。

[14]参看孙崇涛、徐宏图:《中国优伶史》第 169 - 172 页,文化艺术出版社,1995。

[15]蔡仲翔:《中国古典剧论概要》,第 218 页,中国人民大学出版社,1988。

[16]《漫谈戏由的表演体系问题》,《戏曲美学论文集》第 11 页,中国戏剧出版社,1984。

[17]《鸢啸小品》卷二《技尚》。

[18]参看《神合》里评沈二、韩二的。

[19]参见《戏曲美学资料集·序言》,文化艺术出版社,1992。

[20]、[21]谭帆、陆炜:《中国古典戏剧理论史》,第 283 页。

[22]关于前后七子对明代戏曲理论的影响,参看《戏曲理论史述要》第 3 章(傅晓航,文化艺术出版社,1994)。

●陈　琪

安徽省祁门县文化局

祁门县马山村目连戏班初探

一、马山村基本概况

马山古称石林,距箬坑乡东北 6.8 公里,全村有 120 多户 530 余人。宋户部尚书椿秀公躲避战乱,由歙县黄墩迁至祁门沙堤。椿秀公生 20 子,长子斌迁石林,石林分支有江溪、溶溪、濂溪、里村源、石源、长源、芝溪、文溪、罗田。宋时属仙桂上乡新丰里。元、明、清三朝属十九都。据光绪十六年"石林叶氏宗谱"载:"一世祖,椿秀公",天福壬寅年生,宋乾德元年癸亥第事太祖太宗,两朝授殿前户部尚书赠金紫光禄大夫,迄今子姓蕃衍,皆公之源泽"。[1]斌公迁石林后,逐水聚居,牯牛绛山溪之水穿村曲折而过。叶氏自宋迁居以来,繁荣昌盛,村中先后建造的"叙伦堂"、"敦本堂"、"永德堂"三座祠堂便是见证。村中有一山坡为珠形,周围有九支山脉,形似九龙戏珠,整个基图与九华山基本相似。

石林虽地处深山僻壤,但叶氏宗族历来重视文化修养,村中有"一经堂"家塾和"茂兰家塾"。"一经堂"是太亲公均一先生兴办,他以做小生意起家,但殷实后不忘教育,以隙地创建家塾,为后代肄业之所,并拨租一百秤,为"一经堂"学田,用以贫苦人有读书游痒膏火之助。"一经堂"是按"三字经"中"人遗子,金满赢,我教子,唯一经"而得名。堂上有楼为文昌阁,左循石阶而上为绿雨楼,楼外林荫幽严,苍翠适人,其右为晒楼,楼下涧水涓涓,是一处非常幽静适合读书的地方。可惜土改时期"一经堂"分给了村民居住,现已废圮。"茂兰家塾"为叶文蔚先生所建,他在外经商,仿歙县雄村曹文正"竹山书院",在自家庭院广植花木,院墙大书"山中天",办"茂兰家塾"。塾前溪水穿洞而来,如带而去,开门见山,参差古木远接豪峰拱秀,塾后族屋鳞列,芳畴百亩,狮岩与朱峰并峙,左有石马古祠,右则为文蔚先生住宅和"耕礼堂",堂院内有井,水味微甘,四时不竭。如今,茂兰家塾仍在,文蔚先生的后人叶春安已在庭院新建了房屋,家塾已破旧不堪,只能堆放农具和闲置的家什,而厅堂上方的"茂兰艺馆"的牌匾却依稀可辨。

马山村地处牯牛绛群峰之下,人均山场面积 20 亩,田地 0.9亩,叶茶 0.7 亩,是个以林茶粮为主的山村,由于地处山区,交通不便,人均收入为 1600 元,主要物产为茶叶、香菇,特别是盛产的祁门红茶,清香浓厚,滋味鲜醇,汤色纯正明亮,回味无穷。

马山村民风纯朴,民俗悠久。每年腊月二十四要挂祖容像。三十夜要到宗祠拜祖先,然后再回各支祠拜祖容,春祭时间为正月初二,三个祠堂轮流,祭后每人发一杯米酒。初七为人日,收祖容,耍舞狮。有老人送子的习俗,如添男丁要做衣服、供香油、接腊烛,以致谢意。五月十三祭关云长,办关帝会。十二晚开始祝寿,十三打锣。清明节六支后裔轮流派人到历口镇沙堤叶村标坟。中元节在村口栳基山社的河滩做道士戏,祭祀孤魂野鬼,要搭高台,竖长旗,闰月为十三幡旗,常年为十二幡旗。八月初一到西北面的西峰庙接西峰大圣,中秋节送回。

过去,马山村有白云庵、观音亭、关帝庙、土地庙、灵宫庙、西峰庙、毛王庙、尼姑庵、赤谷庵、猪神庙等庵堂庙宇。

马山就像一部古村落的历史,这里有康熙四十一年乐输建祠的碑文、嘉庆十八年封禁风水之地豪山的碑文。嘉庆十九年砌石禁猪牛践踏祖冢的碑文。这些都是研究徽学不可多得的重要历史实物。

马山地处深山,民风纯朴,景色怡人,古时八景是:豪麓晴岚、印湖夜月、狮岩落雁、道石观渔、赤谷归樵、朱峰积雪、珠崖滴水、湫窟浅龙。马山就是一幅徽州风情画册。

二、马山目连戏班现状

目连戏是一种古老的剧种,现在徽州基本上没有村庄能完整的演出了,原因是没有传人,会演的人也是寥寥无几,也许是深山环境优良的原因吧,马山目连戏班却得以较好的传承。叶有龙说,我启蒙师傅是渚口樵溪胡百开,然后又跟叶安成学,叶安成是跟叶天生学的,叶天生是跟历溪小金水学的。小金水是何处人士?陈长文《目连戏在徽州的产生与发展》一文有记载,大宇坑的《目连戏》班至民国十年以后,还师承三代,第一代请来教授的师傅是祁门赛增小和尚,而小和尚的师傅是祁门的小金水,小金水的师傅是祁门清溪的郑高石老师傅(即郑之珍)。[2]现在,马山目连戏班,老中青三结合,阵容强大,角色齐全,为目前徽州保存最好的目连戏班。马山目连戏班大约在明末清初组班,这里距祁门县著名的栗木村目连戏班相距较近,栗木目连戏对周边有着直接影响。马山目连戏班正式角色一般10人左右,跑猖25人,团长2人,锣鼓队6人,共计40人左右。

马山目连戏班演职员现状调查表

序号	姓　名	性别	年龄	角色	从艺时间	师傅	备注
1	叶日成	男		老旦 小生			第 一 代
2	叶光德	男		二花			
3	叶落成	男		刘氏			
4	叶天生	男		益利			
5	叶松茂	男		傅相			
6	叶百旺	男		金奴			
7	叶廷芳	男		大花			
8	叶均成	男		罗卜			
9	叶光前	男		三花			
10	叶洪修	男					第 二 代
11	叶光准	男					
12	叶存林	男					
13	叶明术	男					
14	叶光培	男					
15	叶安成	男					
16	叶有时	男					
17	叶本杰	男					
18	叶明玉	男					

序号	姓　名	性别	年龄	角色	从艺时间	师傅	备注
19	叶丽水	男					第三代
20	叶彦修	男					
21	叶振安	男					
22	叶善怀	男	73	罗卜	1944 年	胡百开	
23	叶三淦	男			1944 年		
24	叶文杰	男			1944 年		
25	叶有龙	男	71	益利	1944 年	叶安成	第四代
26	叶信修	男			1944 年		
27	叶有达	男			1944 年		
28	叶德资	男			1944 年		
29	叶贤中	男			1944 年		
30	叶汉修	男			1944 年		
31	叶法水	男			1944 年		
32	叶明术	男			1944 年		
33	叶成茂	男			1944 年		
34	叶仁茂	男	76	金奴	1944 年	胡百开	第五代
35	叶根生	男			1957 年		
36	叶小茂	男			1957 年		
37	叶润昌	男			1957 年		

182

序号	姓　名	性别	年龄	角色	从艺时间	师傅	备注
38	叶继资	男	64	刘氏	1957 年	叶安成	
39	叶通资	男			1957 年		
40	叶本旺	男			1957 年		
41	叶养资	男			1957 年		
42	叶德生	男			1957 年		第五代
43	叶祯习	男	66	大花	1957 年	叶安成	
44	叶民望	男			1957 年		
45	叶　真	男	63	罗卜	1957 年	叶安成	
46	叶俞昌	男			1957 年		
47	叶炳旺	男	75	傅相	1957 年	叶安成	
48	叶祖纯	男	53	傅相	1990 年	叶有龙 叶善怀	
49	叶建民	男	47	罗卜	1990 年	叶仁茂 叶继资	
50	叶俊英	女	32	金奴	1990 年	叶仁茂 叶继资	第六代
51	叶正初	男	32	二花	1990 年	叶仁茂 叶继资	
52	叶育林	男	30	刘氏	1990 年	叶仁茂 叶继资	
53	叶赛珍	女	30	刘氏	同上	同上	

序号	姓　名	性别	年龄	角色	从艺时间	师傅	备注
54	叶玉娟	女	29	尼姑	同上	同上	
55	叶建飞	男	27	罗卜	同上	同上	
56	叶永建	男	32	三花	同上	同上	
57	叶菊英	女	32	三花	同上	同上	
58	叶文宗	男	32	大花	同上	同上	
59	叶旺桥	男	32	净	同上	同上	第六代
60	叶养林	男	42	大花	同上	同上	
61	叶赛莲	女	30	金奴	同上	同上	
62	叶新初	男	31	益利	同上	同上	
63	叶爱英	女	31	刘氏	同上	同上	
64	叶夏珍	女	32	刘氏	同上	同上	
65	叶海芳	女	28	刘氏	同上	同上	
66	叶建初	男	35	罗卜	同上	同上	
67	叶养林	男	42	团长			
68	叶佛犬	男	67	副团长			
69	叶有龙	男	71	司鼓			演职员
70	叶有龙	男	71	打锣			
71	叶德兹	男	已故	笛子			
72	叶正初	男	29	唢呐			

73	叶德生	男	72	响板			演职员
74	叶有善	男	70	行头管理			
75	叶有龙	男	71	剧本管理			
76	叶有炽	男	78	戏文管理			
77	叶善照	男	70	戏服装制作			
78	叶达道	男	74	戏服装制作			

从以上调查摸底情况来看前期班社演员不尽详细,但马山目连戏班阵容相当强大每次培训都有一批人参加,有些角色有3—4名演员,而且是传承有序,老中青相结合,是目前徽州地方,甚至安徽省内保存和传承最好的目连戏班。

三、马山目连戏的剧本及演出

马山目连戏班,属祁门西路小地域文化范围,这个范围内有清溪、栗木、樵溪、环砂、历溪、渚口、文堂等古村落。在祁门,目连戏有"出在环砂,编在清溪,打在栗木"的说法,就是说目连戏故事以环砂为原型,由清溪人郑之珍编撰,栗木目连戏最早于明代天启年间搬上舞台的,而马山、历溪、樵溪等地目连戏班都是祁门县组班较早,名声较大的目连戏班。因此,这些村落的戏班均是以明代著名戏剧家郑之珍的《新编目连救母劝善戏文》为母本,进行演出或改编创作演出。马山目连戏班同样如此。该村今年79岁的叶有炽,保管有明代万历黄铤刻刊的郑之珍《新编目连救母劝善戏文》上中下3册。今年71岁的村民叶有龙,保管有清初期手抄《目连戏》剧本6册,由于年久原因其中《超生》一册遗失。马山村民将郑之珍《新编目连救母劝善戏文》称为"目连卷",而将手抄《目连戏》称为曲本。其实手抄本是以郑之珍原本为母本进行处理的用于演出的脚本,它并不是对原著进行忠实的传承,而是对原本实行了增减,更加贴近生活,适合演唱。

清代手抄本《目连戏》曲本有 5 本,分别是《施舍》、《罚恶》、《超生》、《梁五帝》、《西游记》。由此可见,马山的目连戏演出穿插了其它剧本剧情,丰富了郑之珍正宗的《新编目连救母劝善戏文》。

马山目连戏班演出情况没有现成的文字记载,特别是前期演出更是无从考证,后期的演出也只能是凭着老艺人们的回忆。据介绍,马山目连戏班先后到过石台县的六都、七都、占大、丁香,东至县的阳湖,祁门县的珠琳、环砂、张闪、罗村、历口及县城。现将了解的有关演出情况简述如下:

1、民国二十二年(1933)环砂演出:1999 年,本人在祁门环砂村进行文物调查时,在该村 66 岁的程必郊老人处发现了该村民国二十二年(1933 年)最后一次"打目连"的有关文书记载。这套文书较为齐全,有"编立合文"、"谨将善愿筹费简章"、"公推办事人员"、"环砂村合族告许目连祭文"、"告许三间大夫福主入祠祭文"、"告许三间大夫开戏祭文"、"演出场次安排"及村人为此次"打目连"而撰写的对联。其中场次安排的文书中有马山目连戏班的记载。

民国二十二年,岁在癸酉年十月初七起演目连戏至十一日止,做目连戏五夜;江西同乐班平台,目连戏马山。

初七日起戏,日间平台、迎神、招下八仙。

初八日半夜,日间平台。

初九日通宵,日间平台。

初十日半夜,日间平台。

十一日半夜,日间送水府尊神,日间平台。

十二日送戏因时局不好未受。

十三日读大孤,彰善禅恶。

可以看出,环砂村这次请的是两个戏班,一个是江西同乐班,一个是祁门县马山班。马山班演出的是正本目连,而江西同乐班演的是平台。两个戏班轮流演出,一个白天,一个晚上。马山班正本目连,有演半夜,有演通宵。[3]

2、渚口乡罗村叶氏宗祠"破台":1994 年应渚口乡罗村同宗叶氏邀请,戏班到该村为祖祠"破台"。原来是罗村祠堂做好后一直没有戏班"破台"。在徽州新做的戏台在演出之前,都要举行"破台"出煞的仪式,否则,祠堂内不能做红白喜事。破台时,由武净筛灵官,上场后挥剑舞蹈,撒盐米,烧冥钱,放烟火,以求地方平安,演出顺利。这次"破台"目连戏马山去了 30 多人,由叶养林为团长带队,演出剧目为《施舍》、《罚恶》二本目连戏,另外还演了部分京剧、黄梅戏,演出安排按老规矩,是白天平台,夜晚演目连。

3、历口传统剧目汇演:1956 年祁门县在历口区举办传统剧目汇演,马山目连戏班组队参加演出,演出剧目是传统目连戏《苦竹林》一场,经过广大观众与专家评比,马山目连戏班演出的《苦竹林》荣获传统剧目一等奖。

4、石台县丁香传戏:1957 年马山目连戏班派叶有龙等三人到石台丁香传戏,经过两个多月的排练,准备腊月演出,而且合同都订好了,后来国家搞整风,戏没有演成。

5、"戏曲民俗徽文化"国际学术研讨会彩排:为了发掘目连古戏,服务乡村旅游发展,在县文化部门支持下马山目连戏班 2002年 10 月开始排演目连戏,同时为了配合在黄山召开的"戏曲民俗徽文化"国际学术研讨会,12 月 11 日马山目连戏班在"叙伦堂"寝堂内进行了一场演出,安徽大学徽学研究中心主任朱万曙及祁门县文化局、黄山市电视台进行实地观摩采访。演出的剧目有《上寿》、《讲经》、《苦竹林》、《劫富》、《忆子》、《回家团聚》6场,参加演出的有叶建民演罗卜、叶祖纯演傅相、叶育林(男)演刘氏、叶新初演益利、叶俊英演金奴、叶玉娟演尼姑、叶文宗演大花、叶万桥演净。团长为叶养林,副团长为叶佛犬,锣鼓队有叶有龙、叶永茂、叶仁茂、叶祯习、叶善怀等。

四、马山目连戏班相关信息

1、马山目连戏班演出地点

马山目连戏班演出地点一般在"叙伦堂"、宗祠内进行。不搭台就在寝堂内进行,寝堂比享堂高不过一米,享堂的栅板是活动的,可以拆下,观众坐在享堂,就可以欣赏演出。如果搭台,台就搭在门厅及天井内,门厅的木柱上有隼槽、木杠一支,覆上台板便可,观看,也是坐在享堂欣赏,方向调了个。戏台布置,正面是块紫红大幕,两边是两块大青幕,正面贴有"乐善堂",左右两边分别贴的是"观音堂"和"灵官堂"。戏联要贴,檐彩要挂。但有一条,祠堂不跑猖,不做斋,不祭文,不起方幡旗。

如果祭祀,做斋,跑猖、起方幡旗那就要到村口狮形山下、印月池前的稻田里搭大台,在这里可以台上台下演,观众与演员可以融为一体。

无论演出地点在哪里,演戏前,村里要贴上"本村聚演,请诸神回避"的告示,以免犯冲。

2、马山目连戏班演出道具服装

目连戏道具大多数现做现用,以竹篾扎制,色纸糊面,多数纸面具都由老艺人叶善怀、叶德生两人制作,物廉价美,用后丢弃,主要有牛头、马面、纸箱等,其它道具如龙头拐杖、马鞭则就地取材,用本地竹木做成,如龙头拐杖是用深山中长满疙瘩的老藤做成。

188

其它桌凳是从村民家中搬用。

马山目连戏班的戏服保存也较有特色,由73岁的叶有善专门保管,有五大木箱,每年霉雨过后进行晾晒以免霉变。这些戏服有红黄蓝白黑"五袍"、"五靠"以及各种角色所用戏服和帽子等。更为特别的是这些戏服除少数购制外,绝大多数为村中老艺人所做的,这些服装是今年71岁的叶善照和已故的叶达道精心绣制的,那"八仙过海"图,"福禄寿"三星图无不精美绝仑,使人难以相信这些竟是出自两位山野村民之手。

3、目连戏伴奏

马山目连戏伴奏队由6人组成,分别是锣、鼓、仓、笛子、唢呐、响板,演出的主调是:咚—呛—咚—呛—咚咚呛,随着演出剧情的变化而变化。如《尼姑讲经》一折则用轻快的笛子伴奏。

4、叶有炽捐书

今年79岁的叶有炽一直从事教育工作,早年隐居马山。他是目连戏作者郑之珍家乡清溪的女婿,民国三十五年他到岳父家做客,在郑奇的老房子支祠楼上发现《新编目连救母劝善戏文》的木刻板,整齐地码放在木架上,刻板按戏文顺序排列有序,基本保存完好,油黑发亮。但唯独《思凡》一折戏文的刻板被虫蛀得特别厉害。他告诉我们,以前每打一届目连戏就要印十套书,以便大家排练。他家原来就有几本,多年来他陆续送给朋友了,剩下最后一套,他亲自捐献给祁门县博物馆收藏,为了奖励他这种行为,县博物馆给他颁发了收藏证书及奖金。目前,明万历黄铤刻《新编目连救母劝善戏文》全国现仅有上海博物馆、黄山博物馆(残)、祁门博物馆及栗木村等处收藏。

五、小结

综上所述,祁门县箬坑乡马山村由于交通闭塞,不受外来文化影响,使得目连戏这一古老的戏剧"活化石"得以较好的传承,成为徽州地方甚至皖南地区保存最为完好的目连戏班。

首先是戏班传承有序,迄今已传承到第六代,角色齐全,阵容强大,有些角色有三至四人,演员是老中青相结合,演员有男有女,至今,该戏班仍能演出全本的目连戏场次,特别是村中仍健在的几位70多岁的老艺人现在还活跃在戏曲舞台上,为目连戏这一古戏剧种传承做出较大的贡献。其次是剧本保存较好,马山班同时保存有两套剧本,一套郑之珍的《新编目连救母劝善戏文》万历黄链刻本,上中下三册,100出;一套清早期村中演目连戏的手抄本,除《超生》一本遗失外,其余如《施舍》、《罚恶》、《梁五帝》、《西游记》均保存完好,弥为珍贵。再次是马山村演出环境较协调,目前,马山村基本保留着古村落的风貌,老屋、古巷、宗祠、水口非常入画,民风纯朴,民俗悠久,进入马山有着一种"世外桃源"的感觉。但也正因为交通不便,经济欠发达,村民生活较为艰苦,长年外出打工人员较多,对目连戏的传承有一定冲击,加之目连戏唱腔古老,是人戏鬼戏相融,年轻人不愿学,一些老艺人无不担心,希望国家能采取措施,以保护这一戏剧"活化石"不失传。

注释:

[1] 叶兰芬:《石林叶氏宗谱》,光绪十六年。

[2]《目连戏研究文集》,252页,中国艺术研究院戏曲研究所、安徽省艺术研究所、安徽省祁门县人民政府,1988。

[3] 陈琪、张小平、章望南:《徽州古戏台》,125页,沈阳,辽宁人民出版社,2000。

190

● 章望南

安徽省祁门县博物馆

传统民间戏曲与徽派建筑装饰

明、清时期的徽州社会,戏曲艺术异彩纷呈,建筑装饰艺术承前启后,形成了鲜明的特色和风格。

由于徽派建筑蕴涵着徽州在唐宋之间崛起直至明清时期鼎盛的社会经济和文化形态,具有重要的历史、艺术、观赏和使用价值,为研究建筑历史及建筑设计、技艺提供了极其珍贵的实例。[1] 我们知道,任何一种建筑格式,包括风格形制、规制的形成,都不是单纯的工程技术手段方面的原因,而是有着一定的社会、人文因素在内,并与当时人们的生活愿望、宗教、文化活动紧密相关。建筑的特质及功能是被历史建构起来的,一个民族、一个地方的文化历史与文化现象都可以从他们的建筑物中反映出来。徽派建筑也是如此,在徽州(现为黄山市),除了现仍流传民间的各种民俗、戏曲表演外,在徽派传统建筑上,我们仍能看到这些民俗以及戏曲对建筑的影响,特别是在建筑装饰上,众多的木、砖、石三雕作品,都被安置在建筑立面的醒目部位,而作品的主题图案则大都采用各类历史戏曲故事等纹饰,有的甚至还采用长卷式的表现方法来展开戏曲故事情节。所有这一切都表达了古代徽州人们崇尚戏曲演艺活动的美好愿望和特有的审美观。让人在安居乐业的同时感到美的存在,也说明了徽派建筑不仅仅是简单地表现在它的构架和外观的造型上,同时还表现在它外在和内在的大小构件中渗透着诗情画意和雅兴逸致。

原因,主要是有三点:一是徽州地区历史悠久、文人云集,素质高雅,对宗教和戏曲的深层关系理解深刻。二是徽州地区多能工巧匠,雕工人才众多,技艺高超,有集砖、木、石雕于一体的建筑手工行业。三是徽州地区经济实力雄厚能承受这种高难度建筑构架的昂贵费用。

一、羽民·傩·装饰·古戏台·徽派建筑
装饰艺术的体现

《山海经·海外南经》记述东南有"羽民国"、"其为人长头,身生羽",晋代郭璞引《启筮》认为:"羽民之状,鸟喙赤目而白首。"浙江鄞县曾出土一件青铜钺,饰有"羽人划船纹",[2]头戴高大羽冠,努力竞渡。余杭等地良渚文化时期的墓中出土的玉器中,也都饰有羽冠神人兽面图象,而古徽州(新安)即属古越族区域,由此可认为:这里应属上古的"羽人"、"羽民"生息繁衍的区域,他们以鸟作为崇拜物的图腾,从衣冠到饰物,都以缀有羽毛的鸟形作为日常生活和祭祀场面的服饰造型,祭祀场面的服饰,强烈地体现"鸟"图腾,故祭祀舞蹈化妆的"羽民之状,鸟喙赤目而白首"就十分形象地说明了"羽民"的造型特点,白色的羽冠,尖尖的嘴巴,红色仿制的鸟目,由此三者组成塑形的鸟形面具,再加上一对仿制的翅膀,这就是《山海经》里所说的"羽民"。也说明了人类早就将装饰艺术融入了自己的生活中。此外,古越地区南阳出土的画像石,里面有不少似兽非兽、似鸟非鸟的"百戏"表演的塑形化妆的人物,为我们今天所能见到上古"羽民"的装饰特点提供了实物例证,正因为如此,"羽民"服饰得到传承,乃至影响到中国传统戏曲表演的服饰装扮。

在古徽州历史上,除了上述较为原始的属祭祀舞蹈妆饰外,演

192

出活动也可谓源远流长，《述异记》有如下记载："越俗。祭防风神，奏防风古乐，截竹长之三尺，吹之如嘷，三人披发而舞。""手之舞之，足之蹈之。"这种始于原始社会对图腾崇拜的"傩"，成形于商周。主要是驱除疫鬼。人们"用方相四人，戴冠及面具，黄金为四目，衣熊裘，执戈扬盾，口作傩傩之声，已除逐（疫）也"。[3]这种以"逐疫"、"驱邪"为主题的舞蹈，头上套有"黄金四目"、龇牙咧嘴、凶猛恶煞的面具，一直传承了几千年。之后为了娱神，就发展成了傩舞。随着傩舞简单的剧情之后，就进而发展成为傩戏。"傩"作为一种古老的带有宗教色彩的祭祀活动，一直在演化和变异着，它融合了徽州大地的传统文化和风俗民情。"自宋以来，徽州傩演出的内涵越来越大，祭祀范围也越来越广，由原来的驱除疫鬼的初衷，发展成包容驱邪扶正，祭祀祖先，祈福求安，祈祷丰收等众多的迎神赛会活动，娱乐的成份不断增加。"其妆饰大多仍保留原始风貌，古代傩戏，一般都戴面具进行表演。明清以来，徽州各地都有关于傩的记载，《祁门县志》记载："立春前一日，官长率属迎春东郊，造土牛觇厥色以卜水旱，听民扮戏相从。立春日，官长祀太岁，行鞭春祀，傩。"[4]又如《明嘉靖徽州府志》说："歙、休之民，于正月三月间，迎神赛会，……设俳优、狄鞮胡舞、假面之戏。""假面之戏"即是一种戴着假面具进行表演的傩舞。祁门县一组傩舞"盘古开天地"、"刘海戏金蟾"、"将军杀大地"，表演时有祖先传下的"魁星"、"凶星"、"西伊"等木制面具和布质服装。而绩溪的傩舞"跳五帝"，祁门傩舞的《游太阳》表演时已不戴面具，而只是用彩笔在脸上勾画，如同徽戏脸谱。傩的表演没有唱腔和戏白，只是锣鼓伴奏。[5]它所追求的完全是一种纯自然和原始野性的美。

　　爱美，是人的天性，由于人们对客观自然界和社会现实、人生、理想都有着自己的理解、看法，于是就需要运用一定的方式将它们

193

表露出来。戏曲表演无疑是一个最好的表现方法，它不仅可以借古喻今抒发人们的喜怒哀乐，而且可以将人们最美好的形象和对美的追求如实地展现出来。明代时人们就以靛染天鹅翎缀于红笠上，清代以孔雀尾垂之于冠后，至于过去和今天在古装戏的文官和武将的造型中，用雉尾、翎毛作为装饰更是屡见不鲜。随着乐舞艺术的演变，表演者在戏场的妆彩还会随之变化。在徽州人看来，戏曲还可以作为"竞尚奢丽"的资本，使人获得精神上的满足。如徽班在演出时，服装行头富丽堂皇，角色行当样样齐全，"讲究36网巾会面，10蟒10靠，8大红袍等，再配合载歌载舞的场面，气势恢弘，令人眼花缭乱，目不暇接。这种讲究排场，务求华丽的特点，反映了徽州人以奢华为贵的审美情趣。"[6]20世纪50年代末期，屯溪西郊发现的两座西周墓内，出土了两件"钟形五柱乐器"和一只铜鼎上所绘的"舞蹈图"。从这些器物上让人看到，当时在发展了经济基础的同时也丰富了人们的精神生活，"钟形五柱乐器"属管乐器，只为歌舞伴奏用的，"舞蹈图"上两人着薄衣长纱，挥舞水袖，轻盈起舞，并作回首对语状，如果当时歌舞不普及，工匠们恐怕也不会设计出这种形象的图案来。这类舞蹈图案在以后形成的徽派建筑装饰图案中也是经常出现。

歌德曾赞誉"建筑为凝固的音乐"，它可以像音乐那样唤起人们的美好情感，其本身即具有形体组合的和谐与韵律美，又同时具有可因体现技艺的创新性而产生的新奇美。[7]这里我们将要探讨的是徽州诸多文化中的精华——建筑装饰艺术。只要是了解徽州的人都知道，徽州古建筑中的砖、木、石三雕，在我国明、清建筑史上别具一格，饮誉海内，尤其是木雕，无论是材料的质地，还是技法的表现，其可塑性、装饰性都很强。在内容形式表现上完全是以生活为基础，面对着大自然和劳动生活以及文化娱乐来提取所熟悉的物象、题材，根据创作中的需要，加以变化，不拘手法的表达意象,以求达到完美的境界。它有别于绘画艺术,在技法上以刀代笔,立足于"雕"字。因此工匠们都具有浓厚的技艺功底。在装饰处理上,按美的需求对各种形象以丰富的想像力、创造力,进行提炼、夸张、修饰。充分利用制作条件及物质材料,表现出高度概括并美化了的构件,如将传统题材和生活题材中的戏曲人物故事、各种物象进行形象化,再用几何式的云纹、回纹或一串串细线挂铛连接。制作上精工细琢,雕花攒朵,富丽繁华,立体感强。它们还集中最优美的部分,根据不同需要,赋其美好的愿望和理想画面。并对画面形象作高度概括,特别是对戏剧、文学、民俗方面的题材。构图手法很象舞台布置,景、道具和人物活动,都有戏剧特写镜头之感。对人物和环境表现,手法简练,常使用象征和夸张的方法,突出重要部分。徽州木雕还善于把理想的事物和现实东西相结合,有的横额和窗栅上还雕刻着仕女饮宴,车马出行,舞乐图等,体态生动,绚丽多彩,使人感到趣味盎然,婀娜多态。

这里我们以徽州现存的古戏台建筑装饰为例,来说明民间戏曲艺术在徽派建筑装饰中的体现。据史料记载,明清时期徽州的民间演出活动异常繁荣,戏曲在徽州民间具有深厚的群众基础,徽人子弟在职业戏班中,从艺的甚多,如歙县街源镇习此艺者,比比皆是,向有"无街不成班"之说。凡大户人家门楼、窗槛、床楣,莫不饰以戏剧人物的雕刻。凡遇演戏,又"莫不扶老携幼,倾家乘兴往观,整夜不眠而乐此不倦"。万历歙县县令傅岩在《徽纪》中就说道"徽俗最喜搭台唱戏"。从祁门县一地迄今还保留着的 11 处古戏台上,就足以看出明清时期徽州民间演出活动的盛况,这些建筑的主体均为砖木梁架结构,装饰基本上是安排在戏台的立面造型上,从祁门县新安、闪里现存的"馀庆堂古戏台"、"会源堂古戏台"、"敦典堂古戏台"的雕刻及装饰我们可以看到:整个戏台立面布局严谨、造型优美。特别是"馀庆堂古戏台",其正立面上半部布有密檐斗拱,排列整齐,极为华丽美观。(有的戏台是连绵图纹漏窗)下半部是浮雕人物隔板,连接上下两半的中间横板,全雕刻着戏文故事,内容均出自《三国演义》。均系透、浮雕,场面之大、气势磅礴、造型精确,实为木雕艺术精品,体现了雕刻内容与徽州区域民情民俗、文化素养的吻合与统一。正额枋上雕刻的"福禄寿"图案,人物脸部神采奕奕,精工细镂,堪称为精品。月梁上雕刻有浮雕与镂空雕相结合的戏剧人物题材画面:背景是山石岗峦、竹林曲径,一山一石、一树一木皆层次分明,纤细逼真。画面人物长达半尺,却刻得毫发毕现,栩栩如生。"会源堂古戏台"、"敦典堂古戏台"的建筑装饰也是以戏曲人物题材为主,辅以才子佳人、民间传说和社会生活等画面。如人们喜闻乐见的"郭子仪祝寿"、"刘备招亲"、"八仙"、"和合二仙"、"三星高照"、"五福捧寿",或者是"三军听令"、"跃马横刀"等一幅幅鏖战沙场的画面。这些多半采用亮相式的造型。戏台斜撑的装饰,尤其是观戏楼的斜撑往往是采用圆雕技法,雕刻着单个如"福、禄、寿、八仙"以及"刘海戏金蟾"里面的人物形象,这些实用工艺,既起到支撑横梁、檐枋作用又以它亮相式的造型护卫在那里,给人以威严、庄重与豪华之感。在戏台的隔扇门窗中,多采用浮雕和线刻相结合的技法制成,隔扇的花心一扇一个图案,古拙多样,有圆形、半圆、菱形等;这类雕刻一般在动工之初,工匠们就已经将其整体化设计。总之,所有戏台无论梁枋、雀替、斜撑、格扇、栏板等醒目部位均雕刻或绘有精美的图案和纹饰,其中雕刻的图案姿态各异,有的达四五个层次,起伏跌宕,繁丽工整,非常富有立体感,给人一种浑厚的感觉。

二、徽州版画·剧本·建筑雕饰工匠

徽戏的演出,崛起于明代中叶,兴盛于清代,衰落于清末民初,这是一个历史的演变过程。与徽商有着千丝万缕的联系,徽商强大的经济实力,为徽戏的发展提供了必要的物质基础。徽商的审美情趣、道德情感直接影响着徽戏的思想内容和艺术风格。而徽商对徽州刻书业的产生与发展,以及对戏剧的传承起到了不可估量的作用。正由于徽州刻书业的发展,才推动了徽派建筑装饰风格的形成,也为徽派建筑的装饰艺术提供了技术上的保障。同徽戏的演出一样,"明代徽州刻书盛极一时,万历年间达到鼎盛"。"私家坊刻众若繁星,刻铺比比皆是"。"徽州刻书成为当时全国最具影响的一大派别,世称'徽版'"。"并以校勘精湛,刊刻精良著称,以插图业为特征"。[8]明万历以后,徽商积极介入出版行业,为了使自己的图书具有市场的竞争力,在图上大做文章,往往又不惜重金招聘名画家和名刻工绘刻图画,在印刷质量上下功夫,创造出多彩套印和"饾版"、"拱花"等一系列新的印刷技法,并一扫粗犷雄健之风,形成工整、精致的画风,格调新颖、式样翻新、丰富多彩,线条细如丝发,秀劲流畅,形象逼真活脱,版画清雅简洁,刀法细致入微,具有文人儒雅之气,特别是戏曲、小说插图,在技巧上都达到了非常高的水平,使徽派版画进入光辉灿烂的辉煌时期。

徽州版画的出现,无疑为戏曲剧本增添了丰富的文化内涵,大量的版画出现使得戏剧动作、舞台艺术、人物形象得以发扬光大,出版商往往为了迎合人们的思想和文化需求,尤其是那些反映当时市民生活和市民思想情感的戏曲、小说等通俗文学读物。郑振铎在《明代徽旅的版画》中说:"在这版画的世界里,是那么清丽,那么恬静,那么和平满足的生活。就是写争斗、写'殉散'的话剧,写死亡,描春态,却也还那么'温柔憨厚'的,一点'剑拔弩张'之气也没有。你在那里见到了'世纪末'的明人真正生活。他们气魄小,他们只知追求恬静安乐的生活;他们要的是雅致细巧的布置;他们爱的是小园林、假山、是陂地、是小盆景;他们表现娇小的女性,温柔的生涯,暖秀香的内室,出奇的窗饰和帐幕。他们一切是小,但是必求其精致,必求其完美。"[9]这便是徽商激烈竞争之余所追求的安祥与宁静,他们所追求的那种版画之意境。

剧本是戏曲活动的重要依据,是"正语之本,发雅之端"。(《中原音韵》序)"徽班所演的剧目极为丰富,据说有一千多部,内容十分庞杂。"因而所刊刻的剧本也繁多,这不但为徽戏的演出提供和积累了脚本,也使剧作家所作的剧本得以刊刻流传,从而促进戏剧活动的发展。如"汤显祖写的《牡丹亭还魂记》,最早刊行传世的是徽州的出版商,最早排演的也是徽班,剧本先后刊行有二部,一部称为《牡丹亭》,另一部称为《还魂记》。"[10]《牡丹亭》剧本问世不久,便由徽商虎石家班进行排演,以至后来许多徽班常演不衰。《新编目连救母劝善戏文》由明代祁门人郑之珍编著,叶宗泰校,万历十年(1582)新安高石山房刻印,分为上、中、下三卷,计100出。它不仅是一部大的文学作品,也是一本重要的徽州版画实物例证。更为难得的是《新编目连救母劝善戏文》至今木刻版一直保存完好,它对目连戏研究,对版本和徽州版画研究有着极为重要的价值。《新编目连救母劝善戏文》中的插图,上卷19幅,中卷有21幅,下卷有28幅,共计68幅,这些木刻插图按内容需要或大或小,有对幅,有半幅,刀法有力,人物刻画生动,与内容密切呼应,图文构成和谐统一,版本学家李致忠先生对它的评价很高:"万历十年(1582)黄铤刊印《新编目连救母劝善戏文》插图,其笔致章法尚属豪放有力。"此外,还有《阳春奏》、《琵琶记》、《北西厢》等剧本,也都由徽州人刊刻得以流传。赵万里先生指出:15世纪初叶,徽派版画兴起,直到17世纪中,徽派版画独步一时,徽籍刻工在徽州、杭州、吴兴、苏州等地刻版的木刻画,特别是戏曲小说的插图具有高度的艺术造诣和独特的时代风格,徽派人才之多,水平之高,影响之大,是其他派别无法比较的。

在这种文化氛围和工匠们高超技法强有力的保证下,徽派建筑装饰艺术得到了空前的发展,一些富裕家庭不但在建筑物上奢丽穷工,而且在家庭用具上也精雕细镂,一时间装饰风气遍及城乡。有些版画刻工在雕刻书版的同时,也雕刻建筑构件或家具,培养建筑雕刻人才,他们把画家笔法上的各种技巧化成自己的技艺,准确无误地雕刻在木板上而不失画的本意。当然,其中也不乏有"雕虫小技"者,这些人大多是土生土长的农民或雕刻爱好者,他们忙时务农,闲时做工,所雕刻的作品,能够反映出当地人们的生活环境、风俗习惯,以及雕刻者的感受、爱憎、愿望和审美观念,散发着强烈的地方特色和浓郁的乡土气息,这些作品在美化人们生活,体现劳动人民艺术才能方面,起到了积极作用,也丰富了我国民间艺术宝库。由于史料上缺少对工匠的记载,目前尚无法得知明清时期徽州建筑雕刻工匠的详细数字,但是我们仍能从徽州刻书业资料中看出当时雕刻工匠的规模。有关资料显示:明代徽州刻书和版画艺术是以歙县的仇氏黄氏两个民间刻书集团为代表的,明中叶以后,黄氏一族异军突起,雕印和版画艺术达到了高峰,仅歙县黄氏刻工所刻图书就达 300 余种,刻工 300 余人,其中,刻版插图的约 100 余人。著名的有黄应泰、黄应济、黄麟、黄应澄、黄应祖、黄瑞甫等 30 余人。正如郑振铎先生所说"歙县虬村黄氏诸名手所刻版画盛行于明万历至清乾隆初,时人有刻,必请歙工。"可见当时黄氏刻工名手如云,群星璀璨。

三、徽派传统建筑装饰·戏曲造型艺术

同我国大多数地区一样,徽派传统建筑基本上采用的是梁柱结构方式,由于早期人们对于木材材料的性能与建筑建造技术认识的限制,因而使得这种梁柱建筑本身所能构成的体量十分有限,且建筑物多是单体,围护的内部空间也很有限,因此,这个时期极少用矫饰的形式组合与雕绘繁饰的立面组合,只是在空间的展开

上做文章。入明时，人们逐步认识到建筑装饰和造型的重要性，开始把建筑构件的功能因素与装饰、造型因素巧妙地结合在一起，利用木构架的组合与各构件的形状及材料本身的质感来进行艺术加工，这种艺术加工往往使整座建筑物呈现出雕饰缤纷、色彩柔和的特色，这种建筑特色在徽州现存的古戏台建筑上表现得淋漓尽致，而相对于一般徽派民间建筑来说，造型及装饰上还是趋向于明快、端庄、简洁。

从史料上来看，"徽州'三雕'源于汉、唐，始于宋、元，而兴于明清"。今天的徽州，宋、元时代"三雕"早已难得一见，保留下来的则是大量的明清乃至民国时期的作品，从这些现存作品来看，我们大致能够梳理出这样一个顺序，徽派建筑装饰经历了一个由"简"到"繁"，由"繁"到"简"这样一个过程。明代的"简"与清晚期至民国时期的"简"有着本质的区别，即明代的建筑装饰构图比较简单，绝少透视比例，但已有从浅浮雕向半浮雕、高浮雕发展的趋势，善于借用线条来增强表现力，富有写意情调和装饰趣味，风格表现为沉郁奔放，粗犷苍劲，古朴雅拙。有少量的戏曲历史故事作为装饰图案出现，而到了清初，尤其是清中期，由于徽商的崛起，竞相攀比之风盛行，许多富豪在"衣锦还乡"之后，为了"光宗耀祖"，大造宏宅华屋、秀楼丽园，蓄养戏班优伶，一时间民间能工巧匠纷纷献艺。加上受徽州版画、徽州戏曲、徽州盆景造型等文化的影响，使得艺术工匠比较注意构图变化、透视效果和戏曲人物亮相式的造型，内容表现上也注意了整体性和情节性，技法上则实行多样化，高浮雕、透雕、层雕和镂空雕已广为运用。章法上吸取了版画、园林建筑、民间戏曲等手法，布局上采用立轴、横幅、手卷、扇面、屏风等样式，而到了清晚期至民国期间，由于时局动荡，人们生活不得安宁，因而作品显得松散沉闷，刀法粗糙，这也是与明代建筑装饰及造型上的根本区别之一。

如果我们从戏曲艺术造型的角度上来分析建筑装饰艺术造型的话，还可以发现出它们的不同点和共同点。戏曲是通过表演的形式及艺术造型来表现现实生活，其故事情节及时间的跨度往往很大，难度也很高，尽管作者已将故事的情节予以浓缩，但演出的时间仍需要持续数小时以上，而在这有限的时间内，必须完成和交代故事的主要情节，这就需要一些程式化的亮相艺术造型，以使观众加深印象。戏曲又是一种时间与空间相结合的艺术，一场戏演完以后，对观众的视觉、听觉作用也随之消失。而建筑装饰的艺术造型则由于其受到建筑构件所在位置的限制和绝对的静止性，需要艺术工匠经过对所要表现对象的高度洗炼、选择，进行艺术形象概括，完成永久性静止的艺术造型画面。它和戏曲艺术造型相同之处，就是不囿于生活表象的真实，而是以貌取神，通过虚拟的手法对生活原形进行选择、提炼、夸张和变形，从而完成艺术创造的目的。此外，在戏曲艺术造型上完全是凭演员的表演来显现，演员通过唱词、身段、舞蹈动作来指明或暗示出剧情的时间、地点及周围的环境，实现二度创作。建筑装饰艺术造型则是由主人的审美情趣、审美心理、审美追求、生活爱好以及对表现对象的感知，通过艺术工匠们的技法在所着物上来实现二度创作。戏曲以歌舞演故事，因此就其表演手段的组成来看，它既有音乐舞蹈与内在节奏，又具有故事情节逐步展开的戏剧化色彩。建筑则是以辅助纹饰来衬托主题纹饰，在主题纹饰中往往通过层层有序排列，形成节奏感。无论是建筑装饰艺术造型还是戏曲艺术造型，归根结底，一切都是为了刻画和表现对象，如人物的喜怒哀乐，感情变化要表现出来，如果说戏曲表演上人是艺术造型的指归，那么建筑装饰上，世间万象均是艺术造型的指归，因此，从本质上讲，它们都是一种造型和写意的艺术，这在美学特征上与中国传统艺术也是一脉相通的，即求空灵而力避笃实。

值得一提的是：戏曲的许多身段，工架和武打都富于舞蹈美与造型美，而徽派建筑装饰艺术，尤其是在木雕的图案表现中与其有着密切的渊源关系。木雕图案中所表现的刀枪人马定型化的造型，就是吸取戏曲中的许多武打动作演变而来。虽然我国很早就有专门的工架和武打表演，并达到很高的水平，但这些在人们的眼中始终不过是"耍杂的"，从来没有进入艺术范畴，只有当戏曲把它们吸收到自己的表演中来，把真正的功夫变成歌舞形式的表演，使它舞蹈化，工架和武打才被人们承认为艺术，从而为上流社会所接受，之后又被引入到建筑装饰艺术造型上来。

四、传统民间戏曲演出·徽派传统建筑断代

尽管明清徽州地区的演出十分频繁活跃。但由于缺乏这种演出活动的形象记录，今天我们要推断数百年前徽州演出活动无疑是困难的。但我们从现存古戏台上当年戏班们信手写来的题壁为我们留下了宝贵的文字资料，为我们研究徽州戏剧的演出以及部分建筑的断代提供了直接可靠的依据。

这些题壁或多或少记载着时间、戏班、角色、剧目、管理、场次等等一些内容。在祁门珠琳村馀庆堂古戏台就留有这样一些题壁。[11]（以下按实抄录，其中错字、别字未作改动）"光绪十年十月二十日进门乐也，新同广班"，"光绪二十五年九月初三日□□也，黄邑同光班，□□松箱，夜丑□本《赶子图》"，"光绪二十六年栗里复兴班又二十二日到（此）乐也，目连戏彩班□合旺新同兴"，"光绪二十九年□望月进门，《天泉配》"，"合义班民国七年"，"秋浦郑同福班，民国十六年小阳月进门，《解宝》、《逼生》、《看女》、《十八扯》，夜《芦口河》、《黄鹤楼》、《长河打刀》，十一日《乾坤带》、二十六日《跑城》、《走广》，夜《青宫册》、《章台》、《三司》、《开店》"，"安徽省望江县新坝四门业余黄梅戏剧团捌伍年新正月二十六在

202

此演出"。

祁门洪家敦化堂古戏台有"建邑乐善堂,民国二十年十月初五日到此一乐也,汪加土箱主北脚、陈荣章正生、常玉璋小生、汪焰宽□□、毕成桃小丑、江月明正旦、汪加文花旦、范五台闺门、祝四美□、汪小老管帐、檀得安皱板、小胡管衣箱。初五,日川戏一本,夜《告京臣》上下本;初六,日《双合镜》一部,夜《白扇》上下本;初七,日《□□□》全本,《大辞店》,夜川戏一本,《闹花灯》、《□□□》;初八,日川戏一本,夜《血□□》全本"。

祁门坑口村会源堂古戏台四周的墙壁上,戏班题写的题壁是数不胜数,一些密密麻麻的题壁随着岁月的流逝,已剥落得不复辨认。但我们还是按顺序抄下了一些题壁来。"咸丰三年四月二十二日,德庆班《大辞店》,二十八日《送姑娘看灯》、《二堂罚戏》、《莲子卖身》、《会兄》、《三家店》","同治十二年彩庆班到此","同治二十年九月十九日,祁栗里班到此一乐也","光绪二年闰五月初八日鄱邑老双红班,至此乐也,进门,《天仙配》、《罗裙记》、《打莲蓬》、《战马超》、《劝细姑》、《蓝桥会》、《卖长女》、《父子会》、《□□□》、《□□□》、《两□□》、《孝义坊》、《会□》、《辞店》、《装疯》、《别妻》","光绪五年五月十二日,四喜班进门,《纷河雁》,潜邑,宋桂珍","光绪五年九月初二长春班到此一乐,开台,《天河配》、《战马超》、《寻□□》","光绪六年九日彩广班到此……","老汉口新同春班,光绪廿五年九月十九日、老权邱永庭、谢焕、邱正保","乙丑年杏日朔日,江西同乐班到此一乐,主人江少宾","喜庆班,五月十二日到此一乐,十二日夜《珍珠塔》,十三日《马金记》,夜《长□记》,十四日《罗裙记》、《西厢记》","丙辰年二月二十一日,春一班","辛丑三年五月二十三日鄱邑,□□《天仙配》、《李广摧员》、《空城计》、《三司大审》、《太白风》、《□□□》、《逼主》,二十四日《罗裙记》、《起舞》,二十五日《文王上□》、《太白登

203

仙》、《大战长沙》、《鲁纲夺母》、《英台登坟》、《白玉带》、《藏相王》、《火棍》、《打棍片箱》，二十六日《梦里□□》、《花园得子》、《和尚跑楼》、《九龙骨》、《李七管庆》、《辕门射戟》"，"江西景德镇市采茶剧团特约到此演出 1962 年 10 月 10 日"。

　　本文罗列以上三个古戏台的演出题壁，目的是想让人们通过对古戏台上演的剧目以及了解戏班的同时，将演出时间进行排比分析，想说明辅助性资料对建筑断代的作用及重要性问题，当然，这个例子只是针对演出场所而言。建筑断代，并非象上述例子那么简单，它需要鉴定者具备丰富的经验，熟知对象的时代特征、风格、做法等其它特点，从而才能对建筑断代作出准确的判断。然而，除了通常使用的鉴定方法外，对于一般徽派民居，我们还是完全可以通过建筑上戏文图案的研究，来对建筑的年代予以鉴别的，这种鉴别方式被称之为"辅助性鉴定"。这是因为，民间戏文图案被徽派建筑装饰运用后，其本身就已经在建筑的年代上打下了时代的烙印。一部戏剧作品的出现和流传，具有一定的社会历史背景，与作者所处的社会、环境、伦理道德密切相关。例如汪道昆嘉靖三十七年任襄阳知府，三十九年创作了《大雅堂乐府》；又如吴兆，万历年间写了《白练裙》杂剧嘲讽金陵名妓马湘兰；汪楫曾经担任过福建布政使，康熙年间创作了《补天石》传奇。此外还有王景、程士廉、曹应钟、戴思望等大批本土作者和外地作者的大量作品，这就需要我们详细了解他们的作品情况，包括作品时间以及作品内容在建筑装饰构件上的运用，找出它的典型特征，从而为建筑年代鉴别提供断代依据。这也是我们今后需要进一步深入了解戏曲对建筑断代作用的重要途径之一。

注释：

　　[1]姚邦藻主编：《徽州学概论》，第 322 页，中国社会科学出版社，2000。

[2]谢涌涛、高军:《绍兴古戏台》,第7页,上海社会科学院出版社,2000。

[3]段安节:《乐府杂录·驱傩》。

[4]转引瞿屯建:《明清时期徽州戏剧活动述略》,黄山书社。

[5]姚邦藻主编:《徽州学概论》,第276页,中国社会科学出版社,2000。

[6]姚邦藻主编:《徽州学概论》,第271页,中国社会科学出版社,2000。

[7]转引姚邦藻主编:《徽州学概论》,第322页,A.A别利亚耶夫等主编:《美学辞典》,中国社会科学出版社,2000。

[8]姚邦藻主编:《徽州学概论》,第384页,中国社会科学出版社,2000。

[9]瞿屯建:《徽派版画的兴起与发展》,《98'国际徽学学术讨论会论文集》第583页,安徽大学出版社,2000。

[10]姚邦藻主编:《徽州学概论》,第280-281页,中国社会科学出版社,2000。

[11]陈琪、张小平、章望南:《徽州古戏台》,辽宁人民出版社,2000。

●俞为民

南京大学中文系

青阳腔与俚歌北曲的融合

　　青阳腔是南戏四大唱腔中的余姚腔、弋阳腔流传到安徽池州、青阳等地后形成的一种唱腔,在演唱形式上,青阳腔发展了余姚腔、弋阳腔的滚唱,在曲文中所插入的滚唱不仅篇幅增加,而且与曲文完全融为一体。青阳腔曲体上的这一变异,正是在与俚歌北曲交流与融合后形成的。

　　我国的戏曲形成于宋元时期,先是在北宋中叶,南方的温州一带产生了南曲戏文(简称南戏),不久,在金末元初,北方的大都(今北京)、平阳(今山西临汾)等地也产生了北曲杂剧。当时由于南北政治、军事势力的对立,南戏与北曲杂剧之间没有发生联系与交流,两者一南一北,各自以自己的方式发展与流传。到了元朝灭掉南宋后,原来活动在大都一带的北曲作家也纷纷随着元朝政治与军事势力的南下来到了南方,如元曲四大家中的关汉卿、马致远、白朴、郑光祖都在元朝统一全国后来到杭州。北曲作家的南下,也就把北曲带到了南方。如明代徐渭在《南词叙录》中指出:"元初,北方杂剧流入南徽,一时靡然向风,宋词遂绝,而南戏亦衰。"

　　随着北曲的南移,南北两种不同的曲调与戏曲形式得到了交流。在南北曲交流的过程中,既有作家的交流,又有艺人的交流。南北曲作家的交流,也就使得南北曲在文体上出现了交流,如当时

206

产生了南北曲合套这种新的曲调联套形式,即一支北(南)曲与一支南(北)曲相间排列,或在一套南(北)曲中插入几支北(南)曲。在现存的南北曲合套中,以元代杜仁杰的北南合套【北商调·集贤宾】《七夕》为最早,其曲调组合如下:

> 【北商调·集贤宾】(支思)—【南集贤宾】(支思)—【北凤鸾吟】(支思)—【南斗双鸡】(支思)—【北节节高】(支思)—【南耍鲍老】(支思)—【北四门子】(支思)—【南尾声】(支思)

另外,王实甫、贯云石、郑光祖等北曲作家也都作有南北合套曲。

在剧曲中,最早运用南北曲合套的是《永乐大典戏文三种》之一的《宦门子弟错立身》,该剧第十二出所用的即为南北合套曲:

> 【北越调·斗鹌鹑】—【北紫花儿序】—【南四国朝】—【南驻云飞】—【前腔】—【前腔】—【前腔】—【北金蕉叶】—【北鬼三台】—【北调笑令】—【北圣药王】—【北麻郎儿】—【幺篇】—【北天净沙】—【北尾声】

另《小孙屠》第九出也用了一套南北合套曲:

> 【北新水令】(齐微)—【南风入松】(齐微)—【北折桂令】(齐微)—【南风入松】(齐微)—【北水仙子】(齐微)—【南犯衮】(齐微)—【北雁儿落】(齐微)—【南风入松】(齐微)—【北得胜令】(齐微)—【南风入松】(齐微)。

在南北曲作家之间交流的同时,南北曲的演唱者之间也产生了交流,而通过演唱者之间的交流,也使得南北曲在演唱方式上出现了交流,即出现了南北调合腔的演唱形式。据元钟嗣成《录鬼簿》(曹栋亭刊本)记载,这种新的演唱形式是由杭州人沈和创立的,曰:"和,字和甫,杭州人。能词翰,善谈谑。天性风流,兼明音律。以南北调合腔,自和甫始。"所谓"南北调合腔",也就是在采用南北曲合套这种联套形式时,全套曲既可以用南曲的唱腔演唱,也可以用北曲的唱腔演唱。以前一般都认为沈和创立的只是文体上的南北曲合套,如果仅是指文体上的合套的话,并不始自沈和,早在沈和以前的杜仁杰、关汉卿等早期的元曲作家就已经有南北合套之作了。因此,"南北曲合套"与"南北调合腔"不是同一个概念,两者虽有联系,但其具体指义不同,一是就曲之文体而言,一是就曲之乐体而言的。

南北曲合套与南北调合腔的产生,这说明在元代统一全国,北曲南移后,南北曲之间产生了交流,而这一交流,是全方位的,即无论是在文体上,还是在乐体上,都与南曲产生了交流。

元代北曲有乐府北曲与俚歌北曲之分,如元周德清《中原音韵》曰:"有文章者曰乐府,无文饰者谓之俚歌,不可与乐府共论也。"元芝庵《唱论》也云:"成文章曰乐府,有尾声名套数,时行小令唤叶儿。套数当有乐府气味,乐府不可似套数。"芝庵所谓的"套数",也是指无文饰的俚歌套数,故谓"乐府不可似套数"。乐府北曲与俚歌北曲除了有无文饰之别外,在演唱方式上也有着很大的区别,乐府北曲采用的是依字传腔的方式演唱的,如周德清在《中原音韵·后序》中说到当时与友人琐非复初一起听歌妓演唱乐府北曲的情形时说:

> 泰定甲子秋,予既作《中原音韵》并《起例》以遗青原萧存存,未几,访西域友人琐非复初——读书是邦——同志罗宗信见饷,携东山之妓,开北海之樽,英才若云,文笔如絮。复初举杯,讴者歌乐府【四块玉】,至"彩扇歌,青楼饮",宗信止其音而谓予曰:"'彩'字对'青'字,而歌'青'字为'晴'。吾揣其音,此字合用平声,必欲扬其音,而'青'字乃抑之,非也。畴昔尝闻萧存存言,君所著《中原音韵》,乃正语作词之法,以别阴、阳字义,其斯之谓

欤？细详其调,非歌者之责也。"予因大笑,越其席,捋其须而言曰:"信哉,吉之多士,而君又士之俊者也！尝游江海,歌台舞榭,观其称豪杰者,非富即贵耳,然能正其语之差,顾其曲之误,而以才动之之者,鲜矣哉！

又冯子振【黑漆弩】曲前序云:

白无咎有【鹦鹉曲】云:"侬家鹦鹉洲边住……。"余壬寅岁留上京,有北京伶妇御园秀之属相从风雪中,恨此曲无续之者。且谓前后多炙士大夫,拘于韵度,如第一个"父"字便难下语。又"甚也有安排我处","甚"字必须去声字,"我"字必须上声字,音律始谐,不然不可歌。此一节又难下语。诸公举酒,索余和之,以汴、吴、上都、天京风景试续之。

从周德清与冯子振的记载中可见,当时歌者在演唱乐府北曲时,去声字有去声字的旋律,上声字有上声字的旋律,字声须与音律相谐,即依字声定腔。而俚歌北曲因是随着弦乐器的伴奏,用近于说话的节奏与旋律来演唱,其所唱曲调的旋律有很大的随意性,故不必严分字声,所唱之字与其字声也不必相合,如明沈宠绥《度曲须知·弦索题评》谓民间艺人在演唱俚歌北曲时,只顾"口中裹娜,指下圆熟,固令听者色飞,然未免巧于弹头,而或疏于字面,如'碧云天'曲中'状元'之'状'字,与'望蒲东'曲中'侍妾'之'侍'字,'梵王宫'曲中'金磬'之'磬'字,及'多愁多病'之'病'字,'晚风寒峭'曲中'花枝低亚'之'亚'字,本皆去声,反以上声收之。此等讹音,未遑枚举"。

在节奏上,乐府北曲与俚歌北曲也有很大的不同。乐府北曲板位固定,"其力在板",故句式相对稳定,不能多加衬字,字少声多,节奏舒缓。如周德清提出,乐府之语,不仅"要耸观,又耸听,格调高",而且还要"音律好,衬字无,平仄稳"。元芝庵在《唱论》

中也指出,唱乐府不能添加衬字,如曰:

> 凡添字节病:则他,兀那,是他家,俺子道,我不见,兀
> 的,不呢;一条了,唇撒了,一片了,团圞了,破孩了,茄子
> 了。

所谓"添字节",也就是后世曲律家们所说的"衬字"。

俚歌北曲则依伴奏的弦乐而定,无固定的板位,即所谓的"随心令"。由于板位不固定,故句式不定,可以多加衬字,字多声少,节奏急促。如明沈宠绥在《度曲须知·弦索题评》中谓艺人在演唱"弦索调"即俚歌北曲时,"烦弦促调,往往不及收音,早已过字交腔,所谓完好字面,十鲜二三"。同一支曲调,可以增加或减少句子与字数。如同是【后庭花】曲,在《墙头马上》、《勘头巾》、《还牢末》、《柳毅传书》、《后庭花》五剧中其句子与字数差异很大,如:

1、《墙头马上》第一折:

> 【后庭花】休道是转星眸上下窥,恨不的倚香腮左右偎。
> 便锦被翻红浪,罗裙作地席。既待要暗偷期,咱先有意,爱别
> 人可舍了自己。(7句)

2、《勘头巾》第三折:

> 【后庭花】待推来怎地推,不招承等甚的?当日个指望待
> 同偕老,今日被意中人连累你。你两个待做夫妻,怎当的官司
> 临逼?阻鸾凤两下飞,跪佳人在这里,枷奸夫在那壁。(9句)

3、《还牢末》第一折:

> 【后庭花】告你个掌王法的党太尉,告你个葫芦提的包待
> 制。哎,你个有丈夫的萧行首,天也送了我的匾金环柳盗跖。
> 一杖起一层皮,畅好是腕头着力。可正官不威牙爪威,直恁般
> 有气势?打到有五六十,你休学俺做小的。将普天下小妇每
> 拘刷来,一搭里砧刀上剁做肉泥,大锅里熬做汁。(13句)

4、《柳毅传书》第三折:

210

【后庭花】俺满口儿要结姻,他舒心儿不勘婚,信口儿无回话,划的偷晴儿横觑人。我这里两眉攒,他则待暗传芳信。对面的辞了亲,就儿里相逗引。俺叔父敢则嗔,那其间怎的忍!吼一声风力紧,吐半天烟雾昏。轻喝处摄了你魂,但抹着可更分了你身。你见他狠不狠,他从来恩不恩。(16句)

5、《后庭花》第一折:

【后庭花】俺浑家心意真,您母子性命存。那壁厢欢喜杀三贞妇,这壁厢镶铎杀五脏神,你可也莫因循。天色儿初更时分,你今宵怎睡稳?俺夫妻同议论,敢教你免祸衅。等来朝到早晨,快离了此郡门。向他州寻远亲,往乡中投近邻,向山中影占身。但有日逢帝恩,却离了一庶民。小娘子为县君,老婆婆做太郡。食珍羞卧锦裀,列金钗使数人,似这般有福运。

(21句)

以上这五支曲文,每曲的句格及每句的字数都有很大的差异,可见俚歌北曲的曲调其句子、字数是不固定的。

而俚歌北曲的这种演唱形式及其曲体特征,正与南戏中的余姚腔、弋阳腔的演唱形式及其曲体特征相似。在早期余姚腔、弋阳腔的曲体中,具有滚唱的形式,所谓滚唱,就是在曲文中间插入若干五、七言的诗句,用流水板急唱。其所插入的滚唱句子多少不限,文字通俗易懂,从内容上来看,或是对原曲文的引申,或是对原曲文的解释。对于余姚腔、弋阳腔的滚唱形式及其演唱风格,明清人多有论述,如明卢楠《想当然》传奇卷首茧室主人《成书杂记》云:

俚词肤曲,因场上杂白混唱,犹谓以曲代言,老余姚虽有德色,不足齿也。

明王骥德《曲律·论腔调》载:

数十年来,又有弋阳、义乌、青阳、徽州、乐平诸腔之出。今则石台、太平梨园几遍天下,苏州不能与角什之二三。其声淫哇妖靡,不分调名,亦无板眼;又有错出其间,流而为"两头蛮"者,皆郑声之最。

又《曲律·论板眼》云:

今至弋阳、太平之滚唱,而谓之流水板,此又拍板之大厄也。

明袁宏道《评玉茗堂传奇》也云:

词家最忌弋阳诸本,俗所云"过江曲子"是也。

清李渔《闲情偶寄·词曲部·音律》也云:

弋阳、四平等腔,字多音少,一泄而尽;又有一人启口,数人接腔者,名为一人实出众口。

清若耶老徐冶公在李渔评阅鉴定的《香草吟》传奇《纲目》出上批云:

作者惟恐误入俗伶喉吻,遂坠恶劫,故以"请奏吴歈"四字先之。殊不知是编惜墨如金,曲皆音多字少。若急板滚唱,顷刻立尽。与宜黄诸腔不大相合,吾知免夫。

由于余姚腔与弋阳腔的这种滚唱形式,与俚歌北曲字多腔少、烦弦促调的演唱方式相同,因此,当俚歌北曲南移后,便与余姚腔与弋阳腔产生了交流与融合。

余姚腔、弋阳腔与俚歌北曲合流后,所唱的曲体出现了新的变异,具有了俚歌北曲的曲体特征,原来插入曲文中的滚唱不仅篇幅增加,而且其功用发生了变化。而这一特征,在由余姚腔和弋阳腔派生出来的青阳腔的曲体得到最明显的体现。

青阳是余姚腔与弋阳腔的流传范围,如明徐渭《南词叙录》载:"今唱家称弋阳腔,则出于江西,两京、湖南、闽、广用之;称余姚腔者,出于会稽,常、润、池、太、扬、徐用之。"魏良辅《南词引正》

也云："腔有数样，纷纭不类。各方风气所限，有昆山、海盐、余姚、杭州、弋阳。自徽州、江西、福建俱作弋阳腔，永乐间，云贵二省皆有作之。"

青阳腔先是由余姚腔流传到安徽池州、青阳一带后，与当地的方言土语结合而形成的，后又受到弋阳腔的影响，如明汤显祖《宜黄县戏神清源师庙记》中称："至嘉靖而弋阳调绝，变为乐平、为徽青阳。"正因为如此，在它的演唱形式和曲体上，都体现了后期的余姚腔、弋阳腔即与俚歌北曲融合后的一些特征。如在早期余姚腔、弋阳腔的曲体中，具有滚唱的形式，当时这种滚唱是插在曲文中间，是用来解释曲文的，所插入的滚唱并不影响原曲曲体的完整性，即没有改变原曲的句式。而青阳腔的滚唱不仅篇幅增加，而且运用更为灵活，既可插在曲文中间，又可单独运用。插在曲文中间的滚唱，从其功能上来看，已不再仅仅是对原曲文的解释，而是与曲文完全融为一体，即成为曲调的组成部分，这便是与俚歌北曲合流后所形成的曲体特征。现将明万历年间黄文华选辑的《新锲精选古今乐府滚调新词玉树英》所选收的《琵琶记·牛氏诘问幽情》及青阳腔《琵琶记·蔡伯喈思乡》出中的【江头金桂】曲与元本《琵琶记》第23出的【江头金桂】曲作一比较：

元本《琵琶记》	《乐府玉树英》	青阳腔《琵琶记》[1]
【江头金桂】（贴唱）我怪得你终朝嗠喑，我只道你缘何愁闷深？教咱猜着哑谜，为你沉吟，那筹儿没处寻。	【江头金桂】（旦唱）怪得你终朝嚞嚞，只道你缘何愁闷深？教咱猜着哑谜，为你沉吟，况那筹儿没处寻。	【江头金桂】（旦唱）怪得你终朝哑闷，缘何愁闷深？教奴家惯猜哑谜，为何沉吟你还瞒奴作甚？相公瞒奴太无良，家中撇下老爹娘。久闻陈留遭荒旱，

元本《琵琶记》	《乐府玉树英》	青阳腔《琵琶记》
我和你共枕同衾,你瞒我则甚?你自撇下爹娘媳妇,屡换光阴,他那里须怨着你没音信。笑伊家短行,无情忒甚!到如今,兀自道且说三分话,未可全抛一片心。【前腔】(生唱)非是我声吞气忍,只为你爹行势逼临。怕他知我要归去,将人厮禁,要说又将口噤。我待解朝簪,再图乡任。他不隄防着我,须遣我到家林,双双两个归昼锦。苦!双亲老景,存亡不审。只怕雁杳鱼沉。	我和你共枕同衾,瞒我则甚?你自撇下爹娘媳妇,屡换光阴。【滚】瞒我太无良,家中撇下老爹娘。久闻陈留遭水旱,如何捱得这饥荒?你自撇下爹娘媳妇,屡换光阴。你在此朝朝饮宴,夜夜笙歌;他那里倚门悬望,不见儿归须埋怨没信音。(白)自古道养儿待老,积谷防饥。莫道公婆姐姐,就是旁人见你不回呵(唱)没信音。笑伊家短行(重),无情忒甚!	亏他捱过这饥荒。撇下公婆姐,屡换光阴。你在此朝朝饮宴,夜夜笙歌;他那里倚门悬望,不见儿归须埋怨没有信。(白)自古道养儿待老,积谷防饥。莫说公婆姐姐,就是旁人见你不回呵,(唱)没信音。笑伊家短行(重),瞒奴太甚!相公家原有公婆姐姐,一进府来,就该对奴家说明,待我禀告爹尊,差人接他到此,同享荣华,才是为子道理。妾身几番问你,你又不说,妾身不问,你在背地沉吟,忍气吞声,半吞半吐说不明。相公,亏你瞒我到如今。说什么夫妻且说三分话,未可全抛一片心。

214

元本《琵琶记》	《乐府玉树英》	青阳腔《琵琶记》
又不是烽火连三月，真个家书抵万金。	到于今夫妻且说三分话，未可全抛一片心。欲待要解下朝簪，再图乡郡。你令尊呵他不隄防着我，须遣我到家庭，我和你双双两个归昼锦。我双亲老景（尾）他那里存亡未年。只怕雁杳鱼沉。又不是烽火连三月，真个家书抵万金。（重）	

　　由于与俚歌北曲合流后，青阳腔插入曲文中的滚唱在内容上与原曲文浑然一体，故若仅从文体上看，是很难将原曲调的句式与

滚唱区分的,而这一特征,正与俚歌北曲的曲体相同,故与俚歌北曲合流后的青阳腔,在曲体上,与俚歌北曲相比,已分不出南北,也正因为此,明代也称青阳腔为"北青阳",如明万历三十二年(1604)瀚海书林李碧峰、陈我含刊刻的《新刻增补戏队锦曲大全满天春》选收了青阳腔的一些曲文,便注明为"北青阳",如其中所收的南戏《白兔记》刘咬脐出猎遇母这场戏中李三娘的一段曲文:

> 【北青阳】小将军你明问自羞耻,我苦痛,我苦痛卜开口诉因依。为自薄情儿婿,力阮抛弃。我一身,我一身受人苦气,那因至亲骨肉可相欺。望将军,望将军乞赐慈悲,荷蒙我爹妈养身己,孔雀屏开为选了亲义,嫁乞亏心薄行刘智远,未上几时,我双亲归去阴司,哥嫂毒心,萧墙祸起,伊一时分开去。力只家乡抛离,邠州一去求名利。伊去后我被我厝哥嫂迫勒,甲我各结连理。因只上,即剥去绣鞋剪云鬓,日来汲水愁无限,冥来挨磨到鸡啼。谢神天可怜见,磨房中生一子儿,感豆老因时来救起,即托伊送邠州去,去在天边。看许时景改变,时景改变。伊去后并无书信寄返员,咬脐名字终身事,诉乞冤枉,如见覆盆见天。

直至近代福建流传的南音中,仍称青阳腔为"北青阳"。[2]
又如明代胡文焕在《群音类选》"北腔"类中,选收了《琵琶记·赵五娘写真》一出戏,而这一出的曲文实出自青阳腔,如:

元本《琵琶记》	《时调青昆》	《群英类选》	近代青阳腔[3]
【三仙桥】一从他每死后，要相逢不能够。除非梦里，暂时略聚首。若要描，描不就，暗想象，教我未写先泪流。写，写不出他苦心头，描，描不出他饥证侯；画，画不出他望孩儿的睁睁两眸。只画得他发飕飕，和那衣衫蔽垢。休休，若画做好容颜，须不是赵五娘的姑舅。【前腔】我待画你个庞儿带厚，你可饥荒消瘦。我待画	【新水令】想真容，提笔未写泪先流，要相逢不能得勾。全凭着这管笔，描不成，画不就，万般愁。那知道你亲丧荒丘，要相逢除非是魂梦中有。【驻马听】只记得两月优游，三五年来都是愁。自从我儿夫去后，望断长安，两泪交流。似这等饥荒年岁度春秋，两人雪鬓庞儿瘦。常想在心头，锁在眉头。教奴家怎画得欢容笑口？容颜依	【双调·新水令】想真容，未写泪先流，要相逢不能勾。全凭一枝笔，描不出万般愁。亲葬荒丘，要相逢除非是魂梦中有。【驻马听】两月优游，三五年来都是愁。自从儿夫去后，望断长安，两泪交流。饥荒年岁度春秋，两人雪鬓庞儿瘦。常想在心头，常锁眉头，怎画得欢容笑口？【雁儿落带得胜令】	【新水令】（挂板）提笔未写泪先流，（缓板）要相逢不能得够。正是喜容描来易，愁容画出难。画出难了画真容，全凭着这管笔，描不成，画不就，万般愁苦。伯喈夫，自你去后，陈留连遇饥荒三载，你的爹娘双双饿死，你那里知与未知？晓与未晓？伯喈夫，那知道亲丧荒丘！要相逢，要相逢在那里？除非魂梦中游。【前腔】想奴

元本《琵琶记》	《时调青昆》	《群英类选》	近代青阳腔
你个庞儿展舒，你自来长悒皱。若写出来，真是丑，那更我心忧，也做不出他欢容笑口。只见两月稍优游，他其余都是愁。我只记得他形衰貌朽。这画呵，便做他孩儿收，也认不得是当初父母。休休，纵认不得是蔡伯喈当初爹娘，须认得是赵五娘近日来的姑舅。 【前腔】非是我寻夫远游，只怕你公婆绝后。奴见夫便回，此行安敢	待画他瘦形骸真是丑，旧？ 【雁儿落】待画他瘦形骸真是丑，待画他粉脸儿生成就。只画发搜搜（飕飕），衣衫蔽垢。画不出望孩儿睁睁两眸，只画他肥胖些儿略带厚。这几年遇饥荒，只落得颜消瘦（又）。又不是五（吴）道士（子）用机谋，叮咛嘱付毛延寿。休卖弄笔尖头，画出来真是丑。丑只丑一女流，虽不是蔡伯喈的爹娘，也虽是	待画他粉脸儿生成就。待画他肥胖些，这几年遇饥荒，画不得容颜依旧。分付吴道子用机谋，全凭着毛延寿笔尖头。怕只怕蔡伯喈不认丑，丑只丑一女流，也须是赵五娘亲姑舅。 【字字锦】非是奴家出外州，非是奴家出外游。也只为着公公，也只为着婆婆，也只为着孩儿在外州。此情不可丢，此情不可休。辞别我的公公，	自入蔡门为媳，并无周年半载欢悦。曾记得两月悠游，两月悠游。三五年来总是愁，愁只愁儿夫去后，望断肝肠把两泪交流，饥荒岁度春秋。老人家发白脸儿瘦，常想心头，愁锁眉头。老公婆，自父去后，媳妇无日不思，无日不想，想父真容，相见不能够，不能得够。站立门旁，望子不到泪汪汪。战战兢，脸带忧容。

218

元本《琵琶记》	《时调青昆》	《群英类选》	近代青阳腔
久？路途中，奴怎走？望公婆,相保佑我出外州。他骨肉自没人倚恃,他如何来相保佑？这坟呵,只怕奴家去后,冷清清有谁来拜扫？纵使遇春秋,一陌银钱怎有？休休,生是受冻馁的公婆,死做个绝祀的孤魂姑舅。	赵五娘的亲姑舅。好教举霜毫难措手。【叠字锦】非是奴寻夫远游,也只为着公公,也只为婆婆。怕只怕无儿绝后。寻着儿夫便回首,此情安敢久？此情焉敢留？此情不可丢,此情不可休。虑只虑京师路远遥,惟愿公婆相保佑。愁只愁孤坟丧在荒丘,坟台上谁来拜扫？谁来保俅？谩道是拜扫了,就是奴身出外州,纵使遇春秋,	一路上望公婆魂灵儿相保佑。【三仙桥】保佑奴家出外州,抛闪下公婆坟茔,有谁厮守？只愁奴家去后,冷清清谁来拜扫？纵使遇春秋,一陌纸钱怎有？好一似断缆小舟,无拘束荡荡悠悠。【清江引】公婆真容奴画得有,身背琵琶走。辞别张大公,谩说生和受,一路上唱词儿觅食度口。	他那里口内叫,叫相逢的日子;你若迟迟不回,母子恩情从此断,从此断绝了。事到如今,老人家言辞,讲也被他讲着,说也被他说破。正是倚门悬望容憔悴,下笔难描忆子时,老公婆,教媳妇怎画得,望孩儿睁睁两眸？再画他粉脸儿生成就。再画他,肥胖些,略带厚。再画他,发蓬松,衣衫褴褛。这几年遇饥荒,只落得容

元本《琵琶记》	《时调青昆》	《群英类选》	近代青阳腔
	要一陌纸钱（又），叫他那有？公婆呵！怎肯相保佑？（又）罢了，公婆的娘，你媳妇此行好似口口口来，似断缆小孤舟，（又）随风水上飘。伯喈夫，你便做无拘束荡荡悠悠，又不知来时候。抱琵琶权当做行头，背真容不离左右，敢离左右？我今去休拜辞泪流。罢了！公婆的娘！你生做一个受饥馁的公婆，死做个绝祭祀的孤坟姑舅。	又不知我归来时候，抱琵琶权当做行头。背真容不离左右。我今去休，我辞泪流。生时节做个受饥馁的公婆，死后做个绝祀的孤坟姑舅。	颜憔瘦。又不比吴道子用机谋，叮咛嘱咐毛延寿。毛延寿惯养着笔尖头。画不出，真是愁，画出来，真是丑。丑只丑裙钗一女流。虽则是，伯喈的爹娘，也须是赵五娘的亲姑舅。老公婆，叫媳妇怎画得欢容笑口，容颜依旧？（起板）曾记婆婆在日，（紧板）手扶竹杖，【尾声】好教我描画真容难措手，倒做了有儿无后。

注释：

[1]、[3]《青阳腔剧目汇编》65,66,60,61 页,安徽省艺术研究所、青阳县文化局 1990 年编印。

[2]《吴明辉南音锦曲选集》,(《泉州传统戏曲丛书》之一),北京:中国戏剧出版社,1999。

● 潘华云

安徽大学

明代青阳腔剧目初探

明代的戏曲声腔除了海盐腔、余姚腔、弋阳腔、昆山腔外,还出现了义乌、乐平、青阳、四平等多种地方声腔。在这诸腔之中,能对后世产生较深远影响的,除了昆山腔,恐怕要数明中后叶诞生于今天安徽省的青阳腔了。青阳腔又名池州调,是南戏中一支突起的新军,是南戏声腔在池州一带融汇佛俗说唱、歌曲等多种民间艺术,经过不断发展而形成的。《辞海·艺术分册》认为青阳腔是浙江的余姚腔和江西的弋阳腔于明嘉靖年间相继传入青阳后,同当地的民间曲调汇合形成的,并认为岳西高腔是流传于岳西一带的青阳腔支派。但对如何界定青阳腔剧目至今尚有争议。本文从文本入手,试图探索青阳腔剧目的确定依据及其遗存情况。

一、青阳腔剧目的确定依据

青阳腔在余姚腔的基础上,吸收弋阳腔以及其它艺术发展而成。其发展的重点是"滚调"。"滚调"是青阳腔继四大声腔之后,在戏曲史上一个杰出的贡献,是青阳腔的显著特征和声腔标志。我省现存的岳西高腔作为青阳腔的遗裔,不但保存了青阳腔中的滚调,而且将它发展到了一个更高的阶段——畅滚。因此,我们可以用滚调、以滚调为特征的标有"青阳时调"、"海内时尚滚调"的明代戏曲选本和岳西高腔现存抄本三方面为依据,来确定青阳腔剧目。

王骥德在《曲律·论板眼》中说:"今至弋阳、太平之滚唱,而谓之流水板,此又拍板之一大厄也。"这说明弋阳腔也是用滚唱的。与青阳腔同时期的乐平、太平、四平、宜黄等腔皆有不同程度的滚唱。但能将滚唱加工创造成"滚调"的,大概只有青阳腔了。傅芸子在《释滚调》中说:"以上属于弋阳腔系统诸腔,虽流行一时,不久又形衰颓,徒存其名,今之可考者,惟青阳调耳。……年来试为考索,颇觉弋阳旧宗派浅陋,又错用乡音,虽有滚唱特色,然词语恐无定格,又多鄙俚,……难以公诸于世也。及至演变为青阳调时,……另成一新体曲文,始能出现于世。其惟一特色,即注滚唱词句——谓之滚白。……流行之后,又有人……更以增益词句,纯以滚白见长,因号之曰滚调,遂独立称世矣。"他在此文中还说:"万历初年,青阳调已能独树一帜,与昆山腔并称时调于世。"

青阳腔对弋阳腔中"无定格"的滚唱进行大力发展与改革,打破曲牌的传统格局,根据剧情的需要,在任何一支曲子的字句之间随时插入五七言诗句或成语、谚语、散白、口语,滚白与滚唱相结合,形成更能畅达感情、不受格式束缚的滚调。到万历三十八年左右,滚调发展到成熟阶段,真正成为海内时尚布满天下的"时调"、"新调","使苏州不能与角什之二三"。[1]因此,说到滚调,非青阳腔莫属。

隆庆年间,青阳腔就以其通俗易懂的"滚调",吸引了广大观众,引起了当时出版商的极大兴趣。书林中黄文华、叶志元、蔡正河、金拱塘等人相继对其进行精选辑集梓行,给我们留下了一大批带滚调的青阳腔专集和青昆合集。据傅芸子、赵景深、钱南扬和王秋桂等的列举,这些刊本分别是:

《新刻京板青阳时调词林一枝》(简称《词林一枝》);

《鼎镌昆池新调乐府八能奏锦》(《八能奏锦》);

《新锲梨园摘锦乐府菁华》(《乐府菁华》);

《鼎刻时新滚调歌令玉谷调簧》)(《玉谷新簧》);

《新刻徽板合像滚调乐府官腔摘锦奇音》(《摘锦奇音》);

《新选南北乐府时调青昆》(《时调青昆》);

《鼎锲徽池雅调南北官腔乐府点板曲响大明春》(《大明春》);

《新锲天下时尚南北徽池雅调》(《徽池雅调》);

《新锓天下时尚南北新调尧天乐》(《尧天乐》)。

以上九种是 20 世纪 90 年代以前发现的,后由台湾学生书局刊印。90 年代以后俄罗斯汉学家李福清在欧洲又搜寻到三种,经李平鉴定均为万历时期滚调流行时刊刻的,它们是:

《新锓精选古今乐府滚调新词玉树英》(《玉树英》);

《梨园会选古今传奇滚调乐府万象新》(《万象新》);

《新锓汇编杂乐府新声调大明天下春》(《天下春》)。

这些刊本,如《词林一枝》,其书名直接标明"青阳时调",扉页又有"海内时尚滚调"字样。其它刊本也以"时新滚调"、"滚调乐府"、"时调"、"滚调"等相号召。成书于万历三十八年的王骥德的《曲律》是有据可查的最早记载滚调存在与流行的史料。而从这些刊本刊刻出版的情况来看,凡有确切年代记载的,几乎都是在滚调盛行的万历年间梓印的。如《词林一枝》和《八能奏锦》均有"皇明万历新岁"的字样;《玉谷新簧》题"万历庚戌"(万历三十八年),《摘锦奇音》署"万历辛亥"(万历三十九年),《乐府玉树英》为"万历己亥"(万历二十七年)。由此可以看出这些刊本大多数是青阳腔专集,少数是青昆合集,其中保存了不少青阳腔剧目。

岳西高腔是安徽省现存最古老的声腔剧种之一,《中国戏曲曲艺辞典》认为它是明末青阳腔流传到岳西而形成,具有"滚唱"和"畅滚"的特色。上个世纪 50 年代,戏曲工作者从江西的都昌、

224

湖口,安徽的岳西,山西的万泉,湖南的叙浦,均陆续发现了大批青阳腔手抄本。经校对岳西高腔现存全部剧目,与明代青阳腔诸刊本所载基本一致。青阳腔中有许多全本已佚的剧目散出,在岳西高腔中同样被保存下来,如青阳腔中的《卖水记·生祭彦贵》、《五桂记·四花精游园》等也是岳西高腔的传统戏目。有些剧目虽有全本,青阳腔中的个别散出却不见于全本,但岳西高腔也同样存有此出。如青阳腔《周氏拜月》不见于苏复之的《重校金印记》,岳西高腔中却有此出戏,其显著的特点是滚调。青阳腔《灌园记·辱骂齐王》不见于张凤翼原本,在岳西高腔中却有此单出,名为《周氏辱齐》。青阳腔《拜月记·旷野奇逢》中生、旦旷野相遇时,旦为了让生携其同行,急情之下,去扯生的伞这个富有戏剧性的小关目不见于《六十种曲》本《幽闺记》,而此关目在岳西高腔中却衍化为独立的一折戏《扯伞》。据《中国戏曲志·安徽卷》载,清朝同、光年间,青阳腔在岳西的演唱活动一直未间断,岳西地方200出剧本中,唱腔加"滚"的情况更多。与青阳腔相比,"滚调"在岳西高腔中得到了高度的发展,成了"畅滚",其中的足迹即由滚唱→滚调→畅滚,在青阳腔诸刊本中表现得十分明显。由此可见,无论是从剧目的传承,还是从滚调的发展,都可以看出青阳腔与岳西高腔的血脉相承关系。

二、见于明代各选本的青阳腔剧目

以上所举的12种明代刊本所收并非全是青阳腔剧目。最为可信的是《词林一枝》,其书名直接题有"青阳时调",扉页有"海内时尚滚调"字样;而滚调又是青阳腔的主要声腔标志。《词林一枝》所收剧目为:

《狮吼记》,《三桂记》,《罗帕记》,《胭脂记》,《玉簪记》,《藏珠记》,《红拂记》,《灌园记》,《奇逢记》,《古城记》,《昙花记》、《金貂记》、《题红记》、《三关记》、《荆钗记》、《五桂记》、《教子记》、《破窑记》、《长城记》、《琵琶记》、《升仙记》、《投笔记》、《洛阳记》、《西厢记》、《刖弓记》、《金印记》、《断发记》、《三元记》、《和戎记》、《卖水记》、《白兔记》、《易鞋记》、《妆盒记》、《千金记》、《升天记》、《杀狗记》、《四节记》、《十义记》、《卧冰记》、《浣纱记》。

班友书先生认为,其次可信的是《徽池雅调》、《尧天乐》、《玉谷新簧》、《摘锦奇音》和《大明春》。[2] 后三种的书名及扉页上皆有"时兴滚调"、"滚唱"字样,它们也应该是青阳腔专辑。《大明春》除去与《词林一枝》重复的剧目外,所收剧目如下:

《米萝记》、《玉环记》、《谪仙记》、《同心记》、《黄莺记》、《尝胆记》、《风月记》、《复仇记》、《兴刘记》、《织绢记》、《三国记》、《鲤鱼记》、《湘环记》、《征蛮记》、《结义记》、《风情记》、《救母记》。

《徽池雅调》去其重复者,所收剧目为:

《红梅记》、《葵花记》、《鸣凤记》、《墦间记》、《同窗记》、《炼丹记》、《青袍记》、《芦林记》。

《尧天乐》去其重复者所收剧目为:

《金台记》、《宝剑记》、《香山记》、《阳春记》、《双璧记》、《蟠桃记》、《四德记》、《香囊记》、《鹦鹉记》、《烈女记》、《千金记》、《白雁记》。

再其次为《八能奏锦》,《时调青昆》,《乐府菁华》,这是昆腔与青阳腔合集,除去昆腔剧目和重复部分,《八能奏锦》所收剧目为:

《双节记》、《草庐记》、《双杯记》、《娇红记》、《剔目记》、《木梳记》、《桃花记》、《绿袍记》。

再加上《摘锦奇音》、《玉谷新簧》、《乐府菁华》和 20 世纪 90

年代后发现的三种，除去同剧异名的情况外，如《白雁记》即南戏《苏武牧羊记》，《妆盒记》即《金丸记》，《炼丹记》即郑若庸的《玉玦记》，《鹦歌记》实即无名氏之《苏英皇后鹦鹉记》，《和番记》即《和戎记》，《四德记》即是沈寿卿《冯京三元记》之改本，《槐荫记》即《织锦记》，《洛阳记》即无名氏之《四美记》等，这12个刊本所收青阳腔剧目约有百种之多。

钱南扬先生在《戏文概论》中根据"滚"的情况认为这些刊本中直接选录了余姚腔传奇十数种，它们是《金貂记》、《十义记》、《鹦鹉记》、《白袍记》、《升仙记》、《珍珠记》、《和戎记》、《古城记》、《青袍记》和《香山记》。青阳腔具有极强的吸附力，对于元明南戏和文人传奇皆可以拿来改调歌之，即便像专为昆腔而作的《浣纱记》也不例外，何况是余姚腔呢。就这点来看，钱南扬认为青阳腔源于余姚腔也是有充分根据的。再者钱南扬所举的这几本中的滚的情况是依据《古本戏曲丛刊》本而言的。《古本戏曲丛刊》是解放后影印的，其中一些本子是郑振铎等从民间收集来的，很难断定这些本子的刊刻时间，从其所标明的滚调和滚唱、滚白来看，应该是滚唱发展到成熟以后的本子。而老余姚的特色是"诗作曲唱"、"杂白混唱"，[3] 加之余姚腔在舞台上消失的较早，这些本子中，有些可能就是在民间流传的青阳腔本子。

在这百多种青阳腔剧目中，有些是全本已佚的剧目。《金台记》，吕天成《曲品》卷下著录，列入无名氏下，评曰："乐毅事佳，而笔嫌俗。"今全本已佚；《尧天乐》卷上收有《乐毅分别》和《乐毅赏月》两个散出。《双璧记》，《远山堂曲品》著录，归入"杂调"，并云："作者有意格局，终未大雅，而又奈其不识音律何也。"《尧天乐》收有《兄弟联芳》和《荣归见母》两个散出，天津图书馆藏有抄本，不知是否为同一本。[4]《藏珠记》为鲁怀德作，《远山堂曲品》归入"杂调"。北京图书馆藏有旧抄本，据说是缩编演出本。[5]《词林一枝》收有《夫妻私会》、《妒妾争宠》出,《尧天乐》收有《夫妇相怜》出。《罗帕记》,《南词叙录》"本朝"部分著录,《远山堂曲品》归入"杂调",并注云:"其事大类小说之《简帖僧》。作者一味粗率,亦系不知音律之故。"此剧全本已佚,《词林一枝》收有《王可居逼妻离婚》、《王可居翁婿逃难》出;《八能奏锦》收有《王可居夫妻游戏》、《勘责姜雄》出;《徽池雅调》收有《迎母受责》、《神女调戏》两个散出。《五桂记》演窦禹钧五子登科事,《远山堂曲品》著录,全本已佚。《时调青昆》和《玉谷新簧》题名《萃盘记》,两剧都选了《加官进禄》、《五喜临门》出,经对比可确知两剧为同剧异名。除上述两出外,《大明春》、《摘锦奇音》和《乐府万象新》还选了《四花精游园》、《花神献巧》、《拉友游春》、《窦仪素娥问学》、《诸生听卜观榜》、《冯公子忆娇娘》几个散出。《百花记》,《远山堂曲品》"能品"下著录,全本已佚。《时调青昆》收有《百花赠剑》。《牡丹记》,《远山堂曲品》著录,全本已佚。《乐府菁华》收有《鱼精戏真》出。《摘锦奇音》在《鲤鱼记》下收有《张琼教子攻书》、《鱼精变化藏形》、《鲤鱼精戏张真》,《大明春》也在《鲤鱼记》下收有《鱼精迷惑张真》。经对比《牡丹记》与《鲤鱼记》为同剧异名。《卖水记》,演彦贵卖水故事,源于《南词叙录》"宋元旧篇"的《林招得三负心》戏文,嘉、隆之际演变为《卖水记》,未见著录。《词林一枝》收了《黄月英生祭彦贵》,此出是全剧的戏胆,写彦贵被押上刑场时,黄月英冒死去与他祭别。

　　青阳腔刊本中还保存了一些罕见著录的剧目。《昭关记》未见著录,《摘锦奇音》收有《伍子胥过昭关》,《时调青昆》选有《奔走樊城》。《大明春》在《复仇记》下收有《伍员定计过关》、《伍员访友策后》。两本均演伍子胥复仇事。对比《伍子胥过昭关》和《伍员定计过关》,两者曲牌、曲文相同。由此可见,《昭关记》与《复仇记》实为同剧异名。《嫖院记》,未见著录,从青阳腔所选零

228

星散出看是演与正德皇帝有关的故事。《摘锦奇音》收了《出游投宿肖庄》、《周元曹府成亲》两出。《箱环记》未见著录,《大明春》和《乐府菁华》收有《张氏卖环奉姑》、《廉颇相如争功》、《相如怀璧抗秦》三个散出,从这三个单出可以看出此剧大概是关于廉颇和蔺相如的。《阳春记》演王守仁事,未见著录。《尧天乐》收有《娄妃谏主》、《点化阳明》两出。《乐府菁华》在《护国记》下也收有《点化阳明》出。经对比,两出基本相同,可知《护国记》与《阳春记》为同剧异名。《绿袍记》未见著录,《时调青昆》收有《掷钗佳偶》。《烈女记》演秋胡戏妻事,未见著录。《尧天乐》收有《秋胡戏妻》,与《风月锦囊》[6]本《新增鲁秋胡戏妻》各曲曲牌、曲词基本相同。另据郭英德先生《明清传奇综录》载,同治间刻的《味兰簃二种曲》收有《烈女记》,今藏北京图书馆,不知与青阳腔此剧是否为同一本。

注释:

[1]王骥德:《曲律》,《中国古典戏剧论著集成四》,北京:中国戏剧出版社,1959。

[2]班友书:《明代青阳腔剧目问题刍议》,《戏曲研究》第二十七辑,文化艺术出版社,1988。

[3]叶德均:《戏曲小说丛考》P.27,北京,中华书局,1979。

[4]郭英德:《明清传奇综录》,石家庄,河北教育出版社,1997。

[5]同上。

[6]全名为《新刊摘汇奇妙戏式(全家)风月锦囊》,刊于嘉靖年间,据孙崇涛考证,这是当时南戏的舞台演出本。

●王 平

苏州大学博士研究生

刘城和他的四首"观傩诗"

一、引子

贵池傩是一种非常古老的民俗,它与民间祭祀活动(上元春祈逐疫,中秋祀社报赛)密切相关,至今尚流传于安徽贵池一带。作为活的遗存,贵池傩已引起了学者的广泛注意,自上世纪50年代以来,学者们坚持田野考察,并从社会学、人类文化学、民俗学、戏曲史学等多方面对之进行挖掘探讨,其学术价值日益显示出来。

然而,历史留给我们的关于贵池傩的文献资料却相当有限。到目前为止,经有关学者辛勤努力,发掘出一些有相当价值的资料。其中,清以前的为学术界所征引的资料有以下几个方面:

(一)府志、县志(包括贵池及周边各县如青阳、石台、建德)以及《杏花村志》中的若干资料,它们分布在有关"风俗"、"时序"、"建置"、"古迹"等篇中,这些大多沿明嘉靖二十四年(1545)四月任丘、王崇编的《池州府志》一脉而来。

(二)家谱资料。主要有清光绪十年(1884)冬重镌《梨园章氏宗谱风土篇》和民国十六年重修的《姚氏宗谱·信仰篇》等。

(三)文人(主要为明清时贤)题记。包括明人吴非《池州迎昭明庙会记》和清陈宝钥五言古诗《西庙谒昭明太子遗像》之序文等。

(四)清代末期留存下来的一些傩戏唱本[1]。除此之外,并不多见。

笔者研究贵池傩戏及剧目已多年,曾检阅过大量相关典籍,有幸从贵池名贤集中,发现了明末清初人刘城写的四首"观傩诗"。这四首诗(尤其是前两首),是作者对当时贵池傩的真实记录,无疑可以作为具有重要价值的新证据,丰富和补充贵池傩研究的文献资料。现特辑出,并作详细考述。

二、刘城"观傩诗"四首辑录

(因四首皆为刘城述自己于逐傩活动中所见之作,所以笔者将它们总冠为"观傩诗"。)

《上元曲》(并序)[2]

纪异也。吾池放灯有常,诸戏不乏。而今年特早且盛,群竞如狂,余异焉。

> 柏椒高盏缠(才)倾绿,家家蠢(蜂)作元宵灯。
> 七人八谷期尚遥,九陌三衢欢已足。
> 炫服争为郑褎(袖)妆,画眉拟转夷光瞩。
> 高鼻黄须日逐雄,金目文皮猛兽扑。
> 将军列载白如霜,丞相幞头金以鋈。
> 帝释天人故事多,见玉绮纨装饰足。
> 别有假脚十寻长,绵络香袖空中颭。
> 倦时聊倚高簷坐,险处都无寸杖将。
> 子夜嬉游犹未已,平时大队相诪张。
> 银花火树层层簇,珠帘粉面朝朝熟。
> 双鬟笑指不成声,行人缓步常留目。
> 宝靥偏从梵宇过,湘裙恰值微风蹙。
> 明月朦胧鼓吹阑,谁人听我上元曲。

《上元即事效俳体》[3]

面具登场鼗鼓挝，蜡辞傩舞共讴哑。
连宵分值三更罢，此夕同堂万众哗。
坐给飞觥扶目倦，归看列炬照涂叉。
高曾遗矩雍熙日，云比豳风乐岁华。

《泥饮》[4]

策杖无虚日，招寻是处来。
搓头迎远中，(自注：山中惟鱼难得)竹叶倒新开。
傩蜡嬉连夕，宾朋主迭陪。
指男兼收妇，吾忍却盆罍。

《西郊》(其四)[5]

绀园颓赤古，丰碣蚀尤佳。
僧钵遭兵燹，神龛缀壁蜗。
分经小果法，赛社众人俳。
宴坐惊幽响，嗁(啼)乌过水涯。

三、刘城四首"观傩诗"述略

这四首诗是刘城乡居贵池期间的"采风"之作。其中《上元曲》作于崇祯十一年(1638)年，《泥饮》和《上元即事效俳体》为顺治三年(1646)年之作[6]，《西郊》无考。它们皆为作者亲身体验，耳闻目睹的真实记录，在不同程度上，或详或略地反映了那个时期贵池一地"傩"的活动状况。

《泥饮》和《西郊》二首，并非专门写"傩"，但其中关于"傩"的片言只语却提供给我们一些相当重要的信息：(1)《西郊》中"赛社众人俳"一句，表现了贵池秋季"赛社"时举行大规模的逐疫驱傩

232

活动，众人扮俳优做戏的热闹场面。秋季"报赛"是贵池的一种旧俗，社人头戴面具驱傩，事见嘉靖《池州府志·风土篇》中"时序"之"八月祀社"条，亦见明末吴非《池州迎昭明会记》。(2)《泥饮》中"傩蜡嬉连夕，宾朋主迭陪"一联，明示出当时的傩事活动是在主人家的厅堂或同族的祠堂[7]举行，其持续时间长，可谓通宵达旦，此从"连夕"二字可见之。尽管驱傩包含着庄重的敬神意味，但人也可在此场合获得与神共享的快乐，诗中"嬉"字即表明了这一点，这也显示出驱傩的目的之一是"娱人"。通过这联诗，人们还可以感受到现场气氛欢乐，宾主相得十分融洽。

当然，这四首诗中最具有史料和研究价值的还是前二首——《上元曲》和《上元即事效俳体》。

第一首《上元曲》前有一"序"，点明作诗的原因在于"纪异"，并简述了当年上元放灯既"早"又"盛"，人们竞相参与，以至于迷"狂"的背景。尽管从表面看，全诗主要写元宵节举行各种舞蹈、杂技、戏曲表演，以及狂欢的人群"嬉游"的盛况，但"高鼻黄须日逐雄，金目文皮猛兽扑"却明白地告诉人们——这场元日狂欢是伴随或夹杂了大规模的驱傩活动的。或许我们不了解诗中"高鼻黄须"为何物，但只要看了现在贵池年年还在举行的傩俗活动，就会恍然大悟：那些祭祀和傩戏演出中用的面具，其中的一些不正具有这种面貌特征吗？这些面具多代表神灵鬼怪、武将及异域之人，为突出其个性，在雕刻时，故意将其面部特征进行夸张或变形，比如社公、土地、二郎神、梓潼大帝、番将、回回等等，远远地看，或从台底下看，正有"高鼻黄须"的感觉。而诗中提到的"金目文皮"则表明刘城当时所看的逐傩仍沿唐宋旧俗未变。据段安节《乐府杂录》所载，唐代逐傩"用方相四人，戴冠及面具。黄金为四目，衣熊裘，执戈、扬盾。"[8]宋孟元老《东京梦华录》中记载官方傩祭时，谈到"又一声爆仗，乐部动【拜新月慢】曲，有面涂青绿色、戴面具、金

233

睛,饰以豹皮锦绣看带之类,谓之'硬鬼'或执刀斧、或执棒之类。作驱捉视听之状。"[9]二段记载均涉及其面具为"黄金四目"、"金睛",其衣饰为"衣熊裘"和"饰以豹皮锦绣"之类,即刘诗中的"金目文皮"之谓也。诗中言及"将军列戟"、"丞相蟆头"、"帝释天人"等,似为驱傩活动中之"傩戏"演出的场面,演员头面及故事内容。时至今日,贵池仍上演代代相传的《刘文龙》、《孟姜女》、《陈州粜米》、《薛仁贵征东》、《张四姐闹东京》等傩戏剧目,它们多描写忠孝节义、王侯将相、神佛鬼怪等故事,当可作为刘城诗中所记的佐证。刘城这首七古,写得极详细,有那次逐傩活动中关于舞蹈和杂艺表演的描写:"炫服争为郑袖妆,画眉拟转夷光瞩",形容舞者服饰和妆扮之美。(按:郑袖为楚怀王宠姬,夷光即西施,二人皆为古代大美人。)"假脚十寻长","香袖空中飏",类似今天的"踩高跷"。值得注意的是,这些艺人技艺高超,可以倚"高簪"而坐,在"十寻"高的空中并不借助其它的扶杖,做各种动作。还有对于观傩人群"子夜嬉游""大队相诱张"进行细致描摹,这些看客大多为本乡本土的熟人,队伍中男女老幼都有,大家笑语频频,时时为表演所吸引……总而言之,这是一首非常难得的有价值的"观傩诗"。

如果说《上元曲》还需一番考释的话,那么第二首《上元即事效俳体》则几乎不需作更多的解释,让人们一看就知道:这是一首明明白白的观傩诗。诗的第一联"面具登场"、"蜡辞傩舞"证实:作者看见的"逐傩"确实戴面具,而且当时就有"傩舞"一说。第二联点明了逐傩活动的地点,是在厅堂中。其持续时间长,"连宵分值三更罢"。这些与《泥饮》中有关诗句相符。第二联中"归看列炬照涂叉",指明了诗人当时是应某位主人之邀去观傩的,回来时作者一路都见打着"火炬"观傩的人群。最后一联应格外引起我们的重视,因为在此,诗人对当地的逐傩风俗作了历史的追溯,认为它是宋太宗雍熙年间就有的"遗俗",一直被其"高曾"们继承了下来。尽管这是一句诗,未作任何考证,但应该相信:诗人发其言,不会空穴来风,必有所据。因此,这当是现存的关于贵池傩最初起源的较为确切的说法,应该说具有重要的史料价值。

四、作者刘城简考

为更深入地研究四首"观傩诗",以凸现其历史文献价值,有必要对作者刘城作一简考。通过其身世及行止考证,以揭示作者创作数量可观的"观傩诗"的内在必然性。

刘城(1598——1650),字伯宗,号峄峒,明直隶贵池人。据清末刘世珩编辑的《贵池二妙集》(吴应箕与刘城合集)中《附录》卷四《年谱》,我们可以知道他的一些较为详细的情况:曾祖父刘歧官直隶河间丞,祖父刘正蒙曾官河南汤阴丞。其父光谟(字观明)明万历贡生,曾授浙江处州府通判署理青田县事,后因在杭州监造漕艘时"计材程工,遍恤军力",得以迁为广西养利州知州,老时告归贵池本乡,妻为峡川柯氏。刘城非光谟亲生子,乃其弟光谦妻王氏所生,为过继之子。刘城13岁,随光谟之青田,从当地名宿万立身读书。21岁见钟伯敬,与之论诗。31岁入吴门,与张溥、张采等始倡复社之会,又与杨廷枢、夏允彝、陈子龙等交游。中年后主要活动区域在家乡贵池及南京,去南京则为应试和与当时名士酬唱,每次逗留时间虽短暂,但时人却将之与吴次尾(应箕)齐名。明亡后,改字"存宗",顺治二年隐居舅氏家所在的峡川,终老山林。

从作者身世看,其祖、父辈薄有宦名,但至刘城时家道日渐衰落,明亡后落拓至贫困境地。《年谱》载归隐后(顺治三年,作者其时49岁),其所居之陋室竟然"上漏下湿"。其个中原因,除时局动荡,生计维艰外,当与作者本人不善守业,弃绝宦禄,且挥金如土有很大关系,这完全可以从刘城的许多行止推而知之:他喜欢交

235

友。除复社朋友外，还参加广业之社，常雅集百余人，为会主，探讨文学、经义，当时俊逸之士如吴次尾、吴伟业、方密之、章大力、凌龙瀚等皆与之交往；喜壮游，曾游历过大江南北，扬州、苏州、杭州、燕京、金陵、泰山、九华等名胜，皆留下他的足迹，且有题咏之作；喜济困，曾"脱资"赠因劾杨嗣昌而被削夺的黄道周，下狱的成勇，以及因不纳刘宇亮入城而下狱的陈宏绪等。即使到了生活困窘的晚年，还毅然与子廷銮及姻亲柯氏敛资前往南京，冒死为起兵抗清而被杀的吴应箕收葬；[10]等等。从这些可以看出刘城性格中淡泊利禄、忠信诚勇的品质。对于"名"，刘城亦有独特的处理方式：作为一个士人，他将读经作为人生很重要的事情，他曾专攻《春秋》、《左传》，作过三部经书的"人名录"、"地名录"等专著。他还多次参加明王朝的科举考试，据《年谱》所载，他参加过崇祯三年（庚午）的秋试和崇祯十二年（己卯）乡试，但均不售。尽管如此，他却无意为官。他曾有多次进入仕途的机会，但却予以推辞。最有影响的二次为（1）崇祯九年吏部议举刘城为孝廉，"诏下安池道史可法，江西右布政使张秉文，以先生应荐辟。先生上书，言不如吴次尾者数事，请以自代不许"。[11]其《文集》中还留有《上池太道史公辞免选举书》、《上池太郡守石公举吴次尾自代书》、《辞江西方伯张公（秉文）荐举书》、《再与张公书》等书信；（2）崇祯十五年，皖抚黄配云檄任九江同知，刘城坚辞不就。这些都明显说明刘城在当时是有意与当政者保持一定距离的。正是这种性格和意识，才使他在明末喧哗与浮躁的士林中，保留一种平静的心态，接近自然和质朴的事物。从这个角度看，家乡的傩俗进入他的视野当为情理之中的事了。

刘城一生大部分时间都在贵池度过，尤其是中晚年时期，无意仕进的他常流连于山林，徜徉于当地众多的名胜（如西庙、铁佛禅林、昭明书院等）中，留下了大量的记游作品，如《游桃坡记》、《游仙姑洞》、《游大楼山记》、《峡川山水记》等,对居住地风土人情,他亦是相当了解。因此,贵池的重要风俗——春、秋逐疫驱傩,给作者留下深刻印象,一点也不奇怪。

作为一个布衣诗人,刘城在思想感情上接近贫民阶层,这从他的诗文集中我们可以明显看出。他写了大量的怜民之作,如《偶成》、《将游平山堂沿郭,一路触目交心》、《旱苗歌》、《大水歌》、《食土行》等,还有一些为民请命之作,著名的为《答郑公(二扬)救荒书》。这些诗文或忠实记载农村旱涝灾害造成的惨象;或揭露"秋尽"、"粟熟",但农民仍不得不面临"租复税"的苦难现实;或积极要求官府救荒。也许正是基于这种思想感情,他才愿意去关注表达广大民众喜怒哀乐甚至是精神慰籍的乡风民俗;正是基于此,他才能够放下"儒士"的架子,接受乡人的邀请,将自己融于普通民众中,去与"下里巴人"同欢乐;也正是基于此,他才愿意不惜笔墨,去记录、吟咏为一般士人所不屑的傩俗。

然而,刘城终究是一个受过正统儒家思想熏陶的士人。尽管他不愿仕进,他还是对"残山剩水"的晚明表现出无限的忠诚;尽管他怜民,但还是坚定地主张围剿农民起义军("流寇")。崇祯八年春,"流寇陷凤阳,围攻安庆、桐城、池阳戒严",刘城作《池州防守议》三篇,但"当道不省"。崇祯十五年,张献忠陷庐州(合肥),清兵"入苏州,道下畿南、山东州县",十六年左良玉兵败,"东下,池州城戒严",崇祯十七年三月九日,李自成"陷京师,明帝殉社稷。夏五月,福王即位于南都,改元弘光",刘城先后作《答皖抚黄公问左兵书》、《答贵池县令林公本县江防书》、《上阁部史公书》、《答贵池县令本县江防书》、《池州防守后议》等文,议抗击义军和清兵。也许正是站在这样的立场上,作者的诗中(尤其是前期)才表现出显著的"粉饰太平"倾向。《上元曲》即如此。据《年谱》所载,是年,清兵长驱南下,"春池州大旱,继以大水,岁饥人食白

237

土"。但此诗中,大力渲染的是一派升平气象,全无衰世之音。尽管这是一首实录诗,但可以看出作者在表现那种理想的境界,对于题材和立意是有所取舍的。

刘城是一个完完全全的明朝遗民。他忠于大明朝,不愿与清朝合作。他不仅因为明朝灭亡而改了自己的字号,还在隐居峡川后,"誓不入城",并以屈原和陶渊明自励。在他死后,清政府对他的一些著述亦采取了禁绝的措施。据载,乾隆年间就有三次将其著述列入禁书之列。其一为"乾隆四十年六月初九,安徽巡抚裴宗锡奏缴二十五种"书,其中有刘城的《峄桐集》;其二为"乾隆四十七年十二月二十六日,奏准安徽巡抚富躬奏缴"二十九种书,其中有刘城的《贵池三忠录》计一本,罪名为"触礙狂妄,记载失实";其三为"乾隆□□□年□月□日奏准安徽巡抚顺□□奏缴七十一种"书,其中刘城所著占十一种。[12] 所有这些有助于我们理解刘城后期作品全无原先的那种铺张扬厉风格,一变而为平淡、简朴,怀旧色彩较浓,并且隐含着落寞的情怀,本文所收的《泥饮》和《上元即事效俳体》即如此。

刘城大部分诗为记实之作,它们是作者以"诗"这种独特形式记录生活(许多为日常生活)的实录,从这一点看,他是继承了杜甫创作"史诗"的现实主义精神的。刘城的许多诗,我们完全可以当作史料来读,笔者所辑录的四首"观傩诗"亦当如此。通过它们,我们可以了解明末贵池傩的一些真实状况,而作为资料本身,也可丰富和补充贵池傩的研究。

注释:

[1] 这些唱本中的一部分已由王兆乾辑校并收入《安徽贵池傩戏剧本选》,台湾施合郑民俗文化基金会,1995。

[2]见黄冈陶子麟刊,清末刘世珩编《贵池二妙集》(以下简称《二妙集》)四十一之《峄桐诗集》卷第四。

[3]见《二妙集》四十六《峄桐诗集》卷第九"七言律"。

[4]见《二妙集》四十六《峄桐诗集》第六"五言律"。

[5]见《二妙集》四十三《峄桐诗集》第六"五言律"。

[6]见《二妙集》五十一附录卷第四刘城《年谱》。

[7]现在贵池驱傩大多在祠堂举行。

[8]见《中国古典戏曲论著集成》(一),北京,中国戏剧出版社,1959。

[9]见《东京梦华录》卷九"驾登宝津楼诸军呈百戏"条。

[10]此事见刘城《赠柯君》诗下注文:"柯君余姻也,素不识次尾。次尾死,余与子棅百计请主者,许以尸葬,乃要之往棺敛之。毅然星行,经纪其事,即竣,感而赠此,命棅同作焉。"《二妙集》四十六之《峄桐诗集》卷第九。

[11]见清刘世珩重编之刘城《年谱》,《贵池二妙集》之五十一,"附录卷"第四。

[12]以上三条资料见雷梦辰编《清代各省禁书汇考》,北京,书目文献出版社,1989。

239

●王秋贵

安徽省安庆市群众艺术馆

傩 戏 三 型 辨

安徽池州刘街乡曹、姚、刘、章、徐、金、柯、汪诸姓家族,每年正月都要举行旨在祈福禳灾的傩祭仪式。这种仪式,一般要连续七到十天,而演唱傩戏则是其中费时最长,动用人力、物力最多的一项仪程。村民多把这种仪式称为"傩神大会"、"傩戏会"。各家族的傩戏演唱都是以一姓宗族为单位,在宗族祠堂内进行,演唱过程中,多要穿插《打赤鸟》、《舞伞》之类傩舞,以及《问土地》、《新年斋》之类傩仪,还允许村民随时向祭坛礼拜(包括燃放鞭炮)。

各家族演唱的傩戏,多为《刘文龙》、《孟姜女》二种,有少数支族还能演《陈州粜米记》、《章文选》等,而太和村章氏家族则演的是《刘文龙》的"高腔"本,名为《和番记》。

经过多次考察和反复辨识,我们发现,各家族的傩戏演唱,有一些或明显或细微的区别,如果加以分辨归类,可以启发我们对于中国戏曲的形成原因和对于中国戏曲史研究中的一些问题,作一些有益的思考。

傩戏最明显的特征就是戴着面具演唱。仅就此一特征来分辨,刘街乡诸姓家族的傩戏就呈现出三种不同的类型:一种是演员们戴着面具却不演唱;另一种是演员们始终都戴着面具演唱;第三种则只在个别场次戴着面具演唱,其余情况下则不戴面具而化妆表演。

第一种类型,演员们戴着面具却不演唱,我把它叫做"假面摆

240

位"。

源溪村缟溪曹氏家族现存傩戏二种：《刘文龙》《孟姜女》。其演出不搭建舞台，就在祠堂上厅地面进行，族人称之为"地戏"。

表演区背靠祖宗灵位，面对下厅、大门。居中设一方桌，方桌上手边（左侧，即靠近下场门一侧）摆两把椅子，是"先生"的固定座位。另在桌前摆设椅位，剧中需据案而坐的人物（如一家之长、升堂的正官等）都只能坐在桌子前面，即使是皇帝登殿也不例外。

演出开始，两位"先生"便装就座，把剧本放在桌上展开。锣鼓起，第一场出场演员穿戴剧中角色的服装、面具，每人由一位执事人员（便装）牵引着鱼贯上场，按照其角色身份应居位置就位，或坐或立，然后执事人员退场。这种做法，该族傩戏术语叫做"摆位"。

角色出场，不是依照剧情的推进而先后上下场，而是一开始就把本场要出现的人物一次出齐，各就各位，只在极个别情况下有个别角色后出。如《刘文龙》全剧十五场，每场角色少则一二人，多到七八人，大都是一开始就全部就位，唯有第二场中梅香一角和第十一场中土地一角后出。这也是在他们的脚本上《人物出场》部分标注规定了的。

执事人员退场以后，两位"先生"开始对照剧本临文讲唱。讲唱时，二人并不作区别角色的分工，而是齐讲齐唱。讲唱中，也不插话说明哪一段是哪一个角色或讲述者的说白与唱词，而是不加区分，一古脑儿地照本宣科讲唱下去。

而"演员"们一旦上场就位，就如同一尊尊泥像木偶，既不发出任何声音也不做任何动作，更不移动自己的位置。直到两位"先生"把这一场的曲文全部讲唱完毕，并长呼一声"起哦"之后，再由执事人员在锣鼓声中走上来，把场上的角色一个个牵引下去。然后第二场"摆位"，又如法炮制。全剧皆然。

241

我们在刘街乡所见诸姓家族的傩戏,保持这种"假面摆位"形态的,除缟溪曹氏的《刘文龙》和《孟姜女》以外,还有殷村姚氏支族的《陈州粜米记》一剧。殷村姚家的演出与缟溪曹家不相同的有三点:一是只由一位"先生"(而不是两位)临文讲唱;二是演员都是自己走上场各就各位,而不用执事人员牵引;三是剧中的皇帝据案而坐,而不是坐在桌前,"先生"则便装坐在案左讲唱,其余大臣照样按班排列。

"假面摆位"傩戏的脚本有两种形式。

一种是缟溪曹家的《刘文龙》和《孟姜女》。脚本以唱词为主,说白为辅。其唱词全部都是四句为一段,每段的句式一律为"三、三,七,七,七",即首句为两节三言,二三四句都是七言。其文则是叙述体与代言体杂陈,且不加任何说明与注释,读者与听众只能通过文词内容,自己去理解、区分。如《孟姜女》中:

> 孟姜女,是神仙,
>
> 降下凡间许多年。

——显然是讲唱者的客观介绍。

> 孟姜女,好恓惶,
>
> 荷叶遮羞上池塘。
>
> 忙把罗裙来抱着,
>
> 低头看地着衣裳。

——既可当作客观叙述,也可当作角色自白。

> 着衣了,问郎君,
>
> 你是何州哪县人?
>
> 你是神仙归天去,
>
> 凡人下地配成婚。[1]

——首句是角色行为说明,后三句则是角色之间的对话。

殷村姚家的《陈州粜米记》与其他傩戏剧本都不一样,却与明

242

代成化本说唱词话《新刊全像包龙图陈州粜米记》基本相同,甚至可以说就是同一版本的不同传抄本。唱词是七言上下句句式,上句尾字仄声,下句尾字平声;单句不论,双句押韵。从脚本看,唱词不分段落,而是在上下句连续的长段唱词中,间以少量说白。只是因为唱腔以四句为一曲,让人听来觉得是以四句为一段落。兹选取殷村姚家傩戏《陈州粜米记》和明代成化本说唱词话中相同情节的一段并列如下:

殷村姚氏傩戏	明代成化本说唱词话
太祖太宗皇有道,	太祖太宗王有道,
真宗三帝改咸平。	真宗三帝改咸平。
四帝仁宗登宝殿,	四帝仁宗登宝殿,
佛宝天差罗汉身。	佛保天差罗汉身。
仁宗咸宝真罗汉,	仁宗七宝真罗汉。
两班文武上方星。	二班文武上方星。
文官护国金螭帐,	文官护国金篱帐,
武官江山玉版门。	武将江山玉版门。
……	……
百十公公耆父老,	百十公公耆父老,
要进邪中见圣君。	直要朝中见圣人。
仁宗皇帝传圣旨,	仁宗皇帝传圣旨,
宣入朝中见寡人。	宣进朝中见寡人。
谏议大夫前来奏,	谏议大夫前来奏,
三呼万岁见明君。	山呼万岁奏明君。
(白)谏议大夫奏上天子,这百十个父老只有宣为头的人来问他则个。	(说)谏议大夫奏上天子,这百十个父老只可宣一个为头的人来问则个。

（仁白）依卿所奏。	皇帝：依卿所奏。
领了圣旨宣父老，	领了圣旨宣父老，
只宣一个入朝中。	只宣一个入朝门。
百十人中各指让，	百十人中各推让，
为头长上见明君。	为头长上见明君。
……	……[2]

——毫无疑问，除了加点处明显为转抄讹误以外，两本完全相同。可以说，殷村姚家傩戏《陈州粜米记》与明代成化本说唱词话《新刊全像包龙图陈州粜米记》所依据的是同一底本。

傩戏演出的伴奏，本来就只用打击乐器，不施管弦。"假面摆位"傩戏，则连打击乐也不充分运用，而仅用一鼓一锣，其敲打的锣鼓点也很单调，简直称不上"锣鼓经"。

与之相适应，"假面摆位"傩戏的唱腔曲调，也是简约单纯，朴素中透出山野村风。而且，一本戏只用一种曲调，不论叙述还是代言，也不分角色男女老少，善恶俊丑，除间以说白外，统统用一种曲调，从开场直唱到剧终，因是傩戏专用，所以他们都叫做"傩腔"。

第二种类型，演员们始终都戴着面具自己演唱，可称作"假面搬演"。刘氏、姚氏及其各支族的傩戏大多是这一类型。

"假面搬演"傩戏，也是在宗族祠堂上厅进行，背靠祖宗灵位，面对下厅和大门。与"假面摆位"傩戏不同之处，一是搭台演戏，二是台上设置"亮匾"。

"亮匾"其实是一座巨大的不移动的扁方形灯笼：正面高、宽均约六尺至八尺，侧面厚约六寸至八寸；以竹竿或木条做骨架，四围裱糊白纸，中间点烛（现多以电灯代替）。亮匾正面装饰与农家堂屋相似：中间是一大幅字画，如山水、花鸟、三星之类，甚或为大幅书法；两边有对联，上或有横批。

244

亮圌安放在舞台靠后接近底幕的中间位置,这又起到了相当于公衙大堂或家居堂屋正厅景片的作用。亮圌两侧便是舞台的上场门和下场门,有条件的皆用门帘,门额上多有"出将"、"入相"字样。这种舞台装置,与旧时戏曲舞台基本相似。

"假面搬演"的傩戏脚本,刘、姚两氏族都有《刘文龙》和《孟姜女》。脚本样式和文词内容都与缟溪曹家的基本相同,唱词也是以四句为一段,每段也都是"三、三、七、七、七"句式。

山里姚家和山外姚家还有《章文选》一剧,其脚本样式则与殷村姚家的《陈州粜米记》相似,也是七言上下句连续的唱词,间以少量说白。所不同的是,脚本把每一段唱词与说白都分配给了剧中人物。如:

> 自从盘古开天地,
>
> 置立乾坤几万春。
>
> 几个帝君多有道,
>
> 几个无道帝王君。

显然是"说话人"的开场语,而在这里就被分配为章文选的唱词。

在演述故事的过程中,一些本该是"说话人"介绍言行主体的语言,也都分配为剧中人物的唱、白,成了角色自说自道——

> (旦唱)奴奴启言丈夫道……
>
> (文唱)秀才当时权安下……
>
> (杨唱)不唱苏州章文选,
>
> 　　　　听唱郑州鲁大王……
>
> (鲁唱)大王坐了高头马……
>
> (生白)秀才道……
>
> (杨白)杨公道……
>
> (鲁白)大王道……[3]

由此可见"假面搬演"的傩戏脚本,与"假面摆位"傩戏脚本,其实都是一样的,可以互相通用的。其区别在于:"搬演"脚本把"摆位"脚本中包括叙述体语言在内的所有唱词与说白,全部分配给剧中人物,从脚本上排除了"说话人"(即"摆位"傩戏中临文讲唱的"先生")的地位。只是在标注中没有统一规范,有时标角色行当名:"生"、"旦"、"净",有时标剧中人物姓名:"文"(章文选)、"刘"(刘氏女)、"鲁"(鲁大王)。

"假面搬演"傩戏的演出形式,与"假面摆位"傩戏的第一个重大区别,也就是在舞台上取消了"先生"的存在,而由演员按其扮演分工直接代剧中人物立言。又由于对脚本没有做任何改动,把"说话人"介绍环境、人物,叙述故事,说明行为动作等语言,也分配给了剧中人物,所以,实际上也由角色代"先生"立了言。

演出形式第二个重大区别是,那些泥像木偶似的"肉傀儡"们全部活动起来。他们不需要执事人员牵引上场,也不再是全场人物集体上下场,而是根据情节进展以确定各自的进退与相互交流。他们不再是在厅堂上展示一个个僵死的特定形象,而是以一个个特定的形象出现在舞台上,并以语言和行为演绎着各自的故事。

"假面搬演"傩戏的表演,除因戴了面具,无法展现面部表情之外,其唱、念、做、打、舞俱备,已与常规戏曲无异。当然,因其非职业性(非职业班社,无专业演员)而来得朴拙,来得粗糙。我们现在所见到的演出,尽管乡民们着意模仿职业戏曲演员的程式动作,但毕竟原本没有这种程式规范,又缺乏训练,所以仍然随处显露出傩仪、傩舞动作那种原始、简朴、少事修饰的古拙。

不容忽视的是,"假面搬演"傩戏的演员戴面具有两种形式:一种是把面具戴在脸上,把演员面部全部遮盖着。因他们把面具叫做"脸子",这种戴法就称为"全脸子"。另一种则把面具戴在额上,使面具与人脸呈大约四十五度角,露出演员的鼻、口、下巴,所以称作"半脸子"。如下图:

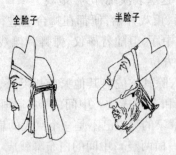

全脸子　　　半脸子

（绘图：王竞）

"假面搬演"傩戏的唱腔，依然使用一种贯穿全剧且各种角色通用的主腔（傩腔），这主腔依然保持着古朴、简约、纯厚的风味。不过，他们的傩腔比起"假面摆位"的傩腔，就显得要委婉、丰满一些。而且，他们并不满足于使用一个贯穿全剧且各种角色通用的主腔（傩腔），而是大量地引进了一些民间小调，穿插在剧中演唱。仅我在考察中录音记录下来的，就有《十二月》、《杵儿郎》、《撒帐调》等十几种。

第三种类型，可以叫做"化妆表演"，演员们演傩戏，绝大多数场次都不戴面具，而需依照所扮角色作面部化妆。这一类型仅见于太和村章氏家族。

章家的傩戏演出，也在宗族祠堂里进行，但舞台方位恰恰与前两类相反：是在下厅（大门口内）面对上厅（祖宗灵位）搭建一座高台，专供傩戏演出使用。有关仪式仍在上厅地面进行，族人们聚在中厅，随执事人员向祖宗灵位礼拜。仪式之后，由一道装"仙人"（不戴面具，化妆作素面俊扮，戴"黑三"髯口）从台东侧神案（摆放面具的大案桌）处走到中厅，一边唱颂吉祥词，一边在中厅行走一圈。族人（即观众）则随之而动，围出一个中心表演区。随后，傩舞开始。舞者戴面具（全脸子），先由一人表演《舞伞》，再由二人

247

表演《舞回子》。这些表演统称为"地戏"。

"地戏"之后，正戏开始，便都在舞台上进行。族人（即观众）虽然始终都聚在中厅，但随着傩仪、傩舞和傩戏地点的更换，而必然地变动自己的方位。

章家的舞台，除其方位与其他家族相反外，亮匾也与众不同，只保留两旁对联和上方横披。中间的"中堂画"则为一白色布幕所取代。所以，章家的亮匾已不是一个巨大的扁方形灯笼，而是三个长条形灯笼（一横两竖），中间的白布幕就成了舞台的底幕。

章家的傩戏，只有一本《和番记》。其故事主要情节与其他家族的《刘文龙》一样，而剧本样式却截然不同。

首先是全部代言体，完全消除了"说话人"或"先生"叙述语言的痕迹，实在需要时，也只以小字加以说明。如"背言白"，"相见，哭介"等等。而这就不是向观众陈述，而是对演员做动作提示了。

第二，剧中角色分行当安排，生、旦、净、末、丑、外、占（贴）俱齐，且标注严谨，自始至终无一错乱，不像"搬演"脚本那样随意，有时标"生"、"净"行当，有时标"文"、"鲁"姓名。

第三，剧本结构与南戏传奇本相同。全剧二十八出：第一出《开场》由"末"色引戏，先唱一曲颂词，再唱一曲叙述故事梗概与主题；第二出才正式开始敷演故事。

第四，剧中唱词既不是"三，三，七，七，七"四句一段，也不是七言上下句连续，而是与南戏传奇一样，全部是曲牌体长短句。全剧28八出中，除重复使用的曲牌、个别未标名的唱段和标为"前腔"、"尾声"者以外，共使用曲牌达59种。

太和章家演《和番记》，只有第四出《庆寿》上场人物全部戴面具，而且只戴成"半脸子"，其余27出都不戴面具而依谱化妆表演。

太和章家演《和番记》，完全不唱傩腔，而是唱"高腔"（当地人

248

称"青阳腔"为"高腔")曲牌体,唱腔旋律和演唱特征与池州、青阳一带曾流行的目连戏青阳腔相同,以真声与假嗓结合(称"母子"音),散板与定板交替,是比较纯正的青阳腔风味。

三种类型的傩戏同时存活在同一乡里,十分难得。它为我们留下了弥足珍贵的活的历史资料。

从傩戏三型,我们至少可以看到中国戏曲发生的两行清晰的足印:

其一,从说唱故事到以歌舞演故事

说唱故事在唐代已非常盛行,僧俗男女都有以此为业的。说唱的内容,既有佛教故事,也有道教故事,还有历史故事、民间传说与世俗故事。唐代的"转变"还使用"变相",即表现故事的连环组画。由一人手持画幡,另一人则口讲指画。[4]李贺《许公子郑姬歌》"长翻蜀纸卷明君,转角含商破碧云";吉师老《看蜀女转昭君变》"翠眉矉处楚边月,画卷开时塞外云",都是描述职业艺人"转变",指着画图说唱故事的情形。

指着画图说唱故事,在池州刘街乡傩戏中则演进为"假面摆位"。之所以说"演进",是指这里的"画图",不是画在纸帛上平面的人物形象,而是真人装扮的立体的人物形象。

"假面摆位"傩戏中"先生"的地位,也与"转变"中说唱人的地位不同。"转变"中的说唱人既是表演的主体,又完全占主导地位、中心地位,直接面对听众口讲指画;画幡则是死的,由持幡人根据说唱故事的进展而翻卷画面,完全处于被动的辅助地位。"假面摆位"傩戏中的"先生",虽然也是故事说唱的主体.但在表演场地中却不占中心位置。而是坐在故事中人物形象的后侧。或者说,直接展现在观众面前的不是说唱人(先生),而是所说唱故事中的人物形象。而且"先生"根本就不表演,只是照本宣科。

缟溪曹家傩戏"演出"时,摆好位置的"假面"们一动也不动,偶尔那位青年按捺不住了(如扮宋中的摇一摇手中的扇子),也会遭到后面执事人的指责。在殷村姚家的《陈州粜米记》舞台上就不是这样,当"先生"讲唱到某一个人物行为时,装扮这个人物的演员便略动一动(不移动位置),以与"先生"的讲唱相呼应,让观众看明白。装扮者(角色形象)已经取得了一定的主动权。

由此可见,"假面摆位"的傩戏,不是以形象来辅助故事说唱。而是用"先生"的说唱来阐释排列在观众面前的形象们的故事。两者的主从地位,与"转变"相比,已悄悄地发生了微妙转移。

三类傩戏从由"先生"说唱故事,到由演员们演唱故事的渐变过程,可从三方面看出:

一是文本:第一类,完全套用说唱本,是"先生"在叙说故事,相当于场上角色形象的解说员;第二类,在文本形式上排除了"先生",而内容中却随处保留着"先生"的叙述语言;第三类,除第一出《开场》由末色引戏以外,再也看不到"先生"的任何痕迹,已经是完全代言体剧本。

二是装扮,主要是面具:第一类,都是戴"全脸子",完全看不到装扮者的脸孔,而装扮者也只能通过面具上镂空的眼孔看外面,既狭小又不清楚;第二类,一部分戴"全脸子",一部分戴"半脸子"——扮演者掀开面具,既可以较清楚地看到舞台而便于行动,又能让观众较清晰地听明白自己的演唱。第三类,化妆而不戴面具,既消除了视觉和传声的障碍,又能够展示丰富的面部表情。

三是表演:第一类,最初(如缟溪曹家)只有装扮而完全不表演,甚至连行走也需牵引,然后(如殷村姚家)是装扮者自己走上场,而且与"先生"相应而略有动作;第二类则是戴着沉重的面具负担来表演;第三类就完全摆脱了面具的负担和障碍,而自由地进行表演。

我们不妨再以表格的形式来显示这一演进过程：

艺术形式分类	说唱艺术		傩戏三型		
	俗讲与说唱词话	转变	假面摆位	假面搬演	化妆表演
向观(听)众展示的形象	无角色形象	有角色形象			
		角色为静态形象		角色为动态形象	
		平面形象(画幡)		立体形象(人物)	
	有说唱故事者形象			无说唱故事者形象	
	说唱者即唯一形象	说唱者为主体形象，角色(画面)为辅助形象	角色(假面)为主体形象，说唱者退居后侧为"解说员"	角色为全部形象	
表演	说唱者为表演主体		无表演主体(角色只展示形象，说唱者只阐述故事)	角色为表演主体	
				不见面部表情	可见面部表情
文本	完全叙述体说唱本		套用叙述体说唱本	分解叙述体说唱本为形式上代言体剧本	代言体剧本

从排列形象以说唱故事的"假面摆位"傩戏，到由"假面"们依照脚

本直接代故事中的人物,也代"先生"立言立行,不用"先生"登场的"假面搬演"傩戏,再到太和章家的《和番记》那样基本不戴面具而化妆表演——这一行足印,清晰地指划出,从说唱故事到以歌舞演故事,是中国戏曲发生的途径之一。

但这并不能说明中国戏曲就是从唐代"转变"演进而形成的,孰先孰后还不忙定论。

中国人唱故事的发生当是很早的。唐之前,南北朝乐府有《木兰诗》等。再往前,汉乐府有《焦仲卿妻》、《陌上桑》等。继续往前,又有战国《荀子》《成相》篇和《楚辞》中的许多篇章。还往前,《诗经》中唱故事的诗也不在少数。如果说叙述商王朝祖先发迹、建国事迹的《商颂》,是殷商后人在春秋之世追述的作品,那么《周颂》、《大雅》中产生于西周初年的许多歌颂周人祖先业绩的诗篇如《武》、《酌》、《载见》、《赉》、《般》、《文王》、《大明》、《下武》等,就是现知最早的演唱故事的作品了。

从说唱故事到以歌舞演故事这条道路,中国人可能很早就起步了,以歌舞演故事的艺术形式也可能很早就开始发生了。

其二,从神坛到舞台

三种类型傩戏虽然都是在祠堂内进行,但其表演区域的安排与设置却各不相同,并且以其相互差别清楚地表明傩戏由神坛走向舞台,由仪式性戏剧走向观赏性戏剧,以及傩戏的演出目的由敬祖祭神到示神于人,再发展为人神共赏的过程。

分别以缟溪曹家、庵门刘家、太和章家为例,让我们先来看一看傩戏三型演出现场设置安排示意图——

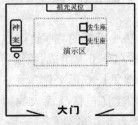

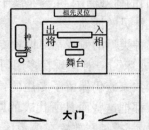

(一)"假面摆位"傩戏缟溪曹家演出现场示意图　　(二)"假面搬演"傩戏庵门刘家演出现场示意图

(三)"化妆表演"傩戏太和章家演出现场示意图

　　缟溪曹家的"假面摆位"傩戏,就在祠堂上厅地面演示,演示区(因为他们只是"摆位"而不表演,姑称为演示区)就在祖宗牌位前面,两者之间并无任何遮隔。正中设一方桌,负责说唱的"先生"在一侧,方桌之前才是"假面"们占据的区域。"假面"们包括"玉帝"、"金星"等神灵,只能占据方桌前的位置,可见方桌后的"正位"应属祖先神灵所居。"先生"的位置,处在祖先神灵与傩戏神灵之间,这表明"先生"的责任主要是向逝去的祖先神灵解说"假面"(即傩戏神灵)们的故事。诗曰:"肃雍和鸣,先祖是

253

听"，[5]以严肃、恭敬、温和的声音请先祖之神降而听之。也就是说，他们的傩戏演示，主要是属于敬奉祖先神灵，娱悦祖先神灵，祭祀祖先神灵的活动。

三种类型的傩戏都要设置专门摆放面具的"神案"（或称"神台"、"龙床"）。神案现在多用门板搭在桌子上组成，缟溪曹家、金家等少数家族仍保留了专用的竹编圆角长方形平筐。无一例外，各家族都把这些面具所代表的剧中人物（包括反面人物）统统视为神灵，都把神案放置在演示区或舞台小边的外侧——传统习俗以左手边为大边、上边，右手边为小边、下边——这也说明他们敬祀的对象主要是祖先神灵，而面具所代表的傩神们（包括其中的玉帝、皇帝）则处于次要、从属甚至服务（娱悦）的地位。"假面摆位"傩戏是把"傩神"形象展示给祖先神灵看，把傩神们的故事说给祖先神灵听。这是敬奉、取悦、祭祀祖先神灵的活动之一。因此，即使场中观众走光了，他们的演示仪式也照常进行，丝毫也不马虎，也不会加快进度，更不会删减任何内容或程序。

第二类型，刘、姚诸姓家族的"假面搬演"傩戏，则需搭建舞台来演出，而且舞台的底部中间设置高大的亮匾，亮匾又与上场门（出将）、下场门（入相）连接成一体（上下场门都用门帘）。这样一遮隔，就通过前后台的区分，把祖先神灵的"座位"与"假面"们（傩戏神灵）的活动区域，完全隔绝开了。这也表示，他们的傩戏主要是给族人（观众）看，即示神于人。

傩戏演出时，凡重要角色（不一定是剧中的主角）上场，如"出玉帝"，"出金星"，"出土地"，"出皇帝"，"出包公"等等，都有专门执事人员在大门外鸣铳数响至十余响，同时还要（在祠堂内）燃放又长又爆烈的鞭炮，以昭示这些神祇地位之高，作用之大及其重要性。剧中主要正面角色如刘文龙、萧氏女、范杞良、孟姜女、章文选、王相等出场时，也燃放鞭炮。

傩戏舞台小边外侧的"神案"前,还摆了一张供桌,供桌前有香炉。在演出过程中,不论什么时间,都允许信士弟子(也不论男女老幼)随时上前献贡,上香,燃放鞭炮,礼拜,祈福,许愿,还愿。旁边的执事人员只负责照应香火,并不过问,更不干涉;舞台上的演出也照常进行,丝毫不受干扰。显然,他们这时所敬奉礼拜的已不是祖先神灵,而是以摆放面具的神案为代表的傩戏神灵。

人们对傩戏神灵的礼敬,再次强调傩戏的功能主要是示神于人,即"假面"们以唱念做舞来敷演傩神们的故事,从而达到教化族人的目的。

第三类型便是太和章家以化妆表演为主的《和番记》了。章家的舞台方位设置与前两类恰恰相反:搭建在祠堂的大门口内,面向祠堂上厅的祖先牌位。这种由外向内的设置,就把家族内部的祖先神灵与外在的各种傩神,划开了一个内外亲疏的明显区分。

太和章家的傩事活动按其内容不同而在祠堂内划出明显的区域:敬祖的仪式在上厅,直接面对祖宗牌位,一应执事者都便装,更不化妆;"舞伞"、"舞回子"等傩舞,则在中厅地面进行,族人们须围成圈观看,舞者穿傩舞服装,戴面具("全脸子")以表明他们扮演的是傩神;而演出《和番记》则在下厅(大门口内)舞台上,面对上厅祖宗牌位和中厅的族人。这就等于无言地声明:我们是在演戏,我们演出《和番记》是给逝去的祖先神灵和活着的同宗族人共同观赏的。

太和章家还在相应仪式的唱诵词语中明确表示,他们的"戏神"是从外面引进来的,是为本家族禳灾祈福,取悦本家族,为本家族服务的。如,启圣迎神进祠堂时的诵词:

戏进门来鼓乐喧,神仙下界涌金莲。

瘟蝗瘅气皆消灭,五谷丰登大有年。

地戏(傩舞)之前,道扮"仙人"边走边唱的唱诵词:

千里听得锣声响,万里听得鼓声鸣。

锣声响,鼓声鸣,请得神仙坐满庭。

千槌万打,戏舞皆能,不必到长城。

朝朝日日下堂游,三夜走过两万州。

人人说道杭州好,唯有东家最大头。[6]

这里的"东家"是作为主人的章氏家族,那么,处于"西席"为宾的,自然就是"请得"的傩神和戏(班)了。至此,太和章家虽然也把他们的《和番记》称为"傩戏",虽然也把它当作傩事活动的组成部分,但种种迹象表明,"戏"已经成为傩仪的附着物,已经处于"西席"即宾客的地位了。

从"假面摆位"傩戏的敬祖祀神,到"假面搬演"傩戏的示神于人,再到太和章家傩戏供族人与祖先神共同欣赏,傩戏从神坛走向舞台的足迹,已经踩出了一条明晰的路径。如果太和章家的舞台从祠堂里搬出来,搭在稻场或其他空地上,那么,它就彻底脱离了祭祖仪式而成为纯供观赏的无傩之戏了。

注释:

[1] 三段引文均系笔者考察时所纪录。

[2] 引自王兆乾:《池州傩戏与明成化本〈说唱词话〉》,见《傩戏·中国戏曲之活化石》,33-34页,合肥,黄山书社,1992。

[3] 摘自姚氏抄本。

[4] 参中国艺术研究院曲艺研究所:《说唱艺术简史》,22-25页,北京,文化艺术出版社,1988。

[5] 《诗经·周颂·有瞽》。

[6] 引自王兆乾辑校:《安徽贵池傩戏剧本选》,245页,台北,财团法人施合郑民俗文化基金会,1995。

● 吕光群

安徽池州市文化局

远古遗响——傩文化中的生殖崇拜

　　生殖是塑造人类历史的一个基本因素。生殖对原始先民来说是一种神秘的事物,由此产生生殖崇拜的观念,成为人类早期的信仰,但并没有随着文明的进步而绝迹。生殖崇拜对古代和近代的宗教、艺术、科学和习俗有极大的影响,至今还在人类生活的各个领域留有痕迹。中国是个多民族、多宗教的国家,是世界闻名的古老文明发祥地之一,巫傩文化是古代传统文化的重要组成部分。生殖崇拜,在各个民族的傩文化中通过礼仪、傩歌、傩舞、傩戏世代传承。(一)安徽省贵池缟溪村金姓每年正月十三朝社,在社树前举行仪式,由头戴千里眼和顺风耳面具的阴阳二神,手执古老钱(古老钱象征着大地和女阴)的顺风耳和手执神伞(伞盖象征天穹,伞柄象征男根)的千里眼作“天地交泰”的“舞伞和舞古老钱”的舞蹈(图1)。邻村的曹姓,也在同日上午,在同一个社坛的社树下举行朝社仪式,舞者戴天帝和土地的面具“舞伞和舞古老钱”,亦为天地相交的内涵(图2),以祈化生万物,人丁繁衍,五谷丰登。(二)湖南省永顺县土家族在“摆手堂”表演的“毛古斯”是土家人生殖崇拜、祈求子孙繁衍、驱秽避邪、禳灾纳吉的重要仪式。“毛古斯”即浑身长毛的原始人,演员结稻草为服,登场扮演男性的人员均要配戴一根长三尺的木棍,上以草绳缠绕,用肉色的绸布缠裹,用土红汁水浸染,顶端再用红布包裹,捆扎在腹前,以象征男性

257

生殖器,名谓:"神棒"、"粗鲁棍"(图3)。表演《抢新娘》时,小毛古斯不时地在姑娘面前晃动它,发出种种性吸引的信号。《甩火把》是"神棒"的展示,有"示雄"(图4)、"搭肩"、"转臂"、"甩摆"、"打露水"、"挺腹送胯"、"左右抖摆"等动作,演至高潮,毛古斯还手握"神棒"随意触及女观众的下部,被触及的妇女则认为这是神赐给她以生育能力。(三)云南省元江县哈尼族表演的"归基吐"(九祭献)神奇地展现了人类从崇拜自然到人化自然所经历的漫长的历史文化现象及其隐秘的传承机制。祭献活动有严格的禁忌和程序,以傩祭、傩舞的形式传承民族的历史、生产生活及繁衍生殖的知识。内容有:(1)祭坛:祭坛是一个用竹蔑编制的形似竹筐,上面有四个毛竹节(代碗)用来放供品,中间插一串小白花,坛四角插四根芨芨草。木雕的一对裸体男女供奉在坛前。(2)祭仪:(哈尼语"咕哧哧涡"),祭仪活动是由贝玛(巫师)亲自主持,古朴隆重,充满原始宗教气息和娱人情趣。生产劳动有耕、耙、播种等舞,生殖繁衍舞从内容到形式都很独特,充分地再现了哈尼人婚配、生儿育女的过程。"爷爷莫害羞"扮演爷爷的头人(祖先神)躺在草地上,另一位长者把男性生殖器(做好的木制道具长约40公分)按在爷爷的肚下不停的翘动,象征男性的雄壮和力量(图5),围观的男女,大声吆喝、喝采。"戛拉据"是哈尼青年男女,在野外跳舞歌唱,通过对歌来挑选自己的意中人(叫"哈咪哪哈咋"),"阿认皮"是哈尼男女青年选中后,相互拥抱、亲吻、野合,然后男女各抱木雕裸男女进行跳舞,以示生儿育女的欢乐(图6)。(四)云南双柏县小麦地冲,每年农历正月初八到十五过虎节,虎节是"罗罗"传统的节日。虎是彝族氏族部落社会时期"罗罗"部落的图腾。"罗罗"崇拜虎,称虎为"罗","罗罗"意为虎人或虎族。《跳虎节》再现了彝族氏族部落时期的生殖繁衍和劳动生产、生活的景象。请虎神的仪式要由巫师卜卦,选出八名男子化装为虎,用黄白颜料在演员身上画虎纹,用毛毡披在身上捆扎上两个耳朵,一个粗大的尾巴,至此演员不再讲话,成为虎神。正月初八是出虎日,傍晚由老虎头子主持、四黑虎出场,跳绞篾舞,众村民执香火围着虎神即兴而舞,以后每日出一虎,加到八虎后,跳虎犁田、耙地、撒种、收割、打谷等生产舞;以虎亲吻、虎交尾(图7)、虎护蛋、虎搭桥等生殖繁衍舞达到高潮。(五)贵州省西北部威宁县的裸戛村,在海拔2800米的高山上居住着50余户的彝族村寨,至今保存一个传统的古老傩戏"撮泰吉","撮泰吉"是彝语,意思是人类刚刚诞生的时代,演员装束非常奇特,用布把头顶缠成锥形,身上用布缠紧象征裸体,头戴粗犷的木制面具,迈着罗圈腿似的步伐表演,好似人类刚刚直立走路。"撮泰吉"每年正月初三到十五举寨祭火,俗称"扫火星",旨在驱邪纳吉,祈求风调雨顺、五谷丰登、人丁兴旺。内容有:"祭祀、迁徙、耕作、生殖繁衍、扫寨等组成。表演的动作极为原始古朴,有男女交媾,喂奶的场面(图8),展示了原始人群的生活。(六)青海省同仁县浪加村的小寺庙里,供奉着木雕男性生殖器和阿妈龙女全裸女像,是藏人的镇庙之宝(图9)。每年的祭山神时,藏民的舞者,还跳生殖舞,手握男生殖器和阿妈龙女作交媾的表演,不育的妇女挤到前边,舞者将木祖在胯间点几下,以示受种,来年会得子。(七)西藏,藏族对男女生殖器的崇拜祭祀很普遍。如"西藏隆子县的一个小寺庙供奉着一个石雕女性生殖器"。"在日土县的任姆栋1号岩画中画有男、女生殖器,而且是极度夸张扩大了的"。"在寺庙浩如烟海的壁画、唐卡中,画有不少的男、女生殖器和生殖崇拜的内容"。另外,"本教在举行招魂仪式时使用的法器也有性俑像和'蔷普'。""蔷普"实际上也是一种阴阳性器合体俑像的抽像变形物。(引自《中国傩》280页,刘志群《西藏傩祭考释》)(八)安徽贵池的祈子民俗。茅坦乡山湖唐家老屋祈求子孙繁衍、人丁兴旺的形式独特,每年的正月十四朝社,当年生男丁的人家送 8 枚红蛋,生女的送 4 枚红蛋,将红蛋供奉在社坛社树前的神案上(图 10),然后在社树下举行"献马杯"的仪式,由扮演花关索及鲍三娘者接受去年生儿育女人家奉献的红蛋,并将红蛋在马肚内经过(图 11),以示红蛋具有添丁的灵气。然后回村分送给无子的新婚夫妇。贵池刘街乡缟溪曹家祈子民俗又是一种景象,每年的正月十三举行朝社仪式,去年生男丁的人家,做一把"灯笼伞"(灯伞分上下两层,每层挂 12 个灯笼)敲锣打鼓放炮送到祠堂或社树下(图 12),希望得子的人家,向会首求一个灯笼或抢一个,挂在新婚夫妇的门前,以示来年能得子。

以上介绍了 6 个民族 13 个地区的人们对生殖崇拜和生殖繁衍的表现形式,都自成一体各有特点,但都强烈地反映了一个共同点,即原始先民为了人类的生殖繁衍而对性的崇拜,成为一种观念,一种信仰,成为一种宗教仪式流传至今。究其原因,是童年时代的人类、原始人想象万物是有生命的,有人格的,也具有像他们一样的激情和特性。他们把最抽象的自然现象也当作人,如天、地、山川、日月、星辰、风、火、植物、神灵、男神和女神等等。原始先民,从经验中得知性的事实,性既是一种很神秘的事物,也是对生殖和生命以及其他物种的存在最现成的解释。认定万物都是有性的,与人类生儿育女是相似的,这种概念在漫长的人类历史进程中发展成为一种信仰,也成为世界人类各个民族的一种文化现象,传承保留至今。生殖,这个塑造人类历史的基本因素,它是永恒的!

图 1

图 2

图 3

图 4

图 5

图 6

263

图 7

图 8

图 9

图 10

图 11

图 12

● 何家荣

池州师专中文系

大宇坑风情札记

　　大宇坑,是池州市石台县横渡镇的一个行政村,地处偏僻,经济落后,人口稀少,默默无闻。2002 年的春天和秋天,我与一帮搞文学艺术的朋友先后两次徒步旅游秋浦河,也因此先后两次探秘大宇坑,本文即是两次探秘的见闻、感受和思考。

一、大宇坑的自然环境

1、秋浦河的神秘源头

　　秋浦河,因李白的《秋浦歌》而闻名于世,这条被李白反复歌咏的美丽的河流,一般认为发源于石台县珂田乡的李村,人称"源头李",这是没有错的。但是,我们从秋浦河汇入长江的入口处起程,逆流溯源,经杜坞、殷汇、石城、高坦、矶滩,过石台县城,到香口,这时我们发现,再往上,秋浦河分成了两支,一支是从大宇坑流出的,当地人称鸿陵河,另一支就是从"源头李"流出的,当地人叫恭兴河。两股支流水势相当,长度大致也相当。所以,我们以为,它们都应该是秋浦河的源头;只是,大宇坑这个隐蔽而神秘的源头,目前还没有引起人们的注意。

2、隐秘的山水,古朴的民风

从香口往大宇坑,经横渡,过兰关,河流一拐,进入一条幽深的峡谷,河水变成了一线细细的溪流,溪边有条简易的农用车道,但游人们大多情愿让那一川洁白光滑的卵石们引领着,顺着河道蜿蜒进村。

村子很小,只有4个自然村,村口两个,叫胡上、胡下,冲里两个,叫里屋、外屋,当地人戏称为"胡上胡下里外里"。村里一色的瓦房,或依山,或临河,新旧相间,错落有致。房子除了外墙,里面基本都是木结构的,给人一种古朴温馨的感觉。村里大概很少来人,那些狗都没有对陌生人吠叫的习惯,见人都是极亲热地摇着尾巴。整个村子没有店铺,只有一个卖日杂烟酒的小摊位,但村民们待人很热情,找到谁家喝水、吃饭都很方便,自家地里种的菜,自家枣皮泡的酒,既开胃,又养人;春天去的时候,还有一种特别丰盛的烧锅,更是让人回味无穷,据说是乾隆下江南的时候吃过的,所以叫做"一品锅"。置身在这样的环境当中,让人不禁想起陆游《游山西村》的意境。

二、大宇坑的历史文化

1、古桥、古树、古祠堂

小溪从村中缓缓流过,在村口,溪上有座明代的拱桥,跨度不大,但呈大半圆形,显得高峻壮观;两边斜坡皆有石级,宽而陡;顶部铺着大块的青石,写满岁月的沧桑。透过桥下的拱洞看里面的村庄,顿生世外桃源的感觉。

与石桥并排,中间仅隔条人行道的地方,有三棵古树,一为银杏,一为香榧,中间夹一古柏,束身上扬,皆有数百年的历史。进出村庄就经过这桥与树之间的小路。"人世几回伤往事",但桥还是那么坚固,树还是那么挺拔,春秋易序,日久弥新地给村庄贴上岁月的标签。

村子里能看到的古迹还有两座祠堂,其中一座的外墙已被撤除了,木结构的梁、柱、飞檐就裸露在路边,如同山里人看人的目光,毫无遮拦。

村子没有文字记载的历史,一切都让这些桥、树和祠堂们见证着。

2、祈雨道场——黑龙洞

经过村庄,沿着溪流再往山里走,就会发现那水是从两个洞里淌出来的。一个叫黄龙洞,一个叫黑龙洞。这是两个神奇的所在。黄龙洞被一块横空架在溪谷上的巨大岩石覆盖着,岩石下面一泓碧水,不知从何处而来。站在巨石下面,只见头顶上方悬着两颗钟乳,沾满陈年的青苔,湿漉漉、毛茸茸的,像两个丰硕的乳房,泉水从乳峰上漫不经心地滴入潭中。你若伏下身子掬水洗脸,则可看见岩穴深处有道亮光;原来那里有个隐蔽的通天的口子,光线从那里射进来,鸟儿们从那里飞进飞出。口子深邃圆润,像大地的子宫。巨石背后,是万丈悬崖,像伟岸威严的父亲,他永远骄傲地俯视着我们。这里确实不愧为池州人的母亲河——秋浦河的源头啊!

黑龙洞在那著名的狮子岩下。一面十多丈高的峭壁,半中间一个巨大的洞口,坦坦荡荡,这就是黑龙洞。站在峭壁下面,洞口就在几丈高的地方,但峭壁又陡又滑,可望而不可即。后来从旁边的悬崖绕上去,小心翼翼地攀缘到附近,可以探头凝视那巨大而幽深的龙口;如果再有一段结实的木料,架过峭壁上的那棵据说已有千年的楠木,用它垫个脚,踩过两步,人可以猴上洞去。但这黑龙洞已经有很长时间没有人进去过了,连村子里的人似乎都感觉有一点陌生而神秘了。有年长者告诉我们,曾经有人结伴进过洞,在里面走一趟,至少要一整天时间。入洞数百米,有一巨型钟乳石悬于洞顶,酷似一条黑色的飞龙,梦一般的流泉恰从"龙口"滴到下面的岩石上,仿佛是黑龙的涎水。在大宇坑流传着一个古老的传说:后羿射日之前,天上的十个太阳把大地烤得像焦炭似的,在地面上找不到一滴水,于是人们寻进了黑龙洞,在那"龙口"上找到了一线活命的水。当时有个年轻的后生,好不容易从"龙口"下接到一小竹筒水,顾不得自己喝上一口,就急匆匆地要拿回家给母亲喝。但是,走出洞口,一不小心,从悬崖上摔了下去,粉身碎骨,竹筒里的水也撒了一地。顷刻间,只见天上乌云大作,既而降下倾盆大雨。从此,这洞里,便成了人们祈雨的道场,方圆几百里的地方,人们都慕名到这里来求雨。村里老人对那祈雨的仪式还能作生动细致的描述,讲到那神奇的灵验时,简直是眉飞色舞,活灵活现。有位曾经经历过祈雨的老人回忆说:到黑龙洞祈雨,须先挑七个精壮的小伙子,斋戒七日,然后上路;而且第一天不能遇见女人,否则,就得原路返回,重新开始。一行七人,顶着烈日,身背竹筒,头戴草环,披荆斩棘,专走小路,为首者拎面大锣,走七步,敲一下,在那千里赤地上,显得格外的壮烈。进得洞后,摆上祭品,焚烧香纸蜡烛,三叩九拜,然后取下七只竹筒,将那标有暗记的一个恭敬地放到"龙口"下面,待那龙涎滴满之后,就算取得了"真水",另外那六个竹筒只须装满洞内的积水就行了,因为它们是预防路途打劫的。历尽千辛万苦将"真水"取回去后,在村里还要举行盛大的祭水仪式,然后才将它洒入干裂的田里。据说,不出三天,就会盼来甘霖。

老人们说,直到解放后,黑龙洞才停止了作祈雨道场,而且从此也就渐渐地少有人进去,洞内现在应该还存留有一些神器。我们本来是打算进洞看一看的,听老人们这么一说,我们便作罢了:大自然最稳秘的地方,应该让它永远地自在无碍,我们没有权利涉足其中,去惊扰它沉酣的梦境。

270

3、目连戏的兴衰

目连戏是我国古老的民间戏曲之一,主要搬演佛家弟子目连入冥救母的故事,源于《经律异相》、《佛说盂兰盆经》等释典,大约从东汉到明代,目连救母的故事,从释典演变为变文,从变文演变为戏文,情节愈变愈丰满生动;又因各地艺人的改创,愈变愈丰富多样。安徽的目连戏主要流行于祁门、池州、宁国、太平等地。明万历年间,祁门名士郑之珍一边参加目连戏演出,一边用传奇手法将其演绎为长达100出的《目连救母劝善戏文》。目连救母的故事虽然荒诞不经,但贯穿了"积德行善"这一主题,因此百姓们喜欢看,演出长盛不衰。这期间,大宇坑的民间艺人李钦太拜郑之珍为师,苦学三年,将所有目连戏文烂熟于心,回乡后,就迅速组建了大宇坑目连戏班子,排练演出,主要剧目有《目连救母》、《哑姥背疯婆》、《苦竹林》、《梁武帝》等。李钦太之后,代代相传,目连戏在大宇坑兴盛了数百年。现在还健在的目连戏老艺人李荣林回忆说,到清末民初,大宇坑目连戏已传到第九代,演艺已达到相当的水准,演出范围也不再局限于周边地区,逐渐扩大到江西、湖南等地,但越到后来,演出的规矩越严格,迷信色彩也越浓重。当时,如果哪个地方人丁不旺,或瘟疫流行,七月十三就一定得大唱目连戏,以求驱邪避灾,俗称"打目连"。由于大宇坑目连戏名声在外,因此远近各地的约请者纷至沓来。相传,大宇坑的目连戏确实演得惟妙惟肖,精彩处几至人鬼难分。说是一次在江西婺源演《女吊》时,竟把真鬼引到了戏台上,与扮鬼的演员同台演出,并相互较劲。一时真假莫辨,让人毛骨悚然。幸得领班情急生智,派人抽掉戏台上的两块板,使得演员望而却步,只那真鬼依然行走自如,这样方将人鬼区分开来,并进而把真鬼驱走。这情景当然是虚构的,但它从侧面反映了当时大宇坑目连戏班高超的演艺水平。

大宇坑的目连戏班直到解放前夕,都还经常被请到外地去演出。但因为它主要是以演鬼出名的,所以解放后就被禁止演出了。现在,则只有几位演过目连戏的老人还健在,过去戏班子演过的一些戏曲残本还在,别的一切都成为模糊的记忆了,甚至有的人把几个戏的故事串到一块去了。

4、令人费解的"屯田"

在大宇坑十几里的峡谷里,那绵延的山峦上,乃至那嶙峋的峭壁间,有一种奇特的景观让人惊叹不已,那就是层层叠叠、隐约连绵的梯田。从那千斤巨石间的巧妙咬合和那些鹅卵石刀削般平整的垒砌,可以想见,这个小小的山村,曾经过一场人与自然的非凡抗争。

找不到史书上的记载,我们只能听大宇坑人的叙述。说是太平天国军将领陈玉成兵败安庆之后,其残部千余人退守江南,领头的绰号"李通天",带着他们来到大宇坑,认为这里山高路险,易守难攻,于是卸下行装,安营扎寨,断绝与外面的一切联系,以求躲避战争,保全性命。但他们忽略了另一个同样重要的问题,生存问题。在这个不足300人的山沟沟里,可耕种的土地不过百亩,粮食本来就难以自给,忽然间又从天而降这一千多人,吃什么呢?躲过了战死,又面临着饿死了。在抢光了村里的粮食,吃光了树皮草根,饿红了眼无计可施的时候,李通天想出让兵士们辟山造田了。无论是人迹罕至的深山,还是荆棘丛生的幽壑,抑或乱石峭壁之间,他们都能依山就势,将大小石头错落有致地垒成一道道石坝,层层相叠,层层相扣,辟出梯田梯地。有时候,几块千斤巨石垒成的梯田上,杯土之中只能长一棵玉米,真可谓地尽其用了。在一座海拔700多米的高山上,兵士们还开辟了一块开阔的旱地,种上茶叶、玉米、油菜等作物,旁边圈起一个跑马场,一边种地,一边习武,据说李通天曾中过武举人,后来这座山人们就称为武举山。李通天的部队在大宇坑呆了两年多时间,不知什么原因又开走了,也不知开到什么地方去了，大宇坑人的感觉是就那么来无踪，去无影地销声匿迹了。但他们开辟的梯田、梯地，却让大宇坑人受惠了，并且成为今天一道独特的人文景观。

三、奇异的"走婚"习俗

1、不一样的"走婚"

走婚，人们现在讲得较多的是永宁摩梭人至今仍然实行的一种婚姻形式，民族学家将它称为"阿注婚"或"阿夏婚"（阿注、阿夏均为情侣、朋友之意），而摩梭人则普遍叫"走婚"。它是典型的对偶婚，但男不娶，女不嫁，男女终身都在自己的母系家庭里，双方都不是对方家庭的成员，通常是男子夜间到女子家里访宿，次日清晨返回自己家里。摩梭语就称"走婚"为"色色"，意思是"走走"、"走来走去"的意思。所以，如果从字面来理解，"走婚"就是通过男子的"走"来实现的婚姻。其他一些地方的走婚，尽管形式上有些变化，本质上还是相同的。大宇坑曾经流行的"走婚"则只在形式上相似，本质上根本不同。或者说，它是有"走"无"婚"，"走"婚"非"婚"。

大宇坑人的"走婚"与大宇坑目连戏的兴盛有直接关系。明清之际，大宇坑目连戏班已经具有相当大的规模，村里有百余人参加演出。而目连戏演出与其他戏种不一样，必须真刀真枪真功夫，对演员的体格要求非常高，所以戏班子清一色是男的，身体棒的。这些人长年累月的在外演出，家里就只剩下老人、女人、小孩，遇上体力活、急难事，就得依赖在家的那些男子，时间一长，这些女人们就会"移情"，在外的丈夫只不过是个名份，是个挣钱的工具，她的所思所想，所急所难，就联系着她与另一男子。据曾经有过"走婚"经历现已80高龄的一位老人回忆说，"走婚"的大致情节是这样，如果某个妇人有意于帮她做工的男子，白天在一起劳动的时候,她就有意解开对襟布衫的第二粒纽扣,那个男子见此必能会意,并且晚上会发现妇人的窗口一直点着盏油灯,这个时候他去敲门,妇人就会像对自己的丈夫一样留他过夜。天亮之后,男子离去,各走各的路,各干各的事,不得胡搅蛮缠。妇人们的这种行为在外的丈夫自然会有所耳闻的,但考虑到家里实际的困难,只要女人做得不过分、不越矩,往往也都睁只眼闭只眼,听之任之了。

所谓不过分,就是不能像一般的男女偷情,不能纠缠不清,藕断丝连,不能借"走婚"之名,行夫妻之实。所谓不越矩,即这种"走婚"只能在同姓之间进行,绝不能扩大到异姓。大宇坑自古以来只有李、胡二姓,李家的女人只能跟李姓男子,胡家的女人只能跟胡姓男子发生"走婚",不能混杂,更不能与外面的男人乱来,否则,将处以严酷的家法。

目连戏被禁演后,"走婚"的习俗据说还延续了一段时间,那是一些孤儿寡母的家庭,一些男人体弱多病的家庭,为生计所迫,那女子以此来感恩、报答那些为自己排忧解难的男人。"文化大革命"后,这种习俗就绝迹了。

2、对大宇坑"走婚"习俗的思考

如今到大宇坑,跟村里人谈起过去的"走婚"风俗,他们绝不否认,但大多数人总是闪烁其辞,显然是不足为外人道也。作为他们自己约定俗成的习俗,他们绝对不认为是什么离经叛道,羞耻丢人的事,但对外面的人又觉得羞于启齿。这大概与中国人的性观念及传统的婚姻道德有关。

中国人对于两性的爱,一开始是很坦率和可爱的,"窈窕淑女,君子好逑"的诗句,是孔圣人非常欣赏的,"饮食男女,人之大欲存焉"也是圣人的名言。别国似乎也如此,阿拉伯古诗人云:"地上的天堂是在圣贤的经书上,马背上,女人的胸脯上。"瞿秋白认为是"老实的供状"。我们的先祖已然有一些不是自己父王的

274

种,而是他的母后踩了"大人"的脚印,或吞了什么鸟蛋,或有什么神物入体而生出来的;就是孔圣人自己也是来历不很清楚的。但后来出现了"礼",中国人对于两性的爱就有些隐晦了,什么"发乎情止乎礼仪",什么"男女授受不亲",就有些不近人情了。再后来又发明了什么"贞节"观,义正词严地提出"饿死事小,失节事大",就从根本上违背了人性了。总之,两性的爱从此就失去了它原本的鲜活,而变成了僵尸一样的有悖于"礼仪"的让人羞于启齿的观念。婚姻呢,不再是爱情的结晶,而抽象为一种道德,一条套在人身上的绳索。

像大宇坑这样一个与世隔绝的山村,那些或者男人长年在外,或者男人体力不济,或者男人抛妻别子,撒手而去了的家庭,一个女子要撑起那个家,她不依赖别一个男子的帮助做得到吗?如果我们的婚姻道德承认人性,就不能认为大宇坑曾经流行的"走婚"是不道德的。退一步说,就是不为生活的需要,她们的身体也是需要的,难道要她们守一辈子活寡才是道德的吗?

大宇坑今天依然很贫困,依然很闭塞,但山水还是那么美,民风还是那么淳,人情还是那么实,那过去的岁月里流行的"走婚",不过是这青山绿水间的一个童话而已。我又想起了陆游的《游山西村》:"莫笑农家腊酒浑,丰年留客足鸡豚。山重水复疑无路,柳暗花明又一村。箫鼓追随春社近,衣冠简朴古风存。从今若许闲乘月,拄杖无时夜叩门。"我愿意时时亲近这些生活在真实的感觉、真实的感情里的人们。

●周显宝

厦门大学艺术学院音乐系、香港中文大学文学院音乐系

傩戏、青阳腔与祭祀仪式的缘生形态

在探讨文化、艺术的起源方面,学术界常常就文化、艺术或音乐起源于巫术、劳动、求偶、模仿自然、语言声调等诸种学说争论不休。[1]显然,这是因为近代以来,查理·达尔文(Darwin, Charles Robert, 1809 – 1882)的单线生物进化论思想过于深入人心、浸透到各个学术研究领域的结果造成的。笔者认为自然界的物种起源和人类文化、艺术的发生、发展不可同日而语,文化或艺术的发生是多元的、共生的、互动的、复杂的,任何单线条、单质点的思维方式、探讨方法都不足为凭、不足为信的,文化、艺术、音乐的发生不仅牵涉到事物和现象的物质形态,还与人的生存方式、精神生活等诸要素密切相关,与其将其从一个文化复合体中生硬地剥离开来探讨它的起源(origin),毋宁按照其原本的整合性存在方式,追溯其早期的缘生形态(primordial statement)更为合理。[2]尽管王国维先生提出了"歌舞之兴,其始于古之巫乎?"这样一个颇具价值的学术观点,"王氏一向力主能动地吸收'西学',达到与'中学'互相'化合'。"(《论近年之学术界》)[3]因此,我们似乎看到了查理·达尔文的生物进化论思想对东方学者的影响。[4]笔者认为:与其说是"始于巫",倒不如说是与巫及其仪式"共生"或"缘生",巫术与戏曲、音乐到底何者为本源、何者为派生? 我们所能做的都是理论上的假设,并不能断定其在什么时期、什么地点、如何派生后者

的,而探讨巫与戏曲、音乐的缘生形态在某种意义上比追究其起源更为有据可依、有案可稽。

一

一直存活在安徽皖南地区民间的傩戏及其音乐唱腔——青阳腔始终与当地的民间宗族祭祀仪式相伴随,然而,一旦它脱离了仪式的时空位置、生态环境,走上了都市舞台,其仪式的本质和意义就发生了变化,就不同于祭祀仪式时期的戏曲。笔者在此论述的主要是与祭祀仪式相伴随、相整合时期的戏曲音乐形态。中外学者对戏剧、戏曲与仪式的关系问题有过诸多定义和论述,西方学者中当首推亚里士多德(Aristotle, 384 – 322 B. C.),亚氏在他的《诗学》(Poetics)一书中较早论及这个问题,他说:"史诗、悲剧、喜剧和酒神颂赞以及大部分的古双管箫音乐和竖琴音乐都是模仿的。"[5]古希腊的史诗、悲剧、喜剧加上器乐音乐可以说是16世纪至今西方歌剧的最早源头,酒神颂赞就是酒神祭祀仪式,其中包括祭祀歌唱和音乐部分,西方歌剧的宣叙调最早来自于古希腊的史诗、悲剧、喜剧和酒神祭祀仪式过程中的道白、对白还有音乐伴奏的传统形式。由此,我们可以推论:古希腊的戏剧、音乐和仪式的存在是共时的,它们都有一个共同的特点,就是对自然、社会以及原始观念形态的神话故事的模仿。今天看来同属于艺术范畴的戏剧、音乐和并不属于艺术范畴的仪式,它们都是对外界其它事物的模仿和再现。在亚氏的论述中,并未将戏剧、音乐和酒神颂赞进行艺术和仪式的范畴划分,他首先看到的是它们的模仿共性。换言之,亚氏将戏剧、音乐、祭祀酒神仪式视为同一范畴中的不同类别,而且,它们都源自于模仿或具有模仿的特点。古希腊时期的艺术与仪式是俱时共生的、难分伯仲的,它们之间的关系是一种亲密无间的缘生纽带(primordial tie)关系,而不是谁派生谁的从属关系。

比其更早,中国古代文献《尚书·舜典》载:"帝曰:夔,命汝典乐,教胄子。……夔曰:於! 予击石拊石,百兽率舞。"[6]《吕氏春秋·适音篇》也有诸多记载,论及古代歌舞艺术与仪式的关系,以及它们对外界自然的模仿。《吕氏春秋·适音篇》中记载:"帝尧立,乃命质为乐。质乃效山林溪谷之音以歌,乃以麋輅置缶而鼓之,乃拊石击石,以象上帝玉磬之音,以致舞百兽。"[7]尧继位为帝之后,曾命令乐官质作乐,于是质就用麋鹿的皮革蒙在陶缶之上,模仿自然界的音高、音律,制成鼓类的打击乐器,敲击发出乐声,还用石头打磨成石钟或石磬一类的乐器,拍打或敲击,模仿上帝的玉磬之声,同时,伴随着乐声,模仿各种兽类的动作,翩翩起舞。这一原始古老乐舞的创造发明,与古希腊不谋而合,也是由模仿而来。更为重要的是,中国早在上古时代,帝王就有"功成作乐"的习俗,其本身具有纪念和庆典、歌颂和赞美的意义和功能。帝尧之所以命令质作乐,其目的主要是为了庆贺、纪念、颂赞,正因为尧率领的原始部落王国在适应自然、谋求生存的过程中有所作为,大家才推举、拥戴他继位为首领,同时这一时期又是一个崇拜自然、以自然为图腾崇拜的时代,"以致舞百兽"就是原始先民依据原始信仰而举行的一种祭祀礼仪活动。在这一通过模仿自然而进行祭礼仪式的过程中,乐舞和仪式也是整合一体的,并无区别和分离,乐舞与仪式通过模仿他们的原始生活过程、生存方式而共同体现、表演他们的原始信仰和精神世界。《吕氏春秋·适音篇》中另一段记载更能说明这一点,"昔葛天氏之乐,三人操牛尾,投足以歌八阕:一曰《载民》;二曰《玄鸟》;三曰《遂草木》;四曰《奋五谷》;五曰《敬天常》;六曰《建帝功》;七曰《依地德》;八曰《总禽兽之极》。"[8]原始时期的葛天氏部落,他们拥有一种原始乐舞,共分为八部分,这八段乐舞是伴随着八个祭祀仪式而存在的,乐舞表演者共有三人,他们手中拿着牛的尾巴,作为道具或法器,边歌边跳、踏歌而舞,第一段《载民》，是对他们部落祖先、先民的追溯和赞颂，同时也是对大自然给予部落民众生存繁衍以恩赐的感恩和纪念；第二段《玄鸟》则是对他们部落的原始信仰和图腾崇拜的的祭祀，也是对葛天氏部落诞生源头、由来的纪念和回忆；第三段《遂草木》、第四段《奋五谷》、第八段《总禽兽之极》皆是对人类的亲密伙伴自然界以及与人类生活衣食住行息息相关的植物和动物的崇拜和祭典仪式；第五段《敬天常》、第六段《建帝功》、第七段《依地德》是对天、人（帝王）、大地的崇拜祭仪。这八阕歌舞音乐实际上就是一个完整的崇拜、祭祀仪式，反映了早期人类对周围自然世界以及与他们生存、繁衍密切相关事物的观念和态度，也反映了他们的原始信仰和早期宗教意识。在葛天氏部落中，"投足以歌八阕"的目的就是为了纪念、回忆、庆典或祭祀那些与他们生活密切相关的人和事物，歌、舞、乐与仪式活动并无区别、并未分离，而是联系在一起的一个整体，共同表演、展示他们的信仰观念和精神世界，并且通过模仿而达到这一目的。

这种戏剧、音乐表演和崇拜、祭祀仪式混融一体的缘生状态，一直保留在我国的巫傩活动、傩仪傩戏之中。安徽皖南一带至今保留、存活着的傩戏及傩舞、傩乐始终与当地敬神祭祖的宗族祭祀仪式活动相伴随，尤其以贵池傩戏为代表的地方祭祀仪式戏曲，其音乐唱腔包括高腔和傩腔两个部分，高腔部分则主要是青阳腔，青阳腔的正式诞生、形成、发展的原因是十分复杂的，青阳腔产生的源头是多元的，[9]然而，安徽皖南祭神仪式和傩戏的发展、传播对青阳腔的生存与发展起到了一种十分重要的保护、保存的作用，傩戏、青阳腔和仪式的稳固而持久的缘生形态，不仅保留、延续了仪式的过程和程序，也保留了傩戏——这一古老祭祀仪式戏曲的样式和风格，更使得青阳腔的音乐声腔和曲牌运用在一定的范围内，得到传承、保护和发展。那么，这种祭祀仪式、傩戏表演和青阳腔三者之间的关系又是如何呢？他们之间的缘生的联系纽带又是什么呢？是不是依然保持尧帝时期的音乐家质所创作的音乐和葛天氏之乐那样，依然是对自然与社会的模仿呢？笔者认为：模仿只是这种联系的表象形式，而不是这种缘生纽带的本质要义。

哈瑞森（Harrison，Jane Ellen，1850－1928）最早关注到仪式与戏剧的关系问题，"如果说戏剧一开始便是神圣的，根源于仪式，为什么它会成为严肃的悲剧和纯人性的艺术呢？男演员们穿上象厄琉西斯谷神神秘仪式中司仪一样的仪式服装，那么，我们为什么不举行宗教仪式，不上演男神女神的戏剧，而仅仅扮演荷马时代的男女英雄呢？希腊戏剧在开始似乎给了我们一条线索，向我们展示了仪式与艺术（戏剧）之间的一个真正的联系，随即就中断了，背弃了我们，它似乎在最关键的时刻，把问题留在了我们手上，离开了我们。"正是由于对仪式与艺术（戏剧）之间关系的关注和探索，哈瑞森将"手势舞蹈"作为个案研究对象，"在这些舞蹈中，我们将发现艺术与仪式之间的会合点，而不是在艺术和仪式之外、至少一种发展了的形态上去寻找一些粗浅的、不成熟的材料。更进一步，我们将在手势舞蹈中去寻找一座，仿佛在实际生活与那些我们称之为艺术的生活表现之间一样的仪式桥梁。"[10]

英国社会人类学家弗雷泽（Frazer，Sir James George，1854－1941）在《金枝》一书中，通过对世界各地大量民间资料的分析和比较研究，得出了他的巫术研究结论：原始巫术就是依赖某种神秘的感应，超时间、超距离地相互作用，即交感巫术。交感巫术又分为模拟巫术和接触巫术。模拟巫术，即通过模拟同样的"因"产生同样的"果"，彼此相似的事物可以产生相似的结果。既然仪式与戏剧都是对自然与社会的模仿，而且原始巫术本质上就是一种仪式过程，那么，当它们从不同的角度模拟相同的事物的时候，理应获得一种相似的结果——交感效应。[11]因此，交感效应是祭祀仪式和戏剧表演的缘生纽带和追求目标,就安徽贵池傩仪傩戏同生共荣的生存状态来看,交感效应则是祭祀仪式、傩戏表演及其唱腔——青阳腔(也应包括傩腔等音声)之间的缘生纽带和共同追求。

意大利宗教学家伽斯特(Gaster,Theodor,1906 -)认为:神话是对神的原型行为的叙述,仪式是对神的原型行为的扮演,仪式的通过过程展示就是对神话思维和理想的表演,因此,神话中隐匿着仪式的戏剧性思维。[12]

英国象征人类学大师特纳(Turner, Victor Witter, 1920 - 1983)则认为:通过仪式就是一出社会剧,仪式已经被完全戏剧化了,这是一种隐喻。他强调了这一仪式社会剧结构中的符号功能和象征价值。他指出:仪式的表演形式并不需要按照一个技术性的规则来处理,而是依赖于观念形态的信仰和某种社会控制力操纵其进行和发展。比如,人的生命,在自然延续过程和某种社会关系构成中,俨然就是一出人生的戏剧,生命展演过程中的诸多特征无不具有舞台戏剧要素放大、延长了的还原意义。[13]

美国当代人类学先锋格尔兹(Geertz, Clifford, 1926—)则直言:仪式本身是一种文化表演,宗教仪式就是一种宗教表演,通过仪式表演来展现宗教和信仰的内容。仪式参与者在这戏剧化的仪式表演过程中塑造并获得信仰。[14]

美国戏剧表演艺术理论大师谢克纳(Schechner, Richard, 1934—)则提出了一个研究仪式表演、社会剧和戏剧表演、舞台剧的新模式,并指出了它们之间的异同,仪式表演强调有效性,戏剧表演则强调娱乐性。仪式表演的结局是为了达到一种目的或获得一种结果,戏剧表演只是为了娱乐、游戏;仪式表演与仪式参与者和未参与者都有关,而戏剧表演只与参与者、在场的人有关;仪式表演的时间和空间是象征性的,而戏剧表演仅重视此时此地的当下场合和时间;仪式表演者的情绪投入会达到"上身"或"附体"

（trance）的状态，戏剧表演者则会有所控制、清楚自己的扮演者身份；仪式表演的过程中，观众也可以参与、共同配合完成仪式，而且相信表演的信仰内容、不能乱加评价，而戏剧表演的观众可以观看、欣赏、评价、批评，仅有演员完成表演、演出任务。[15]

法国著名社会学家、民族学家杜克海姆（Durkheim，Emile，1858－1917）则更早注意到：巫术禁忌、宗教禁忌体系，针对的主要是神圣事物和凡俗事物之间的区别和分离。不仅神圣事物要与凡俗事物隔离开来，而且与凡俗生活有直接或间接关系的任何事物都不能够与宗教相混淆。[16]之所以要对神圣与凡俗进行区分，就是因为巫术仪式、宗教仪式的进行，要求有一个特殊的场合、严肃的氛围、肃穆的环境和神秘的气氛，宗教仪式中的禁忌刚好起到了这样一种作用，将殿堂、庙宇和其它神圣空间与凡俗的时间和空间世界分开。那么，仪式与戏剧缘生形态中的原始关系，从一开始就牵涉到神圣与世俗的双重属性，无论是西方的古希腊戏剧，还是中国的原始祭祀仪式乐舞，都反映了这种不约而同的双重特质。

由此看来，仪式与戏剧（或称艺术）之间，暗含着一种"神圣——凡俗"、"社会戏剧、仪式戏剧——舞台戏剧、娱乐戏剧"的对应关系。从东西方古代原始仪式戏剧和音乐舞蹈的生存状态来看，都存在着这一对应关系。根据闻一多先生考证，古代中国的一个强大部落曾以"蛇"为图腾，后来这个部落统一兼并了其它氏族，于是就以蛇的图腾为主体，兼取其它部落图腾的某一部分，最后，人为地造出了"龙"的形象特征。比如，马头、鹿角、兽足、狗爪、鸟翅、鱼鳞、鱼须等等。《史记·五帝本纪》中有载："神农氏，姜姓也。母曰任姒……，登为少典妃，游华阳，有神龙首，感生炎弟。人首牛身，长于姜水。"《诗经·含神雾》中载："大迹出雷泽，华胥履之，生伏羲。"古代伏羲氏族曾以人首蛇身的太皞为祖先神灵。这些祖先神祇已经由早期的崇拜动物植物的自然崇拜发展到人兽同形、人神一体的祖先神灵崇拜和信仰的时代了。[17]这一从图腾崇拜到祖先神灵崇拜的发展历程,集中记载于我国上古时期的诸多神话传说之中,这些神话传说的叙述和再现往往都是通过祭祀仪式和原始乐舞的表演才得以实现的。尤其在尧舜时代,祭祀仪式与原始乐舞共生共荣,常常以模拟鸟兽之音之舞见诸于文献记载。诸如,前文提及的《尚书·舜典》、《吕氏春秋·适音篇》等古代文献中的记载。此外,在《尚书·益稷》中还有记载:"夔曰:戈击鸣球,搏拊琴瑟以咏。……笙镛以间,鸟兽跄跄,箫韶九成,凤凰来仪。夔曰:於!予击石拊石,百兽率舞。庶伊允谐。"[18]无独有偶,众所周知,1973年,在青海省大通县发掘的孙家寨墓第20号汉墓中,出土了一种新石器时代的舞蹈纹彩陶盆,其上面的图案是三组类似的舞蹈图案,每一组有五人,每位舞者头上有兽角作为装饰、尾部有羽毛作为装饰,手拉手、翩翩起舞。正所谓:"鸟兽跄跄"、"百兽率舞"、"投足以歌八阕"是也。

其实,早在尧舜以前的炎黄时代,祭祀仪式乐舞已具较大规模,用于帝王们的"功成作乐"。《周礼·春官》载:"以乐舞教国子,舞云门大卷、大咸、大韶、大夏、大濩、大武。以六律、六同、五声、八音、六舞,大合乐。以致鬼神示、以和帮国、以谐万民、以安宾客、以说远人、以作动物。乃分乐而序之,以祭、以享、以祀。乃奏黄钟、歌大吕、舞云门,以祀天神。乃奏大蔟、歌应钟、舞咸池,以祭地示。乃奏姑洗、歌南吕、舞大韶,以祀四望。乃奏蕤宾、歌函钟、舞大夏,以祭山川。乃奏夷则、歌小吕、舞大濩,以享先妣。乃奏无射、歌夹钟、舞大武,以享先祖。凡六乐者,文之以五声,播之以八音。凡六乐者,一变而致羽物,及川泽之示。再变而致赢物,及山林之示。三变而示鳞物,及丘陵之示。四变而致毛物,及坟衍之示。五变而致介物,及土示。六变而致象物,及天神。"[19]云门、大咸、大韶、大夏、大濩、大武在中国古代音乐史中被称作"六代之乐",简称"六乐"。云门是黄帝时代的乐舞,大咸是尧帝之乐,大韶乃舜帝之乐,大夏是夏禹之乐,大濩乃商汤之乐,大武是周武王时代的乐舞。云门、大咸、大韶、大夏是一种"文舞",左手执籥、右手拿翟,籥是夏代流行的一种管乐器,翟是用鸡尾巴上的羽毛制作的舞蹈道具。大濩、大武则是"武舞",左手拿干,右手执戚,干是一种盾牌,戚是一种斧子。六乐是这六个朝代"功成作乐"的祭祀乐舞,到了周代已经发展成为高度规范化、程序化,完善、高雅的国家祭祀仪式乐舞。一定的音律与一定的舞蹈和一定祭祀仪式相结合,从而构成了一套结构严谨、礼仪完备、礼乐结合、文武相彰的国家祭祀体系。

在这里我们可以清楚地看到:仪式与艺术(戏剧或乐舞)的关系还是相互依存、互相渗透、互相阐释的关系。当帝王"功成作乐",通过仪式为其征服异邦、开拓疆域而歌功颂德、彪炳勋业的庄严、肃穆的时刻,而乐舞担负的则是表演和象征的任务,只有通过娱乐性的、轻松愉快的戏剧、音乐、舞蹈等艺术载体的凝聚性、精炼性、写意性、艺术化地表演和展示,才能实现祭祀仪式的纪念、回忆、教化、宣扬、巩固等诸多伟大而又重要的功能、意义和目的。

二

原始时代的仪式与戏剧或乐舞的主持者、扮演者、演员,在巫术时代已发展成为一种专门的祭祀神祇的职业——巫觋。正如本文开头所引王国维语:"是古代之巫,实以歌舞为职,以乐神人者也。"[20] 男觋与女巫在巫术仪式的表演中,既歌且舞,扮演成神灵,专职悦神娱人之能事。《说文解字》中解释道:"巫,祝也。女能事无形以舞降神者也。象人两褎舞形,与工同意。"[21] 在甲骨文中,"巫"与"舞"是同一个字,"巫"是简化了的"舞"字。董每戡就曾在他的《中国戏剧简史》中引用了陈梦家将金文中从"舞"字逐渐

284

演化为"巫"字的六次演变过程。[22]而在春秋战国时代,巫术祭祀仪式与戏剧表演的联系更加紧密,而且戏剧形态较前代成熟。王国维曾明示我们:"然其余习,犹有存者:方相氏之驱疫也,大蜡之索万物也,皆是物也。故子贡观于蜡,而曰一国之人皆若狂,孔子告以张而不弛,文武不能。后人以八蜡为三代之戏礼。"[23](《东坡志林》)郭英德也曾说过:"这(指巫祭与戏剧——引者)在蜡祭、傩祭中已见端倪,而屈原的《九歌》则代表了先秦古剧的最高成就。"[24]萧兵则进一步提出:"'蜡'跟'傩'都发生在西部兄弟民族地区('蜡'较南而'傩'偏北),是长江上游及其展衍区的民俗宗教及其文化现象,殷周时期向中原等地扩布;但是其'原生态'或'母型'却仍然在西南地区有强大而良好的'保存'与发展。"[25]林河也认为:"傩文化是距今七千年至九千年间,在中国长江流域产生的一个区域文化。它是中华民族发明水稻种植后蓬勃发展起来的宗教文化,其文化特征是以太阳与傩鸟为图腾。"[26]众多学者各持己见,众说纷纭,不一而足。

《礼记·郊特牲》载:"天子大蜡八。伊耆氏始为蜡。蜡也者,索也。岁十二月,合聚万物而索飨之也。"而《蜡辞》为:"土返其宅,水归其壑;昆虫毋作,草木归其泽。"[27]蜡祭,又称"大蜡"、"蜡八"。它是年终为酬谢农业诸神而举行的岁末祭祀仪式,始于伊耆氏部落。当时蜡祭仪式非常隆重、壮观,孔子的学生子贡见了说"一国之人皆若狂",可见其仪式场面之盛况空前。我国汉族人的传统节日"春节"据说也是源于上古时期的蜡祭。王国维引用宋代词人苏轼的《东坡志林》,说"后人以八蜡为三代之戏礼",郭英德则考证《东坡志林》(卷二)对此作了详细的描述:巫觋扮演成古代的人物,驱赶、驾驭着禽兽,前往祭祀的地方,吟唱着《蜡辞》:"土返其宅,水归其壑;昆虫毋作,草木归其泽。"天子头上戴着皮帽,身穿素衣,手持榛杖,祈祷天地,祭拜诸神,就连凡夫俗子、乡民百姓也来参加这一盛大的祭祀仪式活动。最后，还上演了一段爱情戏：罗氏把一只美丽的鹿送给心爱的姑娘。[28]我们可以看出，在中国上古时代的蜡祭仪式中，既有神圣的天子和智慧的巫觋参加，又有乡野草民加入；既有庄重的祭拜农业诸神之典礼，又有通俗的爱情故事上演；既有祈祷天地的肃穆，又有回归村野的狂欢；既有对神灵的祈求、敬畏，又有对人间爱情的追求、浪漫。总之，整个祭祀仪式和典礼，既有仪式的神圣，又有戏剧的凡俗，神圣和凡俗交融并存于上古蜡祭仪式的过程之中。正如笔者对安徽贵池傩戏生存状态的观察和研究，贵池乡村的祭神仪式及其傩戏表演，既有神圣的一面，又有凡俗的一面，由此推及"中国的民间信仰及其崇拜仪式正是神圣性与凡俗性的结合"。[29]

傩祭，其渊源可以追溯至殷商时代，饶宗颐认为："傩肇于殷，本为殷体，于宫室驱除疫气，其作始者实为上甲微，卜辞先公之庙，即是其人。唐代以傩纳入军礼，一般昧于'禓'即傩之异文，故对微之事，茫然无知，幸《御览》尚存《作篇》佚文（即'微作禓五祀'——引者），得以重新发掘而获真解。"[30]早在《周礼·夏官·方相氏》中就有记载："方相氏掌蒙熊皮，黄金四目，玄衣朱裳，执戈扬盾。率百隶而时难，以索室殴疫。"[31] 1978 年，湖北随县曾侯乙墓，出土的墓主内棺两侧各绘有六个手持双戈戟、头戴兽形面具的方相氏图像。这十二个方相氏与东汉大傩之礼中的十二方相氏所扮模样十分相似。古代的傩本来是为索室驱除疫鬼之事。这个祭仪礼俗由古人上甲微所创，殷人称霸以后，此俗得以延续下来。方相氏是这一祭仪中的核心，后来被巫觋所取代，每年除夕时，傩祭仪式最为盛大。"逐疫"是傩祭中的主要组成部分，汉代宫廷举行大傩祭祀仪式的目的就是逐疫。此外，帝王还要举行祭天、祭地、祭祖、祭山川、祭雩等祭祀仪式活动。

《后汉书·礼仪志》载："先蜡一日大傩，谓之逐疫。其仪，选中黄门子弟,年十岁以上,十二以下,百二十人为辰子,皆赤帻,皂制,执大鼗。方相氏黄金四目,蒙熊皮,玄衣朱裳,执戈扬盾。十二兽有衣毛角,中黄们行之,冗从,仆射将之,以逐恶鬼于禁中。"[32] 1976年,在洛阳曾发掘出土了西汉时期的卜千秋墓,墓中绘有大量的壁画,其中就有一副方相氏驱鬼图,其头戴兽形面具,作舞蹈状。洛阳王城公园西汉墓墓室内石壁上,也刻有方相氏率领十二兽打鬼图和方相氏舞蹈图。[33]

在其后的隋代《隋书·礼仪志》也有类似的记载,而且对驱除仪式中的戏剧场面已有详细记载,"傩者鼓噪入殿西门,遍于禁内,分出二上阁,作方相与十二兽舞戏,喧呼周遍,前后鼓噪,出殿南门,分为六道,出于郭外。"[34] 唐代段安节在《乐府杂录·驱傩》中记载:"以晦日于紫宸殿前傩,张宫悬乐。太常卿及少卿押乐正到四阁门,丞并太乐署令、鼓吹署令、协律郎并押乐在殿前。事前十日,太常卿并诸官于本寺先阅傩,并遍阅诸乐。其日,大宴三五署官,其朝寮家皆上棚观之,百姓亦入看,颇谓壮观也。"[35] 看来,隋唐时期,驱傩祭祀仪式的规模越来越大,场面越来越壮观,而且与戏剧、音乐、舞蹈紧密配合,所谓"作方相与十二兽舞戏","张宫悬乐","先阅傩,并遍阅诸乐"等等,说明傩祭在这一时代依然是仪式与戏剧的复合交融,互生共荣。所谓"其日,大宴三五署官,其朝寮家皆上棚观之,百姓亦入看,颇谓壮观也"。等等,说明隋唐时期的傩祭仪式依然是神圣与凡俗同时并存、祭仪肃穆与节日狂欢相互交替。

到了宋代,大傩祭仪已经发生了巨大变化,据孟元老《东京梦华录》载:"至除日,禁中呈大傩仪,并用皇城亲事官、诸班直,戴假面,绣画色衣,执金枪龙旗。教坊使孟景春,身品魁伟,贯全副金镀铜甲,装将军;用镇殿将军二人,亦介胄,装门神;教坊南河炭,丑恶魁肥,装判官;又装钟馗、小妹、土地、灶神之类,共千余人,自禁中驱祟,出南熏门外,转龙湾,谓之'埋祟'而罢。"[36] 孟氏所记录的是北宋时期的宫中傩祭仪式,而到了南宋时期,傩祭仪式又略有不同。吴自牧《梦粱录》记载:"禁中除夜呈大驱傩仪,并用皇城司诸班直戴面具,着绣画杂色衣装,手执金枪银戟,画木刀剑,五色龙凤,五色旗帜。以教乐所伶工装将军、符使、判官、钟馗、六丁六甲神兵、五方鬼使、灶君、土地、门户神尉等神。自禁中动鼓吹,驱祟出东华门外,转龙池湾,谓之埋祟而散。"[37]

　　将隋唐时期的傩祭仪式与两宋时期的傩祭仪式进行比较后,就可以发现:在前一时期,宫中驱傩仪式的主角是以兽形动物面貌出现的方相氏和十二神兽,这与我国古代原始信仰中的自然崇拜、图腾崇拜和巫祭仪式一脉相承,随着我国古代历史、文化、宗教和社会经济的发展,生产技术的提高,尤其是宋代科学技术水平的较大进步等都对傩祭仪式有所影响,原始信仰也相应有所改变,出现了神灵崇拜和祖先崇拜并举,以及人神同形、人神合一的信仰和崇拜形式。原始信仰的自然神被人格化了,新的文化英雄和祖先神祇不断涌现,他们的业绩故事被神化,变成了情节曲折、内容传奇的神话,由巫觋世代传承、播扬。传播的手段之一就是通过祭祀仪式对神话人物进行摹拟和表演,摹拟和表演的手段主要是说、唱和舞。有了神的故事和对神的摹拟,便有了戏剧。戏剧与仪式相互缘生,如果说戏剧在仪式中生存,那么仪式则通过戏剧得以实现其功能、作用和意义。

　　由于宫廷和民间的信仰变化了,驱傩仪式中的角色也就相应有所改变,所以在宋代的傩祭仪式中,原来以动物兽形形象出现的方相氏和十二兽神,就被将军、门神、判官、符使、钟馗、小妹、土地、灶神、六丁六甲、五方鬼使等世俗化的神祇和人物所代替。陆容《菽园杂记》中说:"宋朝崇信道教,当时宫观寺庙,少有不赐名额,神鬼少有不封爵号者。"[38] 看来道教等正统宗教的产生也对其发

288

生过巨大影响。傩祭中的鬼神及人物与道教中的鬼神人物系统混杂、糅合在一起,新的祭祀仪式体系不仅在民间傩坛中流行,由于受到官方和宫廷重视的道教赐予名额和封予爵号,也得到了官方的承认,还进入宫廷,完全取代了前代以"方相氏以及十二兽神"为主体的傩神体系,改变了傩祭仪式中的表演形象。同时,也带来了傩祭中的仪式与戏剧的根本改变。有学者将傩划分为三大系统,即宫廷傩、乡人傩、军中傩,但无论那个系统的傩,都毫不例外地在宋代发生了根本性的变化,那就是傩祭中的仪式进一步世俗化、戏剧的进一步成熟独立,这与我国戏曲史和戏曲音乐界"中国戏曲音乐表演艺术成熟于宋代"的认识不谋而合,但它依然是神圣的祭祀仪式与凡俗的戏剧艺术的复合体,无论是在宫廷、还是在军中或民间,仪式与戏剧的缘生形态一直未变。

元代,由于统治者的限制和禁止,宫中和军中一度停止了傩祭礼仪活动,以蒙古的巫祭仪式取代了原来汉族宫中的傩祭仪式,但民间依然常演不辍、星火相继,却又不得不对原来的祭仪活动有所改变和发展。到了明、清时期,明皇室一度想恢复旧制,"依古制以为索室逐疫之法。"[39]但怎奈过去的辉煌很难再现,尤其是宫中的大傩祭礼渐趋式微,而清朝统治者完全采用萨满和喇嘛教的驱除仪规和典礼。这时的傩祭传统已经完全流传于民间,也传播、保留在周边国家和地区,诸如日本、朝鲜、越南等国家和地区。[40]正如王国维所说:"周礼既废,巫风大兴;楚越之间,其风尤盛。"明清以降,正是在楚越之间,以及长江流域大部分地区,巫风傩祭之习在民间得以保留、传播和发展,由于"淫祀"之风尤盛,故此,这一区域的傩祭仪式向世俗化、普及化、区域化、民族化、宗教化和戏剧化、娱乐化方向发展,直到今天,各地民间都以祭祀仪式与地方戏相互依存、共同整合的形式繁衍、活跃、生存、发展着。比如,湖南傩祭傩戏形态十分丰富多彩,以"傩堂戏"、"傩愿戏"而著称。流行于湘西南的汉族、苗族区域的主要是"还愿戏"、"杠菩萨"的祭祀仪式，包括宗教祭祀和表演两个部分。湘南流行"师公子戏"，以上演大型酬神戏《大磐洞》为特征；湘西一带流行"三女戏"，酬神还愿必上演《孟姜女》、《龙王女》、《庞氏女》三部戏。这两种戏又统称"师道戏"。而在湖南新晃的侗族则保留了富有侗族民族特色的傩祭仪式和表演"咚咚推"、"嘎推"。湖北鄂西土家族至今保留着一种傩戏，世称"鄂西傩戏"，又称"傩愿戏"。鄂西傩戏具有喜剧色彩，表演中融乐、舞、说、唱于一体。剧中人物可以和巫师问答，也可和观众谈笑风生，当地称"喜傩神"。江西境内的民间傩祭仪式与戏剧十分丰富多样、各具特色。以赣东的南丰傩仪傩戏最具代表性。明清以来至今，关于傩的记载和有傩存活的地区，有20多个县市。其它各省，诸如江苏的童子戏、贵州的"脸壳戏"、"傩坛戏"，广东广西的"师公戏"、四川的"端公戏"等等至今昌盛不衰。另据历史文献和实地考察证实，云南、贵州等西南地区则存活着由湖广、安徽、江西和四川等地传入的驱傩仪式和傩戏，并与当地的民俗与文化结合，派生出许多傩祭仪式和傩戏表演的分支。

三

安徽贵池的傩祭仪式与戏曲主要与乡村的宗族祭祀神祇和祖先的仪式活动联系在一起，每年的农历正月初七至十五，各村各姓以宗族为单位举行请神仪式，同时由隶属各宗族的班社上演戴着面具的傩戏。演出剧目分为歌舞折子戏，以唱傩腔为主；连台本大戏，以唱青阳高腔为主。在皖南农村，由于受经济条件和农时节令的限制，常把傩与蜡祭、雩祭、社祭、山川之祭合并举行，具有鲜明的地域特色。安徽贵池傩依然保留了方相氏逐疫驱邪的传统。据王兆乾先生介绍，池州殷村的傩戏表演结束前，经常进行关羽命令周仓舞大刀驱疫的仪式。《周仓舞大刀》，描写的是关羽降临，命令周仓舞刀驱邪，于是周仓奋力舞刀驱赶疫鬼，舞刀人往往十分沉醉、投入，执信不疑：此时此刻自己就是周仓再世。这是一种"上身"、"附体"（trance）的现象。往往需要几位有力的青年壮汉才能将他止住，并表达对其表演的谢意，舞刀人方才停下来，否则，他便会一直舞下去，直至精疲力尽而倒地昏睡。不仅如此，这种逐疫驱邪的传统还蜕变为一般的节日、节令风俗，保留在其它各地的民间习俗之中。比如，安庆石牌镇洪家埠潘姓至今保存有"送穷"仪式，每年腊月三十，各家的男人都穿上破旧的衣服，在宗族祠堂内唱《莲花落》，上演古人郑元和从乞丐，经过不懈努力，终于考上状元的故事，从而在这出戏中表达、寄托着"赶走贫穷、希望发达"的愿望。徽州歙县叶村民间有五兽会，用纸和竹子扎制麒麟、白象、犀牛等五瑞兽，驮着金银元宝，沿着各村巡游。其中有一人扮演乞丐，到各家各户门前游戏、行驱除仪式，以象征招财进宝、赶走穷鬼的寓意。

各地傩戏的表演都有各自的区域、民族、宗族等地方性特色，由于不同族群和地域对其自身文化的认同各有不同，他们的傩祭仪式和戏曲音乐带有鲜明的地方特色，但凡是傩戏表演都以戴面具为其共同艺术特征。面具不仅是一种艺术的代码、仪式的象征，也是一种"禁忌"的标志，正是这个平凡而又神秘的假面，它隔开了神圣与凡俗的两个世界，划出了人与神的存在空间；正是这个平凡而又神秘的假面，它沟通了神灵世界和凡俗人间的心灵信息，它构筑了祭祀仪式和戏曲表演之间相互依存、互相转换、始终不变的缘生形态；正是这个平凡而又神秘的假面，它负载着乡村民众的信仰权威和号召力、凝聚力，也熔铸了乡村民众生命繁衍、经济生产的仪礼和崇尚与自然和谐相处、追求持续发展的理想精神之联系纽带。傩戏中演员们在表演、戴面具之前就有很多禁忌，举行仪式前相当长一段时间不能与妻子同房,表演之前必须沐浴更衣,以达到"净身"的目的,戴面具前必须进行"揩脸子"的仪式,将面具用酒清洗干净,焚香祭拜,参加祭仪表演的演员只有经过禁忌仪式过程之后,才能戴上面具、穿上戏装、投入地表演,成为戏中神灵的化身。此时此刻,表演者相信,他们就是他们正在扮演的那个神明的附体和化身。

从中国仪式与戏曲的并存发展的历程来看,我们似乎已经找到了哈瑞森所探寻的"仪式与艺术(仪式与戏剧)"之间的桥梁,那就是用于划分神圣与凡俗的禁忌体系,无论是巫术禁忌,还是宗教禁忌;无论是不同神圣事物之间的禁忌,还是神圣与凡俗之间的禁忌;无论是神圣与凡俗的分庭抗礼、相互对立,还是神圣与凡俗的互相渗透、相互转换,它都决定着仪式与戏剧之间的联系方式和构成类型。假面——面具,是禁忌的一种物质代码和象征符号,模仿、摹拟、表演、象征和纪念则是仪式与艺术(戏剧)的共同属性和特点,追求"同样的因产生同样的果"的"交感效应"或"戏剧效果"才是祭祀仪式与戏剧表演之间的共同追求和缘生纽带。安徽贵池的祭神仪式、傩戏表演及其音乐唱腔——青阳腔(也应包括傩腔等音声)之间的缘生形态,依然是从古至今未变的仪式与艺术(戏剧)之间的神圣与凡俗的既相互对立又相互依存,通过模仿、摹拟、表演、象征和纪念,共同追求交感效应的缘生形态关系。我们应该清醒地认识到:古代的所谓艺术,戏剧戏曲、音乐、舞蹈等等远不是现在我们所见到的这样。首先,对艺术门类的划分是后人所为,原始时期、上古人类并不如此分门别类、界限分明地去认知世界,尤其是古人对"戏剧戏曲"的理解与今人就不同,音乐、舞蹈、说唱、曲艺、杂技、魔术、木偶及皮影乃至神话故事、民间传说等等,一律都被视为"戏剧",很难用现代的"戏剧或戏曲"的概念加以界定、释义。尤其应该强调和注意的是乡村祭祀傩戏的戏剧观也完全不同于仅供观赏的舞台剧的戏剧观。古人的戏剧包罗广阔、内容复杂、形式多样,今人的戏剧分类清晰、内容单一、形式简单。那时的仪式是关于神灵和祖先神话传说思维观念的形式表现和行为实践,而神话传说只是观念形态和口传形式的,但神话传说和仪式表演却述说同一件事实。

理查德·谢克纳总结的研究仪式表演、社会剧和戏剧表演、舞台剧的新模式对我们颇有启发意义,仪式表演强调有效性——交感效应,戏剧表演则强调娱乐性——戏剧效果。他提出了一个仪式和戏剧的表演关系模式:

1. 戏剧的表演模式:

［献祭者（victim）］→角色（character）→演员（actor）

∷观众（audience）←［社会（society）］；

2. 仪式的表演模式:

［献祭者（victim）］→参与者（actor）

∷观众（audience）←［社会（society）］。[41]

我们通过分析这两个关系模式可以得出这样一个结论,戏剧本身就是一种社会性的"仪式过程",戏剧通过身段、动作、表情、舞蹈、姿势、歌唱、道白、舞台、灯光、布景、道具、音响、音乐等等一系列物质因素和手段,形成一个完整、动态的礼仪过程,从而达到一种戏剧化了的"交感效应",即"戏剧性效果"——"寓教于乐"、"情感共鸣"、"净化心灵"等等。同时,仪式参与者也通过角色的转换,与一般仪式参与者不同,转化成为戏剧虚构中的演员身份,实现了表演状态和身份的转化。但无论是戏剧中的人物,还是仪式中的人物,他们都是被规范、约定、符号化了的类型人。由此,我们更容易理解仪式与戏剧是对同一社会意识形态的不同现实的反映和表演。仪式与戏剧的关系如同一对孪生姊妹,她们在不同或相同的时间、场合,表演、叙事同一故事和经历。

但是我们同时也应注意到:西方的戏剧观念、实践体系和中国的戏曲思维、表演系统有着诸多的区别和不同,这就决定了中西方的仪式及其仪式与戏剧、戏曲的关系也有所不同。西方的戏剧观追求一种真实的模仿和再现,是一种现实主义的表现手法;中国的戏曲思维则追求一种摹拟和表现,是一种浪漫主义的表达方式。西方的戏剧与西方的雕塑、油画一样,注重写实、立体和逼真、直观,直接说明和解释;中国的戏曲同中国的壁画、国画一样,偏重写意、线条和神似、抽象,留给人一个自由想象的空间。西方神话传说中,神的形象都以真实的人的形象出现,神往往具有人的所有特点;而中国的神话故事中,神的形象都以虚拟的不同于人的形象出现,至多是人的形象与其它动物形象的结合,就是现实中的帝王英雄也被描绘成与众不同的神灵异象。比如黄帝、蚩尤等等都成了兼有某些动物形象特征的祖先神灵之异象。但是,无论如何,与仪式戏剧、戏曲相伴随的中西方仪式表演都具有诸多共同特点和一致性,正如薛艺兵所说:"当我们说仪式的主要行为方式是一种表演的时候,其中便隐喻着仪式的'虚拟性'特征,因为表演本身就是一种虚拟行为。……这个虚拟的世界,主要指的是仪式行为方式的虚拟性、仪式表演手法的虚拟性、仪式场景布置的虚拟性以及仪式行为者心理时空的虚拟性,即由这四个方面共同构拟出一个仪式的虚拟世界。但是,在这个虚拟的世界中,仪式行为者的情感与心态是真实的。尽管仪式的虚拟性和戏剧的虚拟性两者表面上形式相同,但实质却全然有异:在剧场内,形式是虚拟的,感受也是虚拟的;在仪式中,形式是虚拟的,而感受是真实的。"[42]

注释:

[1]刘再生:《中国古代音乐史简述》,第3-5页,北京,人民音乐出版

社,1989。

[2]彭兆荣:《论戏剧与仪式的缘生形态》,《民族艺术》,2002,(2)。

[3]佛　维:《王国维诗论及其结构的综合考察(代序)》,王国维著、佛
雏校辑《新订＜人间词话＞》,第2页,上海,华东师范大学出版社,
1990。

[4]1859年10月达尔文《物种起源》(*The Origin of Species*)初版问世。
王国维(1877－1927)青年时代曾于1900年赴日本东京物理学校留
学,学习数学,自修英文,接触到西方自然科学理论,1913年完成了
他一生戏曲研究总结性的著作《宋元戏曲史》。(钱剑评:《一代学人
王国维》,第50页,上海,上海人民出版社,2002。)

[5] Aristotle. *Poetics*, translated and introduced by Kenneth McLeish. New
York: Theatre Communications Group, 1999. p9.

[6]清·阮　元校勘本《十三经注疏》,第131页,北京,中华书局影印,
1980。

[7]许维遹:《吕氏春秋集释》(第一册),第243页,台北,世界书局,
1958。

[8]许维遹:《吕氏春秋集释》(第一册),第233页,台北,世界书局,
1958。

[9]周显宝:《论青阳腔的人文背景、历史地位及美学价值(中)》,《音乐
艺术》,1997(4)。

[10] Harrison, Jane Ellen. *Ancient Art and Ritual*. New York: Greenwood
Press, 1969, p. 13－14; p. 28.

[11] Frazer, James George. *The Golden Bough: a Study in Magic and Reli-
gion*. Basingstoke: Papermac, 1987, p. 123.

[12] Gaster, Theodor. *Thespis: Ritual, Myth, and Drama in the Ancient
Near East*. New York: Schuman, 1950, p. 56.

[13] Turner, Victor Witter. *From Ritual to Theatre: The Human Serious-
ness of Play*. New York: PAJ Publications, 1982, p. 73－91.

[14] Geertz, Clifford. *The Interpretation of Cultures: Selected Essays*. New
York: Basic Books, Inc., 1973, p. 113.

[15] Schechner, Richard. *The Future of Ritual.* London: New York: Routledge, 1993, p. 120.

[16] Durkheim, Emile. *The Elementary Forms of Religious Life*, translated by Karen E. Fields. New York: The Free Press, 1995, p. 303–313.

[17] 周显宝:《试述古代中日音乐文化的人类学前提》,《黄钟》,1998,(1)。

[18] 清·阮　元:《十三经注疏》,第144页,北京,中华书局,1980。

[19] 清·阮　元:《十三经注疏》,第787–789页,北京,中华书局,1980。

[20] 清·王国维:《宋元戏曲史》,杨扬校订,第2页,上海,华东师范大学出版社,1995。

[21] 汉·许　慎:《说文解字》,第100页,北京,中华书局,1963。

[22] 董每戡:《中国戏剧简史》第44页,香港,商务印书馆,1949。

[23] 清·王国维:《宋元戏曲史》,杨扬校订,第2页,上海,华东师范大学出版社,1995。

[24] 郭英德:《优孟衣冠与酒神祭祀》第13页,石家庄,河北人民出版社,1994。

[25] 萧　兵:《傩蜡之风》,第8页,南京,江苏人民出版社,1992。

[26] 林　河:《古傩寻踪》,第162页,长沙,湖南美术出版社,1997。

[27] 清·阮　元:《十三经注疏》,第1453–1454页,北京,中华书局,1980。

[28] 郭英德:《世俗的祭礼》,第14–15页,北京:国际文化出版公司,1988。

[29] 周显宝:《安徽贵池傩戏中乐器和音乐的仪式性功能探究》,第37页,《中央音乐学院学报》,2003(3)。

[30] 饶宗颐:《殷上甲微作祸(傩)考》,《民俗曲艺》(台北),总第84期,1993。

[31] 清·阮　元:《十三经注疏》,第851页,北京,中华书局,1980。

[32]《后汉书·礼仪志》,《二十五史》第809页,上海,上海古籍出版社、上海书店,1986年。

[33]孙作云:《卜千秋墓壁画考释》,第 17 页,《文物》,1977,(6)。

[34]《隋书·礼仪志》,《二十五史》,第 3271 页,上海:上海古籍出版社、上海书店,1986 年。

[35]中国戏曲研究院《中国古典戏曲论著集成》(一),第 44 页,北京,中国戏剧出版社,1959。

[36]宋·孟元老:《东京梦华录》卷十,扬州,江苏广陵古籍刻印社,1990。

[37]宋·吴自牧:《梦粱录》杭州,浙江人民出版社,1984。

[38]明·陆 容:《菽园杂记》(伏之點校本),北京,中华书局,1985。

[39]《四库全书》(第 712 册),第 743 页,台北,商务印书馆,1989 年影印版。

[40]郭 净:《傩:驱鬼·逐疫·酬神》,第 46－49 页,台北,台湾珠海出版有限公司,1993。

[41] Schechner, Richard. *The Future of Ritual.* London; New York: Routledge, 1993, p. 234－235.

[42]薛艺兵:《神圣的娱乐》,第 30－31 页,北京,宗教文化出版社,2003。

● 周青青、林珊珊

中央音乐学院

近二十年我国傩戏研究综述

由于傩戏是多种宗教混合的产物，一直依附于傩祭活动，因此长期以来一直被视为禁区。十一届三中全会以后，才开始对傩戏、傩文化做较系统的调查研究。笔者就中央音乐学院图书馆的现有资料，对1980年后关于我国傩戏研究的论文总结归纳如下。

一、对傩戏的整体性研究

有关傩戏整体性研究的文章有：曲六乙《中国各民族傩戏的分类、特征及其"活化石"价值》（《戏曲研究》1988年第2期）、庹修明《傩文化发掘、展览与研究成果》（《民族艺术》1989年第3期）、顾峰《论傩戏的形成及与戏曲的关系》（《民族艺术》1990年第3期）、吴乾浩《傩戏文化的历史归属与发展形态》（《民族艺术》1990年第3期）、顾朴光《试论傩堂戏与宗教之关系》（《戏曲研究》1990年第3期）、黄竹三《傩戏的界定和山西傩戏辨析》（《民族艺术》1992年第2期）、邓光华《傩文化与音乐起源管见》（《中国音乐》1992年第3期）、毛小雨《中国傩戏面具的分布与特征》（《民族艺术》1993年第1期）、邓光华《傩坛锣鼓史话》（《中国音乐》1995 年第 2 期)、王兆乾《巫风·傩俗·戏剧》(《民族艺术》1995 年第 3 期)、庹修明《中国傩文化述论》(《民族艺术》1997 年第 1 期)、驼铃《当代傩戏傩文化研究大事记》(《民族艺术研究》2000 年第 2 期)、刘宗迪《〈尚书·尧典〉:一篇古老的傩戏剧本》(《民族艺术》2000 年第 3 期)。

这些文章涉及的内容包括傩戏的来源、形成、界定、流布、分类、组织形式、乐器、音调、剧本、面具、服装、道具、傩戏与戏曲的关系、傩戏与宗教的关系、傩戏的发展前景等。焦点问题如下:

1. 傩戏的界定

曲六乙对傩、傩仪或傩祭的界定为"巫师为驱鬼敬神、逐疫去邪、消灾纳吉所进行的宗教祭祀活动",傩戏就是在这类活动中演出的戏剧。而黄竹三认为傩祭和赛社祭祀不同,不是为了向神灵祈福,而是为了驱疫禳灾,因此傩戏研究的范畴应该是在宗教祭祀活动中进行的、与禳灾逐疫有关的戏剧。庹修明在其文章《中国傩文化述论》中认为,傩戏既有驱疫纳吉的祭祀功能,又有娱神娱人的功能。

2. 傩戏的形成

曲六乙先生认为流行于汉族地区的傩戏最早的大约形成于宋代,最晚的大约形成于一二百年前,并提出傩经过三个转变才具有形成傩戏的可能性:(1)从人的"神化"到神的"人化"的转变。(2)从娱神到娱人的转变。(3)从艺术的宗教化到宗教的艺术化的转变。庹修明在《傩文化发掘、展览与研究成果》一文中认为,在唐宋之际傩戏已发展到比较成熟的阶段。顾峰认为,就文献记载,傩戏的形成时间约在明代初、中叶之际,但实际傩戏可能在明代前期形成,傩戏所用声腔曲调也可能形成于明代前期。

3. 傩戏的分类

曲六乙的文章将傩戏以服务对象、演出对象、演出场所划分为民间傩、宫廷傩、军傩和寺院傩;从艺术的独立性和艺术发展水平方面,将现存中国各地的傩戏划分为三个不同层次的架构:处于最低层次——傩戏雏形阶段的是彝族的变人戏;中间层次的是黔东北土家族傩戏和湘西新晃侗族傩戏;最高层次的是贵州的地戏。庹修明在《中国傩文化述论》一文中,从傩戏与宗教的关系将傩戏分为发展期、形成期和成熟期,将曲六乙提出的三层次架构的观点进一步完善,表述得更清楚。另外,他同意曲六乙把傩戏划分为宫廷傩、民间傩、军傩、寺院傩的观点,并将民间傩又细分为社傩、族傩、愿傩和游傩。王兆乾认为傩戏中存在着三种戏剧形式:从傩仪衍生的"正戏";从讲唱文学衍化的戏剧;其他形式的戏剧,例如有些来源于金院本和南戏。邓光华在《傩文化与音乐起源管见》一文中提出,傩戏分为正戏与外戏。正戏即戴面具表演的、以娱神为宗旨的 12 个神戏,其文字台本均为唱本体(手抄本),且一唱到底,几乎没有插白和叙述性文字。外戏不戴面具表演,文字台本很接近现代剧本。

二、有关傩戏的地域性研究

贵州地区

共有 11 篇文章,分别是:李子和《贵州傩戏片谈》(《戏曲研究》1987 年第 2 期)、邓光华《贵州傩坛戏音乐》(《中国音乐》1987 年第 2 期)、庹修明《彝族傩戏"撮泰吉"》(《民族艺术》1989 年第 2 期)、李云飞《论贵州傩戏的演变》(《戏曲研究》1989 年第 3 期)、李云飞《布依族傩戏探秘》(《戏曲研究》1990 年第 4 期)、喻帮林《松桃苗族"傩愿"及面具工艺浅谈》(《民族艺术》1995 年第 2 期)、喻帮林《贵州省沿河土家族傩戏概述》(《民族艺术》1995 年第 2 期)、庹修明《贵州傩戏与傩面具》(《民族艺术研究》1995 年第 6 期)、邓光华《贵州土家族傩仪音乐地域性与跨地域性研究》

(《中国音乐学》1997年第3期)、李继昌《贵州南部（黔南）傩文化考察述略》(《中国音乐》1997年增刊)、庹修明《中国军傩——贵州地戏》(《民族艺术研究》2001年第4期)。

这些文章所涉及的地区有黔东、黔东北、黔南,涉及的民族有土家族、苗族、彝族和布依族,涉及的内容有傩戏的源流、演出程序、搬演剧目、人物、音乐等方面。

1. 源流问题

关于贵州傩戏的源流问题,有两种观点:

第一种观点认为源于中原古傩。庹修明《贵州傩戏与傩面具》认为,贵州是古老华夏文化的天然储存地。邓光华《贵州傩坛戏音乐》认为,流行在全国各地的、以戴面具为特征的地方戏,都是宫廷的宗教艺术形成又逐渐流传到民间,同当地的民间歌舞剧相结合而产生的。李继昌《贵州南部（黔南）傩文化考察述略》认为,可以认定明代"调北征南"的军事活动与黔南傩文化的传入至为攸关,如地戏。

第二种观点认为是自发产生。李云飞《论贵州傩戏的演变》认为,贵州少数民族的傩戏不是汉族的东西,而是这些民族自发产生的。

2. 演出程式

黔东北德江县和沿河土家族的演出程式为开坛——开洞——闭坛。安顺地戏为开财门——扫开场——跳神——扫收场(庹修明《贵州傩戏与傩面具》和喻帮林《贵州省沿河土家族傩戏概述》)。苗族傩愿的演出程序为冷建——热建——发功曹——造桥——飞兵——开光——立营——上表——传花红——上马——问卦——胡标——开洞——出戏——《先锋》——《开山》——《算匠》——《和尚》——《师娘》——《秦童》——《八郎》——上熟——游愿——《土地》——《判官》——倒五岳——送神(喻帮林)。长顺、安惠为代表的法事程序为起坛——发功曹——判牲——解秽——放兵——引兵土地——造桥——大郎殿——划猪——云霄殿——清理——勾愿——武殿——收兵——扫家安神(李继昌文)。彝族撮泰吉的程序是祭祀——正戏——喜庆——扫火星(庹修明《彝族傩戏"撮泰吉"》)。

3. 搬演剧目

黔东北德江县开洞就是演正戏,分全堂戏(24出)和半堂戏(12出)。正戏中插入一些节目叫插戏。正戏和插戏多取材于神话故事、历史演义、民间故事。全堂戏又分上堂戏和下堂戏,24出戏中上堂12出戏是:《唐氏太婆》、《金角将军》、《关圣帝君》、《周仓猛将》、《引兵土地》、《押兵先师》、《开山猛将》、《九洲和尚》、《十洲道士》、《柳毅传书》、《开路将军》、《勾愿先锋》。下堂12出戏是:《奏(秦?)童,注:原文如此,似应为"秦童"》、《三娘送行》、《甘生赶考》、《杨泗将军》、《梁山土地》、《李龙神王》、《城隍菩萨》、《文王卦师》、《丫环》、《蔡阳大将》、《勾薄判官》(庹修明《贵州傩戏与傩面具》)。

沿河土家族正戏12出,依次为:《报福三郎》、《引兵土地》、《周仓带子》、《关帝圣君》、《先锋小姐》、《甘生八郎》、《秦童》、《歪嘴寻夫》、《开山大将》、《打时和尚》、《龙神捡斋》、《判官勾愿》。12台插戏依次是:《陈公道冠笄》、《王老亲家》、《学生读书》、《打菜娘子》、《闲人耍灯》、《乡约说和》、《大夫扎药》、《师娘勾颈》、《梁山土地》、《鞠躬老师》、《幺儿媳妇》、《三班吼道》(喻帮林《贵州省沿河土家族傩戏概述》)。

安顺地戏现存剧目有《封神演义》、《大被铁阳》、《东周列国志》、《楚汉相争》、《三国演义》、《大反山东》、《四马投唐》、《罗通扫北》、《薛仁贵征东》、《薛丁山征西》、《薛刚反唐》、《扮妆楼》、《郭子仪征西》、《残唐》、《二下南唐》、《处(初?)下河东》、《二下河东》、《三下河东》、《二下偏关》、《八虎闯幽州》、《五虎平南》、《五虎平西》、《岳飞传》、《岳雷扫北》(庹修明《中国军傩——贵州地戏》)。

黔南长顺、安惠地区消愿的过程为:第一天,投文,《引神土地》。第二天,清坛——接界——搭桥——早饭后请神——传花红——报牲——开宵硐——晚上接着出戏,6折:《报福》《修路郎君》《合神》《背梅香》《打秦童》《打开山》。第三天再出戏8折:《上熟》《梁山土地》《九洲和尚》《李龙》《降阳巫》《勾判》《消愿》《封洞》。据"惠水县戏曲志"(唐世材主编)载,惠水傩班有出戏48折,整个程序分为上、中、下硐三部分,剧目为:上硐(20折)——《引兵土地》《押兵土地》《引兵和尚》《砍路将军》《报福三郎》《柳毅传书》《薛蛟考试》《官员金郎》《龙公龙婆》《龙王小姐》《先锋小姐》《梅香丫环》《彩香童子》《唐氏太婆》《白旗先锋》《甘生八郎》《颜氏八郎》《勤童大哥》《打菜娇娘》《刘臬采药》;中硐(16折)——《刘三杨四》《李龙老将》《范杞郎君》《杀牲九郎》《领牲十郎》《孟姜女》《钦差半合》《仙如送子》《陈氏太婆》《烂舌秋娘》《姜诗郎君》《秦童老将》《九州道士》《十州和尚》《庞氏太婆》《安安送米》;下硐(12折)——《何氏六郎》《打卦老者》《开山大将》《打铁老人》《指路樵夫》《和尚道士》《奎子抱崽》《梁山土地》《花黄牯儿》《五色老判》《勾愿仙官》(李继昌《贵州南部(黔南)傩文化考察述略》)。

布依族傩戏剧目有《岸王与索王》《斗龙》《盖浪拿波母》(《董永卖身葬父》)《王祥卧冰》《梓童传》《红灯戏》《五显王闹花灯》(李云飞《布依族傩戏探秘》)。

4. 人物、面具

黔东北德江半堂戏12面具的名称是:唐氏太婆、桃源土地、灵

303

官、开路将军、关羽、引兵土地、押兵先师、先锋小姐、消灾和尚、梁山土地、奏(秦?)童(歪嘴)、甘生。全堂傩戏的另外12面具是:开山猛将、掐时先生、卜封先师、鞠躬教师、幺儿媳妇、李龙、杨闸、柳毅、乡约保长、了愿判官、关夫子、奏(秦?)童娘子(庹修明《贵州傩戏与傩面具》)。

安顺地戏的面相分文、武、老、少、女五类,俗称"五色相",另外还有小军、道人、丑角、动物(庹修明《贵州傩戏与傩面具》)。

苗族傩愿的人物有9个:先锋小姐、开山莽将、算匠、师娘、秦童、八郎、和尚、土地、判官(喻帮林《松桃苗族"傩愿"及面具工艺浅谈》)。

沿河土家族的傩戏面具共有14副:金角将军、唐氏太婆、报福三郎、土地、周仓、关羽、先锋小姐、甘生、秦童、歪嘴、开山、和尚、龙神、判官(喻帮林《贵州省沿河土家族傩戏概述》)。

彝族撮泰吉有6个角色,包括5位老人(其中一位是女性),都是千岁以上,还有一个孩子。此外还有2人扮牛,3人扮狮子(庹修明《彝族傩戏"撮泰吉"》)。

黔南傩班一般有面具至少6面,较完整的保存24面,人物不尽一样。长顺红愿傩班的24人物为:开路先锋、开硐王婆、领兵土地、招财童子、扫台灵官、甘生八郎、杀牲九郎、卖酒王婆、打菜娘子、九州和尚、十方道士、开山闯将、占卜先师、押师仙娘、打铁老者、憨儿媳妇、画梁先师、勾愿判官、押兵先师、扫厨土地、粮台官、善良子、苗子、秦童(李继昌《贵州南部(黔南)傩文化考察述略》)。

5. 音乐

黔东傩坛戏音乐有祭祀歌曲和戏曲两种。祭祀歌曲常用的有"上坛歌"、"下坛歌"、"请神歌"、"送神歌"、"四官调"、"开山调"、"还魂调"、"哀子调"等。特点是保留"一人启口,众人接腔"

的句尾帮和形式,锣鼓伴奏。常用的锣鼓曲牌有【鬼挑担】、【阴三阵】、【阳三阵】、【一柱香】、【三锤锣】、【朝金殿】等十数种。戏曲分正戏和外戏。戏曲音乐的唱腔具有吟诵风格,曲式只有上下两个短句,音域窄,常在 6 1 2 3 四音上进行,一字一音。外戏在正戏结束后开演,近代已脱离傩坛。外戏的主题有三方面:(1)历史题材;(2)以唱本文学为主改编的;(3)反映农村现实生活。有丝弦伴奏。外戏的音乐来源有如下几种:(1)在本地花灯音乐基础上形成的;(2)在传统正戏的基础上吸收本地土腔土调;(3)在外来戏曲影响下形成的;(4)可能与明清的某些戏曲音乐、民间小调有一定联系(邓光华《贵州傩坛戏音乐》)。

沿河土家族傩仪音乐由傩仪巫歌、傩戏唱腔与傩仪器乐组成。(邓光华《贵州土家族傩仪音乐地域性与跨地域性研究》)其傩戏唱腔主要由傩腔和当地民歌小调构成,并吸取了土家族花灯、薅草锣鼓歌、民间山歌、情歌、哭嫁歌、盘歌、金钱杆等音乐(喻帮林《贵州省沿河土家族傩戏概述》)。

土家族傩仪音乐的地域性特征为:

(1)不完全的音阶调式。傩仪音乐中三音列、四音列占很大比重,并且有调式游移、调式形态不明确的现象。

(2)特殊的旋法样式。主要有三种:旋律下行的普遍性、二度级进的典型性、曲调结尾的突然性。

(3)典型的曲体结构是单句体,或在一个核心乐句基础上经过重复或变化重复形成的多句体乐段。

傩仪音乐中包含着跨地域的多种因子,有"湖湘文化因子"、"巴蜀文化因子"和"佛道文化因子"(邓光华《贵州土家族傩仪音乐地域性与跨地域性研究》)。

黔南傩戏音乐分为坛歌、戏腔、灯调、锣鼓曲牌四种。坛歌的特点是一领众和,上下句,音域在 8 度以内。戏腔是移植当地的山歌、小调。灯调主要有行程调、对口调、花调、四季调、怀胎调、梳妆调、唱五更、十二节气歌等。锣鼓乐队由鼓、铙、钹、堂锣(或称马锣、点子)组成。曲牌有:【闹堂】、【幺、二、三】、【神过殿】、【哄天狗】、【鬼出洞】、【紧锤】、【岩鹰展翅】、【麻雀闹材】、【乾对乾、坤对坤】、【路程记】、【慢长锤】、【六捶锣】(李继昌《贵州南部(黔南)傩文化考察述略》)。

广西地区

文章有 11 篇,分别是:郭秀芝《广西师公戏纵横谈》(《民族艺术》1988 年第 4 期)、蒙光朝《论广西壮族傩戏》(《民族艺术》1992 年第 1 期)、莫社光、梁力蓉《从师公到师公戏》(《民族艺术》1992 年第 1 期)、丁世博、陈丽梅《从传统剧目看傩与师公戏的渊源关系》(《民族艺术》1992 年第 1 期)、唐济湘、谢桂联《南宁平话师公戏概述》(《民族艺术》1992 年第 1 期)、庞邵元《柳州师公"文坛""武坛"祭祀活动初论》(《民族艺术》1992 年第 1 期)、蒙国荣《毛南族傩戏调查》(《民族艺术》1992 年第 1 期)、谭亚洲《论毛南族傩戏的产生与发展》(《民族艺术》1992 年第 1 期)、胡仲实《广西傩戏(师公戏)起源形成与发展之我见》(《民族艺术》1992 年第 2 期)、庞邵元《柳州师公祭祀与戏曲》(《民族艺术》1993 年第 4 期)、丁世博、王文《"鬼王"祭祀——桂西壮族乡傩艺术初探》(《民族艺术》1994 年第 2 期)。这 11 篇文章考察研究的重点为师公戏和毛南族傩戏。

1. 师公戏

(1)渊源

郭秀芝的《广西师公戏纵横谈》认为,广西师公戏是中原傩文化地方化、民族化的结果。蒙光朝《论广西壮族傩戏》通过历史文献考察,认为广西壮族傩戏的渊源与发展历史是从傩舞发展到壮族师公舞再发展为师公戏。丁世博、陈丽梅《从传统剧目看傩与师公戏的渊源关系》，从剧目考察认为，师公戏中的神话传说剧目与古傩有着密切的关系，如《阴阳师傅》、《八娘过渡》等。另外传统唱本有唱"家在黄河""家在山东"等，说明源于中原古傩。唐济湘、谢桂联《南宁平话师公戏概述》一文也认为，南宁平话师公戏是中原古傩在广西南宁的发展。

胡仲实《广西傩戏（师公戏）起源形成与发展之我见》则认为，师公戏在广西形成是多元的，并不是有一个统一的宗祖——桂林傩，也不是从傩仪到傩舞到傩戏的一种发展模式。北壮师公戏是在茅山教跳神的基础上逐步发展；桂中师公戏属三元师教，是在本地师公的唱诗、道教的斋醮科仪及道情上发展的；南壮师公戏渊源于梅山教派跳神仪式的"娱神穿插"。

（2）发展轨迹

蒙光朝《论广西壮族傩戏》一文将壮族师公戏分为三个发展阶段：跳神舞和面具舞唱故事——师公戏。莫社光、梁力蓉的《从师公舞到师公戏》，探索由师公舞到师公戏的发展轨迹为：巫师舞——师公舞——师公戏。唐济湘、谢桂联《南宁平话师公戏概述》一文，介绍南宁平话师公戏从农村走向城市，从歌舞走向戏曲的发展过程，及其在20世纪60年代以前的发展概况。

（3）剧目

丁世博、陈丽梅《从传统剧目看傩与师公戏的渊源关系》的文章谈到，从剧目的来源和内容看，师公戏传统剧目大致可分为三类：①神话传说及赞颂神灵威力主宰三界的剧目。壮族师公流传"三十六神七十二相"之说，很多剧目都是搬演这些神的。三十六神是：唐道扬、葛定应、周护正、土地、灶王、社王、雷王、赵师、马师、邓帅、辛帅、中央关元帅、甘王公侯、甘路将军、甘七部圣官、甘八部篆官、甘五仙娘、侍郎、梁侯、吴侯、韦察院、司徒公、巡河公、三界公、冯四公、北府将军、白马姑娘、通天圣地、莫一大王、三祖家仙、

307

五谷灵娘、鲁班先师、五海（龙神）、农婆（歌仙）、上楼（花婆）、中楼（花婆）、下楼（花婆）（引自朱碧光、孙亦华《壮族师公舞中的"三十六神七十二相考"》）。②反映本民族生活和斗争的剧目。反映生活的如平话师公戏《送鸡米》、《男打草》、《女打草》、《补瓷缸》、《三怕妻》、《卖鸡郎》、《探老同》、《贩私盐》、《换白糍》、《排辈拜月》、《才子赶科》等；反映与统治者做斗争的有《百鼠衣》、《布卓》、《白马姑娘》等。③从古典小说和兄弟剧种移植改编的剧目，如《长坂坡》、《梁山伯与祝英台》、《孟姜女》、《文龙与肖尼》。

2. 毛南族

蒙国荣《毛南族傩戏调查》主要介绍现存的毛南族傩戏"肥套"，即还愿。文章内容包括唱本：大供、劝解、歌本；表演程序：接祖师（三元神）——"三光"带众神——三员召度——仙官架桥——太师六官押凶——瑶王捡花蹈轿——家仙贺筵——三界保筵——牡丹纳亭——土地配三娘——花林仙官送鲜花——万岁娘娘送金花——良（梁）吴二帅点榜文——雷兵点席——雷王坐殿；人物：三元、三光、瑶王、土地、社王、灶王、家仙、瑶王、鲁班、陆桥、太师六官、三界公爷、蒙官大老爷、牡丹、小土地、三娘、花林仙官、万岁娘娘、良吾、雷兵、雷王。

谭亚洲《论毛南族傩戏的产生与发展》，主要论述傩戏产生的历史背景以及从古傩到傩戏的演变过程。傩戏《还愿》的内容与演出概况与蒙国荣的文章大致相同。

3. 其它

丁世博、王文《"鬼王"祭祀——桂西壮族乡傩艺术初探》一文，介绍了桂西壮族聚居的靖西县平安醮中的"鬼王"祭祀活动。在这一活动中演出壮族提线木偶戏，用木偶装扮"鬼王"来驱疫。作者认为桂西壮族乡傩的驱邪活动与《周礼·夏官》中所记载的古傩形式大体相似。

308

云南地区

有 3 篇文章:王勇《云南昭通地区的端公及其艺术》(《民族艺术研究》1994 年第 4 期)、李贵良和刘体操《云南易门〈跳哑巴〉调查报告》(《民族艺术研究》1994 年第 4 期)、赵大宏《云南省文山州西畴县鸡街乡太平村汉族冲傩戏、阳戏调查》(《民族艺术研究》1994 年第 5 期)。

王勇《云南昭通地区的端公及其艺术》一文介绍,昭通的端公源自江西的邹氏端公,以坛门的组织形式出现,且明显表现出对道家的依附和对佛教的利用。演出时间是冬季的三个月内。种类有打傩祭祀、庆坛、还钱、阳戏、庆菩萨、打醮。剧目依祭祀内容而定,祭祀"梓童帝君"上演《凤凰营》、《大游黄花山》、《三仙配》、《三山采药》;祭祀川主的阳戏上演《受犂龙》。端公戏有正戏和耍戏之分。唱腔的特点是压尾子和帮腔。

李贵良、刘体操《云南易门〈跳哑巴〉调查报告》是对云南易门县彝族聚居的碧多村的跳哑巴活动进行调查,介绍了跳哑巴的由来、活动内容、祭祀对象、组织和习俗。

赵大宏在《云南省文山州西畴县鸡街乡太平村汉族冲傩戏、阳戏调查》一文中认为,此地的傩戏与黔北傩堂戏关系密切,并对冲傩戏、阳戏的现存状况进行了较为详细的考察。关于冲傩戏、阳戏的设定功能,冲傩戏要与做延生的嗬经法事活动结合进行。阳戏侧重求财。关于演出程序,作者认为,二者的区别主要是以各自设定功能演出不同的剧目内容,而涉及法事性的程序却基本相同。冲傩戏的演出程序是:开坛——请神——立楼——发牒——敬灶——开洞——判牲——勾愿——造桥——合会。阳戏的演出程序是:撒帐——造棚——演戏——发牒——开坛——敬灶——加官——请神——领特——回熟——送圣——范郎——勾愿。冲傩戏和阳戏没有正戏、外戏之分,所有戏剧因素都必须附着于傩坛法事进行。人物有：唐氏太婆、黄玉英（度关王母、催愿仙官）、黄天化（柄灵神）、秦童、押兵和尚、引兵土地、功曹神、勾愿、童子、开山猛将等。

湖南地区

共有6篇文章，分别是：张子伟《湘西苗族的敲奴敲扰》（《民族艺术》1990年第4期）、李怀荪《五溪巫风与"杠菩萨"》（《民族艺术》1990年第4期）、宋运超《〈傩腔管窥〉——"傩应一方"与傩腔之次生特征》（《中国音乐》1991年第3期）、胡建国《湘楚傩艺术散论》（《戏曲研究》1991年第6期）、邓斌和全草《萍乡傩简述》（《民族艺术》1996年第1期）、李怀荪《从傩仪"搽瘟"到傩戏〈划干龙船〉》（《民族艺术》1997年第1期）。

涉及五溪地区（今湘西为中心旁及鄂西来凤、鹤峰，川东秀山、酉阳，黔东铜仁、思南）的文章有两篇：李怀荪《五溪巫风与"杠菩萨"》、宋运超《〈傩腔管窥〉——"傩应一方"与傩腔之次生特征》。李文谈到，湘西南作为五溪的腹地，是侗、苗、瑶等少数民族聚居区。杠菩萨是湘西南冲傩、还愿、庆庙等巫事活动的重要组成部分。其剧目有《郎君杀猪》、《发功曹》、《和神》、《杠杨公》、《杠华山》、《划干龙船》、《送下洞》、《求子》、《杠禾利》、《杠梅香》、《杠勾愿土地》。人物有皇母、杨公、郎君、盘古、汤九娘、六伢崽、李发兴、勾愿土地、歪嘴（秦禾利）、六洪、功曹、海氏三娘、尤家五娘、嗡皮匠、补锅匠。宋文以古五溪一带傩腔为例，认为当地傩腔的地域特征表现为搬用民歌和集曲创腔。集曲创腔有土曲（土家族民歌）集灯调、灯曲集山歌、鼓曲集灯调和戏腔集小调四类。当地的傩腔流派有土曲风傩腔、苗歌风傩腔、高腔风傩腔和灯调风傩腔。傩腔的体制有帮打唱与丝弦灯。

邓斌、全草《萍乡傩简述》主要论述萍乡傩的源流和演出。文章谈到，萍乡傩文化的源流有三种：起于周初、起于汉、起于唐。演出时间在立春前后。演出程序为出洞——拜庙——跳傩——封洞。表演是以舞为主,舞戏结合的舞蹈剧,乐器均以锣鼓为主,有的地方在封洞的演唱中使用竹笛、唢呐,曲牌有【节节高】、【扑地蛾】、【八板子】、【龙摆尾】。

张子伟《湘西苗族的敲奴敲扰》介绍,湘西花垣县向傩神偿还愿心的仪式——"敲奴敲扰"由傩仪、傩祭、傩戏三部分构成。其中傩戏是对苗族历代先民生活的模拟,题材有《扮太子》、《扮铁匠》、《扮八郎》、《说原根》、《开坛酒》、《唱茶根》、《扮土地》、《扮开山》、《扮判官》。人物除十二洞鬼外还有先锋和开山大将。

安徽地区

安徽关于傩戏研究的文章有 2 篇:《池州傩戏与宋代瓦舍技艺》和《戏曲活化石——贵池傩戏》,作者都是王兆乾。

《池州傩戏与宋代瓦舍技艺》通过对相关文献的考察,探讨池州傩戏与宋代瓦舍技艺的关系。文章谈到,傩戏演出的《千旗》、《踹竹马》、《滚灯球》、《有狮象》等名目均见于《武林旧事》等书。剧目《陈州粜米》、《花关索》、《章文显》等都是来自早期的说唱词话。

《戏曲活化石——贵池傩戏》介绍贵池傩戏流行于九华山下的刘街、姚街、梅街、桃坡、元四、清溪、渚湖一带。杭州等地的假面戏"肉傀儡"与贵池傩戏是一脉相承的。剧目有《刘文龙》、《孟姜女》、《花关索》等,为第三人称叙述体,七字句。舞蹈有舞伞、打赤鸟、舞回回、舞大老钱等。

三、有关傩戏的比较性研究

此类文章共有 7 篇,分别是:吴戈《略论傩戏与目连戏》(《民族艺术》1993 年第 2 期)、叶汉鳌《日本能面剧与大傩》(《民族艺术》1993 年第 2 期)、曲六乙《中国傩祭与日本能乐的比较——兼议东方传统戏剧的特征》(《民族艺术》1996 年第 3 期)、徐宏图《中日傩文化比较》(《民族艺术》1997 年第 2 期)、曲六乙《巫傩文化与萨满文化的比较》(《民族艺术》1997 年第 4 期)、顾朴光《日本花祭与中国傩堂戏的比较》(《民族艺术》1997 年第 4 期)、邓光华《傩乐与道乐的比较研究》(《中国音乐》1997 年增刊)、罗斌《〈跳布扎〉与"傩"——观雍和宫"打鬼"泛起的思绪》(《民族艺术研究》1999 年第 2 期)。

这些文章比较的范围涉及傩戏与目连戏、傩与道、中原傩与"跳布扎"、中原傩与萨满文化、中国傩与日本傩。

吴戈《略论傩戏与目连戏》认为,暂存至今散布各地的傩戏与目连戏既不是各自独立、有本质区别的众多地方戏,也不是一个或两个全国性的大"剧种",而是一类基本相同的两支戏文化。从思想内容上看,它是有别于世俗的宗教戏;从艺术形式上看,它是歌舞、杂技、武术与戏剧的混合体;从演剧体系上看,它是不同于写意戏的写实戏。二者的差别为:傩戏指在宫廷或民间宗教祭祀过程中演出的剧目,以请神驱鬼,祈求平安、五谷丰收为目的,多在春秋举行,有正戏和外戏之分,属于较低级的戏文化。目连戏指结合水陆法会等佛教祭祀仪式演出的一些剧目,目的是为了超度亡魂野鬼,多在秋天(中元节)演出。起初可能只有《目连救母》一个节目,后来增加了《梁传》、《香山》、《岳传》、《封神》等剧目。现存目连戏是长篇巨制的连台本戏,各种艺术初步结合,由一个故事或主题串联起来,属于较高级的戏文化。

邓光华《傩乐与道乐的比较研究》从文化学的角度比较傩乐与道乐的异同,文章认为,二者的相同之处表现为音乐功能、歌唱形式、仪式表演和民间音乐素材运用等方面;差异表现为社会背景和音乐层次。

罗斌《〈跳布扎〉与"傩"——观雍和宫"打鬼"泛起的思绪》一

文通过对跳布扎与傩的源流、功能、面具、结构、底蕴等方面的考察认为，作为宗教仪式的"傩"与"打鬼"并非文化形态上的"同源异流"，更像是"异源同流"。从源头看，傩起自交感巫术时代，与图腾崇拜多种意识息息相关，是土著遗风、农耕文明的结果；"跳布扎"已跨越了原始的巫术信仰，盘环于"主神教"的世界，是派生之物，单纯的宗教渊源，与生产方式无直接瓜葛。从功能看，傩经历了由宗教性、实用性向世俗化、审美化、戏剧化的流变过程，现存的傩已失去了它本义上的宗教属性；跳布扎的功用内涵却始终如一。从面具看，傩的世界是一个泛神的世俗化境地，形式从木制到皮制再到纸制，表情多样，标志了宗教性的淡化和人性的张扬；跳布扎则均系宗教人物，表情以"善恶"为主。从结构看，傩的构成复杂，包含众多艺术种类，更自由、灵活；跳布扎的形态变迁小，风格统一，宗教色彩浓厚，结构完整，情节固定，表演程式化。总之，跳布扎的本质在维护宗教的至高无上，而傩的实质是表现人的个性。

曲六乙《巫傩文化与萨满文化的比较》一文是从经济形态、起源、主体、哲学、神话、神系、仪式、艺术形态、反映方式等方面比较巫傩文化与萨满文化的区别。

顾朴光《日本花祭与中国傩堂戏的比较》是从活动时间、祭场布置、表演人员、演出形式、神树信仰、五方观念、水火崇拜、天马神话等方面对二者的异同进行比较。文章所用材料是以作者在贵州、爱知县的调查为主，并参考了中日学者的有关论著。

徐宏图《中日傩文化比较》认为，日本初期的傩祭是照搬中国的"大傩"，但随着与本民族文化的融合，逐渐具有自身的特点和发展轨迹。作者通过历史走向、演出时空、职能三方面的比较，考察日本的"追傩"与中国"大傩"的不同。

结　语

关于傩的较早记载见于《周礼》和《论语》。早期傩礼的过程较简单，只是"假面方相率众索室驱赶无形之鬼"。[1] 然而从上述文章看，现存傩已是综合了不同时代的宗教意识、历史故事及音乐成分。

首先，傩在其演变、发展的过程中吸收了不同时代的宗教意识，被我国本土的宗教——道教和随后传入的佛教所影响。从仪式看，现存傩戏虽然在程序名称和部分内容上由于历史遗传因素和地域风俗差别而有所不同，但总体都离不开三项基本内容：请神——娱神——送神。这与佛家放焰口的法式程序基本相同，然而早期傩并无此内容。喻帮林《松桃苗族"傩愿"及面具工艺浅谈》一文中谈到，苗族傩愿的演出程序中有"开光"一项，显然是受佛、道的影响。另外，广西师公戏就是从道教的斋醮科仪和道情上发展来的。从前文所述剧目也可看出佛、道的影响，如《引兵和尚》、《十洲道士》等。

其次，傩戏在发展过程中吸收了各历史时期的历史故事，如安顺地戏现存剧目有周朝的《东周列国志》、汉初的《楚汉相争》、三国时期的《三国演义》、隋唐时期的《四马投唐》、《薛仁贵征东》、《薛丁山征西》、《薛刚反唐》、《残唐》等。

此外，傩由简单的驱疫仪式逐渐向世俗化发展，吸收各个时代的音乐成分，由傩舞逐渐发展到傩戏雏形，再由单一的讲唱故事发展到具有极其丰富内容的各地傩堂戏。但是，与前两项——宗教意识、历史故事相比，现存傩戏音乐的介入要晚得多。宋运超《〈傩腔管窥〉——"傩应一方"与傩腔之次生特征》一文，提到当地的傩腔流派有土曲风傩腔、苗歌风傩腔、高腔风傩腔和灯调风傩腔。傩腔的体制有帮打唱与丝弦灯。据《中国大百科全书·戏曲曲艺》卷记载，[2]高腔是由明代弋阳腔演变派生而成。花灯也是明代以后产生的。丝弦是明代魏良辅改革昆山腔，创制出水磨调之后进入戏曲音乐的。邓光华《贵州傩坛戏音乐》一文也认为，当地的傩坛外戏可能与明清的某些戏曲音乐、民间小调有一定联系。

通过对学者们论文的研读，笔者深感傩戏中饱含着极为丰富的内容和宝贵的历史价值，关于傩在其发展过程中与宫廷、民间、宗教、艺术的复杂关系，仍有待深入探究。

注释：

[1] 转引自钱茀《傩俗史》24 页，广西民族出版社、上海文艺出版社，2000。

[2] 中国大百科全书总编辑委员会《戏曲曲艺》编辑委员会、中国大百科全书出版社编辑部编：《中国大百科全书·戏曲曲艺》卷"高腔腔系"词条，北京，中国大百科全书出版社，1983。

●卞　利

安徽大学徽学研究中心

徽州的民间信仰述论

信仰作为一种精神理念,是指对某人或某种主张、主义、思想、宗教极度相信和崇拜,并以此作为自己榜样和指南的一种精神文化现象。民间信仰又称民俗信仰,它主要是指在长期历史发展进程中,民众中所自发形成的神灵崇拜观念、行为习惯和一些相应的仪式与制度。民间信仰分俗信和迷信两种形式,尽管两者构成类型极为接近或类似,但在性质与手段上却相去甚远。迷信虽是民间信仰传承的重要乃至是主要方式,但与俗信不同的是,迷信是对事象因果进行歪曲认识或歪曲处理的神秘手段,具有较大的自发性和盲目性。俗信在社会生活中并无太大的弊端,而迷信则会对人们的社会生产和生活产生较大的消极影响。

一、徽州民间信仰的形成与基本特征

徽州民间信仰同世界其他地区的民间信仰一样,都是萌芽于原始社会的新石器时代。那时,由于生产力低下,人们对于自然界中的风雨雷电等各种自然现象和自身的生死疾病等生理变化无法理解,认为冥冥苍穹中有一种无形的巨大力量,支配着自然和人类本身,于是便产生了对自然和生理的各种信仰与崇拜。

文明初始时期,人类的信仰是从自身开始的,他们对自己的生老病死无法做出科学的解释,于是,便相信人是由灵魂和肉体两部分组成的。肉体看得见、摸得着,灵魂则是虚幻的,灵魂依附于肉体,做梦、生病是灵魂暂时离开肉体的结果,死了则是灵魂离开肉体而永不回归。而作为看得见摸得着的肉体在腐烂之后,其灵魂却未死,而是转化为神灵鬼魄或托生于他身。

不仅如此,对大自然风雨雷电等各种奇异现象,原始初民们也无法用科学的理论来揭示它,渐渐地,人们便对它们由惧怕转移到信仰和崇拜,以为冥冥苍天中存在一种巨大的超自然的神灵主宰着人们的生产和生活。于是,风、雨、雷、电、山、川、河海等自然现象和自然存在物,被作为神灵而为人们所信仰和崇拜。

除上述一些自然神灵崇拜与信仰以外,土地等神灵的崇拜,也随着原始农业生产的发展而逐渐产生,并成为日后社神崇拜的主要渊源。

俗信之外,还有迷信,迷信是对事象因果关系进行歪曲反映一种观念。迷信也有一个逐渐被人们认识的过程,特别是随着经济的发展和社会的进步,以及科学的发达,人们知识和文化水平的提高,不少迷信失去了其神秘性,有的甚至被从迷信的桎梏下解放出来,成为一种传统的民俗习惯。

徽州民间信仰的形成情况,大体同于全国其他地区。与全国乃至世界其他地区一样,徽州的民间信仰拥有一些相对较为普遍性的特征,同时也有一些地区个别性色彩。概括而言,徽州民间信仰主要有以下一些基本特征:

首先,徽州民间信仰具有直接而狭隘的功利性和实用性特征。民间信仰中几乎所有的信仰(包括迷信)都带有很强的功利性和实用性,供奉社神是为了祈求风调雨顺、五谷丰登;信仰城隍神是为了期望城隍保障一方平安,毋降灾祸于民;祭祀灶神则是为了让其升天后"上天言好事,下界降吉祥";即使是不得已而祭祀瘟神,那也只是迫于对其恐惧，而冀望于其不要光临人间而已，如徽州的五猖和刘猛将军信仰就是如此；信仰风水等神秘术数，事实上已成为一种不仅求安，而且以求为后人造福的行为和信仰。如此等等，不一而足，功利性和实用性是民间信仰中最基本也是最本质的一个特征。不过，民间信仰的功利性和实用性范围是很小的，而且带有极大的狭隘性，象巫术很多都是以牺牲他人利益为前提的，希望幻术能使狼不吃自家的鸡，而去吃别人家的鸡；厌镇是期望给自己带来平安吉祥，而将灾祸降给别人。为达到这一功利性的目的，人们甚至不惜去取媚于神灵，祭祀它，供奉它，以求达到自己的狭隘利益。

其次，民间信仰还带有很强的神秘性。作为信仰重要组成部分的迷信，其神秘特点往往是其得以传播和继承的重要因素。正是由于有其神秘性，迷信才能以一种神秘的力量，深入到信仰者之心。比如算命，就是因为它有许多不可被理解的神秘性，所以，它从生辰八字、阴阳五形、六壬四柱和麻衣神相等不同的方面，对人的各种不可预知的东西进行预测，其结果固然荒唐可笑，但却为许多人所接受。而堪舆风水迷信在徽州更是极为风行，无论是建房选址，还是安墓造坟，徽州人都信之弥笃。而风水中的很多内容和手段都是十分神秘的，神秘性在信仰民俗传承的过程中，具有举足轻重的地位，是其较为突出的一个特征之一。

第三，民间信仰还具有较强的封闭性和保守性，这主要体现在秘不外传上，或父传子，或母传女，或师授徒等等，但绝不轻易外传，将其始终维持在一个较为封闭的范围之内，且极为保守，这就是很多信仰特别是迷信中经常神秘地宣扬"天机不可泄露"、泄露后"五雷贯顶，七窍流血"等原因之一。

第四，民间信仰还具有较强的包容性特征。只要为我所用，于我有利，统统加以供奉、祭祀，形成了儒、佛、道三教和民间各种信

318

仰互相包容的现象。毕竟包括徽州在内的传统中国，长期以来并未形成一个一教独尊的一神教社会，而是多神信仰，互相包容接纳。即使是在拥有全国四大道教胜地齐云山和靠近全国四大佛教胜地九华山地理优势的徽州，却并未形成佛教或道教一教独尊的地位，民间既信仰天、地、山、川、风、雨、雷、电诸种自然神灵，同时也信仰汪越国、程忠壮和张巡、许远等人间被神化了的先人。我们还可见到一些有趣现象的文字记录，徽州人在为死者超度亡灵时，有时是既有道士又有僧人。这种信仰中的多样性和包容性在某种程度上说，恰恰是体现了徽州民间信仰中的功利性目的。

第五，民间信仰还有较强的渗透性并呈现向俗信化发展的趋势。徽州民间信仰的渗透性很强，由信仰而逐渐向衣、食、住、行乃至娱乐民俗中渗透，最为典型的要数徽州的迎神赛会了，徽州迎神赛会中的如痴如醉的情形，是许多经历者都不能不为之倾倒的。民间信仰对社会生活领域的渗透，是其他许多宗教所所难于相比的。另外，民间信仰尽管保守性和封闭性很强，但随着社会经济的发展和科技文化的进步，人们的鬼神观念日趋淡薄，信仰方式也不断简化。在民间信仰传承过程中，其迷信成分不断地减少，呈现出向俗信化发展的趋势，如岩寺的上九庙会至今已历经了千余年，其祭祀的习俗已经完全淡出，形成了今日规模庞大的农具和其他农业产品交易会。还有，象门上挂桃符以避邪驱鬼，在徽州则演变为门罩装饰习俗，各种优美的砖雕图案和彩绘艺术，是徽州门罩民俗中一个突出的特点。类似这种现象，在徽州极为普遍。

民间信仰或称民俗信仰是一种古老的民俗现象，它产生的时间较早，涉及的领域较多，它来源于生活，又根植于生活，这是其他宗教所无法与之相比的。民间信仰是一种文化现象，它拥有自己存在的空间和土壤，它在满足人们心理和精神需要方面，曾经起到了很大的作用，即使是在今天，徽州信仰民俗中那种趋吉避凶的心理和禁忌,不少都还处在不断的继承与发展当中。

二、徽州主要的民间信仰(上)

徽州的民间信仰种类繁多,内容和形式广泛,下面我们谨从自然信仰、英雄信仰、祖灵信仰和乡土神信仰等方面对徽州的民间信仰简要加以介绍。

(一)自然信仰与崇拜

徽州的自然神灵信仰相当泛滥,除列入国家祭祀大典的先农坛、社稷坛等天地神灵和雷、雨、风、云、山、川等自然神灵祭祀以外,其他非官方的自然神灵信仰统统被归入淫祀范围之内。但淫祀归淫祀,徽州百姓照样信仰、崇拜和祭祀无误。毕竟徽州是一个以农林为主的山区,恶劣的自然环境,使得徽州人对包括列入国家祭祀大典和民间约定俗成的自然神信仰,同样都加以崇拜和祭祀。

关于徽州人自然神灵的信仰,主要有元天上帝神、月神、土地神、城隍神和水火神等神灵。在徽州人的心目中,月亮是美好团圆的象征。因而,每逢中秋佳节,徽州人都要祭祀月亮,绩溪中秋日祀月华,人们舞龙相庆,这与其说是为了祭祀月华,倒不如说是为了庆贺丰收。

相对于祭祀月华而言,徽州信仰和祭祀土地神的活动要热闹而隆重得多,徽州人把土地神称之为"福德之神"。徽州几乎每一个大的村庄都有所谓的社屋,每年春秋二季祭祀土地神,这就是所谓的"春祈"和"秋报",俗称"接土地"。不仅于社屋祭祀土地神,而且遍布徽州各地的土地庙也是供奉和祭祀土地老爷的重要场所。在潜口,土地神被称为"地保",被人们认为是管理土地的神灵,因此,潜口每村或每一地段都建有土地庙。每逢农历二月初二的土地神诞日,潜口都要举行隆重的祭祀仪式,是日晚,各家穿上新买的土地衣帽,摆上供品进行祭拜。不仅如此,潜口人还于是日

320

"炒虫",即以黄豆和小豆各一撮,放入锅内炒熟,再放一撮粉丝和稻草同炒,待稻草炒焦即可盛出。人们以此来祈祷农作物免遭虫害,炒虫也被作为供奉土地神的一道供品入供。[1]在祁门六都,人们以二月初二日土地神诞日为春社日,全村父老齐集社坛对土地神进行祭祀,并于各家轮流供奉土地神像,祭毕会饮,极欢而散。[2]在绩溪和歙县,正月十五即已开始对土地老爷的祭祀活动,至二月初二日,这一祭祀活动达到了高潮。这天,绩溪户户备好了鸡、猪、鱼、菽等供品和香烛、爆竹等物什,以迎接土地神于中庭,"家家食糯米粽,多者裹糯米数斗"。[3]在歙县之沙溪,此日之热闹不亚于春节,"里中会次大小百计,是日爆竹之声过于元旦"。[4]正是"徽州土地老儿肥,朔望开荤受祷祈。接祝生辰二月二,炒香麻豆换新衣"。[5]

徽州人对土地神的信仰缘于祈祷风调雨顺和五谷丰登。因此,在二月初二日土地神诞日的祭祀,其文化意义更多体现的是"春祈"。而至秋后即农历八月十五日的中秋节,人们再次对土地老爷进行祭祀的活动,则主要是为了"秋报"即酬谢和报答了,因而"秋报"的仪式更加表现了徽州人丰收后的喜悦和狂欢之情。中秋之夜,为了酬谢土地老爷所带来丰收和吉祥,徽州各地纷纷举行庆祝活动。在休宁孚潭,中秋社日所举行的活动同春社一样隆重,所谓"报赛之仪,一如春祈"。[6]在绩溪,"少年以新稻草扎草龙,燃香遍插龙身。锣鼓喧天,满街衢跳舞,店户各助香,燃放爆竹"。[7]而在歙县橙阳,中秋秋报之日,人们竞相庆贺,并于当日夜明月高悬之时,由农民自发表"演傀儡于社坛,用报秋成,沿为乡例。"[8]这正是"儿童成阵打球忙,八月中秋闹戏场。谁是东门谁是郭,斩新争比绿衣裳"。[9]

城隍神本来应是守卫城堡的战神,延至后来,逐渐变异为具有守卫城池、监督官员、明辨是非和兴云降雨等多种功能的复合式神灵。在徽州，自知府到县令，新官上任或遇到难事，或表露心迹，总是首先向城隍神祭祀祈祷，典型者如清代康熙时期的休宁知县廖腾煃，在履任之初，即前后两次向城隍祈祷，并留下了关于祈祷的文字记录，即《告城隍为民请祷文》和《告城隍文》。[10] 另外，徽州的城隍还有与龙王相似的功能，被人们视为是能呼风唤雨的神灵，能起到祈雨的作用。我们在资料中看到，徽州城隍庙每县皆有，每逢干旱灾害严重或新官上任之时，当地官民都要向城隍求助，以祈其降甘露，并保佑一方生灵的平安无事。黟县还在每年的十月初一日，有城隍会组织规模盛大的祈禳游行活动。这天，黟县几乎是全县百姓人等出动为城隍烧香酬愿，并扮演鬼神等日夜通宵进行游街，"好事之徒扮演鬼卒，声状百出，甚或涂脂抹粉，巧装女鬼，彻夜游街"。嘉庆十六年(1811)，黟县知县以城隍会的游神活动"扰惑人心，废失事业，殊为风俗之累"为借口，下令对城隍会的游神活动予以严厉禁止，禁令说："黟邑民风素称淳朴，并无此等积习。特因近年来效尤他处，矜奇斗靡，不惜钱财，不务宁静，皆由无知之辈为此无益之举，纷纷扰扰，日甚一日，伊于胡底？殊不知神道聪明正直，断不使人诣媚，且鬼神灵爽，昭布森列，察人善恶，何时不可陟降？何地非所失凭？岂待扮演遨游，徒滋杂揉"。禁令颁示之后，"倘敢故违，定行重究"。[11] 徽州地处皖南山区，气候变化异常，自然条件恶劣，"厥土骍刚而不化，高水湍悍少潴蓄。地寡泽而易枯，十日不雨，则仰天而呼；一骤雨过，山涨暴出，其粪壤之苗又荡然空矣"。[12] 因而，徽州人不仅对土地神信仰崇拜弥笃，对兴云降雨之龙王也敬奉有加，遍布徽州各地的龙王庙即是一个最好说明。

俗话说水火无情，徽州土木结构的民居最怕闹火灾，高高的防火墙和天井中的大水缸是徽州人为预防火灾所必备的消防设施。但尽管如此，火灾仍然时常发生，明末祁门六都的一场火灾，几乎将几代人积累起来的财富化为灰烬,更使得六都程氏宗族从此走向衰落。故而徽州特别重视防火,并祭祀火神,希冀其不要时常光临人间。

不仅有专门的龙王、土地等神专司降雨和保佑丰收,而且徽州还按照国家祭祀大典的规制,建有风云雷雨山川城隍坛,并实行官祭。其实,何止是官祭,民间处处皆有信仰和祭祀,"若久雨祈晴,冬旱祈雪",[13]这就是风云雷雨山川城隍神灵的功能,民间信仰的功利性和实用性特征尽显于其祭祀的目的之中,总之,"其神之为民御灾捍患者,则祀之"。[14]

徽州的自然神信仰还有许多,诸如石头的信仰和崇拜等,遍布徽州城乡村落民居、祠堂墙角和墙壁上的"姜太公在此"和"泰山石敢当"等石刻,虽然是徽州风水迷信的产物,但实际上,透过这一信仰,我们可以清晰地窥见作为山区的徽州,其灵石信仰的广泛性和普遍性。

(二)英雄信仰与崇拜

徽州历史上还是一个崇拜英雄的地区,人们对各种英雄人物逐渐由敬仰发展到崇拜。最后赋予作为英雄的人以神性,将英雄神化。在对英雄神化的过程中,人们还对神灵人化,赋予各种神灵以人性,从而完成了神灵的人格化过程。

徽州人崇拜的英雄主要有守卫家乡的乡土神如汪华、程灵洗等,也有讲求忠信义气的关公大帝(即关羽),同时还有文化神文昌帝和理学之集大成者朱熹,对与邪恶做斗争的正义之士等等,都在徽州人的崇拜与信仰范围之内。这些英雄既有来自本土的乡土神越国公汪华、忠壮公程灵洗和文公朱熹,也有外乡的镇守睢阳、恶战江淮的战神张巡、许远。遍布徽州的汪王庙和双忠庙(其实,双忠庙几乎遍及全国各地),即是徽州人信仰和崇拜汪华、张巡和许远等英雄人物并将其神化的直接反映。诚如万历《歙志》所云,徽州人信仰和祭祀的英雄主要有以下几类:"邑有祠庙,大都四端:崇德以淑士者,先师、先儒也;报功以保民者,忠壮、忠烈也;祭赛以祈年者,社稷、山川、风云、雷雨也;褒美以劝俗者,孝子、尚贤也。城隍犹之社稷也,东岳犹之山川也,蔺将军犹之二忠也,孚惠王犹之孝子也,睢阳、忠武几遍齐州矣。汉寿亭侯远恢夷裔矣,不独吾邑也。若厉坛之设,毋亦曰国殇,若敖之鬼乎?而义所从来矣。"[15]

越国公汪华和忠壮公程灵洗等乡土英雄的信仰与崇拜:汪华被称为是"新安之神",即徽州的乡土神。关于汪华的生平事迹,淳熙《新安志》有着较为详细的考证。汪华(586－648),字国辅,一字英发,绩溪登源人,隋将汪宝欢次子。少以侠勇闻。大业年间,以土豪应郡募,平定叛乱有功,寻为众所推占据歙州,并次第平定宣、杭、睦、婺、饶等五州,成为拥甲十万自保的地方武装势力,建号吴王。因"为政明信,远近爱慕",归附者如云,使得歙州得以免遭战乱十余年。唐朝建立后,汪华审时度势,于唐高祖武德四年(621)归顺于唐朝,被唐朝授以方牧,持节总管歙、杭、睦、婺、饶等六州,并任歙州刺史、上柱国,封爵越国公。三年后,汪华朝于京师。唐太宗贞观二年(628),被授予左卫白渠府统军事,参掌禁军。贞观十七年(643),改任忠武将军行右积福府折冲都尉。太宗征辽东,为九宫留守。贞观二十二年(648)三月,卒于长安。永徽中,归葬于歙北云郎山。大历中,迁葬于乌聊山,号越国公汪王神。自唐刺史薛邕、范传等相继修葺,汪王祠遂遍及徽州。到了宋朝,汪华被追封为灵惠公。宋徽宗政和四年(1114年)被赐庙祭祀,号忠显。七年(1117年)被封为英济王。宣和四年(1122年)闰十一月,以能御灾厉,加信顺。宋孝宗乾道四年(1168年)三月,进封信顺显灵英济广惠王,夫人钱氏于次年被封为灵惠夫人。汪华共有有八子(亦有云九子者),旧称八郎君。[16]经过如此多的层

324

层加封晋爵,人们逐渐完成了将汪华由人到神的转变。徽州各地处处建立汪王庙,以祭祀这位捍卫徽州的乡土英雄。不惟如此,徽州还于汪华的诞日即农历二月十五日(具体诞日,各地不一),举行盛大的游神赛神活动,以纪念这位英灵。在绩溪,祭祀汪华的场面极为隆重壮观。该县仁里专门于是日,供奉汪华和程忠壮公神像,用大如断柱的蜡烛敬奉二神,祭祀的整猪大如牯牛,珍馐异果堆积,琼碗数百盏,轩院、回廊挂满彩灯。宫前搭有彩棚戏台,祭坛上的祭品披红挂绿。白天,儿童登台表演武打。入夜,人们骑火马,执火灯,唱戏舞狮,列队游行。登源汪华故里还专门成立十二社,挨年轮流负责主持祭祀汪华,"张灯演戏,陈设必备。罗四方珍馐,聚集祭筵,谓之赛'花朝'。其素封之家宾朋满座,有素未谋面者"。[17] 神灵毕竟是神灵,由于时间的久远,人们对汪华的生日也各有不同的说法。于是,当绩溪把农历二月十五日当作汪华生辰、对越国公进行祭祀之时,远在歙县的乡村僻野,则早于正月十五元宵节前后,以游灯的方式祭祀汪华的诞辰。"元夕并前后二日为灯节,乡落游烛龙于社,为汪越国寿。亦有燃蜡百斤为钜烛,以奉程忠壮公者,因二公皆正月诞云。"[18] 更有甚者,歙县和休宁的部分地区,还有把农历三月二十八日确定为汪华的生日者,并于是日举行极其隆重的游神活动和傩戏演出,"三月二十八日,歙、休之民舆汪越国之像而游,云以诞日为上寿。设俳优、狄鞮、胡舞、假面之戏,飞纤垂髾,偏诸革鞜,仪卫前导,旌旄成行。震于乡井,以为奇隽。歙各乡及休之隆阜最盛,识者曰:'曷不节费以周其乡之贫乏者'"。[19]

程灵洗(514－568),字元涤,歙县篁墩人。少有勇力,步行日二百里。南朝梁侯景之乱时,程灵洗招集黟、歙乡勇捍卫地方,抵御侯军有功,被梁元帝授为谯州刺史,领新安太守。陈建立后归顺于陈,被武帝授为兰陵太守,封为遂安县侯。后因功被授为都督南豫州刺史。文帝天嘉四年（563），程灵洗击败周迪，迁中护军，出为都督郢、巴、武三州诸军事。陈废帝即位，进号云麾将军。华皎反，遣使招灵洗，被灵洗拒绝，来使被斩杀。以功封重安县公，进号安西将军。灵洗治军严刻，"士卒有小罪，必以军法诛之。然号令分明，与同甘苦，众亦以此附焉"。程灵洗还善于农事，精于耕耘，种谷割稻，虽老农不及。他还于任所，督民纺织。光大二年（568）卒后，被赠为镇西将军、开府仪同三司，谥以忠壮。配享武帝庙庭，明朝以来一直被徽州各地官府春秋祭祀。[20] 程灵洗与汪华一样，都是徽州本土的英雄，因而在徽州各地特别是程氏宗族聚居地，人们都把程灵洗当作本族、本乡、本土的英雄来崇拜，遍布徽郡城乡僻壤的世忠庙，就是祭祀程灵洗的香火最盛的庙宇。相传程灵洗生于正月十三日，故徽州各地纷纷于是日开展各种活动，以纪念这位乡土英雄。在程氏宗族聚居地祁门善和，还专门立有世忠会，用以祭祀这位程氏先灵。休宁率口程氏宗族以元夕前二日为忠壮公生辰，于是日"制花灯娱神，凡五日，族人不下六千。处者多良士，归者多贞媛，不以富贵为丰啬，而以礼仪为盛衰"。[21] 歙县以百斤巨烛，来祭奠供奉程灵洗。正如《徽城竹枝词》所云："巨烛高烧重百斤，满堂香气更氤氲。报功犹祀程忠壮，正月生辰有祝文。"[22]

除汪越国和程忠壮公被徽州人所信仰和崇拜以外，汪华之八公子也在人们的信仰和祭祀之列，歙县就建有忠助八侯庙，祀汪公八子，旧称八郎君。隋末将军蔺亮，也为徽州人所祭祀，歙县有将军庙以祀之，俗传祀之以射西方五鬼山。

对张巡、许远等战神的信仰与崇拜：徽州人对桃园三结义之一的关羽和安史之乱时死守睢阳的张巡、许远双忠的信仰和崇拜也极富地域特色。关羽是著名的仁义之神的化身，徽州人对其尤为崇拜，各地皆建有所谓的关帝庙，并成立关帝会，以筹集资金进行纪念和祭祀。黟县人还专门抬关公之神像游行，并举行迎神赛会，以娱神为乐。

关于张巡和许远的事迹,《新唐书》以及各地方志等史料均有记载。

张巡,唐代邓州南阳人。博览群书,精通战法,喜结交名士、长者。开元末进士,先后任清河、真源等县县令。安史之乱爆发时,作为谯郡长史,在太守杨万石投降的情况下,张巡与乱军展开激战。后因斩杀叛将雍丘令令狐潮妻子,遭到令狐潮的报复性进攻,城几欲失守。在杨朝宗的包围下,张巡外失依据,遂拨马三百、兵三千众保宁陵。行至睢阳,与睢阳太守许远等会合,遣万春南领兵战宁陵北,经过一番血战,斩杀叛军将领二十、兵卒万余,汴水为之不流,迫使杨朝宗深夜遁去。不日,张巡被擢升为河南副节度史。时安禄山死,其子安庆绪遣其骁将尹子奇合突厥劲兵,与杨朝宗合兵十余万,向睢阳发起最猛烈的围攻。张巡激励士兵迎敌,一日凡二十战,士气不衰。最终战胜尹子奇,缴获大量兵马牛羊,并悉数分与士兵。因这次战役的胜利,朝廷遂拜张巡为御史中丞。张巡本欲乘胜一举攻下陈留,但尹子奇闻讯后,再次对睢阳城实施包围。面临敌强我弱、粮草给养不济等不利形势,张巡亲自巡城,并寄语守城官兵誓死一战。时箭矢射尽,守兵乃砍蒿为矢。粮食食尽,援兵不至,守城官兵饿死并伤者累累,士气大挫。张巡乃杀其爱妾,亲烹其尸以为士兵之饷,并说:"诸军经年乏食,而精义不少衰,吾恨不割肌以啖众,宁惜一妾而坐视士饥?"士兵为之泣。后大小数十战,终因孤立无援,使睢阳城失陷,张巡与许远不屈,同被遇害。安史之乱平定后,张巡被追授为扬州大都督,并立庙祭祀。

许远,杭州新城人,系丞相许敬宗曾孙,为人宽厚儒雅。安禄山发动叛乱时,曾被推荐给唐玄宗,被召拜为睢阳太守,迎真源令张巡,并与之并肩战斗。为张巡征调军饷战具,并亲自参与战斗。睢阳城陷后被执,最后于洛阳就义。被追授为荆州大都督,立庙祭祀。

由于徽州张姓和许姓众多，加上自宋以来，张巡、许远又屡被加谥，于是，在不少张姓与许姓聚居村落，纷纷建起了专门祭祀张巡和许远的所谓"双忠庙"或称"忠烈庙"，以缅怀此二位为国尽忠的英雄。在徽州区的许氏宗族聚居村——唐模，双忠庙中香火缭绕，明代砖雕的张巡、许像左右两面，挂一幅对联，上联云："童可烹婴可杀城不可亡矢志保江淮半壁，生同岁死同年神亦同祀精忠比日月生辉。"对张巡、许远的信仰与崇拜，至今在徽州乃至江淮其他地区依然十分普遍，由忠烈庙演变而来的双忠庙地名，也有很多。

双忠的信仰与崇拜，在徽州既是战神等英雄信仰与崇拜，也是张姓和许姓的祖先神灵崇拜。它反映了徽州信仰上的多重性和多源性。

三、徽州主要的民间信仰（下）

（一）祖灵和其他神灵的信仰与崇拜

祖灵的信仰与崇拜：徽州人尊祖敬宗，拥有良好的祖先崇拜传统。遍布各地的宗族祠堂是徽州人祖先崇拜的最直接物化体现。

在徽州，人们重视对祖先的祭祀，把祖先看成是木之本、水之源，并认为祖先本身就是一种神灵，对其尊重与崇拜如何，将直接关系到后世子孙的祸福，祖先显灵既可以庇护子孙，使其荫泽后代，福祉绵延，也可以降祸于后人，使其连遭不测，甚至断子绝孙。因而，徽州人一方面害怕祖先，一方面又尊敬祖先，将其作为一种神灵来信仰和崇拜。正如黟县南屏奎光堂正厅悬挂的对联所云："慎终追远万代子孙继德馨，经传文章百年后世之典范。"正是祖先有如此广大的神通，所以，徽州人对祖先的信仰才愈加弥笃，"重宗义，讲世好，上下六亲之施，村落家构祠宇，岁时俎豆其

328

间"。[23]

徽州的祖先崇拜有明确的对象,即始祖或始迁祖等宗族或家族祖先,这是构成徽州祖先崇拜的主体。徽州宗族习俗具有以下特征,即"千年之冢,不动一抔;千丁之族,未尝散处;千载谱系,丝毫不紊"。这几大特征,实际上都贯穿着宗族祖先崇拜的思想和理念。徽州祖先崇拜还有一套相对较为统一的程序,如祭祀程序、悼念程序等等。祖先祭祀在某种程度上说就是徽州祖先崇拜中最为鲜明的一种民俗表现。不过,值得我们注意的是,徽州祖先信仰与崇拜的对象,其昭穆次序是十分严格的,绝对紊乱不得,诚如《重修古歙东门许氏宗谱》所说:"祠中神主向次龛座,不序昭穆,殊为失次。考宗庙之礼,原所以序昭穆,是子孙入祠坐次,且悉照祖宗昭穆为序,而祖宗坐位昭穆先乱,何以示子孙乎?今议龛座中列为始祖,并所奉不祧之主坐次,余悉以世次,分左昭右穆,相循而坐。此正名根本、千古不易之论也。"[24]处理好昭穆次序,是徽州宗族祭祀远近祖先的关键所在。为此,在一些宗族势力较盛的地区,许多宗族在祭祀祖先时,往往将昭穆次序写在布毯上,张挂起来;或于灵位、神龛上,插上不同的牌位,以示区别。

徽州对祖先的祭祀是隆重的,仅歙县东门许氏宗族的春秋二祭,即用猪胙五十余口,鸡百只,鱼百尾,枣栗时果各百斤,蜡烛百斤,焚帛百端,其他时鲜蔬菜佳肴美酒之类不计其数。[25]至于其他节日如诞日、忌日和中元等,徽州祭祀祖先的费用也不在少数。

其他神灵的信仰与崇拜:徽州同中华民族的其他广大地域一样,其所信仰的神灵并非是唯一的一一神灵,而是带有相当功利性的多神。在这些多神信仰与崇拜中,如各种行业神信仰,刘猛将军和五猖等瘟神的信仰等等。就行业神信仰与崇拜而言,徽商的信仰与崇拜之神尤为令人值得一提。我们知道,作为地域行商帮集团,明清以降,各大地域行商帮都拥有其自己的信仰与崇拜的神灵,如广东商帮的北帝信仰、福建商帮的妈祖信仰、山陕商帮的关公信仰和江西商帮的许真君信仰等，徽商来自于素有"东南邹鲁"之誉的文公故里，因而，徽商把朱熹作为自己信仰的神灵。徽商对朱熹的信仰，是徽州信仰中人的神化之典型案例。散布于全国各地的徽商，在其所建立的会馆中，几乎无一例外地都把朱熹供奉为神灵加以顶礼膜拜。徽商把朱熹作为行业神来崇拜，实际上正是其"贾而好儒"的一个侧面反映。徽州的农民则敬奉土地神，遍及徽州乡村的社屋，即是集中祭祀土地神的场所。解放前那种春祈秋报、如痴如醉的祭祀场面，徽州很多老人都还记忆犹新。

徽州医学特别发达，蔚成风气的新安医学是中国传统医学中的一枝奇葩。因此，作为医家信仰和崇拜的神灵——华佗神便也应运而生。其实，在徽州，华佗神不仅是医家们所信仰，而且普通百姓信仰和崇拜者也大有人在。华佗庙遍及徽州各地即是一个明证。五通神信仰是徽州也是江南其他地区民众最为普及的一种信仰之一。"五通"又称五猖、五圣、五显、五郎等，初为婺源之木土的五种瘟神，徽州的五显庙或五显祠或五猖殿处处皆有。在祁门，由于该地"最重神道，岳帝、祖师、地藏、五显、土地莫不有会，愚妇最畏神明，每遇疾病，诚心祷祀，一似神道骤从天降者"。[26] 在休宁海阳镇，每逢农历五月初一的五猖庙会（又称"打猖会"）盛况空前，热闹非凡。是日，四乡八里的百姓云集海阳，烧香嬉戏，沿街茶楼、酒肆以及其他店铺，纷纷燃香点烛，祈求五猖神主驱鬼祛邪，保佑平安。庙会期间，白日由会首牵头，组织游神队伍抬着神像游街。游街队伍彩旗猎猎，黑白棍、肃静牌、万民伞、十锦担、茶水担夹杂于队伍之中，另有四人抬着大香案、纸扎猪牛羊等生灵偶像等走在中间。顿时鼓乐喧天，一派如痴如狂景象。在绩溪旺川，人们专门成立了善会组织，于六月举行所谓的"六月会"，扎制篾编纸做的龙舟。舟中设船舱，舱中端坐张巡、许远神像，舱外画有五种瘟神像及一青面獠牙之恶鬼,舟首挺立雷万春将军像,蓝面赤须,狮鼻环眼,手持金色长槊,称为"大王"。舟尾竖立南齐云将军像,红面黑须,竖眉怒目,手执银色长戟,称之为"小王"。六月会开始后,举行大、小王登舟仪式,村中青壮年于是开始了抢大王的比赛。大、小王神像抢到手后,由年轻力壮的青年高举于村中巡游,所经之处,家家户户燃放爆竹,以避邪驱瘟。大、小王神像被轮番高举游遍全村后,重新擎回龙舟。至此,抢大王活动结束。此时,篾扎纸糊的神像已被撕扯得支离破碎。大、小王神像重新抬回龙舟后,工匠们将扯得粉碎的神像戴上头盔和面具,披上红、蓝绸布大袍,再由主持佛事的僧人以朱笔蘸鸡血为大、小王神像开光。此时,锣鼓喧天,爆竹齐鸣,人头涌动,迎神赛会活动达到了高潮。[27]此后,便开始由小儿扮演的角色,开唱《西游记》、《八仙过海》和《嫦娥奔月》等戏曲。

五猖神信仰和庙会不仅在休宁、绩溪和祁门有着广阔的群体参与,在婺源、歙县和黟县,同样也是信仰者弥多。正是"神像多年色改常,重开生面号开光。神来作贺神迎送,始则呼猖复犒猖。""年例酬神作犒猖,僧人演戏曲荒唐。纤柔大净生还丑,盔甲群衩粉墨妆。"[28]

徽州的其他神灵信仰还有所谓的财神、福神、禄神、寿神、钟馗、周王、李王、八相公以及天花娘娘等等,徽州人所信仰的神灵之多,名目之繁,实在是不胜枚举。它在某种程度上反映徽州的人生态度和价值观念,是很值得我们下一番力气认真加以研究的。

(二)徽州的迷信与巫术

徽州不仅英雄、乡土神和祖先信仰与崇拜盛行,而且算命与风水等各种迷信,甚至巫术也极为泛滥。

算命、风水等迷信的盛行:徽州迷信的盛行与泛滥,集中体现在算命和风水等迷信信仰的泛滥上。徽州人笃信算命和风水等术

331

数,"好为人事,泥葬陇窀卜至择吉岁",[29]"泥于阴阳,拘忌费事,且睨鬼神,重费无所惮"。[30]他们认为人的一生命运早在前世就已确定,所谓"死生由命,富贵在天"。因而,各种算命的术数在徽州极有市场,从各种《徽州府志》到各县县乡镇志,都辟有专卷,对所谓著名的算命和风水先生立传进行介绍。

就徽州算命的迷信而言,大体具有以下几种:即六壬算命法、八卦算命法、麻衣相法、推字法等等,不一而足。在很多地方,算命成为一种职业,在商业通衢,有摆摊算命者;在村庄宗族聚居社区,有固定算命的家庭。另外,还有一些流动职业算命者。

徽州人对算命的笃信,主要缘于生产力低下,人口的死亡率较高这一事实。一般而言,徽州人在出生时,父母或家族中其他成员总是为其延请算命者卜算命运。本人手中收藏有二张算命帖,其中之一即为婴儿出生不久的八字四柱命帖,帖上不仅画有八字推算盘、四柱图,而且留有珍贵的推算结论,云:"日坐羊刃八字强,火炎土燥贵非常。柱内缺金水,性急志聪明。卯时秀木疏季土,培成稼穑必峥嵘。助益父母棠棣茂,[安]宜金石子双枝。四柱关煞俱不带,跳出童限易养成。一派大运如万锦,瓜派绵绵福寿长。"徽州人还把未来的功名富贵寄托于子虚乌有的所谓命相上。据嘉庆《绩溪县志》记载,当地有一有名的职业算命师名冯历仁,"精星数之学,推人贵贱生死如响",时有都御史程富、副使冯靖未科举中第时,冯历仁即为其预知后事,皆为事实发展所验证,可谓是十分灵验。[31]我们在徽州调查采访的时候,经常听说一些关于某地地杰人灵的传说故事,有些事似乎如真的一般,不由得你不相信。徽州文化的神奇之处,或许就隐藏在这些繁琐夹杂着迷信的民俗事象之中。

徽州算命迷信的发达还表现在各类命相之书的繁多方面,即使流传到今天,仍有不少数量。我们在收藏徽州文书的单位查阅文献时,经常会冷不丁地翻到一些徽州人著述或传抄的命相之书,很多命相之书高不可测,甚至夹杂一些命相职业中流传的黑话和术语。在一册未有署名的小册(我们姑且将其定名为《命相手册》)之中,有一节《四名春点》,专门录入了一些事物的别称,或者称之为黑话或行话,如"头为标把子,又名顶首,头发为青丝,牙须为毫毫,眼睛为照子,瞎为掩照子,耳为顺风,面为朋老,手为钱爪,脚为金刚,屁股为卯卵,卵为金光"等等。徽州的命相术数书之多,是全国其他地区所罕能与比的。它反映了徽州人的生活与信仰,是徽州文化的另一折射。

堪舆风水是继算命之后徽州又一重要的迷信领域,由于徽州地处山区,山多田少以及山水朝向都直接关系到民间造房建屋的安全与舒适,而且,在祖灵信仰弥笃的徽州,重视祖先坟墓的选择,甚至超越了民间住屋即阳宅的选址与建造,说生在苏州、长在扬州、葬在徽州不是没有道理的。徽州人重视并笃信堪舆风水,很多文献都有所谓"风水之说,徽人尤重之"的记载。为争得一块风水宝地,徽州人甚至不惜诉诸旷日持久的诉讼,严重的甚或诉诸武力,故文献云:徽州"其时构争结讼,强半为此"。[32]

徽州人十分重视阳宅建筑的风水选择。据记载,被列入世界文化遗产的徽州古村落宏村就是经过风水先生的精心选择才最终建立的一处牛形村落。明朝永乐年间曾任山西运粟主簿的宏村人汪思齐,深谙建筑、水利和堪舆风水之说,回乡期间,他反复考察宏村及其周围的山川河流,并三次延请当时号称国师的休宁海阳风水先生何可达及族中贤达,遍阅山川,详审脉络,周密制定了宏村的村落建设规划。依何可达的观点认为,"牛卧马驰,莺舞凤飞,牛富凤贵"。于是,乃依村中发现的一天然窟水和宏村地形,引溪水绕村屋,并依天然窟水建池塘,以蓄内阳水,建成牛形,使整个村落呈牛形分布之状。于是,族人先后捐资建成了九曲十弯的牛肠水圳和半月形月沼池塘,俗称"月塘"。至万历年间,族人又倡导集资建成了南湖。这样,一座完整的牛形村落便基本建成了。宏村的选址,的确贯彻了"气乘风则散,界水则止"的堪舆风水理论。至今看来,宏村优美的村落环境,仍让人流连忘返,的确不失为一处人和自然和谐相处的典型代表。

不仅村落选址遵循堪舆风水的原则,而且住宅和祠堂的建筑也要聘请所谓的地师进行选择。当然,不管是按照哪一家风水流派的观点,依山傍水、背阴向阳、山环水绕,基本上都是理想的居住环境。如徽州大族程姓始祖程元谭所住的宅居,"为水所汇,近及千年,礐石宛然,滨水而列",即是经过精心选择而成的风水宝地。[33]有的建筑为了达到风水理论的要求,甚至不惜改变结构、朝向。在祁门的磻溪,我们于陈氏祠堂中看到了一通砌于墙壁之中的碑刻,这通碑刻是明代万历二十年(1592)磻溪嘉会堂陈氏宗族因建祠堂地狭不合风水理论要求,而向族人借地并准许族人世代通行的所谓《借地建祠准予通行文约碑》。在祁门善和,为制止族人恣意破坏佳山胜水所庇荫的善和一村风水,聚居于兹的程氏宗族甚至以宗族的名义,专门下令禁止族人滥砍乱伐庇荫风水的树木,此文收录在光绪版的《善和乡志》,名之曰《风水说》,云:"风水之说,其来尚矣。自陶(潜)、郭(璞)、曾(遹)、杨(救贫)以下诸君子,著书立说,已有证验。如吾善和,号多佳山,其应验尤可信也。昔洪武、永乐间,吾乡诸公克酷信其说。"对乡中敢有破坏风水者,必并力讼于官而重罚之。凡居是乡者,当自思省务前人之规,悟已往之失,载瞻载顾,勿剪勿罚,保全风水,以为千百世之悠久之业,不可违约以取祸败于后来也。"[34]可见,堪舆风水理论对于徽州生态之保护,还是有其积极意义的。因而,我们看到,徽州不仅历史上的住宅建筑依山傍水,而且现实的村落民房建筑依然保留了这一传统,这也许就是堪舆风水理论中最有价值而值得肯定的地方吧。

不仅阳宅建筑要经过风水先生的精心选择,而且在尤其重视先人坟墓的徽州人看来,坟茔墓穴即阴宅的选择比阳宅显得更为重要和关键。因为徽州人认为,先人坟墓的选择不仅关系到能否使先人入土为安,而且直接关系到后人的祸福。因此,为了能给逝去的先人觅得一眼吉壤真穴,徽州人往往不惜花费巨资以求。然而,"堪舆之事急于营谋矣,但求者既多,而售者顿踊,甚至週榔片地,可以布金而成"。[35]棠樾鲍氏宗族一眼墓穴即售价白银一千两,一介之穴,价值千金,实在是只有在徽州才能出现。而清初户科给事中赵吉士为了给父母觅得一眼真穴,甚至不惜广延合郡地师20余人,纷纷点穴不定,最后用秤土法,"择土之重者用事,及开金井,土如紫粉,光润异常,登山者咸贺得地",[36]方才作为吉壤真穴确定了下来。

徽州人对堪舆风水的迷信,还集中体现在选择风水的工具——罗盘的制作方面。休宁万安罗盘早在清代乾隆时期即兴盛异常,其老吴鲁衡记罗经店所生产的罗盘不仅是徽州当地风水地师们选择风水的主要工具,而且远销全国各地乃至国外,1915年更是获得了巴拿马万国博览会金质奖章。从小到大各式各样的万安罗盘既是徽州悠久的手工艺术的结晶,更是徽州人堪舆风水信仰的最强有力反映。

既然徽州人如此迷信风水,那么,围绕风水宝地的盗葬以及由此所引起的纠纷便也遂之增多。诚如明末歙县知县傅岩所云:"徽尚风水,争竞侵占,累讼不休,如洪包、方惟一等多案,结而夫起,历年未已",[37]以致"祖坟荫木之争,辄成大狱"。[38]我们在数十万件的徽州文书中,发现有不少文书是涉及到风水坟地的纠纷与诉讼的。明朝嘉靖初年,休宁浯潭江氏家族看中了茗洲吴氏家族后山的一眼吉穴,甚至不惜于嘉靖八年(1529年)清明日亲往盗

335

葬,吴氏家族不甘示弱,亲自召百人剑挺至门上,族子弟亦都肆以待",几乎酿成一场大规模的武装械斗。[39]所幸在孚溪李质和祁门王源谢文学的及时调解下,这场一触即发的械斗才及时得以制止,否则其后果殊难预料。

徽州风水迷信信仰的泛滥,一方面助长了社会上追求风水风气的泛滥,使本来就人多地少的徽州土地价格变得异常昂贵,从而影响了当地社会经济的健康发展;另一方面,由于片面追求风水真穴,使得徽州渐次形成对死者久殡不葬的习俗,严重违背了入土为安的传统伦理纲常,"有经年停枢于庭者,既殡,多厝之浅土"。[40]对此,历代地方统治者都曾多次颁布禁令,要求尽快葬亲于地下,以革除这种不良的社会风气。

不过,徽州人对风水的迷信并未因各级官府的禁令而有所收敛,而是在不得已的情况下,想出了另外一些高招。对实在规避不了的非良宅风水,采取了诸如厌镇、回避等不同的方式。我们在歙县石门乡看到了一户人家的门楣上,赫然插着铁制的刀叉,这是面对不好的风水宅基所采取的一种积极的对抗方式以镇住邪祟;而遍布徽州各地墙头屋角的所谓"泰山石敢当"、"姜太公在此",则透露出一种中性的对抗方式。至于改变门窗方向和形状,则显然是一种较为消极的趋吉避凶方式。

徽州人正是通过以上的各种信仰方式,来妥善处置阴阳宅的风水问题。这实际上既反映了徽州人风水迷信的盛行,又折射了徽州人独特的生活与处事方式。

徽州的巫术:徽州不仅各种迷信泛滥,而且巫术也极为盛行。

徽州在先秦时期曾经是越和楚国的领地,而越和楚都是巫术信仰较为泛滥之地,因此,即使发展到后来,社会文明相对较为发达之时,这种巫术的信仰也一直没有得到有效的革除。所谓"歙为附郭县,其民之弊,好为人事,泥葬陇卜窆至择吉岁。市井列屋,犹稍哆其门,以傣吉向"。[41]比如,治小儿夜啼的红簽纸和出痘时的挂红纸条,即是典型的一种巫术,所谓"皇皇数语书红纸,倩读能令止夜啼。……出放天花要挂红,纸条飘扬贴门笼。收焦好把娘娘谢,轿舆须劳纸扎工"。[42]

徽州的巫术还集中体现在对瘟神的惧怕和祭祀上,其最显著者乃为所谓的迎神赛会。民国《歙县志》云:"邑人敝俗,迎神赛会。岁糜巨赀,自明已然,至今未艾。黄白山《一木堂诗》中有《神船八章》,咏其事云:'刻木为舟,束草为人;首尾象龙,彩绘如真。彼何神斯,曰唐张(巡)、许(远)。以身殉国,庙食千古。二公有言,死为厉鬼;誓歼群丑,以报天子。末俗传伪,谓神司瘟。于以像之,虎眉生瞋;于以舟之,陆海扬尘。伐鼓鸣金,扬徽树帜。有其举之,无或敢废;废则召灾,疫疠斯至。惟神正直,妖孽易兴;就人求食,邪祟或凭。神道悠悠,愚俗蚩蚩;举国若狂,谁与正之?"[43]至于祭祀五福神之祈祷、木匠上梁时塞以角斗之器、画道符以治病等等,无不反映出徽州巫术信仰的泛滥。

徽州的巫术信仰还有很多,象傩的信仰,各种符咒、灵籖的普遍存在,在某种程度上讲都是徽州巫术信仰的内容和领域。

四、徽州民间信仰的文化解读

徽州民间信仰是徽州人内心深处的心理世界的真实反映,它从另一个层面透射和揭示出了徽州文化的深层次内涵,是徽州文化极为重要的组成部分。

首先,徽州民间信仰根植于徽州本土,具有较强的徽州本土特质。徽州历史上经历了山越土著、中原移民和安庆棚民徙入的几大阶段,徽州文化也随着徽州历史的变化不断融进一些新的内容。山越文化中巫术信仰和信鬼民俗,实际上已经成为徽州民间信仰不可分割的内容之一。而中原士家大族的三次大规模徙入,则使

337

徽州民间信仰带有更多的中原民间信仰的因素和成分。多种信仰和崇拜的杂糅,最终形成了具有徽州本土特制的民间信仰。

其次,徽州民间信仰具有较强的宗族特质。历史上,徽州宗族统治根深蒂固,有关宗族始祖和始迁祖的信仰与崇拜,在徽州民间信仰中占据了很大的成分。这实际上是徽州祖灵信仰与崇拜的产物和集中反映。正如民国《歙县志》所云:"俗重墓祭,往往始迁祖墓自唐迄今,犹守护祭扫惟谨。"[44]

复次,徽州民间信仰还带有很强的人文特征。徽州重教兴文,素有"东南邹鲁"和"文献之国"的美誉,因此,在其民间信仰中,重教兴文的特征极其显著。作为理学的集大成者,祖籍徽州的朱熹在徽州几乎成为神化人物而得到普遍的祭祀。不仅从府学到县学等官办学校祭祀朱子,而且民间的私塾蒙馆以及各级书院也奉朱子为圭臬。更为令人惊讶的是,外出经商的徽州商人,还在异乡他邦兴建的会馆里,供奉朱子的神位。我们看到,在徽州本土,朱子家礼已经成为徽州人生活中恪守不怠的重要规范。凡书皆读朱子所注,已成为徽州文化中的一个奇特现象。在徽州,"其学所本,则一以郡先师子朱子为归。凡六经传注、诸子百氏之书,非经朱子论定者,父兄不以为教,子弟不以为学也。是以朱子之学虽行天下,而讲之熟、说之详、守之固,则惟新安之士为然。故四方谓'东南邹鲁'"。[45]

再次,徽州民间信仰中还充满着顽强进取的精神。徽州人祭祀的信仰的神灵中,有不少都是矢志不逾、顽强进取的典范,如血战中原的张巡、许远与捍卫歙州乡土的汪华之忠烈进取,其精神在徽州得到了强化。这实际上构成了外出徽商以"徽骆驼"精神开拓市场,博取成功的重要精神支柱。

当然,我们也必须认识到,徽州民间信仰中荒诞不经、纯粹迷信的成分还比较浓重。这些成分严重影响和制约了徽州的经济发展和社会进步,比如浓重的算命和风水信仰,其信仰中就充满了荒诞不经的内容,这对徽州山区经济的开发和社会文明的进步,起到了极为严重的消极影响。

注释:

[1] 汪大道:《徽州文化古村——潜口》,第 99、153 页,安徽大学徽学研究中心编印,2001。

[2] 程成贵:《徽州文化古村——六都》,第 183 页,安徽大学徽学研究中心编印,2000。

[3] 清·刘汝骥:《陶甓公牍》卷十二《法制科·绩溪风俗之习惯·岁时》。

[4] 乾隆《沙溪集略》卷二《岁时》。

[5] 清·吴梅颠:《徽城竹枝词》。

[6] 雍正《孚潭志》卷三《风俗志·岁时》。

[7] 清·刘汝骥:《陶甓公牍》卷十二《法制科·绩溪风俗之习惯·岁时》。

[8] 乾隆《橙阳散志》卷七《风俗志·保安》。

[9] 王元瑞:《黟山竹枝词》,转引自欧阳发、洪钢:《安徽竹枝词》,第 65 页。

[10] 清·廖腾煃:《海阳纪略》卷上。

[11] 嘉庆《黟县志》卷三《地理志·风俗》。

[12] 嘉靖《徽州府志》卷二《风俗》。

[13] 嘉庆《黟县志》卷十一《政事志·祀典》。

[14] 万历《歙志》考卷二志三《建置》。

[15] 万历《歙志》考卷二志三《建置》。

[16] 淳熙《新安志》卷一《州郡·祠庙》。

[17] 嘉庆《绩溪县志》卷一《风俗》。

[18] 民国《歙县志》卷一《舆地志·风土》。

[19]康熙《徽州府志》卷二《舆地志下·风俗》。

[20]万历《歙志》传卷四,志十四《勋烈上》。

[21]道光《徽州府志》卷二之五《舆地志·风俗》。

[22]清·吴梅颠:《徽城竹枝词》。

[23]道光《休宁县志》卷一《疆域志·风俗》。

[24]《重修古歙东门许氏宗谱》卷八《规约·书宗祠条规后》。

[25]《重修古歙东门许氏宗谱》卷一《宗祠祀典条录·祠祀》。

[26]清·刘汝骥:《陶甓公牍》卷十二《法制科·祁门风俗之习惯·神道》。

[27]曹尚荣:《昔日旺川的"六月会"》,载《旺川古今》第157页,绩溪县上庄镇旺川老年人协会编,1999。

[28]清·吴梅颠:《徽城竹枝词》。

[29]淳熙《新安志》卷一《风俗》。

[30]弘治《徽州府志》卷一《风俗》。

[31]嘉庆《绩溪县志》卷十《方伎》。

[32]清·赵吉士:《寄园寄所寄》卷十一《泛叶寄·杂记》。

[33]民国《歙县志》卷一《舆地志·古迹》。

[34]光绪《善和乡志》卷二《山川景致·风水说》。

[35]万历《歙志》考卷五,志六《风土》。

[36]清·赵吉士:《寄园寄所寄》卷十一《泛叶寄·杂记》。

[37](明)傅岩:《歙纪》卷五《纪政绩·修备赘言》。

[38]民国《歙县志》卷一《舆地志·风土》。

[39]万历《茗洲吴氏家记》卷十《社会记》。

[40]康熙《婺源县志》卷二《疆域志·风俗》。

[41]淳熙《新安志》卷一《风俗》。

[42]清·吴梅颠:《徽城竹枝词》。

[43]民国《歙县志》卷一《舆地志·风土》。

[44]民国《歙县志》卷一《舆地志·风土》。

[45]道光《休宁县志》卷一《风俗》。

● 吴兆民

黄山学院　中文系

从民间歌谣看徽州人的观念世界

在众多的徽州民间歌谣中,蕴含着徽州人一系列的思想文化观念,可以从中获取解读徽州人的一把钥匙。民间歌谣,是徽州人的一个独特观念世界。

一、追求一种艰苦创业而又自足自乐的

人生观念

由于徽州地处山区,人多地少,生活困窘,迫使生活其间的徽州人不得不考虑生计问题。而徽州人通过自己摸索和实践终于领悟到只有走出山门才能求得生存和发展。这在客观上使走出山门、寄命于商成了徽州人普遍的求生观念,以至经过时间和空间的历练而最终成为一种乡土风俗。徽州人把尚未真正成人的子弟提早放飞,虽然有些不合常情,虽然是不得已而为之,但与其在家苦熬不如走出山门换个活法、争个前程的观念无疑是积极的,是一种不失开拓性的观念。由于这种观念的先进性,对徽州人及徽州本土经济和社会的发展产生了重大的历史影响。

在民间歌谣中,这种艰苦创业的观念主要从反映徽商创业生活的歌谣中见出,如《徽馆学生意》、《学徒苦》和《写封信啊到徽

341

州》等。在流传于绩溪的《徽馆学生意》的民谣中如是说：

　　　　前世不修，生在徽州。十三四岁，往外一丢。

　　　　吃碗面饭，好不简单。一双破鞋，踢踢踏踏。

　　　　一块围裙，像块纟褙。

　　　　前世不曾修，出世在徽州。年到十三四，便多往外遛。

　　　　雨伞挑冷饭，背着甩溜秋。过山又过岭，一脚到杭州。

　　　　有生意，就停留；没生意，去苏州。

　　　　转来转去到上海，求亲求友寻路头。

　　　　同乡多顾爱，答应肯收留。两个月一过，办得新被头。

　　　　半来年一过，身命都不愁。逢年过时节，寄钱回徽州。

　　　　爹娘高兴煞，笑得眼泪流。

从中看出在古徽州经商的一种习尚，成了徽州人求生存图发展的
基本理念；徽商的起步和发展充满了艰辛，充满了义无反顾的决心
和坚忍不拔的意志；徽商充满了乡谊，经常网开一面，互相顾爱，提
携后生共同发展；徽州充满了乡土和孝的理念，一有收获即回报乡
里。所有这些方面都让我们看到了徽商走向成功，实在是一种历
史的必然。

　　作为徽商的创业生活是异常艰苦的，而学徒生活尤其如此，流
传在休宁一带的《学徒苦》的民谣道出了其中甘苦：

　　　　学徒苦，学徒愁。头上带"粟包"，背脊驮拳头。

　　　　三餐白米饭，两个咸鱼头。

从此可知学徒生活既有生活上的艰苦，又有学艺的辛苦，还有难以
免除的肉体和精神上的痛苦。而他们无疑是吃得"苦中苦"的，到
后来他们也终于成了"人上人"了——成为称雄一方、人所称羡的
徽商中的一员。流传于绩溪的《写封信啊到徽州》的民谣更是全
面而深入的体现了这一群体的心路历程：

　　　　青竹叶，青纠纠，写封信啊上徽州。

叫爷不要急,叫娘不要愁,儿在苏州做伙头。

一日三顿锅巴饭,一餐两个咸鱼头。

儿的那双手像乌鸡爪,儿的那双脚像炭柴头。

天啊地啊老子娘啊,儿在外面吃苦头。

青竹叶,青纠纠,写封信啊上徽州。

叫爷不要急,叫娘不要愁,儿在苏州做伙头。

儿今在外学生意,心中记住爹娘的话:

"茴香豆腐干,不能自己端;吃得苦中苦,

方为人上人。"学好了生意我再上徽州。

天啊地啊老子娘啊,没有出息我就不回头。

虽然自己在外面吃尽了苦头,可还不忘爹娘所叮嘱的"茴香豆腐干,不能自己端",其中的"茴香"实乃"回乡"的谐音。此句意为千万不能因为吃不了苦而中途打道回府,让邻居乡亲耻笑。虽然吃尽苦头,却反复安慰自己的爷娘"不要急""不要愁",之所以能如此,一是他们不敢也不愿违背乡俗招人耻笑;二是由于自己心中满怀着理想,那就是能出人头地,能过上梦寐以求的好生活。而事实也往往正是在外面做伙头的人,后来成了在全国经营徽菜馆的著名徽商。再如同是流传于绩溪的与上一民谣同样题材的《火焰虫》:

火焰虫,低低飞,写封信,到徽州。

一劝爷娘别挂念,二劝哥嫂不要愁。

一日三碗锅焦饭,一餐两个腌菜头。

面孔烟抹黑,两手乌溜溜。

今朝吃得苦中苦,好的日子在后头。

火焰虫,节节红。

公公挑担卖胡葱,婆婆织绢糊灯笼,

儿子开店做郎中，新妇织布做裁缝，

一担米桶吃不空。

此一民谣可与《写封信啊到徽州》相映照，但在理想的表现上更加具体，即"公公挑担卖胡葱，婆婆织绢糊灯笼，儿子开店做郎中，新妇织布做裁缝，一担米桶吃不空"。这种理想图景对于当时的徽州人来说，无疑是很诱人的。正是这种理想的鼓舞，他们才能以苦为乐，乐此不疲。此中不但反映出这一类从商者的普遍心理世界，而且也折射出所有徽商的心路历程。

在"前世不修，生在徽州，十二三岁，往外一丢"的著名民谣中，细细品味，其中不无哀怨之意，但同时可以看出徽州人的那种坚毅果决、义无反顾的思想观念。外出经商，是徽州人最大的事业追求，在事业为重的思想驱使下，随之而来的吃苦耐劳、万难不拔的"徽骆驼"精神就成了徽州人艰苦创业的基本品格。徽商的成功实在是一种苦尽甘来的真理性实现。

与外出经商的徽州人略有不同，生活在本土的徽州人在观念上则流露出另一种情怀，那就是流传于休宁的《山里好》和流传在绩溪的《手捏苞芦馃》的儿歌中所表现的。《山里好》中说道：

手捧苞芦馃，脚踏硬炭火，除开皇帝就是我。

又《手捏苞芦馃》：

手捏苞芦馃，脚踏树桩火；无忧又无虑，皇帝不抵我。

这两个作品体现了一个共同的思想，那就是对那种无忧无虑的生活的满足，但这种满足又完全是自足自乐式的，因为所满足的只不过是那种简单的温饱式生活，但在这里却把它当作最大的满足。这里带着浓厚的山里人的意识，这种意识无疑是盲目和狭隘的。其中自然也多少包含了对统治阶级的某些鄙视的意义，但其中主要是表现了自足自乐的生活观念。从中亦可见出，走出去的徽州人之所以大多能取得重大成功，就在于他们具有开阔了的眼界和拓宽了的胸襟!

作为徽州人的人生观念是走出山门的徽州人艰苦创业的观念与立足本土的徽州人自足自乐的观念胶合在一起的。走出去者通常具有与时俱进、永不满足的观念,而在本土者的观念却必须重新打造,即使是今天黄山人的观念也仍然如是。

二、追求一种自由幸福而又从一而终的婚姻观念

追求自由幸福的美好婚姻生活是人的基本心愿,这同样在徽州歌谣中得到了表现。如流传于歙县的《早日找个男子汉》:

红萝卜根,白萝卜根,跟着爹娘无终身。

早日找个男子汉,喝茶吃水也宽心。

再如流传于绩溪的《许个好婆家》:

柏枝树,柏枝桠,柏枝树下好人家。

生个男,会当家。生个女,会绣花。

等到十八岁,许个好婆家。

就是在美好的婚姻求而不得的情况下,有的就采取非正常的方式来实现,如流传在黟县的《抢亲谣》:

东山站着姑,西河蹲着哥。姑儿红着脸,哥儿打哆嗦。

你爹心肠狠,彩礼要得多,可我穷哥没奈何!

姑儿开了口,说你是傻哥,农家老规矩,穷汉无钱抢老婆。

表现的就是以抢亲的方式来实现对自由幸福的婚姻生活的向往和追求,并且这一方式在民间得到了合法化,成了一种风俗,就是官府对此也只能是睁一只眼闭一只眼。这为一部分为客观原因所制约的两情相悦者的自由幸福生活的实现扫除了障碍。

而像流传于绩溪的《蜘蛛吊水》和《蜘蛛吊水过难关》表现了对媳妇在婆家小心做人而没有自由和幸福生活的哀叹,从反面传

达出对希求自由幸福生活的合理的肯定,对限制和剥夺其自由和幸福的对象予以否定。如《蜘蛛吊水》:

> 蜘蛛吊水过栏杆,暴做新妇三年难。
>
> 晨早挑水十八担,一夜推磨到天光。
>
> 公婆进来吓一跳,小姑进来心一慌。
>
> 服侍大来服侍小,闲言闲语听多少。
>
> 瞓上床来细细想,翻来覆去无处讲。

又如《蜘蛛吊水过难关》:

> 蜘蛛吊水过难关,初做媳妇实艰难。
>
> 灯盏量米大锅饭,指甲蘸盐当三餐。
>
> 堂前来把公婆问,走到堂前开口难。
>
> "今朝有米何消问,明朝无米靠何人?"
>
> "锣靠鼓,鼓靠锣,山上树木靠石塔,年轻媳妇靠公婆。"

这两首民谣均以"蜘蛛吊水"的意象来比况封建时代新媳妇的不平等地位。所谓"蜘蛛吊水",即指蜘蛛结网挂丝,以此来形容新媳妇在婆家的诚惶诚恐、小心翼翼的特殊情形是入木三分的。

有的民谣则表现了童养媳的悲苦而不幸的婚姻生活,她们追求幸福生活而不得,只能忍辱负重,在空耗生命中实现从一而终。如流传于休宁的《等郎媳》:

> 娘啊娘,做事真荒唐!
>
> 把我嫁到人家去,童养媳等童年郎。
>
> 我大他十岁何样讲? 不像老婆不像娘。
>
> 驮着要拉尿,哭着要吃糖。
>
> 日间带他嬉,夜间驮上床,清早帮他着衣裳。
>
> 等到郎大我又老,等到有儿又同样。
>
> 天下多少违心事,命里注定没法想。

一个青春女子在陪伴、侍候"童年郎"中打发自己的青春,这是极

346

其不幸的,但这里把造成不幸的原因归结为自己的亲娘,其实是封建婚姻制度对妇女的摧残。还有流传于绩溪的《十八岁大姐三岁郎》:

> 喜鹊哥哥尾巴长,十八岁大姐三岁郎。
>
> 半夜三更要奶吃,"我是你的老婆不是你的娘!
>
> 不看公婆待我好,一脚踢你见阎王!"

与前首不同处在于将无尽的哀怨转化成了诙谐,当然内心深处是充满了无可奈何。

特别是作为徽州妇女还存在着在物质生活上幸福而婚姻生活不幸福的一个特殊群体,那就是徽商妇。徽州男子出外经商时,一般都要提前完成婚配,这种习俗也就决定了徽商妇的痛苦命运。他们婚后相聚无多,一般都是数年相聚一次,大多夫妻一辈子团聚的时间加在一起也不过三年,这要忍受多少煎熬!所以徽商妇充满了辛酸和哀怨的情感是很正常的。像《十送郎》这首民谣里表现的徽商妇那种在送别时的依依难舍的情怀实在是可以理解的,真是聚时不易别时难。这一次分别后就再也不知何时能够相聚了,有的甚至成为永诀。

流传于屯溪的《送夫出门》的民谣,表现了徽商妇在怀有身孕而万般无奈情况下企求丈夫照顾而不得的悲苦心境。作为经商的丈夫自是身不由己,不得不作出超出常情的决定(当然那种傲慢而冷漠的大男子主义是应该否定的),而妻子也只能在心底深喊几声悲苦外只得认命:

> 十指尖尖奉一杯,(夫白:摆到桌上。)
>
> 敢问夫君几时回?(夫白:不曾走,就想我回来?)
>
> 十月初上要分娩,(夫白:生呗!)
>
> 分娩之时靠何人?(夫白:叫你妈来!)

由于徽商离乡背井的特殊性,客观上给徽商妇带来了精神上的痛苦,并产生了消极的后果,使得一些妇女都不敢嫁与徽商为妻。在流传于歙县的《宁愿嫁给种田郎》的民谣里我们深切体味到了徽商妇辛酸的婚姻生活,也深切理解了她们对追求自由幸福的婚姻生活而不得的失望和悔恨之情:

> 悔呀悔,悔不该嫁给出门郎,三年两头守空房。
>
> 图什么高楼房,贪什么大厅堂,夜夜孤身睡空床。
>
> 早知今日千般苦,宁愿嫁给种田郎。
>
> 日在田里夜坐房,日陪公婆堂前坐,夜伴郎哥上花床。

这一民谣通过徽商妇反悔的情感宣泄,典型地反映了她们饱尝情感生活痛苦折磨的内心世界。徽商的巨大成功的后面饱含了徽商妇的沉痛血泪和巨大牺牲。虽然如此,但她们从一而终的婚姻观念却始终没有动摇,表现了她们在爱情上的坚贞。至于那种因殉夫而死而成为节烈者,在今日的徽州大地上仍可从现存的众多贞节牌坊中见出,但那是封建礼教以礼杀人的鲜活见证。

三、追求一种孝敬父母而又家庭和睦的 生活观念

徽州人孝敬父母而又追求家庭和睦的生活观念在歌谣中有直接体现的,但更多的是间接体现的,之所以如此,是因为在徽州人看来以孝敬父母为中心的家庭和睦的生活观念是本该如此的,而没有这种观念则是极不正常的,是理应受到唾弃的。因而在一些歌谣中就主要对那种不孝敬父母的人和事进行嘲讽和否定,以此来张扬本该如此的思想观念。

直接体现的主要有流传于休宁的《望娘亲》:

> 甜菜开花齐地乌,红嘴绿鹦哥。
>
> 鹦哥困,爱梳头,开开楼门摘石榴。
>
> 栀子花,"乒乓乒";茉莉花,上刀心;

做双花鞋望娘亲。

娘亲怀我十个月,月月辛苦到如今。

一只鸟,绿茵茵;买花线,穿花针;

做双花鞋看娘亲。

娘亲带我十个月,月月都耽心。

生男犹自可,生女冷冰冰。

这两首民谣真切传达了出嫁的女子不忘娘亲的美好感情,表现了对娘亲养育之恩的由衷感激以及对娘亲的深切理解,其情异常感人。

间接体现的主要有《对面山上一只鸡》《喜鹊哥哥尾巴长》和《世上事来颠倒颠》。如流传于休宁的《喜鹊哥哥尾巴长》:

喜鹊哥哥尾巴长,讨了媳妇忘了娘。

日朝日夜挑丈夫,挑得丈夫狠心肠,

日打爷,夜骂娘。

不曾讨亲真孝子,讨了亲,实该死。

这里对夫妻两人不孝顺父母的恶行进行了揭露和批判,促人警醒。流传于绩溪的《世上事来颠倒颠》儿歌如是说:

世上事来颠倒颠,媳妇骑马公来牵。

叔叔伯伯撑雨伞,无用男人捏马鞭。

捏得好,打三鞭;捏不好,三脚颠。

此中对一个蛮横无礼的泼妇进行了形象写照,在"世上事来颠倒颠"的评价中加以否定和批判。

除此以外,在歌谣中还对影响家庭和睦的姑嫂之间的不良关系进行了戏谑式批评,以期建立起正常的姑嫂关系而使家庭关系和谐起来,如《嫂嫂看见姑娘来》《姑嫂莫顶真》等即是。如《嫂嫂看见姑娘来》:

青竹蛇,骑白马,骑到娘家门槛下。

娘亲看见女儿来，喜笑颜开迎出来。

爹爹看见女儿来，买酒买肉端上来。

哥哥看见妹妹来，放下文章下楼来。

弟弟看见姐姐来，泡茶端水敬上来。

嫂嫂看见姑娘来，躲在房里不出来。

"嫂呀嫂，别小气，今朝有爷有娘来嬉嬉，

无爷无娘不来看尔那个臭面皮。"

这里对"看见姑娘来，躲在房里不出来"的嫂嫂的无礼加以批评，如何正确做人的问题摆在了我们面前。

在歌谣中我们还可看到对那种不重家族情义的行为进行漫画式的嘲讽批评，具有积极的教育效果，如流传在休宁和屯溪的儿歌《接外甥》：

一只鸟，叫咩咩，叫到棱塘接外甥。

外甥堂前坐，舅母灶下走马灯。

一碗茶，冷冰冰；一碗面，没三根；

一双筷，水淋淋；一碗鸡，没双翼；

一碗鱼，没眼睛；一碗青菜没油星。

此一民谣讽刺了舅母在接待外甥时的吝啬，对其虚情假意加以嘲笑，其人情价值取向是非常明确的。

徽州人孝敬父母而又追求家庭和睦的生活观念是根深蒂固的，也是符合民族文化传统的，即使在今天也还是应该发扬的。

四、追求一种重视读书而又博取功名的教育观念

历史上徽州人的出路不外两条：一是经商，一是读书。读书读好了，可以入仕，既解决了生计问题，又可光宗耀祖，可谓一举两得，因而成了徽州人最大的向往和追求。就是经商，也要做一个儒

商,那就是亦贾亦儒,或先贾后儒,或先儒后贾。而经商成功了就投资教育,是徽商的一种最基本和最普遍的投资。徽州多才人,与徽州重视教育的美好传统是密切相关的。这种重视教育的传统,也从民间歌谣中表现出来,或者说徽州人追求重视读书而又博取功名的传统思想是通过民间歌谣的形式来广泛传播并使之深入人心的。

首先,在徽州,把读书和功名的思想加以灌输早在孩童的时候就开始了。而对孩童的这种灌输是通过歌谣的形式在自觉不自觉中进行的。如流传于歙县的一首摇篮曲《来家做个状元郎》:

> 推索钩,慢索落,我家囝儿进学堂。
>
> 念不到三年书,来家做个状元郎。

尚在摇篮中的婴儿的耳边就有了"进学堂"、"念书"和"状元郎"的概念的回响,这种潜移默化的灌输不可谓不早,由此也可以想见这种影响会是根深蒂固的。又如流传于黟县的《扁荚藤》:

> 扁荚藤,随地生,外公外婆接外孙。外公接得哈哈笑,外婆接得笑哈哈。舅舅接得忙打转,舅母接得苦巴巴。实劝舅母别叫苦,同是一树好桃花。外公给囝一包糕,外婆给囝一包糖。舅舅买了几本书,舅母送囝进学堂。读了三年书,中个状元郎。前街竖旗杆,后街做祠堂。

这其中的"读了三年书,中个状元郎。前街竖旗杆,后街做祠堂"的理想鼓舞不可谓不诱人,使受其影响和熏陶的人无不充满向往之心。还有流传于绩溪的童谣《哥哥考个秀才郎》:

> 推车哥,磨车郎,打发哥哥上学堂。哥哥学了三年书,一考考着个秀才郎。先拜爹,后拜娘,再拜拜进老婆房。金打锁匙开银箱,老婆房里一片光。

这里描画了读书人在科场取胜后又迎来洞房花烛的美好生活情景,让人充满无限憧憬。又如流传于屯溪的《读书郎》:

351

牵三哥,卖三郎,打发团,进学堂。读得三年书,中个状元郎。前门竖旗杆,后门开学堂。金屋柱,银屋梁;珍珠被,象牙床,枕上一对好鸳鸯。

这里把读书人的思想描绘得更加具体生动,在荣耀的后面,添加进了"黄金屋"与"颜如玉"的思想。这样一些歌谣裹藏着的虽然不外是诸如"书中自有千钟粟""书中自有黄金屋""书中自有颜如玉"等封建社会中广泛流行的读书观,但所有这些在徽州人眼中更显得灿烂一片,因为徽州人不但是这种理想的传播者和鼓舞者,而且经常是这种理想的实践者和享有者,即如中国第一状元县徽州的休宁县理想和现实在这里达到了高度统一,因而这些歌谣就更有陶醉人心的作用。

其次,徽州人的这种重视读书而又博取功名的教育观念,经常在新婚礼仪时把它作为一种人生理想加以张扬,这从一些礼仪歌谣中可以见出。如流传于歙县的一首《开面歌》中唱道:

一线金,二线银,三线做夫人,四线事事如意,五线五子登科,六线六六大顺,七线七仙美貌,八线八仙重寿,九线九子十三孙,十线十足俱好。好、好、好,白头偕老,喜、喜、喜,夫妇齐眉。

在对将要成婚的徽州姑娘进行开面的仪式时就包含了"五子登科"的美好祝愿。在流传于歙县的《接房歌》中有一节这样唱道:

手拿红灯亮厅堂,相请新娘新郎出(啊)洞房。辉煌花烛堂前亮(啊),大家出来个来贺房。大登科名标金榜,小登科那就花烛(啊)洞房。甘罗十二(格)为丞相,戴忠十四状元郎。朱买臣五十当富贵(啊),姜太公八十遇文王。老彭祖八百多年福寿长,猕猴精长生不老万年青。

这里把"大登科名标金榜,小登科那就花烛洞房"与历史上的人物相映衬,以揭示其中的某种必然性,从而把它作为一种符合事物发

展规律的对象来追求。同是流传于歙县的《送新人进房》中的一节:

> 好男生五个,好女生一双。五男并二女,七子共团圆,三个做宰相,两个中状元。

这里的"三个做宰相,两个中状元"看来是不无夸张的游戏之词,但在徽州本土却是可以找到现实根据的,如"一门八进士""同胞翰林""一镇四状元"等,就是做丞相的也代不乏人,所以这是对理想的一种升华和概括,具有鼓舞人心的重要作用。还有流传于歙县的《撒帐东南西北中》:

> 撒帐撒向东,东边一点太阳红。昔日有个周文武,去访全才姜太公。文王接去定天下,保定武王坐九龙。今晚洞房花烛夜,生下孩儿做国公。撒帐撒向南,南边五老已临凡。凤阳有个朱洪武,打擂才收众将官,遇春大海多奇勇,保定太祖坐江山。今晚洞房花烛后,生下孩童做高官。撒帐撒向西,玉兔东升笑嘻嘻。唐室世民真天子,忠臣叔宝与尉迟,咬金本是真福将,保了唐王登帝基。今晚洞房花烛夜,产下孩儿穿紫衣。撒帐撒向北,紫微真帝天喜出。立即难得柴王父,借头金殿功劳得,子将接拜为弟兄,坐定江南布大德。今晚洞房花烛夜,产下孩儿做相国。撒帐撒向中,月里嫦娥好娇容。顺治八旗分左右,天下一刻会成功,大清圣主登龙位,一十八省唱年丰。今晚洞房花烛夜,产下孩儿立大功。撒帐撒得奇,夫妻恩爱两齐眉,生下五男并二女,赛过唐朝郭子仪。撒帐撒得高,八仙今夜共来朝,仙姑敬上长生酒,采和仙菜献蟠桃。撒帐撒得低,张仙送子笑嘻嘻,自从今夜成亲后,产下儿女做同知。

其中的"生下孩儿做国公""生下孩童做高官""产下孩儿穿紫衣""产下孩儿做相国""产下孩儿立大功""生下五男并二女,赛过唐朝郭子仪""产下儿女做同知"更是典型地传达了徽州人对于下一

353

代的殷殷期盼,如此强烈的美好愿望,又怎能不激发后人去努力拼搏呢? 还有流传于歙县的《传代》:

> 一代长命富贵,二代金玉满堂,三代三元及第,四代事事如意,五代五子登科,六代六国丞相,七代七子团圆,八代八仙庆寿,九代九子十三孙,十代荣华富贵万万年,十一代当朝拜相,十二代两国封王,十三代三星拱照,十四代四海名扬,十五代五枝丹桂,十六代六部佳丞,十七代七夕相会,十八代荀叔八龙,十九代九世同居,二十代果是文王,二十一代前有高头双星进宝,二十二代得职双榜状元郎,二十三代甘罗十三为丞相,二十四代太公八十遇文王,二十五代相送月里嫦娥女,二十六代平贵里外两封干,二十七代彭祖公公八百岁,二十八代杨老婆婆万万春,二十九代多福多寿多贵子,三十代全家福禄大团圆。传代传进房,百子千孙闹洋洋,双产麒麟来送子,多生贵子状元郎。百代百子千孙闹洋洋,千代发脉多开族,万代各支各派赏英豪。

人生代代无穷已,徽州人把读书博取功名的追求作为一个长远的事业来追求,即使一代不行,还有下一代,永远不得放弃。正是在这样的一些民间歌谣所体现出的追求重视读书而又博取功名的教育观念的鼓荡下,徽州大地上才出现了"十户之村,不废诵读"的良好读书风气,才出现了"一门八进士"、"两朝十举人"、"连科三殿撰,十里四翰林"等科举佳话,才出现了各类人才雨后春笋般涌现的群星璀璨的局面,从而铸就了徽州文化的勃兴,成为华夏的一道光彩夺目的风景线。

当然,在徽州不只是民间歌谣具有追求重视读书而又博取功名的教育观念,如流传着的"娇子不娇书,娇书变养猪"、"三代不读书,好比一窝猪"、"穷不丢猪,富不丢书"等俗语,以及在今日西递古民居仍能见到的"几百年人家无非积善,第一等好事只是读

354

书"、"欲高门第须为善,要好儿孙必读书"、"二字箴言惟勤惟俭,两条正路曰读曰耕"和"读书好营商好效好便好,创业难守成难知难不难"等对联也同样具有这种美好的思想观念和积极的教育作用,但所有这些无疑以民间歌谣的影响力为最大,因为民间歌谣在思想的传播上往往赋予一种情境,使它更具体也更形象,因而也更具魅力。民间歌谣对徽州人的重视读书而又博取功名的观念的形成、强化与实践起了最直接的推动作用。

五、追求一种崇尚正义而又反对邪恶的 是非观念

在徽州的不少民间歌谣中,还表现一种崇尚正义而又反对邪恶的是非观念。在此之中,有的是表现对人世间人与人之间不公平现象的不满,如通过抬轿与坐轿的对比喊出"世道真是不公平"的愤然之声的流传于绩溪的《轿夫叹》:

抬轿是人,坐轿也是人。

坐在轿里乐融融,抬着轿子汗淋淋。

世道真是不公平。

有的是揭露不合理制度对徽州家庭带来的灾难,传达了一种不满和反抗的思想。如流传于绩溪的《抓壮丁》:

听到村边狗叫声,忙推哥郎走出门。

抓丁拉夫谁不怕?壮丁抓去活不成。

再如流传于休宁的《抓壮丁》:

正月新春正月正,国民政府抽壮丁;

十八抽到四十五,独子也服国民兵。

二月杏花满山岗,到处壮丁都抓光;

农忙田地无人种,三年少收两年荒。

三月桃花是清明,抓到壮丁送进城;

一路押送新兵站，想要回家万不能。
四月初夏蔷薇花，铁壁营里过生涯；
天气燠燥肚又饿，四肢无力汗不干。
五月石榴是端阳，新兵日日上操场；
教官拳打脚尖踢，下操还要上讲堂。
六月伏天开荷花，盐水汤恰老南瓜；
肚肠饿得咕咕叫，心想不如开小差。
七月凤仙颜色多，兵卒生活真难过；
日间吃的糙子米，夜间钻的稻秆窝。
八月桂花过中秋，敌机来把炸弹丢；
横下心来想逃溜，跑掉和尚跑不掉庙。
九月重阳菊花黄，秋风一起天气凉；
一床破絮盖不住，身着短裤单衣裳。
十月初冬花芙蓉，老娘床上病呻吟；
吃着上餐无下顿，身在兵营难救贫。
冬月雨雪到冬至，心想写信往家寄；
借得笔来又没纸，欲哭无泪空叹气。
腊月梅花过年忙，乡镇保长喜洋洋；
别人家里团圆聚，我的家里哭断肠。

这里把抓壮丁给徽州百姓带来的不幸和痛苦进行了全面深入的揭露和批判，表现了人民对不合理制度的深切痛恨。就是今天的人读来也是一股悲凉之气透底而生，那样残害人民的制度不加以推翻，人民就永无出头之日！

有的传达了对官府的以势压人必将导致人民反抗的思想情绪，如流传于绩溪的《城里有官府》：

城里有官府，乡下有山坞；
城里有铁索狞狞，山里有红藤葛藤！

356

这里的红藤、葛藤为蔓生植物,农民通常用于缚物,十分牢固。意为官府可以用"铁索"束缚百姓,但如果把百姓逼反了,野藤也可用来捆绑官员,表现了旧时百姓与官府的对立以及对统治者的蔑视和反抗。

有的表现了一种朴素的反迷信思想,如流传于绩溪的《算命》,通过对瞎子算命的明显错误的揭示,在笑骂声中表达了对迷信思想的彻底否定:

> 嫂在房中绣花巾,耳听门外叮当声。
>
> 开开门来请先生,报个八字给你听。
>
> 先生掐指算一算,还有三年再动婚。
>
> 嫂嫂一听抿嘴笑,骂声瞎子滚出门。
>
> 头胎生过了,二胎要临盆。

有的表现了对残害生命健康的吸毒行为的揭露和批判,强烈呼唤人人走健康的生活之路的思想,如流传于绩溪的《鸦片害人真不轻》:

> 初吸鸦片好威风,烟馆欢迎献殷勤:
>
> 碗头茶,是毛峰;桂圆、玉条当点心。
>
> 日子长,烟瘾深,一日一元银,
>
> 吸得倾家又荡产,走进烟馆无人迎。
>
> 回家东借又西寻,卖田卖地卖妻卖子孙。
>
> 虱子成堆捉不清,眼泪鼻涕滴淋淋。
>
> 肚肠吱吱叫,头发乱蓬蓬。
>
> 牙齿漆黑,面色乌青,像个鬼精。
>
> 债主到,做贼偷点东西还老兄。
>
> 衙门差役到,一根绳索锁进监牢门。
>
> 鸦片害人真不轻,劝君别进烟馆门。

还有流传于休宁的《劝戒乌烟歌》:

石榴开花杨柳青，劝人不要吃乌烟。

吃着乌烟犹自可，驼起背来又叉肩。

乌烟本是外国生，外国人家害人精。

不知害着人家多少好子弟，

不知害着人家多少好后生！

这两首歌谣流传于上世纪30年代，对吸毒的危害进行了形象揭示，对外国殖民主义者毒害我国同胞表示了强烈愤慨，对乡亲后生充满了恳切的劝戒。重读这些民谣，对吸毒之风盛行的今天仍有积极的劝戒作用。警钟应该长鸣！

通过对徽州民间歌谣的分析和整合，我们从中见出了追求艰苦创业而又自足自乐的人生观念，自由幸福而又从一而终的婚姻观念，孝敬父母而又家庭和睦的生活观念，重视读书而又博取功名的教育观念和崇尚正义而又反对邪恶的是非观念等种种观念构成了徽州人丰富的观念世界。从中可以看出徽州人的观念世界总体上是符合封建礼教规范的，又是具有自己的地域特点的，既有在今天仍具现实意义的，又有需要加以扬弃的。但无论怎么说，民间歌谣中所呈现出的徽州人的种种观念，是极其本真的，具有无可替代的地位和作用。事实已经证明，并将进一步证明，我们从民间歌谣中去探听徽州人观念世界中的内在声音是最为有效的途径。

358

●王振忠

复旦大学历史地理研究中心

俞樾眼中的徽州风俗

浙江湖州德清人俞樾(1821—1907),字荫甫,号曲园,为道光三十年(1850年)进士,授编修,曾提督河南学政,主讲苏州紫阳、上海求志、德清清溪和归安龙湖各书院,并主持杭州诂经精舍达31年之久,寓苏州所居名"春在园"。在他86岁的生涯中,著述宏富,其《春在堂全集》多达500余卷,[1]个中有不少对徽州风俗的精彩描摹。

一、俞氏父子的徽州缘

德清俞氏与徽商的交往,并不始自俞樾。根据《曲园自述诗》记载:早在俞樾十五岁时,他就随父亲俞鸿渐馆于常州新安汪氏,"所寓小屋三楹,曰醉经书屋"。[2]

俞鸿渐(1781—1846)字仪伯,号剑花。清嘉庆二十一年(1816年)丙子科举人,曾任知县,后在常州等地设馆授徒。据他所著的《印雪轩诗钞》卷14《毗陵游草》记载,道光十四年(1834年),自己到常州处馆,系因"汪樵邻相招"。汪樵邻显然是徽州人,俞鸿渐应当是因这层关系,[3]而出游过徽州。在道光辛丑

359

（1841 年）八月至丙午（1846 年）间所作的《后近游草》中，俞鸿渐留下了《将之新安晓发钱塘江》、《上滩行》、《自深渡至屯溪》、《万寿山》、《炼心石吊金正希先生》、《下滩》和《道中杂书得四断句》[4]等诗歌，对于皖南的绮丽风光称赏不置。在他眼里，"海内论山水，新安称大好"，[5]其《文集》中亦有不少与徽商[6]及徽州风俗相关的内容。如《印雪轩随笔》中的《冥中金屋》条就写道：

> 徽州之俗，人死必翦纸糊屋一区，并生前所须衣饰器具之
> 类焚之，盖亦古者涂车刍灵之遗意也。[7]

俞樾于道光二十五年（1845 年）因会试不中南归后，于当年秋天前往徽州，馆于休宁汪村汪氏，也就是充当汪氏的家庭教师。他的自述诗曰：

> 咫尺金台未许攀，敝车羸马又南还。
> 长安花好无由看，且看新安江上山。[8]

道光三十年（1850 年）庚戌会试后，他乞假南归，翌年又馆于汪村半年。对此，俞樾有"萍踪岁岁客新安"的自述，根据他的说法，自己自道光二十五年（1845 年）以后"岁岁客新安"，每年都是二月前往，十一月返归，年年如此。俞樾在客居徽州时，"从游者颇众"。[9]他有《到新安赠汪莲府（俭）、镜轩（兆蓉）、瞻园（之芳）》等诗，[10]其中的汪莲府讳丙照，是俞鸿渐的门下士，与俞樾更是30 多年的老朋友。[11]《春在堂杂文三编》卷 1 有《兵部候补主事汪君行述》，对此有详细的记录：

> （汪氏为）安徽休宁人，世居县之四都，其族繁，所居
> 成聚，遂以姓名其村，曰汪村。……家素富厚，长兄东垣
> 君承父业，奉吴恭人侨居常州。……而予舅氏平泉姚公
> 及先君子先后主其家尤久。余与同学为时文，君之文出，
> 先君子每欣赏之。余虽与俱学，弗如也。道光十六年，以
> 浙江商籍入杭州府学。[12]

360

从上述可知,休宁汪村汪氏,有成员侨寓常州为商,姚平泉及俞鸿渐、俞樾父子均先后为其家庭教师。咸丰二年(1852年)春,俞樾入都散馆(清制,翰林院庶吉士在馆学习期满安排他职,称为散馆)。门下士休宁汪仪卿、黟县李简庭等都相随北上,师从俞樾问学,"且应京兆试"。[13]可见,俞樾周围的徽州弟子仍然不乏其人。其中,有一些人科举及第,并步入宦途。如吴焕卿,就是俞樾客馆休宁汪氏时的门下士,后成进士,官至浙江兰溪知县。[14]

在明清时期,"贾而好儒"的徽商为了提高社会地位,不惜花费巨金,聘请各地塾师教导子弟。由于徽商的席丰履厚,有的名师亦颇得沾其馀润,渐成小康。[15]俞樾在徽州前后历时六年,每年春去冬还,与徽州的不少人都成了莫逆之交。咸丰元年(1851年),俞樾仍馆新安汪氏,此间他与孙莲叔的交往最为深契。关于孙莲叔,俞樾在《自述》诗中指出:

> 孙宾石亦一时豪,挥尽黄金兴转高。
>
> 红叶楼头红烛底,君拈画管我吟毫。

其下自注说自己在徽州,与比他大一岁的孙殿龄(莲叔)交往,当时有"异姓兄弟"之称。孙氏是富家子,为人豪迈喜客,所居之处叫"红叶读书楼",其间常常有宾朋雅集,"绛蜡高烧,作画题诗,每至达旦"。[16]红叶读书楼"楼凡三折",故其家人呼之曰曲尺楼,客至,辄留宿其上。俞樾有"仙到应迷有帘幙几重阑干几曲,客来……满屋奇书满床"之联。[17]孙莲叔还有小楼可观日出,署曰"观旭"。俞樾于道光二十四年(1844年)曾宿其中,适值大风竟夕,遂题一联:"高吸红霞最好五更看日出,薄游黄海曾来一夕听风声。"[18]据载,此联深为孙莲叔所叹赏。

其实,早在俞樾的父亲一辈,就与孙氏过从甚密。俞鸿渐的《印雪轩随笔》及《印雪轩诗钞》之前,均有道光丁未(1847年)自称"新安世愚侄孙殿龄"的序文。俞鸿渐游徽州时,曾作"好山好水够徘徊,更向新安见此才。十日平原樽共把,挂帆不负去年来"的诗句。[19]在这里,俞鸿渐将孙莲叔视作才子,并认为他像是战国时期礼贤纳士的平原君。对于孙莲叔的情况,俞樾另外在后来撰写的《哭孙莲叔》长诗中写道:

> 海阳有儁才,孙氏家莲叔。其家本素封,一乡推右族。
> 弱冠当门户,年甫十五六。少年意气盛,未肯守边幅。
> 换酒裘千金,买笑珠十斛。玉勒控骐骥,金笼养鸐鸐。
> ……　　　……　　　……　　　……
> 苏杭号天堂,繁华积成俗。君亦时一游,锦帆张玉舳。
> 览胜遍湖山,移情到丝竹。竟夕酒楼眠,累月倡家宿。
> 迨我始识君,君已稍节缩。回首少年场,不觉频为颦。
> 折节事诗书,自悔昔未读。时时为小诗,天然谢雕琢。
> 所居曰霞溪,构屋山之麓。高堂何嵬峨,密室更屈曲。
> 绮窗明玻璃,绣幕净沙谷。……
> 其时客新安,过从不嫌数。君家红叶楼,一室署观旭。
> 木榻为我悬,醴酒为我酾。我来辄止此,宛如梁燕熟。
> 高谈泣鬼神,大笑惊童仆。已闻半夜钟,犹剪一寸烛。
> ……　　　……　　　……　　　……
> 我时学未成,辕驹苦局促。而君不我鄙,爱我逾骨肉。
> 寒则授我衣,食必问我欲。有诗辄示我,可否以我卜。
> 送我游长安,青云为我勖。……[20]

"海阳"也就是休宁的别称,"素封"和"右族"则均指孙氏出身于徽商巨贾之家。从上述的描摹中可以看出,孙莲叔为徽州富商子弟,少年风流偶傥,挥金如土,放荡不羁,后来折节向学,并与俞樾结为异姓兄弟。孙莲叔曾刊刻俞氏的《好学为福斋文钞》二卷、《诗钞》四卷。[21]在多年的交往中,俞樾与他有不少唱和之作,[22]后者甚至将俞樾写给他的书札装裱成册。[23]在《春在堂诗

362

编》卷 2 中,俞樾有一首《余客新安,与孙莲叔交最深,明年春将入都应礼部试,因赋诗为别》:

> 人生半面莫非缘,何况论交近十年。
>
> 灯下正寻文字契,风霜又到别离天。
>
> 坚留后约烦县榻,遥指前程盼箸鞭。
>
> 却恐长安居不易,未行先赠办装钱。
>
> ……
>
> 有幸或能登一第,无成仍可订重来。[24]

诗中的"县"通"悬","县榻"典出《后汉书·徐稚传》,比喻礼遇贤者。该诗可见:孙莲叔为俞樾入都应试置备行装,并约定倘若未能及第,汪村仍然是虚位以待。俞樾离开徽州后,还时常与孙莲叔书信往还。[25]在闻知后者去世的噩耗时,俞樾写下了《哭孙莲叔》的长诗,对孙氏的生平事迹及与自己的交谊,有着情真意切的铺叙。

除了孙莲叔外,汪芳庆(紫卿)也是与俞樾过从甚密的徽州人。从《春在堂诗编》来看,汪紫卿应是家资浩大的休宁商人,收藏古玩甚多。他曾向俞樾出示明代两烛,[26]以及自己珍藏的木纸。对于后者,俞樾吟咏道:

> 纸非纸,木非木,
>
> 此木无乃轮匾斲,不然安得如纸薄。
>
> 其广四寸长逾尺,其质虽脆色如玉。
>
> 不堪舒卷入诗筒,亦难装潢成画轴。
>
> 惟堪墨汁涂淋漓,或其笔锋峙卓荦。
>
> 形制大小初无殊,纹理纵横尚相属。
>
> 试问纸官固弗知,即征纸谱亦未录。
>
> 其来远自东洋东,定与高丽纸同蓄。[27]

关于这个木纸,俞樾指出"其实木也,而薄如纸,可以受墨,但不能卷耳,云出东洋"。据明休宁吴子玉《茗洲吴氏家记》卷10《社会记》记载,嘉靖年间,民间谣传徽商私自从事与日本的贸易,以致造成了中国东部沿海颇为严重的倭患,有鉴于此,朝廷即将派兵前来杀戮徽州人,故而休宁县人纷纷四处奔逃,一些无赖之徒亦乘机四出劫掠,此事过了很久才平息下来。这一传闻导致的骚乱,显然反映出休宁一带从事海上贸易者为数颇多。及至清代,从保存在日本长崎的两方墓志中,我们也看到休宁商人的事迹。光绪三十四年(1908年)刊刻的《徽宁思恭堂征信录》中,收录有光绪九年(1883年)神(户)、(大)阪三江公所首事的公启,其中就提及有位叫范立森的休宁人之棺柩,从神户附搭英商轮船运回上海。[28]这些事例均说明,自明及清,休宁人前往东瀛谋生者屡见不鲜。故此,东洋的古玩器物流入休宁,应当是毫不奇怪的一件事。

二、俞樾笔下的徽州风俗

徽州与俞樾的故里浙江湖州德清,文化背景和生活习惯各异。俞樾在汪村处馆多年,又与徽商有着多方面的接触和交往。[29]客地风情常常令他感觉新异,耳闻目睹,兴之所至,遂在其论著中,留下了诸多反映风土人情的佳作。

前文述及,俞樾先后在徽州休宁六年,每年春去冬还,所坐的都是"四舱船"或"五舱船":

> 江山与我有前缘,一客新安共六年。
>
> 岁岁春风二三月,江干来趁四仓船。[30]

"江干"也就在今杭州市区钱塘江北岸,为前往徽州的起点。而"四仓船"即"四舱船",它与"五舱船"均为徽杭船运中常用的运输工具。从杭州到徽州,新安江是必由之道。对于沿岸的民情风俗,俞樾亦多有涉及。如《戊申春日发钱塘江,舟子焚香祀神》一诗,[31]实际上反映的就是明清时代新安江船运中的《神福》惯例。而《马没村社曲》，则涉及新安江沿途村落的民俗："去严州二十七里，地名马没，其俗十年一赛社神，彩棚六七座，相对演剧，八九日乃止。远近观者，延一饭，具酒肉，日数千人，以人之多寡，占岁之丰歉。余过此，适遇之，因纪以诗。"其诗曰：

> 炊烟起共浮云高，万夫竞走山之坳。
> 山中隐隐鼓与锣，杂以人语如秋涛。
> 有客为我言，此地洵乐土，
> 水处为渔蛮，陆处为牛户，
> 十年一击神祠鼓，治地先平碌碡场。
> 分曹竞奏云翘部，客来醉饱不论钱。
> 有肉在盘饭在釜，夜深共数尊前筹。
> 今番人较前番浮，一巫起舞群巫讴。
> 言神大欢喜，锡尔无疆休。
> 缲丝丝满篮，积粟粟满簝。
> 我闻客言颇错愕，此举可称乐上乐。
> 海内雕（支力）非从前，乃令豪举在村落。
> 日暮人散朱颜酡，鱼龙曼衍看如何。
> 待取一十五年后，小溪又听迎神歌。[32]

据该诗自注曰："小溪距此数十里，亦有此会，十五年始一举。"关于"马没村"和"小溪"，徽州文书抄件《杭州上水路程歌》中有"倒潭擦于宗潭梅，马没溪边又下箭"和"猢狲淇水连线广，小小溪岩景色新"之句，两处均为由杭州溯流而上徽州的必经之地。

对于休宁汪村，俞樾对风俗的描摹也就更为翔实、生动。《曲园自述》诗即曾吟咏：

> 四月汪村例打标，锦棚歌舞闹昕宵。
> 村夫子亦欣然出，去看梨园笑叫跳。

在这里，俞樾以"村夫子"自况。其诗自注曰："每年四月汪村赛神,谓之'打标',锦棚演剧,五六日始罢,余岁岁与观之,有诗存集中。'笑叫跳'乃梨园名目,见李斗《扬州画舫录》。""笑叫跳"是梨园名目,见《扬州画舫录》卷5:"大面周德敷,小名黑定,以红黑面笑叫跳擅场,笑如《宵光剑》铁勒奴,叫如《千金记》楚霸王,跳如《西川图》张将军诸出。"[33]所谓打标,宋龙衮所撰《江南野史》卷3记载:"嗣主之世,许诸郡民划竞渡船。每至端午,官给彩帛,俾两两较其殿最。胜者加以银碗,谓之打标。""嗣主"也就是南唐嗣主李璟。关于汪村的"打标",俞鸿渐亦曾描述过此种"异俗":

> 休宁之汪村,每岁四月十三日起至十五止,有名打标者,盖为逐疫设也。其俗先期召匠,剪纸糊神像二,高大几倍于人,状极狰狞可畏。一蓝面者曰大王爷,即唐雷万青也;一白面者曰二王爷,即南霁云也。于祠堂中,洁正室奉之。届期,除地筑台,召名班演剧,远近来观者络绎不绝。村中人家家素食,五鼓祠既开,老弱男妇毕至拈香,日中则择健者数人,双手擎神像以出,巡行村中,导前树后,击鼓鸣钲,虽极偏僻处无弗到。好事者叠五色纸剪之,伺神所到,掷之空中,光彩陆离,耀人心目。方糊神像时,并糊纸船一,帆船楼橹及篙工、柁工俱全,中奉张睢阳公像。事毕,乃移南、雷二像,供船首尾,送水侧焚之。云疫鬼将游西湖,故请睢阳公及两将军率之往也——其俗如是。至打标之名,则不知何所取。即问之汪村人,亦有耳熟而不能详者。又闻此会,一名保禾,盖藉以祈年,故兼供观音大士,仗佛力以致绥丰,然毕竟逐疫其正意也。……[34]

另外,《曲园自述》诗所说的"有诗存集中",是指《春在堂诗编》卷二的《打标》诗:

> 我读《江南录》,竞渡曰打标。借以习水战,不唱迎神谣。

何哉新安俗,乃与名相淆。　　维四月之望,伐鼓鸣笙匏。
森森列兰案,隐隐撞蒲牢。　　良工制巨舸,瑶楫而琼艘。
羽盖后芬丽,采蘲前飘飘。　　有唐张睢阳,正气干云宵。
即今对遗像,凛凛寒生毛。　　叱咤方良走,睥睨游光消。
独念南与雷,两君人中豪。　　面受城下箭,指断莚前刀。
城破等死义,大节皆无桡。　　鬼岂有大小,分别真徒劳。
斜日落树杪,风起声萧萧。　　一夫负之走,来往如追逃。
须叟爆竹起,惊走山中魈。　　目眩五里雾,耳震三秋涛。
以此祓不祥,何假＊与桃。　　更翦纸五色,历乱随风飘。
黑者黑鸦军,白者白鹭羽。　　或云事近戏,无乃同儿曹。
书生喜持论,不肯前人剿。　　方相著《周礼》,山鬼登
《楚骚》。

帐子起汉世,钟馗兴唐朝。　　何者非附会,未可轻訾謷。
吾乡春赛社,杂沓连昕宵。　　堂堂戴侯神,秩祀陈羊羔。
从之叶与柳,俎豆同不祧。　　三社并时出,夹道罗旌旄。
云车一瞬过,火树千枝高。　　今我远行役,此会谁相招。
坐对异乡乐,徒令心忉忉。　　天才愧夺锦,有句还抽毫。
未堪风土记,聊当乡音操。[35]

诗中的《江南录》,又作《江南野录》,亦即《江南野史》。俞樾
对于民间信仰抱着相当宽容的态度,他认为:方相、山鬼都分别见
于儒家的经典《周礼》和《离骚》,人们又有什么理由轻易地看低民
间信仰呢? 他在上文的"城破等死义,大节皆无桡。鬼岂有大小,
分别真徒劳"之下注曰:"船中奉唐张睢阳以逐疫,而以雷万春为
大王,南霁云为小王,神像大小因之。"汪村水口有关庙,并祀张睢
阳,上有文昌阁,俞樾为之题有一联:"威名满华夏真义士真忠臣
若论千载神交合与睢阳同俎豆,戎服读春秋亦英雄亦儒雅试认九
霄正义常随奎璧焕光芒。"[36]

367

徽州的张睢阳及大、小王信仰,源远流长,影响深远。从前俞曲园《自述》诗中特别提及的扬州梨园之"笑叫跳",我们似乎有理由将徽州的迎神赛会,与徽商侨寓地扬州等地的风俗联系起来加以考察。据《扬州画舫录》记载:

> 龙船自五月朔至十八日为一市。先于四月晦日演试,谓之下水;至十八日牵船上岸,谓之送圣。船长十余丈,前为龙首,中为龙腹,各占一色,四角枋柱,扬旌拽旗。……有独占鳌头、红孩儿拜观音、指日高升、杨妃春睡诸戏。……上供太子,不知何神,或曰屈大夫,楚之同姓,故曰太子。小船载乳鸭,往来画舫间,游人鬻之掷水中,龙船执戈竞斗,谓之抢标。……送圣后,奉太子于画舫中礼拜,祈祷收灾降福,举国若狂。[37]

对照前述的记载,乾隆年间扬州的"下水"、"送圣",与同时代以及稍后的汪村"打标",在诸多情节上均异曲同工。直到20世纪60年代,《胡适之先生晚年谈话录》还曾提及徽州绩溪及台湾的类似信仰活动:

> 在出来的车上,看见南港一带家家户户的拜会情形,很热闹。先生说:"这就是我们大陆的迎神赛会。绩溪的'太子会'之外,六月、七月也都有一个赛会,叫做'大王会'、'小王会'的,相传是南霁云和许远的故事。南霁云和许远都同张巡守睢阳很久,睢阳在河南省;北方暂时稳定下来,江淮得以无恙,因此我们徽州也为他们举行迎神赛会。这时还作戏。远道的亲戚,要早几天预备一些礼物像水果一类的东西,用花布包好送去请亲戚来看戏。邻近的,也要请他们吃了饭看了戏才走的。这是我童年时代的社会背景。"[38]

在《打标》诗中,俞樾还将徽州的"打标",与自己故乡德清的

368

"迎总管神"相比较:"德清于清明日迎总管神,其神有三:一戴,一叶,一柳,均载县志,而叶无考。"[39] 关于德清的"总管神",《春在堂诗编》卷10另有《柳侯祠》,称:柳侯名察躬,是柳子厚(宗元)的祖先,即柳集中《先侍御史神道表》所称的"德清君"。他"有惠政,既殁,而邑人祠之"。岁久祠废,及至宋朝,当地的戴侯神兴,[40] 邑人就以柳祠故址为祠,于是奉祀戴侯,兼祀柳侯,后来又附上叶侯,这就是德清的三总管神。在清代,城中乃至各村,总管庙均甚多。"每当春赛社,奔走来童叟",清明前夕,迎神赛会颇盛。[41]

打标是为了逐疫,俞樾还有一首《呼猖诗(纪徽俗)》,曰:

> 秕初世界徒茫茫,问谁死作阎罗王。
> 况当圣世幺麽藏,方殪野仲歼游光。
> 云何楚鬼越狱外,更来此来听呼猖。
> 团团晓日人声多,万夫麇走山之坡。
> 山坡杂沓马与羸,神之来兮群巫歌。
> 云此木居士,目(目旱)而腹皤。
> 纵使蒋侯有骨在,其奈叔宝无心何。
> 吾将为尔执鬼中,吾将为尔招鬼雄。
> 若有人兮披薛荔,来从纡绝阴天宫,
> 尔无惝恍西复东,此腹空洞足尔容。
> 但愿耳目明且聪,左(口车)右(口庶)无能蒙。
> 庶几长锡一乡福,疠疫不作田禾丰。
> 新鬼笑且呼,旧鬼啼呜呜。
> 已怜混沌破,行见神丛枯。
> 魂兮归来竟无处,一盂麦饭坟前无。
> 噫嘻乎!
> 吾闻此俗殊堪惊,惟神正直斯聪明。
> 山鬼聊知一岁事,寄之心腹无乃轻。

吾诗且复记其俗，由来传讹无能更。

不见村氓打社鼓，去赛孙权萧道成。

该诗之后自注曰："徽有土神曰孙萧二帝，相传元末人，聚众守乡里，明初以土寇诛。徽人思其保障功，为立庙，后讹为孙权、萧道成，或云讳之也。"[42] 笔者收藏有数百册清代民国时期的徽州民间宗教科仪书抄本，其中有不少可与上揭的描述相互映证。[43] 如一册佚名无题抄本，内容是道教的符箓，其中就有两道"催猖"的敕令。徽州文书抄本《九公醮科》[44] 最后所列的徽州冥冥众神中，有"南源祖墓箫[萧]梁二帝"。"南源"即南源口。另一册反映歙南孝女乡一带的佚名宗教科仪书中，也有《犒猖和合赦》：

> 龙虎赏罚司，当司今据大清国江南徽州歙县孝女乡里社管居住奉道酬还猖愿保安信士ΔΔ、通社出财人等，是日上干大造，下情，但念弟子专为告许，蒙恩清吉，理当叩还。涓今月良日，谨备长钱素钱神袍盔甲宝马珍财，修设正乙祭犒猖兵目下一坛，启告祖师作证，扳请玄坛大帅，祗迎五洞猖兵，剪牲滴血，法事一会，左符檄

> 谨请正乙高上神宵院龙虎玄坛赵大元帅，部下刘、张、钟、史、范五大副帅，八王猛将，六毒大神，休宁芝山古城祖殿，敬奉：

> 东方第一位风猖大神王，

> 南方第二位狂猖大神王，

> 西方第三位毛猖大神王，

> 北方第四位野猖大神王，

> 中央第五位伤猖大神王，

> 田、窦、葛三太尉，斗中音乐府式拾四员和合喜神，上中下三十六洞猖兵大神，宁益州鄱阳县和合目下大神王，上元唐将军，中元葛将军，下元周将军，上洞天兵天将，中洞雷兵雷将，

下洞猖兵猖将，星源灵顺祖殿感应十大元师，池州府石埭县西门外南坛山五福猖兵大神，金花姐、梅花夫人、桃花、杏花、柳花五位夫人。

　　　　南方许愿还愿五猖，
　　　　南方人民清吉五猖，
　　　　西方五禾丰熟五猖，
　　　　北方人民乐业五猖，
　　　　中央和合喜庆五猖，
　　　　五福五方五猖，
　　　　人丁进喜五猖，
　　　　人民清吉五猖，
　　　　祈晴祷雨五猖，
　　　　买卖交易五猖，
　　　　催生保产五猖，
　　　　五禾常熟五猖，
　　　　消除耗盗五猖，
　　　　收捉黄虫五猖，
　　　　披红挂绿五猖，
　　　　消灾散祸五猖，
　　　　起坛立咒五猖，
　　　　解坛散讼五猖，
　　　　许福还愿五猖，
　　　　保夫清吉五猖，
　　　　山前岭后五猖，
　　　　庵堂寺观五猖，
　　　　山消田野五猖，
　　　　花果树木五猖，

五方和合五猖，

左手招财五猖，

右手拥护五猖，

上部朝天五猖，

下部朝地五猖，

五五二十五猖，

六六三十六猖，

三八二十四猖，

大峰山、小峰山、龙虎山、古城岩五福猖兵尊神，

天地三界万灵十方满空真宰，

土瘟火咒各部神祇，

名山洞府得道高真，

徽州府县城隍尊神，

值年太岁至德尊神，

在城寺院道观等神，

齐云仙境上帝高真，

东云胜境得道真仙，

歙南管下各殿之神，

珠川雷坛官将吏兵，

街口管下土地之神，

上下二庙坛主众神，

街川内外各殿之神，

横川祖殿汪公大帝，

璜蔚源内有位尊神，

上下璜田坛主众神，

永乐岩观音慈尊，

上江庙内社稷明公，

下泽祖庙汪公大帝，
青山岭七宝如来尊佛，
水口岩观音慈尊，
街源、长陔、南源会上、长陔会胜各山香火，
南源祖墓萧梁皇帝，
胡部口坛主众神，
胡部源内各处有位尊神，
上泽法坛官将吏兵，
当方本境血食之神，
本庙坛主合殿众神，
本社明公太姆夫人，
长生香火司命六神，
住宅土地福德正神，
田山二圣五谷等神，
今日下降纠察之神，
虚空过往感庆神祇，
道侣随身官将吏兵，
玄坛门下老郎先师，
门中先远，男女等魂，
五音地主，孤奴等众，
猖兵启请，合干凡圣，
三界猖兵众神，光降猖坛，受沾祭犒，
凡在光中，
均叨百福，谨檄。
檄文已到，
星火奉行，
年月日吉时发行

　　　　主行法事臣　　王承行，

　　　祭犒猖兵信士　　　　百拜。

　　上述的《犒猖和合赦》皮面上写"正乙龙虎玄坛都督赵大元帅
准此照验"，背面上写："龙虎赏罚司谨封"。从中可见，在徽州人
的心目中，五猖可谓无处不在，无事不管。其中，亦涉及"南源祖
墓萧梁皇帝"。除萧梁皇帝外，前述的《呼猖诗》中还提及徽州的
另一土神孙权。据清康熙年间婺源生员詹元相的记载，在新安江
沿岸的七里滩一带，"传其山顶有孙权祖坟，名为万笏朝天，盖取
诸此"。[45]这种对孙萧二帝的信仰，似乎可以从歙县南乡一带在历
史时期行政建置方面的变化上加以解释。

　　东汉献帝建安十三年（208年），孙权派部将贺齐平定黟、歙山
越，当此之时，歙县金奇率万户屯踞安勤山，毛甘统率万户屯踞乌
聊山，黟县陈仆、祖山统率二万户屯踞林历山。贺齐设计攻破各
山，斩首七千余级，并分歙县为始新（清淳安威坪镇）、新定（清严
州府遂安县东浙江北）、黎阳（清徽州休宁县东南）、休阳（清休宁
县东七里），并黟、歙共六县，[46]从丹阳郡分出，自置新都郡，隶属
扬州（郡治于始新）。晋武帝太康元年（208年），晋灭吴，新都郡
更名新安郡。梁武帝普通三年（522年），新安郡领有始新、遂安、
寿昌、黟、歙和海宁六县。梁武帝大同元年（535年），一度析歙县
华阳镇置为良安县。梁元帝承圣二年（553年），分出海宁、黟、歙，
增置黎阳，共四县，置新宁郡（治海宁）。与原新安郡（领始新、遂
安和寿昌三县），并属扬州。此种政区上的添设省废，反映了孙吴
和萧梁政权对后世徽州及浙江严州地域范围的控制和影响。尽管
随着隋唐时期全国的统一，汪华信仰成了徽州一体化进程的象
征，[47]但在歙南，六朝政权的影响仍然积淀于民众的信仰中，这或
许就是孙萧二帝土神信仰残存的历史民俗背景。

374

注释：

[1] 据杨殿珣所编《中国历代年谱总录》(北京图书馆,1996 年增订本)
著录:有关俞樾的年谱计有四种,即同名为《俞曲园先生年谱》的三
种(周云青所作,载 1927 年 9 月出版的《民铎杂志》第九卷第一号;
陈乃乾的稿本;徐澄所作,有苏州图书馆铅印本)以及郑振模所编的
《清俞曲园樾先生年谱》一种(1982 年台湾商务印书馆铅印本)。目
前常见者为徐澄所编的《俞曲园先生年谱》,见上海书店出版的《民
国丛书》第二编第 76 册"历史·地理"类。复旦大学图书馆收藏有
光绪刊本《春在堂全书》二十八种三百八十九卷,计 100 册。关于俞
樾的生平事迹,参见近期出版的俞润民、陈煦所著《德清俞氏:俞樾、
俞陛云、俞平伯》一书,"文化名门世家丛书",中国人民大学出版社,
1999。

[2]《曲园自述诗》,页 2 下。

[3] 俞鸿渐在《将之新安晓发钱塘江》中认为,此行是"今兹偿夙愿,遥想
故人家"。其后自注曰:"樵邻昆季"。显然,此处的"故人"即指樵
邻昆季。该诗见清俞鸿渐撰、俞樾校订《印雪轩诗钞》卷 16《后近游
草》,清刊本,合订一册,页 14 下,复旦大学图书馆古籍部藏本。

[4] 诗曰:"一滩才过一滩来,遥听轮声抵怒雷。知有人家安水碓,浪花
如雪卷成堆。"(页 17 上)这描摹的是新安江流域常见的水碓景观。
后来,其子俞樾的《春在堂诗编》卷 1 亦有《水碓》诗:"每逢湍急处,
水碓置中央。佛法金轮大,仙人玉杵长。势惊环转疾,声讶磨旋忙。
不是汉阴叟,机心未易忘。"(页 23 下—24 上)

[5]《印雪轩诗钞》卷 16《后近游草》,页 14 上。

[6] 俞鸿渐与徽商过从甚密,在他的笔下,记有不少徽商及反映徽州社
会生活的内容。如《印雪轩随笔》卷 3《人首质钱》:"常州西门内原
太典,徽州洪君建斋质库也。"(页 5 上)卷 4《精妖》:"休宁吴某,随
其叔学贸易于六合布肆。"(页 1 上)卷 4《借祝由科行骗》:"休宁有

375

江右会馆。"(页 23 上)《印雪轩随笔》为民国元年(1912 年)石印本，复旦大学图书馆古籍部藏本。

[7]《印雪轩随笔》卷 3，页 26 上。

[8]《曲园自述诗》，页 5 上。

[9]《曲园自述诗》，页 5 下。

[10]《春在堂诗编》卷 1，页 22 上。

[11]《楹联录存》上，页 15 上。

[12]《春在堂杂文三编》卷 1，页 36 上—下。

[13]《曲园自述诗》，页 7 下—8 上。

[14]《楹联录存》中，页 41 上。

[15] 参见拙著《徽州社会文化史探微——新发现的 16—20 世纪民间档案文书研究》第一章之一《〈复初集〉所见明代徽商与徽州社会》，上海社会科学院出版社，2002。

[16]《曲园自述诗》，页 5 下。

[17]《楹联录存》上，页 1 上—下，《孙莲叔红叶读书楼联》。按：此处联语因原书残蚀而未能引全。

[18]《楹联录存》上，页 1 上。

[19]《印雪轩诗钞》卷 16《题孙莲叔(殿龄)〈红叶读书楼吟草〉即用其题张渔舫诗集韵》，页 18 上。

[20]《春在堂诗编》卷 6 "壬戌编"，页 3 上—4 下。"德清俞氏书十五·诗文类稿四"，同治辛未(1871 年)刊本，复旦大学图书馆古籍部藏本。

[21]《曲园自述诗》，页 5 下—6 上。

[22]《赠孙莲叔(殿龄)》，见《春在堂诗编》卷 1 "乙甲编"，页 22 上—下；《孙莲叔赠云雾茶赋谢》，《春在堂诗编》卷 2 "乙巳编"，页 13 下；《莲叔招看牡丹即席有作》，《春在堂诗编》卷 2，页 16 下。

[23]《春在堂诗编》卷 2，页 31 下。

[24]《春在堂诗编》卷 2，页 31 上—下。

[25]《春在堂诗编》卷 3 "庚癸编"，《寄孙莲叔》："走也名场阅历身，论交未有似君真。项斯直欲逢人说，鲍叔深能知我贫。翰墨前盟空郑

重,渔樵后约恐因循。遥知别后霞溪水,闲杀传书六六鳞。"(页19下)据该诗自注:霞溪是孙莲叔所居的村名。道光《休宁县志》卷1《疆域·隅都》记载,霞溪位于休宁吉阳乡九都。([清]何应松修、方崇鼎纂,"中国地方志集成·安徽府县志辑"第52册,江苏古籍出版社,1998,页29)在今休宁岩前区。

[26]《春在堂诗编》卷2《紫卿又以两烛见示,乃明代故物也,亦赋一诗》(页27上—27下)

[27]《春在堂诗编》卷2,页26下—27上。

[28] 参见拙著《徽州社会文化史探微——新发现的16—20世纪民间档案文书研究》第四章之四《佚存日本的苏州徽商资料及相关问题研究》。

[29] 俞樾在其文集中,记载了不少与徽商及徽州文人的交往。如《春在堂杂文三编》卷3:"潘麐生……先生生于顺治十五年,其先世为安徽歙县人,自其祖筠友公以浙醢起家,往来吴皖,而先生乃生于姑苏之南濠。……"(页15下—16上)卷2《鲍公吴夫人合传》则记载了和州徽商的事迹。

[30]《曲园自述诗》,页5上。

[31]《春在堂诗编》卷2,页11下。

[32]《春在堂诗编》卷1,页18下—19下。

[33] 清·李斗:《扬州画舫录》卷5《新城北录下》,"清代史料丛书",中华书局,1997,页123。今查王森然遗稿《中国剧目辞典》(河北教育出版社,1997),"《宵光剑》"(页76)一作"《霄光剑》"(见页578),未知孰是。

[34]《印雪轩随笔》卷3《休宁异俗》,页8上—下。

[35]《春在堂诗编》卷2,页17上—18上。

[36]《楹联录存》上,页1下。

[37]《扬州画舫录》卷11《虹桥录下》,页251—252。

[38] 胡颂平编,中国友谊出版公司,1993,页62,1960年4月6日(星期三)。

[39] 见前述《打标》诗"从之叶与柳,俎豆同不祧"句自注。

[40]《春在堂诗编》卷12《丁巳编》:"戴侯名继元,宋延祐中以拯溺而死成神,封保济显佑侯。"(页28下)

[41]《春在堂诗编》卷10,页21下—23上。

[42]《春在堂诗编》卷2,页6上—6下。

[43]参见拙文:《抄本〈三十六串〉介绍——清末徽州的一份民间宗教科仪书》,载《华南研究资料中心通讯》第十四期,1999年1月15日。

[44]封面题作"拾三号/王广镇写"。原书王振忠收藏。

[45]清·詹元相:《畏斋日记》,见《清史资料》第四辑,1983,页185—186。

[46]参见卢弼《三国志集解》卷60《吴志·贺齐传》,1982,页1087—1088;《三国志集解》卷47《吴书·吴主传第二(孙权)》,页897。

[47]关于汪公信仰,参见郑力民《徽州社屋的诸侧面——以歙南孝女乡田野个案为例》,载台北汉学研究中心《寺庙与民间文化研讨会论文集》,1995。

● 陈长文　张学文　戴光照

黄山市文化局

绩溪县扬溪镇傩舞《破寒酸》

一、绩溪与扬溪基本概况

　　绩溪县位于安徽省东南部,东界浙江省临安市,南连歙县,西邻黄山市,北接旌德、宁国两县,面积 1126 平方公里,36011 户,170466 人,其中 95% 以上为汉族人,尚有回、蒙、畲、白、达干尔等少数民族。绩溪古有"岩邑之称",境内崇岩峻岭,重峦叠翠,海拔千米以上的山峰甚多,黄山山脉自西之境,逶迤东伸;天目山山脉由东而至,萦纡西延,两者在徽岭(今称翚岭)至丛山关一带结合,绵亘中部,把县境分为岭南、岭北两个部分。又是长江水系与钱塘江水系在县境内的分水岭,北水分注青弋江和水阳江,属长江水系;南水注入新安江,属钱塘江水系。县内诸水皆外流,无客水过境,故绩溪又称"徽宣之脊"(徽州、宣州)。境内山溪甚多,流离而复合,有如绩焉,因而得名。

　　绩溪古代属歙县,唐代永泰二年(公元 766 年)始置绩溪县,至今已有 1300 多年历史,历属徽州地区,离黄山市 50 余公里,1988 年改属宣城行署。在这块土地上"邑小士多",历代名人辈出,留下了灿烂的历史文化和诗篇。宋元丰年间,苏辙任绩溪县令,曾题诗三十六首,誉赞绩溪风光,其中有:"行尽清溪到碧峰,阴崖翠壁尽杉松,故留石照邀行客,上彻青山最后重。"绩溪民间

379

传统舞蹈艺术十分丰富,有狮、马、龙舞、花船、引凤、抬阁、千秋等等,色彩缤纷;尤其是扬溪的傩舞《破寒酸》,历史悠久,古朴幽雅,历来为乡民所喜爱,已成为古时当地百姓驱邪纳吉、祈求丰收的主要文化生活内容。清嘉庆十五年(公元1810年)《绩溪县志》卷一载:"七月新稻罗列,时县鄙仪仗甚盛,扮诸鬼卒护太子蹦跳,后拥前呼,以逐邪破寒祟,亦乡傩之意也。"

扬溪位于绩溪县东部,离城十余公里,四面环山,飞红叠翠,环境优美,东有扬子河过其境,故名。明清两代置"扬溪铺"(官道驿站),现为扬溪镇。镇所在地的扬溪村,现分扬溪、涉村两个行政村,在全县处于中等发展水平。古时,扬溪村周围还有十多个小村庄,以扬溪为中心点,乡民们民风纯朴,崇尚宗教,遍设庙宇。村中有三个大庙:一是村当中的"汪公大帝"庙,[1]供奉汪华老爷,村中许多祭祀活动都在这里举行,现庙已毁,尚存遗迹;二是村西头"十里岩"的关帝庙,供奉关公菩萨,庙宇浩大,香火旺时远在宁国的村民都来朝拜,据说关帝菩萨是由一棵大树雕塑而成,十分灵验;另一处曰"三官殿",供奉灵官、阎王菩萨,庙宇阴森可怕,大门内设有"机关",一般做亏心事的人和小孩,都不敢近前参观。这个村古时有三大姓、三个宗祠:即王姓与"王家祠堂",葛姓与"葛家祠堂",汪姓与"汪家祠堂",均为汉族。现杂姓增多,有数十个姓氏。

二、傩舞《破寒酸》的由来

扬溪村《破寒酸》的由来,据当地老艺人回忆,有两种说法:一说是由于绩溪豪绅(礼部侍郎戴骏),因霸占农田,建造戴家祠堂,引起农民愤而扒祠堂、抗田租,并以拥"太子"跳傩舞的形式,祈求除祟纳吉,破除百姓寒酸。另一种说法是:唐朝安禄山之乱时,太子失散,流落民间受苦,十分寒酸(绩溪方言:"寒酸相",意即"可

380

怜相"），有和、合二仙，闻之甚为同情，便由"开路先锋"引路，来到乡间，先与太子一起玩耍，而后迎回王府，驱除了寒酸。

但这两种说法，据我们参阅《绩溪县志》、《绩溪县地名录》等有关资料考证，仍以第一种说法较为准确（因其中有的逸闻，寺庙县志中有记载）。详细的由来据葛光杰、葛有杰等老艺人述说是：

明代中晚期，朝政腐败，贪官载道。当时，礼部侍郎戴骏，[2]世居绩溪县城北门，其子戴祥、孙戴嘉献，三代皆封为大夫，在北门建造戴氏祠堂，显宗耀祖。为扩大家产，指使家丁霸占民田，将绩溪北门一直至扬溪村20多华里的田地插上戴家的标签，据为己有，强迫农户每年交纳高额租谷，当时人称"戴半县"。遇上灾年，农民收来的粮食不够交租，咒骂戴家三代"父马、子羊、孙变犬！"（按：戴骏以马边傍，戴祥以羊边傍，戴嘉献以犬边傍，均畜牲之意也。）农民饥寒交迫，怨恨世道寒凉，只有象泪水流到嘴里一般酸味，敢怒而不敢言。

扬溪村不远处有个小村庄，叫老庄村，村对面有座朝山，朝山东面有八丈高的石壁岩，岩顶上有一块两亩大的平坦地。明代中叶，有七位和尚化缘聚资，在这块平坦上建造一所寺庙，叫"华陀寺"[3]，寺内供奉华陀神像。和尚们每天早、中、晚一齐向华陀敬香跪拜，并继承华陀医术，学会用民间传统的土方治病救人。凡四邻八村的农民患病或生毒疮，就到华陀寺求和尚诊治。和尚们白天轮流上山采集草药，还经常到病人家中送医送药，不收取医药费用。因此群众对和尚很亲热，习惯地称这所寺庙为"和尚寺"。寺内和尚年龄最长的60多岁，称为大师父。两个最小的不到20岁，称小师父。由于和尚们十分勤劳，加上群众的支持，寺庙越来越富裕，20多年就购有良田37亩，租给农民耕种，每年只收很轻的租谷，遇上灾年就免交租谷，群众称这种田为"和尚田"。有一年来了一位30多岁的和尚，有飞檐走壁的本领，寺前八丈高的石壁岩，他跳上跳下,轻如飞燕。寺里和尚见了非常惊奇,佩服他武术高强,一致拜求他落脚下来,传授武术,并推选他为寺里的"主持"。就在这一年,戴家也将和尚寺的 37 亩良田,插上标签,归戴家所有。八位和尚非常气愤,申诉官府不理,无法收回和尚田。这时,四邻八村农民含悲忍泪到寺里烧香拜佛,求菩萨保佑惩治强横,归还田地。八位和尚都流下同情之泪,与大家商量共同对付戴家的办法。和尚们认为:我们坐等饿死,不如拼出这条命,先把戴家祠堂扒掉,出出这口气,也杀杀他的威风。大家一致同意。是夜数百农民与和尚一起,拿起锄头齐奔县城北门,把戴家祠堂扒掉了。戴家大怒,即修本禀奏皇上,皇帝说:"谁有此胆量? 除非是天王!"戴奉此谕传到绩溪,令州官县府查办此事。结果了解到是和尚寺的和尚,带领农民扒毁的,州官县府即派兵到和尚寺捉拿和尚,有的和尚被杀害,有的和尚被迫逃离,兵丁们还将和尚寺全部烧毁。戴家从此变本加厉欺压百姓,农民们为了纪念八位和尚的遭难,就在原和尚寺山下的大路旁,建造一座"八王堂大庙"。[4] 庙呈正方形,每面宽三丈,中有天井,庙内供奉泥塑八尊菩萨,面貌大致与八位和尚相似,为首的戴盔穿甲居中,是当家和尚,农民们封他们为"王"。每年大年三十,或是正月初一,四邻八村的农民都来到八王庙烧香敬拜,一时香火十分旺盛。与此同时,农民们又与城里人一起,在被扒毁的戴家祠堂废基上,建造一座"天王寺",[5] 说是皇帝传谕,天王最大,我们就造一座天王寺来制服戴家。此举农民们虽然出了一口气,但戴家势大,仍要粮要租,逼得农民家无隔宿之粮,人人一副"寒酸相"! 于是,大家又想出一个办法:即在新谷登场的农历七月二十五日,扬溪村的农民联合城东北"九村十八里"(从城北至扬溪俗称九村十八里)的农民一起,聚集到八王堂大庙举行"香会",然后抬着天王的太子(木雕太子像,坐在木制的官轿里),并以面具饰成几个侍卫,一个武士手执长棍在前面开路,边

382

游边舞,伴以锣鼓鞭炮,声称破除寒酸求吉祥,以此声势来威摄戴家的恶势力,并在八王堂大庙共议抗租的行动……。当然,这种举动难以达到减租目的,但农民人多心齐,可壮声威以自慰。从此,每年农历七月二十五日,农民抬着太子破寒酸,邀约九村农民到八王堂大庙举行"香会",就成了村规惯例了。

据传当时"香会"的规模十分浩大,到会农民数百人,乃至上千人。香会由村中七位主持人中年龄最长者主持。香会的程序是:一、鸣锣放炮、放铳;二、向太子和八王敬香、敬酒;三、烧黄表纸,同时敬天地、敬土地山神;四、全体跪拜(主持人带领全体农民三跪九叩首);五、最后由主持人点燃一串小鞭炮,抛入祭场中央,顿时锣鼓声起,"破寒酸"的队伍各就各位,开始起步转跳;跳过四大圈之后,即由主持人领队,抬着太子菩萨出游,到各大小村庄游舞。至于为什么要抬着太子像游舞,据说是农民们以为扒掉戴家的祠堂、建立天王寺后,就可以"天王"的权威来制服戴家;而太子是天王的宠儿,是一人之下、万人之上的象征,任何人不得轻视,否则就有欺君之罪。所以,抬着太子破寒酸,既符合大家祈求吉祥的心愿,又能以此壮自己声威,使戴家有所收敛。这种活动的名称,就叫做《破寒酸》。后来,村子老年人相继去世,年数久了,有些年轻人误传为"扑寒山"、"拍寒山"(因绩溪方言"扑"、"拍"与"破"同音,"山"与"酸"同音),这是不符合当时实情的。据90多岁的老艺人葛光杰回忆,当时他祖父、父亲就传下来两首民谣,一首是"九村八王堂,年年锣鼓响,破除寒酸苦,不再闹饥荒"。另一首是:"敬太子、拜八王,破掉寒酸保吉祥。"由此说明这项活动的定名,是古已有之的。

三、《破寒酸》的沿革

《破寒酸》舞蹈从明代晚期开始演出,相传近400年。那么,以后戴家势力逐渐衰落，为什么仍能代代相延、流传至今呢？这与绩溪县历史上灾害频繁，农民们以此舞来"逐邪破寒酸"，以求得吉祥平安是密切相关的。据《绩溪县历代自然灾害参考资料》（绩溪县档案馆根据历代地方志摘编，1981 年 5 月打印本）载：自明崇祯十四年（1641）起，至清同治五年（1866）止，县志中有记载的大旱、大水、地震、瘟疫及虎、虫、风、雹等灾害就有 59 次。如：

崇祯十四年（1641），春大雪，秋蝗虫自宁国来，障天至雄路、临溪止。

崇祯十五年（1642），七月地震。

顺治五年（1648），七月大水，冲坏桥梁数处，田地千余亩。

康熙三十二年（1693），夏旱，自四月不雨至六月，栽秧十之一。

康熙四十八年（1709），大旱饥，大疫，死者无数，且多举家疫死者。

康熙五十三年（1714），民饥，多虎，惊者入城。

乾隆十二年（1747），五月蛟水陡发，漂没人口数百，冲毁田庐无数，民饥。

乾隆十六年（1751），二月、夏秋大旱二百余日，民皆凿溪汲水，是岁大饥。

乾隆二十一年（1756），春多虎，白昼伤人。十月地震。

乾隆二十九年（1764），春虎入城，居民惊恐，夏无麦。

嘉庆五年（1800），正月十五，大雪连绵四五天，平地三尺，山中高至丈余，麋鹿野豕毙者无数。

同治五年（1866），大水冲决数坝，登源有一村被水荡尽，漂没稻田数千亩。

由此可见，从清初以来，扬溪农民所以年年举行《破寒酸》活动，已经不是由戴家淫威所逼，而是由于"驱邪纳吉"、"祈求平安"

的需要,并成为农民们自觉的行动和"年年如此"的风俗习惯了。但,舞蹈演出的具体形式也随时代不同有所变革。如原来太子是坐在四人抬的官轿里,前面"开路先锋"舞棍引路,轿后一侍卫执龙凤伞,这种形式只持续50余年。清代初年,各村群众议论,太子坐在轿内,大家都看不见,抬着太子也不便于舞蹈,故经过群众商定,就改为由一位"二色脸"侍卫,将太子驮在左肩上表演(按:二色脸即上红、下青的脸谱,上红为阳,下青为阴,意即白天黑夜,人间地下,路路皆通,畅行无阻)。太子是木雕的小儿童,头戴紫金盔,身穿黄龙袍,手执方天戟,方天戟上挂一个黄色药葫芦(意即遇寒除寒,遇酸除酸,可处处消灾降福)。前面有一位"开路先锋",青脸面具,头顶山形(山形表示高大,力巨无穷),手执花棍。后有一侍卫执龙凤伞,紧跟太子左右。另外还有两位头戴笑脸面具的"和合礼士",托腮叉腰,边舞边跳,象征着吉祥如意,无忧无虑。除此外,后面还有一位不化装的农民,手执小竹篮,内装"福寿纸"(两寸见方的红、绿、黄三色纸片),随着行进队伍,抛撒空中飘落而下,象征多福多寿,大吉大利。

到了清代中晚期,《破寒酸》的活动,不再到老庄村的"八王堂"举行,而是在扬溪村口建造一座"太子庙",[6]先举行香会,而后开始跳《破寒酸》舞蹈,这个香会又名"太子会"。活动时间改为每年农历七月二十四、二十五、二十六三个夜晚,还增加南瓜灯助威照明。这种举动坚持150多年,是《破寒酸》历史沿革中坚持最长、而且较有规律和最旺盛的时期。

根据老艺人葛光杰、何文汉等人的回忆,清代中晚期一直到民国年间,《破寒酸》的具体经过是:在举行"太子会"的前一天(即农历七月二十三日),全村居民进行"七净三日素"。七净为:1、家庭内外打扫干净;2、桌椅家具擦洗干净;3、全身上下浴洗干净;4、衣裤鞋袜换洗干净;5、床上被条洗晒干净;6、夫妻不行房事阴阳干净;7、不吵架骂人言行干净。同时,二十四、二十五、二十六三日,是太子驾临"破寒酸"的正式日子,全村居民均要戒荤吃素。这三天早上和傍晚,各家还要在大门前点燃三根香,插在大门左边的墙上(左为大边),意为燃香引路,太子闻见了香气,会降临人间,为弟子百姓破除寒酸保平安。

七月二十四傍晚,各家男主人纷纷聚集到太子庙,小青年举着上百个南瓜灯前来助威。南瓜灯各有特色,大小形状不一,有的中间一个大南瓜,周围有四个小南瓜;有的上下相连两个大南瓜或者四个大南瓜连成一串;有的上下两个小南瓜,中间一个大南瓜;有红、绿、黄各种颜色,加上绘描装饰,与真南瓜十分相象,象征着五谷丰登,颗粒如南瓜大,生活如南瓜甜。活动办事人员除舞蹈角色外,每人手提一只灯笼照明便于照应,抬大鼓大锣的杠子上也挂着灯笼。所点腊烛都是村中商户自愿献出的,有两名服务人员专门肩挑腊烛,为灯笼和南瓜灯随时供应蜡烛。"香会"开始时,事先化装好的舞蹈者立于祭坛中间,当主持人从庙里将太子菩萨双手捧出交给"二色脸"驮在肩上时,村中各户当家男人,即将事前准备好的一柱香(一小把)点燃插入祭坛大香炉中,然后全体向太子朝拜。有少数人家男人出外经商或做工,也要交托亲朋或邻居,供奉一柱香代为向太子朝拜。庙前祭坛周围,竖立五面"龙凤大旗",祭拜太子之后,接着举行"跑旗"活动。先由信奉弟子高举大旗,围绕太子菩萨和《破寒酸》队伍跑圈;此时,锣鼓喧天,火炮齐鸣,吆喝声四起,四围南瓜灯原地上下提动,光芒四射;《破寒酸》的队伍也开始原地起跳,锣鼓声、鞭炮声、吆喝声连成一片,热闹非凡,显示出全村群众对太子驾临破除寒酸保平安的声势和虔诚信念。当龙凤大旗跑了五大圈之后,即将大旗插入原处,舞者停止。接着主持人领头高举灯笼带领整个《破寒酸》队伍到各村、各户门前游舞。其余群众有的尾随看热闹,有的各自回家,准备迎接太子破寒酸、保平安。

《破寒酸》队伍有序地从村子东头开始,挨家挨户到村民门前表演。每到一家门前时,锣鼓不停、人员不休息,舞蹈者四面围立,面朝中心,周围南瓜灯通明。当主事人将一串小鞭炮燃起抛入场地中心时,锣鼓声加重,舞蹈者按规定的程序绕圈起跳,观众以口哨、吆喝声助威;户主则站在门前以崇敬的心情,手持一把香火向太子菩萨朝拜。妇女、小孩和老人则站在稍远处(南瓜灯后面)观看,老人们口中反复默念:"太子保佑,太子保佑,保佑我们全家吉祥如意。"当《破寒酸》舞跳完四圈之后,主持人即领队走向另一家。这一家的全体男女老少,在门前跪拜送太子,拜毕即将撒在地上的"福寿纸"一张一张地捡起,用红纸包好,放在堂前用香炉压上,表示福寿来家;"福寿纸"有的留上七天在堂前烧掉,有的留到一个月或大年正月初一再烧,表示福寿永留。

《破寒酸》在全村每户人家门前跳好之后(不丢一户),到了第三天晚上,即集中到村中广场举行"送太子香会",南瓜灯四周照明,村中居民集中围观,并自动带来香纸 燃烧、祭拜。《破寒酸》舞者在中间尽情围跳十至二十圈方休,观众和活动人员一齐跪拜谢太子、送太子;拜毕,观众散去,活动人员收拾服装、道具、锣鼓等物,装箱送到接管"斋官"家中收藏。太子菩萨由主持人及办事人员送至太子庙供奉。大年三十和正月初一,全村居民还都要到太子庙向太子敬香拜年;每年农历四月栽秧时,各户当家男人也要到太子庙进香,求太子保佑风调雨顺,五谷丰登。

《破寒酸》活动的三个晚上,从傍晚6时开始一直游舞到半夜之后约三点钟结束。有时,到天刚黎明活动人员才去休息,白天则睡大觉。活动人员每夜自己都带上干粮(炒米、面果之类),作为午夜充饥;另外太子会还发给每人两个麻饼(用面粉制作的白糖心饼,有碗口大,通称"太子饼")。大家把"太子饼"当作太子的恩赐,十分珍惜,一般只吃一个,留一个带回家,分给家中老小吃,让全家享受"太平"。

整个活动结束后的二十八日,太子会全体管事人员(七人),集中清算收支帐目,张榜公布。所有服装、道具等物,由下一年的轮值"斋官"保管;每年农历六月初六,还要翻晒一遍(取六六大顺之意),如果六月初六是阴雨天就顺延。翻晒时,如发现服装、道具有破损情况,即由当年主持人负责办理修补或换新,到七月必须全部完工,以便当年使用。

扬溪村的《破寒酸》活动,从清代中期至民国年间,一直坚持100多年,到40年代后期停止活动。1954年春节,县里举行业余文艺会演,扬溪村曾将《破寒酸》搬上舞台演出过一次。1967年"文化大革命"时期,所保存下来的太子像、服装、面具、道具,全部被毁。当年参加《破寒酸》舞的执事人和演员,也大都年迈去世,因此这个节目到六、七十年代几乎绝迹了。1980年,为了挖掘、继承民族民间舞蹈,县文化馆组织人员赴扬溪各村庄深入调查了解,访问70岁以上老年人20多人,对有的知情者曾上门采访十多次,这才将原始的《破寒酸》舞蹈挖掘整理出来,使之呈现出原来面目。

1982年,安徽省举办农村业余文艺会演,绩溪县作为地区代表队之一,排练《破寒酸》并参加了会演。为使此舞更具有观赏性,县文化局、文化馆组织人员将《破寒酸》进行了改编,增加三个丑角(即戴府管家一人、恶奴二人),原《破寒酸》五个角色,也同时扮演五位农民;并突出戴家霸占民田,农民反抗而戏弄三丑的情节,最后以《破寒酸》舞获胜,舞名改称《戏丑图》。此舞参加安徽省农村业余文艺会演,获得创作奖和优秀演出奖。

四、《破寒酸》的面具、服装、道具

《破寒酸》舞,除太子外,其他角色由五人扮演,全戴大头面具,脸饰和服装各有特色:

"开路先锋"一人,戴大头面具,头顶突出"山"形,整个头脸为青色,圆眼、红眉、狮鼻、宽嘴、大耳,头后围红发,略有红扎。上衣内着白色布褂,袖口有一寸宽黑布条边,外穿大红布黑条边背褡,白底蓝花布大带;下穿土黄色布灯笼裤,短黑靴。手执一根五尺长圆棍,棍为白底蓝斜条,棍两头扎有用苎麻染红制成的球形须。

"和合礼士"二人,均戴大头面具,脸饰相同,粉白脸,两颊淡红,红唇笑嘴,黑眉、黑发,头顶中心竖一根用细铁丝螺旋而成约五寸长的辫子,上端扎一朵红色绒球(舞动时可左右摇晃,活泼有趣)。穿着淡黄色斜领长衫,斜领为白色,袖子宽长能盖住手,袖口、衫脚贴二寸宽的土黄色条边;大红裤,腰系稻草绳(后改为土黄色布带绳),白布山袜,稻草鞋(后改为白底蓝条布面布底鞋)。

"驮太子侍卫"一人,戴大头面具,头顶突出"山"形,脸饰为二色脸,以眼睛下皮为界,上一半为大红色,下一半为青色,黑眉、黑发,白上衣红背褡,红裤,黑短靴,白底蓝花板带。

"执龙凤伞者"一人,戴大头面具,头顶突出"山"形,整个头为青色,圆眼、红眉、红须、红扎。白布上衣,红背褡,红裤,黑短靴,白底蓝花板带。手执龙凤伞,用竹篾扎伞架,以黄色布或绸,制成二层圆形伞圈,沿口均有红色围须,上绘双龙双凤图。伞中间扎一长柄,高六尺,柄上蓝白条纹相间斜围。

"太子坐像",始为木雕坐像,1982年演出改为竹篾扎成,高二尺,头戴紫金盔,身穿绣花龙袍,白水领,龙袍胸前绘有虎头;右手臂露出甲袖,红裤,黑短靴;双手紧握二尺五寸长的方天戟,大红色缨须,上挂一个金黄色的小药葫芦。

五、《破寒酸》舞的基本跳法与音乐伴奏

《破寒酸》舞蹈风格古朴，动作简练，人物性格突出而富有夸张力。伴奏乐器简单，只用打击乐，无丝竹，节奏明快，声音宏亮，粗犷，气氛豪烈。乐器有大扁鼓两面（每面直径一尺八寸，厚六寸，一层鼓面）；大筛锣两面（每面直径约二尺）。每只扁鼓用两根木棍穿在鼓的铁环内，木棍的两端各系一布带，由两人一前一后抬着，后面抬的人敲打。每面筛锣也由两人用一根木棍抬起，由后面的人敲锣。

舞蹈演出时，由主持人带领，每到一处，即在村头、村中或农户门前停住，舞蹈者按四个方向站定，另一主持人将一串小鞭炮点燃，甩放在场中心，顿时锣鼓声起，舞者即依照各自角色的特性和整个画面调度的路线，绕圈转跳起来。其动作各有不同：开路先锋的动作是"踢棍转跳"，边踢棍边舞蹈，跳八步转一个圈，移换一个方位，双腿变换"弓步"时，随之出胯，左右晃动，由腰部带动上身至头部对称摇摆并上下起伏，整套动作连贯自然。和合礼士二人的动作相同，是"搭袖转跳"，身、腿、胯的动律与"踢棍转跳"相同，主要是两手前后挥拂长袖，时而甩前，时而搭肩，头部灵活，左右摇晃，姿态活泼、风趣。侍卫的动作是"驮太子转跳"，双手扶抱太子坐像的腿，太子坐于左肩，面向前，侍卫两手不摆动，其他动作与"搭袖转跳"同。执龙凤伞者的动作是"执伞转跳"，站于太子像后面，双手执龙凤伞，伞盖遮在太子头顶上方，双手不停地逆时针方向转动伞柄，使伞穗飘起，其他与"搭袖转跳"同，转跳时脚步动作幅度稍大，总保持在太子像后面。总之，舞蹈的基本特点是：四个方位，五个角色，同时按逆时针方向转跳，大圈套小圈，"公转"加"自转"，经过32个锣鼓节拍，各人回到原来的位置，如此循环往复。一般情况，每个点至少跳四大圈，而后转换别的场地。在转跳

过程中,抛"福寿纸"者,在演区一侧不时将福寿纸抛向表演区上空,舞者每跳一圈,抛纸一次。每一大圈的音乐,为32小节,开始一大圈为慢速度,第二大圈逐渐为中速度,第三大圈中速,最后一大圈逐渐为快速度。在音乐第四小节的第一拍和第八小节的第一拍时,由伴奏和舞蹈者及其他在场协助演出人员齐声喊"嗬"!

打击乐谱以四分之二拍,记录如下:

锣鼓字谱 ｜ 匡　匡 ｜ 匡　匡匡 ｜ 匡冬匡冬 ｜ 匡　0 ‖
火鼓　　 ｜ X　X ｜ X　XX ｜ XX XX ｜ X　0 ‖
火锣　　 ｜ X　X ｜ X　XX ｜ XX XX ｜ X　0 ‖
人声　　 ｜ 0　0 ｜ 0　0 ｜ 0　0 ｜ 嗬　0 ‖
人声　　（5—8小节同上）

六、《破寒酸》的组织、队伍、规矩及经费收支

参加《破寒酸》舞蹈活动的全体人员包括舞蹈者5人、锣鼓队8人、抛福寿纸1人、放鞭炮2人,加上主持管理及维护人员,共20多人。另有举灯(圆形南瓜灯)的是自动参加的村中男青年(13岁至20岁左右)约五、六十人,总共近百人,形成一支浩浩荡荡,五彩缤纷的队伍。主持者一般五至七人,群众称"管事"或"斋官";这些人大多是经过老一辈管事人推荐认定的,他们是当地农民中有信用的长者或是为人忠实、待人和蔼、办事公道、热情的中青年农民,也有个别是当地经商户或手工业者,其中有的就是舞蹈主演,或者是锣鼓主打者(指挥)。

凡是参加《破寒酸》舞蹈的人员,包括主持、管理人员,都有一颗为公众无私服务的心,不搞聚餐,不取报酬,活动结束各自回家吃饭。有的主持人上街办事,来回自己掏路费。大家心地虔诚,只求太子保佑,破除寒酸,无灾无祸,平安吉祥。到村庄或农户家门

前演跳时,一般也不收红包,农户家只要供应茶水就行。

在《破寒酸》游舞过程中,古时还有几条规矩:一是参加游玩的人多是血气方刚的青年男子,妇女、老年人和小孩不能参加,因为"破寒酸"是有寒气的,妇女、小孩容易沾染寒酸邪气;二是妇女、小孩不能太靠近游行队伍,应站在远处观看,以防寒气侵入;三是《破寒酸》队伍在游村时,要在每户门前跳几圈,不能丢掉一户,如果丢掉一户,就意味着这一户当年寒酸未破、人畜不吉利。

举办"太子会"和跳《破寒酸》的经费,由主持人商量确定,一般是每一次活动,向全村每人捐一升米(一斤半),或按米折价交款,老人,小孩都一样。有的商户和手工业者,愿多献者不限,有些人口多,经济困难的农户少捐也可,但最少每户捐一升米。米和钱交给主持者记录上帐,活动结束后将收支帐目公布上墙。一般每次活动约收大米十石左右(1500 斤),开支项目有:购买鞭炮、香火、黄表纸、三色纸、敬神用的酒、供品(三牲,即鸡、鱼、猪头),购置或修补乐器,制作或修补面具、服装、道具等。通常开支大米五至七石,结余下来的三、四石大米,经"太子会"商定,救济给久病、残疾的农户或鳏寡孤独的老年人,使这些特殊困难者得到太子的恩惠。

七、重要艺人和知情者

葛光杰,男,1907 年生,汉族,绩溪人,家住绩溪扬溪村。世代务农,童年时只读过两年书,少年时亲眼见祖父、父亲跳《破寒酸》舞,并担任管事人热心为公众服务。从小扎下了崇敬太子的心,从1925 年至 1948 年,20 多年中他每年都参加《破寒酸》演出活动,并成为主要演员和管事人之一。此舞资料,他是主要口述者。1996 年因病去世。

何文汉,男,1928 年生,汉族,原绩溪荆州人,祖父 12 岁时迁居扬溪。世代务农,从小爱好文艺,曾当过农会干部,团支部书记,业余剧团团长,是农村文化活动的组织者和辅导者。青年时期就参加《破寒酸》的演出,师从骨干分子老艺人葛和飞;1952 年他扮演"开路先锋",参加全县业余文艺会演,被评为演员一等奖;1982年恢复排练《破寒酸》舞,他是舞蹈动作的主要传授者。家有三兄弟,大哥何文权,18 岁外出当兵,1949 年随部队去台湾,以后在"国防部"任职,现已退休。曾三次回大陆探亲,现仍与何文汉保持联系。

除此之外,还有老农许光炎(1913 年生),家住扬溪涉村;章日皇(1912 年生),家住扬溪红云岭村;葛有杰(1912 年生),家住扬溪西山下村;程永海(1912 年生)家住扬溪大路上村;程周有(1921年生),家住扬溪塘三里村;汪观望(1920 年生),家住扬溪村;葛明高(1907 年生),家住扬溪村等等。他们在青年时期都参与或看过这个舞蹈的演出活动,有的还是主持人之一;在 1980 年挖掘、整理《破寒酸》舞过程中,他们都提供过不少资料,可惜目前大部分人已经去世了。

注释:

[1]汪公大帝,即汪华(公元 578—648),新安郡(今徽州)登源(今绩溪
嬴洲乡汪村)人,隋末农民起义领袖。清嘉庆十五年《绩溪县志》载:
汪华初起兵,未获立城之所,乃引弓远射,矢所坠适当形胜,遂城之,
今绩溪登源是也。后人称为"汪公故城"。宋太平兴国五年(公元
980 年),在故城遗址立庙举祀汪华,称"忠烈庙",俗呼汪公大庙。
今已毁(据 1988 年绩溪县地名办公室编印的《绩溪县地名录》,158
页)。

又:扬溪与嬴洲乡汪村乃近邻,相距约 30 华里。古时,由于汪华战
功赫赫,深受百姓拥戴,故徽州各地乡民常以建汪公庙或举办"庙

会"的形式,来祭祀汪公菩萨。据传,从扬溪汪公大帝庙到汪村汪公大帝庙,古时经常举行"接菩萨"活动,而这条路线,正是当年汪华从家乡到扬溪上舍舅舅家帮工放牛的石板大道。

[2] 据清嘉庆十五年《绩溪县志》卷十载:戴骏原名戴骝,字致远,号宏斋,市东人,成化甲午举人,授福建建安知县,后补山东堂邑县。其子戴祥,字应和,正德辛未进士,历户、礼、工三部郎,后出知云南寻甸府。祥子嘉猷,字献之,嘉靖丙戌进士,知浙江乌程县,后升四川按察司佥事,晋浙江巡海道副使等。从以上记载看,民间所传是有一定根据的,唯姓名、官职等有所差误,但"父马、子羊、孙变犬"的民谚完全相符。

[3] 清嘉庆十五年《绩溪县志》卷十载:"华陀寺在县北朝山坦上,全毁。"

[4] 嘉庆十五年《绩溪县志》卷十载:"八王庙在县北隅"。该庙至1956年,因修建皖赣铁路,始被拆毁,作为路基,铺上了铁轨。现无遗迹。

[5] 嘉庆十五年《绩溪县志》卷十载:"天王寺在县治东北隅,元延祐二年始建,至正十二年兵毁。明末重建,清乾隆六年建楼二层,内供天王神像。"至70年代,寺庙全部拆毁,现为城区干部、职工宿舍区,无遗迹。

[6] 嘉庆十五年《绩溪县志》卷十载:"太子庙又名通真行祠,一在天王寺,一在扬溪口,皆祀唐通真太子。太宗皇帝孙袭五世,厥后二王子通真通灵,死武崇烈之乱,国人哀之立太子庙,又称通真行祠。"

●朱恒夫

同济大学

皖南抄本《泄天机》的文化价值

笔者在 2002 年 8 月因公到黔县出差，在宏村购得《泄天机》手抄本，抄本原封面已缺，用 1936 年 6 月 3 日《新闻报》作封面封底，封面上除了《泄天机》三字外，还有"梧岗绳武记"五字。"梧岗绳武"当是人的号，"记"表明该人不是作者，而仅是抄录者。由首页第一行题目为"廖金精泄天机入式歌"与书中经常提到"廖公"其人，可知作者叫廖金精。全书的内容主要谈风水，另有道士治病的灵符、咒语与治紫白癜风、治百毒等的药方。就风水的内容而言，有如下纲目：

俯察本源歌	俯察正法歌	地理三科歌
九星八式歌	九星正名	九星正变龙格歌
九星正变穴星歌	全局入式歌	寻龙入式歌
步龙认格歌	落局入式歌	穴星入式歌
点穴认势歌	怪穴辨惑歌	消沙入式歌
喝沙分格歌	九星正变沙格歌	消水入式歌
辨水分格歌	明堂入式歌	明堂辨水歌
洞明卦例入式歌	建都入式歌	郡邑入式歌
立宅入式歌	安坟入式歌	作法秘旨歌
论风水要诀	论颠倒即逆	

风水的正式名称为"堪"，许慎注《淮南子·天文训》云："堪，

395

天道也。輿，地道也。"[1]清人朱骏声则说得更清楚："盖堪为高处，輿为下处，天高地下之义也。"由风水的理论来看，它运用了古代天文学、地理学、哲学、建筑学与宗教等方面的知识和观念，强调天、地、人的协调，虽然其内容许多都属于迷信的成份，但也不无符合科学的精华，如它选择国都、州邑、宅地时，总是结合地理形势、山脉的走向、风水的有无等因素来考虑。当然，总的说来道家的风水书籍没有多少实际的价值，唐初的学者吕才在其《阴阳书》中就提出了质疑："官爵弘之在人，不由安葬所致。"[2]因此，生活于21世纪的人，可以将这种书籍当作中华民族文化事象中的一个方面来进行研究，而不能去全面地肯定它，宣扬它。笔者阅读了该书后，觉得书中论及的九星、明堂两个方面的内容，可以帮助我们进一步地深入研究中华民族的传统文化。

《泄天机》中的九星占卜：源于梵历《九执历》

我们民族的先祖，很早就关注天象。《周易·系辞》说："古者包羲氏之王天下也，仰则观象于天，俯则观法于地。"人们根据天象来决定农时与生活中的行为，由于天象与人们的生活关系紧密，因此，普通人亦能掌握一般的天文知识。明末清初的学者顾炎武在《日知录》卷三十中说："三代以上，人人皆知天文，'七月流火'，农夫之辞也。'三星在户'，妇人之语也。'月离于毕'，戍卒之作也。'龙尾伏辰'，儿童之谣也。后世文人学士，有问之而茫然不知者矣。"[3]在殷末周初时，人们基于对恒星的认识，提出了"二十八宿"与七星的概念。七星又称"七曜"、"七政"，指日、月和金、木、水、火、土七星。

由于生产力的低下，人们无法解释天象的形成，于是将日月星辰神格化，说它们皆是有意志的神祇，各主一事，是天理的实施者与监督运行者。因此古代的天文学可能自诞生时起，就与占星术交织一起,成了一对孪生兄弟。巫觋利用天文学的知识占卜人事吉凶,并得到了上自帝王下至百姓的认可。《汉书·艺文志》说:"天文者,序二十八宿,步五星日月,以纪吉凶之象,圣王所以参政也。《易》曰'观乎天文以察时变'。"[4] 之后,又产生了"九星"的概念。《素问·天元纪大论》说:"九星悬朗,七曜周旋。"注云:"九星谓:天蓬、天内、天冲、天辅、天禽、天心、天任、天柱、天英。"[5]

然《泄天机》中所述的九星名称不同,所指更不同,它在《九星正名》目中介绍说:

太阳星,头圆而身高者。

太阴星,头圆而身带方。

金水星,头圆而身曲者。

紫气星,即木星身笔者。

天财星,有三体皆带方。(以上各五吉星)

天罡星,头圆而脚尖者。

孤曜星,头圆带方脚直者。

燥火星,体尖利者。

扫荡星,体屈曲者。(以上各四凶星也)

太阳星、太阴星为日星、月星;天罡星为北斗七星的斗柄;燥火星当是火星;扫荡星当是扫帚星,即慧星;紫气星,它说得很清楚为"木星,身笔者";金水星,古代天文学中没有此星名,当是金星或水星之一,笔误者金水连名;其余天财星、孤曜星不知所指。这样,《泄天机》中的九星能基本确定的则为日星、月星、金星(或水星)、火星、天罡星、慧星。

这种九星的系列名称很相似于敦煌卷子原编伯三七七九《推九曜行年容厄法》中的星名。该卷子的九星名为太阳神(日星)、太阴神(月星)、木星、火星、水星、金星、土星、罗睺星、计都星。计都星为慧星,唐善无畏著的《大日经疏》卷四云:"执有九种,即是日月水火木金土七曜及为罗睺、计都,合为九执。罗睺是交会蚀神,计都正翻为旗,旗星为慧星也。"将《泄天机》与《推九曜行年容厄法》比较,两者相同的为日星、月星、金星、火星、慧星,可见,绝大多数相同。而《推九曜行年容厄法》中的九星名称来自于梵历。

《推九曜行年容厄法》中的九曜不同于我国天文学中的九曜,它们是梵历中的星名。梵历约在唐玄宗开元年间传入我国,宋王应麟《玉海》卷十《唐九执历》云:

> 历志九执历者,出于西域,开元六年诏太史监瞿昙悉达译之,以开元二年二月朔为历首,有朔虚分百二十、六周天,三百六十度,无余分日,去没分九百分度之十三,二月为时,六时为岁,三十度为相,十二相而周天,望前曰白博义,望后曰黑博义,其算皆以字书,不用筹策,其术繁碎,或辛而中,不可为法,名数诡异,初莫之辨也。陈元景等持以感当时,谓一行写其术未尽,妄矣,先是每年大衍与麟德、九执同进,以用术不同也。

由前引的唐善无畏的《大日经疏》卷四可知,"九执"即是"九曜"。由于九执历的推广,梵历中之九曜观念逐步为唐人接受,占卜者遂利用九曜星辰推算人的吉凶祸福,于是便有了敦煌卷子《推九曜行年容厄法》。

对比《推九曜行年容厄法》与《泄天机·九星正变穴星歌》的内容,有许多相似的说法,如《推九曜行年容厄法》说:

> 南方云汉火星神,行年至此宿者(六岁、十五、廿四、卅二)是荧惑星也,其星周(卅二、五十一、六十六)回七十里,若临人命,有九(久)、(七十八、八十七、九十六)口舌,疾病相经,宜修福。

意谓当人在 6 岁、15 岁等年龄上时,对应的星曜为火星,这时有口舌是非,会生病,甚至有生命的危险,总之是主凶的时候。

398

又《推九曜行年容厄法》说：

> 行年蚀神尾计都星，至此宿（七、八岁、十六、廿五
> 者）一名太阴，一名豹尾。（卅四、四十三、五十二）亦是
> 隐星，若临人命，注（六十一、七十七）疾病，官府相缠，此
> 年大（十九、八十八、九十七）凶，宜深处供养。

计都星（慧星）相应的年龄是一个疾病多作、官司缠身的时段，亦
是凶年。

而《泄天机·九星正变穴星歌》对火星与扫荡星（慧星）相对
应的年龄是这样的：

> 燥火类刀最是凶，扫荡展旗同。

意谓火星与慧星也是个不吉的年分。

明堂:《泄天机》能帮助我们进一步
认识这一上古礼制

明堂，是中国远古时代的礼制建筑，由于产生的时代距今久
远，功能又复杂，史学家与民俗学家为它头疼不已，称之为中国古
代礼制研究中的最棘手的问题。王国维在研究明堂时曾发出这样
的感叹："古制中之聚讼不决者，未有如明堂之甚者也。"[6]

《左传·文公二年》中晋人狼瞫的一段话是现存文献中最早
有关明堂的论述：

> 瞫曰:"《周志》有之，勇则害上，不登于明堂。"[7]

杜预注云："《周志》，《周书》也。明堂，祖庙也，所以策功序德，故
不义之士不得升。"杜预认为，明堂是祭祀祖宗的庙宇，又是朝廷
叙功颂德的地方。《周书·明堂》等书还具体介绍了明堂的建筑
结构、规模大小。

又《大戴礼记》第六十七说：

> 明堂者，古有之也。凡九室，一室而有四户八牖。总

399

三十六户,七十二牖。以茅盖屋,上圆下方,所以朝诸侯。其外有水,名曰辟雍。

汉桓谭在《新论·正经第九》中对明堂的结构、形状、名称、功用作了这样的解释:

王者造明堂、辟雍,所以承天行化也。天称明,故命曰明堂。上圆法天,下方法地,八窗法八风,四达法四时,九室法九州,十二座法十二月,三十六户法三十六雨,七十二牖法七十二风。为四面堂,各从其色,以仿四方。[8]

所谓"各从其色",是明堂的中间称之为"太室",太室的四角有四庙,明堂的东庙名叫"青阳",对应春天的太阳神,配青色;明堂的南庙称"明堂",对应夏天的太阳神,配红色;明堂的西庙称"总章",对应秋天的太阳神,配白色;明堂的北庙叫"玄堂",对应冬天的太阳神,配黑色。

综合古籍中有关明堂的记载,我们可以获得这样的认识:

一、明堂为国君所造,建于国都之南郊,又称之为辟雍。

二、明堂的结构形状是上圆下方,东西南北皆有门,外围有水环绕。

三、明堂中间有一室,四角另有四室。

四、明堂是祭祀先祖,朝会诸侯、策功序德、制礼作乐的地方。但是,为什么要建造这个明堂? 明堂是如何选址的? 水真的是环绕于明堂周围吗? 则不为我们所知。

《泄天机》中的"明堂入式歌"与"明堂辨水歌"能使我们对"明堂"有更深入更正确的认识。据此资料,我们可以对有关明堂的问题作如下的描述:

"明堂本是王者制",说明明堂是国王所建,这与古代文献的记载是相吻合的。明堂应建在"真龙与正穴"处,所谓真龙,是指山脉逶迤,其形像龙;而正穴,则是除了有像龙的山外,还需要有河、潭之类的水,为龙潜藏之处。"大抵明堂原有三",明堂可分为大明堂、中明堂与小明堂,大、中、小三座明堂的位置选择的标准不一样,"小明堂在圆晕下",中明堂应选在地势似龙虎相争的地方,而大明堂则为四水交会之处。其水要波涛激涌,这样方生气勃勃,并且山峦叠嶂,像重重锁钥。堂的背后要有高山作屏障,所谓"背后要堂塞"。

明堂内部要宽阔,但也不能失度,"亦忌旷而野"。四面要敞亮,"好山好水常会面,种种皆可见"。堂外应视野开阔,眺望远处之物须有在渺茫之中的感觉。明堂应建立在地势较高之处,能俯视万山。

明堂除正室之外,还有四个平堂,它们应像蜘蛛网那样相连接。整个明堂的结构不是在一个平面上,而应有高高低低的层次感。而且从整体上说,应该中间低,四周高。

"明堂本与水城异,浪说原非是,水城须在明堂中,形状不相同",说明河水并非是环绕着明堂,而是明堂包容着河水。

明堂与周围的地理环境的关系,有十三种禁忌:一是不能让山尾对着明堂之门;二是明堂不能建在一条像龙的山梁上;三是所建的明堂不能距离河流冲击山体之处太近,立于明堂之上的人要看不到河流撞击山体与堤岸的景象;四是明堂的四周,无论是山、水、田地,都不能有缺陷;五是堂中地面要平坦;六是明堂所包容的河水不能左右分流;七是明堂的地基不能向一边倾侧;八是明堂的位置与河水或潭水不能斜对着;九是明堂之前不能靠大山,也就是说,大山不能堵塞明堂之门;十是明堂左右也不能离山太近;十一是明堂中之河水是天然的河水,而不是开挖出来的;十二是明堂之内不应栽花,不应用砖石铺路;十三是堂中之河水不能倒流。如若犯了这些禁忌,便冲撞了煞星,自然有凶事灾难降临。

"朝会皆于是","明堂光明照万方",说明明堂是国王与大臣们聚会商讨国事的地方。国王,这一人间的太阳,在这里颁布政令,将他的光芒放射到四方。

明堂的功用决不止于这些,它的根本功能在于:选择一风水绝佳之处,建一象征着宇宙、国家的明堂,它的上圆下方,代表着上下天地;有山有水,代表着大地的地理;大堂及四面的小堂,代表着国王辖下的东西南北中;四面明窗,立于高处,代表着君临天下,俯察众生。若明堂找准了位置,又建构得法,与周围地理环境不相抵牾,那么,就会国祚绵长、子孙兴旺。

《管子》说:"黄帝立明堂之仪。"然而到了汉武帝时,明堂的礼制就不大为人所知了,《史记·封禅书》说:"上(指汉武帝)欲治明堂,未晓其制度。济南人公玉带上黄帝时明堂图。图中有一殿,四面无壁,以茅盖屋,屋通水,水环宫垣,为复道,上有楼,从西面入,名曰昆仑。天子从之。"明堂之制是否为黄帝所立,当然不可考,但为遥远的古代即已产生的礼制,则是没有疑问的。随着时代的更迭,明堂之制渐隐,以致学人困惑,《泄天机》所论述的明堂虽然也并不详细,甚至语言含糊,但对于我们认识明堂这一上古时代的礼制,还是提供了不少的帮助。

附录:

明堂入式歌

寻得真龙与正穴,须把明堂别。

明堂气会始当奇,不会则非宜。

凡是穴前坦夷处,便是明堂位。

大抵明堂原有三,取用必相参。

小明堂在圆晕下,立穴辨真假。

龙虎里是中明堂,交会要消详。

大明堂在案山内,必须四水会。

小明堂俱作法篇,入式不重宣。

中堂不必论形体，妙在雌雄喜。
大堂水口要关阑，真气会其间。
关阑若譬当钮锁，铁镰亦其类。
或是山脚与田垅，锁结喜重重。
更有横龙来作穴，背后要堂塞。
亦要比作三堂看，祸福一般般。
明堂本是王者制，朝会皆于是。
明堂光明照万方，宽阔始当良。
好山好水常会面，种种皆可见。
若不逼窄尽能容，坐井面墙同。
宽阔生人亦轩豁，聪明更特达。
逼窄生人必蠢顽，猥琐更贪悭。
古云堂宽容万马，亦忌旷而野。
外阑若在渺茫间，虽阔也如闲。
万山取阔当正法，平洋还要狭。
万山若狭平洋实，此格不须看。
前贤于此分公位，左长中其二。
右边原是第三房，此理最优长。
水居左位长子配，会中诸子富。
若聚右位小公兴，经旨要分明。
龙真穴正堂气会，富贵原非细。
龙穴明堂俱各凶，永世不兴隆。
龙穴若凶堂气美，二纪还温饱。
龙穴若好明堂凶，初下便贫穷。
一纪之蚀堂气迈，发福依还大。
仙宫如此至当多，贫士却登科。
我今着此名入式，句句无差忒。

若能熟读悟元微,后代仰明师。

明堂辨水歌

明堂本与水城异,浪说原非是。

水城须在明堂中,形状不相同。

溪港坑沟正各水,喝形须用此。

平洋须看落垅田,无则水须言。

无城却用明堂断,吉凶皆可判。

堂中有杀(煞)切须知,山水一同推。

堂杀(煞)原来凡十二,有一非吉地。

射冲崩陷与分倾,泻势相同情。

更有侧斜与逼狭,皆当不合法。

射是山脚入堂来,远配不闻回。

冲是横山过堂内,官司常见害。

崩是山摧与岸颓,入眼作凶灾。

缺是四周有不足,贼风消己福。

陷是堂中多窟坑,罗赖此中生。

分是水趋左右去,货财原不会。

倾是一级低一级,衣食常不给。

泻是水返堂面流,下后退田牛。

侧是斜来退一边,妻子不团圆。

斜是欹从穴前过,岁岁长生祸。

逼是前山来塞堂,代代蠢儿郎。

狭是左右相挨拶,贫穷难过活。

明堂犯煞祸尤紧,真同谷声应。

四平堂若如蛛网,最是人丁旺。

高下层层号御街,惟喜入胸怀。

中低旁起如锅底，家中足钞米。

屈曲田塍似马蹄，富贵复何疑？

略举堂形宜触类，会应无执泥。

心机巧处合天机，此语妙元微。

堂局若吉要洁净，有物皆当病。

时人多自妄安排，于内起亭台。

栽花砌路供游赏，祸生如反掌。

时师放水更求研，穿凿损天然。

廖公养老明堂诀，精详无欠缺。

相传须是得端人，护持有鬼神。

注释：

[1] 许慎：《淮南子注》，见《丛书集成初编·哲学类》。

[2] 吕才：《阴阳书》，见《玉函山房辑佚书子编阴阳类》。

[3] 顾炎武：《日知录》，见《四库全书子部杂家类》。

[4] 班固：《汉书》1765 页，北京，中华书局 1975。

[5] 张琦：《素问释义》，宛邻书屋丛书。

[6] 王国维：《观堂集林》卷三第 125 页，北京，中华书局 1959。

[7] 杨伯峻：《春秋左传注》502 页，北京，中华书局 1981。

[8] 桓谭：《新论》36 页，上海，上海人民出版社 1977。

●毕民智

黄山学院徽州文化研究所

歙县年俗述略

一、引言

年与世纪、月、日、时、分、秒等一样,是一种记时单位。因为其依据地球环绕太阳运转一周,历时 365 天左右,含括的是周而复始的春、夏、秋、冬四种季节,概括了自然界生息轮回的一个完整的过程。因此,人们格外偏爱并特别钟情于它。在人们生产、生活的不断积累和总结中,她逐渐有了比较明显而一致的庆祝色彩。一般在上年将过和来年到来的时候,人们通过喜闻乐见及因地制宜的方式,大肆庆祝,欢度年关。

歙县是我国建置最早的古县之一。《汉书·地理志》颜师古注:"歙,音摄。"《新安志》曰:"歙者翕也,谓山水翕聚也。"《清史稿·地理志》叙及歙县时指出:"歙浦在县南,练江、渐江合流于此。"显然,这是一处历史悠久而山水俱备的地方。它在历史上曾为古歙州的州治所在,后为古徽州府的府治所在地。根据考证,早在 6000 年前,歙县一带就有人类的活动。据说,《山海经》中的"三天子都"就是指的歙县一带。早期歙县的人们肯定有着自己的一些习惯做法和俗例,因为文献资料的匮乏,我们今天很难对这些风俗习惯做出详细的描述。魏晋、隋唐以后,随着生产力的发展与进步和中原士宦家族的不断徙入,歙县的人口也不断增加,社会生产与社会生活均有了较大的发展。尤其是唐代歙州的建立,以歙州为核心的江南开发有了进一步的发展。歙州日益成为一个江南政治、经济、文化、教育中心。人们的生活习俗不断融合、发散、再融合、再发散，渐成统一的歙州模式。过年是这些模式当中很有意思的一类。本文将对歙县年俗的有关内容做一粗略的比较和分析，试图发现其中极富人性的一些生活哲理和生活艺术。

二、歙县年俗述略

我们不能全面地、历史地把歙县的年俗从其先民到今天的发展过程表述完整，因为可资参考和研究的资料几乎为零，但我们通过传承的年俗事象，可以对它民国以来的年俗作一粗略的梳理。

歙县人过年前后历时40天，从腊月初八开始，正月十八结束。看上去时间上正是农业社会运行的冬闲时节，但这40天家中男女主人却是忙忙碌碌，一天不得休闲，尤其是家中主妇更是辛苦异常。民间有女人"过个年，忙断腰"之说。而老人、小孩则优哉游哉，好不欢喜。

每年的腊月初八，家家户户要做两件事：一曰"做腊八粥"；二曰"打埃尘"。腊八粥选用自家最好的大米，把全年种成的谷物、薯类、干菜类及花生、蜜枣、红豆、莲子等其它副食品统统置于一锅，用慢火细细地熬。在熬粥和喝粥的过程中去感受走入新年的感觉。据说，歙县方言"粥"和"祝"音近，喝了腊八粥，也就开始年关祝贺、祈福迎祥了。打埃尘是指把一年来的灰土扫去，干净、崭新地迎接新年。它除了抓住冬闲时机教人打扫卫生之外，还寄托了人们对即将过去的一年的送别，特别是这一年中的伤心事的释怀，它引导人们朝前看。民谚说"家要发，腊八刷"，便是很精炼的教导。另外，民间逐傩、驱鬼等活动也相继开始，直至腊月二十四。

腊八之后，各家开始做米粑、包粽子、杀年猪、宰鸡鸭、做豆腐、切冻米糖，为过新年做食品上的准备；开始做灯笼、买爆竹、写春联、添置新衣和新家用器皿，为新年做生活上的安排；生产和生活上的经济债务，邻里和亲戚间的人情关系等等，能在年末了却的都得争取早日了结，以图新年吉祥。

腊月二十三"送灶神"。"二十三，灶上天。"据说灶神是玉皇大帝派到各家各户的使者，每年要回天宫一次，汇报所在之家一年的善恶忠奸表现情况，每年腊月二十三是他上天的日子。这一天人们在灶神的像前摆放供桌，点灯焚香，烧纸马、狗、鸡及贴了一年的灶神像，并鸣放鞭炮送他升天。各家都尽力供奉饴糖、蜜糖等甜蜜食品，好让灶神回天宫在玉帝面前"甜言蜜语"，汇报所在家庭的善德之处。民谚说："灶王爷，本姓张，骑着马，挎着枪，上天言好事，入地保平安。"这表达了早期人们对自然和社会的认识水平，也反映了人们对自己造出的生活之神的希望和精神寄托。腊月二十四"过小年"。跳灶王活动这天停止。已出嫁的姑娘自二十四起至正月初一，不得在娘家住宿。雇了长工伙计的人家一般要让他们回家过年了。而自己家外地打工的人员也都陆续归来，以便大年团圆。

除夕，又叫"三十夜"。这天晚上以团圆为目的，以吃年夜饭为开始，以守夜至新年天明为标志，辞旧迎新。晚上吃团圆饭，要奉三祖之像于堂，奠献成礼（俗称"请祖宗"），以成就阖家团圆之事。有条件的人家都要准备个八大碗和四大盘。北乡南乡山区多有吃千层锅的习惯。虽说是千层锅，但各家年成丰歉不同，家底也不一样，所以千层锅里的内容是大不一样的。可是干豆角、干萝卜丝、油煎豆腐、青菜和腊肉则基本上都要有。年夜饭桌上杯筷可以多摆些。一家不足 8～10 人的，也要摆个足数，叫做"满福满寿"。席间无论大小长幼，均可互相敬酒、祝贺。晚饭后的第一件事是"接灶"，仪式一如送灶，所不同是烧纸马、纸狗改为烧松枝、柏枝，叫做"百无禁忌"。接着便在楼上、楼下、厅堂、卧室等各处全部点上灯火,叫做"发烛"。然后,贴好春联,紧闭大门,叫做"封岁"。"封岁"以后就在家中"守岁"了。"一年连两岁,五更分二年。"守岁到深夜,特别是过了半夜以后(丑时——凌晨1点到3点),女人们和一家老小相互拜年后回房休息,"守岁"则一般是男主人和成年男子的事了。他们除新年到来之时要放一通爆竹外,凌晨天亮的时候还要燃放一次爆竹,以示辞旧迎新、富贵发财。所有蒸年饭、做酒菜、洗器皿、整陈设、写春联、贴门神、接灶爷、剪春花、装春盒、理灯盏、发灯烛,甚至清垃圾、倒污水等一切事务都得做完。因为新年头一天,人们希望一切都顺利、妥帖、安祥、圆满。

"赶忙三十夜,清闲初一朝。"初一是大年的第一天。这一天全家穿戴一新,先拜天地,再到祠堂祭拜祖宗。有的人家是男丁到祠堂请祖宗到家中,在家里举行长幼序拜。事后按男女尊卑、长幼顺序逐辈拜年,同辈夫妻、兄弟、姐妹、妯娌之间相互恭喜。拜年时,长辈送给幼辈"红纸包"(现在许多人家在除夕夜给"压岁钱")。拜年之后,摆上装着一年丰收果实和表达对来年美好期盼的"春盒",全家人围坐在堂前的八仙桌上喝利市茶。泡茶必须人手一杯,即使是初生婴儿也是同样对待。这大年第一天,只在家里拜年,不到别家串门,也不接待外人来访。新年伊始忌见尼姑、和尚、寡妇,忌说破话,忌打碎器皿,忌损害衣物,忌扫地,忌向外泼水,忌打骂小孩,忌服用药物,忌大动炉灶,忌用剪刀,有的人家甚至忌洗碗,等等(而见到棺材则是大吉大利)。无非是忌讳在新年开始的时候被冲了头喜,影响本族和自己一年的收成和生活。

初二是已婚妇女回娘家拜年的日子。这一天,岳父母要忙于张罗招待自己的女婿及其全家。特别是新女婿,无论路途多远必须在初三前携媳妇到岳丈家拜年。民间流传说:"新女婿拜岳丈,不过初二、三;过了初二、三,进门就打三扁担。"有小孩的,外婆要为他(她)准备红灯笼,好让他(她)白天、黑夜都可以尽情在外面玩耍,让他(她)吉星高照,而不至于碰到鬼。"清明认祖,过年认亲"。初三以后直到正月十八都是走亲访友的好时间。在拜年中享受过年的愉快和亲情的温馨。因为这一活动延续时间较长,所以有"有心拜年,寒食(清明前一天)未迟"的说法。有丧服的人家,就在门上贴上个白"制"字和"在制难为礼,新春免贺年"的对联。这家人一般也不到别的人家拜年,只在家中守岁,哀悼亡灵。为了活跃节日气氛,增加春节欢庆内容,四乡的人们舞龙(包括板凳龙、稻草龙)、舞狮、跳钟馗、跑旱船、扎洋灯、走抬阁,有的家族还请戏班连日搭台唱戏。真是热热闹闹,极尽欢腾。

初五为财神日,这一天经商者要早早起身打开店铺,敬接财神。敬接财神之后,店铺便开始营业。门上贴"开门大吉",店堂贴"黄金万两",秤上贴"开秤大吉",斗上、钱柜上、账本上贴"日进斗金"等红纸字条,以示吉利。新年营业的头天讲究和气生财,前几位顾客,无论购买什么东西,均加一至三成发货,以营造开年的乐融融和红红火火的景象。

初八、初九西乡的岩寺上九庙会,是纪念张巡、许远的集会。起先是一种非常严肃的祭祀活动,继而有饮食、游艺、商贸等活动交织在一块。如今则主要以农用物品交流大会为特色,每年的初七、初八、初九,这里人山人海,煞是热闹。

正月十五是元宵节。据说元宵节起源于汉武帝祭祀"泰一神"。汉武帝在五帝之上又设立了一个最高天帝,叫"泰一神"。他在甘泉宫修建泰一神祠坛,每年正月十五黄昏开始,用盛大的灯火祭祀,通宵达旦。民间响应效仿,张灯结彩,正月十五闹花灯因而成俗。歙县正月十五元宵节的过法一定是中原土族带来的。这一天晚上,人们要吃元宵(又称"圆宵"、"圆子"、"汤圆"),取其"团圆消除"的意思,提醒人们年节已经过完,要做农忙准备了。但是,元宵把香甜美味装在米粉圆里,置于无油无色的清水汤中,也表达了人们的一种思想。即把甜蜜放在心里,不图表面的华丽,重在内在的实质。过了元宵节,享乐和欢庆的心情也就差不多要收敛起来了。十八朝后,开始农工商各业生产活动。

三、歙县年俗的文化意蕴

对歙县年俗的有关内容做一比较和分析,我们发现其中富含了人类社会的一些生活哲理和生活艺术。

(一)生活哲理方面主要是歙县年俗打上了农业文化的印记,承继了朱子家礼的遗风,体现了社会教化的价值,反映了文化生活的追求。

首先,农业文化的印记。从歙县年俗的平面描述中,我们不难看出其鲜明的农业文化特征。第一,年前家家户户忙年货都是一年在农业生产中成果的总结与陈列,它反映了歙县先民社会生产的价值追求;第二,年后的放松、放开乃至放肆,是在给自己长年累月辛苦劳作而疲惫的生理放年假,表达了他们对单调的农业生活的一种心理补偿;第三,过完年有种说不出的失落感,正月十五"玉漏莫相催"(唐·苏味道《正月十五夜》)的心态反映了人们希望在传统农业社会的基础上多一些精神享受和精神文化的调节的要求;第四,过年的各种禁忌反映了先民狭隘的小农意识和落后的自然观念,这些习俗是小农生产力基础上的自然表现,是那种社会存在的必然结果。今天的歙县年俗有了明显的变化。但从文化流变的角度来审视,我们依然可以发现许多农业文化的烙印。

其次,朱子家礼的遗风。朱熹祖籍婺源是古徽州的属邑,他生前的文化活动及其思想成果都对徽州的社会发展产生深远的影响。朱熹生前曾两次到故乡,做了一些讲学,有过一批从游学生和乡人弟子。加上南宋以来历代封建统治者对朱子思想的推崇,在歙县,朱熹是家喻户晓的人物,歙县之民奉《朱子家礼》为圭臬。

人们的出入起居之节,年节进退之礼,以及宗庙行祭与婚丧嫁娶诸礼,悉尊崇朱文公的《家礼》。歙县四乡虽然物产不同,年货小异,但过年的程式却都按《家礼》的要求循规蹈矩,少有越雷池半步的。

第三,社会教化的价值。一方水土养育一方人,一方风俗教化一方人。在歙县生活使得歙县人有了一种不同于别处的思维方式和行为方式。他们的心性细腻、敏感、刚正、实在、俭啬、神秘。从社会心理学理论来说,人的发展是自然人到社会人的逐渐发展过程。个体出生后如何适应人类社会生活?如何成为具有独特个性与行为方式的社会成员?除了文化知识学习之外,更多的就是通过丰富多彩的社会生活的熏陶和活动体验,去进行人的社会化。在这个过程中,过年是非常重要的教化时期和教化活动。通过敬神仙、拜祖宗、拜父母、赴集会、闹元宵等活动知道怎样保护自己,维护人格;怎样尊重别人,怎样避免伤害别人。己所不欲,勿施于人,推己及人地这么一想,就会在尊人过程中得到自尊,在自尊中学会尊人。

第四,文化生活的追求。通过歙县年俗的整理,我们会发现先人追求物质生活的同时一刻也没有放松对精神生活和文化生活的向往。虽然认识自然的能力受生产力发展水平的限制,但先民们总要寻找与其相适应的文化生活。尽管在落后的生产力之下,先民们对自然界的认识受到限制,但他们可以借用神灵之助,借祖宗之力,借神话之思拓展自己的生活空间和生活内容。托物言志,借神说理。既很得体,又相当委婉,文化意趣盎然。

(二)通过对歙县年俗的分析,我们认为,在生活艺术方面它有这样一些辩证逻辑深藏其中。

1.娱人和娱神的统一。歙县先民很会把取悦天地、祖宗和取悦自己统一起来。始于腊八的跳钟馗、腊月二十三的送灶神、大年

412

三十的请祖宗、正月初一的拜祖宗、正月初五的接财神及初八、九的庙会和正月十五的闹元宵,看是娱神,实则是娱神与娱人的统一,明为娱神,实乃娱人。因此,娱神热热辣辣,迷之信之,娱人中规中矩,乐此不疲。

2.生产和生活的统一。忙过年和找偷闲的统一。从歙县的年俗来看,它是人们一年劳作的总结。它把一年的辛勤劳动作为人们过年的基础和前提,过年也就是对一年的劳作的享受和欣赏,对一年来收成的承前启后和寻求回报。从腊月初八到正月十八朝,人们挥洒自己的豪情,享受劳动的成果,感受温馨的亲情,展望来年,让人们体会到一切幸福靠自己创造,一切不幸属于过去等道理,从而引导人们不断努力,不断积极向前。

3.征服自然和控制社会的统一。他们把农闲时节时间安排的紧凑性和社会教育活动开展的深入性有机统一起来。歙县先民很早就懂得人与自然的协调发展,是朴实的唯物主义者。在南宋朱熹思想的影响下,这种意识便更加清晰、自觉。他们一方面听命于自然规律的作用,另一方面又有自己的社会和人生追求,意识到要有必要的社会价值取向和自己的人生理想、人生目的与人生价值。于是,人们便在共同的社会生活中,遵循长者和智者的指导,把自己置于群体活动之中,融于社会生活和社会活动,达到了较稳定的主观与客观的协调。

4.追求阖家团圆和祈求来年丰裕的统一。人们排除万难从各地往家里赶,为的是能和家人在大年三十团圆。过年的这种团圆意识超出了商人的营利、官场的等第和朋友的友情。腊月二十四的预演开始直到大年三十的隆重,直可见阖家团圆的神圣与至高无上。再看那大年三十连祖宗都请出的规模与架势,真算是团圆乃一年之盛事,一家之最高要求了。这种盛事与来年的运道又密切地结合着,团圆与否与来年的年成和运气有关,大年三十圆满,就给下年以良吉之兆,心齐气顺,来年信心百倍。否则,便有缺憾,有不足。因为过年把太多的思想寄寓其中,人们的忌讳也比较集中,所以精神寄托便是过年时除吃好玩好之外最为重要的内容。有忌讳,必然有心虚,有害怕,有祈求,有希望。过年的时候把这种种心理体验和精神欲望有机结合起来,使社会理性和个体感性、家庭要求和个人欲望等多个对立的方面有机地统一在一起,从而满足着多个方面的要求。所以,过年是歙县人最成功的社会活动和最有情性的节日。

看来,过年在歙县人社会生活和文明进步过程中确实有其积极的历史意义。其丰富的内容和广延的社会功效,诚为徽州文化之大观,足以引后辈之景仰。但是,我们也应当清醒地意识到,尊重前人文化传统的最好方式是对它进行历史分析,不断发扬其精华,剔除其糟粕,做优秀社会文化的积极传承人。

●孙承平

黄山学院

歙县南乡婚嫁民俗与撒帐歌

　　歙县是古徽州府府治所在地,歙县南乡的范围很大,包括现在的王村、街口、岔口、杞梓里、深渡六区的全部和城关区的南半部,面积占古歙县区域的一半强。歙县南乡不但区域面积最大,方言也很复杂,大致可分为水南、旱南、王村、三阳四种不同的方言,其中三阳话与其它地区的方言有明显的区别,甚至相互间听不懂。歙县南乡几乎全是山区,山多地少、地狭人稠的自然条件使这里成为徽商的重要起源地域之一。同样的原因,这里在清代太平天国战争时期,遭受的兵燹要稍轻一些,古代的各种文书与民风民俗也保存得多一些。所以,笔者收藏的古代婚嫁文书中,歙县南乡的占大部分,其中"撒帐歌"手抄本的全部是南乡收集到的。歙县古代婚嫁的礼仪习俗,封建遗风甚重,一般要经过说媒、排八字、定亲、请期、送嫁妆、迎亲、拜堂、闹洞房、三朝、回门等十道排场。其中的拜堂是婚嫁仪式中的高峰,最为隆重。新郎、新娘步入正厅堂前,即进行拜堂大礼。拜堂时,由赞礼人和利市人齐声合唱交拜词:"一拜天地、二拜高堂、夫妻相拜、子孙满堂。"三拜礼毕,由赞礼人和利市人共擎红绳连着的锡酒杯,要新郎新娘碰头喝交杯酒,即行合卺之仪。由伴郎伴娘将一对新人送入洞房后,赞礼人和利市人进行"撒帐"。"撒帐"是由赞礼人向新郎新娘及洞房内床帐等处掷撒花生、瓜子、枣子、栗子等干果,取谐音"早生贵子,早早得力"

之吉兆,同时朗读或吟唱"撒帐歌",也有不撒果子,只唱"撒帐歌"的。一般先撒天地帐,继撒东南西北中五方帐,后撒楼、屋、房、梁帐,帐词内容大多是吉利、祝贺、雅谑语,押韵协调,朗朗上口。如:"撒帐撒向东,撒向黄山十八峰,峰峰都有珍和宝,不出黄莲必出甘草。撒帐撒过场,夫妻心欢畅,夫妻恩爱同到老,子子孙孙坐满堂。"又如:"撒帐撒开场,一对红烛亮厅堂,今天厅堂花烛夜,生下贵子状元郎。"[1] 歙县的迎亲拜堂与别县不同的是不用鼓乐,撒帐歌的吟唱在结婚时是掀起热闹气氛的重要方式,因此歙县古代的撒帐歌无论是形式与数量都显得丰富多彩。

一、"撒帐歌"的流传和形式

笔者在歙县南乡几个大的乡村收集到几种手抄的撒帐歌集,如:同治二年黄备村张衍杨书《撒帐书》收集有《撒个八仙台》、《撒双亲》、《撒个乐洋洋》等 20 几首歌词;光绪二十年三阳"草堂山房"洪集贤编《帐书》收集有《接新人》、《送新人》、《进果子》、《敬酒洞房》、《张仙送子》、《传代》等 30 几首歌词;清代大阜无名氏《撒帐书》收集有《敬果子》、《撒帐东南西北中》、《撒帐十二月》、《撒帐撒得奇》、《撒帐十二月花名》等八首歌词;清代孝女村"务本堂"王维馨、王永财两人抄写的《撒帐书》收集有《新人出轿拜堂》、《撒大团圆》等 20 几首歌词;釜川方颂声记《婚娶灯笼诗》也属撒帐歌类;民国初年皋径江世逢订《撒帐歌》等。还有一些手抄本中除了一些撒帐歌外还抄有婚姻对联、春联、祭神词等。这些撒帐歌的抄写者不一定就是作者,从有些内容可以推测最早的歌词至迟在明代已定型,这些抄本是家族中世代相传或师徒不断的辗转抄写、添加的产物,像洪集贤《帐书》集中有两三人的笔迹,估计是他的传人后加的。赞礼人和利市人也不是一种固定的职业,他们一般是村中的私塾先生、落第的秀才甚至于风水先生临时兼职。

416

如三阳"草堂山房"洪集贤就是一位私塾先生,并自编有启蒙教材《新编汇集音释五言杂字》。这些兼职者往往结合所处的历史时期的潮流加进新的歌词,如民国初年皋径江世逢订《撒帐歌》就把"撒帐撒向东,民国之中黎元洪,孙文起义得天下,袁世凯来做相峰,……"等词句加入进去。建国后,旧式婚嫁礼俗逐步更新,撒帐歌也渐渐被人淡忘,但是事情往往有出人意料之外的变化。1999年在笔者走访"撒帐歌"的吟唱者传人时,发现歙县水南有些替人看风水的先生,不但会唱"撒帐歌",而且把其中的预祝吉利的歌词,运用到棺木土葬的"撒五谷"中去,听起来押韵协调,朗朗上口,因此请他们看风水的人特多,酬金也高一些。

"撒帐歌"是用歙县南乡方言朗读或者吟唱的,从已知的情况分类,说三阳方言的撒帐诗是以吟唱为主的,歌词的押韵要求不是很严格,曲调有固定的形式,但现在会唱的人已经不多,如:

> 撒帐撒向东,梁山伯祝英台,三载读书同床睡,两人共枕不相同。罗罗哩连哩哩……

传代

一代长命富贵,二代金玉满堂,三代三元及第,四代事事如意,五代五子登科,六代六国丞相,七代七子团圆,八代八仙庆寿,九代九子十三孙,十代荣华富贵万万年,十一代当朝拜相,十二代两国封王,十三代三星拱照,十四代四海名扬,十五代五枝丹桂,十六代六部佳丞,十七代七夕相会,十八代荀叔八龙,十九代九世同居,二十代果是文王,二十一代前有高头双星进宝,二十二代得职双榜状元郎,二十三代甘罗十三为丞相,二十四代太公八十遇文王,二十五代相送月里嫦娥女,二十六代平贵里外两封王,二十七代彭祖公公八百岁,二十八代杨老婆婆万万春,二十九代多福多寿多贵子,三十代全家福禄大团圆。传代传进房,百子千孙闹洋洋,双产麒麟来送子,多生贵子状元郎。百代百子千孙闹洋洋,千代发脉多开族,万代各支各派赏英豪。

婚姻是人生大事,作为一个家族来讲,结婚是子孙延绵,家族兴旺的象征。上记的"传代"歌词中传30代是与徽州修族谱时一般五代一修,30代定行序有关。至于百代千代那是理想状态,所以用略传的形式。

三阳的"撒帐歌"有的就照搬京剧、徽剧等剧种中的唱段,如:

周荣成亲(驻云飞唱)

新科状元,千金小姐送上门,姻缘前生定,今日来相会喳,夫妇果为奇。……

好贤儿大登科名标金榜,小登科洞房花烛夫贵妻荣果罕稀……

班超脱靴(刁名三婆娘唱 扬腔)

(引老生)年华吹短发,兵甲何时定,尽心报国…….

冯商叹钱(驻云飞唱)

你是铜钱,里面方来外面圆,生在金銮殿,天下都游遍喳……

水南一带撒帐诗是以朗读为主,歌词本身比较押韵,平仄的要求不太严格,如:

撒帐东南西北中

撒帐撒向东,东边一点太阳红。昔日有个周文王,去访全才姜太公,文王接去定天下,保定武王坐九龙。今晚洞房花烛夜,生下孩儿做国公。

撒帐撒向南,南边五老已临凡。凤阳有个朱洪武,打擂才收众将官,遇春大海多奇勇,保定太祖坐江山。今晚洞房花烛后,生下孩童做高官。

撒帐撒向西,玉兔东升笑嘻嘻。唐室世民真天子,忠臣叔宝与尉迟,咬金本是真福将,保了唐王登帝基。今晚洞房花烛夜,产下孩儿穿紫衣。

撒帐撒向北,紫微真帝天喜出。立即难得柴王父,借头金殿功劳得,子将接拜为弟兄,坐定江南布大德。今晚洞房花烛夜,产下孩儿做相国。

撒帐撒向中,月里嫦娥好娇容。顺治八旗分左右,天下一刻会成功,大清圣主登龙位,一十八省唱年丰。今晚洞房花烛夜,产下孩儿立大功。

撒帐撒得奇,夫妻恩爱两齐眉,生下五男并二女,赛过唐朝郭子仪。

撒帐撒得高,八仙今夜共来朝,仙姑敬上长生酒,采和仙菜献蟠桃。

撒帐撒得低,张仙送子笑嘻嘻,自从今夜成亲后,产下儿女做同知。

撒帐撒向前,新人双脚似渔船,先打鲤鱼多结子,后打刘海戏金蟾。

撒帐撒向后,后边来了曹国舅,手中两块雪花牌,口唱声声要传后。

撒帐撒向左,左边敬上新郎酒,新人今夜小登科,列位明朝来敬酒。

撒帐撒向右,新人果子两衫袖,亲朋不必笑哈哈,每人敬你一粒豆。

在徽商的故乡,人生最大的企盼是多生贵子读书中第做高官。徽州既以"东南邹鲁"驰誉遐迩,又以"商贾之乡"闻名海内,生于斯、长于斯的徽商或是"先儒后贾",或是"先贾后儒",或是"亦贾亦儒",从而形成了"贾而好儒"的重要特色。徽商之所以能够在艰难曲折的道路上不断发展壮大,乃至成为称雄商界的劲旅,是与这一重要特色分不开的。"贾为厚利，儒为名高"。徽商虽孜孜追逐"厚利"，但他们更念念不忘"名高"。在儒贾观上，与其说徽商"右贾"而"左儒"，毋宁说他们"右贾"更"右儒"。……其实，徽商既"厚利"又"厚名"。"厚利"不过是"厚名"的阶梯，他们希望子孙通过仕进之路而"名高不朽"，[2] 从收集到的歙南"撒帐歌"中更可证明这一点。

已经收集到的百余首歌词中几乎没有重复的，可见内容之丰富。其歌词除了包含上述希望子孙通过仕进之路而"高官厚禄"之外，还保留了歙县南乡婚俗本身许多仪程内容，更重要的它是古代性启蒙教育的重要方式之一。

二、"撒帐歌"中所保留的婚嫁仪式

歙县古代婚嫁的习俗，在正式仪式前，一般要经过说媒、排八字、定亲、请期等程序。女孩子长到十三四岁，就有人上门说媒。媒人大多是中年以上的妇女，有的是亲戚、朋友，也有专职的收取费用的"媒婆"。媒人从女方取得年庚八字送到男家，男家将男女双方的年庚八字送到合婚命馆去推算，相合的称为"年庚配对"。年庚配对之后就可定亲。在定亲之后就是"请期"，即由男方选定结婚日期通知女方，而女方往往只有被动的等待。"大抵徽俗，人十三在邑，十七在天下。""前世不修，生在徽州，十三四岁，往外一丢。"歙县在外地学生意的年青男子往往在当学徒时就由家中在本地订亲，三年满师就回家乡完婚。因此有"只有男家选日子讨媳妇，没有女家选日子嫁囝儿"的俗语。不但如此，直到结婚进洞房，男女双方都不能相见。大阜村有一篇撒帐歌将侍闺待嫁的女儿婚前的心理活动描绘得很细腻：

撒帐十二月

撒帐正月梅占春，闺中处女望媒人，不知何处年庚对，早早回音好做成。

撒帐二月杏花多，赤绳系足待如何，姻缘五百年前定，人家不必细奔波。

撒帐三月百草香，桃红灼灼正芬芳，祈求月老传庚定，聘礼修成好下场。

撒帐四月杨柳青，佳人日日不宽心，虽然收得名门礼，未识其人貌与名。

撒帐五月石榴红，想看郎君面未逢，倘然听得旁人说，低头不语记心中。

撒帐六月是新荷，不识牛郎貌若何，静坐旁边初思想，心中意欲问媒婆。

撒帐七月食瓜天，漫将心事挂胸前，不意厨中来吃饭，忧闷还伤独自眠。

撒帐八月桂花香，家家送节闹嚷嚷，忽然听得才郎到，偷看一面也心宽。

撒帐九月菊花黄，登高饮酒看山光，见景生情心有感，期书不报自心伤。

撒帐十月小阳天，庾岭梅花独占先，别人吉席多送礼，唯我何不早团圆。

撒帐子月是葭灰，迎娶星期未报来，想必今冬难了事，来年再看几时始。

撒帐丑月雪花飘，百般思想好心焦，但愿来年佳期早，相逢琴瑟自然调。

"撒帐歌"中更多的篇幅体现古代结婚的程序，有些歌词就是边进行边唱的。歙县结婚风俗除了不用鼓乐外，女方不要新郎上门迎亲也是与别处不同的。成亲之日，男方发轿至女方，由媒人、喜娘、舅舅送新娘到男方。新娘的花轿到了，有时就由利市人边唱边迎进正厅堂前。如孝女村的：

新人出轿拜堂

爆竹声声乐洋洋，香花灯烛照中堂，天开黄道良辰日，请出新人来拜堂。

天门开，地门开，一品夫人请出来，金童玉女配成双，拜得乾坤日月长。

一府六县多喜庆，夫妻偕老百年康。

三阳村的：

接新人

迎接新人新郎，请出洞房。庭庭相府宝神仙，庄端稳步槛桥路，此去和谐月老园。一步一花开，二步上金阶，三步花撩乱，四步请出新人新郎堂上来。大家看个不长不矮好人才。一枝花插满头香。烛影摇红画锦堂。叠叠金杯相劝酒，声心慢唱贺新郎。

送新人进房

迎送新人新郎入洞房，堂前花烛两枝送进房。一行两步镜花开，三行四步满前台，五行六步多结子，七行八步进房来。一进房来观四方，四根银柱顶金梁，金梁本是鲁班造，造与人间送洞房。二进房来观四方，四方衣架亮堂堂，四边摆了金丝椅，中央摆了象牙床。三进房来观四方，四方观见新人床，床上挂了红罗帐，帐内一阵桂花香。掀起红绫被，红绫被内一对好鸳鸯。好男生五个，好女生一双。五男并二女，七子共团圆，三个做宰相，两个中状元，夫妻谐老到百年。

送新娘进洞房时要用两只绿色麻袋，前后轮流传递铺地，让新娘踩着进房。取"袋"、"代"同音，叫做"传代"。也有边走边唱"传代"歌的，如孝女村的："传代。此代不是非礼代，王母娘娘赐我一对凤凰袋。袋里什么代？儿孙代，子孙代，荣华富贵代，子孙万万代。"新郎新娘进入洞房,利市人还要敬酒,这也是开始"闹洞房"的时候。歙县水南一带,闹洞房后还需吃"暖房酒"由娘舅、舅母、姑父、姑母等亲戚陪同。这时有敬酒歌:

敬酒洞房

酒劝新郎,满饮三杯入洞房,共饮同欢畅,休得相推让。金链锁鸳鸯,共入兰房,两两双双,倒凤颠鸾,双双坐在销金帐,好似红莲满口香。

酒劝新人,满饮三杯莫要推,吃得醺醺醉,真个好滋味,今夜里做夫妻,两相和美,夫唱妇随,如鱼得水,正是前世姻缘千里来相会。奉劝今宵一树梅。

再劝新郎,酒到尊前休要慌,劝你休惆怅,莫把心愁酿,今夜里做新郎,又多少风光,两情休讲,雨复云翻,恩情都在销金帐,好似鸳鸯对凤凰。

同饮交杯,两朵芙蓉一处栽,牛郎风流在,织女初相会,今夜里两和谐,且自开怀,才子佳人杏花开,夫妻成双心相爱,这段姻缘天下来。

撒帐时,有的还关照新人要守妇道,主要是"三从四德"之类话语,如黄备村的:

撒帐撒开场

新人今晚喜洋洋,昨日是个闺门女,今日从夫做嫂娘。孝顺公婆为第一,敬重丈夫理应当。切勿粗言并恶语,妻儿犯法罪夫郎,此言须要牢牢记,免得旁人说短长。

三、"撒帐歌"是性启蒙教育的一种方式

徽州清代民间盛行早婚,所谓"十三爹,十四娘"。除了有早生贵子早得力企盼外,大多数男子在外经商,三年才回乡一趟也促使早婚的习俗进一步扩大化。由于"中篝之言,不可道也。"年轻

人对性知识不懂,影响了"早生贵子早得力"。为此,长辈除了给女孩子"压箱底"之类性启蒙的器物外,"撒帐歌"中有大量的性隐喻和性双关语用来给新人进行性启蒙教育。性隐喻通常指用一事物代喻另一事物,用一种情景喻另一种情景,并从中引出某种性的意义。与一般比喻不同,性隐喻表面上无本体与喻体之分,其蕴含的思想、情趣和意味委婉而又曲折;性双关语内隐含有性意味的双重岐义话语。这类话语言此兼彼,表面一层意思,暗中隐藏着另一层意思,具有一语双关的功能。这类双关语约定俗成,一眼望去即可得知其内在的性意味所指。[3]撒帐歌的吟唱者结合结婚的意境和喜庆的氛围唱出下文内容,听者一下就心领神会。如大阜村的:

敬新人

我敬新人一片糕,新郎今夜把头篙,新人摇一下,新郎撑一篙。高福高寿高高起,寿比南山节节高。

我敬新人一荚落花生,新人今夜最开心,脚儿动动手儿抢抢,开心开心实开心,赛过鱼儿下了潭(歙县南乡方言音"登")。

我敬新人一根长面脆,新人今夜实有趣,新郎问声,新人答一句,有趣有趣真有趣,好比人家弹棉絮。

我敬新人一粒豆,新人今夜实不愁,一个好开心,一个讨苦受,不愁不愁实不愁,产下孩儿福禄寿。

我敬新人一个枣,新人今夜实在好,一下爬起来,一下又困倒,真好真好真正好,生下孩儿做阔老。

我敬新人一个栗,新郎今夜登好第,今夜登科登几名,却容易,科第科第又科第,就是三元连及第。

撒帐东南西北中

撒帐撒向东,新人腰里一把弓,新郎抖着射一箭,馋得新人肚蓬蓬。

撒帐撒向南,新郎腰里一根铳,把个新人刺出血,那知是个独钉铳。

撒帐撒向西,新人腰里一只小砂箕,新郎留着放果子,新人用它垫胞衣。

撒帐撒向北,新郎腰里一根萝卜枣,新人吃又吃不下,吐时却又不舍得。

撒帐撒向中,新人肚下一只锺,新郎要吃酒,新人不作东,连忙吃一口,吃得醉醺醺。

三阳乡又有:

撒帐撒向北,海棠开眼春加塞,加上一点染心红,提起银灯正看得。

撒帐撒向中,新人鼻子不通风,加上一点陈皮散,两片陈皮夹了一根葱。

撒帐撒得细,新人胸前两只苞芦蒂,新郎要想吃,新人留着领大细(男孩的意思)。

撒帐撒向前,新人有只花龙船,要问客人装的什么货,只装黄瓜不装钱。

撒帐撒向上,新人有些装模样,今晚衙门八字开,小小和尚来告状。

撒帐撒得好,新人有对大红枣,新郎要问新人讨来吃,新人留着喂个乖乖宝。

撒帐撒得欢,新人有只踏菜缸,青菜白菜腌不得,黄瓜落苏(方言茄子)腌得快丁当。

三阳乡还有一首用"千字文"的语句组成的"撒帐歌"也含有性隐喻:

撒帐在东方,喜行天地玄黄,新人要女慕贞洁,新郎要男效才良。

425

撒帐在南方,点起银烛帏房,新人要龙师火帝,新郎要得能莫忘。

撒帐在西方,送入侍巾帏房,敬上弦歌酒燕,两下接杯举觞。

撒帐在北方,脱了乃服衣裳,两下云腾致雨,流出周发殷汤。

撒帐在中央,到有宇宙洪荒,山前有金生丽水,却下玉出昆岗。

撒帐在前方,上了蓝笋象床,但愿得上下和睦,产下个鸟官人皇。

由于"撒帐歌"的演唱是与"闹新房"同时进行,而"闹新房"的参预者中不乏有小男孩儿、小姑娘,他们在"闹新房"的同时也受到这难得的性启蒙教育机会,这也是某种意义上的社会进步吧。在封建道德盛行的徽州,一方面于男女间严厉设防。"男女七岁不同席"、"男女授受不亲",对性知识和性器官更是讳莫如深,逐渐产生了性的神秘化。另一方面又有"不孝有三,无后为大",急切地盼望新婚的男女通过性生活而生男育女。对这种不能公开宣讲的性知识,给新人春宫画、铜铸或瓷制"交合""压箱底"是一种传授方式,歙县南乡"撒帐歌"中性隐喻与性双关语也是一种传授方式。总之,清代歙县南乡"撒帐歌"中无论是就其记录的当地婚嫁民俗事项看,还是其语言风格来看,都是很有资料价值和认识价值的古代民俗遗产;其中的性隐喻与性双关语还是性文物与性文化资料,是徽州文书的组成部分,值得继续收集与研究。

注释:

[1]《歙县志》第 63 页,北京,中华书局,1995。

[2]张海鹏、王廷元主编:《徽商研究》第383页,合肥,安徽人民出版社,1995。

[3]《中国性科学百科全书》第512-513页,北京,中国大百科全书出版社,1998。

●倪国华

黄山市文化局

徽州民间祭祀歌舞

徽州民间歌舞是集徽州民歌、民谣、乐曲、曲艺、舞蹈及部分地方戏曲为一体的综合性民间艺术和民俗活动。据不完全统计,现能见诸资料和文字的有 100 余例,其中较有特色的有 50 余例。这些歌舞从祭祀礼仪、生活习俗、生产劳作、节庆游艺等方面真实地反映了徽州人的生存状态,有着鲜明的地方特色和乡土气息,是徽州文化特色不可或缺的组成部分。

在祭祀礼仪类歌舞中,只有舞没有歌,其舞蹈风格古老苍劲、野朴无文,节奏深沉、缓慢。具有明显的舞种现象的有傩舞、纪念张巡的舞蹈和宗教舞蹈。有关汪华的祭祀活动和舞蹈,更具有徽州地方特色。

傩舞是古代驱疫逐疠礼仪活动中的一种舞蹈,在徽州普遍流行。据各类方志和史籍记载:祁门,"正月元日集长幼列拜神祇,鸣钲出行,饮屠苏酒,谒祠宇,交相贺岁,傩以驱疫"。(清道光《祁门县志》)歙县,"傩礼颇近古,而不举于官,乃乡里好事者为之。新正用童子衣彩衣,蒙假面,作魁星、财神之类,或扮彩狮,敲击锣鼓,跳舞于庭,用博果饵,亦即玄衣朱裳黄金四目驱疫遗意"。(《橙阳散志·歙县风俗礼教考》)明代休宁县茗洲村《吴氏宗谱》:"正统十四年,社中仪,首春行傩人。"婺源"香头角抵之戏,皆春秋社首醮米物,酬与诸行傩者"。清代婺源庆源村詹元相《畏斋

428

日记》有"康熙四十五年正月初二,阴,接狮傩会神,支银五分赏傩人"的记载。绩溪,"中元日,近年奉城隍神巡行县鄙,仪仗甚盛,扮诸鬼卒,后拥前呼以逐邪祟,亦乡傩之意也"。(清嘉庆《绩溪县志》)清乾隆二十一年,婺源人江永还著有《乡党图考·傩考》,辑录《礼记·月令》等古籍中的条文,对古傩的功能、历史沿革进行了详细考注。据调查,婺源、祁门历史上有傩班数十个,在祁门芦溪、婺源庆源至今还保留着百年以前的傩面具、傩神图、傩神斧等道具。民国期间祁门县城还见有雕刻傩面具的作坊。

傩舞的主要特点是表演者均戴有面具,如太平《五福神会》中"顶盔人"的表演。但据今人研究,傩又有狭义和广义之分,像祁门、黟县交界处的《游太阳》虽然表演者不戴面具,但其舞蹈中"开天门"(用斧子割破前额、胸、背使之流血)、"拨油锅"(用手在沸油锅中拨出豆腐)的表演明显具有"巫"的成分,因此,也可以算作傩的一种。徽州傩舞的一个共同特征是不说不唱,锣鼓和乐器伴奏也只是烘托气氛,人物主要通过夸张变形的面具来塑造,也就是说它还没有完成由"舞"到"戏"的演变,还不能称之为"傩戏"。在徽州诸傩中,祁门芦溪傩最为古老,从人物、面具名称,舞蹈语汇以及表演的次序,颇与《周易》易理相符,通过"是生两仪、两仪生四象、四象生八卦、八卦定吉凶、吉凶生大业"的演绎,形象地描述了先民对宇宙发生和社会变化的最初认识,从而折射出古老的哲学光芒,是徽州傩中最值得深入探究的。

纪念张巡的舞蹈,有休宁的《得胜鼓》、太平的《滚车》、绩溪的《跳五帝》和《破寒酸》等。张巡,唐御史中丞,安史之乱,力守睢阳,终因力孤粮尽,城陷殉职,被谥封为千圣郎君通真三太子。因其扼守睢阳,使江淮人民免遭祸乱,故江南地区多立庙祭祀,从而产生了专为纪念张巡的舞蹈,以崇其德、报其功。农历七月二十五日是张巡的诞辰,纪念张巡的舞蹈一般在这一时间进行。如太平仙源、甘棠两地的"滚车"活动。传说"火轮车"是张巡制造用以抗击安禄山的兵器,故于其诞辰表演"滚车"以示纪念。"滚车"通过车轮之高大、坚实、笨重,加之滚动时的技巧、气势、奔跑速度以及队列的前后穿插变化,表现出一种滚滚向前、势不可挡的力量。"滚车"还具有武术表演、竞技、健身的功能,所以过去一些青壮年都爱参与。

"汪华、唐绩溪人。少以勇侠闻。隋末保据郡境,并有宣、杭、睦、婺、饶五州,建号吴王。部内赖以平安者十余年……(唐)封越国公。"(《中国人名大辞典》)汪华这个历史人物因有功于徽歙,遂被民间奉为郡之"土神",世代祭祀。祭祀汪华的活动及其舞蹈,多与汪姓氏族有关。在绩溪汪华的故里,每年农历二月十五日均要举行盛大的"花朝会","十二社挨年轮祭越国公"。(清·嘉庆十五年《绩溪县志》)清代沈复在其《浮生六记》中记有他亲眼目睹的仁里花朝会情景。祁门、黟县交界处的"太阳会"不仅祭祀汪华,还兼及祭祀汪华的九个儿子。

由于齐云山道教活动的影响,徽州各县信奉道教的风气较盛。清·乾隆《歙县志》中,就有"岁杪召道士舞蹈娱神"的记载。现在搜集到的道教舞蹈有《水火炼度》、《钺舞》等。

祭祀礼仪类歌舞的主要功能是娱神,同时兼及娱人。最具有仪式性和可表演性,是徽州民间歌舞中存量最大,历史最悠久,内涵最丰富的"重头戏"。

[五福神会]民间迎神赛会的一种,流行于黄山区(原太平县)必吉岭。该地有座石头庙称做五福庙,高一丈五尺,宽一丈七尺,深一丈六尺。梁柱瓦脊、神台供桌全是大块花岗岩砌成。庙内原供有木雕神像十一尊,正中为正神六尊:平浪王、德胜一郎、灌口二郎、草野三郎、丫角四郎、和合五郎,均系坐像,高约三尺,各手执两件兵器。五郎的右脚踩着一只虎,当地村民说是五郎和他们的娘

舅。左右两方另有五尊稍矮的雕像:判官、土地、七星、和合(两个)。石庙今仍存。

清嘉庆《太平县志》有五福庙建于元朝末年的记载。《苏氏宗谱》载:苏氏六甲祖先"显荣公,因父造京厂迟限罹狱,公至京辩冤,愿以身代。上感其孝,诏立宥。遂侍父归。舟次芜湖,见江中有五福神像,心异之,负回里,约众立庙供奉"。

必吉岭长六华里,苏氏宗族分居岭上、岭下两个大村子,五福神庙座落中间。每村有两个宗祠,五福神会的活动项目和经费分别由宗祠分担。

五福神会每年农历八月十四、十五两日举行,分降神和路巡两部分。降神:十四日清晨,五福庙内安放"神架",各宗祠主事和一顶盔者(即扮神人,穿戴整齐,手持"脸式"即面具),齐集庙内,鸣三眼铳,焚香跪拜,顶盔人双手捧脸式在庙内各塑像面部合一下,然后安放在神架上,是谓降神。"脸式"是五福神会的重要道具,为杨木雕坯,按固定脸谱式样油漆彩绘,长一尺,宽八寸,厚三分。盔帽用夏布和生漆制成,脸式斜挂在盔帽下,与顶盔者的脸构成四十五度角,便于顶盔人看清脚下的路面。

路巡。即列队沿村巡演,队伍的排列顺序是:三眼铳几十只,判官、和合、七星、土地,接正神五郎、四郎、三郎、二郎、一郎、平浪王。每位正神前有仪仗簇拥,仪仗有:三眼铳若干,开路锣两面,提炉男童四到八对,细锣鼓一班,顶盔替换者,背令旗、令箭、印绶者各一人,顶盔扮神像者居中,神像后伴神士绅若干,粗锣鼓一班。平浪王仪仗后大纛旗一面。路巡经过几个固定的地方,举行坛祭。途经各家门前,均鸣炮、焚香设供迎神。路巡中,扮小神者便步行走,扮正神者走台步,在迎神者众多时,放慢速度,双手挥舞兵器,作"走三步退一步"表演。

十四晚诸神在当值宗祠里停留看戏过夜,十五日继续路巡,下

431

午齐集五福庙退神,仪式如降神。顶盔者取下脸式,脱下服装,再将脸式送回宗祠保管,本年度活动全部结束。

[登源花朝会]徽州多庙会。绩溪的庙会,以登源"花朝会"为胜。清·嘉庆十五年《绩溪县志·风俗》载:"十五日登源十二社挨年轮祀越国公,张灯演剧,陈设毕备,罗四方珍馐集祭筵,谓之赛花朝。"登源河畔的仁里、梧村、王村、南观等十一个村庄,轮流举办,每十二年为一轮,仁里村大,轮值两年。

登源是唐初越国公汪华的故里。《新安名族志》称汪华在隋末"保有歙、宣、杭、睦、婺、饶六州,称吴王,唐封越国公"。其后裔遍及徽州六邑,故成为新安第一等大姓。相传二月十五日是汪华的生日,登源人为此起花朝会。清代沈复在其《浮生六记》中记下了他亲眼目睹的花朝会情景。"庙前旷处高搭戏台,画梁方柱,极其巍焕;近视则纸扎彩画,抹以油漆者。锣声忽至,四人抬对烛,大如断柱;八人抬一猪,大若牯牛……入庙,殿廊轩院,所设花果盆玩,并不剪技拗节,尽以苍老古怪为佳,大半皆黄山松。既而开场演剧,人如潮涌而至。"

登源花朝会,因为十二年才能轮到一回,主事的"斋官"们,争强好胜,都争以搭"花台",演"对台戏"为荣。光绪末年,仁里、梧村都曾并排搭过两个"花台"。"花台"用几百匹布扎成,正台上下三层,彩壁画屏,极富丽堂皇。同时请来"彩庆"、"长春"两个徽班,演"对台戏"。剧目有《万花开台》、《黄鹤楼》、《八达岭》、《白蛇传》、《一箭仇》等。开场时先由双方演史文恭的演员率先竞技,直扑跌到几张桌子,然后各亮出八蟒、八靠、三十二龙套;两家演员都在百人以上。从二月十五花朝日起连续演到二月底,日夜连演不停。登源花朝会,最后一次演对台戏,是民国十五年(1926)。

[游太阳]巫舞的一种。流传祁门县、黟县交界的双溪流、社景、莲花、渔亭、楠玛、朱家坞等村庄。相传汪华生有九男二女,父

子保境安民,于国有功,却受到奸臣陷害,八个儿子被杀,第九子虽获救,后亦战死边陲,为国捐躯。汪华父子死后被尊为太阳菩萨,每年受到乡人的祭祀,其祭祀活动称为"太阳会"。祁门双溪流祭祀汪华,社景村祀奉汪华八子"八灵王",莲花村祀汪之九子"九相公"。黟县楠玛几个村落祀奉汪华其他几个儿子的神灵。每年农历六月十二日至十四日,村民将所祭祀的菩萨抬到露天晒太阳,故名"游太阳"。民国十一年《黟县四志·风俗》在记述该县"七都有游太阳降童一事,仅述其流,未考其源。按神为汪华,考郡县志及云岚山志,汪华封郡土神,自宋已晋王号。黟俗王沿阳音,习惯已久,太阳原系大王"。

"游太阳"是太阳会中的舞蹈部分。主要有操练仪式,开天门、跳火爆伞和拨油锅。担任舞蹈表演的四男青年称为"跳童",也叫"罡童"。表演时,上身赤膊、穿黑短裤,腰系一块方白布对角折成的三角巾,穿草鞋。双手各持一把专用的铁斧,称"罡斧"。基本动作有"单跪揖拜"、"单颤步"、"双颤步"、"藏翅双飞燕"、"背翅双飞燕"等。

太阳会每年一届,每届由一大户作东,历时三天。第一天(六月十二日)为操练仪式。由执事者把太阳庙里的太阳菩萨擦洗涂金,换"行宫衣",请进特制的轿子,抬到本届太阳会的东家。东家托一盘米、一盘茶叶、燃三柱香,一路躬身迎接,是为接神。晚上在东家的庭院里点起火把,举行习仪。四跳童喝下东家的鸡血酒,拜过菩萨,然后拿起师傅(世巫)画过符咒的罡斧,在师傅的指导下进行舞蹈操练,操练结束,由跳童二人陪菩萨过夜。

第二天(六月十三日)大早,执事者从东家家里将菩萨抬进祠堂,仪仗队依次是:鸣锣2人、吹唢呐2人、跳童4人、捧供品者1人、扛蜈蚣旗4人、抬菩萨轿4人、持龙凤伞1人、鼓钹演奏4人。沿途鸣锣开道,四跳童挥斧起舞,东家随后撒五谷相送,高喊:"风调雨顺,五谷丰登!"到祠堂后,村民按辈分两边排定,向菩萨跪拜,后由师傅念咒语,跳童开始舞蹈。舞至高潮时,跳童用斧刃在前额、胸前和后背划破见血,称做"开天门"。清·同治《黟县志·风俗》有证:"有世巫行术降神附童子身,踯跳若狂,利刃割额流血至胸,谓之开天门。"其时,罡斧的撞击声、鼓乐声、鞭炮声、口哨声大作,整个祭祀活动进入高潮。

第三天(六月十四日)"各村各庙神像尽昇出聚于神位最尊之庙"。(清·同治《黟县县志》)社景村的"八灵王",与莲花村的"九相公"至两村中间一座石桥(洪田桥)相会,意寓两兄弟见面。途中有的人家在门前制挂一种圆筒状的纸伞,伞内挂着鞭炮,称"鞭炮伞",太阳菩萨到时将鞭炮伞点燃,跳童执斧在燃放的鞭炮伞下舞蹈,谓之"跳鞭炮伞",意为消灾纳吉。下午,至祠堂前,最初当是在最尊神汪华庙前,表演"拨油锅",清·同治《黟县县志》载:"别(置)煎油大釜,极沸,下豆腐,赤手入沸油数取之出表会众,腐尽而手不灼。"最后,各自抬菩萨回原庙,一应器具存入庙中,这一年的太阳会即告结束。

据考,太阳会缘起为祭祀汪华,民国十一年《黟县四志·风俗》:"(汪华)庙在霭冈,乃其后裔迁霭冈时所建,后支分远徙,庙祀失修,各村昇像崇拜,每岁原聚遗址,以永纪念。"其四执斧罡童的设制"若方相氏四目扬眉,郁垒神荼,麾斧秉钺",此为古傩遗风。

"元正德元年间,婺、祁蝗灾垒见,祁人迎神驱蝗。(黟县)七都与祁接壤,农民惧蝗害延及、相率效之。"(民国十一年《黟县四志》)由于太阳会场面热闹,人气旺盛,执事者"宣布商贩均于先期制造物品,陈列市场,如今之劝业会相类"。(民国十一年《黟县四志》)至此,太阳会已有了某些商品展销会的性质。

太阳会最后一次活动在 1952 年。

434

[婺源傩]婺源春秋时为吴、楚交界地,境北浙岭岭头原有"吴楚分源"古碑可证。吴楚信鬼神,重淫祀。婺源乡间称傩舞为"舞鬼戏",颇具楚人遗风。

婺源有"三十六傩班,七十二狮班"之说,此说不在于言其准确,只在于言其众多。而且婺源傩班往往是跳傩与舞狮同进并举,百姓称为"狮傩班"。

婺源傩舞多演故事,剧目繁多,有《开天辟地》、《后羿射日》、《刘海戏金蟾》、《太白金星下凡》、《和合舞》、《庆寿》、《双猴捉虱》、《猴子偷桃》、《单棒》、《双棒》、《祭回》、《八仙上寿》、《天兵天将赌力》、《张天师遣四将》、《判官醉酒》、《捉小鬼》、《张飞祭枪》、《孙权打子烈》、《关公磨刀》、《孟姜女送寒衣》、《猴王降耗子精》、《仙鹤磨嘴》、《舞花》、《魁星点斗》、《太阳寻月》等。表演形式有独舞、双人舞和群舞。动作古朴粗犷,夸张简练,除手舞足蹈外,没有任何歌唱,只在部分节目中听到高昂有力的"嗬、嗬"声,可见其仍然保持着傩的原生形态。

由于节目多,人物多,故傩面具也多。婺源傩面具最早为铜铸(这在别处不多见),后改为彩绘木雕。现存的傩面具有盘古氏、魁星、太阳、月亮、太白金星、后羿、观世音、八仙、扶苏太子、蒙恬、李斯、夜叉、张天师、二和合、四天兵、四地将、判官、二小鬼、孙权、子烈、关公、周仓、张飞、金咤、木咤、哪咤、唐僧、四猴子、猪精、沙和尚、六诸侯、鸡公精、鸡母精、土地公、土地婆、仙鹤、老鼠精等60多个。面具采用浅浮雕与镂刻相结合,刀法细腻,繁缛精巧的鳞状刀路,造成一种独特的变形效果。其造像的变形,完全取决于民间艺人的经验感受和文化心理。造型夸张,神气逼人,如"关公"红脸剑眉、"判官"怒目圆睁、"和合"笑容可掬、"沙和尚"憨厚大度、"观世音"端庄娴静等,其喜怒哀乐无一相同,均以其忠奸贤愚而分妍媸,惟妙惟肖,栩栩如生,令人叫绝。面具油漆色彩以红、黄、蓝、白、黑五色为主,使其色彩强烈跳跃,形象鲜明突出。有的面具已油漆七次之多,一诸侯面具最后一次油漆,背面注明为乾隆十九年,距今已有200多年历史了。

[祁门芦溪傩]芦溪傩,当地人叫"跳回",又叫"平安戏"或"地戏"。每年正月举行。有九枚傩面具:盘古一枚,青面大眼,头暴青筋(一说魁星);两仪两枚,一阴一阳,即和合二仙,又叫刘海,笑脸;凶星一枚,白脸,又叫土地;吉星一枚,红脸,又叫将军;四象,四枚即四季脸,春为绿色、夏为赤色、秋为棕色、冬为青色。四季面具均头生两犄,额饰三小人头,双眼深陷,大嘴齐耳,顶部可插翎子。九面具中四象最具特色。还有一幅十分神秘的"十大元帅图",用牛皮筒装存。此图彩绘布制、长及二丈,画有九重云天、60个人物。各路神仙、十大元帅及五猖腾云驾雾,驰马操戈,神采勃发。最底层绘傩人仪仗,共十人。前一人身背画卷,手持画叉,此正是背图人;第二人击扁鼓,三至五人击小锣、大钹和大锣,第六人执牙板,第七人吹笛,以上为乐队;第八人肩挑四季面具,手持折扇,是演员代表;第九人背布袋,系敛收钱米者;最后一人挑面具、行头箱。相传此图是清末民初临摹,现已秘不示人。

腊月三十日晚发灯时分,傩人即从傩头家的神龛中请出老郎先师菩萨祭拜,然后打筊问神,阳筊即开门出行。黎明前在门口晒谷场上"放纸码",即用红、蓝、黄、绿五彩纸剪成方寸大小,折成三角、四方、元宝等形状,用铁丝勺托在稻草火堆上烧,"纸码"趁火而上,五彩飞天,此时傩人率先在村中燃放鞭炮,村人亦纷纷燃放,全村火炮连天,驱邪逐疫。正月初二日,傩人在村中汪氏正义堂中悬挂"十大元帅图"(将四季面具两两合一,以其犄角撑着画轴两端),设香案,诵"请愿词"请神。所请诸神中"汪王越公"(即汪华),列为第二,仅次于"关圣帝君"。香案设在祠堂专用的长约十米以上的巨型长案上,案上供奉香炉、蜡烛、鱼、肉;各家送长明灯

（灯盏下放一碗清水以防火）于案上，添香、叩头、揖拜，霎时间，灯火辉煌，瑞气融融。以上为傩祭部分。

锣鼓开台，众人让出场地，傩舞表演开始，先是盘古持开山斧上场（芦溪80年代表演时为持剑，疑有误），表演开四方，跳四门，杀四角，意即开天辟地，划定太极。此为第一段，名曰《盘古开天地》。接着是两仪即和合二仙戴笑脸面具跳跃而出，和仙持云帚，合仙持金蟾，二仙动作对称，姿态逗人，意谓"太极生两仪"，四方安乐，万物繁衍。此段叫《刘海戏金蟾》，也就是跳和合。相传，最早表演时，有四象穿插跑八卦图的表演，意即"两仪生四象、四象生八卦"。随后由凶星戴土地面具，持杖拈须上，行恶作法，欲灭五谷；吉星戴将军面具持剑追杀，力挫凶星，这叫《将军杀土地》。最后由刘海引出狮子，圆场数周，意谓天下平安，万方同乐。在鞭炮锣鼓声中，刘海时儿嬉逗于狮前，时儿跃骑于狮身，村人欢天喜地，心中大吉。此为《刘海逗金狮》又叫《狮子报平安》。表演完毕，傩人收去祭祀用的五谷牺牲及傩神图，剪下狮子身上的苎麻彩毛，盛于盘中，让村人拿去给儿童扎辫子或放在身上隔邪。

正月初二后，到各分支祠堂去表演。

[破寒酸]流传于绩溪县杨溪村一带，由五人表演，一人扮开路先锋，二人扮和、合礼士，一人扮驮太子侍卫（民间传说太子为张巡），一人扮持龙凤伞者，均戴连头面具。开路先锋舞棍引路，和合托腮叉腰欢跳，驮太子侍卫及持龙凤伞者随之。按逆时针方向，边跳转边行进。一般为跳三圈反复一次。第一圈慢，第二圈稍快，第三圈快。每自跳一圈，表演者和伴奏者同声高喊"嗬！"动作简单、质朴、规范、严谨，表演者戴着面具，看不到表情，用动作、舞姿、步伐表达一种虔诚、肃穆的情绪，是傩舞的一种。

绩溪方言"寒酸"是贫困可怜的意思，即人们常说的一脸寒酸相。相传杨溪一带由于连年灾荒，加上瘟疫流行，死者无数，活着

437

的人日子也过得极寒酸。于是每年七月二十五日,九村民众齐集八王庙,抬着庙里的太子像跳起舞蹈,遍村游舞,以求破除寒酸,五谷丰登、人丁兴旺。正如民谣所唱:"九村八王堂,年年锣鼓响;破除寒酸苦,不再闹饥荒。"破寒酸舞蹈寄寓了民众良好的愿望。

[舞回]流传于绩溪县伏岭村。相传,古时村里经常发生火灾,春节期间尤为频繁,野兽也趁机出没,侵害孩童和牲畜。村民们认为这是村东头鸡鸣山顶的火狮和山下的石虎在作祟。每当它们发威的时候,村庄上空便有"天火"滚动,灾星降落,造成灾害。为了镇邪消灾,村民们根据想象,创造出了舞回。取回字大口套小口的形,狮口宽阔为上口,虎口窄小为下口,合起来既有狮口又有虎口,再加上一双锋利的角,就成了比狮虎更厉害,使所有野兽都望而生畏的王中之王了。

回有回头、回皮、回尾。头尾以篾扎、纸糊、彩绘,嘴可以张合,舌可以吐出收入。回皮用土黄布缀以金黄色须毛,连接头和尾。表演者为两名身强力壮的男青年,穿土黄色裤子,裤腿缀以同色苎麻作的回毛,裤脚连爪。表演时演员披上回皮,一个举头,一个将尾部罩在身上,模拟猛兽的动作和神态,表现出回的威武、勇猛,向火狮、石虎示威。由于舞回寄托了村民驱邪镇恶,永保安宁的愿望,颇受人们喜爱。故每年元宵节均有表演,相沿成习。1930年前后,舞回活动遍及周围各村。后来,舞回班发展成了从事演剧的班社,享誉全县。

[跳钟馗]又称"戏钟馗"、"舞钟馗"。流行于徽州各地,以歙县为最盛,每逢端午节,一些地方自晨到夜,沿村游舞,以驱逐疫疠,祈求安康。民国二十六年《歙县志》载:"端午,城关一带好事者,更以钟馗偶像架诸肩,团团旋转于市衢,金鼓随之,旁人亦燃放爆竹,掷五色小纸块,纷飞空中助兴。"清嘉庆《绩溪县志》:"端午日,户悬蒲艾以避邪,堂悬朱符,挂钟馗像。"可见徽州民间信奉钟

馗,喜爱跳钟馗舞。

舞蹈由一人扮钟馗,穿官衣,戴纱帽,两鬓缀满五色纸条,再以筛子鼓腹,以畚箕翘臀,以稻草耸双肩。一人扮小鬼,撑一把破雨伞,罩钟馗顶上,随之起舞。五人扮蝎、蛇、蟾、蜘蛛、蜈蚣,称为五毒,穿短裤,赤足,以稻草绳扎头,舞叉。一人捧酒坛,灌钟馗酒,称为"醉酒"。一人用长竹篾挑一纸扎蝙蝠,与钟馗戏耍,相互起舞,谓之"戏蝠"。钟馗的动作技术难度大,有"舞剑"、"吐火"、"醉酒"、"戏蝠"、"斩鬼"以及在高台上表演"金鸡独立"、"竖蜻蜓"、"仰卧探海"等动作。有的地方还扮演"钟馗嫁妹",由一人扮钟馗妹,骑着驴子,在队伍中游舞。

歙县民间传说:钟馗生相丑陋,新婚洞房里,新娘灯下初见其面,当即吓死,这时,忽然飞来一只蝙蝠将灯火扑灭。钟馗恨蝙蝠来迟,因而有"钟馗戏蝠"的舞蹈。过去白天沿村游舞是"钟馗偶像架诸肩"的形式进行表演的(偶像的四肢可活动)。晚上在广场或被请入厅堂,则由演员扮演。现在这种以偶像架诸肩的表演已很少见。据《中国民族民间舞蹈·江苏省卷》江苏省南通市岔河镇方姓仍有篾扎钟馗偶像架于小鬼肩上的表演。然而,据方治鉴老人说,岔河方姓乃是歙县方氏兄弟到岔河经商定居所繁衍的后代,至20世纪40年代已有十四代人,至今已有340年了。

[得胜鼓]又称"仗鼓",是流行在休宁五城、榆村和屯溪黎阳一带的民间舞蹈。过去多在祭祖、祭神,节日、赛会等活动时作为仪仗舞队使用。此舞由数十人表演,一般要成双数,有击鼓者和拍夹板者两种形式。击鼓者为武士打扮,短打紧身,十字披红,颈挎仗鼓(一种扁圆形皮鼓),右手持鼓槌,左手持键铃(上下摇动有声),边击鼓、摇铃边行进,发出"嘭嘭、嚓嚓"的响声;拍夹板者,手持檀木夹板,边行进边拍击,清脆的"夹夹"拍板声与鼓声、铃声交织成一支雄浑的交响乐,令人听之精神振奋,斗志昂扬。鼓队前面

有一队大红灯笼，一大纛旗，上书"得胜鼓"三字，随后是一队蜈蚣旗幡，整个队伍威武雄壮，气势磅礴。伴奏有专用"得胜鼓曲"，主奏乐器是笛子、唢呐。

关于得胜鼓的传说很多，其中五城镇说较普遍。唐中叶安禄山叛乱，张巡、许远率兵固守睢阳，打了胜仗，睢阳军民以及江夏百姓都击鼓欢庆，名曰：得胜鼓。张巡死后群众便在每年农历七月二十四日张巡诞日表演得胜鼓，以示纪念。至唐末，江夏一带百姓因避战乱，迁徙徽州五城镇，此俗也随之传入。至今五城镇老街上仍存镌有"江夏门宗"字样的门楼。

由于得胜鼓营造了一种热烈、欢快、胜利的氛围，非常适合重大庆典广场表演，故此舞曾多次在"中国黄山国际旅游节"上表演，参加省级民间舞蹈会演和影视拍摄，都获得好评。

[跳五帝]流传在绩溪县荆州乡。每逢闰年二月举行。方圆百里的群众，翻山越岭来观看。荆州乡历史上习惯按地理位置把全乡 36 个自然村，分东、西、南、北、中五隅。表演时，每隅挑选身强力壮，善于奔跑的男青年 36 人，五隅合计 180 人，在全乡范围的山坡、田野上划定路线，沿线设立 36 个点，称作"博"。每个点上五隅各有一名选手等候。表演开始，先由五名选手穿单衣、短裤、赤脚、肩扛篾扎、纸糊、彩绘的五帝偶像（按五隅分青、白、红、黑、黄五色，扎五种式样的古代武将形象）沿划定路线，快速奔跑。每到一个点即由守候的选手接过五帝像扛起，继续奔跑。一路要爬坡涉水，穿越荆棘，无所畏惧。遇到沟河，只能涉过，不准过桥。全部活动需五天时间。最先到达终点者，奖豆腐一板、菜油一碗、酒一坛。本隅群众将豆腐烧熟，人尝一口，大家共同饮酒，以求国泰民安、人丁兴旺。其他表演者到达终点，每人领到一大碗甜酒酿煮油豆腐。活动结束，将五帝像燃烧，敲锣打鼓，送五帝升天。

荆州乡向有纪念张巡、许远的习俗，尊张巡、许远为东平王、修圣王,建庙供奉。相传跳五帝活动是为了纪念张巡。张巡被困睢阳,人民装扮成象征各路援兵的"五帝",率领千军万马,不畏险阻,日夜兼程,驰救张巡。

跳五帝是将彩灯、舞蹈、民间体育竞技、民间传说融为一体,是一种艺术化了的接力赛跑,既表达了人民对张巡的追思,也体现了山村人民之间相互竞技,相互友善的人际关系。

[滚车]流行于太平仙源、甘棠等地,是一种具有杂技色彩的民间舞蹈。据传为纪念唐代大将张巡(俗称车公菩萨),这些地区每年农历七月十八日至二十四日,均要举行祭祀活动,除在忠烈祠(仙源)、东平王殿(甘棠)进行内祭外,还要在街道、广场进行"滚车"活动,以示降福祛邪。两地各有 8 辆"火轮车",车身木质圆形,高 8 尺 4 寸,宽 6 寸,重约 500 余斤。滚车的花样有"平滚"、"夹篱笆阵"、"飘反车"、"发绕车"、"拍绕车"、"螺旋车"等。一般由左右两人紧握车轴合滚一辆,力大技高的可一人独滚。其中"拍绕车"由一人在车后用左右手轮换拍打,左右倾斜 30 度,成"之"字形滚动前进;"飘反车"则在广场按圆形线路、内倾斜至 40 度滚动前进。其技艺高超绝伦,十分精彩。

[叠罗汉]又称"打罗汉",流行于歙县三阳叶村一带。传说明末清初,该村"解元寺"元宵起火,村民赶来,人叠人翻墙入寺,舍命灭火救灾。寺庙和尚为感谢村民,每逢元宵佳节均要表演叠人造型。数十人耐着寒冷,赤膊表演,叠成各种造型,在数层人的顶尖上站立一位"神童",合掌祝福,祝众生新春吉祥,全村平安。这个节目后来与元宵灯会"献五兽"结合("五兽"即青狮、白象、天狗、独角兽、麒麟),故每年正月十五前后均要活动,小年"小打",润月年间则"大打"。参加演出的按规定均需洪姓祠堂的男丁。演员表演时上身赤膊光膀,下穿红彩裤,面部绘有各色脸谱(最顶层的小罗汉是金脸)。演出风格古朴、粗犷,先由小和尚上场打扫

佛堂,后引观音、韦驮、灵官、护法四大金刚归位观看,然后众罗汉依次出场。表演时不说不唱,在大锣大鼓简单节奏的伴奏下,以身体堆叠各种各样的架式和造型。这些架式按古传的《罗汉谱》进行,共有50多种,如"兔儿望月"、"独脚金鸡"、"宝塔连转"、"仙人桥"、"普陀岩"、"莲花座"、"一柱牌楼"、"二柱牌楼"、"三柱牌楼"……"双牛蜢转单牛蜢"、"太师椅"、"水帘洞"、"大六柱牌楼"等等;其中以"大六柱牌楼"最为壮丽,由底架重重叠叠向上,一座牌楼竟叠有20多人,极为壮观。

叠罗汉既是造型独特的民间舞蹈,又是群众性的体育活动,有着广泛的群众基础。

[水火炼度]齐云山道教舞蹈。《杭俗遗风》载:"寒林台前,列水一盆于中,左右设锭二堆,法师向锭吟念毕,将锭焚化。有主管以竹梢纸幡烧去,然后一抖,则更出一首,再烧再抖,左及右每各四五度,随后抖出数十丈白纸一条,供于正荐桌上,余人大敲锣鼓以助之,名曰水火炼度。"齐云山的水火炼度与以上记载大致相同。相传农历九月九日玄天真武大帝降临齐云山,各地香客云集,日达数千人,这天齐云山要举行多场水火炼度。水火炼度分四个部分:

召摄邀神:一法师手执"招摄灵幡",四道士执锣鼓,按东、南、西、北四门跑动,召来"六丁六甲"祈禳驱鬼。接着五法师身披红、绿、黑、白、黄五色法衣,三十六道士摆起八卦图,然后按八卦图形变换六十四个队形。

施食追荐:法师执剑,高诵经文,步罡踏斗(即七星步),替亡者施食,超度亡者的罪过。

炼度超升:是水火炼度的核心。法师用剑尖挑起水盆里的檀香木,放入火盆;又从火盆挑起火块放入水盆,意即借水火之力祭炼亡者。

舞幡娱神:一道士挥舞三尺多长的纸带,左右旋转起舞,让纸带穿腿绕身。同时加进纸幡在火盆里烧出各种颜色变化的魔术表演，藉娱神而娱人。

由于齐云山道教的影响，徽州各地信奉道教风气很盛。清乾隆三十六年《歙县志》就有"岁杪召道士舞蹈娱神"的记载。

[钹舞]清末流行于歙县武阳一带，原是道教舞蹈的一种，道士在做完"打醮"、"法事"之后，要由一人或数人表演此舞，以娱观众。钹舞的道具主要是两片大钹，通过抛、接、滚、翻、旋转等手法，加上身段之俯、仰、侧、翻、跨、跳等，形成多采多姿的单人舞蹈；其程式有"单蛇吊鳖"、"双蝶飞舞"、"单、双背飞"、"蜜蜂钻洞"等18套内容。演出时可伴以打击乐和唢呐、笛子等乐曲，以烘托气氛。歙县武阳乡老艺人方德发，秉承祖父世业，表演娴熟，被人称为"皖南一绝"，曾参加歙县首届民间艺术节，获得嘉奖。

● 星野绂

［日本］东京文物研究所名誉研究员

"迎接奇形怪状人"
民俗与戏曲发展的关系

1. 戏曲以及音乐、舞蹈、曲艺等由人操纵自己身体的表演艺术是经过何种历史演变过程发展而来的？为了解决该问题,迄今为止日本专家进行了有关民俗传统的研究。在这些研究当中,给我国民俗学界和戏曲等表演艺术方面的学术界带来最大影响的是已故大学教授折口信夫所提倡的"艺能史"研究,即对于表演艺术历史的研究。我认为该理论是根据他的"摸都客"论构成的。"摸都客"论也就是将视点置于表演艺术所具有的多次再现传统的特点上的理论。"摸都客"的演出办法是模仿传统或者简单易懂的解释传统,与此同时对于传统做简单化处理或者批评讽刺。有时候不乏极端粗暴的行为。具体地说,这种"摸都客"是指有骂人的丑角和喜剧人物等所谓恶作剧角色所参与表演的生动活泼的节目。总的来说,折口先生的关于艺能的历史变迁的观点就是这种演艺在各个时代的转变,而且促进了表演艺术向吻合于新时代的形式的方向发展。折口先生在说明表演艺术的历史观时,具体地提到了我国 15 世纪室町时代的"能乐",其内容言及了"能乐"从原始状态发展到具有六种丰富多彩的剧种的一系列演变过程。另外他还言及了该理论可以用来解释所有表演艺术。

折口先生对演出艺术的观察十分注重实际,这里介绍一个被广泛认可的观点。这就是关于演出艺术是什么的说明。或者说他反复强调的,这就是所谓演艺。即这就是类似单口相声、对口相声这样的大众化的东西。粗看起来,他可能被认为无视真正的、艺术性高的艺能。

　　可是,我认为折口先生在这里并没有论及真正的艺术和演艺之间的差别,而是试图说明演艺具有不可否认的艺能性(表演艺术的性格)这个问题。与具有个人的才能的文人闭门撰写文学作品不同,艺能的演员总要在大众面前亮相,一举手一投足都会引起观众的反应,对此反应要立即对应并且必须创造出艺术。当然在艺能表演的过程中,演员像天才诗人一样也会在瞬间表现出不错的诗情,但是作为艺能的主要特征,首先要注意其所具有的大众性格。以《短歌》为代表在文学创作方面也颇有才能的折口当然也会以其敏锐的目光充分地看到这一点。

　　下面是与演艺性有关的问题。折口先生也曾多次言及无数次重复表演同样的内容的被称为"艺能的副演出性"的特性。换言之就是先生的"摸都客"论。采用以原有的歌的形式而创造新歌,以同一题目,超越时代的界限反复再现,这可以说是日本艺能的特点。维持传统的表演模式基准,一点点加以创造。如此反复的特征,在能乐、歌舞伎、邦乐(译注:日本传统音乐)、邦舞(译注:日本传统舞蹈)的诸演艺中到处可见,异曲同工。和上述的演艺性一样,这种采用以原有的歌的形式而创造新歌的特征也是演出者和观众现场相互理解所必须的特征。这是艺能的可以表现艺能本身特征的一面。

　　极至地表现了这样的副演出性的就是折口所说的"摸都客"。"摸都客"是指一种角色名称,也是一种曲名,或者是演出方法。

　　这种"摸都客"表演用折口先生的话说就是模仿、简要说明、比本体更为快速地简化并演出，而且在整体上根据在某些地方表现出愚蠢的，并具有批判、反抗性的内容，出现相反的表现等，并将其极端化，成为夸张的、粗鲁的举动。关于"摸都客"的具体的实例折口先生列举了"里神乐"（译注：民俗表演艺术"神乐"的一种）的火男等，并且说明如果考察"能乐"的世界，狂言方（译注："能乐"的一种角色，喜剧演员）、肋方（译注："能乐"的一种角色，陪衬演员）也相当于这种角色。其原因是因为他们以愚蠢的动作，夸张式的语言为主要表现形式。

折口先生认为具有这样性格的"摸都客"的作用及与相关的副演出性本身正是促进艺能的发生、展开的要素。实际上，"能乐"的剧目构成正是如实说明了这一点（《能乐中"肋"的意义》1929 年《折口信夫全集》第三卷中央公社论）。"能"的另一面，有滑稽的，以夸张式的语言为主的"狂言"，两者相互交替演出（译注："能乐"是由"能"和"狂言"两种构成的）。另外，就"能"本身来说，最初演出曲目是"翁"，在曲目"翁"的演出中，继戴白色假面具的"翁"登场之后，戴黑色假面具的"三番叟"登场，演出和"翁"同样意义的内容。继曲目"翁"之后，曲目"高砂"等神能物（译注："能乐"的六种剧种之一）的演出继续登场（这也和曲目"翁"同样是用祝贺言语的曲子，这是曲目"翁"的副演出曲子）。而且在"能乐"的一个曲目中，分前场和后场，其间有狂言方登场，简略地说明前场的内容，这也是一种"摸都客"副演出。

交替重复副演出决不是单纯的猿乐（译注：指中世的艺能。这相当于现代的"能乐"）。

日本的艺术在交替重复中丰富发达。

这样发展下来，我想艺术这个词汇可以用艺能（表演艺术）置换了。

2. 另外，众所周知中国的少数民族的原始的傩活动（译注：

446

nuo，古代腊月驱逐疫鬼的一种仪式，后来逐渐演变为一种舞蹈形式）中有奇形怪状的人物登场，同样日本的傩或者在"神乐"中也有鬼登场，这反映了日中两国的民俗习惯中有如下相似的地方，这就是在年初或者正月里老百姓迎接奇形怪状人并请他们驱邪避恶，与此同时祈求新年吉祥。这些奇形怪状人闯入村庄之后，拿着棍子来回敲打堂屋和人的身体恶作剧，这些人物活动很象折口先生在"摸都客"论中描述的丑角及喜剧逗乐人物，上述角色在我国17世纪的江户时代所开创的"歌舞伎"中也存在，在每年年初举办的初春"歌舞伎"公演上都有被称为"荒事"（译注：这是"歌舞伎"当中的一种，其他还有"和事"等剧种）的剧目，舞台上身强力壮，桀骜不训的主人公登场击退坏人。已故早稻田大学教授郡司胜正以这种"歌舞伎"的传统场面为参考实例，进行了有关"歌舞伎"与迎接奇形怪状人的民俗之间的关系之研究。我打算介绍这位先生的观点并且提出我个人的看法。我觉得比较起以前的"能乐"来说，"歌舞伎"中奇形怪状人的表演更接近于现实主义。

这儿联想到一个和这类似的有关歌舞伎演员的逸闻，这个逸闻让我至今记忆犹新。这是初代市川团十郎的故事。他应某大名（译注：武将的领袖）之家邀请演出的时候，被要求演出借助酒兴发疯的场面。当时他和着"景清"的曲调，站起来踢破推拉门的纸，说这就是发疯的表现。周围的人们十分不安揣摩着不知道会发生什么事情，这个大名的情绪似乎很好，还赐了团十郎赏物（《日本思想大系·近世艺道论》1972年岩波书店）。也许如果不这样逼真地发疯便不能说是真正的"荒事"，这就是初代市川团十郎之所以被称为模范演员的一个例子。这个故事并不是单纯反映大名是如何无所畏惧，而是要说明表演出使观者几乎要大怒的粗暴行为时，和观众产生共鸣吧。这就是为什么"荒事"这样的剧目会发展起来的背景吧。

现在初春举行的歌舞伎公演中如果没有"暂"或者是"曾我物"这样的"荒事"剧目的话观众就会感到没有意思。能够说明这样的民俗在人们心理上产生如此大的作用的例子还有很多(郡司胜正《歌舞伎样式与传承》1969 年,学艺书林)。在江户时代的歌舞伎中,以这种民俗为背景的恶作剧,如上述踢破推拉门的纸的发疯表演获得了观众的鼓掌喝彩,可是这是在此之前的中世所不存在的近世的特征。传闻可以和江户的著名演员市川团十郎抗衡的关西的名演员坂田藤十郎的表演也十分逼真。被称为日本的莎士比亚的近松门左卫门写下了很多反映现实时代世相的名作。我想民俗和演剧之间的关系很值得研究。

上述市川团十郎的"荒事"的演技还存留有带有稚气的童话的要素。可是这种江户时代初期(17 世纪)的恶作剧演技到了江户时代末期(19 世纪),在泗世鹤屋南北以及河竹默阿弥的作品中则演变为以打架、强盗、欺诈、杀人等杀戮情节为内容的故事。郡司胜正的论文《恶态的艺术》作过如下说明:

> 欣赏恶作剧的太平之世带有末期的特征,毫无区别也具有咬伤对手的危险性。伤害自己的同时也报复了社会,正因为如此,才发现了可以表现自己的方法。……在现代的某种文学中可以看到恶作剧的近代化。

恶作剧的演技向现代演化与原始的恶作剧的民俗之间到底有什么关系,这一点我认为是演剧史研究上的重大课题之一。

● 王冬兰

[日本]帝塚山大学

中国羌族传承小戏"讨口子夫妻"

羌族与羌族传承小戏"讨口子夫妻"

羌族是中国最古老的民族之一,现在主要聚居在四川省的北川、汶川、松潘县、茂县一带。据历史学家的研究考证,3000～4000年前羌族曾是当时的一个进步民族。他们从游牧民族转为定居民族。早期在甘肃、陕西、青海省一带定居,后来逐渐向南移动。从公元前2000年左右开始,在现在的四川省内的岷江上游一带定居,以现在的茂县一带为中心向周围发展。

羌族是一个能歌善舞的民族,不会歌舞的人几乎没有;有自己的民族语言羌语,但没有民族文字;信仰原始宗教。现在人们的生活中仍然保留着很多古代流传下来的传统习俗。

据羌族人介绍,羌语中没有"戏剧""看戏"之类的语言词汇。但是羌族中存在着一种代代相承的小戏,叫"讨口子夫妻"。"讨口子夫妻"是汉语,方言词典中解释"讨口子"是四川方言,是"讨饭""乞讨"的意思。"讨口子夫妻"即"乞讨夫妻"。这种小戏的羌语名称译成汉语则是"讨口子伙伴"。

"讨口子夫妻"是一种演出形式的称谓,并不是剧目的名称,是羌族惟一的一种传承戏剧形式。也许因为中国小戏种类较多,目前为止好像尚未有人对羌族这种演出形式调查介绍过。下面简要介绍这一演出形式。

登场人物·扮相

登场人物为两人，在任何剧目中都被设定为夫妻。妻子一般由男性扮演。各地的扮相虽然并不一致，但大同小异。丈夫的扮相基本属小丑类，用锅灰在脸上画脸谱，头戴毡帽、草帽、猴帽（用猴皮做的帽子）等帽子；反穿皮袄；有时穿鞋，两只鞋一只大、一只小，有时赤脚；手持拐杖。妻子要尽量地装扮得俊美、漂亮。（参照图1）

内容·构成

上演内容是即兴性的，没有剧本。这大概与羌族无文字有直接关系。内容多样，以讽刺村中某一有恶癖的人物为主，如酒鬼、懒汉等。人物为剧中人物,不用真名实姓。

　　演出由唱、白、舞、伴奏构成。一般唱使用汉语,白使用羌语。羌语、汉语、藏语都可以唱。伴奏使用鼓、锣、钹等打击乐器。根据内容演出时间可长可短,长的大概一个小时,短的十分钟左右。无论长短一般都是由小段构成。每一小段由伴奏开始,敲打一阵之后,两个剧中人物舞蹈,舞后唱或白。有时边唱边舞。道白时剧中人物可随时与观众问答。在每一段唱腔结束部分观众齐声唱和。一小段结束后,再从头开始。可见"讨口子夫妻"的演出形式已经在一定程度上固定化、程式化。

　　图3[1]~图4是松潘县农民应笔者所求临时上演的两个片段的剧照。

图2

图 3

图 3 中的丈夫是个酒鬼，登场时已经步履蹒跚但还手持酒瓶不断地喝酒。怀抱孩子的妻子述说丈夫酗酒，自己命苦，日子难过的心境。妻子劝丈夫不要再喝，丈夫不听。妻子欲夺丈夫手中酒瓶，丈夫不放，两人扭打。观众上前拉开（图 3）。

图 4

图4中拄杖的男性登场时还是独身,对观众说自己单身凄苦,很想找个媳妇。然后向观众中的一个人搭话,请他为自己算一卦,算算能不能找到一个漂亮媳妇(图4是搭话时的情景)。算卦的人说你能找到漂亮的媳妇。于是男人去找(退场)。再登场时领来一个羞羞答答的媳妇,已成为丈夫的男性对为他算卦的人说你的卦不灵,找到的媳妇一点儿也不漂亮。观众七嘴八舌地品评起来。有人说不漂亮,像个老头子。有人说还行,挺漂亮的。在大家的哄笑中结束。

从以上演出可以看出,观众和演员之间存在着一种无形的默契。登场人物与观众问答时,观众亦积极参与演出。观众的参与直接影响情节的发展。所以可以说"讨口子夫妻"的演出具有娱人与自娱双重性。登场人物与观众好像一起在做一种模仿游戏。大概源于此,羌族人说演出"讨口子夫妻"时,并不说"演""演出",而是说"耍"。

上演时间·场所·演员

现在多是在春节期间或婚礼等村民聚集时上演。在春节或婚礼上演时,一般是在演唱长篇史诗《里沙》之间插演。《里沙》是一种严肃的叙述史诗。

上演场所无特定要求,随处可演。

演员、伴奏均由农民担当,无专业演员。有人可演丈夫、妻子两种角色,有人以演一种为主。演得好的人经常演。孩子从小耳闻目睹,十二、三岁开始便能担当角色。

如上所述,"讨口子夫妻"由唱、白、舞、伴奏构成,语言为人物语言,具备戏剧的基本要素,可以说是一种歌舞戏。

"讨口子夫妻"与唐代的歌舞戏《踏谣娘》

唐代的《教坊记》等文献中记载了歌舞戏《踏谣娘》的演出经

纬,《教坊记》(崔令钦)的记载如下:

> 北齐有人姓鲍鼻。实不仕,而自号为郎中。嗜饮酕
> 酒,每醉辄殴其妻。妻衔悲,诉于邻里。时人弄之。丈夫
> 着夫人衣,徐步入场,行歌,每一迭,旁人齐声和之云:
> "踏谣和来! 踏谣娘苦和来!"

> 以其且步且歌,故谓之"踏谣";以其称冤,故言苦。
> 及其夫至,则作殴斗之状,以为笑乐。今则妇人为之,逐
> 不呼"郎中",但云"阿叔子"。调弄又加典故,全失旧旨。
> 或呼为《谈容娘》,又非。

《教坊记》之外,《通典》《太平御览》等文献中也有《踏谣娘》
的记载,与《教坊记》的记载大同小异。

我们将"讨口子夫妻"与《踏谣娘》对照,可以看出二者之间存
在相似之处。其相似原因可以从以下两个方面考虑:一、戏剧特别
是原始戏剧存在共通要素;二、两者之间是否有关联。因为无文献
根据,对后者我们尚难以推断;三、"讨口子夫妻"是羌族固有的,
还是外来的?

之所以提出这个问题,因为有以下三个疑问:

1."讨口子夫妻"中的夫妻为何被叫做"讨口子夫妻"?

"讨口子"不是羌语,是四川方言,意为讨饭。但是笔者看到
的两个剧目中的夫妻并非乞讨夫妻,剧中内容与乞讨毫无关系。
那么为什么与乞讨无关的夫妻被叫做"讨口子夫妻"呢? 对这一
问题我们通过以下分析似乎可以解释。

"讨口子夫妻"最初是四处流浪的乞讨夫妻作为生活手段上
演的一种演出形式。人们模仿其演出,乞讨夫妻离去后继续演了
下来。因为是模仿乞讨夫妻的演出而演,尽管后来的上演者与乞
讨无关,这种演出形式仍按原来的叫法被叫做"讨口子夫妻"。据
说现在在春节期间演出"讨口子夫妻"时,扮演者对观众说:"到年

454

关了，我们夫妻俩还没钱过年呢!"观众中马上会有人掏钱给他，这大概是以前乞讨夫妻作为生活手段上演时讨钱的遗存。然而最初演"讨口子夫妻"的人到底是什么地方的人呢？如果是四处流浪的乞讨夫妻，羌族及羌族之外的人都有可能。从羌族聚居地的地理位置看，唐代初期羌族已经在现在的茂县、松潘、北川县一带以半农半牧的形态聚居。从公元316年开始，朝廷在松潘设县。自唐代开始，松潘一带出现了现在的四川、甘肃、青海省一带最大的贸易集散地茶马互市。由此得知当时的羌族人与汉族等其他民族接触的机会很多。因此可以推测最初演"讨口子夫妻"是汉族人的可能。

2."讨口子夫妻"中的唱词为什么使用汉语？

"讨口子夫妻"的道白多使用羌语，唱词多使用汉语。羌族是个能歌善舞的民族，羌歌中有使用羌语的，也有使用汉语的。有人指出，歌词为羌语的更古老些。"讨口子夫妻"既然是羌族小戏，为什么唱词多用汉语呢？对这一问题我们可以作以下分析。

"讨口子夫妻"最初是在汉族中流传的一种演出形式，后来传到羌族地区。羌族人开始以这一形式上演时使用汉语，至现在仍沿用。尽管用羌语、藏语都可以唱，但一般还是用汉语。

3. 羌语中为什么没有"戏剧""看戏"之类的语言表现？

语汇是忠实反映使用这种语言的民族社会生活状况的表述符号。羌族中有"讨口子夫妻"这种传承小戏形式，但是羌语中却没有"戏剧""看戏"之类的表现，只用"讨口子夫妻"概指这种演出形式。这一现象从一个侧面反映了这种演出形式有外来的可能。

综上所述，"讨口子夫妻"是羌族惟一的一种传承小戏形式，演出形式与唐代歌舞戏"踏谣娘"之间存在相似之处。从"讨口子夫妻"的演出形式、名称等方面分析，笔者认为这种被羌族人看做羌族代代相承的小戏,有由汉族传入的可能。

有人曾指出,叙述文学与戏剧的形成有直接关系。叙述文学发达的民族,戏剧也相应地进步。羌族是中国最古老的民族之一,自古流传下来很多叙述史诗,但是羌族的传承戏剧却只有"讨口子夫妻"一种。这种现象应该引起我们注意。

附记

我参加"四川古羌国际文化学术研讨会"(2002 年 7 月)时,松潘县人大王星明先生向我详细介绍了"讨口子夫妻"的上演情况,并带我们去松潘,我得以亲眼看到当地农民临时上演的两个片段。在此向王星明先生及演出的农民表示诚挚的谢意!

注释:

[1] 因为是临时上演,照片中的人物没能化装、装扮。剧中的妻子本来是要扮成很俊俏的小媳妇模样,扮演小媳妇的男性既没能化装,也来不及换装,只好借了一块红色的头巾蒙在头上登场。平时演出一般不用头盖,也不是这种服装、扮相。

●巫允明

中国艺术研究院舞蹈研究所

试说安徽花鼓灯与

陕北秧歌之关系

流传和活跃在我国汉族广大地区的秧歌,几乎是老幼皆知,深受众人喜爱的群众性歌舞形式。但不少有关秧歌的词条,几乎都把秧歌视为我国北方汉族地区的群众自娱性歌舞活动。秧歌是否是北方汉族地区群众独有的自娱性歌舞,还是与其它地区的一些群众自娱性歌舞有着某种联系,这正是我想通过安徽花鼓灯与陕北秧歌之间的比较来说明和探讨的问题。

一、秧歌的流传和变异

秧歌的历史古老而悠久,目前除各地区特有的地方秧歌外,所指的秧歌形式基本为1942年毛泽东发表著名的《在延安文艺座谈会上的讲话》后,把陕北地区的民间秧歌进行了动作规范,增加了反映时代气息的新内容,成为当时"秧歌运动"的产物。在解放战争中,这种新秧歌伴随着人民子弟兵扭遍了中国的山南海北,最后扭到了北京天安门广场,在五星红旗下迎来了祖国的新生,并被冠以"解放秧歌"的称谓。

秧歌的渊源到底出于"祭祀"还是"田歌",虽至今没有定论,但我偏重于秧歌源于黄河流域民间"祭祀活动"的说法。据陕北地区的老年人回忆，祖上把秧歌称为阳歌，"伞头"手中所持的"伞"被称作"日照"，是天神赐福的器物；或是"紫微星刘秀"所擎的"黄锣"等说法。参加阳歌活动的人数，以二十八星宿而定，表演时有固定的路线和动作。由此说法看来，至少陕北的秧歌是古代用于祭祀的一种仪式舞蹈。至于这种祭祀仪式的形成年代，我以陕西延安地区甘泉县出土的宋代"秧歌画像石"为证，其舞蹈姿态和所持舞具已基本同于今日。因此，陕北秧歌的出现绝不会晚于宋代。

对于拥有传统中原文化的黄河流域地区，需求雨水和惧怕黄泛成为历代人们最重要的祭祀内容。而对星宿之神进行祭祀的"阳歌"，其功利目的也正在于此。相同的地理条件，相同的文化背景与内涵和出于各种因素而形成人群的迁徙与交流，都会促使多种文化现象的流动和融合。因此，以陕西、山西为代表的秧歌，在后来漫长的历史年代中，向西流向宁夏、甘肃，向东传向河北、山东，向南影响到河南等长江以北的省份，并与各省份当地的民俗歌舞融合，形成具有不同特色的地方秧歌或"民间舞蹈"雏形。此外，由于朝代与疆界的变化，战乱与屯兵造成的人口转移，使中原文化极其自然地进入和影响到长江以南多个省份。

以长江为界的中国南北方，由于自然生态与人文环境的差异，使南方各种技艺及文艺形式的风格较北方更为柔和、细腻。所以当粗犷豪放的北方秧歌，一经进入终年长绿的南方，在留其一定表演形式和舞具基础上，逐渐融入当地的民间风情歌舞成分并取得民众的认可后，成为具有"地方性"的民俗歌舞活动而世代相传。

"秧歌"和其它广大汉族地区的民间舞蹈一样，具有着强大的群体性、原始功利性、容纳性、娱乐性和本身的特定性五大特点。因此，无论出于任何原因所导致的东西走向或南北走向的文化交流（包括民族间的文化交流），都将对所波及地区的歌舞产生不同程度的影响。例如：当浸透着浓厚中原文化色彩的古老秧歌形式，随着历史的变迁，在河北地区便逐渐出现和成熟了具有地方特色的多种"地秧歌"，后又从"沧州大秧歌"中派生出来独立的舞蹈形式"落子"；山东省英姿飒爽、气吞山河的商河县"鼓子秧歌"和富有"三道弯"姿态的"海阳秧歌"；辽宁省容纳戏曲角色的舞蹈形式"踩秧歌"等多种民间舞蹈。同样，在长江以南的汉族地区，虽然没有出现与北方"社火"相同的秧歌形式，但与"社火"和秧歌雷同或派生出来的民间歌舞却不断问世。如江苏的民间歌舞"莲花落"；安徽在清代才逐渐形成并流传开来的花鼓灯；盛行于福建、广东勾画脸谱手持兵器，妆扮成水泊梁山好汉的"英歌"；乃至流行于云南、贵州的"花灯"等，我认为在一定程度上都直接或间接地受到了北方传统秧歌的影响。

二、花鼓灯与秧歌的不解之缘

花鼓灯和秧歌都是汉族民间自娱性的群众歌舞，虽然"陕北秧歌"最初产生于"祭祀"（依照前边论述而言），但任何民间祭祀活动在娱神的同时，从来就包容着娱人的重要因素。而娱人的成分随时代的进步逐渐上升，以至最后的功利目的完全脱离了娱神，成为娱人的群众文艺活动。

各个地区的文化艺术形式不可能是静止的，不流动的。因此安徽原有的地方民间歌舞也必然会受到相邻省份的影响。其中含有北方秧歌成分的山东、江苏民间歌舞以直接带入或潜移默化地流入安徽民间后，经过长期被群众熟悉、认可和接受，在清代形成了新兴的民间歌舞形式花鼓灯。以后由于南北方地域的差异和因时代而改变的功利目的，江南的花鼓灯从群众性的年节广场艺术，经不断提练、规范而日臻完美，上升到具有不同流派的艺术表演高度。但不论花鼓灯在风格上如何的细腻，成为具有江南地方特色的表演艺术,如何不同于相距遥远、粗犷、毫无雕琢之气和仍只停留在年节期间民众欢娱活动的"北方秧歌",二者之间似乎难有渊源之理。但只要将花鼓灯与陕北秧歌在表演形式、动作语汇和舞具使用等方面进行一下比较,即可明显地看出它们之间不止在表象上,而且在内涵上都有着极其相同或相近之处。

现以陕北秧歌为代表,就其表演形式、内容、角色、使用舞具等方面与安徽花鼓灯进行粗略、简要的比较。

1. 表演形式上的比较

现在每当年节,汇集在北方宽阔场地的群众自娱性"社火"活动,主要由来自各村的秧歌队所组成。规模最大时可聚集几十个秧歌队到场共舞,相互的竞争更增加了"社火"场面气氛的热烈。秧歌队包括多种表演内容与技艺,在德高望重老艺人"伞头"的带领下,各个秧歌队的表演者在通往汇集地的走街串巷中,随走而即兴展示自己的技艺。这种游动式的表演一方面可以增添乡村中的节日气氛,另一方面为将要进行的正式表演招徕了大量的观众。

陕北秧歌的广场表演形式包括"大场"和"小场"。简单来说"大场"是由众多人参与,为烘托气氛的表演;而"小场"不言而喻则是由少数人进行的有特定内容和技巧的表演。

"大场"表演一般安排在整个"秧歌"表演的首尾进行。开场时,各路秧歌队全体表演者在"伞头"们的引导下鱼贯而入,在走出具有吉祥含义图案的路线当中,由"伞头"们进行"祝贺新春"的独唱或对唱,并配以合唱、帮腔。成为祝福众人、介绍将要表演内容、烘托节日喜庆气氛的"开场白"。在全部节目表演结束后的"大场",仍由全体表演者参加,按照不同表演内容排成纵队,在"伞头"的指挥和各类响器鸣奏的秧歌调中,再次共同起舞,表演"旱船"、"高跷"、"耍龙"、"耍狮"、"秧歌"、"腰鼓"等节目,把节日气氛推向高潮。

"小场"是专门体现少数艺人高超技艺,具有情节性的"小剧目"表演,也是整个"秧歌"表演的核心与精华部分。"小场"的表演者有二人、三人、四人不等,以男女爱情为主要题材。著名的陕北榆林艺人李增恒在"小场"中所饰演的二八妙龄,不但舞姿轻柔,而且以细腻的内心情感表达,淋漓尽致地塑造了沉浸在爱情幸福中的少女形象。他独具一格的圆场步,其碎步的轻快、平稳,有如漂浮于活水之上的片叶而被众人冠誉艺名为"水上飘"。

　　自清代起,沿淮河流域的安徽怀远、淮南、蚌埠、凤阳等地,农历正月盛行玩灯、闹元宵。在前有城隍神像,后有"狮子灯"、"龙灯"等汇集着多种文艺形式游行队伍的最后,便是由"鼓架子"和"兰花"边唱边表演简单身段与动作的花鼓灯。这种载歌载舞,日见丰富的文娱形式,到20世纪30年代几乎发展到了村村都有自己的锣鼓班子和优秀表演人才的局面。花鼓灯的普及、村村之间的技艺交流,为花鼓灯艺术逐渐脱离玩灯队伍奠定了基础。以后由于沿淮灾荒所致,开始出现一批以卖艺为生的花鼓灯艺人和其他优秀艺人组成的职业性和半职业性的"花鼓灯"班子。随着民间艺术的进一步提高和完美,花鼓灯艺术彻底成为独立的表演艺术品种。

　　花鼓灯在表演形式上与陕北秧歌保留着同样的格局,如:来自各村的若干支锣鼓队集中在同一广场进行表演、交流和较量,达到相互学习技艺和烘托节日气氛的目的。此外,也是由全体演员参加,只安排在整个演出首尾的"大场"和由二至四人表演具有简单情节的"小场"共同组成整个花鼓灯的演出。

　　花鼓灯的"大场",全体演员在"岔伞"指挥兼领舞者的前导下,走跑交替地按照各种图案路线跃动。他们的舞蹈节奏忽紧、忽慢,情绪热烈奔放,所以也被称为"跑大场"。每个演员在图案的连接或转弯处,都要亮出个人最拿手的技巧或身段进行即兴表演,使表演艺术的个性和共性在集体的"大场"表演中得到统一。"兰花"和"鼓架子"在集体场合中也时常穿插对舞,但这仅是一种纯舞蹈的动态艺术表演,没有任何人物塑造和情节体现。而开场时的"大场"表演的目的,同样是要把演员自身和观众的情绪牵动起来,使节日气氛更加红火、热烈。我认为,这正是早期陕北秧歌"大场"的一种变相形式。

　　表现青年男女间爱慕之情,玩耍嬉戏的"小场",同样是花鼓灯整个演出的核心和精华部分。现已被国内外观众熟悉与赞扬的花鼓灯小段子《抢板凳》、《抢扇子》等,正是从"花鼓灯"中被分离和独立出来的"小场"。在"小场"中饰演清纯少女的"兰花"和武艺高强的英姿少年"鼓架子",均由具有特殊表演天才和高超技巧的男女艺人所担任。在百余年江南文化的熏陶和一代代艺人的积累、精益求精地琢磨之下,出现了一批批才华横溢、被民众冠为"一条线"、"小白鞋"等各具表演风格和特色的民间舞蹈家。目前虽然这些出自民间的老艺术家已至暮年,再难登舞台,但他们的表演特色与风格却在后人中永远留存,继续呈现在"花鼓灯"的表演艺术之中。这一点也正是新秧歌艺术在继承传统的秧歌后,敢于进取,敢于创新的独特之处。

　　2. 使用舞具的比较

　　陕北秧歌队伍最前面,都有手持大伞(有的左手还拿拂尘)被人们称作"伞头"的领舞老汉——秧歌队表演的真正指挥。他们手中所拿的"伞"因地区的不同而各具特色:有的用黑色的布伞,伞顶扎红、黄、绿各色彩绸;有的地区的"伞",是用彩色纸扎成上大下小似灯笼状的有柄道具,称为"灯伞";还有在偏僻地区,"伞头"就直接使用生活中的油纸雨伞作为道具。地处黄土高原的陕北,雨水的多少直接关系到广大百姓一年的生计。因此对雨水的祈求,就成为黄土高原地区人们最重要和最普遍的祭祀内容。在源于祭祀的陕北秧歌中,领舞的"伞头"走大场时所唱颂的新春祝福歌中,盼望适时的雨水、使百姓获得安康内容的歌词要占相当的比例。同时长期以来领舞者以"伞头"命名,使手中所持象征风调雨顺的道具——伞,再难以从秧歌中消失。使舞动于新年伊始的陕北秧歌的真正内涵和外在的表现形式得到了完美的统一。

安徽花鼓灯的指挥兼领舞"岔伞"的称谓,也与手中所拿道具"伞"有关。据考证:今日花鼓灯大场中的"岔伞",是源于乾隆年间在沿淮地区玩灯队伍最前面,罩在城隍神像上的"黄罗伞",而意谓着"岔伞"是来自天界的神具,拥有无限能力。民众玩灯娱神,无疑是祈求神灵给予民众人丁兴旺、生活富足。而后来《花鼓灯》中仍保留着道具"岔伞",应该是:虽然歌舞表演脱离了祈求神灵的功利目的,但民间的传统习俗与民众内心的愿望,仍难以割舍原来的形式所致。至于在玩灯队伍前设置了供奉城隍神和撑黄罗伞,而没有继承北方秧歌中只由"伞头"代替民众与神进行勾通来表示崇敬与祈求,我认为这是由于佛教和道教在南方广为流传以及南方文化的特点而形成的。

今日在陕北秧歌和安徽花鼓灯中,表演者除手中持特定舞具外,基本都使用"扇子"和"巾"——即长短不一的绸、布彩条。其历史渊源在此不谈,但要提及的是:代表中原文化的"扇子"和"巾",应是在后来才进入秧歌和花鼓灯以及众多汉族民间舞蹈中的。

3. 使用舞蹈语汇的比较

花鼓灯和陕北秧歌不但早年间都由男子扮演所有的角色,而且在舞蹈语汇的使用上也有着许多共同之处:

(1)武功和拳术——男性舞蹈的主要语汇

无论在集体表演的"大场"还是在专门体现艺人技巧的"小场"中,武功和拳术几乎成为男性舞蹈语汇的主要部分。

在陕北秧歌粗犷、朴拙的走街串巷和跑"大场"中,男性青壮年表演者不断即兴展示拿手的传统武术套路段子、拳术和一些令人悬心的翻、旋、腾跃等高超武功技巧,使原已十分壮观的红火场面更添阳刚之气,而赢得围观者的不断欢呼、喝彩。而在"小场"中,男演员性格的塑造与舞姿也多通过传统的武术动作来体现,使之与女性舞蹈所表现的阴柔之美形成鲜明的对比。

过去,因传统文化的影响,男子习武成为强身健体,防范自卫的必修项目。因此,精通武艺也是衡量男子能力的标志。这种风俗导致了安徽花鼓灯,不但"大场"中男演员表演传统武术或以某一拳术姿态亮相,而且较陕北秧歌"小场"更为突出的是:花鼓灯"小场"中的"小鼓架子"更必须擅长武功、拳艺。而且武术和高难技巧的组合,成为"小场"男子独舞的固定舞段。"小场"中一贯以"跟斗"、"空翻"等动作作为"小鼓架子"的入场舞段,然后用相当长度的武术表演展示自己的技艺,完成男子的独舞部分。

(2)舞蹈语汇的雷同

在花鼓灯和陕北秧歌中,无论是"兰花"、"鼓架子"还是"武身子"(也称"挂鼓子")、"女娃",他们所使用的舞蹈语汇大都来源于生活和生产劳动,而且活泼、刚健、敏捷、奔放,有着很多相同和相似之处。

如:女子舞蹈中经常使用的"单绕扇"、"双绕扇"、"缠头绕扇"、"蝴蝶盘花"等多种扇花;舞蹈步伐中的"平足梗步"、"晃步"、"拔泥步";表现舞蹈身段的"簸簸箕"、"单(双)扑蝶"、"回头望郎"、"雁落沙滩"、"水中望月"、"上(中、下)单展翅"、"上(下)双展翅"、"斜塔"、"倒贴扇"等舞姿,以及在表演"转身"、"拐弯"中的多种姿态,都是舞段中共同使用的动作和身段。

同样,在男子舞蹈中的"钟摆步"、"簸笆步"等步伐;"吸腿转身"、"抢臂转身"、"二起腿"、"金鸡独立"、"打虎式"等动作姿态;

"晃步风摆柳"、"顺风旗"、"小(大)踢球"等身段的使用上,也有着很大程度的相同和相似。

此外,"伞头"和"伞把子"在各自表演中舞动"伞"的姿态和手法上,也有着不少雷同之处。

4. 花鼓灯和陕北秧歌结束后的"表演"

年节时,无论在安徽还是在陕北农村,由人们自发组织的群众自娱性花鼓灯和秧歌表演后,人们并不立刻散去,而是还要等待着观看表演后加演的地方小戏。每次加演剧目的内容与时间长短不定,根据演员和当时气氛而定,与当天花鼓灯和秧歌的表演和活动内容不存在任何联系。这种形式也存在于由非专业演员参与的花鼓灯和陕北秧歌活动的场合。其原因,我认为有可能是陕北秧歌在流传中的影响,但也有可能是出自过去在南北方农村中,文化生活普遍贫乏,人们对文化艺术的需要与渴望,共同形成了这一不成文的规定吧。

虽以上例举了一些花鼓灯和陕北秧歌中在形式、舞蹈语汇等方面的雷同之处,以及二者之间所可能具有的亲缘关系,但出于两种歌舞的不同地域文化影响,随着岁月的发展、变化,也会在具有共性的同时,在各自的舞姿、身段与步伐上形成各自的个性。可将花鼓灯和陕北秧歌这两种已成为南北方不同品种的歌舞形式简单归纳为:是各具原始古拙与精湛细腻、朦胧随意与准确规范、即兴编排与固定程式特点与差异的同源民间群众艺术项目。

● 朱小田

苏州科技学院

近世庙会戏文与乡土社群教化

——在江南民间戏文的整体场景下考察

庙会戏文与社群教化[1]

戏曲的社会教化作用，历来为思想者所重视。处于孕育期的中国戏曲即被视为传统礼乐的一个部分，规范着乡间教化。宋元以后，进入成熟时期的戏曲更成为化成天下、由民于轨的重要手段，一地风俗之厚薄于中隐然可见。因此，晚清戏曲改良派的"革命"机杼亦从此出。[2] 然而，热忱于社会教化的知识人，往往专注于功利性的目标预设，无暇旁骛民间戏文的具体形式和社会群体的个性特征，更遑论民间戏文与社群教化之间的确定关系了。

在林林总总的民间戏文中，可以视为社群教化一途的庙会戏文，戛戛独造一派风格。

众所周知，宗教仪式，包括庙会仪式，是中国戏文的母体。[3] 脱胎于宗教仪式的庙会戏文在后世取得了自身的独立品质，但作为庙会仪式的一个程序和部分，依然与庙会（仪式）关系密切，并以此从根本上区别于一般民间戏文。[4] 缕分其异，约为如下数端：

作为庙会戏文载体的庙会，不是一般的民间集会；它以社区祠庙为依托，祠庙是庙会不可或缺的要素。在江南乡村，祠庙常常是

466

宗教中心,[5]凝结了一方社群的信仰情结;通过这一物质文化,集结起社群内部错综复杂的血缘、地缘和业缘关系纽带。这种社群凝聚力,不仅是社群生活的一个特殊方面,在建筑上,它还体现为,传统的庙会可以成为一个村,或一个城市的凝聚点。[6]庙会戏文这种与生俱来的宗教意象是一般民间戏文所没有的,后者所拥有的,只是弥散的社群归属感。作为社群日常信仰的集聚,宗教意象营造了一个独特的社群教化环境,而庙会戏文构成为其中的要素。此其一。

其二,作为一种神圣建筑,整体祠庙所特有的庄严气质,由各个细部得到说明。庙会戏文所依托的庙台,则提供了这样的说明,庙会不同于一般乡村戏台。[7]在"神"的名义之下兴建的庙台,浸颐于钟灵之薮,自然容不得亵渎,许多庙台为此勒定了禁碑。1871年(同治12年),绍兴两溪乡所立"舜皇庙禁碑"有:"不许登台看戏"、"两廊看楼,不许男人混入"、"不许开篷演戏"云云,末曰:逐日香客繁多,春祈秋报,不时演戏等事,倘一秽污,神灵鉴察,昭昭显应。[8]江南乡村的"罚戏"和"愿戏"通例,分别以两种不同方式激活了庙台的庄严:被"罚戏"者被迫向神灵谢罪,许"愿戏"者诚心报答神灵。1930年,上虞有王秋富者,其子遭绑架,便在通泽大庙许下愿信:"如得其子生还,当酬戏全台,以报神灵。"半月后,果如所愿,王氏"喜极欲狂,声言神力非小",乃"雇如绍郡名班,演戏酬愿"。[9]

其三,作为生活方式的一个侧面,民间戏文主要是以社群闲暇生活的面目出现的。胼手胝足的乡民完全采取一种轻松、甚至是狂欢的心态到社群闲暇生活中来,而观看庙会戏文的观众则有所不同。在他们心目中,这是信仰生活的一部分,至少从奉演戏文的初衷上来说,是酬答神庥。很明显,与一般民间戏文活动相比,这里所指涉的社群生活宽度要狭隘得多。一定的社群生活宽度,底定相应的主体心境,形成特定的社群教化情境。

最终,作为以上要素的统合,庙会仪式或是以神圣的象征,或是以凡俗的习性,成为一项社群传统记忆,发挥着它的社会功能,维护着信仰的生命力。从另一个角度看,存在于社群记忆中的信仰体系也是"一个道德体系,一种宇宙论,一部历史"。这便是仪式的社群教化意义:"通过举行仪式,群体可以周期性地更新其自身的和统一体的情感;与此同时,个体的社会本性也得到了增强。"[10]

但是,庙会戏文与社群教化的确定关系,不能按照前者对于庙会生活的依附性获得一个泛泛解释止步,而必须在对社群实态生活进行具体的考察之后,方可厘定和理解。事实上,所谓"演戏酬神"之"神"并不能包揽一切,答案藏匿于神灵背后。

神圣戏文:内在的自然

庙会戏文依附于庙会而存在,而庙会本身却是纷繁复杂的。依据不同的标准,可以有不同的分类。根据民间宗教"内部固有的次序"(恩格斯语)动态地观察庙会,我们发现,现实的庙会形式可以从典型的神圣庙会到典型的凡俗庙会排列成一个系谱。位于系谱一极的所谓典型的神圣庙会,并不是超然物外的神圣,而是凡俗中的神圣;而位于系谱另一极的所谓典型的凡俗庙会,准确地说,也是神圣的凡俗。更多的庙会都可以在系谱中找到自身的位置。特定庙会在系谱中的位置取决于庙会的动机和时机,会众的虔诚程度,庙会存在的环境,特别是实际运作过程中产生的相对神圣强度。[11]自然地,游移于这一系谱之间的庙会戏文也就被赋予了相应的神圣——凡俗性质,不妨取其典型性,分别称为"神圣戏文"和"凡俗戏文"。这样,在神圣戏文与社群教化之间,更多地体现着作为整体类属的民间戏文与社群教化的一般而或然的关系。

对于江南乡村来说，夏季是一个神秘的时段，此时的庙会常常匆促而神圣，期间的戏文也因此而神圣起来。天旱连日，南亩龟坼，便有祈求龙王布云作雨的龙王会；雨水落通，奉演戏文，以表谢意，是为"酬神戏"。1926 年入夏以后，常州地区"点雨无着，农民苦之，临时抱佛脚之流，咸起组织龙王社，演戏赛会"。剧目皆与水相关，由"髦儿班"扮演"渭水河"、"水淹七军"等。[12] 获得救命的雨水，乡民自然不敢、也不会简慢神灵，戏文就很上档次。1974年，旅台宁波乡亲何瘦民先生回忆：我们幼年时代，也是实看过不少次数的"龙王戏"，都是极够水准的京戏。[13]

与旱灾相伴而生的是蝗灾，"相传（猛将）神能驱蝗，天旱祷雨辄应，为福畎亩，故乡人酬答，尤为心愫"。[14] 难时猛将会位于庙会系谱的神圣一极。在"俗信巫觋"的江南乡村，"至禳蝗之法，唯设台倩优伶演《目连救母》传奇，列斋马供之，蝗辄不害"。[15] 绍兴俗谓五、六月份为"凶月"，期间所谓的"平安戏"，实为驱厉而作："选一日期，在土地庙开演。该班日夜都演，日间所做主戏与平常戏相同，一至天色傍晚，便有许多伶人，扮着魔王及小鬼种种可怕的妆式，排着队伍，更附以锣鼓旗帜，在村里巡游，俗谓'召丧'。"据云，此"系召集一般小鬼去看戏之意。……如丧完毕，伶人开始上台演戏。戏目多演目连救母故事"。[16]

与其它社群戏文相比，在江南人的心目中：

目连戏的最大特质，是含有充分的神秘性，一般说起来，乡村中平时举行的社戏，大都总是为着敬神的；不过演出的节目，却集中在人的兴趣上，所以为"神"的成分，究竟不如为"人"的成分多。至于目连戏，那就不同了，它虽然一样吸引了许多观众，或许观众们要比社戏更加来得拥挤些，但是它的作用，可以说是完全属于宗教性质的；它所表现的原始神鬼恐怖强烈，因而造成演唱的环境中一种阴惨恐惧的氛围来，这对于目连戏的本身，是增加不少庄严神

469

秘的情绪的。[17]

除了目连戏本身,庙会仪式在很大程度上烘托了"阴惨恐惧的"演出氛围。徽州休宁的海阳、万安等地演出目连戏,戏场中央竖起招魂幡,供奉着千手观音的"莲花台",恭设地藏王神位,城隍庙前陈列各式各样的纸扎鬼神像,以此"超度"孤魂冤鬼、驱散瘟疫邪气。[18]

这里所体现的"神秘性"——目连戏的特质,正是"神圣"(the holy)作为宗教范畴的原初意旨。对此,德国宗教哲学家鲁道夫·奥托(Rudolf Otto)曾有过相当权威性的界定。[19]这样的神秘,或称神秘者,完全超出了凡俗社会熟悉的范围,人们通常只能用一些表意符号去意指它,比如,精灵、精神、鬼魅、神灵等等。[20]目连戏充斥着这些符号:

> 几个扮了五猖神的角色从后台里赶出来,吊杀鬼便从台面上一下子跳下逃走了,五猖神接着也就跳下来,观众之间又来一阵嗡哨和拍掌,于是吊杀鬼尽往前面逃,五猖神紧跟在后面追,直到荒僻的三叉路口,吊杀鬼把面上的化装除了去,换上衣服,悄悄地回到戏台上。这一来,大家都认为凶煞赶走了,从此人口太平,目连戏的主要目的也就完成了。[21]

直至近代,在江南乡村,除日常农事经验以外,还有一片广阔的领域,"非科学所能用武之地。它不能消除疾病和朽腐,它不能抵抗死亡,它不能有效的增加人和环境间的和谐,它更不能确立人和人之间的良好关系。这领域永久是在科学支配之外,它是属于宗教的范围。"[22]历史地看,社会越原始,宗教的空间越广大;乡民从庙会戏文中获得的许多自然和社会知识,基本上是原始宗教和道释经典对于世界认知的民间解说,它显示了乡村社群的传统性,但同时却是其实然存在。但是,他们不能没有这些知识。在科学

470

还未能渗入的地方社会,恰恰是这些"神圣的"知识填补了一片思想空白,给一些"无法"理解的现象提供了"科学的"说明,[23]给一方社群提供了安身立命的思想屏障。

应当引起我们注意的是,由"内在的自然"蓬勃而起的宗教情绪,与社群思想情感的体验和形而上知识的获取(即个体人格的养成),两者可以说是同一过程的两个方面;而宗教情绪与群体规范的铸造和遵从(即道德态度、文化意识的形成),两者却不能完全相提并论:前者只是为后者提供了一个间接的助力。两者的相通之处在于,"道德与宗教的全部,根本就是我们接受世界的态度",但宗教"实际上含有一些纯粹道德所没有的元素":纯粹的道德态度是认同外在并加以遵从,同时也感到束缚,而"强烈而完全发展"的宗教态度,却从来不觉得外在世界的束缚。[24]

众所周知,"目连是一个极尽孝道的人,他在过去的中国封建社会中应该被在上者视为一个榜样的人,而他们也必然要鼓励小民去效法他崇信他。"[25]"不获立功于国"的文人郑之珍,让目连戏文流布天下,也达到了"立德立言以垂天下后世"的初衷。[26]由目连戏文刺激而起的观众狂热,我们从明代山阴人(今绍兴)张岱的《陶庵梦忆》中可以联想一二:"戏中套数,如《招五方恶鬼》、《刘氏逃棚》等剧,万余人齐声呐喊",以至于"当地太守以为是海冠卒至"。[27]庙会仪式中的"报娘恩"(即"吊肉香")[28]与目连戏有异曲同工之妙。"'报娘恩'观念,隐在每个人的心里。据说吊过肉香,娘的养育之恩就算报答了。"[29]在表达这一神圣观念的时候,肉体的痛楚麻木了,外在的束缚也就感觉不到了。这里,我们应该认识到,"吊肉香"这种模仿仪式,不仅仅是仪式,更有意味的还是一种模仿:在乡民眼中,"吊肉香"者是"囚犯";作为模仿者,他扮演着犯人的角色。这不是真正意义上的戏剧表现方式吗? 充分表达了儒家孝道观念的目连戏文在亦神亦戏的状态中完成了它的教化使命,社群的道德态度和文化意识依此得以塑造。在此,宗教社会学家提醒我们不要忘记"仪式"所给予的助力:"借助宗教符号表达出来的道德力,是我们必须考虑的、不以我们意志为转移的真实的力。……仪式对我们道德生活的良性运作是必须的,就像维持我们物质生活的食物一样。"[30]

　　不过,社会学家提醒我们,"社会化——这是一个两方面的过程。……社会化过程的第一个方面——接受社会经验——说明环境对人的影响;它的第二个方面说明人通过他的活动对环境的影响。……对社会化概念的这种解释体现了马克思主义对人的理解的一个最重要的方法论原则——人既是社会关系的客体,同时又是主体。"[31]就是说,将社会教化内化为自身价值观的过程同样重要;许多神圣戏文的选择其实就是主体内化的逻辑延伸,同样体现为"内在的自然"。每年中秋节前后,赴梁山伯庙(宁波鄞县九龙墟)顶礼膜拜的善男信女,目的很明确:追求夫妻关系的和谐。谚曰:若要夫妻同到老,梁山伯庙到一到。因此,庙会参与者是严肃而庄重的,三大进的庙宇里里外外挤满了"坐夜者"。[32]局外人没有理由认为"坐夜"是一种对身体的折磨行为,在他们,完全是"内在的自然"显露。但很明显,梁山伯庙会是以惊天地泣鬼神的梁祝爱情故事为生活背景的,庙会戏文自然是以爱情为主题的,而放言男女情爱关系却为传统伦理之大忌,亦与神圣的庙会生活相悖离;它们之间的矛盾通过社群对戏文曲本的审慎选择得以缓解。据说,八月半那天是祝英台归宁的日子,山伯庙演戏酬神。[33]宁波是越剧的故乡,按常理,戏文自当本之于越剧《梁山伯与祝英台》,奇怪的是,它却本之于川剧《柳荫记》。[34]著名文艺理论家黄裳先生从语言风格、人物刻画、气氛渲染等方面揭示了两种"梁祝"戏文的区别:越剧《梁祝》比川剧更为接近原始的纯朴风格,也就是说,它保留的原始成分更多些。"如果说川剧梁祝是写的一对古代知识分子儿女的恋爱的话,越剧就更接近于劳动人民儿女的恋爱。"[35] 于是,风格婉约的《柳荫记》入庙登台,既表现和传达了传统伦理意义上的夫妻关系,又不失庙会戏文的神圣性。

"神圣"戏文:外在的自觉

根本说来,庙会戏文的神圣性,其实是社群感性力量的外显,所谓"内在的自然",事实往往不是这样。由于戏文"天生的"休闲性,更由于偏离神圣一极的庙会生活的凡俗性,庙会戏文的神圣性遭遇了挑战,而且,随着时代的发展,挑战愈益严重。理性提醒社群,奉神的戏文应当是神圣的,否则就是玷污神灵。借助理性的力量,赋予庙会戏文以"神圣性",实际上是"外在的自觉"的产物。与"内在的自然"不同,"外在的自觉"的动力来自社群教化,有意识地加强庙会戏文的"神圣性"旨在使其"归纳于礼教途轨"。[36] 常熟虹桥等处,每年二、三月间例有庙会戏文,1919 年又在陈介坝开演,乡人趋之若鹜。记者按言:"各乡藉名祀神开演戏剧者,现身设法,感化愚人,可补教育之不逮,其意甚佳,但今日各乡所演者往往反乎此理,辄以淫亵之剧,以博人观笑,殊非所宜,主持者宜禁阻之,令官厅取缔也。"[37] 作为主要的社群"主持者",传统乡绅被寄予了更多的期望。

在江南乡村,什么场合该演什么戏,是约定俗成的。相传小满日是蚕神诞辰,苏州盛泽的丝业公所,便出资在镇上"先蚕祠"酬神演戏三天。按惯例,第一天为昆剧,第二天(正天)及第三天为京剧。均延请名班名伶登台献艺,剧目皆是祥瑞戏,讨个吉利。凡剧情中有私生子或死人情节的戏目绝对禁演,缘因"死""私"与"丝"谐音而避讳。[38] 酬神戏文之外,敞台戏在露天草台上演;专为人事而演的,称畅台戏,如宗教修谱、老年得子、祝寿、升官。[39] 倘若不谙世理,背后就会被人戳脊梁骨。如某姓为修谱而点戏:开台

473

前"拉班"的照例拿了戏单来请族长点戏,偏偏那个年尊族长却不大懂戏,看见戏单上的"翠屏山",想出起正对着宋祠门的那座据说有关风水的山来,就点定这个戏开台,虽然有人发现这成问题,可是碍于族长的面子不敢更改,演到潘巧云偷了海和尚,又调戏石秀的当儿,这位族长溜了,那些青年就大点潘金莲这类的淫戏。事后某姓被骂作"演戏羞祖宗",因为他们恰巧姓潘。[40]问题不大,毕竟是修谱,跟酬神有别。

乡村戏剧的严肃与放浪、传统与现代的区别在代际差异上明显地体现出来:普通的一台戏是八出,俗称前四回"正本",后四回"添头"。正本是由村庄上的绅董先生们点定,写在木牌上挂在台前,添头就由本村的青年们来酌定了,自然这一定是最合于他们胃口的,他们不像先辈们爱看列国三国、才子佳人。他们爱的是英雄好汉的打斗交结及"小放牛"、"打花鼓"这些男女风情。

庙台戏是在庙台进行的,演出场所的肃穆气氛就天然地把一些民间戏文排斥在外。在 20 世纪 20 年代末的上虞村,"滴笃班"和秧歌让"无论老少男女贫富,如醉如狂,风气为(之)一变,考其原因,以淫秽之词曲,靡夕动人故也"。[41]但这样的"淫戏"上不了庙台的台面,崧镇区上湖头二月份的秧歌戏只能偷偷摸摸地在"村中木桥头"演出,组织者被斥之为"无赖","事被某绅得悉,前往报告该镇乡警所"。[42]

然而,庙会毕竟与家族、私塾、职业社团等社群教化环境不同,从人际关系纽带和规范的权威性等方面,都显示出地缘文化的开放性格和松散特征,因而从社会管理的角度看,其可控性就会大打折扣,结果神圣的庙台未能抵挡住来自凡俗力量的登堂,各种民间小戏侧身而入。20 世纪二三十年代,在浙江上虞,"丹桂月中台"戏班,"堪为越中调腔之翘楚,亦为时髦之梨园,邑城春间各项神戏,雇演该项为多"。越班中的"词腔"间有言情,涉及男女性恋,或"粗俗且带有淫亵色彩者",如"月转西楼"、"太岁庙成亲"、"双珠凤"、"打鸟计"等等,"旖旎风流,骚形怪状,无不一一表演而出,使一般旷夫怨女,狂男荡娃,目注神移,如痴如醉,于是乎社会上种种伤风败俗之秽剧,依样摹演而出,谓为受淫戏之教唆,亦非甚词"[43]。面对社会教化的失控,传统乡绅便把一腔怨愤洒向地方小戏:"是国家岁旌节教千百人,不敌花鼓淫戏数回之感化为尤速,为可痛也。"[44]事实上,早在1840年,常州府严示所辖八县乡民"永禁演唱滩簧",府令至处,县、乡、都、图纷纷勒石铭文,立碑示禁。在阳湖县(今江苏武进)大宁乡三十一都八图,存下了当时常州府的碑文:"府正堂严示:永禁演唱滩簧,点做淫戏,及茶馆庙宇男妇弹唱淫词艳曲,并士民聚赌匪类窝娼等情,如敢故违,许各该图耆董地保,分别扭解,指名禀究,特示。"[45]

晚清以来,肆逸于乡村庙台的"淫戏"给社群教化带来的深巨影响,引起整个社会舆论的高度重视。时人认为,"演剧则当取其足资观感,而淫邪儇薄之戏曲,最宜切戒"。原因很简单,"戏曲之良否"与社群教化的"关系不浅",必须导之以方向:"若夫缘演剧赛会而举行各种之嬉戏,则务以不至诱惑青年,堕落品性为标准,此尤当注意也。"[46]

近世以来,一方面庙会戏文的神圣色彩日渐淡漠,另一方面社群精英的理性自觉日益加强,两者之间的矛盾运动交织成乡土教化的复杂场景,以历史人类学的视角透视,至少有两个相关问题应当引起我们思考:

第一,江南庙会戏文的例证表明,明清以降,乡土中国的嬗变,体现为以社群为单位的独特文化样式的改变,而这一时期正处于中国社会从传统制走向近代民主国家的过程中,地方社群不断受到外部世界的影响,变动频率逐渐加快。在这一过程中,地方性的亚文化仍然保持着旺盛的生命力,并在与外部文化的冲突中发生

475

显性的变化。以越剧为例，她一开始就是以庙会戏文的面目出现的。[47]从上个世纪 20 年代开始，越剧从纯粹男演员扮演逐渐过渡到男女合演，但嵊县的官府和乡绅却不让女艺人走上庙会，所谓"女子上台，伤风败俗"。所以直至 30 年代，女子越剧班只能在乡村茶馆、客店演出。不过，女班毕竟长于上海，见识过外面的大世界，随着女子越剧风行上海，女子不能登乡村庙台的陋习渐被打破，[48]越剧也具备了庙会戏文的身份，其与社群教化的关系更为复杂。

对庙会戏文与社群教化的关系变动研究，为习惯于以朝代更替为脉络的历史学提供了另外的参照。从秦始皇建立统一的多民族国家以来，历代皇朝都在力图巩固这一政治格局，并在清前期达到巅峰状态。从总体上说，国家对地方的社会控制是在不断的加强之中，但在广阔的幅员之内，地方社群从来都保持着相当大的文化独特性。即使在最先受到欧风美雨洗礼的江南乡村也不例外。也许，在考察乡土文化变异时，朝代段落对我们来说，是一个过于细化的计时参考，相比之下，"专制社会"与"民主社会"、"传统社会"（"前现代社会"）与"现代社会"这样一些表达长时段的概念更切合一些。不同的时间计量单位透露出不同时期、不同空间、不同社会生活方式的独特性。

其二，作为乡土中国的"意见领袖"，乡绅的角色深受人们的期待：社群教化有赖于他们的导向。对于"破坏风俗"的"海淫剧本"，有人"深望行政当局，地方士绅，对于此项淫戏——淫伶，亟起禁斥，以整风化而挽浇俗"。[49]在上虞地方社会，属于绅士阶层中"较好者，大抵抱有牺牲精神，肯为社会找求一种发展的本业"，责无旁贷地担当起社会教化执行者的角色："像禁演莺歌戏，……赌博……虽不免遭到了一部分的怨恨，也很不顾。"[50]

但是，民国以来的乡绅群体越来越难以承担社群教化的责任。

问题来自两方面:一方面是乡绅基础的损蚀:"中国落叶归根的传统为我们乡土社会保持着地方人才。……常有一地有了一个成名的人物,所谓开了风气,接着会有相当的时期,人才辈出的。循环作育,蔚为大观。人才不脱离草根,使中国文化能深入地方,也使人才的来源充沛浩阔",可是,晚清以来,"以前保留在地方上的人才被吸走了;原来应当回到地方上去发生领导作用的人,离乡背井,不回乡了"。[51]这就从根本上冲刷着乡绅阶层的基础,大大削弱了社群教化的力量。

问题的另一方面是,残留于乡村的一部分绅士却又为传统势力所牵绊,难以实现社群教化的现代转型。胡适的父亲胡传,人称三先生,在晚清徽州乡村,是"人人都敬重"的一方教化权威,对于一年一度的太子神会,有着充分的发言权。某年,"扮戏有六出,都是'正戏',没有一出花旦戏。这也是三先生的主意。后村的子弟本来要扮一出《翠屏山》,也因为怕三先生说话,改了《长坂坡》"。[52]如此变动,其意甚明:前者言奸情,衍主经叛道,后者说忠义,论君臣之道。来自于江南小镇的南社革命家陈去病、柳亚子以及丰子恺等人倡导以戏文改良社会,也有过改良戏文、教化社群的实践,[53]但城市社会是他们主要的活动舞台,20世纪20年代以后,更是一去难返。

凡俗戏文与社群教化

在庙会系谱上偏向凡俗一极的庙会,或是商业性的,或是休闲性的。在休闲性庙会上,就如人们在世界许多地方社群所看到的,庙会仪式"渐渐变成了普通意义上的集体欢腾,它仅仅是一种简单的公共欢闹,不再具有任何宗教性质。"这是因为,这些仪式,包括戏文搬演,"避开所有功利性的目的,使人们忘却现实社会,把人们送到一个可以自由想象的世界里去,在那里他们可以完全放

477

松自己。从外表来看,这些仪式有时候简直就是一种消遣活动"[54]。既为消遣,戏文也成为凡俗庙会的主要节目。明末王稚登《吴社编》云:"凡神所栖舍,具威仪、箫鼓、杂剧迎之,曰'会'。优伶伎乐,粉墨绮缟,角抵鱼龙之属,缤纷陆离,靡不毕陈。"这时,社群对于戏文的选择也少了许多条条框框,拥有很大的自由度。这样的庙会戏文,更多地体现出一般民间戏文的共性,是为"凡俗戏文"。作为社群教化环境,凡俗戏文构成一片特色鲜明的教化天地,为我们考察民间戏文与社群教化的一般关系,提供了一个典型的观照空间。

社群教化也是一个思想传播过程。"在乡土社会中,不但文字是多余的,连语言都并不是传达情意的惟一象征体系。"[55]但"后代之戏剧,必合言语、动作、歌唱,以演一故事",[56]成熟了的戏文附饰以听觉和视觉,将高雅的知识和思想敷演为民间话语,深入至乡土社群。很多人(尤其过去)不识字,不能看小说,却能够看戏。[57]周作人在批评旧戏时也道出了这样一个事实:民间思想的传布方式,本来有"下等小说"及各种说书;民间有不识字、不曾听过说书的人,却没有不曾听过戏的人。[58]在江南乡间,"即使有极顽固的老人,也从来不反对戏文为赘余;即使有极勤俭的好人,也从来不反对戏文为奢侈。不,村中若有不要看戏文的人,将反被老人视为顽固,反被好人视为暴弃呢!"[59]

话语的权力是在社群互动中实现的,庙会是民间、尤其是乡村社会的盛大集会,它在一个相对集中的时间内把一定社区的个人和群体联结到一起,使其相互接触和影响。社群关系在庙会这样的场合获得现实意义。论血缘,"庙会前好些日子,各人便忙着搬亲戚,从外祖起一直到自己的女儿,女儿的小姑,几世不走动了的亲戚,因此也往来起来,有孩子的不消说要带着看戏,就是不会看,哭哭闹闹地还热闹";[60]论地缘,"每次开演,看客不止一村,邻近

二、三十里内的大家来看。老人女人坐了船来看,少年人跑来看,'看戏文去!'、'看戏文去!'"在这样的场合,社群的"戏剧知识都是由老者讲给少者听,历代传授下来的,夏日,冬夜,岁时伏腊的时节,农家闲话的题材,大部分是戏情"。[61]社群教化从这里开始了:"豆棚茅舍,邻里聚谈。父诫其子勉其弟,多举戏曲上之言词事实,以为资料,与文人学子引证格言历史无异。"[62]

条析民间——凡俗与社群教化的关系过程,可以发现如下特征。

一曰:有"教"无类。在传统江南乡村,群体形式的教化环境,比较普遍的是茶会,但那主要是男子的茶馆聚会。[63]庙会则不同:明末"吴越的妇女,终日游山玩水,入寺拜僧,倚门立户,看戏赴社"。[64]传统中国社会中,恐怕再没有一个公共活动像庙会这样具有全民性,因为它不但毫不排斥妇女,而且在很大程度上,还以妇女为主。诸暨"十月朝"城隍会演戏酬神,"凡十昼夜,合城妇女倾观"。[65]对于庙会中的妇女纵情,社会一般舆论至少是默许的,在定海,甚至得到一定程度上的支持:"演剧之时,合境老稚男女多往观之,各家多自备高椅或庋板为台以便妇女坐观。"[66]产生这一现象的原因也许是复杂的,但毫无疑问,它为女性进入社群教化环境,接受和影响社群教化提供了一个难得的机会。所谓有"教"(化)无类之"类",由于女性和童稚的加入,几乎达到完全的程度。近代倡导戏曲小说革命的维新派夏曾佑特别注意及此:"妇女与粗人,无书可读",在中西文化的冲突中,改革"穷乡僻壤之酬神演剧,⋯⋯必使深闺之戏谑,劳侣之耶,均与作者之心,入而俱化"。[67]

二曰:委曲求"偏"。戏文文本一般取材于历史题材,所以在民间——凡俗戏文内含的知识结构中,以历史知识为多。剧情内容在乡里之间口耳相传:"虽三尺童子,也会知道《天水关》是诸葛

479

亮收姜维,《文昭关》是伍子胥过昭关。"[68]《狸猫换太子》、《阎瑞生》、《单刀会》、《长生殿》、《精忠记》等一大批唱述历史扩大了人们对历史文化的了解。但戏文的演出,远不止此,甚至基本不是为了普及历史知识,而是赋予历史以社会教化意义,至于历史事实的真实性如何,那是很可怀疑的;甚至让历史事实来将就某种教化信条的情况也是屡见不鲜的。在这一意义上,丰子恺先生认为,倘若要倡行"含有教化性质的戏剧",应当"检点旧有的戏文,删除或修改《火烧红莲寺》、《狸猫换太子》等神怪荒唐的东西"。[69]强调的也不是史实,而是偏于教化。

民间——凡俗戏文中的自然知识,基本上是在宗教意象之下来说明神灵对于自然环境的秩序安排的。一直到近代,这样的自然知识还在应付着乡村人的心理需求,教化是第一位的。而与民间——凡俗戏文的道德内容相关联的,"与其说是规则方面的道德,还不如说是美德,还不如说是美德方面的道德"。[70]本来,这是戏文的个性使然,但是,在这里我们仍然要提出,与民间——凡俗戏文歪曲"历史和自然"一样,道德律(moral code)是被着意歪曲和忽略的。戏文教化的功利性偏执,实际上是以戕害教化思想的科学性和整体性为代价的。

三曰:社群主义。在以地域性社群为主要生活维度的传统社会,地缘性庙会的发生是顺理成章的,但推究庙会之起,戏文是其中一大原因。梁启超指出:"因迎神赛会而岁耗百万金钱,废时生事,消耗国力者,曰惟小说之故。……小说之在一群也,既已如空气如菽赤粟,……而日日相与呼吸之餐嚼之矣。"[71]普适性的戏文,怎么会受到地缘性社群的特别青睐呢?一言以蔽之:社群主义。社会教化的落实原则是社群教化,民间——凡俗戏文要营造社群教化的环境,必然贯彻社群主义。

神像巡境是许多庙会中的例行,扮演戏文的"扮搁"就夹杂在巡行队伍中;民间——凡俗与社群的这种联系是表相上的、牵强的,但其意义却是真实的:肯定"社群区域界限"。[72]太湖平台山庙会期间,下午演戏酬神,连演7天,《打渔杀家》是必须剧目。[73]《打渔杀家》的意义不仅仅在于所反映的太湖渔民的群体生活,更重要的是,太湖渔民的整体意识以此寄托在《打渔杀家》的戏目上,通过渔民群体与官府的对立形式体现出来。特殊群体的社区认同感以如此曲折的方式隐含其中。社群主义理论家丹尼尔·贝尔突出"记忆性社群"[74]的意义正在于提醒人们注意教化、道德、历史与社群之间的内在钩连。

　　社群主义原则的贯彻,离不开辗转于多个社群(当然是按地域分野)的戏班艺人。这些"白口油子,又都是土语,使妇女小儿们听了,句句记得"。[75]"草台班"艺人的文化水平很低,实际表演时,靠的不是曲本的记忆,而是师徒、师兄之间口耳传递;最精彩的表演,真正能够打动和化育乡民思绪的戏文往往是戏台艺人结合社群环境的临场发挥。在这里,因为戏班"说戏人"的轮廓规范,才使某一剧目不致于过多滑离戏文主题和教化主旨。至此,我们也就能够明白,乡民们对于那么几出年复一年的民间—凡俗戏文演出之所以乐此不疲,关键在于艺人们面对具体社群的不断的再创造。这样一个颇为技术性的问题,值得另文讨论。

注释:

[1]两个相关名词:(1)戏文。江南地区对戏曲艺术的泛称。据王国维《宋元戏曲论考》(上海古籍出版社,第130页,1998)考源,"戏文之名,出于宋元之间,其意盖指南戏",即宋末元初,戏文即已用来指称流行于南中国的戏剧,亦称南戏。(2)社群。1930年,费孝通先生从英文Community转译为"社区",强调其空间意义;而最早提出和界

481

定这一概念的是德国社会家滕尼斯(Tonnies),德文原文为Gemeinschaft,它着眼于群体中的人际关系纽带,意为"一种天然状态的人的意志的完善的统一体",很明显,乡村生活中的Gemeinschaft"要强大得多,更为生机勃勃。"([德]斐迪南·滕尼斯:《共同体与社会》第58页和第54页,商务印书馆,1999)。如今,在中国学术界,如果强调这一概念的空间意义,则使用"社区"……重于群体关系和乡村生活,多使用"社群"来表达,本文即在后一意义上使用这一概念的。

[2]比如,耀公在《普及乡间教化宜倡办演讲小说会》,《中外小说林》1908,(3)中言:"吾闻日之维新也,凡小学堂中,多设说部一科,且有以吾国前辈小说家之《西厢记》传奇、《水浒》演义,编为讲义者,其亦即此意乎?准此则乡间之普及教化,其又何难也。"此处"小说"包含戏曲,参见本文其他有关注释。

[3]王国维先生在《礼记·杂记》之"史",肯定了苏东坡的庙会(八蜡)为三代戏礼的结论:"方相氏之驱设也,大蜡之索万物也,皆是物也。故子贡观于蜡,而曰一国之人皆若狂,孔子告以张而不弛,文武不能。后人以八蜡为三代之戏礼(《东坡志林》),非过言也。"王氏的结论相同,只是视角不同:"后世戏剧,当自巫、优二者出。"见王国维《宋元戏曲论考》第2—4页。

[4]廖奔先生在《中国古代剧场史》(中州古籍出版社,第119页,1997)指出:宋元以后,民间神庙祭祀就和戏曲文化结合起来,而神庙演戏的主要基地却是民间杂庙而不是佛寺。民间杂庙戏文自然为社群庙会增色不少。在清·顾禄《桐桥倚棹录》卷四"祠宇"所列举的苏州虎丘山塘一带祠宇中,关于"东山庙"和"西山庙"的记述为我们留下了一条南宋迄至前清时期土地庙戏文奉演的清晰轨迹:"东山庙即短簿祠,自山之东抵郡城西北民祀之。西山庙,自山之西及于南、以至枫桥阊门市民居民祀之。东山庙祀晋司徒王(王珣),西山庙祀晋司空王珉。元时每当元夕,两庙张灯设馔,箫鼓喧阗,游人杂沓。寺之山径,节节有灯。往来之人,或以鼓乐自随,竞相为乐,及踵宋时故事也。今两庙时有居民于此酬愿赛神,优伶箫鼓,香烟颇盛。"

[5]费孝通:《江村经济》,第73页,江苏人民出版社,1986。

[6][美]卡斯滕·哈里斯:《建筑的伦理功能》,第100页,华夏出版社,2001。

[7]一种,如清·顾禄《清嘉录》卷二"春台戏"条云:"搭台旷野,醵钱演剧,男妇聚观,谓之'春台戏'。"由于用草、竹、布等材料临时搭建,多露天,通称为"草台"。他种"水畔戏台",颇具江南水乡特色。据谢涌涛、高军《绍兴古戏台》(上海社会科学出版社,2000)分列,有的"背词傍岸,石砌石基",有的"依河设街,跨街而立",不一而足。

[8]《绍兴古戏台》,第48页。

[9]《王秋富戏演酬神》,《上虞声》1930年8月6日,此为浙江上虞地方报,上海图书馆藏。

[10][法]爱弥尔·涂尔干:《宗教生活的基本形式》,第495页,上海人民出版社,1999。

[11]参见拙作《在神圣与凡俗之间》,第35页,人民出版社,2002。

[12]虞公:《小新闻·祈雨声中之趣闻》,《时报》1926年8月15日。髦儿戏:地方女性戏班社。

[13]何瘦民:《请龙王·烤龙王·酬龙王》,[台北]《宁波同乡》,1974,(77)。见[日]田仲一成:《中国的宗族与戏剧》,第315—316页,上海古籍出版社,1992。

[14][清]顾禄:《清异录》卷一,"祭猛将"。

[15]《谔崖脞说》,《元明清三代禁毁小说戏剧史》,上海古籍出版社影印本,1981。

[16]《绍戏做平安戏之风俗》,胡朴安:《中华全国风俗志》下册,第247页,河北人民出版社,1986。

[17]朱今:《我乡的目连戏》,《太白》半月刊,第一卷,第八期,1935年1月5日。

[18]陈长文:《目连戏在徽州》,《黄山市文史》第二辑,1991年10月。

[19]按照奥托的解释,"神圣"包括两层含义:一是指某种超自然的、神秘的对象,即"被感受为客观的和外在于自我的""神秘者";二又可指某种确定的、"神秘"心态,即"神秘感"。两者密不可分:前者是后者"直感"的神秘对象;后者则是前者"以情感的形式被反映到心

灵中"来的东西。[德]鲁道夫·奥托:《论"神圣"》,四川人民出版社,,第13—14页,1995。

[20] [德]鲁道夫·奥托:《论"神圣"》,第31—32页。

[21] 朱今:《我乡的目连戏》)。

[22] [苏]马林诺夫斯基:《文化论》,第48页,中国民间文艺出版社1987。

[23] 翻开反映晚清社会风情的《点石斋画报》,在乡村,诸如"避雨遇鬼"、"人兽怪胎"之类的奇谈怪论不绝于载;在在都使乡民为之困惑。

[24] [美]威兼·詹姆士:《宗教经验之种种——人性之研究》,第38页,商务印书馆,2002。

[25] 《目连戏》,《申报》1934年12月23日。

[26] 郑之珍,祁门(今属安徽)人,明万历初,对民间目连戏进行了改编,写成《目连救母劝善戏文》并大量刻印。

[27] [明]张岱:《陶庵梦忆》,第92页,上海古籍出版社,2000。

[28] 报娘恩,又称"吊肉香",庙会中有人以臂悬挂重物,其法:一端以金属钩住臂膊,以线下端挂以香炉、花盆等物(详见小田:《在神圣与凡俗之间》,第114–116页,人民出版社,2002。)"吊肉香"的逻辑,我们从庙会仪式中经常与之替换或并举的"扮囚"仪式中得以明白。深明江南社群知识的茅盾先生解说:家中有病人而药物不灵时,乡人向神许愿,在城隍出会时派家中一儿童扮作"犯人",随出会队伍绕镇一周,以示"赎罪"。(茅盾:《我走过的道路》上,第44页,人民文学出版社,1981。)原来,"吊肉香"者类于"囚犯"。

[29] 《吊肉香》,《申报》1934年5月19日。

[30] [法]爱弥尔·涂尔干:《宗教生活的基本形式》,第502页,上海人民出版社,1999。

[31] [苏]安德列耶娃:《社会心理学》,第283—284页,南开大学出版社1994。

[32] 光绪《鄞县志》"梁君庙碑记":"初,祠上施、徐、陆、张、沈等七人,业巫祝,精熟《法化莲经》。每于仲秋初旬,在庙后殿虔虔祈祷。"可

见"坐夜"的氛围也是颇为神圣的。

[33] 钱南扬:《宁波梁山伯庙及其风俗》(学术论文卷),见周静书主编:《梁祝文化大观》。

[34] 袁文康等:《鄞县梁山伯庙及其风俗》(学术论文卷),见周静书主编:《梁祝文化大观》,中华书局,2000。按:这里仅指曲本以《柳荫记》为依据,而声腔绝非川间声腔。

[35] 黄裳:《<梁祝>杂记》(学术论文卷),见周静书主编:《梁祝文化大观》,中华书局,2000。

[36] 车文灿:《淫戏——淫伶》,《上虞声》1937年5月15日。

[37] 《虹桥乡:戏剧到处开演》,《常熟日报》1919年3月31日。常熟档案馆藏。

[38] 周德华:《先蚕祠与小满戏》,《苏州日报》2001年4月9日。

[39] 在江南乡村,甚至丧礼都要搬演戏文:"新丧经忏,绵延数弹,……举殡之时,设宴演剧。"(见光绪《常昭合志稿》卷六"风俗")可见江南戏文之盛。

[40] 于思:《庙台戏与畅台戏》,《申报》1934年5月6日。

[41] 《章镇挽演滴笃班》,《上虞声》1927年9月27日。

[42] 《崧镇上湖头大演秧歌戏》,《上虞声》1928年3月30日。

[43] 车文灿:《淫戏——淫伶》,《上虞声》1937年5月15日。

[44] 余治:《得一录》。

[45] 滩簧是清代以来流行于江南地区的代言体坐唱曲艺,后来逐渐发展成为当地的戏曲声腔,但各地从曲艺演变成戏曲的时间前后不一。根据笔者所见史料,较早的大约前清就已演变为地方小戏。

[46] 高劳:《谈屑·农村之娱乐》,《东方杂志》第14卷,第3号。1917年3月15日。

[47] 据朱玉芬、史纪南主编:《漫话越剧》,第5页,中国广播电视出版社1995:清末时节,浙江嵊县的数名以唱山歌小调为基础"的笃班"艺人,经常在浙皖交界处的乡镇茶楼唱书。1906年清明节晚上,钱景松等7位艺人在嵊县东王村的香火堂前临时搭台,演出《十件头》、《双金花》等戏,越剧诞生。

[48]朱玉芬、史纪南主编:《漫话越剧》第7—26页;直至今天,在嵊县城关镇西北的城隍庙题壁上,人们仍能看到"贤记小高升女子越剧班"的演出剧目题壁。见谢涌涛、高军:《绍兴古戏台》第31页。

[49]车文灿:《淫戏——淫伶》。

[50]《绅的解释》,《上虞声》1937年12月6日。

[51]费孝通:《乡土重建》,第70—71页,上海观察社,1948。

[52]胡适:《四十自述》,见《胡适自传》,江苏文艺出版社,1995。按:所谓"扮戏",为戏文造型;后文涉及到的"扮搁"同此。

[53]参见拙作:《苏州史纪》(近现代),第124页,苏州大学出版社,1998。

[54][法]爱弥尔·涂尔干:《宗教生活的基本形式》,第500页。

[55]费孝通:《乡土中国生育制度》,第17页,北京大学出版社,1998。

[56]王国维:《宋元戏曲史》,第32页。

[57]张中行:《文言和白话》,第231页,黑龙江人民出版社,1988。

[58]周作人、钱玄同:《论中国旧戏之应废》,《新青年》第5卷第5号,1918年11月15日。

[59]丰子恺:《深入民间的艺术》,《新中华》1936年3月26日。

[60]臧克家:《社戏》,《申报》1934年4月17日。

[61]丰子恺:《深入民间的艺术》。

[62]高劳:《谈屑·农村之娱乐》,《东方杂志》第14卷,第3号,1917年3月15日。

[63]参见拙作:《近代江南茶馆与乡村社会动作》,《社会学研究》1997年第5期。

[64]酌元亭主人:《照世怀》,第63页,上海古籍出版社,1956。

[65]《诸暨县志》,清宣统二年刻本。见丁世良、赵放主编:《中国地方志民俗志资料汇编》华东卷(中),书目文献出版社,1995。

[66]《定海县志》,1924年铅印本。见丁世良、赵放主编:《中国地方志民俗志资料汇编》华东卷(中)书目文献出版社,1995。

[67]别士(夏曾佑):《小说原理》,《绣像小说》,第3期,1903。

[68]丰子恺:《深入民间的艺术》。

[69] 同上。

[70] [英]安妮·谢波德:《美学——艺术哲学引论》,第206页,辽宁教育出版社、牛津大学出版社,1998。

[71] 梁启超:《论小说与群治之关系》,《新小说》,第1号,1902年。这里的"小说"明显指戏文;在梁启超等人和观念中,"小说"的概念中是包含着"戏曲"的。见程华平:《中国小说戏曲理论的近代转型》,第182页,华东师范大学出版社,2001。

[72] 李亦园:《人类的视野》,第316页,上海文艺出版社,1995。

[73] 袁震:《苏州地区水稻生产中的信仰现象》,《中国民间文化》第10辑。

[74] "记忆性社群",即"共有一个具深刻道德意义的历史的不相识的人的社群。"见[美]丹尼尔·贝尔:《社群主义及其批评者》,第19页,生活·读书·新知三联书店、牛津大学出版社,2002。

[75] 余治:《得一录》。

●赵山林

华东师范大学

戏曲活动与戏曲民俗的生动记录

——皖籍作家竹枝词研究之一

　　源于长江上中游的民歌形式——竹枝词,经刘禹锡引入文人创作殿堂,继起创作者甚多,作品汗牛充栋。雷梦水等先生所编《中华竹枝词》,[1] 辑录了唐代至民国初 1260 多位作者的 21600 多首作品,可以说是大致齐备。其中皖籍作家创作数量不少,反映了安徽以及他们到过的其他各地的风俗民情,内容相当丰富,也包括了对戏曲活动与戏曲民俗的生动记录,可以丰富我们对戏曲史、戏曲文化史的认识。本文对此略作探讨,敬请各位专家指正。

一

　　元明两代,皖籍作家竹枝词中就有不少关于唱曲的描写。

　　元代诗人贡师泰(1298—1362),字泰甫,宣城(今安徽宣州)人。泰定进士,官翰林应奉、监察御史、浙江省参知政事、户部尚书等。他作有《西湖竹枝词四首》,其中第一首描写当时西湖唱曲风俗:

>　　柳州寺前湖水平,阿谁湖上唱歌声。
>
>　　画船买得十样锦,行近荷花须尽听。

这"十样锦"是西湖游船的雅号之一。吴自牧《梦粱录》卷十二说南宋时西湖游船"皆精巧创造,雕梁画拱,行如平地。各有其名,曰百花、十样锦、七宝、戗金、金狮子、何船、劣马儿、罗船、金胜、黄船、董船、刘船,其名甚多"。周密《武林旧事》卷三说:"西湖天下景,朝昏晴雨,四序总宜。杭人亦无时而不游,而春游特盛焉。承平时,头船如大绿、间绿、十样锦、百花、宝胜、明玉之类,何翅百余,其次则不计其数。皆华丽雅靓,夸奇竞好。"西湖游览如此繁盛,湖上听曲便成了不可或缺的一项节目,并不仅限于荷花盛开之时,这种情况,从宋代一直延续到元明以后。

元代诗人张渥,字叔厚,淮南人,亦有《西湖竹枝词》:

> 长簪高髻画双鸦,多在楼船少在家。
> 黄衣少年不相识,白日敲门来索茶。

明代诗人朱同,字大同,休宁人,系朱升之子。洪武中举明经,为礼部侍郎。工图画并诗。他的《覆瓿集》卷二有九首竹枝词,也是写杭州的,其中两首写道:

> 钱塘女儿不学针,月明楼下理胡琴。
> 逢人但道新番曲,不识春愁海样深。

> 湖上女儿宫样装,小舟荡漾芰荷香。
> 逢人便唱相思曲,不道侬家有阿郎。

张渥、朱同二人的竹枝词写杭州少女多有以唱曲为业者,其情形仍如吴自牧《梦粱录》卷十二所描述的:"又有小脚船,专载贾客。妓女、荒鼓板、烧香婆嫂、扑青器、唱耍令缠曲及投壶打弹百艺等船，多不呼而自来，须是出著发放支犒，不被哂笑。若四时游玩，大小船只，雇价无虚日。"何谓"荒鼓板"？《梦粱录》卷二十说："街市有乐人，三五为队，擎一、二女童舞旋，唱小词，专沿街赶趁。元夕放灯、三春园馆赏玩及游湖看潮之时，或于酒楼，或花衢柳巷妓馆家祗应，但犒钱亦不多，谓之'荒鼓板'。"吴自牧描述的是南宋的情况，由张渥、朱同二人的竹枝词看来，元代至明初的情况也是如此。

二

清代皖籍作家竹枝词数量更多，对于戏曲活动和戏曲民俗的描写也更多，但描写的重点已由杭州转向苏州和北京。

张英（1637—1708），字敦复，号乐圃，桐城人。康熙六年（1667）进士，授编修，入值南书房。官至文华殿大学士兼礼部尚书。其《存诚堂诗集》卷十一有《吴门竹枝词》十九首，写苏州风土人情，其中有多首涉及戏曲：

> 无限春风杨柳岸，凭栏垂手各纤纤。
> 画船一曲笙歌好，十里红楼尽卷帘。

> 节近清明看赛会，流传何日到于今。
> 阊门内外人如蚁，一日姑苏损万金。

> 送春何处宜弦索，驾月轩中叶正青。
> 谱出十番新曲子，游人齐簇小楼听。

> 虎丘待月中秋节，玉管冰弦薄暮过。
> 山畔若教明月上，便愁无地驻笙歌。

挝鼓一通多逸气,老年白相坐当中。

四围弦索清歌绕,争和祢衡白发翁。

张英这几首竹枝词,描绘了苏州的戏曲活动和戏曲民俗,包括画船笙歌、清明赛会、虎丘曲会等等。

船头演戏,是苏州风俗。顾公燮《消夏闲记》说:"苏郡向年款神宴客,每于虎丘山塘,卷梢大船头上演戏,船中为戏房,船尾备菜,观者另唤沙飞、牛舌等船列其旁。……闲人在各船顶板上看者太多。"张英竹枝词"十里红楼尽卷帘"正写出了观者热烈的反应。

赛会演戏,也是苏州一大文化景观。李玉《永团圆》传奇对此有生动表现。龚炜《巢林笔谈》卷二也说:"吴俗信巫祝,崇鬼神。每当报赛之期,必极巡游之盛;整齐执事,对对成行;装束官弁,翩翩连骑。金鼓管弦之迭奏,响遏行云;旌旗幢盖之飞扬,辉生皎日。执戈扬盾,还存大傩之风;走狗臂鹰,或寓田猎之意。集金珠以饰阁,结绮彩而为亭。执香者拜稽于途,带枷者匍匐于道。虽或因俗而各异,莫不穷侈而极观。偶至槎溪,适逢胜会,创新奇于台阁,采故典于诗章。金华山上,现出富贵神仙;柳市南头,变作繁华世界。陶彭泽之黄花满径,都属宝株;裴晋公之绿野开筵,尽倾珠篚。分两社以争胜,致一国之若狂。队仗之鲜华,乃其余事;宝珠之点缀,实是奇观。"这段描叙与张英竹枝词正是一致的。

至于虎丘中秋曲会,则张英竹枝词的描述可与袁宏道、张岱等人小品的描述参看,足见这一群众性的戏曲自晚明至清初,盛行不衰,成为当时昆曲繁荣的一个标志。

程瑞祊(1666－1719),字姬田,号槐江,休宁人。康熙三十年(1691)岁贡生,官内阁中书。他的《槐江诗钞》中有《都门元夕踏灯词》十一首。其六、其十云:

几盏琉璃敌夜光,灯悬天市数廊房。
梨园子弟新翻曲,一样歌喉李八郎。

春暖花楼酒未醒,新腔闻演《牡丹亭》。
通侯厂内观灯早,帽上新簪孔雀翎。

　　张英和程瑞祊,一写苏州,一写北京,但都属于康熙年间的戏曲演出情况,到乾隆年间,更迎来了我国戏曲史上一个大变动、大改革、大繁荣时期,其具体内容就是花部与雅部的竞争与融合。从北京剧坛来看,这种竞争与融合大致经历了三个回合。首先与昆曲争胜的是高腔,即弋腔,在北京亦称为京腔。到乾隆中叶,京腔已是"六大名班,九门轮转,称极盛焉",[2]处于压倒昆曲的优势地位。其次与京腔竞争的是秦腔。乾隆四十四年(1779)起,魏长生(1744—1803)在北京剧坛上"大开蜀伶之风,歌楼一盛",[3]致使"京腔旧本置之高阁","六大班几无人过问"。[4]乾隆五十五年(1790),三庆班在高朗亭率领下进入北京,"以安庆花部合京秦两腔",[5]遂使安庆二黄与京秦两腔并行于北京的舞台上,开创了徽班极盛的局面。这些情况,在皖籍作家竹枝词中都有生动的反映。
　　杨瑛昶(1753—1808),字米人,号印蘧,别号净香居主人,桐城人。乾隆诸生,官署河间知府。乾隆、嘉庆年间曾居住在北京。作有传奇《双珠记》。乾隆六十年(1795),他创作了《都门竹枝词》一百首,其中有多首反映了当时北京的戏曲活动与戏曲民俗。

半膘无事撞街头,三五成群逐队游。
天乐馆中瞧杂耍,明朝又上广和楼。

同乐轩中乐最长,开来轴子未斜阳。

打完八角连环鼓,明庆新班又出场。

这里提到几家戏园。据崇彝《道咸以来朝野杂记》载:"戏园,当年内城禁止,惟正阳门外最盛。属于大栅栏内五处,曰庆乐,曰庆和,曰广德,曰三庆,曰同乐轩。粮食店有中和。街东之园有三,肉市之广和楼,鲜鱼口之天乐,抄手胡同内裕兴园。"可见,天乐馆在鲜鱼口,广和楼在肉市,同乐轩在大栅栏。杨懋建《梦华琐簿》载:"戏庄演剧必徽班。戏园之大者,如广德楼、广和楼、三庆园、庆乐园,亦必徽班为主。"

《滚楼》一出最多情,《花鼓》、《连相》又《打更》。

谁品燕兰成小谱? 耻居王后魏长生。

这里列举的《花鼓》、《连相》、《打更》(又名《龙蛇镇》)皆为花部剧目,其中魏长生所演《滚楼》,尤其享有盛名。吴长元《燕兰小谱》(成书于1785年)评艺人,以王湘云置卷一,以魏长生置卷三,杨瑛昶认为是不恰当的,因此用杨炯"愧在卢前,耻居王后"的典故咏其事。

打来皮嗑怪尖酸,端出跷来更受看。

怪得满园齐道好,今朝《烤火》是银官。

陈银官是魏长生高足,演出的《烤火》一剧尤享盛名。《燕兰小谱》卷二对他有这样的评论:"明艳韶美,短小精敏。庚辛间与长生在双庆部,观者如饮饫醽鲜,得青子含酸,颇饶回味,一时有出蓝之誉。嗣后闺妆健服,色色可人。其机趣如鱼戏水,触处生波。

傀巧似猱升木,灵幻莫测。余见其《烤火》一剧,顿解易象。"这里还提到了"跷"。杨懋建《梦华琐簿》说:"闻老辈言,歌楼梳水头、端高跷二事,皆魏三作俑,前此无之。故一登场,观者叹为得未曾有,倾倒一时。"由这首诗可知,陈银官亦长此技。当代社会学者黄育馥著有《京剧·跷和中国的性别关系》一书,[6] 这首诗可作为补充材料。

> 保和、宜庆旧人非,又出名班三庆徽。
> 双凤、遐龄新脚色,一双俊眼满园飞。

这里提到的保和部为昆腔戏班。《燕兰小谱》卷四说:"昔保和部本昆曲,去年杂演乱弹,跌扑等剧。因购苏伶之佳者,分文、武二部。"著名演员有郑三官、四喜官、张柯亭等。宜庆部为秦腔戏班,著名演员有陈银官、彭万官、于三元等。这两个戏班都曾盛极一时,但乾隆五十五年(1790)三庆徽班进京以后,便迅速占了上风,其中金双凤、沈遐龄(均安庆人)等演员红极一时。《消寒新咏》评双凤:"歌喉宛转","善哭善悲,可云传写逼真"。评遐龄:"眉目轩爽,骨肉停匀","声技工稳,态度多标,有确乎难惹之概"。

> 林丑、矮张逗笑频,贴来满座抖精神。
> 亮台新戏今朝准,《寡妇征西》十二人。

《十二寡妇征西》为花部剧目,取材于《杨家府演义》第八卷。由这首诗可以看出,此剧在当时很受欢迎。

> 完得场来出大言,三篇文字要抢元。
> 举人收在荷包里,争剃新头下戏园。

杨懋建《梦华琐簿》说："乡会试场后，各园及堂会必演《王名芳连升三级》，花面演《说题解》，以为笑乐。"由此诗可以看出，举子看戏，不仅是为了图吉利，主要是紧张的考试过后借此放松。这也是当时北京的一种景观。

<h1 style="text-align:center">三</h1>

近代皖籍作家竹枝词亦多戏曲活动、戏曲民俗之反映。

汪述祖，字子贤，号林甫，休宁人。光绪二十年（1894）进士，官吏部主事。他的《馀园诗稿》中有多种竹枝词，其《北京杂咏》分为《天桥谣》、《韩家谭谣》、《花市谣》、《东安市场行》，其中有多处涉及戏曲。

韩家潭为北京优伶聚居之处。张际亮《金台残泪记》卷三说："王桂官居粉坊街，又居果子巷。陈银官尝居东草厂。魏婉卿尝居西珠市。今则尽在樱桃斜街、胭脂胡同、玉皇庙、韩家潭、石头胡同、猪毛胡同、李铁拐斜街、李纱帽胡同、皈子庙、陕西巷、北顺胡同、广福斜街。每当华月照天，银筝拥夜，家有愁春，巷无闲火，门外青骢呜咽，正城头画角将阑矣。尝有倦客，侵晨经过此地，但闻莺千燕万，学语东风，不觉泪随清歌并落。"杨懋建《梦华琐簿》说："乐部各有总寓，俗称大下处。春台寓百顺胡同，三庆寓韩家潭，四喜寓陕西巷，和春寓李铁拐斜街，嵩祝寓石头胡同，诸伶聚处其中者，曰公中人。"以上所说优伶聚居之处，以韩家潭最为著名，戏班早年谚语说："人不辞路，虎不辞山，唱戏的离不开韩家潭。"[7]汪述祖《韩家潭谣》对此也作了描绘：

> 韩家潭边明月圆，韩家潭里笙歌繁。
> 金尊夜夜娱宾客，寂寞谁寻芥子园。

昔日樱桃芍药家，家家座上醉流霞。
梨园子弟今零落，半掩朱扉月未斜。

大车驱马响四轮，小车推推推以人。
共道金吾不禁夜，畅园争买玉壶春。

南国佳人字莫愁，郁金堂北弹箜篌。
胭脂夺我无颜色，赵女燕姬妒未休。

醉琼林与宴春园，隔巷笙歌不断闻。
歌罢酒阑欢会散，灯光淡白月黄昏。

这一组诗描绘了当时士大夫追逐笙歌的场景，住在这里的优伶，有的正当红，有的则已经门前冷落车马稀，使人生出许多感慨。

再看他的《东安市场行》：

内城寂寂几经年，互市场开别有天。
游客不知庚子变，都夸富庶胜从前。

左男右女座分明，演剧新添义务名。
短短阑干三尺隔，若逢青鸟莫叮咛。

前一首作者自注："内城向无戏园，寺庙演剧偶一聚观，朝朝管弦，自市场始。"后一首作者自注："丹桂、吉祥各茶园。都中戏园向无女座，自文明戏园因皖粤赈捐，创名义务，各梨园继之，绅士与女咸往观矣。"翁偶虹《记忆所及的几场义务戏》说："义务戏多为社会公益事业而演出,如赈济京兆水灾义务戏,重修妙峰山喜神殿义务戏等。京剧演员本身的组织——梨园公会,也常举行救济同业的义务戏,俗称'窝窝头义务戏'。"[8]汪述祖竹枝词正好与之参看,而时间较翁偶虹文章所记的演出为早。

上述作家之外,潘纯、吴礼、朱有燉、汪道昆、方拱乾、方孝标、方贞观、刘大櫆、姚鼐、蔡家琬、薛时雨、何耳等皖籍作家的竹枝词亦有各方面价值,需要专文加以讨论。

注释:

[1]北京古籍出版社,1997。本文所引竹枝词均出自此书。

[2]杨静亭:《都门纪略·词场序》,道光二十五年(1845)刊本。

[3]天汉浮槎散人:《花间笑语》,转引自张庚、淳汉城主编《中国戏曲通史》(F)P13,中国戏剧出版社,1981。

[4]吴长元:《燕兰小谱》,《清代燕都梨园史料》P32,中国戏剧出版社,1988。

[5]李斗:《扬州画舫录》P125,江苏广陵古籍刻印社,1984。

[6]黄育馥:《京剧·跷和中国的性别关系》,三联书店,1998。

[7]刘嵩昆:《梨园轶闻》P37,北京燕山出版社,1998。

[8]中国人民政治协商会议北京市委员会文史资料研究委员会:《京剧谈录续编》P508,北京出版社,1988。

● 高　翔

中央民族大学

中原民俗戏剧初探

民俗戏剧的演出，实际上是一种民俗活动。它的演出时间、演出方式、演出过程，都有很强的习俗性，并世代相传。位于河南北部濮阳市南乐县的张浮丘一带及以开封为中心的河南东部商丘地区的五个县迄今仍留存着民俗活动，如"罗戏"、"目连戏"、"鬼会"、"五鬼闹判"等。民俗活动作为民间的节俗活动，具有民俗的传承性、地域性、模式性和变异性。本文主要探讨中原民俗戏剧及其遗风。

中原傩戏

"傩"，在中国戏剧史上是戏剧发展的一个源头，也是一种古老的文化现象。傩作为一种宗教性仪式，从殷商时期就已盛行，它以驱鬼逐疫、祈求平安吉祥为目的。不仅展示出特定历史时期的仪礼之俗，而且蕴含着中国传统的习俗文化信息。从傩活动发展的历史传承性来看，在各个历史时期都曾有过傩活动的遗俗。

先秦时期，河南的音乐、歌舞、杂技和优人的表演已相当盛行。《吕氏春秋·古乐》篇中的葛天氏之乐就产生在豫东（今河南商丘宁陵县境内）的商部落。它用八首歌分别歌颂了祖先的养育之恩，祈祝草木丰盛、五谷丰登、鸟兽肥壮、生活安康，是古代先民生活的真实写照。河南商丘永城县出土的汉代画像石上有百兽率舞

498

的画像,其中的戴假面、穿兽皮,载歌载舞的场面应是汉代歌舞百戏表演的主要内容之一,可以看出它与葛天氏之乐用牛形表演应存在一定的承袭关系。

汉代百戏中有一种用装扮来表演故事的形式,如商丘永城县堌尚、郏城等地出土的汉墓画像石上有斗牛、斗兽、斗龙、斗虎之类的图像,这证明当时已有蚩尤戏。即把带角的兽装做蚩尤,与人斗来表演一定的故事。据商丘、夏邑、虞城等县志记载,早在五千年前左右,这里属于蚩尤部落的地盘,而且蚩尤本人死后就葬在这里。见《史记·集解》:"蚩尤冢在东平郡,寿张县,阚乡城中,高七丈。"东平,原属河南商丘,后划归山东荷泽。从历史来看,应属于河南与山东接壤这一区域。古代凡"戏"一类的表演,多带有竞技的意思。蚩尤是古代战争之神,蚩尤戏很可能是原始时代祭蚩尤的一种仪式舞蹈逐渐在民间发展成的武术竞技的角抵戏。

北宋时,驱傩活动已衍变成宫廷中在除夕例行的一种驱傩仪式。据考察,傩戏目前在河南较为少见,唯有最古老的剧种"罗戏",在河南民间颇受群众喜爱。"罗戏"又叫"罗腔"、"逻逻"、"猡戏"、"锣戏",民间也叫"大笛子戏"、"大笛子罗罗"等。广大乡村的集市庙会,春祈秋报,敬神还愿,喜庆丧葬等民俗活动都要唱罗戏。罗戏唱腔有南北之分,音乐结构属于曲牌体。豫北的"罗戏"与中原另一古老剧种"大弦戏"关系密切,黄河以南各地的"罗戏"与豫剧、"越调"关系密切。"罗戏"的传统剧目有三四百出,以反映历史故事的"袍带戏"居多,也有民间的生活小戏。如《核桃园》、《三省庄》、《崔中元回家》、《武信盗马》、《秦琼卖孩子》等。该戏在开始演正戏之前,先由一个戴假面的凶神,做一番打鬼驱疫的表演,然后始演正本戏文。笔者认为,中原的这一古老剧种"罗戏",实际上就是傩戏。"罗戏"、"傩戏"不过是在民间传袭的一种讹变名称,"罗戏"是"傩戏"二字的谐音。首先,"罗戏"是中原最古老的剧种,这与傩戏历史发展完全相符;其次,"罗戏"至今在表演过程中仍具有仪式性;再次,"罗戏"在表演中戴面具,而戴面具是傩戏表演最典型的特征。

"罗戏"和豫剧、"卷戏"也有密切关系。"罗戏"曾与"卷戏"同时流行,与豫剧相对垒,后来发展为三剧种同台演出,在清乾隆年间已有此情形,称为"梆罗卷"。"卷戏"是河南另一古老剧种,源自寺庙里的宗教宝卷说唱。"罗戏"艺人把专门唱"罗戏"的戏班叫"清罗班","罗戏"、"卷戏"同台演唱的叫"混罗班",豫剧、"罗戏"、"卷戏"同台演唱的叫"三下汤"。清末民初,"罗戏"仍多和豫剧同台演出。豫剧在当时虽已成为一大剧种,但唱腔较简单,半说半唱,与罗戏、卷戏有许多共同之处。如唱腔结尾处都带"呕"声,都有特色乐器尖子号(民间自制土号),表演程式、特技、剧目也多相同。在豫剧剧目中有些还要唱罗腔。豫剧老艺人燕长庚于1980年回忆说:他所在的豫剧戏班,就时常与"罗戏"同台演出,甚至一出戏前半部唱豫剧,后半部唱"罗戏",如《崔中元回家》这出戏的演唱就是如此。

在清代,出现过禁演"罗戏"的情况。如雍正年间,河南巡抚田文境,曾三令五申禁逐罗戏。雍正六年二月,田文境曾专门发布了《为严行禁逐罗戏以靖地有事》的文告。但"罗戏"并没有被禁绝,而是在继续发展着。乾隆十八年《郾城县志》中记载了当时演罗戏的盛况:"赛神招梨园……一村不能演罗戏,众皆鄙之,村人亦自以为耻。"可见民众对罗戏的喜爱及它在民众生活中的地位。清末,随着豫剧的兴盛,罗戏走向衰落,但演出活动并未中断,至今仍有演出。

南乐县目连戏

位于濮阳市的南乐县,经济文化比较落后,受外来文化影响较小，这里与河北的武安县（清代属于河南）、山东的阳鼓县等地毗连，周围全是深山老林，历来封闭。该县的前郭庄、睢庄、韩张庄、张浮丘一带，于每年春节期间上演大平调（豫剧在豫北的"支裔"）《目连救母》片断。多演《五鬼拿刘氏》。该戏的表演粗犷，动作夸张。例如鬼舞，"鬼"出场时，有专人负责放"烟花"，尖子号发出刺耳的"啾啾"声（武安固义村的捉黄鬼的民俗活动中的赛戏也有这一乐器），众鬼的表演者连蹦带跳、举叉表演八字枪花、矮子步等动作，加之放烟火烟雾弥漫，阴森恐怖。又如曹官的表演，鬼舞毕，曹官穿着红官衣，挂黑扎髯，抱笏板，呆板地做笏板步出场，手持"生死簿"，张嘴吐气，口中喷火，下令捉拿到刘氏。伴奏用锣鼓击节：冬不龙冬龙冬｜乙冬冬｜｜：仓？仓｜乙才才｜仓才仓｜……｜只说不唱，念白中带有浓厚的乡土味，声调较高，近于吆喝。再如众鬼群拿片断。先是头戴纸糊白色高帽，穿对开襟的大白衫，赤着脚的"鬼头"领众鬼过场，称作"鬼魂行"。动作笨拙而滑稽。众鬼一律"血盆大口"，有的红色扎巾，有的巨齿獠牙，有的戴白纸花的头箍，依次是一、二、三鬼持铁叉，四鬼持套板，五鬼执铁链，地方鬼抛绳索，展开了捉拿刘氏的紧张、激烈的场面，搏斗中穿插拦截式、凌空越、滚背翻、套脖转、绳圈套等技巧动作，显示捉刘氏的激烈状况。最后众鬼齐上捉拿刘氏，用套板套脖、双叉叉腿、铁链捆腰，将刘氏托举于空中，然后走"圆场步"下场。

该戏各角色人物的表演接近戏曲中的不同行当，然而表演动作缺乏规范化、程式化。如曹官的笏板步、刘氏的跪步、众鬼的跳蹦步……均类似戏曲中的表演。曹官奉旨操演鬼卒（去捉刘氏）的表演，实则类似于武术套路，五鬼中每一个鬼上场时都打一套拳，精彩的"喷火"、"盘马叉"属武功绝活特技，众鬼和刘氏的扮演者均须具有深厚的武术功底。《东京梦华录·架登宝津楼诸军呈百戏》中记载《抱锣》、《硬鬼》、《七圣刀》等节目的演出时，或"烟火大起",或"口吐狼烟烈火",或"人在烟火中涌出"。从南乐目连戏直露粗野的表演中可窥探到,它的演出形式同北宋勾栏瓦舍中百艺陈杂的景况基本一致。宋·孟元老《东京梦华录》记载:"七月十五中元节,勾肆乐人自过七夕便搬演《目连救母》杂剧,直至十五日,观者增倍。"他在序中自述,书作于崇宁癸未至绍兴丁卯中,可见这一剧目在公元1103年至1147年间,就流行于开封。因此,南乐县目连戏为我们研究北宋后期民间杂剧提供了一些线索。

北宋后期的杂剧演出形式有两种,一种有唱,一种只说不唱。这一时期,歌唱因素尚未占主导位置,也未与舞蹈、剧情紧密结合。因为宋杂剧是由唐代参军戏发展而来,在继承参军戏传统的同时,也吸收了唐代大曲的一些演出节目和曲调。这里还要特别提出的是,诸宫调对宋杂剧的影响。诸宫调是在继承唐代变文的基础上,用歌曲咏唱长篇故事,表现曲折复杂的剧情的说唱形式。其特点是集若干不同宫调的曲子轮递歌唱,曲子的更替,是依循故事情节而进行。诸宫调不仅丰富了宋杂剧的内容和形式,而且对戏曲音乐曲牌体形成,特别是对元杂剧的音乐产生了直接影响。尽管宋杂剧比起元杂剧来说,还不是一种成熟的戏剧形式,但它无论在戏剧结构或演出形式上都已接近戏曲表演。另外,中国戏曲从成熟之时起,便是一种小分队演出形式。最早的戏曲演出团体就是北宋时期三五个艺人为团伙的演出队伍。他们没有固定的演出场所,通常是摞地为场,收入十分微薄,被称作"路歧人"。这也与南乐县民间班社演出的目连戏中的演员人数基本相当。我们可以看出南乐目连戏具有北宋民间杂剧的特点,它是习俗化形成的固定性与生活化形成的随意性的统一。

商丘地区目连戏

商丘地处河南最东部,是苏、鲁、豫、皖四省八县的交汇处,交通便利,四通八达,古有运河通往江浙,今有陇海铁路与京九铁路在此交汇,较为繁华。因此,商丘能广泛受外界变化的影响,其戏剧形态也随着外界的文明不断变化。这里的目连戏已用豫剧的豫东调进行唱、念、做、打,有一定的格式和韵律,展示的内容也较完整,表现了各类角色的性格特征;也展现出了精彩的技艺,使表演具有一定的程式性和规范性。目连戏在商丘已在戏台上演出,商丘地区的商丘县、柘城县、虞城县、夏邑县、永城县等地的民间迄今在每年春节期间仍有目连戏片断演出。如商丘县李口乡上演的《大佛山》、虞城县文集乡上演的《拉刘甲》等。

商丘的目连戏在故事的内容上有较大改动,刘氏被陷地狱实属冤枉,她贤惠善良,吃斋念佛,勤俭持家,只是她弟刘甲,一个无赖找她借钱赌博未能如愿,才在刘氏回家时,故意陷害,偷偷在她茶中掺酒,饭中掺肉,阴司不察,错拿了她。这种更改与商丘民众善良、纯朴、耿直、憨厚的个性及思想观念有关。他们相信是非明断,因果报应。目连戏作为一种民俗戏剧,是人们物质生活的精神反映。当它流传到不同的地域,受到当地周边环境的影响时,其故事主体不变,情节会有所改动,以适应新的环境的需要。商丘的民间艺人正是根据商丘民众的生活、审美观点和对故事中人物性格的理解,对部分剧情加以改编,使故事所表达的思想符合商丘民众的心理要求和愿望,从中体现出民间的审美功能和社会作用。

有关中原的民俗戏剧还有河南商丘地区宁陵县的《鬼会》,安阳的《错判》,开封、新乡等地的《五鬼闹判》,濮阳市清丰县的《五鬼闹庙》等。

关于中原民俗戏剧的几点思考

1. 濮阳市地处豫北,这里"罗戏"与目连戏兼有。豫北的"罗戏"与"大弦戏"关系甚密,音乐结构都属于曲牌体。河南是个唱梆子戏的大省,豫剧、"越调"及其它大部分剧种在发展过程中,其音乐大都由中原弦索逐渐演变为梆子戏,音乐结构转为板腔体。"罗戏"与"大弦戏"的唱腔至今仍保留着曲牌体。历史上,元杂剧(北曲弦索)在河南很兴盛。元杂剧是以宋杂剧和金院本为基础,融合了宋金以来的音乐、说唱、舞蹈等艺术形式而形成的,音乐结构由诸宫调说唱转化而来。"大弦戏"就是由元杂剧沿袭而来,而且至今保留了原来的特点。如增句、减句、变节拍、移宫摘句、集曲等手法的运用,唱腔曲牌以七声音阶为主等。在发展过程中与弦索俗曲有联系的"罗戏"与"大弦戏"有许多共同之处,如在常用曲牌中都有【耍孩儿】【调子】【赞子】,二者在伴奏乐器中都有大笛(唢呐)、竹笛、板鼓、大锣、小锣、四大扇(即大铙、大镲)、尖子号等。因此,"大弦戏""罗戏"与元代戏曲、宋金戏曲及诸宫调都有着渊源关系。

2. 有关傩戏在传承发展过程中,面具使用的逐渐减少问题。笔者认为,在"罗戏"从仪式性戏剧向观赏性戏剧转变的过程中,人们逐渐认为戴假面不能生动表达面部表情,而把色彩直接涂在脸上的化妆,却能表达丰富的面部表情。然而,由面具到化妆实际上经历了一个历史发展的过程。其中半假面的出现,是面具到化妆的一个过渡。半假面即将假面下半部锯掉,露出下半脸,涂上与假面相同的颜色,或在脑门上画个或顶个朝天的假面。"罗戏"《跑马跳坑》中钟无盐娘娘,半边为旦脚化妆,半边为花脸,表现的就是戴半假面的形象。化妆在宋杂剧中已有"洁面"与"花面"之分。副净、副末色用白粉涂眼圈、嘴角,墨道儿画眉、面之上,显得滑稽诙谐。元杂剧中出现了净脚的"涂面"化妆。清代,又有了干粉妆、油粉妆,直至今天的油彩妆。化妆中的勾画可增强人物性格特征,如疙瘩眉表示威武刚强,卧蚕眉表示人物沉着远虑。脸谱可暗示人品,如《封神榜》中的殷纣王画匕首眉和笑嘴窝,示意他笑

504

里藏刀。我们也可从河南地方戏中总结出一些俗语,如"戏好表情欠,收获只一半";"脸上没戏,观众生气";"滑稽出在眼上,诙谐来自脸上,幽默长在嘴上"等。这些话言简意赅,生动洗炼,包含着艺人千百年来从事戏曲实践的经验,同时也说明假面到面部化妆的必然性。

3. 从南乐县的目连戏的表演看,由于该县偏僻和封闭,其目连戏至今仍保留着北宋后期民间杂剧的演出样式,即表演给人以粗糙感和稚嫩感。南乐目连戏唱腔主要用"大平调"演唱,音乐结构属于板腔体。因其唱腔音调稍低于"高调"(豫北调)而得名。有关豫剧,笔者认为是由河南本地的北曲杂剧,在明末清初与传入河南的山陕梆子结合而成。当时的山陕商人中有很多人酷爱戏曲,他们每到一处,就建商行会馆,筑戏楼,用重金聘请家乡的戏班来演出家乡戏。这些人也可谓是梆子腔的传播者。"大平调"也叫"大油梆",这足以说明"大平调"是随当时的油商传入的。"大平调"的演唱一般用真嗓,但在各类板式中仍保留着一种假声,当地俗称"带喊儿"。"大平调"的特点是乐队武场中有大笛、四大扇和尖子号伴奏,这一点与"罗戏"、"大弦戏"颇相似,锣鼓经也相同,其演奏颇具雄浑、古朴的风韵。

4. 商丘的目连戏已逾千年,至今依然顽强地活跃于民间。是什么原因使它在一个开放的环境里存活如此长的时间?

宋朝的建立,结束了五代十国的割据混战局面。在当时,兴修水利、奖励农耕、工商业空前发展,国都汴梁(今开封)成为国家的政治、文化中心;紧临着汴河的陪都"南京"(今河南商丘县),也相当繁华。当时"南京"的民间艺术活动生机勃勃,发展迅速。《闻见近录》记载:"南京去汴河五里,河次谓之河市……四方商贾孔道也……凡郡有宴设,必召河市乐人。"从中可知河市乐人就是露天作场的民间艺人,在四方商贾中影响颇大。杂剧的演出在这时的艺术活动中占有十分重要的地位,已成为一门独立的艺术,并有简单剧情,在教坊及民间都有演出。北宋中后期,民间与官方的演出交流越来越多。熙丰、元祐年间,孔三传创造的诸宫调适应了戏曲向剧情复杂丰富方向发展的趋势。北宋末年,杂剧已波及到一些偏远的山乡。靖康之耻,标志着北宋王朝的覆灭。公元1127年五月初一,宋徽宗的九儿子康王赵构于"南京"南门外幸山登基,史称宋高宗,从此开始了南宋王朝。十月,他由"南京"沿大运河南下,途径扬州等地,最后驾息临安(今杭州)。高宗迁都,带走了大批杂剧演员、乐工。在"南京"停留期间,杂剧艺人之间的演出交流使当地的杂剧艺术在原有的基础上又一次得到提高。南渡之后,目连戏开始南北分流。金陷北宋,但汴梁的文化传统并未中断,金人继承了宋人遗留于汴梁的传统文化。因此,宋杂剧与金院本基本上无差异。金人也在商丘阏伯台上建了王母祠,每逢报赛、庙会,百姓必会张灯演戏,通宵达旦,目连戏在商丘仍有演出。

到了元、明两代,商丘也广为流传着北曲杂剧。而且自明朝始,商丘八大宦门(沈、宋、侯、叶、余、刘、高、杨八家)各自都有自己的家班,名为"家乐"。到明末清初,商丘雪苑名流之一的贾开宗,在他的《溯园集》中写有一首诗,记述了八大宦门之一的宋家在上元日演出目连杂剧的情景:"泓农当户棚结绮,勾栏杂剧多谲诡,吐火吞刀百技呈……开户丰都鬼突出,纵横跳荡数竿棚,观者万众皆股栗。"从诗中可知,当时的戏棚布置很漂亮,台上似乎还有一些布景,戏中有"逃棚"已很明显,尤其是"万人股栗"的描写,与张岱的文集《陶庵梦忆》中的"万人齐声呐喊"颇有相同的气势。值得注意的是,昆曲自万历年间也传入商丘,至清康熙年间在商丘曾一度繁荣。商丘八大宦门之家的家班中也都养有昆曲艺人。崇祯十二年(公元1639年),著名文学家侯方域由家乡商丘赴金陵应试,结识了不少优伶名妓,如柳敬亭、李香君等,并与他们往来频繁。为办好自己的家班并致力于戏曲改革，他还到苏州阊门买童子，延请名师，并把大量的南曲引进商丘，这对商丘固有的北曲，起到重大的影响。南北曲之间的互相渗透对其后的河南豫剧豫东调的形成起着巨大作用。

明末清初，豫剧在河南产生，在南乐县的目连戏改用"大平调"演唱的同时，商丘的目连戏也开始用豫东调来演唱。值得一提的是，商丘地区有目连戏的几个县，刚好是当初以"南京"（今河南商丘县）为中心地带的方圆区域，这说明了宋杂剧在民间的沿续。

民俗戏剧作为民俗文化的一部分，对人们的影响是十分深远的。它本身就是集体创造和民间文化的传承，通过探讨中原民俗戏剧的演变脉络，可以帮助我们认识现实生活中的民俗文化现象，并追本溯源，弄清它产生和发展的规律。

●邢　莉

中央民族大学文学与传播学院

蒙古草原的傩文化

　　傩和傩戏是我国各民族存在的极为古老的传统文化现象,是
远古人类一种原始祭祀仪式和宗教型戏剧。目前对我国南方傩文
化的研究取得了重大的学术成果,而对我国北方傩文化的研究却
比较薄弱,以至于国外学者认为我国北方民族没有面具。实际上
我国北方民族的傩文化也源远流长。外国的民俗旅行家,曾经深
入到蒙古高原和西伯利亚地区进行实地考察,多次提到蒙古萨满
巫师的面具。波兰学者尼翰拉兹叙述布里亚特蒙古萨巫师面具的
情形:"靼靼之萨满彼等以白桦树之皮制造假面具,以栗鼠之尾托
于假面之上作须眉。"僧正尼鲁·浑·亚罗斯罗夫在布里亚特人
中发现了假面。此种假面旧时系一鞣皮、木材及金属所支撑者,斑
面修髯。此种假面在萨满之用品中已绝迹。[1]蒙古萨满的面具的
质地有三种:木制、皮制和金属制。

　　遥远的原始时代过去了,但是这种宗教意识和宗教舞蹈并没
有消失,而是通过喇嘛寺庙举行的跳查玛表现出来。蒙古地区的
傩舞,最早出现于1811年,据内蒙古的毛都噶查的喇嘛金巴札木
苏说,历史上内蒙古99旗,外蒙古57旗都跳《米拉札玛》。跳查
玛要戴各种各样的面具。内蒙古各地寺庙很多,演出的内容不同,
所戴的面具也各异。其中主要的面具有:

　　黑煞神:头带青色鬼头面具,呈人的头盖骨状,眼睛为两个深
洞,下颌突出,给人以恐怖之感。

白煞神:头带白色的鬼头面具,三只眼睛,两眼为深洞,下颌突出,阴森可怕。

蝴蝶神:圆眼巨嘴,为丑恶嬉笑的面孔。

海螺神:脸谱亦为嬉笑丑恶的嘴脸。

鹿神:鹿神的面具一般为蓝色,亦有呈黄色,头顶上伸出两只公鹿的角,头部还显现出梅花鹿的斑纹。

狮神:头戴卷毛面具,三只眼睛。

鳄鱼神:头戴鳄鱼头面具,为青蓝色,鼻大嘴丑。

凤凰神:头戴青色凤凰形面具,娇小玲珑。

星神:有文曲星和武曲星两种。面具为骷髅金冠,三角眼,巨嘴,横眉怒目,满脸杀气,威风凛凛。

天王神:面具根据天王殿内四大天王的原型制作。东方为持国天王,南方为增长天王,西方为广目天王,北方为多闻天王。面具为巨眼阔耳,方鼻大嘴,威风凛凛,力大无比。

护法神:护法神为大威德金刚。面具呈各式各样的兽类形状。狮子巨头环眼,大象锯齿阔嘴,老虎龇须怒目,豹头獠牙巨齿。

弥勒:即民间传说中的弥勒佛。传说他平日手挽布袋,见物即乞,所得全部献给寺庙。面具为和尚模样,笑容可掬。

金刚神:金刚神为护法神,号称四大金刚。他们头戴的面具各不相同。一个为象头,一为夜叉头,一为狮头,一为猴头,脸谱都为三只眼,怒目圆睁,锯齿獠牙,耳垂一只特大的耳环,个个都是凶神恶煞的模样。

白救度:女人像,慈眉善目,安详宁静,在佛教为观音菩萨的化身。

绿救度:女人像。在佛教里为文殊菩萨的化身,面相亦慈眉善目,和蔼可亲。

白老翁:为白胡子长者模样。白发皓髯,秃头阔嘴,善眉善目,

509

温顺而滑稽。

鬼众：均为骷髅面具，森然可怖。其中包括与人作祟的鬼，有乾闼婆、食血肉鬼、厌寐鬼、饿鬼、热病鬼等。

阎王、阎王坐骑、阎王妻：阎王及阎王妻均属阴曹地府。阎王头戴青色牛头面具，三只凶眼，面目狰狞。阎王坐骑头戴似麒麟的面具。阎王妻戴似牛非牛的面具。

喇嘛跳查玛的面具怪异奇特，形象逼真。有喇嘛化装成人、神、兽、魔、鬼等角色出场。无论表演的内容如何，出场的人物多少，一般可以分为两类。一为驱鬼者：包括佛教的护法神、动物神、菩萨、罗汉、长者、娃娃等。一为鬼众，包括阎王及各种鬼魅，梅花鹿为魔王的象征。

跳查玛是喇嘛庙内驱除鬼魅、禳除灾祸的表演。其服饰往往与其扮演的角色相配合。蝶神上身穿花缎紧身小袄，红兜肚，下身穿花裤、花裙、花鞋，手戴花手套，为花蝴蝶样。扮度母的头戴大沿遮帽，帽顶插五根雉鸡翎，身着各色筒裙。四大金刚着五彩锦缎大袍，肩上披五彩绣花披肩，脚穿花缎鞋。大威德金刚身穿五彩战袍，腰部绣有八宝缠腰图案，脚穿薄底靴。鬼众均穿白衣白裤，阎王着没有扣子的套头筒裙。

跳查玛时，各角色的头饰引人注目。归纳可分为几类：

骷髅型：有的头戴骷髅型的五佛冠。冠上立着塔型的宝珠顶，顶上的绒珠摇晃。

模拟型：海螺神则戴螺壳帽，鹿神头戴逼真的鹿角，救度母戴大沿的太阳帽，帽顶插五根雉鸡翎。

装饰型：有的戴特大的耳环，有的带大串佛珠。天王戴五佛冠。

跳查玛时每个角色手中都持有物或法器，可分为三类：

模拟型：跳天王时四大天王手持物与佛像所塑的四大天王相

510

同。东方持国天王手持琵琶；南方增长天王手持宝剑；西方广目天王手持水蛇；北方多闻天王手持宝伞。

骷髅型：有的人手持骷髅，例如护法的黑煞神就手持骷髅。女神手中也有骷髅。

法器：多数跳查玛的人手持法器。有的手持金刚杵，系一种铜制的神器，上面雕有各样的佛教图案；有的手拿嘎达斯，为钉状铜质神器；有的手拿五彩穗的法棒；有的左手持小皮鼓，右手拿弯型鼓锤；有的拿铁箍、钩子。[2]

跳查玛完全以舞蹈的形式出现。清咸丰年间成书的《古丰识略·人部》卷三十七给我们留下了极为宝贵的资料：

> 此间于正月十四日夜半，各寺俱登楼吹角，角以铜骹骨为之。传集喇嘛僧众妆束，黎明齐集五塔寺前，如天魔舞，有青狮、白象，以纸粘木为之，足有轮四，牵走如生。日出后各归寺闭门，扮演其扎萨克喇嘛或达利麻在殿上，南面据高坐褥以黄缎为之。著极厚，褥数层，高数尺，对面寺门前张黄伞一。喇嘛假寿星面具北向坐，关列小儿高二尺余，戴小沙弥面具者五合掌，侍东西廊突出戴假面具，衣灰白色，紧衣憔悴作枯骨形者数十，皆以三尺许小儿为之。殿阶西南侧坐喇嘛十人，作两行列，列各五，戴毡帽高二尺……衣紫布衫，袒柄鼓圆径二尺，柄注于地，以右手击之。寺门内，寿星稍北数喇嘛围案吹角声呜呜……枯骨者数十人聚阶下做大周转。每角一声，辄翘一足作商羊舞，进退以鼓为度，约炊许，轰然。仍东西散殿上出一老人，亦假面具，白髯眉，衣锦袄，裤靴具，黄色有织绣纹下阶，徐徐作龙钟态，笑容可掬，数小童扶掖以行，亦作大周转。依寿星立殿上，又出一人装束如女子，头插雉羽，舞作东西，盼顾下阶……以手中拂下指，拂柄作骷

髅形，衣锦衣云肩，下垂飘带数十百条，如戏班中宫衣冠前后围，亦小骷髅形，高寸余，约七八枚。数刻，殿上又出八人，两次下妆束如前，女子头插雉羽，四皆执拂，左右午殿上又出数队或两人、或四人对舞而下。约二十余，有牛首者、龙首者、鹿首者，皆假面具。以漆髹之状貌，狰狞如蛇神牛鬼，袍五色，与前十六女子穿花舞，以一牛首与插雉羽六者居中，所舞似无多式样，……舞毕，东西列老人者仍作前态上，至正坐前以首至地，袖出一物如帛，献之，名曰递哈达。摩顶受其寿星者，亦扶五沙弥上，如大壶卢旁生数小壶卢（葫芦），黄伞盖随至阶，寿星诣正坐前献哈达，如老人而退，正坐者起立，音乐导送入别院，舞者复对对作商羊而退入殿内，寿星老人皆入，外鼓角大作，数人舁一纸塔，上面作千百骷髅形，至庙外焚之。

据所载，跳查玛时，必须配以佛教音乐。大多在喇嘛庙前两侧排列长喇叭四支，各长 4.5 米，在跳查玛之前和跳查玛的整个过程中吹响，声如牛吼，传数里外。另有大鼓八面，分列门两侧，直径约 1 米、高约 1 米，下有木座立于地，鼓锤很长。除喇嘛号和大鼓外，伴奏的乐器还有羊角号、锣号、唢呐、羊皮鼓、钹、铜铃等。跳查玛时，喇叭、大鼓、铙钹按规定同时演奏。演奏这些乐器的目的并不在于恐吓有恶意的神灵，而在于促进喇嘛内心的静修。因为它有利于召请佛教的神灵下界，并使之依附于喇嘛禅师之身，以利于禅师进入迷狂状态，具有与恶魔搏斗的强大力量。

近代各喇嘛寺庙的宗教活动延续了跳查玛的习俗，其表达的内容与清代相同。但出场的人数、顺序、所跳的舞步不尽相同。

西部土默特地区大型跳查玛有 28 套，内有骷髅、舞神、天神、鹿神、土地神、老寿星、水牛、白蝴蝶神、欢乐神等等。先后出场 40多人次，而小型的只有七八场，出场者 10 到 20 人次。东部喀拉沁

512

地区有喇嘛化装成人、神、兽、魔、鬼表演。其出场顺序为男鬼、四大天王、蝴蝶、狮子、八大金刚、护教伽蓝、大威德金刚、弥勒佛和娃娃、老寿星和娃娃、鹿神。最后由表演者列队绕庙三周,然后由喇嘛焚烧"白扔",佛事完毕。

每年正月,北京雍和宫跳查玛的规模较大。

第一幕:跳白鬼,扮白鬼的喇嘛把白土撒向观众,观众后退,又角"净坛"。　　　第二幕:跳黑鬼。　　　第三幕:跳螺神。　　　第四幕:跳蝶神。此前四幕为序幕。　　　第五幕:跳金刚。　　　第六幕:跳星神。四人跳名叫四星神,十人跳名叫十天干,十二人跳名叫十二地支,最多的为二十八人跳,名叫二十八宿。　　　第七幕:跳天王。　　　第八幕:跳护法神。这时梅花鹿出现——即魔王的化身,众佛一起攻之。　　　第九幕:跳白救度。　　　第十幕:跳绿救度。　　　第十一幕:跳弥勒。这时上场的达几十人次。弥勒用绳子将魔王捆绑住。第十二幕:斩鬼。两名喇嘛抬一三角形大匣,装有一面人,面人的头部、咽喉、两手腕、胸部、两腿、两足等九个部位全部用铜钉钉于匣内,表示化装梅花鹿的魔王被捉住,弥勒把一斧型刀交与金刚。金刚用这把刀把人的脑袋砍下,是谓"打鬼"。第十三幕:送祟。斩鬼之后,众人合庆胜利。有两名喇嘛抬一三角架,架上插一金箭,金箭是用纸糊成的,红杆、黑羽翅、金镞。表示佛祖释迦牟尼用金箭将魔王的灵魂钉在三角架上,喇嘛将三角架焚化,表示魔王彻底被歼。

跳查玛的尾声为绕寺,即在第二天日出前众喇嘛列队围寺绕一周,亦即除恶务尽。

跳查玛是喇嘛寺庙内举行的一种大型的宗教仪式和宗教舞蹈,而后演变成蒙古族的民间节日。从本质上说,跳查玛属傩文化的一种。《绥蒙辑要》载:喇嘛庙内跳布占数次,汉人称为"跳鬼",

为被除全牧之灾,并占一年之吉凶。此项为跳布札,即远近蒙汉人民以及王公士官,不召自至,磕头礼拜,欢跃数日,汉商借以做买卖,犹汉人于乡镇赶集也。近代胡朴安在《中华风俗志》卷九说:"蒙俗打鬼,除不祥也,每年六月为止,在庙内用喇嘛戴面具跳舞,挥长鞭打人,着鞭者亦不怒也。"诗云:

> 头角狰狞面具装,怪衣飘拂舞如狂,
>
> 长鞭挥处无人避,打鬼除灾好致祥。

早在《周礼·夏官》里就有方相氏率领百隶从人行傩时的记载:"掌蒙熊皮,黄金四目,玄衣朱裳,执戈扬盾,帅百隶而时傩,以索室驱疫。"方相氏在率领百隶从人行傩时,必须头蒙熊皮,戴铜制的四目面具,身穿黑色上衣和红色夏装,手持戈矛盾牌……意驱鬼逐疫。跳查玛与之非常相似。

旧民俗志往往记载跳查玛源于藏族地区的跳布札,又名跳布踏。清·徐兰芬的《徐松西域水道记》引《打鬼歌序》写道:"打鬼者,梵语布札……今京师番色僧寺,上元除夕亦为之。"《清会典》载:布达拉众喇嘛装诸天神佛及二十四宿像。旋经颂经,又为人皮形,铺天井中央,神鹿五鬼及护法大神往捉之,末则排甲兵幡幢,用火枪送之布达山,以除一岁之邪。蒙古族的跳查玛就是藏族的跳布札。藏族叫"羌姆"。关于其产生有几种传说。

传说一:过去某藏王欺压百姓,百姓不堪其苦,故以跳神诱藏王往观,众百姓遂刺杀之,为了纪念,每年巡礼举行跳布扎。

传说二:乌斯藏有地方有一石房,久为邪祟所占据,白天黑夜夺人之食。当地喇嘛便假装诸佛之像,入石房捉住魔鬼痛打,石房之祟被驱逐,称之为"打鬼"。

传说三:古藏王朗达尔玛生性残暴,无恶不作,并企图毁掉佛法,吐蕃佛教衰落,民不聊生。有一名叫拉隆布勒多尔吉的僧人将自己所骑的白马染成黑色,将弓箭藏舞服之中,趁国王看歌舞之

514

时,从袖中抽出弓箭向国王刺去,朗达尔玛中箭身亡。拉隆布勒多尔吉乘马渡河,马立刻变成白色,因此逃离了追捕,人们为了纪念拉隆布勒多尔吉而跳布札。

传说四:打猎为生的白老人和黑老人打猎时遇到苦行僧米拉日巴,米拉日巴劝他们不要杀生,并向他们宣讲佛理。白老人听了规劝,皈依了佛教。而黑老人依旧嗜杀成性,甚至起了射杀米拉日巴的念头,他瞄准米拉日巴的头部和腹部各放了三箭,米拉日巴闭目祈祷,稳如泰山。黑老人才相信佛法无边。与白衣老人一道皈依了佛门,全局在欢乐的"奉献舞"中结束。

关于跳查玛起源的传说非常多,此不一一列举。传说虽各异,但都说明跳布札的主旋律都是驱魔。魔的形象有的是具体的人物,有的是看不见的神秘的东西,而且说明藏族跳布札的来源是西域佛教。意即跳布札是藏传佛教的驱魔仪式。

实际上跳布札的来源并非起源于佛教,虽然吸收了很多佛教成分。藏族最早信仰的原始宗教为苯教。根据不少藏族学者研究,在2500之前,青藏高原就普遍存在着各种原始巫教即苯:天苯、魔苯、赞苯。天是代表整个自然力量的意象概念,魔苯是某种神秘力量的象征,赞是苯教古籍中掌管主宰人家的神。据苯教史籍记载,在聂赤赞普之前500年左右,就已有第一代象雄王赤维色希日坚了。而藏民族文化传统的苯教正源于象雄。据藏族文献记载,藏族直到8世纪中叶之前还信仰苯教。8世纪中叶赤松德赞当政时从印度迎请擅长佛教的的旧密金刚乘巫术的莲花生大师,在修建桑耶寺奠基仪式上,"制定所喜的祭祀物品,又说出了镇伏凶神的歌词,在虚空中作金刚舞……"[3]莲花生以带入的"所谓教外别传的密宗(续部)金刚舞为基础,又吸收了藏族具有原始巫教色彩的民间图腾舞、人物面具舞、藏族古歌舞'阿卓'等艺术因素,将舞蹈形式用来表演降魔伏怪的故事"。[4]莲花遗教而后在桑耶寺落成开光大典上，驱鬼镇邪仪式咒术的"羌姆"的演出成为藏传佛教寺院傩的滥觞。在公元 11 世纪，佛教的后宏期，阿里古格王意希沃、降曲沃二修建托林寺庙，翻译了大量佛教密宗的经文，又给"羌姆"以影响。藏传佛教的各个派别宁玛、噶举、萨迦，还有佛教化的苯教寺庙都按照各自的教义发展了羌姆。藏族的"羌姆"是印度的密教和藏族的苯教融入了佛教的结果。

藏族远古信仰的原始巫教，在巫教基础上发展起来的苯教以及由印度传来的本土化的佛教，其教义、经典、仪轨各不相同，虽然各有特色，但彼此互相吸收和互相交融。自明代以来接受了藏传佛教的蒙古族也存在着跳神的习俗，旧的民俗志学者认为这只是对藏族傩文化的因袭。当然蒙古族的"跳查玛"是从藏族地区传入的，但是每个民族在接受一种文化的时候，必然融合了其本土文化的因素。

蒙古族的傩文化具有草原文化的色彩。其一，草原傩文化的面具具有民间色彩。蒙古族跳查玛面具之一为白老翁。白老翁白须白发，浑身素白，手持一拐杖。"这根拐杖完全相当于萨满们一般使用的马头杖，萨满们把这种拐杖当坐骑使用"。[5]他是主管畜群和丰收的神。白老翁的形象成了跳查玛的面具，表示牧人对牧业丰收的希冀。跳查玛中有骷髅神。骷髅神可以追溯到阴山岩画出现的史前时代。盖山林先生认为："在大坝沟中，由一些类似人的骷髅的头像，显然这是古代骷髅崇拜的遗迹。在大坝沟的骷髅岩画，使我们想起在内蒙古和西藏地区流行的喇嘛教的"查玛节，"在这一天要举行盛大的跳神仪式，跳神时喇嘛所带的面具，与骷髅岩画十分相似。"[6]从死人崇拜到头骨崇拜，发展出面具崇拜及其舞蹈表演。刻成的面具，象征着灵魂、精灵或魔鬼。[7]在黑龙江省原依克明安旗（现划归富裕县）境内流行"浩黑麦"，意即骷髅之意。多选在春季进行，活动者反穿羊皮袄，头戴骷髅面具，另有戴仙鹤面具随行,到各家拜年,寓意故乡祖先来看望后裔族人。[8] 生活在北方游牧民族的先民同澳洲非洲的土著部落一样,也都存在着将保存英雄的头颅加工,制成面具,在祭祀时戴上,目的是避免灾祸。另外面具中有蝶神,蒙语称"额尔伯黑"为"蝴蝶"。"这是萨满巫师为不育者求嗣的舞蹈。有六个或八个儿童戴着憨态可掬形象夸张的面具,在白老人的带领下,跳起儿童的舞蹈,而那个戴面具的老人,则象征着保护儿童的萨满神灵"。[9]

其二,如果把傩规定为具有特定含义的鬼神信仰、祭祀媒介、杀牲奉献、面具装饰的泛指符号的话,鬼神信仰是其产生的核心。蒙古族的跳查玛的主旨是驱鬼。鬼神观念产生在遥远的原始社会,在人无法把握自然和把握自身的时候,人们就以神鬼的观念解释不可理喻的世俗世界。一切福祉都是神带来的,一切灾难和疾病都是鬼带来的。蒙古族的萨满巫歌就有驱鬼词:"不吉利的八个鬼呀/今后不许再来这家/再来除非炒米长出庄稼的时候/再来除非鸡蛋变成小鸡的时候/再来除非棉花变成丝的时候/再来除非死狗头能够大叫的时候。"[10] 对于鬼——给人们带来疾病、灾荒、瘟疫、破财、死亡等一切灾难的无形的超自然的力量和有形的超人,人们都要驱除。人们往往把自然界中存在的某些奇异的猛兽视为"鬼"。根据有的学者考证,"鬼"字的另一种解释是指古代的确存在的一种似猿似猴的野兽,如章太炎先生在《文始》称"鬼头"的上半部即狒狒的古文:"披发,故独言其头;似人,故谓之鬼;鬼亦疑之怪兽。"在科尔沁蒙古族的萨满中"鸢"就是鬼的一种。萨满降服鸢鬼时唱道:"在那坨子上走的人/是从地狱中走过来的啊/啊嗬嘿呀/两个白鸢的鬼魂啊。"而降服鬼魂的是萨满:"附体的我在叫你呐/两个白鸢的鬼魂啊。"[11]

"好和麦"是科尔沁地区萨满巫师的驱鬼舞蹈,"德德日麦"是蒙古萨满巫师为人治病驱鬼镇妖的法术。"德德日麦"即表现"替死鬼"神穿病患者的衣服,头戴着患者形象的面具,跳着滑稽可笑的舞蹈,在萨满巫师的诅咒下,蹒跚离去的情形。[11]这与跳查玛最后的仪式非常相似。在跳查玛的仪式中,北京雍和宫烧掉了一个代表邪恶的替身。用火烧掉,也包含着原始信仰的崇火习俗。蒙古民族语言中保留着突厥词"奥特"(火),火经中也有"奥特汗、嘎拉汗"的记载。这两个词表示的是一个概念,这使我们推测到,当蒙古部落和突厥人毗邻而居并有许多共同的习惯时,他们已经知道崇拜火了。最古老的火的颂歌里唱道:(火)"你有穿透额图根(大地)的温暖,你有深入云端的浓烟。"[12]"我用烈酒来祭奠你,我用金银来装扮你。在你的头上倒油,用油来款待你。献给你九支蜡烛、九支香、九种绸缎和羊背。"对火及火神的崇拜是萨满教的多神崇拜之一。

其三,草原的傩文化是在召庙内进行的。跳查玛的日期各地不一。有的在正月十四日、十五日,有的在正月二十九至二月初一,也有的在农历正月初七、初八,六月十四、十五日跳。跳查玛时,内蒙古民众聚集,观者如云,成为民间盛大的节日。据《古丰识略·人部》卷三十七记载:是日,观者如堵山,男女番众亦结伴来,城巷衢为之塞满,男女由寺内出,入有一喇嘛手青卷巾拂其额,辄喜。有抱儿跪求者,有自以额就之者,掷钱数文或数十文不等。喧笑而散,云看跳神毕矣。《绥蒙辑要》载:"喇嘛庙内跳布占数次,汉人称为'跳鬼',为被除全牧之灾,并占一年之吉凶。此项为跳布札,即远近蒙汉人民以及王公士官,不召自至,磕头礼拜,欢跃数日,汉商借以做买卖,犹汉人于乡镇赶集也。"它虽具有人类童年时期驱傩活动的原始模仿性、艺术象征性、宗教神秘性,但是更具备娱乐色彩。人们经历了世俗世界和鬼神世界的双重人生,正是通过这个仪式,表达民间愿望的两种趋向——避祸和求福。跳查玛这一特殊的形式向我们表明,人们满足的不是认知的理性的经验的世界,而是感知的感情世界。正是这种感情形式和宗教思想的内在统一性,才是我们透过跳查玛那些今天看来难以理解的仪式窥视其本身的价值和意义。以家庭为单元的传统的牧业经济活动和社会,其结构相当脆弱,黑灾(旱灾)白灾(雪灾),生老病死等都可能严重影响一个家庭的经济生活并导致破产,正是这种个人命运的不可预测性为跳查玛提供了广泛的心理基础,正是畜牧业封闭的经济地理环境,为跳查玛提供了长期流行的空间。

注释:

[1][波]尼斡拉兹:《西伯利亚各民族的萨满教》,内部铅印本。

[2]邢莉:《游牧文化》第534—538页,北京,燕山出版社,1995。

[3]五世达赖著,郭和卿译:《西藏王臣记》,57页,北京,民族出版社,1982。

[4]刘志群:《藏戏与藏俗》74—75页,拉萨,西藏人民出版社,2000。

[5][意]图齐,[西德]海西西,耿升译,王尧校订:《西藏和蒙古的宗教》467页,天津,古籍出版社,1989。

[6]盖山林:《阴山岩画》,367页,北京,文物出版社。

[7][德]JE.利普斯:《事物的起源》183页。

[8]富育光:《北方面具文化考析》,《北方论丛》2001,(2)。

[9]乌兰杰:《草原文化艺术论》69页,68页,[台]蒙藏委员会丛书。

[10][11]白翠英等:《科尔沁艺术初探》273,263页,哲里木盟文化处编。

[12]国立列宁格勒大学图书馆。转引自《资料与情报》1981(1)。

● 白秀芹
中国艺术研究院

亦庄亦娱祭仪剧

祭祀活动之前,时间的选择上就已经开始了庄严、神秘气氛的营造。活动进行中,这种气氛通过人们的种种禁忌得到强化,神魔鬼怪的故事及狰狞可怖的面具无不让人感受着一种勇武的,令人敬畏的力量,这些都时时告诫着民众,以至于人们丝毫不敢有任何亵渎、冒犯神灵的言行。

祭坛不只是神秘和严肃的专场,爱情剧以及一些滑稽幽默戏的出现活跃了郁闷的坛场。这种氛围又恰恰与广大民众求聚集、求热闹的内心需求不谋而合,如此一来,一场轰轰烈烈的全民性的狂欢蔓延开来。

祭仪剧演出中,严肃与欢娱并存造就了这一演出形式独特的魅力——实用性、观赏性兼具。这也难怪祭仪剧在民间热闹红火,经久不绝。

祭仪剧的提出及结构特点

祭仪剧的概念是随着 90 年代傩戏研究的热潮而提出的。1991 年,台湾清华大学教授王秋桂先生牵头在大陆实施"中国地方戏与仪式之研究"大型考察研究计划,这使得许多偏僻地区的傩戏、目连戏及各种宗教仪式被大量挖掘出来,整个过程中,学术界对祭祀仪式及其戏剧表演倾注了空前的热情和精力,这一发掘、

520

研究过程中,祭仪剧的概念也被明确提出,1994 年 5 月,在台湾召开的"中国祭祀仪式与仪式戏剧研究会"上,"会议宗旨"明确指出:

> 籍一种仪式祈求达成驱凶纳吉的愿望是古往今来普
> 遍的现象……祭祀中别具意涵的肢体动作使得研究的触
> 角跨进了戏剧与舞蹈的领域。

这次会议不只提出"仪式戏剧"的概念,还指出"仪式戏剧"范围:仪式剧包括酬神戏、平安戏、愿戏、香火戏、社戏、丧戏等,这一界定基本上包容了滞留于民间的以驱凶纳吉为宗旨的祭祀仪式剧及相关的故事化表演。

祭祀仪式与我们世俗戏剧最大的区别恐怕就在于其附加的"仪式"二字,如果没有祭祀仪式的存在,祭仪剧也就离开了它赖以生存的土壤,当然如果没有装扮性的故事表演也就无所谓"剧"了。其实,"仪式 + 戏剧"这种双重身份体现在民间许多被冠以不同名称的祭仪剧中:有时表现为巫师或主祭人一边做法事,一边扮演诸位神灵,这种时候,法事与表演水乳交融,难分彼此;有时则表现为做完一段法事后,紧接着表演一段与祭祀相关的剧目,之后再进行下一段法事,这种情况下,虽然仪式与演剧在两个不同时间段进行,但演剧是为了更形象、更直观、更有效的演绎所供奉的神灵,演剧依然是法事的艺术化。

以端公戏为例,端公在请神时,随时会戴上面具,把自己扮成所请的某位神祇,直接在祭祀场合表演。这时的端公既是主祭者,又是演员,这种请神仪式,既是祭仪又是表演。对这种仪式戏剧我们有什么方法,有什么必要严格区分谁是仪式,谁是戏剧?端公戏的演出还有另外一种形式,那就是一些与法事活动相关的综合性剧目的演出,如《统兵记》这一剧目,演出于"放兵"科仪之后举行,科仪内容是说,诸神兵将驻居主家时间长了,需到外面去沐浴熏风,洗衣亮甲,改颜换貌,兵马放出后,原来的旧楼旧坛拆除重建。《统兵记》就是表现统兵元帅郭三郎统领九夷兵马、十二游司、五路五猖到外游行的故事。坛师(端公)将兵马放出后,紧接着进行"拆楼""拆坛"科仪。[1]这里剧目演出已经成了科仪必不可少的一部分。类似的端公戏剧目还有《扎五营》《落草记》《二郎记》《凤凰营》《财神营》等,他们如同《统兵记》都形象地、艺术地图解着科仪的内容,端公戏也就成了仪式与戏剧不可分割的祭仪剧。

祭仪剧的神秘性、庄严性

祭仪剧在结构上区别于普通世俗戏剧,在内容及演出程序上也有自己的独特之处,其中之一就是它的神秘性和庄重性。大凡祭祀活动都有驱凶纳吉、祈福攘灾的宗旨,整个过程中的仪式、演出都为了这一根本目的服务,在准备过程中,这种苗头就已经出现了。从时间上看,祭祀活动的日期往往选在某位神祇的寿诞之日,某些具有特殊含义的节日,不会与其它禁忌的日子相冲突。如目连戏在每年的七月十五盂兰盆会期间举行;湘西土家族的"毛古斯"在每年正月、三月间进行;云南端公戏在每年的立冬到立春期间举行,据说是怕冲撞桃花,不吉利,但更多的集中在正月初一到十五的十几天里,除了这段时间是农闲时节,人们有空儿举行大规模的祭祀活动之外,还有一个更重要的原因是人们想把春天勃勃生机的力量注入给庄稼,希望它们能茁壮成长,这一行为涉及自身生产生活的大问题,人们当然不敢当儿戏。

祭仪剧的严肃性还体现在它的出现往往和当地宗教信仰有关:关索戏出现在云南澄江是因为当地人传说关索曾随诸葛亮南征,屯兵于此;贵州威宁彝族"跳虎节"起因于当地人把虎当成自己的祖先来崇拜;河北武安"捉黄鬼"大型傩戏源于古时驱除瘟疫鬼的传统,一些傩堂戏是根据主家或求子、或求财、或去病、去灾而

522

举行。上述这些形式祭仪剧的出现，无论是依据历史传说、民族神话、个人信仰的哪一种，其背后深藏的依旧是对万物有灵观念的固守，对冥冥之中神灵的敬畏，在这种观念的支配下，庄稼丰收取决于神灵恩赐；部族兴旺要靠祖先神保佑；生病、无子或家道不顺是鬼怪作祟。为了让神灵帮助自己，谁还敢不诚心诚意去拜祭它们呢？

敬畏、神秘的心理在随后活动的各个步骤都或隐或显存在。以关索戏为例，演出前要举行祭祀药王的仪式，包括点燃松柏驱邪，用鸡血为面具开光，饮鸡血酒等环节。到了晚上，全体演员跪拜于神位前，边跪边由主事者念："药王大将，今年我们大家诚心诚意请你家去玩玩，请你保佑我们清吉平安，五谷丰登，六畜兴旺"，之后，进行演出排练。关索戏演出在大年初一举行，除夕日，全体演员要在寺里用大锅烧水，洗澡净身，每个演员要连洗三次，净身后就不得回家睡觉，不准抱小孩，演员都集中住在寺内两边厢房楼上，一直到正月十六演完方得回家。演完后，举行的送药王仪式在深夜进行，众人拿着香，尾随捧着牌位的主事人到村口西北角跪下，祈求药王大将返回天庭后，保佑他们一年清吉平安，五谷丰登，六畜兴旺。仪式结束返回时，所有人相互间不许讲话，不得有响声，也不准回头望后面，如若犯了一条，药王回不到天上去，会给全村人带来灾难。[2]

从这一系列繁琐的规矩与禁忌和人们毕恭毕敬的态度中，我们不难看出这件事在人们心目中的地位，外在的种种行为恰恰是内心极其重视、敬畏的体现。

这种神秘、庄重除了体现在祭祀仪式的各个环节上，还体现在演出剧目内容及剧中人物所戴面具上。祭仪剧的剧目内容绝大多数是神鬼戏、英雄戏，神灵、鬼怪、英雄占绝对优势统治了祭坛，这种情况几乎存在于每一种祭仪剧中。山西潞城的《礼节传簿》剧目,云南关索戏、贵州地戏,端公戏等均体现这一规律。剧目内容决定了出场人物所戴面具外形,祭仪剧的面具大多青面獠牙、狰狞恐怖或是勇武骠悍、令人生畏。贵州地戏面具中最有代表性的十二神,个个鼓眼、獠牙、青面,面具上的人眼珠,夸张地大而突出至正常人的二、三倍,凶光毕露,杀气腾腾,他们的嘴更夸张,或血盆大口,或阔口裂腮,牙齿外翻,再加上眼角、嘴角、鼻翼线条的勾勒,嘴巴上胡须的衬托,[3] 这些夸张的面孔令人不寒而栗,如此凶相之神不只是震慑了人,更重要的是他们驱走了恶鬼邪魔,保证家道清吉、人寿年丰。还有一些不戴面具但装扮特殊的神灵出现于祭仪剧中,贵州毛古斯,彝族跳白虎是最好的例子。"毛古斯"活动中,演员全身披上稻草,身绑粗鲁棍,双腿弯曲,嘴里发出含混不清的声音。[4] "跳虎节"中,人穿黑毡扎成的虎衣,脚穿草鞋,脸上和四肢画上虎纹,且模仿老虎走路、跳跃的样子,[5] 这种奇怪装束的演出向族人展示着早期先民的耕种、繁衍生活,后人通过举办这种活动教育子孙,祈求祖先保佑本族兴旺发达。

诸如此类的其他方面,我们不必一一列举,祭仪剧中那种特有的严肃内容、神秘气氛已经把它和世俗的戏剧表演严格区分开来,它给人们造成的那种神秘、严肃的心理暗示也是我们观看任何一种世俗戏剧所不具备的,这是祭仪剧独具魅力的地方。

祭仪剧的娱乐性

祭仪剧演出活动中,一方面是循规蹈矩,禁忌多多,人们心里时时怀着对神灵的敬畏。但另一方面一种潜滋暗长的愉悦人的力量已深入人心,具体表现为演出时宏阔的场面和一些世俗戏剧的出现。我们所熟知的目连戏的演出曾经是"轰动村社",[6] 现在我们所能看到的一些祭仪剧演出亦是热闹红火不减,演出前一些仪式已透出难以遏制的红火劲儿。关索戏正式开演前的"踩街""踩村"仪式中,一行人穿戏服、戴面具,旗幡招展锣鼓齐鸣到各家各户去祝福、收灾,全村老少或是尾随其后,或是围观路旁,平日辛苦劳作的民众难得见如此壮观热闹的场面,整个村子都为这每年一次的盛会而激动、兴奋不已。相似的情况还见于安徽贵池傩戏的请神仪式中,山西曲沃《扇鼓神谱》的收灾仪式,河北武安傩戏中押黄鬼游街仪式……。这些规模宏大的仪式场面无论其宗旨多么严肃、禁忌多么严格,但它在客观上所造成的气氛已远非祭仪剧本意,它为民众带来的愉悦满足感已深深掩盖了其主题严肃性。

祭仪剧演出进程中,草搭的戏台上,或空阔的广场上,神魔鬼怪轮番登场,天曹地府时有出现,那夸张的面具、曲折的故事、神秘的场景无不激发起围观群众极大的好奇和无比的满足。试看目连为救母"上穷碧落下黄泉";[7]黄痨鬼被方弼、方相追杀,他不但不害怕,反而肆无忌惮地在街上胡抓黑闹,从街头的货摊上随便攫取一些小商品;刘青提出嫁时,轿夫抬着新娘子从"刘府"(预先在戏台附近扎好)走向戏台,吹吹打打,礼乐相随,一些观众可被认为新娘亲戚,受到新娘礼拜。[8]这些让人眼花缭乱的场景,演员与观众,台上与台下融为一体的演出形式,有哪位观众不为此气氛所感染,不全心全意的投入其中,浸染其间呢?

正因为人们喜爱这项祭祀＋娱乐的活动,于是每年的这个时候人们都会渴望着、期待着,并且积极参与着这一活动。宋代及以后祭祀演出活动的兴盛有力地证明了民众的这种心理。从南宋时人陈淳的《上傅寺丞论淫戏》所记福建漳州的祭祀演出活动就可以见出:

> 当秋收之后,优人互凑诸乡保作淫戏,号"乞冬"。群不逞少年,遂结集浮浪无图数十辈共相唱率,号曰"戏头"。遂家裒敛钱物,葺优人作戏,或弄傀儡、筑棚于居民丛萃之地。四通八达之郊,以广会观者;至市鄽近地,

四门之外,亦争为之不顾忌。今秋自七八月以来,乡下诸村,正当其时,此风正在滋炽。其名若曰戏乐。其实所关利害甚大:一、无故剥民膏为妄费;二、荒氏本业事游观;三、敛簧人家子弟,玩物丧恭谨之志;四、诱惑深闺妇女,外出动邪僻之思;五、贪夫萌抢夺之奸;六、旷夫怨女,邂逅为淫奔之丑;八、州县二庭,甚有假托报私仇,击杀人无所惮者。其胎殃产祸如此,若漠然不之禁,则人心波流风靡,无由而止,岂不为仁人君子德政之累? ……[9]

　　每年游惰不逞之民。以祭赛鬼神为名,敛求钱物。一坊巷至聚三、二百人,作将军、曹吏、牙直之号,执枪刀旗幡队杖,及以女人为男子衣或男子衣妇人衣,导以音乐百戏,三四夜往来不绝。[10]

尽管这些记载都是站在封建卫道者的立场极力诬蔑祭祀演出,但它们恰恰从侧面反映出民众对这一活动所表现出的极大热情,极强的主动性。试想一村或一乡之民无论男女老少聚集热闹繁华之处观剧、嬉戏、耍闹,夜以继日沉湎其间,这样的日子对于平日辛勤劳作,难得闲暇的乡民们来说简直就是一年一度的狂欢节,这样的活动他们怎能不喜欢?

如果说祭坛中热闹红火的场面客观上契合了精神贫乏的民众们求热闹的心理,那么另有一种现象却让人不得其解,一些语言俚俗甚至猥亵的表演和一些生旦爱情世俗剧的出现与神圣的祭坛显得那么不协调。这种情况在端公戏、安徽傩戏、湖南西北部地区的傩戏等祭仪剧中均有出现。这类剧目尽管数量不大,但他们的存在似乎冲淡了祭坛的神圣。然而,如果我们深挖下去,会发现这种能为百姓们带来嬉笑、娱乐的剧目背后隐藏着古老的宗教信仰和民俗信仰遗风。解放前,西南各少数民族中有举行与农业相关的"孕育仪式"的风俗。

526

按照若干古代和原始民族中的信仰，必须每年举行仪式使土地恢复其孕育力，否则农作物即不能萌芽生长。男女交合是这种仪式中较普遍的动作……此种遗意即使在以前中原地区亦所不免，例如宋·释文莹《湘山野录》卷中载一则云："冲晦处士李退夫，作事矫怪。携一子游京师，居北郊别墅，带经灌园，持古风以饰外。一日老圃请撒园荽，即博物志张骞西域所得胡荽是也。俗传撒此物，须主人口诵猥语，撒之则茂。退夫固矜纯节，执荽子于手撒之，但低声密诵曰：'夫妇之道，人伦之始，'云云，不绝于口。无何客至，不能讫事，戒其子使毕之。其子尤矫怪于父，执余子咒之曰：'大人已曾上闻。'皇祐中，馆阁遂以为雅戏。凡或谈语清淡，则曰宜撒园荽一巡。"[11]弗雷泽也说：

> （原始人）相信动物世界和植物世界之间的关系比它们的表面现实更为密切。所以，他们往往将复活植物的戏剧性表演同真正的或戏剧性的两性交配结合在一起进行，用意就在于同时繁殖果实、牲畜和人。[12]

在这种心理观念支配下，最初祭仪上的男女交合更多体现出一种虔诚、神圣心理，人们认为行为本身会为本氏族、部落带来丰收吉祥。随着时代发展，当宗教信仰、观念逐渐消失殆尽之时，庄重、神圣的气氛逐渐让位于耍笑娱乐的氛围。云南的端公戏中，梅香、土地、灶公、和尚等人物出场时均有一段"春戏"或"耍戏"表演，这些表演一般无文字记载，由端公随意发挥，即兴创作，其中的小旦小丑打情骂俏，乡野村夫的憨态可掬确实驱散了笼罩在祭坛上的郁闷之气。端公们总结说："有正坛有玩坛，正坛不如玩坛好。""玩坛"就指端公表演耍戏、春戏。另有世俗剧如《孟姜女》，尽管它是一个感人至深的爱情故事，但在湖南西北，安徽地区依旧把它作为傩戏剧目演出,而且在当地极受欢迎。傩坛之所以吸纳这个世俗剧并不是为了娱乐神灵、观众,这个故事包含着上古遗俗,孟姜女因洗浴时被范杞良窥见,遂与之结为夫妇,这一情节反映了古代习俗,即:古代男女在六月六那天为驱除身上的灾难污秽要去莲池洗澡;[13]孟姜女哭长城则与原始宗教中女巫"凡邦之大灾,歌哭而请"的巫歌有关。[14]这两个情节中所蕴含的两种古俗与傩戏驱邪去灾的宗旨不谋而合,《孟姜女》成为傩戏家族成员当然无可厚非。不过,现今的民众已经意识不到《孟姜女》中的古风遗绪,而更多被主人公的执著爱情所感动,剧中真情的力量摧毁象征皇权统治的长城,满足了观众的审美要求。

由以上的内容可以看出,祭仪剧的群体参与性,剧目内容的故事性及一些世俗戏剧内容的加入使得祭仪剧摆脱祭坛的束缚,呈现出一种热闹红火的场面,轻松愉悦的氛围。应该说是祭仪剧的双重身份决定了其庄重性与愉悦性兼具的特点,对神灵的献祭及其中不可更改的程序确实体现出人们对神灵的敬畏,这种敬畏的缘由便是唯恐违背神的意愿而招致灾难,从这种意义上说,祭仪剧的演出有其实实在在的用途——为民众驱灾纳吉。这一用途是其他任何戏剧形式所无法取代的。祭仪剧作为一种特殊的演出形式又具有戏剧固有的娱乐性、审美性,火爆热闹、轻松愉悦的氛围满足了观众的好奇心和审美趣味,在终年劳作,仅得一饱的农村生活中,这种娱乐又显得弥足珍贵,因此,祭仪剧的实用性及娱乐性缺一不可,它们是农民生活中不可或缺的两个组成部分,也是祭仪剧生存的两股命脉,有它们的支撑,祭仪剧这一戏剧形式才得以在民间热闹红火,经久不绝。

注释:

[1]郭思九、王勇:《云南省昭通地区镇雄县泼机乡邹氏端公庆菩萨调查》,台湾《民俗曲艺丛书》。

[2]杨应康:《关索戏的祭祀活动与演出习俗》,《云南傩戏傩文化论文集》,云南人民出版社,1994。

[3]黄茂砚:《地戏面具狰狞美探源》,《安顺地戏论文集》,文化艺术出版社,1990。

[4]张子伟:《"毛古斯"原始戏剧品格解析》,《中国傩》,湖南师范大学出版社,1994。

[5]唐楚臣:《云南小麦地冲的彝族跳虎节》,载于《民俗曲艺》96期。

[6]明代祁彪佳在《远山堂曲品·劝善》中记述目连戏在民间演出情况是:"……无奈愚民佞佛,凡百有九折,以三日夜演之,轰动村社",转引自刘祯《中国民间目连文化》,巴蜀书社,1997。

[7]刘祯:《中国民间目连文化》。

[8]张振南:《乐剧与赛》,《中华戏曲》第13辑,第245页。

[9][10]陈淳:《北溪文集》卷27。转引自郭英德《世俗的祭礼——中国戏曲的宗教精神》38-39页。

[11]吕大吉、何耀华、于锦绣、杨淑荣:《中国各民族原始宗教资料集成·考古卷》,第622页,1996。

[12]弗雷泽:《金枝》,第473页,中国民间文艺出版社,1987。

[13]康保成:《傩戏"姜女下池"与华夏古俗》,《中国傩》,湖南师范大学出版社。

[14]王兆乾:《安徽贵池傩戏剧本选》附录一:"安徽贵池傩戏概况"。

● 汪晓云

厦门大学中文系

民间狂欢仪式:黄梅戏的相对原生态

一

　　黄梅戏是从乡村小戏发展而来,《闹花灯》和《打猪草》是黄梅戏早期乡村小戏中最具代表性的剧目,安庆各地现在还有"天天打猪草,夜夜闹花灯"的说法。早期黄梅戏老艺人不同的口述唱本——胡遐龄口述本《闹花灯》、余海先述录本《夫妻观灯》以及陈宗江口述本《打猪草》、余海先述录本《掰竹笋》,是我们能找到的这两个小戏最原始的文本。这几份老艺人的口述,比起经50年代改编的《闹花灯》和《打猪草》,更接近原生态。由于无法判定不同口述本的演出背景,我们只能以改本为参照,比较两份口述本与改编后版本的不同。为方便起见,下文将胡遐龄口述本《闹花灯》及余海先述录本《夫妻观灯》及改编后版本《闹花灯》统称胡本、余本及改本《闹花灯》,将陈宗江口述本《打猪草》及余海先述录本《掰竹笋》及改编后版本《打猪草》统称陈本、余本及改本《打猪草》。

　　先看《闹花灯》。与改本相比,余本和胡本有大量生旦逗趣的对白,这些对白多以谐音造成的插科打诨为主,改本中,插科打诨的对白被删除,如余本和胡本开头都有夫妻隔门对白,且都有将"裹足"故意说成"裹粽"的细节;夫妻相见后,余本和胡本又都有一大段戏谑性对白,现引余本中的一段:

李荷花(白)当家的,你在哪里呢?

王小中(白)我盘里滚到沟里。

李荷花(白)敢是城里到州里。

王小中(白)不错。

李荷花(白)你也看见什么世景么?

王小中(白)我看见个五人轿。

李荷花(白)四人轿。

王小中(白)中间坐个小贼。

李荷花(白)坐个老爷。

王小中(白)不错。他前面有一对夜不收。

李荷花(白)衙役头。

王小中(白)不错。他挡到我们的尿路。

李荷花(白)你挡到他的道路。

在改本中,这些逗趣的因素统统消失。除插科打诨的对白被大量删除外,生旦的唱词也遭到大幅度的删改,余本和胡本中旦角出场时唱的开门调都比改本中的复杂得多,且有一些粗俗淫秽的暗示,现以胡本中唱词为例:

奴在房里绣荷花,呀呀子哟,

看见蝎子墙上爬,

喂却喂却一喂却,

喂却我的冤家郎呀哈哈,

伸手去拿它呀哈呀。

蝎子咬了我的手,呀呀子哟,

又痒又痛又酸麻,

喂却喂却一喂却,

喂却我的冤家郎呀哈哈,

从后不拿它,呀哈呀。

夫妻观灯之前,胡本和余本都有夫妻进庙求子的仪式表演性唱段,这一段唱词在余本和胡本几乎相同,但在改本中不再有。此外,两个口述本都有以各朝代历史典故和历史人物故事描述花灯的唱段,胡本从周朝、三国一直唱到唐、宋、元、明、清,余本从周朝和三国唱到唐、宋,这些带有历史戏说意味的民间意识形态性唱词在改本中只简化为周朝和唐朝,仪式性因素与意识形态性因素都做了大幅度删改,这无疑是官方意识形态作用的结果。

除对白与唱词大量删改外,改本对表演部分也作了修改。余本和胡本《闹花灯》中均有旦角看灯时因被人踩脚跟和踩掉鞋而三番两次撒娇生气不愿看灯的表演,改本将这段表演简化成妻子见有人不看灯而看她因此撒娇生气不愿看灯。

口述本中被删改的还有粗俗的骂人话和鄙陋的俚语、俗语。余本中当王小中唱"不好了,不好了,荷花的裤子被火烧了!",李荷花吓得又看又摸自己的裤子,唱道:

你拆白的鬼,哄老娘,活活的把我的魂、魂吓掉!

胡本中的王妻唱的则是:

吐脓的,吐血的,险些儿把奴魂吓掉。

"拆白的鬼"、"吐脓的"、"吐血的",都是安庆方言俚语中较为恶毒的骂人话,改本中改为家人之间常用的亲昵骂人话"砍头的"。与《闹花灯》改本对对白、唱词与表演中大量情节进行删改相类似,《打猪草》的改本也更为简洁、精雅。余本和陈本《打猪草》都有旦角"偷笋"的行为和生角"偷牛"的历史,都有"要钱"、"赔钱"、"掰笋"、"拜老庚"的情节,改本中"偷牛"、"掰笋"与"拜老庚"都被删去,"偷笋"改为"碰笋","赔钱"改为"赔笋"。而这些被删改的情节恰恰集中了大量生旦调笑逗趣的科诨因素与粗俗戏谑的唱词,如余本《掰竹笋》中"拜老庚"一段:

金三伢(白)你么年生的。

532

陶四女（白）甲寅。

金三伢（白）你嫁人，就嫁我。

陶四女（白）呸！我甲寅年乙卯月生的。

金三伢（白）是我心下一喜，我说你嫁人就嫁我。

改本《打猪草》除保留陈本和余本的精华部分——对花调外，其他细节因素都作了不同程度的删改。与情节删改相对应的，是文辞的雅驯。改本中对"活妖婆"、"死不要脸的东西"、"贼婆娘"、"小婊子"等骂人话也作了润色加工，陈本和余本中带有戏谑与挑逗、暗示性的对白和唱词都经过剔除与加工，原本较为粗糙的唱词也更加对仗、齐整，这样，《打猪草》原来粗俗戏谑的风格变得清新雅致，俨然一幅纯净美好的乡野风俗画和一对善良厚道的乡村小儿女。

二

对民间口述剧本的记录、加工、润色、整理，是一个"文化过滤"过程。其传统一直可以追溯到孔子删《诗》。葛兆光谈到这一传统时指出，在漫长的历史过程中，由于"删诗"传统等人为的作用，社会历史文献经"'意识形态'、'精英意识'、'道德原则'、'历史学叙述'等几重筛子的选择、编辑、写作、评述"，[1] 早已失去其原初的本原面目，只剩下其"硬体部分"的形状、结构或其大致迹象的遗存。倘若把老艺人的口述本当作相对原生态的黄梅戏形态，我们看到，改编后的《闹花灯》、《打猪草》情节更紧凑集中，对白与唱词更精雅工整，表演也更规范，老艺人口述本中插科打诨式因素、粗俗的骂人话和戏谑的动作，以及仪式性与民间意识形态性唱词都被删除或更改，只保留了原唱本"化石"的"硬体部分"，如《打猪草》中的"对花"和《闹花灯》中的"观灯"。在这里，我们选择黄梅戏作为切入点，以黄梅戏相对具有乡村原生态形式的剧目

《闹花灯》和《打猪草》为个案，不仅仅是因为黄梅戏具有从乡村地方小戏迅速发展壮大成全国性大剧种的特殊历程，更是因为我们现在依然可从黄梅戏小戏中辨别黄梅戏相对原生态的特征，此外，早期老艺人的口述本也使我们更贴近其原生态。

就戏曲这种以说唱为主要形式的民间艺术样式而言，它本是民间艺人口耳相传肢体相习的表演艺术，由于文人的介入与参与，戏曲始而"文字化"终而"文士化"。这样一来，戏曲就失去了原初的面貌。"关于经验的记忆可以活在戏剧中，一旦翻译成流传的句子，就隐含着僵化成缺乏鲜活印象的书页的危险。"[2]我们不仅有文人的"删诗"传统，更有官方的"禁戏"传统，"删诗"与"禁戏"遂成为戏曲的双重过滤器，使戏曲的外在状貌和内在功能发生了根本的变异，我们对戏曲的认识也越来越偏离其原生态样式而忽略其被遮蔽的一面。为使我们的研究不再是滞后的"化石"研究，我们有必要回溯本原，追踪戏曲的原生态，研究戏曲原生态形式的变异。由于戏曲的说唱表演特征，其存在形态就是一个永远处于流动和变异中的过程，因此，我们的研究就只能是相对原生态的研究，绝对的原生态形式由于难以确定其具体的状貌不可能成为研究的对象。

联系黄梅戏一度遭"官禁"的历史，[3]我们不难发现，"官禁"的尺度正是黄梅戏改编的尺度，即剔除官方意识形态观念中不健康的、有伤道德风化和有碍礼仪秩序的因素，经过删改加工，相对原生态黄梅戏在"文字化"的基础上越来越"文士化"，删改的过程就是过滤与提取的过程，在此过程中，黄梅戏相对原生态的形式发生了变异，原唱本中插科打诨式因素、粗俗的骂人话和戏谑的动作、仪式性与民间意识形态性唱词为规范化、雅驯化的成熟戏曲脚本替代，而插科打诨式因素、粗俗的骂人话和戏谑的动作、仪式性与民间意识形态性唱词是乡村原生态地方戏最具本质性的民间狂

534

欢仪式的体现,是乡村原生态地方戏的内核。

"狂欢"一词在中国词典中只和西方的"狂欢节"即"谢肉节"联系在一起,而"狂"在中国向来是带有贬义色彩的,它的本义指狗发疯,后泛指人疯狂。受巴赫金狂欢诗学的影响,近年来中国学术界各领域尤其是民俗学、人类学领域才开始发现"狂欢"作为语义学概念与范畴在中国民俗文化领域大范围的存在。从子贡向孔子描述蜡祭"一国之人皆若狂"的情景至今,对民间祭祀仪式演出场景与传统民俗如社火、庙会等活动的描述常与"狂"联系在一起,但由于官方"仪"与"礼"的约束,我们很少将"狂"与"欢"相提并论。从戏曲本身的发展来看,倘若它褪去了乡村原生态的本来面目,成为文人案头阅读的剧本和士大夫化、宫廷化的精雅演出,谁还能看出它的民间狂欢仪式本原呢?

较之改编后的《闹花灯》和《打猪草》,黄梅戏老艺人的口述本更具有相对原生态性,而相对于黄梅戏后期日益精雅化的文人创作如《天仙配》、《女驸马》乃至更晚一些的《龙女》、《徽州女人》,即使是经改编了的《闹花灯》和《打猪草》也更具相对原生态性,其相对原生态性最明显的体现是从演出形式到演出内容诸多因素无所不在的狂欢化色彩。

从口耳相传、人人参与的民间娱乐狂欢活动到具有一定师承关系的职业与非职业性演出,从乡村到城市、从本地到异乡、从地方小戏到全国性剧种,黄梅戏每走动一步都意味着由俗到雅、由边缘到中心的努力与挣扎,在这努力与挣扎中,黄梅戏最初的民间狂欢仪式逐渐弱化,而相应的戏曲审美因素一步步加强,老艺人口述本《闹花灯》和《打猪草》的删改便是这一过程的充分体现。

在巴赫金的狂欢诗学中,狂欢是源于狂欢节仪式——演出形式的狂欢节式世界感受,而狂欢节仪式——演出形式是民间诙谐文化的一种基本表现形式。民间诙谐文化与官方严肃文化相对立,具有包罗万象性、与自由不可分割和与非官方民间真理的重要联系,其审美观念为怪诞现实主义。怪诞现实主义以物质、肉体因素为自然因素,其主要特点是降格,即贬低化、世俗化、肉体化,怪诞的人体观念是怪诞现实主义的基础,而中世纪和文艺复兴时期的怪诞风格充满了狂欢节的世界感受,因此,怪诞风格与民间诙谐文化和狂欢式节世界感受不可分离。[4]

巴赫金的狂欢诗学建立在西方民间广场文化的基础上,是西方民间传统文化在特定历史时期的折射,狂欢诗学着重表现狂欢式世界感受。我们这里所指的则是乡村地域范围内作为戏曲发生学意义的民间狂欢仪式及其在审美化精雅化戏曲形态本身的遗存,侧重于狂欢式生存体验。

虽然文化背景和观照视角不同,狂欢的形式和本质却没有差别。《闹花灯》和《打猪草》改本中被删除的插科打诨式因素、粗俗的骂人话、戏谑的动作、仪式性与民间意识形态性唱词是民间狂欢仪式在乡村原生态戏曲中的反映。狂欢是一种突破了等级、界限与规则和秩序的活动,乡村世界的狂欢与娱乐有着本质上的亲缘关系,其狂欢的时空也极为有限。除娱乐狂欢的功能外,祭祀仪式也是其主要功能之一。正是在娱乐和祭祀仪式的结合中,狂欢式生存体验才被释放出来,并找到相应的载体得以呈现。插科打诨式因素以丑角表演的形式表现,常与粗俗的骂人话、戏谑的动作联系在一起,它们不仅是娱乐狂欢活动的集中体现,更是乡村生活原生态形式的形象化展示。的确,即使是在现在已被文明彻底浸透的乡村,乡野村民们仍然熟稔于这样插科打诨式的逗趣调笑,在这调笑中往往伴随着粗俗的骂人话与戏谑下流的动作。这是乡民远离官方意识形态中心,在一定自足空间内不拘言语行为方式的有限自由生存,这样的生存方式一旦与节庆娱乐、与祭祀仪式相结合,就掺入了仪式表演与娱乐狂欢的因素,成为生活与表演的合一,成为对生活原生态的变形与夸张。

由于生活与表演的合一,由于仪式表演因素和娱乐狂欢因素的整合,戏曲便成为仪式表演与娱乐狂欢的当然载体,戏曲的扮演本质、戏曲具体言语动作既超越现实又摹拟现实的表现方式为乡村娱乐狂欢提供了无与伦比的承载空间。

因此,以民间狂欢仪式为内核的乡村原生态戏曲不是审美意义上的成熟戏曲演出,从审美功能和角度无法对它作出合理的解释和有效的评判。它是粗俗的、原生态的生活样式本身,与精雅的、成熟完善的戏曲表演艺术相对立;它也是乡野村民传统的仪式表演与娱乐狂欢的载体,与文人视野和官方意识形态统治下的审美标准相对立,是远离都市的偏僻乡野在其自足空间内有限度的狂欢。

然而,即便是有限度的狂欢,由于戏曲本身的传播功能,又由于乡村远离中心偏于一隅的地理环境,更由于职业艺人的分化,乡村原生态的黄梅戏声势日渐壮大,影响日渐深远,遂引起官方的注意。"一种剧种,在村坊小戏阶段,统治阶级是不会注意的;一定要等到它发展壮大,进入都市,才引起他们的注意。"[5]在官方意识形态视野中,插科打诨式因素、粗俗的骂人话和戏谑的动作表演以及仪式与民间意识形态性唱词有悖风化,即有碍于他们制定的秩序与规范,必须加以禁止;而在文人士大夫的眼中,这些原本是乡野村民狂欢仪式的原生态形式则被视为粗俗与野蛮,即与他们确立的审美标准不符,甚至背道而驰,必须加以删改。"禁戏"的尺度与"删诗"的尺度在对待乡村原生态戏曲的方式上总是不谋而合,其中最为本质的原因乃是乡村原生态戏曲传达的仪式表演与娱乐狂欢性因素是他们眼中的"异质"。"从传统上说,狂欢节庆祝的是混乱,并允许在一定时间内随心所欲。"[6]混乱是官方意识形态视野中的"异质",而粗俗则是文人士大夫精雅艺术观照下的"异质"。

我们从老艺人口述本《闹花灯》和《打猪草》到改编后版本的演变中看到乡村原生态形式的黄梅戏是如何改变其本原面目而成为越来越精雅化的审美戏曲样式的。由于"官禁"和"删诗"尺度所致,那些有悖风化的成分与粗俗的对白、唱词与表演遭阉割,在从纯粹的民间狂欢仪式中抽离出来独立成戏曲样式的过程中,最初的仪式表演与娱乐狂欢性因素由于艺人的加工改造相对弱化,现在又经过大幅度删改,原生态黄梅戏民间狂欢仪式性因素更加薄弱而且支离破碎、面目全非。但相对于黄梅戏日益成熟日益精雅的后期剧目,即便是经改编的《闹花灯》和《打猪草》在乡村演出形式中仍然显示出民间狂欢仪式的特质,原生态黄梅戏"化石"的"硬体部分"仍是被保存了下来,使我们得以从经"风化"的原生态黄梅戏"化石"中窥见其大略情状,这就是经改编后黄梅戏《闹花灯》和《打猪草》的剧本形态和演出形式等多种因素显示出的狂欢性——狂欢式娱乐仪式表演与民间狂欢性生存体验。

三

大约十几年前,也就是在电视尚未在乡村普及时,每年的春节到元宵期间,是安庆各地乡村黄梅戏"演出"集中的时节。说是"演出",实际上是集仪式表演与娱乐狂欢性于一体的"全民"狂欢式生存。戏曲表演总是伴随着传统民俗中的狮子龙灯于一体的形式进行,是春节村民仪式表演与娱乐狂欢活动的一个重要组成部分。除了与狮子龙灯形式相结合外,它还与锣鼓鞭炮这种热闹的声音语言结合在一起,成为人与兽(拟兽)、声与光混合的声音的交响、色彩的交织与形体的交融,是一种典型的乡村民间狂欢仪式。"最晚从 19 世纪起,狮子龙灯就被当成了中西交流的文化橱窗。与西班牙节日的人牛相斗和巴西节日的纵情狂欢不同,中国人耍狮子、舞龙灯是一种人模拟兽的表演,带有严肃的仪式性质。……据研究,它的意义有绕境祭祖、迎神赛社、求子添丁、春祈秋报、联络村户等多种,其威力来自狮子和龙两个神兽的降临,以及由锣鼓鞭炮所象征的它们的冲天大吼与现世权威。"[7] 与狮子龙灯的仪式性质相似,我们在老艺人口述本《闹花灯》中,看到了乡民迎神赛社、求子添丁、祈报平安吉祥(如十盏灯的数字象征意义)的内容。如果说狮子龙灯带有严肃的仪式性质,戏曲表演则相对具有娱乐狂欢性;如果说狮子龙灯更具娱神色彩,戏曲表演就更具娱人功能。由非职业性乡民自己组织演出的戏曲表演并不含有太多审美成分,其民间狂欢仪式功能远甚于戏曲的审美功能。

与城市广场和剧院演出场地不同,乡村黄梅戏节庆戏曲表演是挨家挨户进行,演出场所多为厅堂和场院。在田野调查中我们注意到,安庆地区农村所有的狮子龙灯都必须在厅堂例行传统的参拜仪式,因为厅堂是各家祖先牌位所在地,是家庭乃至家族的中心,戏曲表演则不一定在厅堂,而常在场院或屋外露天的谷场,更没有任何的参拜仪式。这也表明,狮子龙灯更具祭神功能,而戏曲表演更具娱人功能。在这个自足的娱乐狂欢时空中,由于"演员"与"观众"是在同一空间同一平面进行,使得传统戏曲观演关系中观众与演员处于一高一低两个不同平面不同层次之间的不平等关系被打破,演员与观众之间的隔阂消除,"演员"是来自"观众"中的一员,演员在更大程度上代表的不是"角色"的身份,而是这一集体中熟悉的一员的身份。这熟悉的一员由于扮演了一个非现实的角色而具有了"陌生化"的审美效果。

倘若这"熟悉的陌生人"——"角色"是大家全然不熟悉、严肃无趣甚至忧郁悲哀的角色,他们在其中感受到的娱乐功能也一定会被陌生的新奇感和悲哀的心理所代替。确实,这"熟悉的陌生人"本身也是他们极为熟悉的——我们知道,在每年的春节乡村戏曲演出中,表演的剧目多为《闹花灯》和《打猪草》,乡民们不仅已经看过无数遍,甚至每年、都会看很多遍。从这一角度看,乡村节日戏曲演出也具有重复性的仪式表演特征。因此,这个"熟悉的陌生人"本身——被扮演者,即"角色"也是"我们"非常熟悉的,是"我们"中的一员,他(她)就来自"我们"活生生的现实:"我们"的语言、"我们"的方式、"我们"的生存状态。我们看到,在不同的版本中对同一"角色"的称谓也不相同,以《打猪草》为例,余本中生、旦分别称"陶四女"和"金三伢",陈本中称为"陶金花"和"金三矮子",而改本则称做"陶金花"和"金小毛"。这些称呼都带有普遍性、非确定性,是"我们"中的任意一个。因此,不仅"观众"和"演员",甚至"观众"和"角色"都是熟悉的、亲昵的。一句话:"我们"是一体的。这种无阻碍无隔阂的"一体"性特征是通过仪式表演与娱乐狂欢融合到一起的:《闹花灯》里的"王小六"一边指着观众中的任一人一边假装生气并带有戏谑性说:"你这个人不看灯光看着我老婆干什么? 要是我也不看灯光看你老婆,你生气不生气?!"——那些以为指的是自己的"观众"(注意,戏里的观众与现实的观众已合二为一)不好意思地笑了,"王小六"笑了,"观众"们也全都大笑起来。在这里,演员与观众之间不再是被动的观看与主动的表演关系,而是互相嘲弄、人人表演的对等交流,若说"演员"与"观众"之间有什么不同,那便是主与从的不同,而非主与客的对立。

我们说过,即便是经删改加工过的改本《闹花灯》和《打猪草》,它们被剔除了最具民间狂欢内核的插科打诨式因素、粗俗的骂人话、戏谑的动作与仪式性、民间意识形态性唱词,但比较黄梅戏后期日趋精雅化文士化的成熟戏曲剧目,其对白、唱词、唱腔乃至表演因素依然具有明显的民间狂欢仪式色彩。

《闹花灯》和《打猪草》的基调是民间娱乐狂欢性的"笑",它最直接的来源是角色带有喜剧色彩的滑稽幽默的言语动作表演。《闹花灯》夫妻二人正欢天喜地赶去看灯，妻子突然撒娇生气说不看灯了，当丈夫得知原来是有人不看灯而只看着自己的老婆，便指着观众半嗔半怒地"责骂"起来，这样的情景令人发笑；夫妻二人喜形于色地欣赏着各种各样的灯，当看到"乌龟灯，头一缩，颈一伸，不笑人来也笑人"时，便"笑得我夫妻肚哇肚子疼"，一边唱一边捧腹大笑；夫妻二人正兴高采烈地看灯，丈夫突然指着妻子的裤子惊叫"不好了，不好了，老婆的裤脚烧着了。"老婆吓得变了脸色，定神一看，原来是丈夫在吓唬自己，便半嗔半怒地骂丈夫是"砍头的"。这些戏谑性令人发笑的言语动作表演简直就是巴赫金狂欢诗学中具"贬低化、世俗化、肉体化"特点的怪诞现实主义的形象化与具体化。

《闹花灯》《打猪草》以人物滑稽幽默的言语动作表演再现了民间狂欢仪式和狂欢式生存体验，其狂欢式场景也是民间狂欢仪式的本质再现。《闹花灯》中不仅有各种各样的灯，更有拥挤的人群："长子来看灯，挤着头一伸。矮子来看灯，挤着往下蹲。胖子来看灯，挤着汗淋淋。瘦子来看灯，挤着一把筋。"在胡本《闹花灯》中，除了长子、矮子外，还有癫痫、麻子、跛子、瞎子。长子、矮子等带有骂人成分的称谓本身带有嘲笑愚弄的色彩："凡与精神有关而结果却把我们的注意力吸引到人的身体上去的事情都是滑稽的。"[8]滑稽的逗笑、戏谑的调笑和无所顾忌的嘲笑是中国乡野村民生活状态的自然流露。是他们对乡村生活赋予他们幽默的天性与超然的野性的自然呈现。"在每一个民族文化的范围之内，不同的社会阶层会有不同的幽默感和不同的表达方式。"[9]只有在乡村这一相对封闭而只向自身敞开的独立存在空间，只有在节日这一相对开放的特殊时段，村民们才能这样不拘形迹地娱乐狂欢，脱离了这一特殊的时间和空间，狂欢活动的功能和意义就发生了变异,自由的狂欢生存也不再有全面实现的可能。

"角色"的言语动作传达着幽默乐观的天性,"演员"的表演亲切而令人开心,"观众"、"演员"、"角色"又都是如此熟悉而亲昵,除了无所不在的戏剧性的"笑",还能有什么呢? 还有"闹"。"人越多越热闹"。[10] 长子、矮子、胖子、瘦子不仅带有愚弄嘲笑的色彩,更意味着人群的热闹与拥挤。"东也是灯,西也是灯,南也是灯,北也是灯,四面八方闹哄哄。"不仅人多,灯也多。人越多越热闹,灯越多越热闹,声音越大越热闹,这或许是为什么鞭炮总是中国传统热闹喜庆场景中必不可少的因素的主要原因。鞭炮与烟火分别代表着声与光营造的热闹气氛,因而官方虽屡禁而民间总不止。在乡村民间演出中,锣鼓又是必不可少的乐器。"锣鼓一响,戏就开场"。锣鼓传达的是粗质地的乐声,是与中国传统"雅乐"相对的"俗乐",不仅俗,而且粗、犷。清人徐珂对昆曲与皮黄戏作比较时说"大抵常人之情,喜动而恶静。昆剧以笛为主,而皮黄则大锣大鼓,五音杂奏。昆剧多雍容揖让之气,而皮黄则多《四杰村》、《腊八庙》等跌打作也。"

在欢快的锣鼓声中,王小六的妻子欢快地唱起了"开门调":

正(哪)月(呀)十(呀)五(哇)闹(哇)元宵,呀呀子哟,

火炮(哇)连天门(哪)前闹,喂却喂却一喂却,

喂却喂却我的郎呀,闹鼓闹嘈嘈(哇)。

这一段开门调总共有 42 个字,其中 20 个字都是无实际意义的虚字与衬字,这些衬字与虚字穿插在有限的唱词中,节奏是快节奏,唱腔是欢音,衬字十分密集,唱词则稀疏,只为了突出一个"闹"。

我们再看《打猪草》陶金花唱词:

小女子本姓陶,呀子咿子呀,天天打猪草,依呵呀。

昨天起晚了,哇呵啥,今天要赶早,呀子咿子呀,

呀子咿,咿子呀呵啥,今天要赶早,呀子咿子呀。

这一段唱词只有四句:小女子本姓陶,天天打猪草,昨天起晚了,今天要赶早。由于由虚字和衬字组成的语气词的附着,使得原本简洁明了的唱词一唱三叹。"呀子咿子呀"的唱腔与《闹花灯》"嘿嘿,呀子一哈嘿嘿"形成了两种完全不同的唱腔风格与调式,前者柔婉缠绵,后者粗犷豪放,与各自不同的唱词风格吻合。声音的重复使原本单调的唱词热闹起来,由虚字和衬字组成的咏叹在声音上传达的效果更甚于表情达意的效果,相同音节不断重复的反复咏叹仿佛是无边无际无拘无束的声音的狂欢。

同样是表达声音的狂欢,《打猪草》中精彩的"对花"却用了很少的虚字和衬字。"对花"形式来源于民间流行的男女对唱式情歌,而情歌实际上是情人之间悄悄话的声音化,声音化使情人之间秘密的私语公开化,因而不再具有有待遮蔽的隐私性,而具有向全民袒露的公共性。将秘密公开化使之具有公共性是娱乐狂欢的典型特征,声音在这里具有根本的本质性功能,声音的夸张与重复使声音传递狂欢的功能进一步加强。"对花调"在声音上传达的效果也更甚于表情达意的效果。

注释:

[1]葛兆光:《中国思想史论思想史的写法》,第105页,复旦大学出版社,2001。

[2]尤金尼奥·巴尔巴:《戏剧人类学的诞生》——《戏剧艺术》,1998年第5期。

[3]见天柱外史氏:《皖优谱》。

[4]参见巴赫金:《拉伯雷研究》,李兆林、夏忠宪等译,河北教育出版社,1998。

[5]钱南扬:《戏文概论》,第22页,上海古籍出版社,1982。

[6]维克多·特纳编《庆典》,方永德等译,第242页,上海文艺出版社,

1993。

[7]董晓萍:《说话的文化》,第242,中华书局,2002。

[8]柏格林:《笑:论滑稽的意义》,徐继增译,第31页,中国戏剧出版社,
1980。

[9]普罗普:《滑稽与笑的问题》,杜书:瀛译,辽宁教育出版社,1998。

[10]J·诺安:《笑的历史》,果永毅、许崇山译,第72页,三联书店,
1986。

●纪永贵

南京师范大学文学院博士生,池州师专中文系讲师

槐荫树探源[1]

　　董永遇仙传说发展到宋元时代,演变成话本小说《董永遇仙传》,此时,故事中首次出现一个重要的象征事象槐荫树。从此,该故事始终是围绕着这棵来历不明的大树展开的,故而这个故事的戏名有时称作《槐荫记》,其中有两场重要的戏分别叫"槐荫会"与"槐荫别"。槐树在"槐荫会"中还充当解决仙女与董永之间矛盾的一个中介(媒证)。至于这棵槐荫树是从哪里来的? 它在剧中有何寓意? 历来无人问津。[2]笔者曾在《董永遇仙故事的产生与演变》[3]一文中认为:"它的原型是唐李公佐传奇《南柯太守传》中的槐安国,意指董永遇仙只不过如南柯一梦。但是宋以后这个故事的进一步世俗化影响了剧本对这一层意旨的深掘。明清戏曲中槐荫树不仅成为一个叙事背景,同时还被人格化,成为极重要的戏剧要素。"然而这个结论过于简单,同时也缺乏有效的论证。近来,笔者对槐树意象进行系统考索之后发现,它是一个非常古老的原型,这个意象的象征寓意有一个发展过程,经历代积淀,在唐宋时期逐渐定型。可知《天仙配》中的槐荫树并不是一个偶然的事象,它是那个时代一个广为人知的民俗符号,在故事中承载着某种民俗理想。本文通过对槐树意象的社树原型、现实原型、民俗原型和文学原型的考察之后,我们不难看出,时至唐宋,槐树意象已经累积了几个相关层次的"寓意群",即"槐树是阴树——槐树象征

政治与功名——槐树通鬼域——槐树通仙界"。笔者认为《天仙配》中的这棵槐树主要有三层用意。第一，槐荫树是仙女下凡的必经之路——寓示董永遇仙只不过如南柯一梦。第二，槐荫树寓示董永政治功名的获得。第三，槐荫树作为媒证，包蕴着一层生殖寓意。

一、先秦社树原型与槐树阴树身份的确认（略）

二、汉唐现实原型与槐树政治寓意的确立（略）

三、汉唐民俗原型和槐鬼信仰的形成（略）

四、魏晋以来的文学原型和槐树游仙模式的完成（略）

五、槐荫树在《天仙配》故事中的寓意象征

话本《董永遇仙传》据称是宋元旧作，槐荫树第一次出现于其中。[4]此后，不管这个故事的内容如何发生变化，这棵树始终如影随形地立在那儿。但是，这棵树在故事中除了充当地点定位（相会与分别之地）和作了一次媒人之外，所有剧本都没有片言只语点明它的来历用意——包括20世纪50年代的黄梅戏电影《天仙配》也不例外。通过对槐树意象的探源，时至唐宋，它已经累积了一组意义相关的"寓意群"，即"槐树是阴树——槐树象征政治与功名——槐树通鬼域——槐树通仙界"。因此我们首先可以从这个寓意群出发来辨析《天仙配》[5]故事引入槐树的用意何在。

在宋元时代，这个寓意群在文人的笔下是广为运用的。笔记小说中的槐鬼故事仍未绝迹——代表民间层次。在文人作品中，槐阴、槐影、庭槐、三槐、槐鼎等词出现的频率都很高，主要用来表达闲雅之情和政治期待。同时，槐安之梦的使用从宋代开始才普遍起来（而晚唐诗中未见一例），下面以宋词和元散曲为例，我们就会看得很清楚。

黄庭坚《醉落魄》:"陶陶兀兀,人生梦里槐安国。"

吕渭老《醉落魄》:"偶然一堕槐安国,说利谈功,这事怎休得。"

洪　适:《满江红》:"驹隙光阴身易老,槐安梦幻醒难觅。"

王千秋《生查子》:"功名竹上鱼,富贵槐根蚁。"

袁去华《满江红》:"看人事,槐根蚁。"

辛弃疾《鹧鸪天》:"不知更有槐安国,梦觉南柯日未斜。"

姜　夔《永遇乐》:"青楼朱阁,往往梦中槐蚁。"

刘克庄《念奴娇》:"推枕黄粱犹未熟,封拜几王侯矣。似瓮中蛇,似蕉下鹿,又似槐中蚁。"

王　奕《八声甘州》:"百年间春梦,笑槐柯蚁风,多少王侯。"

张　炎《壶中天》:"却笑醉倒衰翁,石床飞梦,不入槐安国。"

葛　郯《满庭霜》:"功名小,从教群蚁,鏖战大槐宫。"

赵希蓬《瑞鹧鸪》:"追陪梅下黄昏路,仿佛槐安富贵宫。"

无名氏《沁园春》:"看槐国功名,有如戏剧。"

另外,虽未出现槐字,南柯意象的使用频率也非常高。如:黄庭坚《点绛唇》:"梦中相见,起作南柯观。"还有大量作品,虽未言及上引词作中的关键词,但也是将槐与梦联系在一起的。

元代散曲中也不乏例证。

关汉卿《南吕·四块玉》:"槐阴午梦谁惊破,离了名利场,钻入安乐窝,闲快活。"

曾瑞《南吕·四块玉》:"春色残,莺声懒,百岁韶光梦槐安,功名纵得成虚幻。"

钟嗣成《双调·凌波仙》:"转回头梦入槐安。"

由此可见，宋元文人对槐树的这一层寓意的使用已为常事，尤其是南宋之后，更趋广泛。南宋许多词人是流落江湖的，而元代文人更是生活于民间。所以他们的这种文人视角与民间观念容易产生互动关系。而《董永遇仙传》这类话本肯定出自社会底层文人之手。他们自然会将文人观念融入民间文本。但是这层寓意在民间视角中，未必广为人知，后来这个故事的各种文本保留了这棵大槐树，但对其寓意却缺乏必要的发掘，所以这棵树看上去显得有些突兀。

笔者认为戏曲中的这棵槐树主要有三层用意。

第一，槐荫树是仙女下凡的必经之路——寓示董永遇仙只不过如南柯一梦。在敦煌变文发现之前所有董永故事的文献中，董永遇仙时，只是"路逢"，在他们相遇之地，没有任何背景。现存文献，最早引入槐树的就是《董永遇仙传》。这个话本既是宋元之作，必然受到当时人文观念的影响。由上可知，在宋元时代，槐树意象的寓意表现为对槐安国的认定已是时代潮流。

在《董永遇仙传》中，我们还依稀可见槐梦游仙模式的影子。话本写董永到傅长者家上工，"行至一棵大树下，歇脚片时，不觉睡着在树下。……当时织女奉敕，下降于槐树下。董永睡着，抬头见一女子"。显然，两人相见的模式是对《南柯太守传》的继承。一方面，游仙是要借助于睡梦来做中介的，但这个故事没有将两人分别之处设定为槐树下（回家时，"行至旧日槐树下暂歇"，在这里仙女与董永分别），用意无非是暗示董永遇仙不过如一场梦幻。另一方面，仙女从槐树处下凡正是唐宋时代槐仙模式的运用。但后来该故事的各种文本不再理解话本编者的用意，只关注槐树的媒证功能，所以槐树游仙寓意隐而未发。

第二，槐荫树寓示董永政治功名的获得。董永故事早期文本中，董永只是一个平民，与仙女分手就是故事的结局。敦煌变文首

548

开其例,让这个故事进一步向前发展,但也仅有董永之子寻母的情节。在敦煌发现的《孝子传》残本中董永开始做官:"天子征永,拜为御史大夫。"在话本中,董永的身份发生了质的变化,成为"少习诗书"的文人,后来因傅长者向官府呈送织女所织之纻丝,于是天子大喜,封董永为兵部尚书。此后的各种戏曲曲艺文本都保留了这个"书生——得官"的情节模式(明代《织锦记》中董永也因仙女所织之锦被封为"进宝状元"),而槐树本身固有的这层寓意又与之非常切合。

第三,槐荫树作为媒证,包蕴着一层生殖寓意。《天仙配》故事中槐树的出现迟于仙女送子情节的产生。在话本中,仙女说:"既无媒人,就央槐荫树为媒,岂不是好?"槐树在作媒证时还没有别的表现(如开口讲话),但在槐荫下分别时倒有一种暗示:

> 行至槐荫树下暂歇,仙女道:"当初我与你在此槐树下结亲,如今已三月矣!"不觉两泪交流,董永道:"贤妻何故如此?"仙女道:"今日与你缘尽……奴今怀孕一月,若生得女儿,留在天宫;若生得男儿,送来还你。"

仙女生子完全是民间理想,[6] 按前文所论,槐树意象在历史上并没有附着生殖这层寓意(唐代的槐穴故事并不暗示生殖,而是意指此洞穴是由阳间通往阴间的穴道)。不过民俗观念中因声求义的现象有十分古老的渊源,文学中双关的广泛运用(如六朝乐府中棋与期,莲与怜,藕与偶,丝与思的借用关系),对后世影响很大,民俗习惯也常有这类不相干的联结,如以"猫蝶"代"耄耋",民间禁忌中则更多,即如黄梅戏《天仙配》中董永与仙女满工回家的路上,董永欲去为仙女讨几颗枣子和几枚梨子解渴,立即引起仙女的忧虑:"枣梨,枣梨,夫妻迟早分离。"因槐与怀同音而借其表达怀念远人之意,就很古老(见《淮南子》)。虽然将槐树引入故事的文人用意是从槐树游仙角度出发的,但民间观念并不认同这种深刻的理想,它更关心的是这棵树的直观意义,所以槐荫的寓意在民间视角中发生了置换,从槐仙寓意和政治寓意向生殖寓意的置换。这种动机可能还是从董永大孝子角度来考虑的。唐前董永只有卖身葬父之孝行,在这个故事向民间深入的过程中,这种单一孝行模式将不能满足俗众的精神需求,于是董永得官(光宗耀祖)和生子(传宗接代)便充实了这一理想。因为媒与子有因果关系,先有媒证,后有婚姻;既有婚配,必有子妇。槐荫即槐姻之谐音——以槐树为媒成就的一对好姻缘;又槐与怀同音,怀又有怀孕之义,所以这种联想完全符合民俗心理。

槐树虽在很早就被认定为阴树,但历代文献从未出现"槐荫树"这个词。在宋前文学作品中,"槐阴"一词使用也很普遍,只指"槐树的树阴"而已,后面未见接"树"字。《董永遇仙传》中首次引槐入文时,生造了"槐荫树"这个词,它实际上已经成为一个民俗符号。如果从生殖寓意去理解,"荫"与"姻"同音,槐树中所加的"荫"字则不可省略,既可从婚姻角度去理解,也可理解成"仙女怀婴"之谐音。

话本在引入槐树意象的同时,还将董永的籍贯定位于"淮安润州府丹阳县董槐村"。笔者在考察董槐村之名的时候,发现南宋董槐与之有干系,令人惊异的是,这个董槐的父亲竟然也名叫董永。

《宋史》卷414《董槐传》:

> 董槐,字庭植,濠州定远人。少喜言兵,阴读孙武、曹操之书,而曰:"使吾得用,将汜扫中土以还天子。"槐貌甚伟,方颡而丰颐,又美髯,论事慷慨,自方诸葛亮、周瑜。父永,遇槐严,闻其自方,怒而嘻曰:"不力学,又自喜大言,此狂生耳,吾弗愿也。"槐心愧,乃益自摧折,学于永嘉叶师雍。……嘉定六年,登进士第,调靖安主簿。丁父

忧去官。

嘉定为南宋宁宗年号,六年即公元 1214 年。从他的字"庭植"看,他得名槐正是父辈期望他将来能官至三公的体现。他果遂其愿。

董永故事中董永籍贯移至润州,这是第一次。按照民间故事衍生的原则[7]去推论,我们可以认定,将故事主人公说成是润州的始作俑者多半就是润州人。我们说,槐树在故事中具有传统的槐仙和政治寓意,但在创作上"引槐入文"却需要一个契机。如若是因为历史人物董槐之名给作者以启示,那么这位民间文士必须要有熟悉董槐其人的条件。天遂人愿,这位后来官声显赫的董槐恰恰到润州做过地方官。

> 绍定二年,出迁镇江观察推官。……嘉熙元年,召赴
> 都堂,迁宗正寺簿,出知常州。

镇江即润州。《旧唐书》卷 40:"润州,天宝元年,改为丹阳郡。乾元元年,复为润州。领县五:丹徒、丹阳、上元、句容……。"《宋史》卷 88:"镇江府,本润州,县三:丹徒、丹阳、金坛。"《元史》卷62:"镇江府,唐润州,又改丹阳郡,县三:丹徒、丹阳、金坛。"《明史》卷 40:"镇江府,领县三:丹徒、丹阳、金坛。"可见将丹阳县归属润州、标称句容县仍是"唐代思维"。《明一统志》卷 11"镇江府·名宦":"董槐,镇江观察推官,寻又为通判。会李全叛,涉淮临大江,槐将兵济江而西,全乃遁去。"至于董槐在镇江民间的影响程度已很难推断了。不过,在《宋史》中,董槐不仅是一位官至右丞相的朝廷要员,而且是一个德高望重的人。他在当时乃至镇江、常州一带有政声德名当符合史实。更兼他父亲叫董永,容易与董永故事相混同,当地文人根据这一线索将槐树引入董永遇仙故事是符合民间故事产生原则的。

话本说董永是"淮安润州府丹阳县董槐村"人,其中"淮安"一

551

词不可解,这个问题从未引起重视。从建置上看,淮安从不过江南,润州也从不过江北,又相距较远,从不相属,怎么能说"淮安润州"呢? 笔者颇疑淮安是"槐安"之音讹。窃以为《董永遇仙传》的话本出自地方上的文人之手,但在民间传播(传抄、说话)过程中因音成讹,民间本不知槐安为何物,所以将与润州相对较近而与"槐安"同音的"淮安"写进话本。这样槐安所寓示的槐梦之意便被掩盖了,而出现一个不可解的地名——正是它的不可解之处恰恰成了我们解码的入口。

《天仙配》故事中的槐荫树在后代舞台上之所以显得来历不明,并不是这棵树在故事中没有寄托,而是槐树意象的寓意在明清以来的民间视野中已经失去了被破解的可能,槐树寓意群在文人层次仍在重复使用,但在民间,却已流失(槐鬼信仰在民间仍然有生命力,但它与这故事没有直接的关系)。到了 20 世纪,文人层次的寓意群终成历史,槐树的文化品格随古典文化的失落难免被时光所掩埋。

明代之后,槐树的古典寓意虽然在民间不为人知,但是槐树又获得了一种新品格,"山西洪洞大槐树"成为移民文化的一种象征,在明清时期形成新的民俗内涵。[8]不过,这已不是本文所要讨论的问题了。

<hr />

注释:

[1]本文为笔者正在撰写的博士论文《董永遇仙传说研究》第八章《董永遇仙传说的民俗研究》的第二节,因全文篇幅过长,这里只截取第五部分,前四部分略去。

[2]研究论文中提到这棵槐树的只见过一例,蒋星煜《天仙配故事流传的历史地理的考察》(《黄梅戏艺术》1986 年第 3 期):"我认为故事

的发展传播是从孝感开始的,根据各种刻本《孝感县志》,所生树木,均以松柏榆槐为主也。"此说毫无说服力,因为槐树何止孝感才有!

[3]《民族艺术》2000 年第 4 期。

[4] 明范泓所编《典籍便览》收元人郭居敬辑《二十四孝》中董永卖身葬父,文曰:"一月完成,归至槐荫会所,遂辞永而去。"郭居敬为元人,则《天仙配》故事中引入槐荫树必在此之前,至少也在宋元之际。

[5] 董永遇仙故事得名《天仙配》,首先见于黄梅戏剧本《董永卖身天仙配》。该剧分三部,上部《董永卖身》,中部才叫《天仙配》,下部叫《董郎分别》。解放后黄梅戏电影将之定名为《天仙配》(删去上部的情节),它才成为这个故事的专名。本文尊重时俗,为图方便,试以此名代表这个故事的所有形态和情节模式。

[6] 王树村《中国民间年画》中有一幅清代广东佛山年画《天仙状元》,左图天仙怀抱一男婴,右图董永身穿新科状元一品官服,正是振家与香火的俗愿。

[7] 笔者在《董永考》(《池州师专学报》2002 年第 2 期)中认为民间故事衍生与传播遵循四个基本原则:知名原则、混同原则、就近原则和满足原则。

[8] 参见张青主编:《洪洞大槐树移民志》,山西古籍出版社,2000。

● [日本]吉川良和

关于《佛说目连救母经》及《目连救母出离地狱生天宝卷》的成书年代

关于《佛说目连救母经》的成书年代问题,1989 年 10 月我曾在湖南怀化召开的"目连国际研讨会"上作了一个发言,题目是《关于在日本发现的元刊〈佛说目连救母经〉》。发表之前,亡友朱建明先生告我,你的发表也许会引起一些争论。由于当时我认为朱先生的提示并不直接影响我的论文内容,因为这仅是中国朝代的国号问题,若按西元计算,实际年代并没有出入,所以未作改动。后来朱先生本人提出了他的见解,[1] 其他学者也各有新见。另外关于《目连救母出离地狱生天宝卷》的成书时期也尚未一致。鉴此,请允许我就两书的成书年代略述管见。敦煌变文是了解目连故事的重要资料,而敦煌变文与明刊《目连救母行孝戏文》之间的空白,是否能由此二书来填补,首先重要的则还是这两书成书年代的考证问题。

一、关于《佛说目连救母经》的成书年代

《佛说目连救母经》(以下简称《救母经》)为日本国京都金光寺所藏。原是上图下文的折本(在封面与底面贴上扉页与最后一页,然后按封面大小折叠成书),现为卷本(也许当时日人觉得卷本更高一筹)。宫次男先生参照下文的经文解释上图,主要以佛

554

教美术的观点对此书进行了诠释。[2]经文末尾有如下落款:

大元国浙东道庆元路鄞县迎恩门外焦君庙界新塘保经居亦
奉三宝受持读诵经典弟子程季六名忠正　　辛亥年十月廿二日乙
酉呈[3]

　　甲辰年大德八年五月□日广州买到经典普劝世人行年几领传
之
大日本国贞和二年岁次丙戌七月十五日重刊　　小比丘法祖
助缘嶋田理在空念周皎　　理住　　石塔　　赤松　　细河
佐木

　　落款第一行中有"大元国"三字。而第二行的"辛亥年"之前,
却未写有元朝的国号。由此导致了第一争议。元朝有三次"辛
亥"年,分别为宪宗元年(1251)、武宗至大四年(1311)、及北元昭
宗宣光元年(1371)。日本四迁善哉在其著《河海抄》中谈及《佛说
目连救母经》,岛崎健认为:(1)该书成书于贞治年间(1362～
1368),因当时日人已见《救母经》,所以宣光元年(1371)之说不可
取。[4]再则落款中有"甲辰年大德八年五月口日广州买到经典"一
文,所以成书年代必须是在大德八年(1304)以前。这样"辛亥"则
可定为早于第二"辛亥"60年的1251年。宫代根据落款文内容推
断"辛亥年"为元朝宪宗元年,即1251年。也就是说,可以这样考
虑:此经于宪宗元年在今日之宁波梓印,大德八年在广州购入,尔
后在日本室町贞和二年的盂兰盆会上重印。然而这个单纯的推论
带来了第二争议。笔者当初忽略了当时国号与付刊时地理上的问
题。湖南怀化会议即将召开之前,亡友朱建明先生对我的提示,即
是这个"元刊"二字的问题。朱先生大会后不久即发表了《元刊
〈佛说目连救母经〉考论》(以下简称"朱文")。在其文中,对成书

年代提出了他的意见。

有关成书年号有三。第一"辛亥年"、第二"大德八年"、第三"大日本国贞和二年(1346)"。现将朱文有关部分引用如下：

(一)大元国建立于至元八年(公元1251年)11月、忽必烈用刘秉忠议、取《易》'大哉乾元'"之意、改国号为大元。蒙古宪宗元年为蒙哥执政时期、此时尚未有大元国号。

(二)宪宗元年时、地处盗难沿海的鄞县尚在南宋王朝统治下(其沦陷元朝为至元十三年)、不可能成为蒙哥政权的版图。

(三)庆元路、据《元史·地理志》记载："唐为鄞州、又为明州、又为馀姚郡。宋升庆元府。元至元十三年、改置宣慰司。十四年、改为庆元路总管府"、可见庆元称路为至元十四年(公元1277年)的事。光绪三年(公元1877年)刊本《鄞县志》亦如是说。往后退六十年为元武宗至大四年(公元1311年)、然亦有疑问。落款第二段称："甲辰年大德八年五月□日广州买到经典"、大德八年(公元1304年)、先于至大四年、作何种解释？书尚未梓印、有人已在相隔鄞县千里的广州买到并传诵、这是难以想像的。
之后、朱文提出了三种可能性：

(一)有人在大德八年从广州购得此经、带回鄞县、于至大四年由程季六献呈于保经。如这样、按照古代刻书惯例、"救母经"落款应将"甲辰年大德八年"句移至"大元国浙东道"句前。

(二)此经初刻于蒙古宪宗元年、大德八年二刻。初刻时、南宋尚未灭亡、鄞县尚在赵宋统治范围之内、二刻时南宋已亡、大元帝国建立、以蒙古贵族为主体的封建政权渐趋稳定、巩固、"大元国浙东道庆元路"数字为二刻时所加。

(三)为日贞和二年(公元1346年)小比丘法祖重印时增入、公元1346年为元顺帝至正六年、中国仍处于元王朝控制下。

最后、朱文作了以下结论：

556

我们认为，第二说比较可信，此经应是元前期作品，这从经文的语言风格中可找到佐证。即使是至大四年，也还是属于元代，因此"元刊"是没有疑问的。

朱氏认为第二说可信，并将此经分为初刻和二刻，初刻是蒙古宪宗元年，而在大德八年二刻时，则加上了"大元国浙东道庆元路"数字。另外朱氏在第三种可能性中推测是由日僧法祖重印时增入的，但朱氏并没写明"增入"了"大元国浙东道庆元路"数字。我觉得朱氏发言的基点是立足于日本人不能写汉字这一观点上的。也就是说，落款最末两行仅有重刊时的年月日以及捐赠人姓名，这样的内容日人是会编写的，而前文所谈是中国之事，当然是中国人提供的。之后刘祯先生的大作也说："但是，大德八年(1304)在广州显然不可能购到武宗至大四年(辛亥)由'程季六名忠正'奉呈的'救母经'，这是一对矛盾，必有一误。"又说："而购经者从广州到日本时空跨越较大，至贞和二年重刊时，难免对购经时间尤其是异国年号有误。"[5]

持武宗至大四年(1311)成书之见的刘先生，是站在中国初版时就已有该落款一字未改的观点上来加以阐释的。其实，《空化集》中，元僧竺仙梵仙批评日本僧侣述说"日本僧以文为本，学道次之"。可见当时的日本僧侣以能文引为自豪。僧侣所谓"文"当然是汉文。再说，元代到江南去留学的学僧为数居多。[6]

我们应该再次审视原书。首先可以发现"经文"部分的文章各行均为12字，并且刻得整齐均等。与此相比，引起争论的落款字迹则显得很稚拙。即经文与落款字体完全相异。另外，落款之文在石碑框内"均等"地分写成五行，述说中国事迹和日本之事时，在分行或字体上并没有断续。如果在论及中国之事的文章中，有分行或字相异的现象，那么中国原刻与后代加刻则明显可见。然而前三行是说中国，后两行则是谈日本，尽管如此，仍分行"均等", 且所有文字出自一人之手: 例如"大德八年五月"与"大日本国贞和二年岁次丙戌七月十五重刊"中的"五"字, 完全是一人之笔。显而易见全文在日本重刊时, 首次 (或重新) 被刻印了。尽管是"重刊", 当时的日僧法祖[7]或信奉者完全有可能将落款部分重书一次。这时法祖等根本不知初刻事由, 而鄞县的详细叙述初刻时就已有了吧。倘若是中国国内付版, 不一定非刻不可, 但由于是在日本重刊, 为强调原刻于中国而特地加上"大元国", 日人生疏的鄞县, 因当时属浙东道庆元路, 故在"鄞县迎恩门外焦君庙界新塘保经居亦奉三宝受持读诵经典弟子程季六名忠正辛亥年十月廿二日乙酉呈"之前冠以"大元国浙东道庆元路"数字。第三行下降一字写"甲辰年大德八年五月□日广州买到经典普劝世人行年几领传之", 下而二行则刻上重刊年月日及日僧法祖及捐募者等等。各行字数不同, 第一是因为提及以示虔敬之意, 第二是为分别叙述年代、场所不同的"鄞县"、"广州"、"日本"。全文被整齐地刻入石碑里。"鄞县"叙述最详, 至于"广州"则仅谈及在此购买。所以法祖得到这些资料后在日本重刻的可能性较大。

贞和二年 (1346) 是元朝末代皇帝顺帝治下的至正六年。尽管元朝已摇摇欲坠, 但并未退出统治舞台, 故日本法祖等顾忌元国体面, 加上"大元国", 对日本则记上"大日本国"。他们或许未知"大元国"国号出自《易》, 日本历代袭用中国国号加"大"字的称谓, 如"大唐""大宋"。如前所述, 在鄞县奉呈该经时的南宋"淳祐十一年", 元尚未灭宋, 其权力不及鄞县, 宪宗元年时, 元朝国号又尚未制定, 所以只好刻上"辛亥"。日本称谓年号之习惯古已有之, 在未用公元纪年前, 没有其他的年代表记, 所以我认为误写中国年号的可能性极小。既然对"大德八年"也记有"甲辰"的干支, 若说这是误写, 则连前面关键的"辛亥年"恐怕也须加以怀疑吧。

综上如述, 我认为这样考虑较妥, 即:《佛说目连救母经》于南宋末期的 1251 年在浙江宁波鄞县被初次付印。重刊之际,法祖等对自国加上了"大日本国",由此,对中国也写上"大元国"。"辛亥年"前没有朝代年号,是因为宪宗时代还未有大元国之称,年号未定之故。若刻上被元所灭的宋朝国号,一半有所顾忌,一半也认为没有必要吧。日本没有因政权交替而变换国名之习惯,故未严密区分国号,而以当时之国号称谓对方国也是非常自然之事吧。

二、关于《目连救母出离地狱生天宝卷》 之书及成书年代

在《佛说目连救母经》被发现以前,从唐五代的敦煌变文到明万历年间郑之珍撰《目连救母劝善行孝戏文》的大约 600 年间里,《目连救母出离地狱生天宝卷》(以下简称《救母宝卷》)是填补这一时间空白的唯一比较完整的宝贵资料。此书保存状态良好,书中插有大幅地狱画及极乐世界的彩绘,段落处还画有花卉,是很美丽的书卷。遗憾的是前半残缺,并由于种种原因,没有真正被研究。很多研究人员从郑振铎先生《中国俗文学史》[8]中知此宝卷的存在及内容。笔者对照北京图书馆善本部的原书与郑氏书中引用文,发现不仅残缺的前半部分,后半部分也有较多省略,而且文字也有出入。郑振铎先生认为该宝卷是中国初期之物,并说:"今坊间所传目连宝卷,与此本全异,盖已深受明人及清代劝善金科诸作的影响了。"[9]当今可目睹的其他目连故事宝卷,如郑振铎先生所指出的那样,多受前述明代《目连救母劝善行孝戏文》以及以清朝张照撰《劝善金科》等为代表的明代以降的本子的影响,而《救母宝卷》则不像其他目连故事那样人间与地狱的故事被同时展开铺叙。

笔者在《关于在日本发现的〈佛说目连救母经〉》"以及《试论

〈救母经〉与〈救母宝卷〉目连故事中的说唱艺能》的两篇拙论中，指出此二书措辞上有极其类似的地方。[10]这暗示两书成书年代非常接近。正如郑先生也曾谈及的那样，此二书与以后的目连故事在措辞、内容上都无明显的关联，而这两书本身却非常接近。但是《救母宝卷》并不是《救母经》的模仿物，"宣卷"这一说唱艺术形式在它身上已非常完备。不容置否，《救母宝卷》不是后世伪书，而是沿袭接近《救母经》时代的当时的目连故事而编辑成书的说唱脚本。

然而，笔者对此宝卷尚有两点疑问。第一，关于书名。郑振铎先生介绍此书时，必定把《目连救母出离地狱生天宝卷》写成《目连救母出离地狱升天宝卷》，即将"生天"误写为"升天"。该宝卷是世界上的唯一孤本，而且藏书者郑先生也一贯记为"升天"，所以至今的通例是写成"昇天"或"升天"。据本人寡见，以前未见"生天"之例。也许是因为"生"与"升"音通，可互用，所以没引起注意。[11]但笔者是去年年暮在北京图书馆手捧此书仔细观察时，明明发现最后一页确实写着《目连救母出离地狱生天宝卷》，"生天"二字写得很大，而下边写着一个小字"终"。鉴此，我判定宝卷内容的趣旨是"生天忉利天"或"生于天宫"而不是"升天"。其实，生天二字早在《佛说盂兰盆经》中就有。为什么藏书者郑先生会将如此重要的书名搞错？郑先生生前几次论及该宝卷，在《中国俗文学史》再版时，为什么仍未作修改？

疑问之二是关于该书的成书年代。郑振铎先生在《中国俗文学史》谈及该书是"元末明初抄本"，依据不明。另外《中国俗文学史》中对《目连救母出离地狱升天宝卷》加注时，写为"明初抄本、残"。[12]在《文学百题》中又写为"元代写本《目连救母出离地狱升天宝卷》"，把"明初"改成"元代"。[13]关于这个问题，泽田瑞穗先生在《增补宝卷研究》中指出："该目连卷本是只有郑先生所藏的

560

一本残本,本子上并没有可鉴别年代的字句,仅仅是因为用了元末明初时非常流行的金碧钞本这一豪华形式,而将此书的成书年代推定为元末明初。这种类型的所有本子,无论是内容还是外观,都极保守、尚古,有推崇仿效古式之倾向……。所以,仅因为是金碧钞本而将之定为元末明初之物,是很危险的。取流行时期的下限,定为明中叶尚妥。傅惜华先生也说是'明、金碧钞本'"。[14] 车锡伦先生近作《宝卷总目》介绍《目连救母出离地狱生天宝卷》时说:"北元宣光三年(明洪武五年、1372)脱脱氏施舍彩绘抄本存下册。(郑振铎)"。并告之还有同类本《目犍连世尊救母脱离地狱升天宝卷》三卷(明抄本、存中下卷。傅惜华)[15] 存在。的确,泽田先生指出不应光根据书的装潢来推断这一意见是中肯的,只是应留意泽田先生未对书中措辞及叙述内容加以斟酌,关于这一点,我在前拙论中已提到。我认为,诚如郑先生所说,此书与后世目连故事[16] 差异很大,与宋末元初之前的相似,这个事实是极其重要的。

车锡伦先生在其 1997 年付印的《中国宝卷研究论集》64 页中指出:因年代久远,字亦已经模糊。仔细观察,尚可识读:"敕旨宣光三年　榖旦造　弟子脱脱氏施舍。"即车先生辨认了用金文字写的十六字。"宣光三年"即"元顺帝子爱猷识理达腊退出北京后用的年号,史称'北元'。宣光三年即洪武五年,公元 1372 年,恰是元末明初"。[17] 同年出版的刘祯先生《中国民间目连文化》,在其 251 页也注意了"宝光"这一年号,说是元朝末帝,即北元昭宗的"宝光三年"。然而中国史上并无"宝光"之年号,也许是刘先生将"宣"读成"宝",和车先生所指的年代一样吧。假定1371 年年号改成"宣光",宣光三年又与车先生之说相差一年。所以公元 1373 年该是正确的成书年号。总之,车先生认为自己由此证实了郑振铎先生"元末明初抄本"之说。

笔者十年前犯了一个疏忽,在昏暗的光线下没有发现末页上隐约可见的金色文字。前年年暮,偶尔斜看此书,才得以发现及认读。但我的辨读与车、刘二先生有异。"敕旨"本来写着"勑旨"的,而关键字的年号,既非"宣光",也更不是"宝光",而为"至元"。当时我请北京图书馆馆员辨认,结果与我一致。刘祯先生在其著书中特别强调了他是手持书本过目的。车先生取"宣光"之说,并正确识读了非亲眼目睹则难以得知的书名《目连救母出地狱生天宝卷》,所以可推测二先生均目睹原书。那么是否是其他处写有"宣光"呢?车先生说在书之将完处,与笔者所见相同。二位说是"宣光三年",我读成"至元三年",这个"三年"也是一致的。所以是二先生将此处的"至元"读成"宣光"有误,还是我将"宣光"读为"至光"有误呢?而图书馆馆员也认清为"至元"。

不知藏书者郑振铎先生是否注意到了此金文?注意到了但因对"至元三年"之年代有疑问而未断定?或者是因为末尾处还写有一个"宣光三年",这个"宣光三年"与"至元三年"相矛盾而难以判断,从而以"元末明初"概括之?或者此书传之他人手后,是谁在落款上加上了此金文?目前尚待考。然而笔者判读了十六字,即"勑旨 至元三年 毂旦造 弟子脱脱氏 施舍"却是的的确确的。假设笔者所见的十六字原本就有,将会怎么样呢?下面在"至元三年"为正确辨读的前提下,谈谈管见。

所谓"勑旨",即奉帝诏而修书。既为"至元三年",查询历代"至元"年号,只有元朝才有。元朝有两次"至元",分"前至元"与"后至元"。前至元是世祖忽必烈在位时期的从至元元年到十六年(1264～1279),后至元指从惠宗顺帝的至元元年到至元六年(1335～1340)。那么前后两"至元"何为妥当?同文处有"施舍"人物"脱脱氏",这是一个线索。能接受帝之"勑旨"者,非高官不可。参照《元史》、《新元史》及其他资料,"脱脱"者有以下五位。

(1)别名·脱黑脱阿(? ～1208)丌都夷蔑里乞部首领,族长老,擅长巫术。与铁木真家族为世仇。

(2)扎剌儿氏(1264～1307)。世祖至元二十五年(1288),跟随太子(后之成宗)攻哈丹。成宗即位时(1294)任通政院使等职,大德三年(1299)任江浙等处行省平章政事。

(3)钦察汗国第八代汗(?～1412)。1219年,杀第七代汗秃剌不花登汗位。1308年武宗册封为宁肃王。

(4)也写托克托(1314～1355)。蔑里乞氏、字大用。父为马扎儿台。幼时由伯父伯颜抚养。顺帝元统年间,任同知枢密院事。至元六年(1340)趁伯颜去柳村狩猎时,驱除在朝廷权势遮天的伯颜。至元元年(1341)就任右丞相。提倡恢复科举,对汉族采取宥和政策。

(5)脱脱木儿勇猛非常,擅长弓马,封为荆王。至元八年(1217)从北平王之军攻打新疆霍城。

"脱脱氏"受"勅旨"的前或后的至元三年是西元1267年或1337年。脱脱(1)在1264年即世祖至元元年前就已死亡,与铁木真为世仇;脱脱(2)在前至元三年(1286)时方两岁,也不可能活到后至元。脱脱(3)与脱脱(5)就年代而言有其可能,但两位身份均未达到受旨伺佛之地位。于是仅剩脱脱(4)。正史《元史·脱脱传》中共有两项记载,脱脱(2)载于《列传第六·木华黎传》中,重点的脱脱(4)在《列传第二十五·脱脱传》中有载。细读此传,再参阅后至元期皇帝顺帝(惠宗)的《本纪第三十八》到《本纪第四十七》的《顺帝纪》、以及《列传》第二十五的《燕铁木儿传》、《伯颜传》、《马扎儿台传》、《脱脱传》等等,可知以下历史背景:脱脱为马扎儿台长子,伯父是伯颜。15岁拜谒文宗时(1332)被称誉:"此子,后必可大用。"所以字取"大用"。文宗之后,宁宗即位,然43天后宁宗因病而崩。当时实权派燕铁木儿争帝位失败,至顺四年(1333),顺帝(1320～1370)13岁即位。幼帝重用伯颜以之为右丞相,封燕铁木儿为左丞相。据《元史·顺帝纪一》《后妃传》的至顺四年(1333)所记,顺帝皇后为故人燕铁木儿之女。燕铁木儿死后,其子唐其势与伯颜争权,翌年的至元元年(1335),伯颜于七日诛杀燕铁木儿残党及其子唐姓一派,皇后也因隐藏亲弟弟而被毒杀。[18]从此以后,伯颜在朝廷为所欲为,鉴此,顺帝与伯颜之甥脱脱密议,于至元六年(1340)驱除伯颜。此后,脱脱益被信用,终于在翌年的至正元年(1341)登上右丞相之座。

我们再看看《救母宝卷》成书时的至元三年(1337)。顺帝因前年的唐其势事件失去皇后以后,三月迎来新皇后,同时在太庙祭奠宁宗。六月北京一带遭受洪水,受害不小,顺帝在道教庙宇长春宫祭祀。七月漳河泛滥,蝗虫成灾,顺帝又巡幸至乾元寺。八月北京发生大地震,余震连续六日,太庙梁柱断裂倒塌,文宗的宗庙被毁,祭器也被砸坏。同月,帝令修理文宗祭庙及诸祭祀礼器。[19]由此可知脱脱受敕旨奉纳《救母宝卷》的至元三年,是自然灾害接连不断之年,特别是八月的大地震使顺帝及众臣惊恐万分。因灾难不绝,从而写《宝卷》以纳之,这也是可能的。唐其势事件爆发时,少年时代就被誉为"膂力过人,能挽弓一石"的脱脱,以22岁英龄带领精锐部队抓尽唐军一一献上。因战功显赫,被封为御史中丞、虎符亲军都指挥使等。至元三年伯颜曾主张杀绝张、王、刘、李、赵五姓汉人,顺帝未听,这些姓皆大姓,占汉人大多数。该年顺帝不满大权在手的伯颜,而自己才17岁,又不是伯颜对手,所以顺帝才需要脱脱的进言以及精神支柱吧。据《元史·脱脱传》所载,脱脱之师为吴直方,脱脱十岁启蒙受汉文化教化:"使脱脱终日危坐读书,不若日记古人嘉言善行服之终身耳。"对此伯颜上奏脱脱"其心专佑汉人,必当治之",而顺帝却竭力袒护,把脱脱对汉的怀柔政策说成是"此皆朕意,非脱脱罪也"。《脱脱传》中还说,顺帝向脱脱诉说伯颜之横暴时,泪泗直下,脱脱也陪之流泪。脱脱与小他六岁的顺帝从何建立了这样的信赖关系尚不清楚,最后脱脱遵恩师吴直方"大义灭亲"之教导,与顺帝在至元四年共拟排除横暴的养父、伯父之议,并得以实现。

宫崎市定先生指出:"元王朝至顺帝时,才首次开始编纂前代历史,制定了宋史、辽史、金史三史。编纂者代表中有丞相托克托(脱脱、笔者注),但是实际上托克托是不会汉文的蒙古人,只是职务上的兼职编辑而已。"[20]当然书中仅说"脱脱氏"进行了"施舍",并未写明是由脱脱亲自抄写的,加之还有彩绘,必是他人写后,"脱脱氏施舍"的吧。但是,若《元史》记载脱脱倾倒汉文化之事为真,则可考虑脱脱并不是不会汉文,即使他不亲手抄写,"写经奉纳"之心是早已有了的吧。

脱脱与顺帝之信赖关系此后也一直延续,至正三年(1343),顺帝23岁,脱脱29岁,当时脱脱是皇太子的养育之师,有一次因暴风雨发大水,脱脱一人抱上皇太子骑马登上山坡,才免去一难,顺帝大为感激,"汝之勤劳,朕不忘也",并大大酬谢脱脱。脱脱为庆贺太子的平安无恙,大解私囊,建立了"大寿元忠国寺"。至于脱脱与佛教之因缘,曾经一度被废除了的佛教管理机构"宣政院事",在元统二年(1334)恢复,正值脱脱年方20时,在此奉职。[21]元代是"又终元世,每帝必先就师受戒,然后登位。凡举行法会,修建佛寺,雕刻藏经等佛事费用,多由国库支出,并常给与寺庙大量田地以为供养"[22]的一个时代,喇嘛教极盛,汉人佛教似乎气势不振,不过如野上俊静先生所说,应该认识到当时的汉人佛教组织"利用元朝的崇佛,企图取得更好的地位"。"利用元朝崇拜喇嘛教,汉地……佛教也扩张势力,从而从国家那里得到了更多保护。"[23]综合脱脱对汉文化的拜倒,以及他个人出资营造寺庙,加之至元元年至三年元朝社会、政治发生的诸多变化,使我们相信脱脱本人是有可能奉纳汉族佛教《救母宝卷》的。

以上根据金文十六字窥视了《救母宝卷》的成书背景。因笔者目睹原书辨其年号为"至元",所以从与车、刘二先生不同的另一角度对此书进行了考证。至元三年,北京经受了持续六天的大地震,宗庙倒塌。也许顺帝惊恐前皇后燕铁木儿一族显灵,从而令供经安抚。对推崇汉文化不满伯颜迫害汉人政策的脱脱,顺帝产生了共鸣,从而在盂兰盆会一月之后的八月里发生特大灾害时,敕令抄写《救母宝卷》令脱脱奉纳。

　　郑振铎先生与车锡伦、刘祯两先生对"脱脱氏"三字未作解释。究竟应如何诠释这三字,笔者虽无确切实据,但年号是"至元"这一点是确实的。根据这一点查询史书,认为"脱脱"之人即"托克托"。假若笔者的"至元三年"为误,而应是"宣光三年",那么 1368 年元都北京陷落后已过两年,顺帝已崩驾,元朝流落漠北作为"北元国"而苟延残喘。昭宗即位,即位后的第三年,即是这个"宣光三年"。这年受昭宗"勅旨"的"脱脱氏"在帝之左右,何需"施舍"《目连救母出离地狱生天宝卷》呢?难以解释。仅仅为识读了"宣光",而宣光是中国史上北元的年号,所以就可断定《宝卷》成书是 1373 年(或 1372 年)吗?《中国历史大事编年》第四卷 1373 年条中,可见"脱脱"之人物,说是杀了被派往云南梁王处的王祎(1322～1373)。[24] 那么为什么要在"宣光三年"受梁王"勅旨"而抄写经书并"施舍"呢?理由不明,故此说也不可取。

注释:

[1] 朱建明:《元刊〈佛说目连救母经〉考论》,台北,《民族曲艺》第 77 期第 24 页～第 25 页。

[2] 宫次男:《目连救母故事及其绘画》,东京,《美术研究》255 收录,1968。

[3]乙酉两字用小文字横写。

[4]参阅《河海抄》第十四卷及岛崎健所著《解题》(《天理图书馆善本丛书和书之部》,天理大学出版部,1985)。

[5]《中国民间目连文化》,成都,巴蜀书社,1997。

[6]木宫泰彦:《日华文化交流史》第三章与元交易、第四章归化僧与文化移植,第五章入元僧与文化移植(富山房1955东京)。

[7]在《天龙寺造营记录》康永元年(1342)项里,有"法祖"之名。

[8]商务印书馆于1938年在北京初版发行后,1954年和1957年,北京作家出版社将其再版。1998年商务印书馆又再次印刷。所有的再版无论是内容还是页数都和初版完全一样。所以被登载的《目连救母出离地狱生天宝卷》没有一字一句是不同的。初版的《中国俗文学史》中的该部分完全没有被校订和补充。

[9]上述的《中国俗文学史》318页。

[10]参阅《戏曲研究》第37期收录(北京:文化艺术出版社,1991)以及《社会学研究》41收录(一桥大学研究年报编辑委员会编,2003)。

[11]《救母经》和《救母宝卷》里,没有"昇天"和"升天"的字出现。"生天"在《救母经》里出现两次,《救母宝卷》里出现了七次。但是"上天"一词在《救母宝卷》里出现了五次。《佛说盂兰盆经》与《净土盂兰盆经》均有"生天"二字,无"升天"。敦煌变文《大目乾连冥间救母变文》里写道:"为亡者转生于胜处",而在《目连缘起》里更明确指出:"蒙我佛之威光,母必离于地狱,生于天上",从很早开始,就说"天生"是"救母"的最终结果。

[12]北京,作家出版社,1957。

[13]上海生活书店,民国24年。

[14]国书刊行会,24~25页,东京,1975。

[15]车锡伦编:《宝卷总目》167页,北京,燕山出版社,2000。后者似乎是傅惜华的藏书,笔者未见此书,所以内容未详。

[16]例如《目连三世宝卷》(《中国文学研究》1089-1090页,北京,作家出版社,19571089-1090页)。

[17]台北,学海出版社,1997。

[18] 在《新元史》里有详述。

[19]《元史·顺帝纪二》。

[20]《世界的历史·宋和元》419页,东京,中央公论社,1983。

[21]《中国史稿》第五册 604页(人民出版社,1983,北京)及《中国佛教》(一)103页,知识出版社。

[22] 同上《中国佛教》(一)102页。

[23]《关于元代佛教的一个问题》(《冢本博士颂寿纪念佛教史学论集》508页,冢本博士颂寿纪念会,1961,东京)。

[24] 张习孔等主编,北京出版社,1987。

●李连生

河北大学人文学院

诺皋、傩戏与诗赞体戏曲

诺皋与傩

我国戏剧的最初形态与宗教祭祀仪式密切相关,由此产生傩戏。傩戏可谓是我国最本土化和最古老的戏剧形态了。朱熹说:"傩虽古礼而近于戏"(论语集注)。清·杨静亭《都门纪略》:"戏即肇端于傩与歌斯二者之间。"王国维《宋元戏曲史》:"后世戏剧,当自巫、优二者出。"因此,"从宗教仪式到戏剧形式,是中国戏剧史的一条潜流"[1]已经成为共识,毋庸赘言。从这个角度,我们来考察一下"傩"的原初意义。对此词不达意的解释有很多,但我以为"傩"之本义还应与"呼号"、"咒语"有关。

段安节《乐府杂录》云:"用方相四人,带冠及面具,黄金四目,衣熊皮,执戈扬质,口作'傩、傩'之声,以除逐也。"这种"傩、傩"之声,是一种逐除时呼号之语。为什么要呼号"傩、傩"而不是其他的声音,有没有深层的含义,还不清楚,但有一点是可以肯定的,即"傩、傩"表示着一种咒语。咒语的功能有很多种,可以降神、可以祈祷、也可以发出警示,"傩、傩"之声就起到了警示的作用。[2]咒语可以是种无辞义的声音,也可以是有意义的韵语。《后汉书·礼仪志》云:"中黄门倡,侲子和",并唱和一段咒语。这段咒语就是一段整齐的韵文,又见《淮南万毕术》,可见它是渊远流长的。这种咒语形式在上古很常见,马王堆汉墓出土帛书《五十二病方》

569

中就有很多，如"痏"条，有云："抉取若刀，而割若荠，而刖若肉，口若不去，苦。"《礼记·郊特牲》载《伊耆氏蜡辞》："土反其宅，水归其壑，昆虫勿作，草木归其泽"是咒语，亦是诗歌。《楚辞》在某种程度上也是咒语，咒语是最早的诗歌。[3] 虽然初民对此并没有意识，却认为咒语中包含着巨大神秘力量，可以摆脱恐惧，消灾祈福，所以在原始巫仪中咒语是不可或缺的。

说"傩"是在逐除过程中大声呼号的一种咒语，还可以找到其它的证据。唐·段成式《酉阳杂俎》子目有《诺皋》、《支诺皋》等篇。我认为所谓"诺皋"的"皋"就是"傩"。关于"诺皋"，余嘉锡《四库提要辨证》考辨此词甚详，以为此词出自《抱朴子》，是禁咒语。并引谭嗣同《石菊影庐笔说》、晁伯宇《谈助》、孙思邈《千金翼方》等证之。《抱朴子·登涉》有云："往山林中……禹步而行，三咒曰：'诺皋，太阴将军，独开曾孙王甲，勿开外；使人见甲者，以为束薪；不见甲者，以为非人。'"《千金翼方》下卷《护身禁区法第二十》："咒语：诺诺皋皋（按通"皋皋"），左带三星，右带三牢。"又晁伯宇《谈助》云："灵奇必兵法：正月上寅禹步寄生木器厂三，咒曰：'诺皋，敢告日月震雷，令人无敢见我，我为大帝使者'。"又证之段成式自序亦有取于巫祝之术，故以禁咒发端之若皋为篇名。[4] 此说甚当，"诺皋"是咒语，故"傩"实即"诺"也。

《诗经·桧风·隰有苌楚》："猗傩其枝"，《毛诗正义》曰："猗傩，柔顺也。"为什么"傩"是柔顺之意？因傩即诺，诺即若也。罗振玉："古诺与若为一字，故若字训为顺，古金文若字与此相同。"（《殷释》中，56 页）[5]傩有"盛行"和"行有节"等义，我以为都与祭祀有关。"若，祭名。《广苍》：'若，踏足 * （貌）'，在此可能为献舞之祭。"（考古所《小屯南地甲骨》第 887 页）[6]张光直《商代的巫与巫术》云："若字，卜辞金文像人跪或立举双手，而发分三绺，其义一般从罗振玉说，'象人举手而跽足，乃象诺时训顺之状，……故若字训为顺。'……若字不如是像一个人跪或站在地上两手上摇，头戴饰物亦剧摇荡，是举行仪式状。换言之，若亦是种巫师所作之祭。金文古典籍中的'王若曰'这个成语，也可能与此有关。"[7]其实，"若"既然是种祭祀仪式，其请神祷告过程中自然是要恭顺服从的，两种说法并不矛盾。这样，"行有节"也可以说从"柔顺"中引申出来的。"盛多"则表明祭品之丰盛。

而"皋"也是咒语的呼号。《礼记·礼运》："及其死也，升屋而号，告曰：'皋！某复。'"郑玄注云："皋童羔。"孔颖达疏："皋，引声之言。"又通"皋"。《周礼·春官大祝》："来瞽令皋舞。"郑玄注："皋，读诱因卒嗥呼之嗥。"又《春官乐师》："诏来瞽皋舞。"郑玄注："皋之言号，告国子当舞者舞。"《说文解字》"皋"字云："礼祝曰皋，登歌曰奏，故皋、奏皆从本，周礼曰：诏来鼓皋舞。"段玉裁注云："盖古告、皋、嗥、号四字音义皆同。"《睡虎地秦简日书》云："皋！敢告尔伯奇，某有恶梦，走归伯奇之所。伯奇强饮强食，赐某大福：非钱乃布，非茧乃絮。"这里，"皋"是咒语发端辞。

我们知道，上古巫觋以歌舞为职，陈林家释卜辞"舞"云："象人两袖舞形，即'舞'字。巫祝之巫乃'舞'字所衍变。"又云："巫之所事乃舞号以降神求雨，名春舞者曰巫，名其动作曰舞，名其求雨之祭祀为曰雩。《说文》：'雩，夏祭乐于赤帝，以祈求甘雨也'，《月令》：'大雩帝，用盛乐。'郑注云：'雩，吁嗟求雨之祭也。'《尔雅·释训》：'舞，号雩也。'郭注云：'雩之祭，舞者吁嗟而请雨。'《释文》引孙炎云：'雩之祭有舞有号。'《周礼·司巫》：'若国大旱则师巫而舞雩。'注云：'雩，旱祭也。'凡此所说祈甘雨、请雨、旱祭等，皆是雩的行为。而吁嗟与号则是舞时之歌。巫、舞、雩、吁都是同音的，都是以求雨之祭而分衍出来的。"又云："武丁卜辞的'无'，到了廪康卜辞加'雨'的形符而成，它是《说文》'雩'之所从来。"（《殷墟卜辞综述》第600–601页）[8]《论语·先进》："浴乎

571

沂,风乎舞雩,咏而归",孔子描述的即是舞雩。《论衡·明雩篇》读"归"为"馈",释云:"'风乎舞雩',风,歌也。'咏而馈',咏歌馈祭也,歌咏而祭也。"今之傩戏中祈雨仪式的表演很多,如贵池傩戏中的《打赤鸟》,山西雁北赛戏的《斩旱魃》等求雨祭礼活动,就是"舞雩"之风的流传。"舞雩"时还要伴随着"吁嗟"之嗥。

还可以补充说明的是:皋、号、嗥、乎、于、於、兮等与巫、舞、雩、吁都是同音的。因为古读"于"为"乎"音,《经传释词》云:"于,犹乎也。"《说文解字》:"乎,语之余也。从兮,象声上扬越之形也。"段注:"乎、余叠韵。意不尽,故言乎以永之。"《说文》:"兮,语所稽也。……象越亏也。"又释亏云:"亏,於也。"段注:"於者,古文乌也。……乌、亏、呼也。取其助气,故以为乌呼。"故皋即乎。"呼、乌、乌本皆作乎。卜辞及青铜器铭文均支乎为征召之意。……兮、乎二字本同源。"[9]乎、于同属鱼部,傩属歌部,歌、鱼声近通转,故又可证"傩傩"和"诺皋"音近,实为一事。

《礼记·郊特牲》云:"乡人裼,孔子朝服立于阼。"闻玄注:"裼,强鬼也。谓时傩索室驱疫,逐强鬼也。裼或为獻(献),或为傩。"《周礼·春官·司尊彝》云:"其朝见用两献尊。"郑玄注:"两獻,本或作戲(戏)。注则牺同,素何反。"朱骏声谓传写借"戲"为"乎",又误"乎"为"戲"。孙怡让则说"牺、戏声近,故或本作'戲'字也。"[10]实"獻"与"戲"本可通,因为二者都为祭祀仪式,献从鬲,戏从豆,鬲、豆均为祭祀明器,故獻、戲有相近的地方,所以会假借戲为獻。另外,"戲"字又读如"於戲(乎)"之"乎",由此可知,"戏"可能原本作为语气词,类似"乎""兮""嗥"之类,后被借为"戏曲"之"戏(戲)"字,这并非是偶然。《楚辞·招魂》中的语尾词"些",宋洪兴祖《楚辞补注》释云:"些,苏贺切。《说文》云:语词也。沈存中云:今夔峡湖湘及南北江獠人,凡禁咒句尾,皆称些,乃楚人旧俗。"些,读音与戲(素何反)同,与《诗经》中的"兮"字同为语气助词，"兮"即戯、即戏（戲）也，再次表明戏曲的起源与祭祀巫仪、禁咒呼号有内在的关系。后来咒语的成分渐渐减少。娱乐表演的方式替代了神性的内容，戏剧就这样发展起来了。它对后世的影响是潜移默化且深远久长，如后世驱傩活动的"打野胡（或作野狐、夜胡）"或"打野呵"、"打呀哈（嗬）"等就是从乡人傩的原始形态发展起来，"打呀哈（嗬）"是穿插在仪式赞颂歌词曲调中的和声。《南史·曹景宗传》云曹景宗："为人嗜酒好乐，腊月，于宅中使人作邪呼逐除。"《梁书·曹景宗传》亦有相同记载，惟"邪呼"作"虏"。"邪呼"是一种劳动号子，《吕氏春秋·淫辞》："今举大木者，前呼舆邪，后亦应之。"高诱注："舆邪，或作邪舆，前人倡，后人和，举重劝力之歌声也。"《文子·微明篇》"舆邪"作"邪呼"，《淮南子·道应训》同。很明显，邪呼即舆邪，与夜胡、野狐、呀哈（嗬）都是一种呼号语，与上述傩、皋、乎、号等同源，它来自祭祀傩仪，并运用于生产劳动。

安徽池州傩戏当地称之为"嚎啕神戏"，假面戏神称作"嚎啕戏神"，其祭祀活动称之为"嚎啕戏会"，从上述我们的论述可以看出，此名"嚎啕"是直接和"诺皋"、"傩戏"联系在一起的。其《舞抱罗钱》有："嚎也嚎嚎朝古社，嚎也嚎嚎夜胡歌"的唱词，[11] 便是明证。广东潮州流传的"关童戏"，其歌唱咒证为"豪姑豪、姨姑姨"，与傩戏"嚎也嚎嚎野胡歌"应是同出一源。唐张说《苏摩遮》诗云："豪歌急鼓送寒来。"其诗题下注云："泼寒胡戏所歌。其和声云'亿岁乐'。"《苏摩遮》，传自西亚龟兹等国，被称作"泼寒胡戏"或"乞寒胡戏"。据惠琳《一切经音义》卷四十云："或作兽面，或象鬼神，假作种种面具形状。或以泥水沾洒云人或持绢索搭钩，捉人为戏。……土俗相传云：常以此禳厌，驱趁罗刹恶鬼食人民之灾也。"这种"泼寒胡戏"与"打野胡"的形式和内在精神是一致的，二者在唐代或有融合。[12] 傩仪在咒语中发展，自然地融诗歌、音

573

乐、舞蹈为一体，衍为后世傩戏。

帮腔与滚调

　　从原始的傩仪呼号再来看戏曲中的帮腔、滚调问题，似乎更清楚地发现它们内在的本质联系。在驱傩仪式过程中有一人领唱和众人帮和的歌唱，如《后汉书·礼仪志》云："中黄门倡，㑆子和"。从上述对"傩傩"和"诺皋"的探讨中我们可以知道，傩戏是从高声呼号祷诵歌舞的仪式发展而来，其中伴随着很多有声无义（按功能上看，它们也是有意义的，其意义是禁咒或祈祷）的词语，即类似后世歌曲中的和声，"傩、傩"、"诺皋"本身就是一种和声。

　　和声是音乐重要的组成部分，《礼记·乐记》云："一倡而三叹。"注云："但，发歌句也。三叹，三人从叹之耳。"《广韵》："唱，发歌，又导也。"《诗经·郑风·萚兮》："叔兮伯兮，但予和女。"《说文》："和，相应也。"这种和声在《诗经》、《楚辞》中就大量存在了，到汉乐府时代，进一步发展成为艳、和、送、乱、声曲折等形式。《乐府诗集》卷二十六《相和歌辞》云："诸调曲皆有辞、有声，而大曲又有艳、有趋、有乱。辞者其歌诗也，声者若羊吾夷、伊那何之类也。艳在曲之前，趋与乱在曲之后，亦犹吴声西曲前有和，后有送也。"关于声辞，《汉书·艺文志》所载的"河南周枳诗声曲折七篇"、"周谣歌诗声曲折七十五篇"中的"声曲折"，王先谦《汉书补注》说："'声曲折'，即歌声之谱。唐曰'乐句'，今日'板眼'。"姚振宗《汉书条理》说："《河南周歌诗》、《周谣歌诗》，此两家皆有声律曲折，《隋书·王劭传》所谓'曲折其声'，有如歌咏是也。"这里的"声"不大像"歌谱"，而是如郭茂倩《乐府诗集》卷二十六《相如歌词一》所列举的，"'声'者若'羊吾夷'、'伊那何'之类也。"除此之外，又如《铙歌·朱鹭》中的"路訾邪"、《艾如张》中的"夷于何"、《有所思》中的"妃呼豨"等等，或置句前，或置句中，或置句末，这里的"声"都无辞义上的意义而表示声律曲折，是类似《疲乏藏·玉音法事》中所载《步虚声》所附的声辞，这样就是一种音乐性的吟诵调，如《铎舞歌》中《圣人制礼乐》及《巾舞歌》中的"邪乌"、"吾何婴"、"来婴"、"何邪"等显系声辞，是吟诵时曲折其声所发，也是和声的一种形式。

艳一般在曲前，有时在中间，可配歌辞或只是类似过门或引子而无歌辞，如《艳歌何尝行》原注："曲前有艳"（《宋书·乐志》），但无歌辞。《羯鼓录》"李琬"条记《耶婆色鸡》用《掘柘急遍》解之一事，《四库总目提要》云："声尽意不尽，以他曲解之，即汉魏乐府曲末有艳之遗法"，以艳在曲尾，显然是错误的。艳无论从曲调还是歌辞应是抒情的部分，后世所谓"泛艳"之曲应从此来。趋则在曲尾，应是进行较快的曲子。《古今乐录》云："凡歌曲终皆有送声。"《乐府诗集》卷五十七《琴曲歌辞》中《白雪歌》题解云："（唐）高宗显庆二年，太常言《白雪》琴曲本定合歌，今依琴中旧曲，以御制《雪诗》为《白雪》歌辞。又古今乐府奏正曲之后，皆别有送声，乃取侍臣许敬宗等和诗以为送声，各十六节。"南戏中的"断送"或从此来。从上述可知，则和与艳相当，趋、乱与送声相当，都有帮腔的性质，只不过帮腔的位置不同，如今之高腔或在曲调起首、或在中间、或押尾帮唱一样。

唐宋以后，和声进入戏曲衍而为帮腔，后世戏曲中经常出现的"啰哩"既是禁咒语也是和声、衬腔或帮腔。《董西厢》卷五【乔合笙】"休将闲苦萦怀，和：哩哩啰！哩哩来也。"南北曲中的【水红花】中的"也啰"，元曲中的"也么歌"，贵池傩舞《打赤鸟》中观众在台下集体性"贺、贺"的喊声也是一种帮腔。秧歌的歌唱方式与傩号相似，应是比较早的戏种，元代北曲有【村里迓鼓】调，宋代有讶鼓队。（朱熹《朱子语类》）讶、迓属鱼部，秧为阳部，鱼阳对转，二字同源，故迓鼓实为一种秧歌队舞。讶鼓戏现仍流行于山西，在花鼓戏时期的楚剧腔调,就有一种腔调叫"迓腔"。许多脱胎于秧歌的剧种,都有一唱众和,剧外人帮腔的唱法,如山西汾孝秧歌剧、流行于鲁南、苏北、皖北交界地区的"拉魂腔",包括现今的各地高腔的帮腔也与秧歌有着不可分割的联系。

王正祥《新定十二律京腔谱·总序》云:"曲藉乎丝竹相协者曰'歌',一人成声而众人相和者曰'唱'。"这正是燕南芝庵《唱论》中所谓的"南人不歌,北人不曲。"即南戏声腔是由无乐器伴奏的"徒歌"发展而来的,故南戏中的"合头"等均为和声帮腔,这种一唱众和的帮腔是对徒歌单一表现手段的补充和丰富,其意义十分重大。

傩戏与板腔体戏曲

从傩戏的上下句齐言对称韵句的文体形式及吟调的演唱方式上看,傩戏即是一种诗赞体戏曲。至于傩戏中的长短句体式受唐宋以后的戏曲声腔的影响,与诗赞体的体式相较,是晚起的形式。傩戏中的齐言韵句的文体形式常被人认作是对元明以来的词话或话本文学的借鉴,这种观点忽略了中国本土自古以来的诗歌文学传统。民间歌谣诗词如《诗经》、楚辞、荀子《成相》、汉乐府等本来就有五七言韵句,三三七七等句法,它们直接影响了说唱文学及诗赞体戏曲,产生了攒十字等句法结构。包括俗讲变文这些翻译文学中的杂言、齐言、联章等歌辞形式也是从中土民间文学中借鉴而来。因此,傩戏的诗赞体文体结构来自民间文学。且傩戏起源很早,不会反过来去继承话本或词话中的句法。民间文学是源,诗赞体傩戏、话本和词话均是流。

傩戏中的傩戏腔,应是从"声依永"的吟诵调发展而来。《尚书·尧典》:"歌永言。"永即长言也。《礼记·乐记》云:"故歌之为言也,长言之也。说之故言之。言之不足,故长言之。长言之不足,故嗟叹之。嗟叹之不足,故不知手之舞之,足之蹈之也。"《说文》:"以声节之曰诵",即吟咏以声节之。因此吟诵是我国固有的一种歌唱方式,对傩戏唱腔有直接的影响。

傩戏的生成过程中又受到来自佛教的影响。佛教转读呗赞,常称作"吟"。梵呗是"素唱经文",即清唱。其讲经文的演唱有"吟"、"平吟"、"侧吟"、"断吟"、"古吟"等,它们是音乐性的朗诵,即吟诵。如"断吟"即唐传日本音律十二调中的"断金"调。由于音读的原因,"断吟"之讹,或许是来自元杂剧结束时的"断云",总之是一种吟诵调。元杂剧中那些为"诗云"、"词云"、"诉词云"、"歌云"、"断云"的,都为诗赞体唱词。大量为七字句格,另有十字句格,如《王粲登楼》杂剧第四折《王月英月夜留鞋记》第四折等。马致远《吕洞宾三醉岳阳楼》中第三折正末扮吕洞宾持愚鼓、简子唱道情:"披蓑衣戴箬笠俺喉咽……。"全是"攒十字"句式,共26句,然后以言四结束。从"念一回唱一回润俺喉咽"可以看出是韵散相间,有说有唱的,显然来自佛教俗讲说唱的形式。《桃花扇》中有标明"巫腔"的十字句大段唱腔【问苍天】,这种"巫腔"恐怕是源于傩腔。又如山西上党戏和山陕锣鼓杂戏,从现存的傩戏剧本来看,其剧本结构为诗赞体,以七言为主,间用三三四的攒十字结构,或用三言的排比垛叠句式,演唱用吟诵调,贵池傩戏中的傩腔也是如此,而南戏中引子的干唱便颇类似一种吟诵调,只不过比傩戏唱腔更进一步音乐化而已。

目连戏中大量唱腔含有很明显的宗教音乐,有"念经"的音调形式近于佛教的音乐的【梵白】和道教音乐的【道腔白】。杨荫浏《佛教禅宗音乐》云:"【梵白】,是一种散板唱腔。基本调只有一个,但依字句长短,字音的不同,可以伸缩改变。各种散文、四六体韵文,四言、五言、七言诗和长短句的词,都能配合。这是佛教原有的唱腔,也是用得最多的一种唱腔,可能与印度音乐有关,有快和慢两种,快的叫做【快梵白】。【道腔白】,是另一种散板唱腔。用于配合四六体韵文,其中包含着道教的唱腔。"[13]南京高淳目连戏中的散板,特别是【诗求板】,具有上述两种形式的一些特点,用的也最多。如《孝妇卖身》里【诗求板】的唱腔,极似五当山道教音乐里的【念咒腔】。【锁南枝】一类曲牌中,不少曲牌的主腔就与道教音乐的【步虚声】主腔有相同之处。[14]

而贵池由于紧邻九华山佛教圣地,其傩戏受到佛教的影响就更明显了。其傩腔是齐言体唱词(包括七言和三三七句式)多以民歌、小调演唱,还有【巫歌】以及民俗小调、道士、和尚的声腔,傩腔用本嗓演唱,操乡音土语,无伴奏,演唱具有即兴性。[15]

至于滚调的产生,我认为也与诗赞体的傩腔有关。张庚、郭汉城《中国戏曲通史》云:"滚调是以流水板的急促节奏和接近口语的朗诵的歌腔来表现情绪的。"[16]说明它介于唱白之间,是在吟诵、齐言体和帮腔的基础上发展而成的。王正祥《新定十二律吕京腔谱·总论》云:"尝阅乐志之书,有'唱'、'和'、'叹'之三义。一人发其声曰唱;众人成其声曰和;字句联络纯如绎如,而相杂于唱、和之间者,曰叹。兼此三者,乃成弋曲。唱者,即起调之谓也;和者,即世俗所谓接腔也;叹者,即今之有滚白也。"《说文》:"叹,吟也。谓情有所说,吟叹而歌咏",唱、和、叹的结合便产生了滚调,弋阳腔、青阳腔、各路高腔中滚调无不如此。然而北曲中的滚调其实也很多,任二北《曲谐》认为:北曲么篇的"么"字便是"衮"字之省文,不无道理。[17]如《长生殿·觅魂》折【后庭花】滚曲,此曲自第六句后,一连增添48句不计衬字在内的五字句。很明显是种滚调唱法。帮助洪昇订谱的徐麟眉批曰:"此调亦可增减,但必增于第六句下。句皆五字叶,而平仄不更,末以一句单收之。自'钟情生死坚'以下,皆属增句。"[18]滚调的重要作用和意义不仅是突破了曲牌联套的限制,还在于为向板腔体音乐过渡起了中介和催化剂作用。它的出现改变了曲体结构,以变奏原则为曲调发展手法其强大的叙事功能增强了音乐戏剧性,这种声腔形态无疑影响到了后来板腔体戏曲的形成,如秦腔板腔体音乐就是在秦腔艺人吸收和采用了陕西流行的类似道教"善人"唱经念词的【劝善词】基础上改造而成的,形成核心的唱段——【二六板】。[19] 再如"高淳目连戏音乐属曲牌体音乐,其表现形式,使唱腔产生板式变化和丰富的节奏变化,因而使其增加了一种板腔的因素。"演唱上,无丝弦伴奏的徒歌形式,"所唱曲牌有宣叙调和咏叹调,其中宣叙多,节奏自由。"[20] 【诗求板】就属滚调性质。

流沙先生《徽池雅调浅谈》云:"由于滚调词句在一个曲牌中大量出现,使其固定的曲牌词格已经无法保留,加上帮腔乐句的减少,引起整个剧种音乐唱腔上的变化是打破曲牌体结构,从而创造一种新的曲体。这种曲体有点类似板腔体的音乐形式。……"这是高腔民曲向板腔体发展的必然结果。[21] 因此,板腔体戏曲音乐以节奏变化作为发展曲调的原则和音乐戏剧化的基本表现手法,其实早已孕育于傩戏声腔中了。

综上所述,我们从诺皋与驱傩呼号之间的关系入手,寻绎"傩"的原初意义。古老傩仪作为一种巫术祭祀的宗教仪式,在这个过种程中,伴随着祈求、祷告或禁咒语的高歌,原始的和声已经由此萌芽,经过汉乐府和隋唐佛教艺术的进一步整合,这种和声进入到戏曲中演变为帮腔,孕育了滚调,而滚调的出现导致板式变化,进而形成板腔体戏曲,因此诗赞体的傩戏对板腔体戏曲的形成有着至关重要的意义。

注释:

[1]康保成:《傩戏艺术源流》,第9页,广州,广东高等教育出版社,

1999。

[2]段玉裁:《说文解字注》"条"、朱俊声《说文通训定声》"条"。

[3]萧兵:《楚辞文化》第五章,北京,中国社会科学出版社,1990。

[4]《酉阳杂俎》,第302-304页,北京,中华书局,1981。

[5][6]于省吾主编:《甲骨文字诂林》,第一册,第一367页,北京,中华书局,1996。

[7]张光直:《中国青铜时代》,第262页,北京,三联书店,1999。

[8]于省吾:《甲骨文字诂林》,第一册,第225页。

[9]于省吾:《甲骨文字诂林》,第四册,第3414页。

[10]康保成:《傩戏艺术源流》,第14-15页。

[11]何根海、王兆乾:《在假面的背后——安徽贵池市文化研究》,第96页。

[12]向达:《唐代长安与西域文明》,第73-78页,石家庄,河北教育出版社,2001;叶明生《一条通往戏曲艺术的潜流——散论"打野呵"及其形态衍变》,《戏曲研究》第25辑,第231页,北京,文化艺术出版社,1987。康保成先生《傩戏艺术源流》333页。

[13]转引自《南京戏曲资料汇编》第三辑,第43-44页,参见冯沅君《古优解》,《冯沅君古典文学论文集》,济南,山东人民出版社,1980。杨志烈:《秦腔源流浅识》,《梆子声腔剧种学术讨论会文集》,第230-231页,太原,山西人民出版社。《南京戏曲资料汇编》第三辑,第28页。流沙:《明代南戏声腔源流考辨》,第178页,台北,施合郑基金会,1998。

[14]《南京戏曲资汇编》第三辑,第45页。

[15]何根海、王兆乾:《在假面的背后——安徽贵池文化研究》,第144页。

[16]张庚、郭汉城:《中国戏曲通史》,中册,第376页,北京,中国戏剧出版社,1981。

[17]冯沅君:《古优解》,《冯沅君古典文学论文集》,第70页注[28],济南,山东人民出版社,1980。

[18]傅雪漪:《昆曲音乐欣赏漫谈》,第108页,北京,人民音乐出版社,

1996。

[19]杨志烈:《秦腔源流浅识》,《梆子声腔剧种学术讨论会文集》,第
230－231页,中国艺术研究院戏曲研究所,太原,山西省文化厅戏
剧工作研究室编,山西人民出版社,1984。

[20]《南京戏曲资料汇编》第三辑,第28页。

[21]流沙:《明代南戏声腔源流考辨》,第178页,台北,施合郑基金会,
1998。

● 丘慧莹

台湾台南嘉南药理科技大学人文社会中心讲师

台湾高雄师范大学博士生

民间剧与文人剧的差异[1]

——以元杂剧《桃花女》故事为例

前言

以"桃花女故事"为题的研究论文,已有:吴玉成《粤南神话研究》(收录在北大民俗学会民俗丛书第一一六,1970)、方光珞的《"桃花女"中的生死斗——杂剧现代观之四》(1976)、陈器文《一出禁忌系统的婚姻类型剧——〈桃花女破法嫁周公〉》(1990)、刘惠萍《桃花女斗周公故事研究》(1992)、郑志明《元杂剧〈桃花女〉的女性仪式书写》(1997)、郝誉翔《"桃花女"中阴阳斗与合:一个仪式戏剧的分析》(1998)、邱春美《论"桃花女斗周公"故事的发展轨迹》(1999)、余怀瑾《元杂剧"桃花女"之婚俗仪式研究》(1999)、郑志明《元杂剧〈桃花女〉的婚姻仪式探讨》、郝宝铭《中国北方婚嫁习俗起因谈片——〈桃花女破法嫁周公〉传说的民俗内涵》(2000)等文,各有不同的着重处,本文对各家已讨论过的问题便不再赘言。

目前可见的元杂剧《桃花女》版本有二,一为臧晋叔《元曲选》本《桃花女破法嫁周公》,目前已知有明万历四十四年雕虫馆刊本

（以下简称为"元曲选本"），另一则为赵琦美校内府所藏的"脉望馆钞校内府本"《讲阴阳八卦桃花女》，剧末并附有人物的"穿关"（以下简称为"脉本"）。[2] 今收在世界书局杨家骆所编的《全元杂剧二编》，据其考定，脉望馆钞本之元杂剧"其钞校虽然在万历间，但所据实远肇于洪武以来内廷传习之本"。[3] 由于"元曲选本"经过臧晋叔的加工，[4] 所以有了文人修改的痕迹，而"脉本"虽是内廷钞本，但相较下，文字却较古朴，甚至有些不太通顺的地方，再加上故事情节与后来流传的小说、各地戏曲有较多相同之处，所以应该较贴近民间故事的原貌，为较接近艺人演出的本子。特别是剧作后面还附了"穿关"，可以肯定这是一出适合搬演的场上剧。

有关作者的问题，严敦易以为"原系无名氏之说，应较为有力"，笔者也倾向这样的说法。[5] 再加上考证剧中的种种婚俗或禳灾祈福的仪式，可确定是元代之前民间已有的礼俗文化，所以本剧应是民间长期的集体创作，在元代经无名文人或艺人改编为剧作，成为当时婚俗及禳祝仪式的总结。[6] 但经总结过后的元杂剧《桃花女》故事，又继续在民间流传、变异、发展，并结合当地文化特色，反而成为民间文化的依据及源头。

作为一种仪式剧，元杂剧《桃花女》在戏曲活动的功能上，除了特有的驱邪除煞的巫术性内涵外，还发展出戏曲本身的艺术特质。所以这一类的民间戏曲，除可传达当时文化中各种讯息，适切的表达一种民间情感之外，又能有面对人生问题、跨越生命关口的另一层思考。但在文人将之记录，并加入文化思维后，这个部分可能就会有所变化。

由于《元曲选》本与《脉望馆钞本》（以下简称"脉本"）在内容及故事情节上有些许的不同（有关二者内容、情节差异，请参见附录），而众多的研究论文都没讨论到这个部分。这些更动的部分，除了明显可看出文人剧与民间剧在思想、阶层、文化等各部分的差异外，对以后各地桃花女故事，包括小说，戏曲的影响又为如何？都是本文讨论的部分。

生存与礼教

有关戏曲产生的原因众说纷纭，但最初发生可能仅是一种抒发情绪、消遣或娱乐的反映，然随着戏曲的发展及其内容的展现，人们往往赋予它有着比原初更丰富的内涵。戏曲作为一种文化价值与社会关系的结合，其功能是多样的，它可以是民众对于现实生活中不满情感的发泄，或是对另一种生活方式的追求，当然也可以是生存理念的投射。然而戏曲在中国传统文化中容许存在，不可避免的也得成为统治阶层刻意引导、有意识的执行某种功能的载体。元杂剧《桃花女》故事，在《元曲选》本与《脉望馆钞本》中"桃花"性格的不同，即可视为是文人为展现礼教而做的变动。如果说民间剧中的桃花，为着生存而努力寻求各种解决之道，是庶民生存理念的投射；那么"元曲选本"中的桃花，可能在文人不自觉的情况下，更改成为儒家礼教的代言人。

"元曲选本"更动了元杂剧的宾白，是人人皆知的事，臧晋叔本人也自有一番解说。他在《元曲选》序中就已经谈及：

> 主司所定题目外，止曲名及韵耳，其宾白则演剧时，伶人自为之，故多鄙俚蹈袭之语。

王骥德《曲律》：

> 元人诸剧，为曲皆佳，而白则猥鄙俚衰，不似文人口吻，盖由当时皆教坊乐工，先撰成间架说白，却命供奉词臣作曲，谓之填词。凡乐工所撰，士流耻为更改，故事款多悖理，辞句多不通。不似今作南曲者，尽出一手，要不得为诸君子疵也。

李笠翁《闲情偶寄·宾白》中说的更为清楚：

584

自来作传奇者,视宾白为末着。常有阳春白雪其调而巴里下人其言者。予窃怪之,原其所以轻此之故,殆有说焉。元以填词擅长,名人所作,北曲多而南曲少。北曲之介白者,每折不过数言。即抹去宾白而止阅填词,亦皆一气呵成,无有断续。似併此数言,亦可略而不备者。由是观之,则初时止有填词,其介白之文,未必不系后来添设,在元人则以当时所重不在于此,是以轻之。后来之人又谓元人尚在不重,我辈工此何为?遂不觉日轻一日,而竟置此道于不讲也。

又于《词别繁简》:

填词既曰填词,当以词为主,宾白既名宾白,明言白乃其宾,奈何反主作客?……前人宾白之少,非有一定当少之成路,盖彼只以填自任,留馀地以待优人。谓引商刻羽我为,政饰听美观彼为政,我以约略数言,示之以意,彼自能增益成文。

其后王国维、郑骞等学者都采纳如是说法。由上面的几段话可知,对于文人更动元杂剧的宾白,一般的论点似乎都能接受,这是伶优辈与文人有文学艺术品味上差异。但对于曲文的修改,大家就持较保留的态度。臧晋叔编《元曲选》时,对大多数的戏曲,有关曲词的部分,原则上都能保留原状,除非是文句实在不够通顺,否则不去更动。然而对于《桃花女》,臧晋叔不只更动了"脉本"的宾白,更非"文句通顺"因素改变了"脉本"的唱曲。这种改动,就可以清楚探究出文人的用意。

"脉本"里的桃花,是一个为了日常生活而努力的普通女子,平日做的都是极为平常的掏火、买绒线等事情。她一旦得知石婆婆为儿子将死而伤心难过时,同情之心顿现,忍不住出手搭救;她受不了彭大口口声声称道周恭的神机妙算,又忍不住教彭大求寿之方,破了周恭的能算之名。桃花的表现,有古道热肠、也有血气方刚,展现的是活泼泼的生命力,一个个性鲜明,如三月树头上绽放的桃花,生机盎然的女子形象。"脉本"第一折在彭大的满腹闲愁、接酒不饮时,直率的桃花以为是彭大嫌"村务酒"鄙陋,故而出言讽刺,表明家里不可能有府州里的"笙歌绮罗",颇有喝不喝随你的意味,于是彭大就道出周恭算卦之事。剧作依桃花个性进展,剧情紧凑,毫无停滞,一气呵成,似连珠炮一般漫天炸响,甚至有些咄咄逼人。而"元曲选本"依臧晋叔认定的女子形象开展,在唱完【天下乐】之后,多加了一支曲子【寄生草】来劝酒:

> 俺这里有的是黄鸡嫩、白酒熟。伯伯也,你莫不为茅檐草舍庄家陋,也一般青山绿树风光秀。况我父亲,又和你倾心吐胆交情厚。但愿的乐丰年,醉倒有百千场,何必要炼丹砂、学取那松乔寿!

这一段唱词的增加,不仅暗示了下面彭大即将要道出的板殭身亡,更贴心的以为父执辈有事不好在小辈面前说,于唱完之后下去准备酒菜,让父执二人好好聊聊,借故离开。此处多了些小家碧玉的温婉,呈现出贴心可人的小女儿风貌。臧晋叔认为这才是女孩儿家应有的性格,而且正好可以和第四折修改后的桃花互相呼应,于是此处剧情也多了些顿挫。相对于"元曲选本"桃花的善解人意、温柔可人,"脉本"的桃花,似乎更直接明朗、淋漓畅快些。

更动桃花性格的部分,明显的还是在第四折,由于臧晋叔多加入了四支曲子,虽然是因为更动剧情之故,只好以新增的曲子来收拾情节,结果却有一大半都是强调翁媳伦常的和谐、长幼之序。"元曲选本"第四折从一开始,便将"脉本"【新水令】的"你休那里巧言令色厮从过",改成了"则问你为甚幺腰横利斧出城东",桃花就连在质问彭大时都有礼貌的多。再如曲文【沈醉东风】:"我只道受了些千惊万恐,那里便埋没我四德三从。"【川拨棹】:"你须是

586

俺公公,比旁人自不同。我实指望承奉欢容、扶助家风。"【七弟兄】:"只为结婚姻本待谐鸾凤。"【梅花酒】:"还说甚列琼筵捧玉盅,这都是我塞命相冲、恶业偏逢,争些儿凶吉难同。"【收江南】:"今日个桃花依旧笑春风,再不索树底觅残红。多谢你使心作幸白头翁。若不是这些懵懂,怎能勾一家儿团圆喜融融。"这些曲词不断强调三从四德、亲亲尊尊,全都一股脑儿的将桃花推向以婚姻幸福、家庭和谐为女性终极目的的路子上。所以为了家门和谐,自己受一些委屈是无所谓的。这和"脉本"只唱了四支曲子,还一径的嘲笑周恭大有不同。

从元末明初高明的《琵琶记》所说的"不关风化体,纵好也枉然"开始强调戏曲的教化意义,之后的邱浚作的《五伦全备记忠孝记》虽已亡佚,但看题目就知道是以"教忠教孝"为主旨。邵璨作《香囊记》就说明他是续五伦全备而作,整个明代的剧作,都处在这种气氛之中。臧懋循虽推崇元人杂剧"本色"、"当行"、"雅俗兼收、串合无痕"、"关目紧凑",批评明人作品"饾饤堆积",但在思想上,似乎还不能完全贴近元杂剧的真正生命,依旧摆脱不了文人思想的局限性。凌濛初在《谭曲杂札》中所说:"晚年校刻元杂剧,补缺正讹之功,故自不少;而时出己见,改易处亦未免露出本相——识有馀而才限之也。"可谓至论。

"元曲选本"里的桃花,被臧晋叔改造成有些刻版与教条,开口闭口提着家风伦常,三从四德,口口声声的齐家、和谐,是文人笔下改良过的礼教展现者。"脉本"中的桃花,却是乡下小村姑,有着民间女子那种直接、不假修饰的天然之美,遇到了生死大事,更是有乡里小人得志般得理不饶人的泼辣,但终不掩其淳厚天性,为生存想尽一切办法、理直气壮的活着。《脉望馆钞本》的《桃花女》,可以说是庶民生存理念的投射;《元曲选》本中的桃花,却在不自觉中,成为文人为展现礼教的实践者。

庶民文化与士人文化

　　戏曲作为一种可以展现当时社会生活、文化价值、生存概念的载体，其所呈现出的故事情节，可作为社会学、人类学、民俗学研究的资料。一般研究《桃花女》故事时，都将重点放在本剧所表现的解襀求寿及婚俗仪式，并为之找出渊源及依据，或是研究各种解煞之方。其中相关的各种仪式多在元代之前已经出现。"元曲选本"、"脉本"在这些仪式上，基本并没太多的差异。有关婚俗的部份，也都记载了桃花女在"上车、上路、下车、入门、入墙、入第三重门、入房"会遇到"太岁神、黑道、星日马、鬼金羊、昴日鸡、丧门星、白虎星"，并用"手帕蒙面、车倒拽三步、净席、马鞍、碎草、米谷、五色钱、弓箭、蜡梅"来解襀。

　　其中比较特别的是"元曲选本"有一个地方为"脉本"所无的情节，那就是出门时"犯日神及金神七杀"，并安排桃花头戴花冠及筛子遮顶以化解。这个增饰的情节，令人想到是否当时元代民间的婚俗没有这个部分？还是只有士人的婚礼中，新嫁娘才有如此打扮，所以"脉本"不记？抑或明代新娘才开始有如是打扮，故"元曲选本"特别将之记载下来？这究竟是民间与文人婚俗的差异？还是因时代，所产生不同婚俗的差异？

　　戴花冠的打扮，最早的记载都是非汉人的装束，许多西域国家的皇后都有这样的头饰；敦煌壁画中，也有各种各式的"花冠子"。[7] 汉人开始有戴花冠的记录，始于唐朝，唐代宗嫁女，单是一个花冠子值七十万钱，后来虽"损之又损"但一个也要三万钱，可见公主下降之时必然头戴花冠。[8] 据《新唐书》的记载，一般品官员的女儿出嫁，也戴花钗。[9] 虽然平民之女出嫁，已有人使用花冠，但显然还不是一种普通庶民婚家的必备装扮，所以《新唐书》会特别记录下来，指民间在嫁娶时有些"僭越"，但是结婚这种喜事,又不好干预太多,只好限定使用的材质。[10]但早期只是皇妃公主或命妇的打扮。在古代服饰受严格限制的环境里,庶民是没有这样的装扮。到了五代,因前蜀王衍的提倡,后宫者开始普遍流行戴金莲花冠,不论是后妃或宫人,都戴花冠,[11]是否因此头戴花冠成为一种普遍的装饰? 在《宋史》中有:"中兴,仍旧制,其龙凤花冠,大小花二十四株,应乘舆冠梁之数……皇后服之。""花钗冠,绍兴九年所定也,大小花十八株,应皇太子冠梁之数。施两博鬓,去龙凤,皇太子妃服之。""花钗冠……第一品,花钗九株,宝细准花数。"[12]这些记录记载着花冠还是只有贵族或命妇才能有的正式装扮。

《东京梦华录》中《娶妇》有"先一日或是日早下催妆冠帔花粉,女家回公裳花补头之类",在同一篇中还提到"花冠子"。《梦梁录·嫁娶》有:"男家送催妆花髻,销金盖头。"从这里似乎显示了宋代催妆女用品已有"冠"、"花髻"等物,但这里的"冠"、"花髻"是否等同于"花冠"? 还是只是普通的"冠"? 否则"脉本"为何不曾提出? 却得等到明代的"元曲选本"才标举出来? 更何况花冠若真是属于催妆用品,一般小门小户,没有钱买这种昂贵的东西,是否只能用简单的头面首饰替代? 唐王建的《失钗怨》中贫女出嫁,连支女伴添妆的铜钗,最后都不小 心给弄丢了。[13]可知花冠一物,在当时应与家境贫富有关,不一定是新妇出嫁时必备的妆扮,如果家境清寒,还是可以权宜变通的。显然"花冠"一物,在唐宋是很贵族化的装扮,属贵族或命妇的大礼服,民间可以拿来作为婚嫁用品,但应该也限于富贵之家,并不具有普遍性。[14]元代对这方面的记录则是付之阙如。

直到明朝,因为官府正式承认庶民结婚可用九品命服为吉服,所以后来一般人称的"凤冠霞帔",成为新娘的通服,其实冠上的动物也不是"凤"而是"翟",[15]是否因此原本在前代民间嫁娶还不普遍的"花冠",到了明朝就与一般人嫁娶常用的"翟冠"混在一块了？于是臧晋叔就引用到剧中,增加了这个"头戴花冠"的情节？否则在其它婚俗部分"元曲选本"都依"脉本"沿用,唯独在此处不具任何理由的创新呢？如果这个推论是正确的,那就更可以看出"花冠"一物,由贵族士大夫流行至民间至明朝成为一般人婚俗习用之物。

不过这个头顶花冠以避日神的装扮,到了后来的清代小说、清代笔记、北平鼓词、福州平话、厦门闽歌、新竹闽歌、粤南神话、陆安传说等各代各地相关的《桃花女》故事中,都没这个部分。这种现象,正好与清代庶民女子婚嫁皆不允许使用冠帔补服的的情形相符。[16] 所以从"元曲选本"的改动,清楚看到士大夫的婚仪与庶民之间的差异。

"节子遮顶"想必也是臧晋叔所处之明代常见常用的婚俗之一。然有关"节子遮顶"的婚俗,到目前为止,都不能找到唐宋之时或元朝的记录,最多只找到清代范祖述的《杭俗遗风》的记录。[17] 不过在闽南语系的"桃花女"故事中,如厦门闽歌、新竹闽歌都有这个部分。台湾目前的嫁娶习俗,也都保留着新娘上、下车时,以绘有八卦图案的筛子遮顶。但如果新娘已经怀孕或是再嫁,一般是以雨伞取代。

因果关系与伦理纲常

臧懋循在校订《桃花女》杂剧的内容时,还改动民间剧几个自认为不合理的地方。首先是改动桃花女的命名由来:将"脉本"的"生将下来,左手上有个桃字,右手上有个花字"改成了"生下来是,手上有桃花纹",把原来充满神话色彩的"左手桃字、右手花字",一变成为可以解释,毫无稀奇,像胎记般的"桃花纹"。彭大的年寿也从八百岁改成了一百岁,好像是一般人较容易活到的岁数。其实,彭祖的长寿,在《庄子》一书中即有记载:"而彭祖乃今以久特闻,众人之匹,不亦悲乎!"《楚辞·天问》:"彭铿斟雉,帝何飨?受寿永多,夫何久长?"《世本》、《楚辞》王逸注、葛洪《神仙传》中所记年寿有八百岁、七百六十七岁及七百岁些微的差距,但都是高寿之人。[18]相信这样的说法,在民间一定流传甚广,连《论语》孔颖达《正义》都是这样的说法,臧晋叔却罔顾这样的传说,予以改变。这样的更动,应该是文人认定高寿是"荒诞不经",于是更动成为一般人可以接受的合理情形,这样的更动,让充满神秘色彩的求寿仪式,失去了意义,如此一来,以"求寿"得"长寿",而接近"长生"的概念,就被文人消弥于无形了!

整个《桃花女》杂剧被改动最见痕迹的部分,是最后臧晋叔删掉了"真武下降",以及说明桃花女与周恭二人是金童玉女的前因后果。为了情节发展,臧晋叔只好在第四折的部分,增加了五个曲子,以铺衍后来的结局。并更动了情节让"元曲选"中的周公说了一段合情合理的话:

> 我老夫在洛城算卦多年岁,端的个阴阳灵验从无对,闻知有桃花女妙法更通玄,因此上与孩儿下聘成婚配。非是我选时日故生毒害心,实则要比高低试道他知未,果然他六壬课又出我之先,我只待服降他低头甘引罪。想则是我周公家道日当兴,谫得这好儿孙后辈超前辈。今日里草堂中羊酒大张筵,愿诸亲共与我开怀吃个醉。

原本是"夫妻斗法"的情节,改成了"翁媳斗法"。这样的更动有何目的?真武成为人格神的信仰,在中国起源不是太早,早期是二十八星宿中四象之一的北方玄武,为原始的星辰崇拜对象,到了汉代,因为阴阳之术大盛,成为四方崇拜。后来经道教的吸收,才予以人格化;到了宋朝时,已是普遍流行,当时还因为宋真宗之祖名"赵玄朗",为避讳而将"玄武"改为"真武"。元代是一个全真教盛行的年代,全真教基本上是革新的道教,真武的信仰依旧,在当时真武还被封为"元圣仁威玄天子帝"。明朝因明祖"靖难"之役时,玄武有阴助之功,地位更加显赫。[19]到了明末,余象斗还写了一本《北游记》来说明真武的出身、成仙的经过,可知当时真武的信仰是历久不衰。臧晋叔为万历年间人,没有理由不知道"玄武"信仰,他是以一种什么样的心态把这个故事的结尾删除?而且还把"夫妻斗法"改"翁媳斗法"?

属于民间剧的"脉本"《桃花女》,是借着"因果关系",去解释生命中无法解决的困顿,包括种种不知的现象、天灾人祸、生老病死,以寻求一己安身立命的方法,至于合不合理、迷信与否并不重要;只要能寻求心灵的寄托,有再度面对问题、继续面对生存挑战的动力,就是最好的解释。所以生命可以透过各种方法解决难题,唯一目的是为达到未来人生更好的发展。而莫名的灾难,不可抗拒的命运,只能交给因果循环。桃花与周恭的"夫妻斗法",是宿命、是因果,是前生情孽今生纠葛,是无法以常理看待的冤仇。

《桃花女》故事在各地各代有流传,包括清代的小说、北平鼓词、福州平话、厦门闽歌、新竹闽歌、陆安传说等相关故事中,都有真武出现,而且故事的结局不是两人言归于好,而是两人恶斗,有劳真武大帝出面点化收服。这比起"脉本"中二人先握手言和,然后真武下降,点出二人前生,有着更不可解的冤仇,正可落实了二人斗法的原因。

但属于文人改本的"元曲选本"《桃花女》,有着文人理智及强调的伦理纲常。文人由于饱读诗书,受儒家教化影响,处世有道,比较有能力解决生命困顿的部份,"穷则独善其身,达则兼善天下"。对于"因果"一事,不一定能接受。把桃花与周恭的"斗法"改为"翁媳斗法",是将婚仪视为一种"对父权统治的挑战",简单的说,就是一种下对上的"权威挑战"。新嫁娘的入门仪式,其实是一种生命关口的仪式，考验新嫁娘是否有能力足以承担家族绵延的重责大任；也只有通过了这一层仪式的考验，才能肩负家族生命延续的使命。所以古代新娘入门三月，才有"庙见"仪式，并不是一开始完婚拜堂，新嫁娘就为夫家所接受。[20] 也就是只有接受考验且通过考验的新娘，才是被宗族所认可，也才能接受祝福。所以不论桃花法力如何高强，与周公斗法虽取得胜利，依旧得回归新妇的身份，回归于伦常礼教，最后还得救活周公一家人，和周增福拜堂成亲，并进入夫家的家族中，与夫家休戚与共，共同为宗族的命运共同努力。与其将桃花的表现解释成向父权统治低头，倒不如说是彼此对家族共同命运，及家族生命延续的最终目的妥协。

其实，在臧晋叔改动"周恭"为"周公"时，就明显的把这一出原来是可以放在任一时、任一地、跳脱时空的民间戏曲，固定在特定的历史时空中。"周公"的内涵，使人联想到周朝"制礼作乐"的周公，文人明显的想把婚礼仪式的制定者，与这出戏曲中的人物结合，造成一种"历史典型"的印象。所以经由婚礼的展开、入门仪式的考验，皆为建立一伦常架构。

臧晋叔在"元曲选本"的第四折最后，加了一个【鸳鸯煞尾】的曲子，在最后桃花唱道："你知我为甚的所事儿玲珑，则我桃花原是那上天的种。"许多人都认为这是臧晋叔无法自圆其说，无法收束剧情才留下了这样的一个破绽。但笔者却有另一种解释，与其说是破绽，倒不如说是为老于谋算的周公留一个台阶，或是刻意将观众引导到强调家族命脉延续意识的境地。因为"上天的种"，不必然是说桃花有着玉女的前身，因为剧中的桃花已无家世可言，又无富贵可傲，再加上不以容貌见长（不一定没有，但剧中并无着墨），又只是普通乡里女子，如何能承担周公家业？周公执意要考验桃花，为通过考验，桃花必有特殊之处，如此才能证明他挑选的是个"天人"——通六壬之术且可以胜过自己的能人，所以他必须

593

对桃花施行严苛的考验,也惟有如此,他才能对宗族交待、对家族命运的延续交待。

元杂剧《桃花女》对后世的影响

经由上述的比较可知"元曲选本"及"脉本"在剧情上虽然只有些微的差距,然故事原有的民间性及神怪性质,却因文人的改动而删减不少,女主角桃花的特色也跟着逊色不少。这种更动,对《桃花女》故事的流传是否产生影响?

目前可知与《桃花女》故事相关的小说及各地传说故事有:清梦花主人撰的《桃花女斗法》、[21]北平鼓词、福州平话、粤剧、厦门闽歌、新竹闽歌、粤南神话、武夷山传说、金田鸡、中国仙话、徽剧、滇剧、豫剧、秦腔、台湾的傀儡戏等。但这些故事与戏曲,都明显的和原来的元杂剧《桃花女》故事有所不同了。原因为何?虽然元杂剧《桃花女》在明初时,曾演于宫中,"脉本"后所附的"穿关"就是演出的实证;[22]但北曲杂剧到了明代嘉靖年间,能演出的艺人已经不多,能演出的剧目也就更少了。何良俊《四友斋丛说》:"郑德辉杂剧,《太和正音谱》所载总十八本,然入弦索者惟《㑇梅香》、《倩女离魂》、《王粲登楼》三本。今教坊所唱,率多时曲,此等杂剧古词,皆不传习。"[23]顾启元《客座赘语》[24]、沈德潜《顾曲杂言》[25]等书中都有如是记载。而现存的明清传奇中,又找不到这类题材的戏曲。所以《桃花女》故事,在明清文人系统的文本纪录,失去了传承。

影响后来《桃花女》故事发展最深远的,应该是清代出现的通俗神魔小说《桃花女斗法》。[26]此书将原本四折的戏曲内容,扩充成十六回故事,当然得增添许多的材料,虽然部分的主题,如求寿、禳灾、婚礼等部分,都继承了元杂剧的故事,但婚俗所用的物品,及人物相对应的关系都有所变更。首先便借用余象斗《北游记》中的情节,在第一回里,便安排了周公、桃花二人是玄武大帝的戒刀与刀鞘。因吸收日月精华,一个修炼成桃花仙子,一个被收服成为看卦盒的童子,后来童子私自下凡,成了周干;玉帝便派桃花仙子下凡,以收服周干。小说中的桃花,开始有了绝色姿容,这是说戏曲强调桃花面貌长相的开始。还在剧情中加了符咒的使用,并且还请来了黑煞大帅、红煞大帅。而各地的传说故事,则结合了当地的特色,更与元杂剧的情节有明显的差异。[27]

到了清代,安庆梆子、京剧及各地剧种,都有演出《桃花女》故事。[28]台湾宜兰的傀儡戏班"新福轩"更是常演此剧。据曾白融所编之《京剧剧目辞典》中《桃花女》条内容,可知京剧的演出内容,基本上是根据小说故事而来,富连成所演的《乾坤斗法》也是改编自小说,[29]也都不是原有元杂剧的系统,[30]这种情况基本上是与清代地方戏发展的脉络相同。而笔者目前可见的"闽歌",其实就是台湾歌仔,其故事的内容,也与清代的小说《桃花女斗法》大体相同;林锋雄先生也断言,宜兰"新福轩"以"乱弹福录系统唱腔表现的傀儡戏《桃花女》,当亦出自小说《桃花女》系统"。[31]由此可知,在戏曲的部分,不论是文人改定后的"元曲选本",或是文字较古朴、由艺人整理而成的"脉望馆钞本"《桃花女》,却都不是各地方戏曲剧本的依据。真正影响后来小说戏曲发展的作品,反而是源自元杂剧《桃花女》故事、并多所渲染的通俗小说《桃花女斗法》。

因此就《桃花女》故事而言,原本是一种反映着民间文化的民俗戏曲,因文人的记录,而有了文本,虽然文人略加更动,然属于民间文艺的内在精神并未丧失。文化的删改收录,并不影响其民间戏曲的本质,依旧以自己特有的仪式剧及祈福剧面貌活跃在舞台之上。后世各地的传说及戏曲,虽然在故事情节上与元杂剧不尽相同,但元杂剧《桃花女》的故事,可以说是这些民间传说及戏曲的最早可见的文本源头。

结语

李亦园在《和谐与超越——中国传统仪式戏剧的双重展演意涵》一文中提到"致中和"宇宙观架构，也就是天（自然系统）的和谐、人（个体系统）的和谐、社会（人际关系）的和谐。[32] 元杂剧《桃花女》故事，正是在个人与个人（桃花与周公）、个人与自然（彭大、石婆婆之子）、个人与社会（桃花女的出嫁）不断破坏与重建，最后获得和谐的结果。作为一出民间戏曲，《桃花女》牵涉到宗教仪式和信仰系统的部份，正好以禳灾祈福、求寿、婚俗仪式适切的反映出时代生活的实然和应然，并以前世因果来理解宇宙存在的方法与现实情感的真实反应。而这样的戏曲，放回到中国社会文化的脉络中，正清清楚楚展现了庶民生活的企图及心愿。剧中人为了生存，必须跨越过一个又一个的考验，但跨越过后的欣悦，使剧中充满了"生之喜悦"及"生之欲望"，而这股力量，又成为这出戏的原动力，并不断地影响着后代的小说戏曲。戏曲中所呈现的种种仪式，和庶民生活日用是紧密结合，并和社会文化事实密切关连。

虽然文人曾在不自觉中，把这出充满民间神怪色彩、奇异情节的戏曲，改写成传达道德意识、伦常关系，甚至树立成表现妇德典范的戏剧。但真正对后来故事片的发展，却丝毫没有影响，因为这出来自民间习俗，被文人（或艺人）记录下来成为北曲杂剧的戏曲，曾以朴实的原貌保存于宫廷。到了清代发展成通俗神魔小说《桃花女斗法》，虽然改变及增饰故事的情节，但建构在民间信仰的神怪性却有增无减，更促进了故事的流传，其后艺人更据此改编，创造了弹唱及民间戏曲，继续传演着反映社会现实，却又充满神奇色彩的《桃花女》故事。而各地的传说故事，则依《桃花女》故事结合各地特色，各自变形流传。元杂剧《桃花女》故事虽经文人的更动,并不能造成太多深刻的影响,洋溢在《桃花女》故事母题中的丰富内涵,才是民间剧作生生不息的源泉。此剧用属于民间的方法,去解决属于个人、社会、自然问题,以达到人生和谐的境界,这种来自民间活泼生命力的展现,是文人无法控制也无能力改变的内在精神,而这部分,也正是民间戏曲生生不息的原因。

附录

附录一:人物的差异

人物	元曲选本	脉本
桃花	正旦:桃花女 年十八,因生下来左手上有桃花纹,故唤为桃花女。	正旦:桃花女 生下时左手有个桃字,右手有个花字,故唤为桃花,六壬中使见识。
周公	冲末:周公 开卦铺三十年"阴阳有准、祸福无差"出着大言,写道一卦不着甘罚白银十两,以八卦算卦。	冲末:周恭 《周易》显机谋
石婆婆	老旦:石婆婆	外:石婆婆
彭大	外:彭祖,六十九岁寿至一百	净:彭祖(籛铿),年五十寿至八百
石婆之子	小末:石留住	外:石增福
任二公	外:任二公	外:任二公

人物	元曲选本	脉本
七星公	外:七人扮星官	外:七星官
小星儿	小星儿	净:小星儿
媒婆	丑:媒婆	净:媒婆
腊梅	搽旦:腊梅、十三岁	净:腊梅
福童	小末:增福、二十一岁	福童
真武	无	真武

附录二:"元曲选本"及"脉本"各折曲牌对照表

	元曲选本	脉本
楔子	【仙吕端正好】	【端正好】
第一折	【仙吕点绛唇】、【混江龙】、【油葫芦】、【天下乐】、【寄生草】、【后庭花】、【柳叶儿】、【赚煞】	【仙吕点绛唇】、【混江龙】、【油葫芦】、【天下乐】、【后庭花】、【柳叶儿】、【尾声】
第二折	【正宫端正好】、【滚绣球】、【倘秀才】、【叨叨令】、【滚绣球】、【呆骨朵】、【伴读书】、【笑和尚】、【煞尾】	【正宫端正好】、【滚绣球】、【倘秀才】、【叨叨令】、【滚绣球】、【呆骨朵】、【伴读书】、【尾声】

	元曲选本	脉本
第三折	【中吕粉蝶儿】、【醉东风】、【迎仙客】、【醉高歌】、【石榴花】、【斗鹌鹑】、【上小楼】、【幺篇】、【普天乐】、【快活三】、【鲍老作】、【尾煞】	【中吕粉蝶儿】、【醉东风】、【醉高歌】、【石榴花】、【斗鹌鹑】、【上小楼】、【幺篇】、【普天乐】、【快活三】、【鲍老儿】、【尾声】
第四折	【双调新水令】、【沈醉东风】、【雁儿落】、【得胜令】、【川拨棹】、【七兄弟】、【梅花酒】、【收江南】、【鸳鸯煞尾】、【双调新水令】、【七兄弟】、【梅花酒】、【喜江南】	

附录三:元曲选本与脉本在情节上的异同处:

折数 情节	元曲选本	脉本
楔子	无	石婆婆先在街上选卦,知石增福有百日血光之灾,故出外贩商以避祸。

折数情节	元曲选本	脉本
	周公算卦,石留住将于今晚板殭身亡。	周恭算卦,石增福将于今晚板殭身亡。
	桃花教石婆婆解禳之道。	桃花教石婆婆解禳之道。
	石婆婆倒坐在门限上,披散头发,以马杓敲门限三下,呼三声石留住之名。	石婆婆倒坐在门限上,披散头发,以马杓敲门限三下,呼三声石留住之名。
	石留住不死,回家后与石婆婆至周恭公处要银子。	石留住不死,回家后与石婆婆至周恭处要银子。
	周公惶恐。	周恭因失了准头,故主动为彭大算卦,算出五十岁的彭大,也将于明日午时板殭身亡。
第一折	周公闲坐无事,主动为彭大算卦,算出六十九岁的彭大,将于明日午时板殭身亡。	
	桃花得名由来乃因生来时,手上有桃花纹。	桃花得名由来乃因生来时,左手上有个桃字,右手上有花字。

折数情节	元曲选本	脉本
	桃花认为周公卖弄,教彭大求寿之法。	桃花认为周恭卖弄,教彭大求寿之法。
第二折	彭大设花果香烛,待七星下降,求寿,得寿共一百岁。	彭大设花果香烛,待七星下降,求寿,得寿共八百岁。
	彭大不死且增寿,周公恼怒逼问是谁破法。	彭大不死且增寿,周恭恼怒逼问是谁破法。
	周公要求彭大到任家提亲。	周恭要求彭大到任家提亲。
	桃花自信有能力可解周公之毒计,故应允婚事,激起桃花与周恭斗法之决心。	桃花自信有能力可解周恭之毒计,故应允婚事,激起桃花与周恭斗法之决心。
第三折	桃花得知周公故意选凶日娶媳,故事先将所需之物一桩桩全备齐,请石留住送亲。	无
	出门犯日神及金神七杀。	无
	桃花以头戴花冠、筛子遮顶化解。	无
	周公算卦,让新娘进门时正好冲着太岁神。	周恭算卦,让新娘进门时正好冲着太岁神。

601

折数情节	元曲选本	脉本
	桃花借手帕遮脸,并将车倒拽三步,化此一劫。	桃花借手帕遮脸,并将车倒拽三步,化此一劫。
	周恭再算,下车将踏著黑道。	周恭再算,下车将踏著黑道。
	桃花请彭大领两度净席,行一领倒一领,逃过此劫	桃花请彭大领两度净席,行一领倒一领,逃过此劫。
	周恭再算,入门时星日马当值,会被踢杀。	周恭再算,入门时星日马当值,会被踢杀。
	桃花以马鞍搭在门限使马不敢跑踢,得以化解。	桃花以马鞍搭在门限使马不敢跑踢,得以化解。
	周恭再算,入墙院时是鬼金羊、昴日鸡当值。	周公再算,入墙院时是鬼金羊、昴日鸡当值。
	桃花以碎草喂羊、五谷喂鸡、五色铜钱给小孩及镜子照脸化解。	桃花以碎草喂羊、五谷喂鸡、五色铜钱给小孩及镜子照脸化解。
	进第三重门是丧门星当值。	进第三重门是丧门星当值。
	桃花请石留住取弓箭,射三箭破解。	桃花请彭大取弓箭,射三箭破解。

折数 情节	元曲选本	脉本
	接着进入卧房,是在白虎头上铺床。	接着进入卧房,是在白虎头上铺床。
	桃花设计让陪伴的腊梅替死,后在周公要求下又救活腊梅。	桃花设计让陪伴的腊梅替死,后在周恭要求下又救活腊梅。
	周公又生一毒计,准备叫彭大将桃花女的本命桃树砍折。	周恭又生一毒计,准备叫彭大将桃花女的本命桃树砍折。
第四折	彭大将去砍桃树之际,桃花女请他不要伤到根部,只能半中间截折。	彭大将去砍桃树之际,桃花女请他不要连根刨了,只能半中间截折。
	桃花女死。	桃花女死。
	彭大依桃花女之嘱,以折断的桃树在门限上敲,周公一家俱死。	彭大依桃花女之嘱,以折断的桃树在门限上敲,周恭一家俱死。
	周公死后,彭大在桃花女耳边高叫三声,桃花女苏醒,救活周恭一家。	周恭死后,彭大在桃花女耳边高叫三声,桃花女苏醒,救活周恭一家。

折数 情节	元曲选本	脉本
	周公服气,让增福和桃花拜堂成婚。	周恭服气,和桃花拜堂成婚。
	无	真武下降,说二人乃天上金童玉女,因二人一念差迟,罚往人间化为男女,经历一番波折方可返回仙班,重归真武部下。

注释:

[1] 有关元剧作家的身份问题,由《录鬼簿》中所著录之前辈名公只作乐府不作杂剧,而所谓的"前辈已死名公才人"有所编传奇行于世者,除白朴外,大多是一些小官吏及小职员,即可窥知一二。王国维与吉川幸次郎也有论证。故元杂剧大多数之作家身份,介于士人与倡优之间;马致远和当时的名伶花李郎、红字李二合编《黄粱梦》杂剧,亦可见剧作家与倡优间关系密切。吉川幸次郎更引狩野君山《元曲之由来与白仁甫之梧桐雨》一文:"他认为元曲选中无名氏的作品,可能大部份系优倡所作。"所以本文将保留较多原貌的脉望钞本《桃花女》杂剧称为民间剧,而将臧晋叔的改本称为文人剧。

[2] 有关〈桃花女〉杂剧的名称、版本、作者的辨析,刘惠萍之论文已有详细分析,本文不再讨论。

[3] 见《全元杂剧初二编》述例 P6 – 7,台北 ,世界书局,1988 。

[4] 见《元曲选》序:"……因为参伍校订,摘其佳者若干,以甲乙厘成十集,藏之名山而之测通邑大都,必有赏音如元朗氏者。若日妄加笔削,自附元人功臣,则吾岂敢。"(北京 中华书局 1989 重排)及王骥德《曲律·杂论下》:"……又句字多所窜易,稍失本来。"徐复祚《曲论》:"普叔不闻有所构撰,然其刻元人杂剧多至百种,一一手自删定,功亦不在沈先生下矣。"皆提及此事。(收录在《中国古典戏曲论着集成》北京,中国戏剧出版社,1982。)

[5] 一般著录此剧皆以为作者为无名氏如朱权的《太和正音谱》、无名氏《录鬼簿续编》,只有较后出的曹栋本《录鬼簿》记于王晔名下。

[6] 另外在无名氏的《庞涓夜走马陵道》中也有禳解的仪式,记于关汉卿名下,但可能不是关汉卿所着的《山神庙裴度还带》中,也有因阴骘解禳及婚俗的记载。

[7] 一般称为"花钗"或"花钗冠",考文中所说,即冠上以花钗为饰,应是一般所指的"花冠"。《新唐书》卷二十礼乐《凶服》有:"加冠若花钗。"另外同书卷十八礼乐《吉礼》有:"祠器以乌漆,差小常制,祭服以进贤冠,主妇花钗礼衣,后或改衣冠从公服,无则常服。"都可看出"花钗"即是"花冠"。

[8]《旧唐书》卷一百五十《德宗顺宗诸子》:"是时所司度人,用一笸花,计钱七十万。帝曰:'笸花首饰,妇礼不可阙,然用费太广,即无谓也,宜损之又损之。'及三万而止,帝谓主等曰:'吾非有所爱,但不欲无益之费耳。'"

[9]《新唐书》卷二十四《车服·命妇之服》:"大袖连裳者,六品以上妻,九品以上女嫁服也。青质、素纱中单、蔽膝、大带、革带、袜、履同裳色,花钗,覆笄,两博鬓,以金银杂宝饰之。"

[10] 此时一般普通人在结婚时用"花钗",与一般贵族命妇所用还是不同。见《新唐书》卷二十四志十四《车服》:"庶人女嫁有花钗,以金银琉璃涂饰之。"

[11]《旧五代史》卷一三六《僭伪列传·王建》:"秋九月,衍奉其母、徐妃同游于青城山,驻于上清宫,时宫人皆衣道服,顶金莲花冠,衣画云霞,望之若神仙。"

[12] 见《宋史》卷一五一志一百四《舆服》,皇后、皇太后是戴"龙凤花钗冠",皇太妃及各品命妇是"花钗冠"。其上所饰之花及宝钿随品秩递灭而灭。

[13] 见《旧唐书·德宗顺宗诸子传》及王建《失钗怨》:"贫女钿钗惜如玉,失却来寻一日哭,嫁时女伴与作妆,头戴此钗如凤凰。……";《梦梁录》中也有:"又有一等贫穷父母兄嫂所倚者,惟色可取,而奁具茫然,在议亲者以首饰衣帛,加以楮物送往,谓之'兜裹'。"可知贫富之间的嫁妆差异自古已然。

[14]《建炎以来朝野杂记》乙集卷十六中记载:"封赠冠帔敕告六百道计价钱二十八万缗",一副安人(六品)的冠帔要一千贯、孺人(七品)冠帔要八百贯,这对平民小老百姓而言,乃是天文数字。

[15]《明史》卷六十七志四十二《舆服二》:"七品至九品冠用抹金银事件,珠翟二,珠月桂开头二,珠半开六,翠云二十四片,翠月桂叶一十八片。"

[16] 见《皇朝通典》:"至庶民妇女有僭用冠帔补服、大轿者,禁违者罪坐夫男。"

[17]《杭俗遗风》婚姻类嫁娶条:"新娘吃合饭毕,然后装扮,吹打,上冠,戴并头莲,兜红巾,掌灯者二人,持筛者二人,引出上轿。"《岁时习俗资料汇编》308 册第 84 页,台北,艺文印书馆,1970。

[18] 王叔之的《庄子》疏:"彭祖者,姓钱,名铿,帝颛顼之玄孙也。善养性,能调鼎,进雉羹于尧,尧封于彭城,其道可祖,故谓之彭祖。历夏经殷至周,年八百岁矣。"《世本》云:"姓籛,名铿,在商为守藏史,在周为柱下史,年八百岁。"《楚辞》王逸注:"彭铿即彭祖,事帝尧。鼓祖至七百岁,犹曰悔不寿,恨而唾远云。帝喾之玄孙。"葛洪《神仙传》:"鼓祖讳铿,帝颛顼之玄孙,至殷末年,七百六十七岁而不衰老,遂往流沙之西,非寿终也。"

[19] 明末余象斗所作说《北游记》甚至还写到明成祖新至武当山上香,并为之重起金殿、重塑金身。台北,河洛出版社,1980。

[20] 依唐宋的记载,新妇是入门三月才行庙见之礼。《宋史·礼二十八》《凶礼四》:"依礼,有三月庙见、有未庙见就婚等。"可是到了清

代，却是三日庙见。《清史稿·礼八》《嘉礼二》："婚三日，主人、主妇率新妇庙见，无庙，见祖，祢于寝，如常告仪。"

[21] 此书有多种版本及多种称，然根据林锋雄《台湾悬丝傀儡戏桃花女探研》及刘惠萍《桃花女斗周公故事研究》的分析，得知都是同一本书的不同版本。

[22] 除《桃花女》杂剧外，"脉望馆钞本"还有其它许多杂剧也都是内府钞本。

[23] 收录在《中国古典戏曲论著集成》第四册第6页，另有"顿言：'顿仁在正德爷爷时随驾至北京，在教坊学得，怀之五十年。供筵所唱，皆是时曲，此等辞并无人问及。不意垂死，遇一知音。'是虽曲艺然可不谓之一一遭遇哉！"p9，北京，中国戏剧出版社，1982。

[24] 见《客座曲语》p167："南都万历以前，公侯与绅及富家凡有讌会小集，多用散乐，或三、四人，或多人唱大套北曲。乐器用筝、搊、琵琶、三弦子、拍板，若大席，则用教坊，打院本，乃北曲大四套者……后乃变，而尽用南唱。歌者只用一小拍板，或以扇子代之。……大会则用南戏。"收录在任中敏编《新曲苑》册一，台北，台湾中华书局，1970。

[25] 见《顾曲杂言》《弦索入曲》条："嘉隆间度曲知音者，有松江何元朗，蓄家童皆唱一时优人俱避舍，以所唱俱北词，尚得金元遗风。予幼时犹见老乐工二三人，其歌童也，俱善弦索，今绝响矣。"收录在《中国古典戏曲论著集成》册四 p204，北京，中国戏剧出版社，1982。

[26] 有关《桃花女斗法》小说的作者问题及各版本问题，请参见在刘惠萍的《桃花女斗周公故事研究》、林锋雄《台湾悬丝傀儡戏桃花女探研》二文。此书作者究竟是"梦花女人"、"陈飞霞"或无名氏都还有争议，但因作者在内容的描写上，摹仿了一般神怪小说的写作模式，将真武信仰当成二人斗法的根源，而且还加了许多道教的符箓、神降等情节，基本是以民间信仰为基础，建构的神异故事，所以笔者将此小说视为民间文学。因为在明清时期，这一类的神魔通俗小说，大多以书坊主为市场需求而刊刻成或改印，基本上是以满

足一般人的消遣娱乐为主要目的,是一种商品式的小说,作者也大多是书坊主或粗通文墨的人,并非传统文人。

[27] 有关各地故事及传说情节的分析,请参见在刘惠萍的《桃花女斗周公故事研究》,文化大学中文研究所硕士论文,1992。

[28] 焦循《剧说》:"近安庆梆子腔剧中,有桃花女与周公斗法、沉香太子劈山救母等剧,皆本元人。……"(收录在《中国古典戏曲论著集成》,北京,中国戏剧出版社,1982。)《京剧谈往录》p52 – 53 中有富连成曾新编过四本的《乾坤斗法》又称《桃花女戏周公》,而且在服装、布景上都有所改革。(北京,北京出版社,1996)《中国戏曲志·安徽卷》记载此剧为徽剧的传统剧目。《中国戏曲志·天津卷》p74 载二、三十年代的天津"演连台本戏成风"(京剧),吴清泉在新明戏院编排《乾坤斗法》,属彩头戏的表演。另据陶君起《平剧剧目初探》p414《乾坤斗法》条。滇剧有《双八卦》、豫剧《火里桃花》、秦腔《桃花女》、桂剧有《周公与桃花》都演的是《桃花女》故事。台北,明文书局,1982。

[29] 见林锋雄:《台湾悬丝傀儡戏桃花女探研》及《京剧谈往录》p52 – 53,北京,北京出版社,1996。

[30] 笔者的硕士论文《唐英戏曲研究——花雅争胜期一个文人剧作家的考察》中曾论及此一问题,即有一相同情节的故事,在民间系统的地方戏曲及文人系统的明清传奇都曾出现,晚出的地方戏曲不会依据文人系统加以改编,只会从民间戏曲继续传承或更动。这种情形在情节部份有时不必然有很大差异,唱词部份才是最为明显地方。

[31] 见《台湾悬丝傀儡戏桃花女探研》一文,收在《中国戏剧史论稿》,台北,国家出版社,1995。

[32] 收录在《民俗曲艺》128 期"仪式、戏剧与民俗国际学术研讨会论文集"(一),台北,财团法人施合郑民俗文化基金会,2000。

608